한 권으로 읽는

# 빠알리 경전

일아 역편

민족사

Namo Tassa Bhagavato Arahato Sammāsambuddhassa

거룩한 분
존경받아 마땅한 분
바르게 깨달으신 분께 귀의합니다.

## 머리말

그동안 이 책을 독송하는 그룹 회원들과 독자 여러분들로부터 이해가 잘 안 되는 문장이나 단어에 대한 여러 질문을 받아왔다. 그래서 이번에 이해가 선명치 못한 부분은 미진한 부분이 없도록 주석을 달았다. 중요단어도 꼼꼼이 체크하고 그리고 뒤에 고유명사와 낱말 찾아보기에 자세한 안내를 적어 도움이 되도록하여 개정판을 내게 되었다.

불교의 근본 뿌리인 빠알리 경전은 직제자들의 구전을 집대성 하였기 때문에 그 중요성을 아무리 강조해도 지나치지 않다. 다른 어느 경전에서도 볼 수 없는 중요한 교리를 비롯하여 마음을 흔드는 감명 깊은 수많은 가르침들, 상상을 초월하는 위대한 영적인 힘을 지닌 부처님의 삶과 수행을 만날 수 있으며, 제자들의 다툼으로 고뇌하는 부처님의 진솔한 모습, 중생에 대한 한없는 자비와 연민 등 부처님의 일거수일투족을 선명하게 떠올릴 수 있는 경전은 오직 빠알리 경전뿐이다.

역자는 박사논문으로 「빠알리 경전 속에 나타난 부처님의 자비사상」을 쓰면서 빠알리 경전을 자주 읽고 연구하게 되었다. 빠알리 경전을 읽으면 읽을수록 그 간단하고, 순수하고, 소박하고, 들어서 즉시 이해가 되고, 감동을 주는 가르침에 감탄하지 않을 수 없었다. 더욱이 부처님의 인간적인 면모, 인격, 성품, 수행, 인간관계, 사유방향, 바른 견해 등 정말 만나기 어려운 성자의 모습을 만날 수 있었다. 그래서 이런 감동을 주는 훌륭한 가르침을 많은 사람들이 읽고 마음에 평화와 행복을 얻을 수 있기를 발원하였다.

이 책의 특징은 첫째, 불교의 근본 경전인 빠알리 대장경의 다섯 니까야와 율장에서 선별하여 한 권으로 엮은 것이다. 각 경전은 요약이 아니고 중요한 경전의 전체 또는 일부를 선별하여 번역하였다. 빠알리 경전의 중요한 핵심 가르침을 두루 모았다고 할 수 있다. 둘째, 같은 내용의 주제들끼리 모아 심도 있게 한 주제에 대하여 공부하고 가르칠 수 있도록 하였다. 부처님의 생애, 부처님은 어떤 분인가, 중요한 교리와 계율의 묶음, 부처님을 대표하는 사상의 흐름인 자비·수행·평등·현실직시, 그리고 부처님이 수행한 마음챙김 수련에 대한 가르침, 빠알리 경전의 역사적인 과정으로 묶었다. 셋째, 사변적이고 이론적이고 논증적인 교리보다는 읽어서 이해가 되고 남과 더불어 살아가는 삶에 도움이 되는 경전을 선별하였다. 넷째, 찬란한 부처님의 모습을 가리는 지나치게 신격화 되고 수식화 된 이야기보다는 부처님 모습을 진솔하게 보여주는 내용을 선별하였다. 다섯째, 주석 없이도 읽을 수 있도록 쉬운 말로 번역하였지만 꼭 필요한 주석은 짧게 달아 번거롭지 않게 하였다. 여섯째, 이 책의 부록에 빠알리 경전과 연관된 내용을 수록하여 이 한 권으로 빠알리 경전에 대한 정보와 지식을 두루 갖추도록 하였다. 2,600년 전의 부처님 가르침은 이 시대 모든 사람들에게 훌륭한 삶의 지침서임에 틀림없다.

나름대로 최선을 다하여 번역하였으나 역자의 식견이 부족하여 오역이 있을 것이다. 그래도 이 한 권이 불교의 뿌리를 전하는 데 큰 역할을 하기를 기원할 뿐이다.

이 경전을 읽는 모든 분들에게 평화와 행복이 함께 하기를 발원해 본다.

2013년 10월 역편자

● **전법선언**(상윳따 니까야 4.1:5)

제자들 60명이 아라한이 되었을 때 부처님은 말씀하셨다. "중생의 이익을 위하여 중생의 행복을 위하여 길을 떠나라. 세상에 대한 자비심을 가지고, … 둘이 함께 같은 길을 가지 마라. … 바른 뜻과 문장을 갖춘 가르침을 설하여라. … 나도 또한 가르침을 설하러 세나니 마을로 가야겠다."

# 차 례

머리말 5

# 제1편 부처님의 생애

## 1장_ 출가 이전
싯닷타 왕자의 탄생 23   아시따 선인의 예언 24
숫도다나왕의 불안 26   왕자의 고뇌 26   왕자의 출가결심 30

## 2장_ 출가에서 성도까지
왕자의 출가결심 32   빔비사라왕과의 만남 34
두 번째 스승 36   세 번째 스승 39   고따마 싯닷타의 고행 40
부처님의 출가, 고행, 수행, 깨달음 42
다섯 수행자와 함께 고행을 하다 48   깨달음을 얻다 49

## 3장_ 초기 교단의 성립과 발전
첫 번째 재가신도 54   브라흐마 신의 설법 요청 55
최초로 가르침을 전하러 가시다 58   다섯 수행자에게 가르치시다 61
처음으로 가르침의 바퀴를 굴리시다 : 중도와 네 가지 거룩한 진리 63
최초의 다섯 명의 제자가 구족계를 받다 66
두 번째 법의 바퀴를 굴리시다 68   야사의 출가 70

야사의 친구 네 명의 출가 71   야사의 50명 친구의 출가 72
전법 선언 73   30명의 젊은이의 출가 74   깟사빠 삼형제의 귀의 75
모든 것은 불타고 있다 76   빔비사라왕과의 만남 77
빔비사라왕의 대나무 숲 기증 78   대나무 숲에 최초의 승원을 지음 79
사리뿟따와 목갈라나의 개종 80   사람들의 원망 83
기원정사의 건립 85   사꺄족 왕족 젊은이들의 출가 88
부처님 주치의 지와까 89   꼬삼비 비구들의 논쟁 91
최초의 비구니 마하빠자빠띠 95

### 4장_ 위대한 열반

부처님 최후의 해 98   여래께서 열반할 날도 멀지 않았다 100
쭌다의 마지막 공양 101   쭌다의 공양은 오히려 복을 지은 것 104
붓다와 아난다 105   마지막 제자, 수밧다 106
부처님의 마지막 말씀 107   부처님 육신을 위한 마지막 예식 107
부처님 사리의 분배와 탑을 세움 110

# 제2편 부처님은 누구신가

나는 바르고 온전한 깨달음을 얻었다 115
욕하는 사람에게 욕하는 사람은 116
나도 밭을 갈고 씨를 뿌립니다 118

부처님이 병으로 고생하시다 120

두려울 때 붓다, 담마, 승가를 생각하라 121  운력의 불참 122

난다 존자 123  왜 출가 수행생활을 하는가? 124

홀로 용맹정진하심 125  사리뿟따의 열반 126

사리뿟따와 목갈라나의 열반 127  가련한 늙음이여 128

부처님을 위해 법복을 만들다 129

천 명의 비구니 승가에 주신 가르침 131  부처님을 신뢰하는 이유 135

자이나교도 우빨리의 개종 135

여래도 다른 사람에게 불쾌한 말을 합니까? 145

어린 라훌라에게 주신 교훈 148  번뇌가 뿌리째 뽑힌 분 153

사문 고따마의 특성 153  담마에 대한 신앙고백 157

빼어난 용모의 부처님 163  고따마 존자님은 어떤 분인가? 170

여래는 다만 길을 안내할 뿐이다 174  가르침이 우리의 의지처 176

그대들의 행복을 위해 반복하여 조언한다 178

마하빠자빠띠 고따미가 부처님께 법복을 드리다 179

아자따삿뚜왕의 부처님 방문 180  중생의 복지와 행복을 위해 오신 분 182

끊임없는 노력 184  편안한 잠을 자는 사람 184  자만심의 사라짐 186

연꽃이 더러움에 물들지 않듯이 187  붓다, 담마, 승가로 향함 188

부처님 그분은 위대한 성자 188  보배의 경 190  날라까 경 193

피안에 이르는 길 198  무한을 꿰뚫어 보는 분, 붓다 200

최상의 경지에 이른 분, 붓다 200  항상 명상 속에 머무는 분, 붓다 201

도둑과 비구 202  사문을 찬탄함 204

# 제3편 부처님의 가르침

## 1장 _ 부처님의 근본 가르침

연기의 가르침 211   12연기의 자세한 설명 213

이것이 있기 때문에 저것이 있다 215   중도와 네 가지 거룩한 진리 215

여덟 가지 바른길 216   모든 것은 원인이 있다 217   오온의 무상 218

해탈을 얻는 길 220   자신을 절제하라 220

몸은 병들어도 마음은 병들어서는 안 된다 221

무상하고 무아인 것은 괴로운 것 223

오온은 무아이므로 집착하지 말라 224

여섯 감각기관은 무상한 것 227   여섯 경계는 무상한 것 228

여섯 감각기관을 절제하지 않으면 228   열반에 이르는 길 231

자아이론에 침묵하신 이유 232   청정한 삶의 목표 233

마음의 받침대 233  수행한다는 것은 무엇인가? 234

청정한 삶을 사는 이유 234   깨달음의 일곱 가지 요소 235

일곱 가지 깨달음의 요소를 닦으면 237

마음을 타락시키는 다섯 가지 장애 237

깨달음으로 이끄는 다섯 가지 능력 238   무상, 무아의 가르침 240

진정한 가르침에 이르는 길 242   뗏목의 비유 244

영원한 것은 없다 245   아라한 246

여래는 칭찬과 비난에 흔들리지 않는다 246   수행의 단계 247

몸, 입, 마음으로 짓는 열 가지 악과 선 252
비구니 담마딘나의 가르침 258  여섯 감각기관의 절제 259
진리를 깨닫는 길 262  논쟁의 뿌리 267
사랑, 존경, 화합으로 이끄는 자질 269
네 가지 거룩한 진리의 자세한 설명 1 270
네 가지 거룩한 진리의 자세한 설명 2 273
다섯 가지 장애의 원인과 버림 284  무아 개념의 확립 288
삼독을 제거하기 위하여 288  악행을 제거하기 위하여 289
청정한 독신생활의 의미 289  무상에 대한 선인의 가르침 293
부처님 가르침의 특징 294  업의 사슬 295

## 2장 _ 중요한 계율

귀의삼보 296  재가신도가 되는 길 297
오계와 두려움과 증오의 극복 298  사미를 위한 열 가지 계율 299
10악 300  우뽀사타(布薩)의 제정 306  빠와라나(自恣)의 제정 307
빠와라나(自恣) 행사 310  빠띠목카(戒本)를 외우도록 규정하심 311
이런저런 경우, 해야 하나 말아야 하나? 312
조각을 이은 가사의 유래 314  버리는 것 없이 다시 사용함 315
금과 은을 받지 않는다 317  오후 불식의 이유 319
네 가지 종류의 청정한 보시 321  생각과 말과 행동의 청정 323
새로 출가한 초심자에게 주신 가르침 323

## 3장 __ 자비 실천의 가르침

조금 있어도 베풀면 325    베풂의 공덕 326
누구에게 공덕이 늘어납니까? 327    꾸사 풀잎이 손을 베듯이 327
늙음과 죽음이 덮칠 때 해야 할 일 328
아들에게 버림받은 대부호 330    공경하고 존경해야 할 사람 332
일곱 가지 서원 333    백 개의 가마솥의 음식보다 자비로운 마음을 334
목숨을 건 포교 335    밤늦도록 가르치시다 336
한량없는 마음의 해탈 338    기근에 왜 행각하십니까? 339
내가 죽으면 어디로 갈까? 341    네 가지 무량한 마음을 닦음 342
자애를 일으키는 여섯 가지 자질 344
왓지인이 번영하는 일곱 가지 요인 345
퇴보하지 않는 여섯 가지 요소 348    인색한 베풂에 대한 교훈 349
육방의 비유 353    부모님의 은혜를 갚는 길 357
음식을 보시하면 358    존재하는 모든 것들에게 자애롭게 대하기를 359
일곱 종류의 아내 360    보시하는 마음 자세 363
자애를 발전시키고 연마하면 364    소나와 조율된 악기의 가르침 365
위사카의 무량한 보시 368    병든 비구를 씻기시는 부처님 371
훌륭한 간병인의 자질 373    담마빠다 373    자애의 경 374
큰 축복의 경 375    보시의 공덕 378    슬픔의 화살을 뽑아버린 사람 378
어머니가 외아들에게 하듯이 381    우둔한 쭐라빤타까, 깨달음을 얻다 381
쭐라빤타까 비구 이야기 382    죽은 아들과 끼사 고따미 385

## 4장 _ 수행의 가르침

담마빠다 387  외뿔소의 뿔처럼 혼자서 가라 399  파멸의 원인 401

으뜸가는 재산 402  진정한 친구 403  바른 수행자의 삶 403

교리나 신조에 꼭 잡혀 있는 사람은 404  모든 것은 죽은 후 남겨질 뿐 406

완전한 경지에 이른 사람 407  과거 현재 미래에 집착하지 말라 409

괴로움은 어디서 옵니까? 409  저를 의혹에서 벗어나게 해 주십시오 411

게으른 사람 412  훌륭한 사람을 가까이 함은 좋은 일 412

흔들림 없는 마음 412  수행하는 마음 자세 413  수행자의 마음가짐 414

훌륭한 사람과 사귀는 것은 행운이다 414  나는 자유! 415

바라는 바가 없다 415  갈애를 끊어버림 416  무상의 경지에 도달함 417

불을 섬기던 여인 417  신심으로 출가하였으나 418

비구니들의 깨달음 419  죽은 아들은 어디로 갔나 420

육신이 내게는 괴로움이다 421  재색을 버리고 출가하다 422

부처님 양모의 게송 423  욕정의 허망함을 가르침 425

얼굴빛이 평온한 이유 428  기뻐할 것도 슬퍼할 것도 없다 429

훌륭한 사람을 가까이하라 431  게으른 수행자 431

탐욕, 증오, 어리석음은 자신을 해친다 433

죽을 때 무얼 가지고 가는가 433  참으로 자신을 보호하려면 435

자신을 사랑하는 사람은 남을 해쳐서는 안 된다 436

겉만 보고 판단할 수 없다 437  태어날 때 입안에 도끼가 생긴다 439

브라흐민 다난자니 여인의 신심 440  공격심에 가득 찬 사람 441

교만심을 버려라 442  훌륭한 설법의 네 가지 요소 443

큰 지혜의 사리뿟따 444    뿌린 대로 거둔다 445    분노를 극복하라 446
마하 깟사빠 447    달과 같이 너 자신을 멀리하라 447
훌륭한 설법 448    마하 깟사빠의 수행 449
이익, 명성, 칭찬은 경계해야 할 대상 450
가르침을 보는 자는 나를 본다 451    가장 기본적인 수행 452
육체적인 괴로움을 극복하는 사람 454    욕망은 괴로움의 뿌리이다 455
어리석음이 앞에 있으면 456    좋은 우정은 청정한 삶의 전체이다 457
열반의 세계에 도달함 457    깨달음에 도움이 되지 않는 논쟁 458
더러움이란 무엇인가? 459
가르치기 어려운 사람과 쉬운 사람의 특성 464
이와 같이 나는 욕망을 제거하고 소멸하였다 471
남이 나에게 나쁘게 대하더라도 473    배우고 나서 지혜로 뜻을 새기라 474
담마에 대한 토론과 고귀한 침묵 475    이익과 존경과 명성을 경고하심 477
세 비구의 모범적 수행 480    사문에 합당한 길 482
괴로운 삶, 즐거운 삶의 이유 486    감각적 쾌락보다 더 평화로운 어떤 것 487
랏타빨라 존자의 출가 이야기 489    랏타빨라 존자와 꼬라위야왕의 대화 496
바람직하지 못한 생각과 말과 행동 505    깨달음으로 이끄는 것들 507
수행자의 재난 509    누가 칭찬이나 비난을 하더라도 509
방문해야 할 네 곳 511    길들여진 마음 512    가장 빨리 변하는 마음 512
따라야 할 사람과 따르지 말아야 할 사람 512
살아있는 동안 공덕을 짓자 513    성내는 모양의 세 가지 514
아침, 낮, 저녁이 행복한 이유 515    경전에 대해 아는 것이 많더라도 516

악한 생각은 즉시 물리치라 517    재물, 명예, 장수로 이끄는 네 가지 요소 517
훌륭한 사람과 저열한 사람의 특성 519    생각과 말과 행동을 바르게 521
늙음, 병듦, 죽음을 대하는 두 가지 태도 521    분명한 다섯 가지 명제 523
충고를 하는 마음자세 525    학승과 선승이 서로 비난하다 526
잃어버릴 수 없는 재산 527    이런 친구라면 따라야 한다 528
방심치 않음은 모든 것 중 으뜸 529

## 5장_ 평등의 가르침

여자가 남자보다 더 훌륭할 수 있네 530    여성인 것이 무슨 상관이랴 531
가문을 묻지 말고 행위를 물으시오 532    비구든 비구니이든 어느 누구라도 534
여성 제자도 깨달음으로 나아간다 535
어느 종족에서 출가를 하였건 누구나 깨달음을 얻음 537
네 계급은 전혀 차별이 없다 538    네 계급은 다름이 없다 543
행위로 브라흐민이 된다 547    참된 사람과 참되지 못한 사람 554
모든 계급 중 으뜸인 사람 556    담마빠다 558

## 6장_ 현실직시의 가르침

해탈로 이끄는 물 없는 목욕 559    여섯 가지 신통의 능력이 있습니까? 560
큰돌이 물위로 떠오르겠는가? 569    장로니 케마가 왕에게 설법하다 572
이 사라 나무도 '진리의 흐름'에 들었다 575    바후까 강으로 왜 갑니까? 577
초인간이 아닌 수행자 고따마 579    희론에 물들지 않는 분 580
어두운 행위에는 어두운 결과가 따른다 581    열 가지 형이상학적 질문 584

출가 수행생활의 눈에 보이는 결실 591   여섯 이교도 사상가의 견해 593
더 큰 결실과 이익이 있는 제사 597   초능력과 기적을 금하심 598
브라흐마 신은 있는가? 599   붓다를 떠난 이유 604
육방에 예배하는 바른 방법 605   진정한 친구와 거짓 친구 610
붓다는 허무주의자인가? 613   진정한 정화의식 614
해몽과 점치는 일을 삼가라 618
데와닷따의 극단적 질문과 부처님의 중도의 견해 618
몸을 물에 담그면 악이 제거됩니까? 622

## 7장 _ 마음챙김 수행의 가르침

수행하는 곳으로 가는 마음자세 625
'호흡에 의한 마음챙김' 수행을 하면 628   중요한 명상주제들 629
'호흡에 대한 마음챙김' 수행법 630
'호흡에 의한 마음챙김'의 삼매 632
'호흡에 의한 마음챙김'의 삼매 수행 633   네 가지 마음챙김의 확립 635
건전한 가르침의 시작점은 계행과 바른 견해 636
바른 법이 오래가지 못하는 이유 637   '마음챙김의 확립'이란? 638
육신의 고통이 마음을 사로잡지 않는 이유 639
마음챙김의 확립에 대한 가르침 640
공부가 안 된다면 그곳을 떠나라 662
명상수행의 이익 663   수행의 점차적인 순서와 단계 664
잘못하는 명상의 다섯 가지 668   마음챙김은 어떻게 하는가? 671

마음챙김을 부지런히 해야 하는 이유 672

수행생활에 기쁨이 없는 이유 673   죽음에 대한 마음챙김 수련 674

자신을 성찰함 675   담마빠다 676   테라가타 679

# 제4편 빠알리 대장경의 결집과 집대성

## 1장_1차 결집

500명의 합송 683   1차 결집의 설명 I 688   1차 결집의 설명 II 689

## 2장_2차 결집

700명의 합송 692   2차 결집에 대한 설명 I 705   2차 결집에 대한 설명 II 705

## 3장_3차 결집

3차 결집 I 707   3차 결집 II 710   아소까 바위칙령 13 712

3차 결집 후 담마 사절단의 외국 파견 713   바이라트 바위칙령 717

산찌대탑의 기록 718   사르나트 돌기둥칙령 1 719

사르나트 돌기둥칙령 2 720   산찌 돌기둥칙령 721   꼬삼비 돌기둥칙령 721

## 4장_4차 결집: 빠알리 대장경의 집대성

스리랑카에서 삼장을 집대성하다 722   12년간의 혹독한 기근 724

기근으로 수많은 장로들이 아사하다 724

경장·율장·논장이 모두 체계적으로 쓰임 725

4차 결집은 삼장을 체계적으로 배열한 것 726

# 부록

## 1_ 빠알리 대장경 이해하기

Ⅰ. 빠알리 대장경 연구의 역사 728

Ⅱ. 빠알리 삼장의 구성 731

Ⅲ. 모든 니까야의 공통된 특징 732

Ⅳ. 다섯 니까야에 대한 간단한 설명 734

Ⅴ. 쿳다까 니까야 15개 경전 각각의 특징 743

Ⅵ. 빠알리 니까야와 아함경의 관계 746

Ⅶ. 문장 형식에 따른 빠알리 삼장의 아홉 가지 분류 750

Ⅷ. 부처님이 말씀하시는 담마의 의미 750

## 2_ 찾아보기

① 주제별로 자세하게 찾아보기 753

② 고유명사와 낱말 찾아보기 763

## 3_ 지도

① 부처님의 활동 지역 : 맨뒤

② 아소까왕의 담마 사절단을 파견한 지역 : 맨뒤

| 일러두기 |

1. 이 책은 빠알리 경전의 요약이 아니며 중요한 부분이나 전체를 따와서 번역하였다. 뜻이 선명치 않은 부분은 빠알리 경전 전문가이자 역자의 박사논문 지도 교수인 스리랑카 출신 아난다 W.P.구루게 교수님과 와루나수리아 교수님의 자문을 받았다.

2. 각 경전의 가르침은 반드시 해당하는 니까야, 또는 율장 몇 장 몇 절을 명시하여 해당 경전을 찾아볼 수 있도록 하였으며 개인적인 사견이나 첨가를 철저히 배제하였다.
(예를 들어)
"상윳따 니까야: 56 삿짜 상윳따 11, 율장 마하와가 1편 6:17-37"은 상윳따 니까야의 56번째 삿짜 상윳따에서 11번째 경전, 율장 마하와가 1편 6장 17번에서 37번까지라는 뜻이다.

3. 빠알리성전협회(The Pali Text Society)의 로마자본과 영역본, 미얀마삼장협회(Burma Pitaka Association)의 미얀마 영역본, 타이랜드 빠알리삼장본(Royal Thai Edition of the Pali Canon)의 타닛사로 비구(Thanissaro Bhikkhu)의 영역 선집, 스리랑카 Wheel Publication의 영역 선집, 여러 상좌불교 장로 비구들의 여러 가지 영역본, 비구 보디(Bhikkhu Bodhi)의 현대 영역본, 왈쉬(M. Walshe)의 현대 영역본, 한국의 번역서를 참고하였다.

4. 빠알리성전협회의 로마자본 각 경전에 절의 번호가 없는 것은 비구 보디(Bhikkhu Bodhi)의 절의 번호를 따랐다.

5. 문장의 복잡성을 피하기 위하여 인명이나 지명, 중요단어의 원문은 책 뒤의 낱말 찾아보기에 실었다. 인명의 설명은 여러 주석서와 Malalasekera의 "Dictionary of Pāli Proper Names"를 참고하였다.

6. 여기 사용된 부처님 족석과 그림들은 *Life Story of The Buddha in Murals*(Singapore Buddhist Meditation Centre, 1991) 책에 수록된 것들이다. 이분들께 감사드린다.

# 제1편
# 부처님의 생애

● 부처님의 발자국

부처님 열반하신 후 부처님께 대한 예경으로 사람들은 사리탑, 발자국, 보리수 나무, 법륜, 코끼리, 연꽃을 상징적으로 예경하였다. 그들은 감히 부처님의 모습을 (불상) 제작할 수가 없었다. 그러나 간다라 지방에서 기원을 전후하여 불상이 처음 만들어졌다. 발자국의 여러 무늬들은 훌륭한 성자의 상서로운 상호를 상징적으로 표현한 것이다.

# 제1장 출가 이전

## 싯달타 왕자의 탄생
| 붓다짜리따[1] 1·2장, 니다나 까타[2] II장 | [3]

히말라야 산이 저 멀리 보이는 곳에 태양족의 후예인 견줄 바 없는 바르고 청정한 사꺄족의 왕 숫도다나왕이 있었다. 그는 백성들로부터 존경과 사랑을 받았다. 고따마라는 성을 가진 숫도다나왕은 까삘라왓투를 통치하고 있었다. 그에게는 인드라 신을 닮은 마하마야왕비가 있었는데 대지같이 의젓하고 연꽃처럼 아름다웠다. 왕비는 어느 날 꿈에

---

1) Buddhacarita: 아슈바고샤(Aśvaghoṣa: 마명으로 한역)가 지은 시 형식으로 된 부처님의 일대기. 그는 기원후 약 150년경에 살았던 비구이자 뛰어난 시인, 음악가였던 그 시대를 대표하는 훌륭한 사문.
2) Nidāna-Kātha(계보의 이야기): 자따까 경전 서문 해설서.
3) 부처님의 전기는 디가 니까야 14장에 자세히 나와 있는데 이 경의 과거불 위빳시 부처님의 전기는 그대로 이름만 다르지 사캬무니 부처님의 전기나 다름이 없다. 그러나 이책에서는 붓따짜리따의 내용을 옮긴다. 그렇지만 붓다짜리따의 인명이나 중요단어는 정확성을 기하기 위해 Malalasekera의 "Dictionary of Pāli Proper Names" 와 그 외에 여러 니까야와 빠알리 자료에 단편적으로 나타난 원문으로 통일을 기하였다. 단어 원문은 부록에 있음.

흰 코끼리가 몸 속으로 들어오는 꿈을 꾸고 태자를 잉태하였다. 왕비는 해산달이 되어 친정이 있는 도시인 데와다하를 향하여 길을 떠났다. 왕비 일행은 까삘라왓투와 데와다하의 중간인 룸비니 동산에 도착하여 휴식을 취하였다. 룸비니 동산은 온갖 꽃들이 찬란하게 만발하였고 꿀벌이 날아들고 온갖 새들이 지저귀고 있었다. 왕비는 사라 나뭇가지를 잡기 위하여 팔을 뻗치는 순간 산기를 느꼈다. 수행원들은 곧 왕비 주위에 포장을 쳤다. 왕비는 아무런 고통 없이 아기를 낳았다. 아기는 세상의 행복을 위하여 태어났다.

부왕은 아기 왕자의 이름을 '자신의 일을 성취하다' 라는 뜻을 가진 싯달타(Siddhattha)라고 지었다. 그러나 뜻하지 않게도 마야왕비는 〔출산 7일 만에〕 이 세상을 떠나게 되어 아기는 이모가 기르게 되었다. 왕자는 씩씩하게 자라면서 학문과 기예를 익혔다.

## ♣ 아시따 선인의 예언
| 숫따니빠따 3장 11 날라까 경 685-695 붓다짜리따 1장 49-80 |

아시따 선인은[4] 숫도다나왕의 궁전으로 가서 사꺄족에게 말하였다.
"왕자는 어디에 있습니까? 왕자를 보고 싶습니다."

그래서 그들은 아시따 선인에게 새로 태어난 왕자를 보여주었다. 왕자는 찬란하게 빛나고 아름다웠다. 마치 숙련된 금세공사가 용광로에서 금으로 단련하여 만든 것을 보는 것 같았다. 불꽃의 빛남, 밤 하늘을 가로지르는 별자리의 밝음, 구름 한 점 없는 가을 하늘의 태양의 맑

---
4) 그는 부처님의 조부 때부터 궁중 사제를 지내며 가까이 지내오다 부처님의 부왕의 열반 후 은둔생활을 하며 신통력을 갖춘 현자였다.

고 밝음을 보는 것 같았다. 선인은 기쁨과 즐거움으로 가득 찼다.

흰 양산을 가리고 금빛 포대기에 싸여 있는 금화처럼 빛나는 누워 있는 아기를, 피부가 거무스름하고 긴 머리 타래를 한 아시따 선인은 들여다보았다. 그는 기쁨에 넘쳐 아기를 가슴에 안았다. 몸의 모든 상호를 식별할 줄 아는 선인은 사꺄족의 황소[5]를 안고 그 상호를 살피더니 기쁨에 넘쳐서 말하기를, "이 아기는 비교할 자가 없습니다. 인간 가운데 가장 훌륭한 분입니다!"라고 환호성을 질렀다. 그러나 자신의 얼마 남지 않은 삶을 생각하니 슬퍼서 눈물이 났다. 선인이 우는 것을 보고 사꺄족들은 물었다.

"우리 왕자에게 무슨 위험이라도 있습니까?"

그들이 걱정하는 것을 보고 선인은 말하였다.

"아닙니다. 내가 아는 한 왕자의 장래에 어떤 위험도 없습니다. 사실 그에게는 전혀 어떤 장애도 없을 것입니다. 그는 평범한 사람이 아닙니다. 이 왕자는 온전한 깨달음을 성취할 것입니다. 가장 청정한 혜안을 가진 이 왕자는 많은 사람들의 행복을 위하여 자비심으로 진리의 바퀴를 굴릴 것입니다. 그의 중생구제는 온 천지 사방에 퍼져나갈 것입니다. 그러나 나는 노쇠하여 살 날이 얼마 남지 않았습니다. 그래서 나는 견줄 바 없는 훌륭한 가르침을 들을 수 없습니다. 다만 이런 이유로 나는 슬퍼서 눈물이 났습니다."

그는 사꺄족들에게 환희에 찬 소식으로 기쁘게 한 후 청정하고 드높은 삶을 살고 있는 선인은 자리에서 일어나 돌아갔다.

---

5) '고따마(Gotama)'는 부처님의 성씨이다. 'go'는 소를 뜻하며 'tama'는 최상급의 표현이기 때문에 'Gotama'의 뜻은 '최상의 소'라는 뜻이다. 그래서 부처님을 황소에 비유하고 있다.

## 🔔 숫도다나왕의 불안
| 붓다짜리따 2장 |

숫도다나왕은 아시따 선인의 말을 기억하고 어떻게 해서든지 왕자의 마음을 세속의 즐거움에 붙잡아 매야겠다고 생각하고, 훌륭한 덕망을 갖춘 가문에서 아름답고 온순한 야소다라를 태자비로 맞이하였다. 그리고 사계절에 따라 각각 다른 별장에서 아름다운 여인들의 춤과 노래와 온갖 즐거움으로 태자의 마음을 잡으려고 애를 썼다.

태자비는 아들을 낳으니 라훌라라고 이름을 지었다. 왕은 아들의 탄생이나 마찬가지로 손자의 탄생을 기뻐하며 덕성과 지혜와 바른 수행으로 백성을 다스리고 보시를 베풀었다.

## 🔔 왕자의 고뇌
| 붓다짜리따 3·4·5장 |

왕자는 어느 날 성 밖으로 나들이를 가게 되었다. 왕자는 보통 사람과는 너무나 다른 모습을 하고 있는 노인의 모습을 보고 마부에게 물었다.

"이렇게 하얀 머리에 지팡이를 짚고, 허리는 굽고, 눈은 눈썹으로 뒤덮인 이 사람은 누구인가? 이 쇠락함이 원래 그런 것인가 아니면 어쩌다가 그렇게 된 것인가?"

"이것은 늙음입니다. 아름다움을 빼앗고, 쾌락의 즐거움을 파괴하고, 힘을 못 쓰게 하고, 슬픔을 가져오고, 기억력을 앗아감으로써 이 사람은 망가지고 쇠락하게 된 것입니다. 저 사람도 어려서는 젖을 먹고, 기어다니고, 미남 청년이었고, 그리고는 늙음에 도달하였습니다."

"이런 일이 나에게도 일어나는가?"

"어김없이 세월이 흐르면 그렇게 됩니다."

왕자는 이 말을 듣고 한숨을 쉬면서 노인의 모습을 응시하다가 고개를 돌려 기뻐하고 있는 사람들을 바라보았다. 그리고 이렇게 말하였다.

"늙음은 무차별하게 기억을 파괴하고, 아름다움을 파괴하고, 힘을 파괴한다. 그런데 사람들은 눈으로 직접 이런 현상을 보고서도 괴로워하지 않는구나."

왕자는 말을 돌려 왕궁으로 돌아갔다.

다음번에는 병들어 고통에 일그러진 사람을 보았다. 왕자는 생각하기를, '저런 고통이 저 사람에게만 있는 것일까? 병에 괴로워하는 것이 모든 사람에게 닥치는 것인가? 사람들은 지금 즐거워하지만 결국은 괴로움으로 끝나는 것인가?' 라는 의문을 품으며 다시 왕궁으로 돌아왔다.

또 다음번에는 네 사람의 들것에 실려가는 죽은 사람을 보았다. 왕자는 마부에게 물었다.

"네 사람이 지고 가는 저 사람은 누구인가? 슬퍼하면서 따라가는 사람들은 누구인가?"

"저 사람은 지성과 감각이 없으며 숨이 떠났습니다. 그는 〔영원히〕 잠들었고 의식이 없으며 마치 지푸라기나 나무토막 같습니다. 애써서 그를 기르고 보살펴 준 그를 사랑하는 모든 사람들로부터 버려졌습니다."

"이것이 존재하는 모든 것들에게 일어나는가?"

"이것은 지구상에 존재하는 모든 인류의 마지막 길입니다. 그가 천민이거나, 평민이거나, 귀족이거나를 막론하고 모든 사람이 무너지는 것은 피할 수 없습니다."

왕자는 절망하여 말하였다.

"이 죽음은 피할 수 없는 것인데도 사람들은 죽음의 두려움은 저만치 던져버리고 흥겨워한다. 사람들의 마음은 참으로 무디구나. 죽음의 길에 있으면서도 태평하다."

왕자는 이 세상이 무상하다는 것을 깨달은 이상 더 이상 즐겁지 않았다. 왕자는 재촉하여 수레를 돌려 왕궁으로 돌아왔다.

궁성의 아름다운 여인들은 온갖 유혹으로 왕자의 마음을 사로잡으려고 애를 썼다. 그러나 왕자의 마음은 감각적 쾌락의 유혹에 흔들림이 없었다. 브라흐민의 아들인 우다인은 왕자에게 말하기를, "이 세상에서 감각적 쾌락과 즐거움을 누리며 사는 것은 당연한 일"이라며 우정 어린 조언을 하였다. 이런 진솔한 말을 듣고 왕자는 우레와 같은 목소리로 말하였다.

"나를 위한 그대의 우정어린 말은 그대에게는 당연한 말이다. 그러나 그대는 나를 잘못 판단하고 있다. 내가 감각적 쾌락의 대상들을 경멸하는 것이 아니다. 그러한 것들이 이 세상의 자연적인 현상임을 알고 있다. 그러나 이 세상이 덧없음을 생각하면 나의 마음은 그 속에서 즐겁지가 않구나. 만일 늙음과 병듦과 죽음이 없다면, 나도 감각적 쾌락의 대상을 즐길 것이다. 만일 여인의 아름다움이 변하지 않는다면, 내 마음은 열정에 집착할 것이다. 그러나 그들의 아름다움이 늙음으로 시들어갈 때 수용하기가 어렵구나. 그런 아름다움 속에서 기뻐하는 것은 다만 어리석음일 뿐이다. 그러니 그대는 고뇌에 지친, 실로 늙고 죽어야 할 운명인 나를 저속한 욕망으로 이끌지 마라. 오! 순간적인 욕망을 진짜 핵심이라고 보는 그대의 마음은 진정 요지부동 견고하구나. 죽음의 길로 가고 있는 존재들을 보고 있으면서도 아직까지도 감각적 쾌락의 대상에 집착해 있구나. 나는 그러한 것들을 보았기 때문에 그 속에서 만족이나 평화나 기쁨을 얻지 못한다."

이와 같이 욕망의 집착을 끊게 하는 단호한 왕자의 말이 끝났을 때 태양은 서산으로 넘어갔다. 왕자가 감각적 쾌락의 대상에서 떠났음을 전해들은 왕은 밤잠을 이룰 수가 없었다.

어느 날 왕자는 궁성 밖으로 나갔다. 농부의 쟁기에 파헤쳐져 죽어 있는 벌레들, 햇볕에 그을리고, 바람과 먼지로 더럽혀져 변해있는 농부의 얼굴, 무거운 짐을 나르는 피로에 지쳐 헐떡이는 소를 보면서 왕자는 그들에 대한 연민의 정이 가슴에 가득 차올랐다. 왕자는 말에서 내려 슬픔을 새기면서 천천히 걸었다. 왕자는 수행원들을 보내고 홀로 있기 위하여 고요한 곳인, 잎들이 사방으로 아름답게 흔들리고 있는 잠부 나무 밑으로 갔다. 상쾌한 푸른 숲이 아름다운 그곳에 앉아 우주의 생겼다 사라지는 모습들을 관찰하면서 마음을 고요하게 가라앉혔다. 그리고 '존재하는 것들은 진정 비참하구나! 어쩔 수 없이 병들고 늙고 죽어 가는구나. 그런데도 그것을 보지 못하고 무지하고 눈이 멀었구나.' 라고 관찰하였다.

그의 힘과 정력, 젊음이 가져오는 마음을 도취시키는 것들은 인생의 질병과 늙음과 죽음을 바로 보았을 때 사라져버렸다. 그는 기뻐하지도 슬퍼하지도 않았다. 의혹도 사라졌고 안개 속을 걷는 듯한 나태함도 사라졌다. 그는 욕망을 벗어났고 증오도 벗어났고 다른 이를 낮추어보지도 않았다. 욕망에서 점차 벗어남에 따라 청정한 앎이 생겼다.

## 왕자의 출가결심
| 붓다짜리따 5장 |

어느 날 왕자는 왕궁 밖에 나갔다가 가사를 입은 비구를 보았다. 왕자는 자신도 모르게 비구에게 가까이 가서 말하였다.

"그대는 누구십니까?"

"훌륭한 분이여, 나는 수행자입니다. 삶과 죽음에서 벗어나 해탈하고자 하는 출가사문입니다. 이 세상 모든 것은 마침내 무너지고 마는데 그것은 어느 누구에게나 똑같이 닥쳐옵니다. 나는 욕망을 소멸한 해탈을 구하며 늙고 죽음이 없는 그런 경지를 구합니다."

왕자는 환희에 차서 왕궁으로 돌아와 드디어 출가를 결심하게 되었다. 그리고 부왕에게 출가를 허락해 주시기를 간청하였다. 그러나 부왕의 완강한 반대에 왕자는 이렇게 말씀드렸다.

"내 목숨이 죽지 않는다면, 내가 질병으로 건강을 해치지 않는다면, 늙음이 나의 젊음을 무너뜨리지 않는다면, 불행이 나의 행복을 앗아가지 않는다면, 나는 출가하지 않겠습니다."

"사랑하는 아들아, 그런 당치도 않은 생각일랑 버려라. 너의 소망은 말도 되지 않는 허황된 이야기이다."

이렇게 말하며 부왕은 출가를 허락하지 않았다.

"이 네 가지 소망이 이루어지지 않는다면, 불타는 집을 떠나려는 사람을 붙잡는 것은 합당치 않습니다. 서로 이별한다는 것은 분명한 법칙이오니 가르침을 위하여 떠나는 것이 다른 헤어짐보다 훨씬 더 낫습니다. 그러니 나의 목표를 이루지 않고는 저에게 만족은 없습니다."

그래도 부왕은 만류하면서 어떻게 해서든 왕자의 마음을 사로잡을 만한 것이 무엇일까를 궁리하여 왕자를 즐겁게 하려고 애썼다. 온갖 아름다운 여인들의 가무와 유흥, 최고급 향락도 왕자에게는 관심이 없었다. 그는 이런 것에서 만족을 느낄 수 없었다.

# 제2장 출가에서 성도까지

## ♣ 왕자의 출가와 첫 번째 스승: 박가와

| 붓다짜리따 5장-9장 |

　호화로운 잔치가 끝난 후 밤에 왕자는 여기저기 쓰러져 자는 궁녀들의 추한 모습을 보았다. 어떤 궁녀는 입을 벌리고 침을 흘리며 어떤 궁녀는 옷을 풀어헤치고 추한 모습으로 자고 있었다. 그렇게 아름답게 보이던 모습은 간 곳이 없고 마치 다른 여인들 같았다. 여인의 참 모습이 이와 같이 추하고 불완전한데 다만 그들의 옷치장과 장식한 모습에 속아서 남자들은 여인과 즐기기 위하여 욕망에 떨어진다.

　왕자는 그날 밤에 떠나기로 작정하였다. 그래서 마부 찬다까에게 가서 서둘러 말하였다.

　"깐타까를 끌고 오너라, 오늘 밤 나는 출가하리라."

　왕자는 사랑하는 사람들과 비할 데 없는 왕자의 부귀영화를 뒤로하고 깐타까를 타고 궁성을 빠져 나왔다. 그리고 이렇게 다짐하였다.

'생사를 벗어난 진리의 저 언덕에 다다름이 없이는 이 까삘라성으로 돌아오지 않을 것이다.'

왕자는 밤새도록 말을 달려 태양이 떠오를 때에 드디어 한 수행처를 보았는데 그것은 박가와 선인의 고행처였다. 왕자는 말에서 내려 마부 찬다까에게 고마움을 표시하며 몸에 걸친 모든 보석을 그에게 주면서 왕궁으로 돌아가라고 말하였다. 그리고는 사냥꾼의 옷과 왕자의 옷을 바꿔 입었다. 지금부터 왕자의 신분에서 수행자 고따마 싯달타가 되었다.

박가와 선인의 수행의 목표는 고행으로 안락을 얻는 것이며 고행의 결과는 천상에 태어나는 것이라고 하였다. 숲은 고행자들로 분주하고 생동적이었다. 예배소는 중얼거리며 기도하는 소리로 가득하고, 고행자들은 목욕예식을 행하고 희생제를 위하여 불을 붙이고 있었다. 수행자 고따마 싯달타는 여러 가지 종류의 고행을 보면서 며칠 밤을 그곳에 머문 후 그곳을 떠났다. 그러나 왕궁에서 바로 나온 왕자로서의 품위와 미모에 이끌려 싯달타에게 떠나지 말라고 간곡히 부탁하였다. 그러나 고따마 싯달타는 말하였다.

"그대들의 친절에 감사합니다. 그대들의 가르침은 하늘에 나기 위한 것입니다. 그러나 나의 열망은 다시 태어나지 않는 것입니다. 그러므로 여기를 떠나려합니다."

이렇게 말하자 그들은 원디야 수행처의 알라라 깔라마 선인을 찾아가라고 말하였다.

한편 왕궁에서는 왕자가 출가한 것을 알고 모든 사람들의 슬픔은 이루 말할 수 없었다. 특히 양모인 고따미 왕비는 넋을 잃고 눈물을 흘리면서 더욱 슬퍼하였다.

"왕궁에서 고귀하게 자란 왕자가 어찌 숲의 추위와 더위와 비바람을 견디겠는가? 부드러운 발로 어찌 숲의 거친 땅을 맨발로 걸을 수 있겠는가? 덕성과 지혜가 넘치는 왕자는 남에게 주는 데는 익숙해 있으나 남에게 달라고 해본 적이 없는데 그런 그가 어찌 탁발을 하겠는가?"

부왕은 곧 궁중 제관과 대신을 숲으로 보내어 왕자를 설득해 데려오도록 명하였다. 그들은 왕자에게 부왕의 눈물어린 간청과 소원을 전하고 부디 왕궁으로 돌아갈 것을 간청하였다. 그러나 왕자는 단호하게 말하였다.

"이미 번뇌로 가득한 집에서 나왔는데 어찌 다시 그 번뇌의 집으로 돌아가리요. 태양이 비록 땅에 떨어지고 히말라야 산이 무너진다 해도 진리의 깨달음이 없이는 왕궁으로 돌아가지 않겠소."

## 🔔 빔비사라왕과의 만남
| 숫따니빠따 3장 1: 405-424 출가 경, 붓따짜리따 10-11장 |

〔아난다 존자가 비구들에게 설법하다.〕

통찰력을 갖추신 분〔부처님〕이 어떻게 출가를 하셨는지, 왜 출가를 선택하셨는지, 그 분의 출가에 대하여 이야기 하겠습니다.

'재가의 삶은 답답하고 번잡스럽다. 부정한 것들이 먼지처럼 어디에고 쌓여 있다. 그러나 출가는 드넓은 공간에 사는 것이다.' 라고 생각하고 부처님은 출가하셨습니다. 출가 후 바람직하지 않은 생각과 말과 행동을 모두 버리고 청정한 삶을 살았습니다.

훌륭한 분의 특징을 가진 깨달으신 분은 마가다국의 라자가하로 탁발하러 가셨습니다. 빔비사라왕은 궁전에 서서 훌륭한 특징을 갖춘 비구가 걸어가는 것을 보고 신하에게 말하였습니다.

"저 사람을 보아라, 미남에 체격도 좋고 안색도 아름답다. 품위 있는 걸음걸이로 앞만 보고 걷는다. 눈을 아래로 뜨고 마음을 집중하고 걷는다. 그는 천한 출신이 아닌 것 같다. 여봐라, 저 사람이 어디로 가는지 쫓아가 보아라."

그래서 왕의 신하들은 그 비구가 어디로 가는지 알기 위해 뒤따랐습니다. 그는 감관을 절제하고 깨어있는 마음으로 마음을 집중하고 탁발을 하여 잠깐 동안에 발우를 채웠습니다. 탁발을 끝낸 후 그는 빤다와 산으로 향하였습니다.

그가 빤다와 산에 머무는 것을 알고는 한 사람은 왕에게로 보고하러 돌아가서 말하였습니다.

"대왕님, 그 수행자는 빤다와 산 동편에 있는 동굴에 마치 사자처럼, 호랑이처럼, 황소처럼 앉아 있습니다."

신하의 이 말을 듣고 빔비사라왕은 장엄한 수레를 타고 서둘러 빤다와 산으로 갔습니다. 그리고 수레가 갈 수 있는 곳까지 가서 내려서 그 수행자가 있는 곳까지 걸어갔습니다. 왕은 정중하게 인사를 한 후 자리에 앉아 이렇게 말하였습니다.

"그대는 젊고 인생의 한창때입니다. 미남이고 체격도 좋습니다. 그대의 훌륭한 태도로 보아 그대는 훌륭한 가문의 왕자인 것 같습니다. 코끼리를 앞세운 군대와 쓰실 재물을 드리겠습니다. 그런데 그대의 가문을 알고 싶으니 말해주겠습니까?"

"대왕님, 히말라야에서 멀지 않은 곳에 한[6]나라가 있습니다. 사람들은 부유하고 용감합니다. 그들은 태양족의 후예로서 사꺄라는 성을 가지고 있습니다. 이런 가문에서 나는 쾌락에 대한 욕망을 뒤로하고 출가를 하였습니다. 나는 쾌락의 비참함을 보았습니다. 그리고 출가에서 평화로움을 보았습니다. 나는 정진하려고 합니다. 내 마음은 기쁩니다."

## 두 번째 스승: 알라라 깔라마
| 붓다짜리따 12장 1-83 |

태양족의 달과 같은 고따마 싯달타 수행자는 평온함을 즐기고 있는 알라라 깔라마 선인을 찾아갔다. 선인은 말하였다.

"오! 훌륭하십니다, 그대여. 위풍당당한 코끼리가 묶인 밧줄을 끊듯이, 애정의 얽매임을 끊고 왕위도 버리고 출가하신 것을 알고 있습니다. 왕이 늙어서 왕위를 자식에게 물려주고 숲으로 간 것은 놀랄 일이 아닙니다. 그러나 감각적 쾌락에 빠져들 젊은 나이에 왕궁의 호화로운 삶을 즐기지 않고 떠나온 그대는 참으로 놀랍습니다. 그대는 이 높은 가르침을 이해하기에 적합한 그릇입니다. 지혜의 배를 타고 고해를 건너십시오. 그대의 깊고 확고한 불굴의 의지 때문에 그대를 시험하지 않겠소."

---

6) 숫따니빠따에는 꼬살라 나라라고 돼있는데 부처님의 모국인 사꺄국은 부처님 성도 후 한참 후에 꼬살라에게 무참히 멸망하였다. 여기 이야기는 부처님 출가 직후이기에 꼬살라를 삭제함.

그리고는 제자로 받아주었다. 고따마 싯닫타는 알라라 깔라마 선인에게 생로병사의 괴로움에서 벗어나는 길을 가르쳐 줄 것을 당부하였다. 선인은 말하였다.

"윤회의 원인과 그것의 소멸은 이와 같습니다. 무지와 업과 욕망은 윤회의 원인입니다. 이 원인에서 헤어나지 못하는 한 윤회에서 벗어날 수 없습니다. 사람들은 착각과 혼동으로 잘못된 분별과 집착 때문에 윤회에 헤맵니다. 생사의 흐름은 원인에 의해 되풀이 되니 원인이 없으면 결과도 없습니다. 바른 견해를 가진 사람은 네 가지를 알아야 합니다. 깨닫는 것과 깨닫지 못하는 것, 드러난 것과 드러나지 않은 것, 이 네 가지를 바르게 구별한다면 윤회에서 벗어나 궁극의 경지를 얻을 것입니다."

이와 같은 선인의 가르침을 듣고 고따마 싯닫타는 계속 깨달음을 향한 질문을 하였다.

"선인이여, 깨달음의 궁극에 이르는 길을 말씀해 주십시오."

알라라 깔라마 선인은 좀더 확실히 하기 위하여 신성한 경전[베다]에 따라서 간단하게 설명하였다.

"가족을 떠나 수행자가 되어 모든 행동을 바르게 하며, 어디에서나 어떤 것이나 최상으로 만족하고, 좋고 나쁘고를 분별하지 말고, 신성한 경전에 통달하고, 한적한 곳에서 수행하십시오. 욕망에서 오는 해악을 깊이 깨닫고 욕망을 떠나면 행복이 옵니다. 감각기관을 절제함에 따라 마음은 고요해집니다.

그러면 분별력을 일으키는 근본인 나쁜 성향과 욕망에서 벗어나 첫번째 선정에 들어갑니다. 그러나 아직 사유의 작용은 남아있습니다.

이런 행복을 얻고 그것을 돌아본 후 어리석은 사람은 자신이 전에는 느껴보지 못한 행복감에 도취되어 버립니다. 이러한 만족감에 빠져서 브라흐마 세계에 도달합니다.

지혜로운 사람은 더욱 열심히 정진하여 사유라는 것도 마음을 들뜨게 하는 원인임을 알아 사유를 끊고, 기쁨과 행복의 성향이 아직 남아 있는 두 번째 선정에 들어갑니다. 그러나 여기에서 더 높은 것을 추구하지 않는 사람은 기쁨에 빠져서 아바스와라 신들 가운데 찬란한 곳에 도달합니다.

그러나 기쁨과 행복을 초월한 사람은 세 번째 선정에 도달합니다. 기쁨으로 들뜨지는 않으나 행복으로 가득 차 있습니다. 여기에서 더 높은 것을 추구하지 않고 행복감에 도취되어 있는 사람은 슈바크리트스나 신과 같은 행복을 얻습니다.

그러나 이런 행복을 발견하더라도 그 행복에 집착하지 않고 치우치는 마음이 없을 때 행복도 고통도 초월한 네 번째 선정에 들어갑니다. 어떤 사람은 이 단계에서 행복도 고통도 초월하고 그리고 마음의 작용도 없기 때문에 해탈을 얻었다고 생각합니다. 그러나 최상의 경지를 아는 사람들은 오랜 세월에 걸쳐서 말하기를 이 단계의 결실은 브리하팔라 신과 같은 단계라고 말합니다.

그러나 지혜로운 이는 여기에 머물지 않고 몸으로 인하여 일어나는 허물을 보고, 이것을 소멸하기 위한 더 높은 지혜의 단계에 오릅니다. 이렇게 4선정을 넘어서서 더 높은 것을 추구하는 지혜로운 사람은 눈에 보이는 겉모양의 집착에서 벗어납니다. 그리고 아뜨만[자아]은 영원함을 발견합니다. 새가 새장에서 벗어나듯이 그의 몸으로부터 벗어나는 것을 해탈이라 합니다. 이것이 바로 지혜로운 이가 말하는 궁극적인 해탈입니다. 이것은 바로 불생불멸하는 으뜸가는 완전함입니다."

한동안 알라라 깔라마 선인의 가르침을 수행한 후 고따마 싯달타는 이 가르침에서 만족할 수 없었고 의심이 일었다. 알라라 깔라마 선인은 아뜨만은 영원하다고 말했다. 무지와 업과 욕망을 버리면 윤회에서 벗어나는 길이라 하였는데 아뜨만도 버려야 할 것이 아닌가. 왜냐하면 영원한 것은 없기 때문이다. 그래서 고따마 싯달타는 알라라 깔라마 선인의 가르침도 한계가 있음을 깨닫고 스승을 하직하고 좀더 훌륭한 가르침을 배우기 위하여 다른 스승을 찾아 길을 떠났다.

## 🔔 세 번째 스승: 웃다까 라마뿟따
| 붓다짜리따 12장 84-89 |

고따마 싯달타는 좀더 높은 가르침을 찾아서 웃다까 라마뿟따 선인을 찾아갔다. 이 스승도 또한 아뜨만은 영원하다는 믿음을 가지고 있었기 때문에 그의 교리를 받아들이기 어려웠다. 선인은 이런 가르침을 주었다.

"의식이 있다든지 없다든지 하는 것은 완전치 못한 상태이며 아무것도 없는 것도 초월해야 한다. 의식이 있음도 의식이 없음도 아니고, 모두 아는 것도 아니고 알지 못하는 것도 아닌, 이 둘을 초월한 매우 미묘한 상태이다."

얼마 동안 웃다까 라마뿟따 선인의 가르침을 수행한 후 고따마 싯달타는 생각하였다.

'웃다까 라마뿟따 스승도 역시 아뜨만에 집착돼 있구나. 의식이 있는 것도 아니고 없는 것도 아니라면 설령 이런 경지에 도달한다 해도 윤회에서 벗어나 해탈을 얻을 수 없다.'

이렇게 생각이 되어 더 훌륭한 경지를 얻어야겠다는 열망에서 웃다까 라마뿟따 스승을 떠나기로 하였다.

## 고따마 싯달타의 고행
| 맛지마 니까야: 12 마하시하나다 경 44-56 |

이와 같이 나는 들었다. 어느 때 부처님은 웨살리 도시 바깥의 서쪽 숲에 계셨다. …… 부처님은 사리뿟따에게 계속해서 말씀하셨다.

"사리뿟따여, 나는 네 가지 상황아래서 청정한 삶의 수행을 하였던 것을 기억한다. 나는 고행을 하였는데 그것도 극단적인 고행을 하였다. 나는 거친 수행을 하였는데 그것도 극단적인 거친 수행을 하였다. 나는 신중한 수행을 하였는데 그것도 극단적으로 신중한 수행을 하였다. 나는 격리된 수행을 하였는데 그것도 극단적으로 격리된 수행을 하였다.

나의 고행은 이와 같았다. 나는 식사 초대에 가지 않았고 가져온 음식도 받지 않았다. 나는 하루에 한 끼만 먹고 이틀에 한 끼만 먹고 며칠에 한 번 먹기도 했다. 나무열매나 풀잎, 나무뿌리를 먹었고, 나무껍질로 만든 옷이나 누더기 옷이나 수의를 주워 입기도 했다.

나의 거친 수행은 이와 같았다. 마치 띤두까 나무의 그루터기가 세월이 흐름에 따라 먼지와 더러움이 쌓여서 나무 조각들이 떨어지듯이, 세월이 흐름에 따라 내 몸에도 먼지와 때가 쌓여서 떨어졌다. 그러나 사리뿟따여, 나에게 이 먼지를 털어 내야겠다는 생각이 들지 않았다.

나의 신중한 수행은 이와 같았다. 나는 앞으로 갈 때에도 뒤로 갈 때에도 항상 마음을 집중하였다. 한 방울의 물 속에 있는 생물일지라도 나는 자비심으로 가득 차서 이렇게 생각하면서 수행하였다. '땅위의 틈새에 있는 작은 생물이라도 다치지 않기를.'

나의 격리된 수행은 이와 같았다. 나는 숲 속에 들어가 그곳에 머물렀다. 목동이나, 양치기, 나무꾼을 보았을 때 나는 다른 곳으로 옮겼다. 나는 두려움을 일으키는 울창한 숲으로 들어갔다. 욕망을 버리지 못한 사람이 그 숲에 들어가면 머리털이 곤두선다는 그런 숲이었다. 서리가 내리는 8일 동안의 겨울철 밤에는 노천에, 낮에는 숲 속에 있었고 뜨거운 계절의 마지막 달에 낮에는 노천에, 밤에는 숲에 있었다.

밤에는 춥고 낮에는 타는 듯 덥고,
두려움을 일으키는 숲에 홀로 있네.
헐벗은 채 옆에는 모닥불도 없네.
그래도 성자는 의문을 추구하네.

사리뿟따여, 나는 죽은 사람의 뼈를 베개삼아 묘지 옆에서 잠을 자기도 했다. 소치는 아이들이 와서 나에게 침을 뱉고 오줌을 갈기고 흙을 던지고 내 귀에다 나뭇가지를 쑤셔 넣기도 했다. 그러나 나에게는 그들을 미워하는 악한 마음이 일어나지 않았다. 왜냐하면 나의 마음은 〔좋고 싫고를 떠난〕 평정에 머물렀기 때문이다.

나는 하루에 한 개의 꼴라 열매를 먹었던 것을 기억한다. 꼴라 열매가 그때는 지금 것보다 더 컸으리라고 생각하겠지만 그러나 같은 크기이다. 하루에 한 개의 꼴라 열매만 먹었기 때문에 나의 몸은 극도로 쇠약해지기 시작했다. 너무 적게 먹었기 때문에 나의 팔과 다리는 포도 줄기나 대나무 줄기의 마디처럼 되었다. 너무 적게 먹었기 때문에 나의 엉덩이는 낙타의 발굽처럼 되었고 나의 갈비뼈는 마치 오래된 지붕 없는 헛간의 무너질 것 같은 서까래처럼 튀어나왔다. 내 눈의 광채는 푹 꺼져 마치 깊은 우물에 멀리 가라앉은 물빛과 같았다. 마치 초록색 쓴맛의 덩굴 박이 햇빛과 바람에 시들고 말라 주름진 것처럼 나의 머리가죽은 그렇게 말라 주름졌다. 너무 적게 먹었기 때문에 나의 뱃가죽은 등에 붙었다. 그래서 내가 뱃가죽을 만지면 등뼈가 만져졌고 등뼈를 만지면 뱃가죽이 만져졌다.

그러나 사리뿟따여, 이와 같이 실천하고, 이와 같이 수행하고, 이와 같은 극도의 고행을 하였지만, 나는 그 이상의 인간의 상태에 도달하지 못하였으며 훌륭한 사람들에게 합당한 탁월한 지혜와 통찰력을 얻지 못하였다. 그 이유는 무엇인가? 왜냐하면 나는 아직 훌륭한 지혜를 성취하지 못하였기 때문이다. 이런 훌륭한 지혜를 성취해야 이것에 따라 수행하는 사람을 해탈로 이끌고 괴로움의 완전한 소멸로 이끌기 때문이다."

## 🔔 부처님의 출가, 고행, 수행, 깨달음
| 맛지마 니까야: 26 아리야빠리예사나 경 13-19 |

이와 같이 나는 들었다. 어느 때 부처님은 사왓티의 기원정사에 계셨다. 부처님은 제자들에게 말씀하셨다.

〔출가〕

내가 깨달음을 얻기 전, 아직 온전히 깨닫지 못한 보디삿따[7]였을 때 나 역시 생·로·병·사·슬픔·번뇌에 묶여 있으면서 똑같은 생·로·병·사·슬픔·번뇌에 묶임을 구하였다. 그러나 나에게 '나는 왜 생·로·병·사에 묶여 있으면서 똑같은 생·로·병·사에 묶임을 구하는가?' 라는 의심이 일어났다. '비록 나는 지금 생·로·병·사·슬픔·번뇌에 묶여 있지만, 이것들의 재난을 알고 있기 때문에 이런 속박에서 벗어나, 생·로·병·사·슬픔·번뇌가 없는 최상의 안온인 열반[8]을 구해야겠다.' 는 생각이 들었다.

　그 후 아직 젊었을 때, 젊음의 축복이 주어진 인생의 한창때에 검은 머리의 젊은이는, [아들의 출가를] 원치 않는 부모님이 눈물을 흘리며 울었지만, 나는 수염과 머리를 깎고 노란 가사를 입고 출가하였다.

[스승 알라라 깔라마]

　이와 같이 출가를 하여 나는 바람직한 것을 찾아서 숭고한 평화의 최상의 경지를 찾아서 알라라 깔라마에게 가서 이렇게 말하였다.

　"깔라마시여, 나는 이 가르침과 계율에서 청정한 삶을 살기를 원합니다."

　"그렇게 하십시오. 이 가르침은 지혜로운 사람이라면 자신의 지혜로 스스로 깨달아 오래지 않아 스승의 경지에 도달할 수 있는 그런 가

---

7) 보디삿따(Bodhisatta): "깨달음을 추구하는 존재"라는 뜻으로 여기에서는 깨달음을 얻기 전 수행자 고따마를 말함.
8) 열반은 닙바나(Nibbāna)의 한역으로 불이 꺼진 상태를 의미하며, 탐, 진, 치 등의 모든 더러운 것에서 벗어남, 마음의 평안, 해탈(모든 속박에서 벗어남), 구원, 축복의 뜻을 가지며 깨달음의 궁극적 도달점이다.

르침입니다."

그래서 나는 아주 빠르게 그 가르침을 성취하였다. 단지 암송이나 복창(반복함)의 가르침에 관하여 말하면 나는 지혜와 확신을 가지고 말할 수 있게 되었고, 장로들의 이론을 말할 수 있게 되었다. '나는 알고 나는 본다'고 선언하였고 다른 사람들도 그렇게 인정하였다.

그런데 나는 이런 생각을 하였다.

'알라라 깔라마는 지혜로 스스로 깨달아 가르침을 성취하였다고 단지 믿음만 가지고 말한 것이 아니다. 분명히 그는 가르침을 알고 본다.'

그래서 나는 알라라 깔라마에게 가서 물었다.

"깔라마시여, 어떤 면에서 그대는 지혜로 스스로 깨달아 가르침을 성취하였다고 단언하십니까?"

이에 알라라 깔라마는 '아무것도 없는 경지'에 대하여 말해 주었다.

그래서 나는 생각하기를, '알라라 깔라마에게만 신심과, 정진, 마음챙김, 집중, 그리고 지혜가 있는 것이 아니다. 나도 또한 신심과, 정진, 마음챙김, 집중, 그리고 지혜가 있다. 그러니 나도 알라라 깔라마가 단언하는 그와 같은 경지를 얻도록 노력해 보면 어떨까?' 라고 생각하고 열심히 수행하였다.

오래지 않아 매우 빨리 나는 지혜로 스스로 깨달아 가르침을 성취하였다. 나는 알라라 깔라마에게 가서 물었다.

"깔라마시여, 그대가 지혜로 스스로 깨달아 가르침을 성취하였다고 단언한 것이 바로 이것입니까?"

"바로 그것이오, 벗이여."

"깔라마시여, 나도 또한 지혜로 깨달아 가르침을 성취하였습니다."

"그것은 우리들에게 유익함이오. 벗이여, 청정한 삶에서 존자님과 같은 동료가 있다는 것이 우리에게는 커다란 유익함이오. 내가 지혜로 스스로 깨달은 경지를 그대도 똑같이 깨달았소. 또 그대가 지혜로 스스로 깨달은 경지를 내가 똑같이 깨달았소. 내가 성취한 가르침을 그대가 성취하였고, 그대가 성취한 가르침을 내가 성취하였소. 그대가 아는 가르침을 내가 알고 내가 아는 가르침을 그대가 알게 되었소. 그러니 벗이여, 나와 함께 이 공동체를 이끌어가면 어떻겠소?"

이와 같이 나의 스승인 알라라 깔라마는 자신의 제자인 나를 그와 대등한 지위에 놓았고 최고의 존경을 표하였다. 그러나 이런 생각이 들었다. 이 가르침은 깨어있음, 욕망의 소멸, 〔번뇌의〕소멸, 평화, 지혜, 깨달음, 그리고 열반으로 이끌지 못하고 오직 '아무것도 없는 경지'에 머문다고 생각되었다. 그래서 그 가르침에 만족할 수 없었기 때문에 나는 그곳을 떠났다.

〔스승 웃다까 라마뿟따〕

나는 계속 바람직한 것을 찾아서, 숭고한 평화의 최상의 경지를 찾으면서 웃다까 라마뿟따에게 가서 이렇게 말하였다.

"웃다까 라마뿟따여, 나는 이 가르침과 계율에서 청정한 삶을 살기를 원합니다."

"그렇게 하십시오. 이 가르침은 지혜로운 사람이라면 자신의 지혜로 스스로 깨달아 오래지 않아 스승의 경지에 도달할 수 있는 그런 가르침입니다."

그래서 나는 아주 빠르게 그 가르침을 성취하였다. 단지 암송이나 복창(반복함)의 가르침에 관하여 말하면 나는 지혜와 확신을 가지고 말할 수 있게 되었고, 장로들의 이론을 말할 수 있게 되었다. '나는 알고 본다'고 선언하였고 다른 사람들도 그렇게 인정하였다.

그런데 나는 이런 생각을 하였다.

'웃다까 라마뿟따는 지혜로 스스로 깨달아 가르침을 성취하였다고 단지 믿음만 가지고 말한 것이 아니다. 분명히 그는 가르침을 알고 본다.'

그래서 나는 웃다까 라마뿟따에게 가서 물었다.

"라마시여, 어떤 면에서 그대는 지혜로 스스로 깨달아 가르침을 성취하였다고 단언하십니까?"

이에 웃다까 라마뿟따는 '지각이 있는 것도 아니고, 지각이 없는 것도 아닌 경지'에 대하여 말해 주었다.

그래서 나는 생각하기를, '웃다까 라마뿟따에게만 신심과, 정진, 마음챙김, 집중, 그리고 지혜가 있는 것이 아니다. 나도 또한 신심과, 정진, 마음챙김, 집중, 그리고 지혜가 있다. 그러니 나도 그와 같은 경지를 얻도록 노력하면 어떨까?'라고 생각하고 열심히 수행하였다. 오래지 않아 나는 지혜로 스스로 깨달아 담마[9]를 성취하였다.

나는 웃다까 라마뿟따에게 가서 물었다.

"라마시여, 그대가 지혜로 스스로 깨달아 가르침을 성취하였다고 단언한 것이 바로 이것입니까?"

---

9) 담마(Dhamma): 진리, 가르침, 정의, 현상, 바른 길 등 다양한 뜻이 있는데 여기에서는 "진리"로 해석함이 적합하다.

"바로 그것이오, 벗이여."

"존자여, 나도 또한 지혜로 깨달아 가르침을 성취하였습니다."

"그것은 우리들에게 유익함이오. 벗이여, 청정한 삶에서 존자님과 같은 동료가 있다는 것이 우리에게는 커다란 유익함이오. 라마가 지혜로 스스로 깨달은 경지를 그대도 똑같이 깨달았소. 또 그대가 지혜로 스스로 깨달은 경지를 라마가 똑같이 깨달았소. 그대가 아는 가르침을 라마가 알고, 라마가 아는 가르침을 그대가 알게 되었소. 그러니 벗이여, 그대가 이 공동체를 이끌어 가면 어떻겠소?"

이렇게 청정한 삶의 동료인 웃다까 라마뿟따는 나를 스승의 지위에 놓았고 최고의 존경을 하였다. 그러나 이런 생각이 들었다. 이 가르침은 깨어있음, 욕망의 소멸, 번뇌의 소멸, 평화, 지혜, 깨달음, 그리고 열반으로 이끌지 못하고 오직 '지각이 있는 것도 아니고 지각이 없는 것도 아닌 경지'에 머문다고 생각되었다. 그래서 그 가르침에 만족할 수 없었기 때문에 나는 그곳을 떠났다.

〔홀로 수행하다, 깨달음을 성취하다〕

나는 계속 무엇이 바람직한 것인지 그리고 숭고한 평화의 최상의 경지를 찾으면서 마가다국을 행각하면서 마침내 우루웰라 근처 세나니 마을에 도착하였다. 거기에서 나는 마음에 드는 적합한 곳을 발견하였다. 그곳은 훌륭한 숲이 있고 쾌적하고 완만한 강둑이 있는 맑은 물이 흘러가는 강이 있고 가까이에 탁발할 수 있는 곳이 있는 그런 훌륭한 곳이었다. 나는 생각하였다.

'정말 이곳이야말로 정진하려고 결단한 사람의 정진을 도울 수 있는

곳이다. 이곳은 바로 정진하기에 합당한 곳이다.'

그래서 나는 생·로·병·사·슬픔·번뇌에 묶여있지만, 그 재난을 알기 때문에 그 묶임에서 벗어나고자 생·로·병·사·슬픔·번뇌가 없는 최상의 안온인 '열반'을 구하였다. 나는 속박에서 벗어나 번뇌 없는 최상의 안온, 열반을 성취하였다. 그때 나에게 '나의 해탈은 움직일 수 없이 견고하다. 이것이 나의 마지막 탄생이다. 다시 태어나는 일은 없다'라는 지혜와 통찰력이 생겼다.

## 다섯 수행자와 함께 고행을 하다
| 붓다짜리따 12장-89-114 |

고따마 싯닫타는 웃다까 라마뿟따 선인을 떠나 네란자라 강가 인적이 드문 곳으로 갔다. 그리고 그 곳에서 고행을 하고 있는 다섯 수행자를 만났다. 해탈을 추구하고 있던 그들은 고따마 싯닫타를 보자 알 수 없는 힘에 이끌려 그를 공경하고 스승으로 섬겼다. 고따마 싯닫타는 단식에 의한 어려운 고행을 시작하였다. 그리고 이런 고행이 생사윤회에서 벗어나 해탈을 얻는 길이라고 생각하였다. 그래서 지극히 평온한 마음을 염원하면서 명상에 들었다.

어느덧 6년이란 세월이 흘러 그의 몸은 단식과 고행으로 극도로 야위기 시작하였다. 그의 육신은 비록 야위었으나 정신의 힘은 더욱 강해졌다. 그의 육신은 비록 뼈와 가죽만 남았으나 그의 거룩한 빛남은 마치 줄어들지 않는 깊은 바닷속 물과 같았다.

그러나 고행에 대한 회의심이 일기 시작하였다.

'오히려 예전에 나는 쟘부나무 아래서 확고한 진리를 보지 않았는가? 극도의 고행과 단식은 해탈에 이르게 하는 바른 길이 아니다. 쇠약한 육신으로 해탈을 얻는 것은 불가능하다. 균형을 잃어버린 마음, 목마름과 굶주림으로 지쳐버린 육신, 맑고 선명하지 않은 정신, 이렇게 육신과 마음이 조화롭지 않고 행복하지 않은 사람이 어떻게 해탈을 얻겠는가? 완전한 행복은 다섯 감각기관이 항상 편안할 때 얻어진다. 깊은 삼매는 잘 균형잡힌 평온한 마음에서 얻어진다. 깊은 삼매로부터 최상의 평화를 얻는다.'

그래서 고따마 싯달타는 음식을 먹기로 결정하고 네란자라 강으로 가서 목욕을 하여 몸과 마음을 맑게 하였다. 그때 소치는 이의 딸 난다바라는 환희심에 가득 차 성자에게 우유죽을 공양하였다.[10] 고따마 싯달타는 음식을 먹고 육신의 힘을 얻어 몸과 마음이 평안에 머물게 되었다.

한편 다섯 명의 고행자들은 고따마 싯달타가 고행을 포기하고 음식을 먹는 것을 보고 실망하여 떠나갔다.

## 🔔 깨달음을 얻다: 연기의 실상을 관찰하다
| 붓다짜리따 12장 109-121, 14장, 율장 마하왁가 1편 1 |

고따마 싯달타는 음식을 먹어 몸의 기운을 회복하고 마음도 맑아져 깨달음의 결심을 굳히고 푸른 나무숲이 울창한 [우루웰라] 숲 속의 보리수나무 아래 앉았다. 고따마 싯달타는 스스로에게 깨달음의 서원을 말하였다. '깨달음의 목표를 이룸이 없이는 이 자리에서 일어나지 않

...........
10) 자따까 I. 68에는 이름이 수자따로 나와 있다. 수자따(Sujātā)는 부처님께 우유죽을 공양함. 그녀는 우루웰라 인근 세나니 마을 지주인 세나니의 딸이었다.

겠다.'라고 다부진 결심을 하였다. 그는 단호한 결단력과 고요한 선정에 의하여 온갖 마라[11]의 유혹에도 전혀 동하지 않았다. 성자는 깊은 선정에 들어 윤회에 헤매는 중생들을 생각하니 그의 마음속에서 크나큰 자비심이 솟아올랐다. 그리고 청정한 혜안으로 우주의 실상을 꿰뚫어 관찰하였다. 존재하는 모든 것들은 태어나서 늙고 병들어 죽는다. 그리고 끊임없는 윤회에 헤매니 다만 괴로울 뿐이다. 사람의 시야는 욕망과 착각의 어두움에 가려져 있다. 그래서 앞을 보지 못하기 때문에 윤회에서 벗어나는 길을 알지 못한다.

이와 같이 생각한 후 고따마 싯달타는 우주의 실상을 자세하게 관찰하였다:

- 늙음과 죽음은 어디에서 오는가? 그는 진리를 온전히 꿰뚫어 사유한 후에 그것은 태어남이 있기 때문이라고 이해하였다.
- 그러면 태어남은 어디서 오는가? 업의 결과인 존재가 있기 때문이다. 원인 없이 이루어진 것은 없다.
- 그러면 존재는 어디서 오는가? 집착에서 온다.
- 그러면 집착은 어디서 오는가? 갈애에서 온다.
- 그러면 갈애[12]는 어디서 오는가? 느낌에서 온다.
- 그러면 느낌은 어디서 오는가? 접촉에서 온다.
- 그러면 접촉은 어디서 오는가? 여섯 가지 감각기관에서 온다.
- 그러면 여섯 가지 감각기관은 어디서 오는가? 이름과 모양[13]에서

----

11) 마라(Māra): 죽음, 악한 존재, 유혹자, 파괴의 뜻을 가지며 악마와 같은 악으로 유혹하는 존재를 말함.
12) 갈애(Taṇhā): 문자적인 뜻은 "갈증, 목마름"이란 뜻으로 채워도 채워도 풀리지 않는 인간의 근원적인 목마름을 말한다. 이것은 윤회로 이끄는 요인이며 열반을 성취하는 데에 장애물이다. 그러므로 뿌리째 뽑아야한다고 경전은 강조한다.

온다.
-그러면 이름과 모양은 어디서 오는가? 의식작용에서 온다.
-그러면 의식작용은 어디서 오는가? 형성[14]에서 온다.
-그러면 형성은 어디서 오는가? 어리석음에서 온다.
-어리석음은 모든 것의 원인이 된다.

이어서 이런 진리를 거꾸로 관찰하였다:
-어리석음에서 형성이 생긴다.
-형성에서 의식이 생기며
-의식에서 이름과 모양이 생기며
-이름과 모양에서 여섯 감각기관이 생기며
-여섯 감각기관에서 접촉이 생기며
-접촉에서 느낌이 생기며
-느낌에서 갈애가 생기며
-갈애에서 집착이 생기며
-집착에서 존재가 생기며
-존재에서 태어남이 생기며
-태어남에서 늙고 죽음이 생긴다.

........................
13) 이름과 모양(Nāmarūpa): 나마(Nāma)는 문자적으로 "이름"이라는 뜻이지만 여기서는 이름이란 말이 아니고 정신적 요소의 집합이라 할 수 있다. 루빠(Rūpa)의 문자적 뜻은 "모양"이란 뜻인데 모양이란 눈에 보이는 것으로 물질도 육신도 모양이라 할 수 있다. 그러므로 나마루빠란 "정신적 요소와 물질적 요소"가 있기 때문에 일어나는 현상이라 할 수 있다.
14) 형성(Saṅkhāra): 형성이란 만든다는 말이다. 생각을 만들고 말을 만들고 행동을 만든다. 즉 이 세상에 존재하는 모든 것은 무언가 자꾸 만들어 쌓고 그것이 습이 되어버린다. 습관, 성품, 사고방식, 업 등은 한 번에 그렇게 되는 것이 아니고 수없이 반복하고 쌓여서 그렇게 만들어진다. 즉 형성된다.

그러면 어떻게 모든 것이 소멸하는가를 관찰하였다:
- 태어남이 없으면 늙음과 죽음이 없다.
- 존재가 없으면 태어남이 없다.
- 집착이 없으면 존재가 없다.
- 갈애가 없으면 집착이 없다.
- 느낌이 없으면 갈애가 없다.
- 접촉이 없으면 느낌이 없다.
- 여섯 감각기관이 없으면 접촉이 없다.
- 이름과 모양이 없으면 여섯 감각기관이 없다.
- 의식작용이 없으면 이름과 모양이 없다.
- 형성이 없으면 의식작용이 없다.
- 어리석음이 없으면 형성이 없다.
- 어리석음은 모든 것의 근원이 된다.

고따마 싯달타는 이와 같이 최상의 지혜와 통찰력으로 우주의 실상을 관찰하였다. 그는 알아야 할 것을 마땅히 깨달았다. 그리고 이 세상에 붓다[15]로서 우뚝 섰다. 그는 어디에서도 영원한 아뜨만〔자아〕을 발견할 수 없었다. 그리고 성자가 열망해온 목표에 신속히 도달케 된 팔정도의 최상의 통찰력으로 그의 마음은 고요함과 평온으로 가득 찼다. 존재하는 모든 것들은 모두 서로 인연이 되어 생기고 저절로 생기지는

---

15) Buddha(붓다): 불(佛), 또는 부처님으로 번역됨. '붓다'의 뜻은 '깨달은 사람', '진리에 대한 지혜에 의하여 신과 인간과 모든 존재 가운데서 가장 으뜸인 사람'을 말한다. 29세에 출가 수행하여 35세에 깨달음을 이루고 80세에 열반하셨다.

않으며, 인연에 의하여 사라지고 저절로 사라지지 않는다는 것을 깨달았다. 이와 같이 존재의 모습이 확연히 드러났다. 어느 것이고 영원하고 고정된 실체가 없는 무아이기 때문에 무상하게 인연에 의하여 존재하다가 사라지는 것을 관찰하였다. 모든 것은 인연에 의하여 생겼다가 잠깐 존재하다가 인연이 다하면 사라지는 연기의 실상을 깨달았다. 우주만상은 고요에 잠겨있고 먼동이 틀 무렵 위대한 성인, 훌륭한 성인은 완전한 깨달음을 성취하였다. 드디어 고따마 싯닫타 수행자는 붓다, 즉 깨달은 성인이 되셨다.

이와 같이 연기의 실상을 깨달은 성인은 자비심으로 가득 차서 깨달은 사람, 붓다의 눈으로 중생의 평화와 행복을 위하여 세상을 바라보았다.

# 제3장 초기 교단의 성립과 발전

## 첫 번째 재가신도: 따뿟사와 발리까
| 율장 마하왁가 1편 4 |

〔깨달음을 얻은 지 얼마 되지 않았을 때〕 부처님은 라자야따나 나무 아래서 해탈의 기쁨을 누리면서 삼매에 잠겨 계셨다. 그때 따뿟사와 발리까 두 상인이 욱깔라에서 부처님이 계신 곳으로 향하는 큰길을 가고 있었다. 그들은 보리죽과 꿀을 가지고 부처님께 나아가 인사를 드린 후 공손하게 말하였다.

"부처님, 여기 보리죽과 꿀을 받아 주십시오. 이 공양의 공덕으로 저희들에게 오랫동안 행복과 축복이 있을 것입니다."

부처님께서 공양을 다 드셨을 때, 따뿟사와 발리까는 부처님의 발에 머리를 숙여 절하며 말하였다.

"부처님, 저희들은 부처님과 가르침에 귀의합니다. 저희들을 재가신자로 받아 주십시오."

이와 같이 두 상인 따빳사와 발리까는 '부처님과 가르침' 이 두 가지에 귀의한 최초의 재가신도가 되었다.

## 🔔 브라흐마 신16)의 설법 요청
| 상윳따 니까야: 6 브라흐마 상윳따 1:1, 율장 마하왁가 1편 5 |

이와 같이 나는 들었다. 어느 때 부처님은 네란자라 강가 우루웰라의 아자빨라 보리수나무 아래에 계셨는데 그때는 바로 깨달음을 얻은 직후였다. 그런데 홀로 명상에 잠겨 있을 때 이런 생각이 들었다.

'내가 깨달은 이 가르침은 심원하고 보기 어렵고 이해하기 어렵고 평온하고 숭고하고 생각의 범위를 초월하며 미묘하여 지혜로운 사람이나 알 수 있다. 그런데 지금 사람들은 감각적 쾌락에 빠져 즐거워하고 기뻐한다. 이렇게 감각적 쾌락에 빠져 있는 사람들은 모든 것은 원인에 의하여 일어난다는 연기의 가르침을 보기 어렵다. 또한 모든 형성을 고요히 함,17) 모든 집착을 버림, 갈애의 부숨, 욕망을 버림, 〔번뇌의〕소멸, 열반의 진리를 알기 어렵다. 내가 만일 이 진리를 가르친다 하더라도 사람들이 알아듣지 못한다면 내 몸만 피로하고 괴로운 일이다.'

그때 부처님은 예전에 말한 적도 없고 전에 들어보지도 못한 게송이 떠올랐다.

---

16) 브라흐마(Brahma 범천으로 한역): 그 당시 인도 최고신의 명칭. 경전에 그런 최고신을 등장시켜 부처님의 마음의 흐름을 표현하기도 하고 부처님을 찬탄하기도 한다. 경전의 서술 방식으로 볼 수 있다.
17) 세속적인 선업이든 악업이든 모든 것을 짓고 만들고 하는 쌓음, 형성하는 것을 고요히 함.

참으로 힘들게 성취한 이 진리를
왜 사람들에게 알려야만 하는가?
욕망과 증오에 젖어 있는 사람들에게
이 담마[18]는 이해하기 쉽지 않다.

심오하고 알기 어렵고 미묘하고
흐름을 거슬러 가는, 알기 힘든 담마를
어둠에 가려있고 욕망에 불타는 사람들은
결코 보지 못할 것이다.

부처님은 이와 같이 숙고하고 진리를 설하지 않기로 마음을 기울였다.
그때 브라흐마 사함빠띠가 부처님의 마음을 알아차리고 생각하기를, '여래, 아라한, 바르게 온전히 깨달으신 부처님이 가르침을 설하지 않으려고 하는구나. 오! 세상은 망하는구나. 세상은 버려지는구나!' 그래서 브라흐마 사함빠띠는 부처님께 말하였다.
"부처님, 부디 가르침을 설하옵소서. 바른 길로 잘 가신 분께서는 가르침을 설하옵소서. 더러움에 덜 물든 사람도 있습니다. 그들은 가르침을 듣지 못하여 버려졌습니다. 그들이 가르침을 듣는다면 이해하는 사람도 있을 것입니다."
사함빠띠는 게송으로 말하였다.

번뇌에 물든 사람들이 궁리해낸 오염된 가르침이

---

18) 담마: 여러 가지 담마의 뜻 중에 여기서는 "진리 또는 가르침"이 합당하다.

예전에 마가다에 나타났다.
〔그러나 이제〕 불사의 문을 열어라,
청정한 분이 성취한 담마를 그들이 듣게 하자.

마치 산꼭대기에 서 있는 사람이
온 주변의 사람을 다 보듯이
우주적 눈을 가지신, 오! 지혜로운 이여
담마의 전당에 오르십시오.

슬픔을 벗어난 분이시여,
태어남과 늙음에 억눌려
슬픔에 잠겨있는 사람들을 보십시오.

일어서십시오.
오 영웅이여! 전쟁의 승리자여!
캐러밴의 지도자, 세상을 거니십시오.
가르침을 주십시오, 오 세존이시여,
이해하는 사람이 있을 것입니다.

그래서 부처님은 브라흐마 사함빠띠의 요청을 이해하고 중생을 향한 자비심과 깨달은 이의 눈으로 세상을 바라보았다. 세상에는 더러움에 덜 물든 사람과 많이 물든 사람, 예리한 사람과 무딘 사람, 훌륭한 성품의 사람과 나쁜 성품의 사람, 가르치기 어려운 사람과 쉬운 사람,

내세와 잘못에 대한 두려움을 가지고 사는 사람들이 있었다. 부처님은 게송으로 대답하였다.

그들에게 불사의 문은 열렸다.
귀있는 자는 〔잘못된〕 믿음에서 벗어나라.
성가시다는 생각으로, 오 브라흐마여,
숭고하고 빼어난 가르침을
나는 가르치지 않으려 하였네.

## 🔔 최초로 가르침을 전하러 가시다
| 맛지마 니까야: 26 아리야빠리예사나 경 22-25 |

이와 같이 나는 가르침을 설하기로 결심하고 생각하였다. '누구에게 제일 먼저 가르침을 설할 것인가? 누가 빠르게 이 가르침을 이해할 것인가?' 그때 나에게, '알라라 깔라마는 박식하고 경험이 풍부하고 지혜롭다. 그는 오랜 세월 동안 〔마음의〕 눈에 먼지가 적은 사람이다. 그러니 그에게 제일 먼저 이 가르침을 설하면 어떨까? 그는 이 가르침을 단박에 이해할 것이다' 라는 생각이 들었다. 그러나 나는 그가 이미 죽었음을 알았다.

그래서 나는 다시 웃다까 라마뿟다를 떠올렸다. 그러나 그도 역시 죽었음을 알게 되었다. 다음으로 나는 다섯 비구를 떠올렸다. '다섯 명의 비구들은 내가 열심히 정진하던 때에 나의 시중을 들었고 많은 도움을 주었다. 그러니 그들에게 제일 처음으로 가르침을 설하는 것이 어떨까? 다섯 명의 비구들은 지금 어디에 있는가?' 라는 생각이 들었다. 그런데 그들은 바라나시의 이시빠따나의 사슴동산[19]에 있음을 알게 되었다.

그래서 나는 우루웰라를 떠나 바라나시로 향하였다. 그때 나는 깨달음의 나무와 가야 사이의 큰길을 가고 있었는데 아지와까 교의 나체 고행자 우빠까[20]는 나를 보고 말을 걸었다.

"벗이여, 그대의 안색은 맑고 피부는 깨끗하고 광채가 납니다. 그대는 누구에게 출가를 하였습니까? 그대의 스승은 누구입니까? 누구의 가르침을 따릅니까?"

이에 나는 우빠까에게 게송으로 대답하였다.

나는 모든 것을 이겼고
모든 것을 알았고
모든 것 중 번뇌에 물들지 않네
모든 것을 벗어났고
갈애를 소멸하여 해탈을 이루었네.

스스로 알았거니
누구를 스승으로 지적하리요.
나에게는 스승이 없네
나 같은 사람도 발견할 수 없네

----
19) 바라나시(Bārāṇasī)는 융성한 도시이고 이시빠따나(Isipatana)는 선인이 머무는 곳이란 뜻으로 온갖 수행자, 고행자들이 머무는 곳이었다. 사슴동산은 녹야원으로 한역됨.
20) 우빠카(Upaka): 그는 우루웰라 태생으로 나중에 사왓티의 부처님을 찾아가 비구가 되었다.

신과 세상 어디에도
나와 견줄만한 사람 없네.

나는 아라한, 최상의 스승
유일한 바르게 온전히 깨달은 자
적멸에 이르러 열반을 성취했네.
눈먼 세상 속에 생, 사에서 벗어나는 북을 울리기 위해
담마의 바퀴를 굴리기 위해 까시로 가네.

이에 우빠까는 말하였다.
"벗이여, 그대의 말대로라면 그대는 무한한 승리자임에 틀림없군요!"
이에 나는 다시 게송으로 말하였다.

번뇌를 부수어 승리한 사람은
나처럼 승리자네.
나는 악한 것은 모두 극복했네
그러므로 우빠까여, 나는 승리자네.

내가 이렇게 말하였을 때 나체 고행자 우빠까는 말하기를, "그럴지도 모르겠네요, 벗이여."라고 말하고 머리를 흔들면서 옆길로 가버렸다.

## 🔔 다섯 수행자에게 가르치시다
| 맛지마 니까야: 26 아리야빠리예사나 경 26-30 |

그 후 나는 행각을 계속하여 마침내 바라나시의 이시빠따나의 사슴 동산에 도착하여 다섯 명의 비구들이 있는 곳으로 갔다.

그들은 멀리서 내가 오는 것을 보고 자기들끼리 약속하며 말하였다.

"사치스럽게 살고, 정진〔고행〕을 포기하고 풍요로운 생활로 돌아간 사문 고따마가 저기 온다. 그가 오더라도 인사도 하지 말고 일어나지도 말고 발우와 가사도 받지 말자. 만일 그가 앉기를 원한다면 자리는 깔아주자."

그러나 내가 가까이 다가가자 그들은 약속을 지킬 수가 없었다. 어떤 사람은 가사와 발우를 받았고, 어떤 사람은 앉을 자리를 마련하고, 또 어떤 사람은 발 씻을 물을 가져왔다. 그런데 그들은 나의 이름을 부르며, '벗이여'라고 말하였다. 그래서 나는 그들에게 말하였다.

"비구들이여, 여래[21]의 이름을 부르지 말아라. '친구여'라고 부르지 말아라. 여래는 아라한[22]이며 바르게 온전히 깨달으신 분이다. 비구들이여, 귀를 기울이라. 나는 불사의 경지[23]를 성취하였다. 나는 가르치리라. 그대들에게 담마를 가르치겠다. 내가 가르친 대로 실천한다면 그대들은 오래지 않아 훌륭한 가문의 자제들이 출가한 청정한 삶의 최고의

---

21) 따타가따(Tathāgata): 여래로 한역됨. 깨달으신 분, 부처님에 대한 별칭으로 부처님은 자주 자신을 따타가따라고 표현함. 문자적 뜻은 '이와 같이 온 분, 또는 이와 같이 간 분'. 부처님 10개의 별칭중 하나.
22) 아라한(Arahant): 문자적 뜻은 공양받을 만한, 존경받을 만한의 뜻. 부처님 이전에는 고급 관리를 존칭하는 명칭으로 쓰임. 불교는 이 명칭을 가져와서 최고의 깨달음 즉 열반을 얻은 사람을 아라한이라함. 그러므로 부처님도 아라한이고 깨달음을 얻은 그 제자들도 아라한이라 함. 부처님의 10가지 칭호중 하나. 네 가지 수행 단계 중 마지막 단계. 번뇌를 완전히 소멸하고 윤회를 끊은 사람.
23) 윤회에서 벗어남을 말한다.

목표를, 지혜에 의하여 지금 여기에서 스스로 깨달아 성취할 것이다."

이에 다섯 명의 비구들은 이렇게 말하였다.

"벗, 고따마여, 그대의 격심한 고행과 수행과 행함으로도 어떤 월등한 인간의 경지도 얻지 못하였고, 거룩한 분에게 합당한 탁월한 지혜와 통찰력도 얻지 못하였소. 그런데 그대는 지금 사치스럽게 살고 정진을 포기하고 풍요로운 생활로 돌아갔습니다. 그런데 그대가 어떻게 월등한 인간의 경지를 얻었겠으며 거룩한 분에게 합당한 탁월한 지혜와 통찰력을 얻었겠습니까?"

이에 나는 그들에게 말하였다.

"여래는 사치스럽게 살지도 않았고, 정진을 포기하지도 않았고, 풍요로운 생활로 돌아가지도 않았다. 여래는 아라한이며 바르게 온전히 깨달으신 분이다. 비구들이여, 귀를 기울이라. 나는 불사의 경지를 성취하였다. 나는 가르치리라. 그대들에게 담마를 가르치겠다. 내가 가르친 대로 실천한다면 그대들은 오래지 않아 훌륭한 가문의 자제들이 출가한 청정한 삶의 최고의 목표를, 지혜에 의하여 지금 여기에서 스스로 깨달아 성취할 것이다."

그러나 비구들은 두 번째에도 세 번째에도 똑같은 질문을 하였다. 그래서 나는 그들에게 물었다.

"비구들이여, 그대들은 내가 전에 이렇게 말하는 것을 본 일이 있는가?"

"없습니다, 존자여."

"여래는 사치스럽게 살지도 않았고, 정진을 포기하지도 않았고, 풍요로운 생활로 돌아가지도 않았다. 여래는 아라한이며 바르게 온전히 깨달으신 분이다. 비구들이여, 귀를 기울이라. 나는 불사의 경지를 성취하였다. 나는 가르치리라. 그대들에게 담마를 가르치겠다. 내가 가르친 대로 실천한다면 그대들은 오래지 않아 훌륭한 가문의 자제들이 출가한 청정한 삶의 최고의 목표를, 지혜에 의하여 지금 여기에서 스스로 깨달아 성취할 것이다."

이렇게 하여 나는 그들을 납득시킬 수 있었다. 세 명의 비구들이 탁발하러 간 동안에 나머지 두 명의 비구들에게 가르쳤다. 그래서 우리 여섯 명은 세 명의 비구들이 탁발해 온 것으로 살았다. 어느 때는 세 명의 비구들에게 가르치는 동안에 다른 두 명의 비구들이 탁발을 하러 갔다. 그래서 여섯 명은 두 사람이 탁발하여 온 것으로 살았다.

이와 같이 나의 가르침을 받은 다섯 명의 비구들은 생·로·병·사·슬픔·번뇌에 묶여있는 그들 자신으로부터 그 재난을 알고, 생·로·병·사·슬픔·번뇌가 없는 최상의 안온인 열반을 성취하였다. 그들에게 '우리의 해탈은 확고하다. 이것이 우리의 마지막 태어남이다. 다시는 윤회하지 않는다.' 라는 지혜와 통찰력이 생겼다.

## 🔔 처음으로 가르침의 바퀴를 굴리시다: 중도(中道)와 네 가지 거룩한 진리(四聖諦)[24]

| 상윳따 니까야: 56 삿짜 상윳따 11, 율장 마하왁가 1편 6:17-37 |

이와 같이 나는 들었다. 어느 때 부처님은 바라나시의 이시빠따나의

---

24) 부처님은 연기를 깨달으셨는데 초전법륜(가장 처음 가르침의 바퀴를 굴리심)이 사성제인 이유는 연기의 도리는 너무 복잡하기 때문에 사람들이 쉽게 알아들을 수 있도록 간략히 정리한 것이 사성제라 할 수 있다. 즉, 사성제의 가르침은 연기의 핵심이며 축소라고 할 수 있다.

사슴동산에 계셨다. 부처님은 다섯 명의 비구들에게 이렇게 가르치셨다.

"비구들이여, 출가 수행자는 두 가지 극단을 피하여야 한다. 무엇이 두 가지인가?

[첫 번째는] 감각적인 쾌락에 몰두하는 것으로 이것은 저열하고, 천박하고, 하찮고, 유익함이 없으며,

[두 번째는] 지나친 고행에 몰두하는 것으로 이것은 고통스럽고, 저열하고, 유익함이 없는 것이다. 여래는 이 두 가지 극단에 치우침이 없이 중도를 깨달았다.[25] 중도는 통찰력을 주며, 지혜를 주며, 평화를 주며, 깨달음으로 이끌고, 열반으로 이끈다.

깨달음으로 이끄는 여래가 깨달은 중도란 무엇인가? 중도는 바로 여덟 가지 바른 길(팔정도)이다. 여덟 가지 바른 길은 '바른 견해, 바른 생각, 바른 말, 바른 행동, 바른 생활수단, 바른 정진, 바른 마음챙김, 바른 집중'이다. 이것이 여래가 깨달은 중도로서 통찰력을 주며, 지혜를 주며, 평화를 주며, 깨달음으로 이끌고, 열반으로 이끈다.

괴로움의 거룩한 진리는 이와 같다:
태어나고, 늙고, 병들고, 죽는 것은 괴로움이며,
싫은 것과 만나는 것도 괴로움이며,
좋아하는 것과 헤어지는 것도 괴로움이며,
원하는 것을 얻지 못하는 것도 괴로움이며,
한 마디로 말하자면,

---

25) 여기에서 두 가지 극단이란 부처님의 두 가지 극단적인 삶의 체험인 왕궁에서의 쾌락의 생활과 6년 동안의 극도의 고행을 말함. 이 두 가지 극단적인 생활에서 중도의 진리를 깨달았다.

집착의 대상이 되는 '다섯 가지 무더기'[26]가 괴로움이다.

괴로움의 근원의 거룩한 진리는 이와 같다:
갈애는 쾌락과 욕망을 수반하며
여기저기서 쾌락을 찾아 헤매고 윤회로 이끈다.
갈애에는 감각적 쾌락에 대한 갈애,
다시 태어남에 대한 갈애,
다시 태어나지 않겠다는 갈애가 있다.

괴로움의 소멸의 거룩한 진리는 이와 같다:
갈애를 남김없이 사라지게 하고 소멸하고,
포기하고 버려서 더 이상 갈애에 집착하지 않고
갈애로부터 벗어나는 것이다.

괴로움의 소멸에로 이르는 길의 거룩한 진리는 이와 같다:
그 길은 바로 여덟 가지 바른 길이다.
그것은 바른 견해, 바른 생각, 바른 말, 바른 행동,
바른 생활수단, 바른 정진, 바른 마음챙김, 바른 집중이다.

괴로움의 거룩한 진리, 괴로움의 근원의 거룩한 진리, 괴로움의 소멸의 거룩한 진리, 괴로움의 소멸에로 이르는 길의 거룩한 진리는 일찍이 어느 누구도 말한 적도 없고 들어본 적도 없다. 그런데 나에게 이 들

---
26) 다섯 가지가 모여 몸을 이룬다. 오온(五蘊)이라 한역됨. p. 219 오온 주석 참조

어본 적도 없는 진리를 알았다는 통찰력이 일어났고 지혜가 생기고 앎이 생기고 빛이 생겼다.

이와 같이 나는 신과 악마와 범천과 수행자와 브라흐민과 모든 신과 인간의 세계에서 최상의 온전한 깨달음을 얻었다. '나는 흔들림 없는 해탈을 얻었다.' '이것은 나의 마지막 탄생이다.' '윤회하는 일은 이제는 없다.' 라는 지혜와 통찰력이 생겼다."

이와 같이 부처님께서 말씀하시자 다섯 명의 비구들은 부처님의 말씀에 기뻐하였다.

이러한 가르침을 듣고 꼰단냐 비구는 티끌 없는 진리의 눈이 열렸다. '무엇이든지 생긴 것은 모두 소멸한다.' 는 진리를 깨달았다. 그때 부처님은 이렇게 감탄의 말씀을 하셨다.

"참으로 꼰단냐는 알아들었다. 참으로 꼰단냐는 깨달았다."

이로 해서 꼰단냐 비구는 안냐–꼰단냐(Añña-Koṇḍañña: 깨달은 꼰단냐)로 불리게 되었다.

부처님은 이와 같이 바라나시의 이시빠따나의 사슴동산에서 이 세상에서 그 어느 누구도 다시 굴릴 수 없는 위없는 법륜을 굴리셨다.

## 🔔 최초의 다섯 명[27]의 제자가 구족계를 받다
| 율장 마하왁가 1편 6.32-37 |

그때 안냐 꼰단냐 비구는 가르침을 보았고, 가르침을 얻었고, 가르침을 알았고, 가르침에 몰입하였고, 모든 의심이 사라지고, 스승의 가

---

27) 안냐 꼰단냐(Añña-Koṇḍañña), 왑빠(Vappa), 밧디야(Bhaddiya), 앗사지(Assaji), 마하나마(Mahānāma).

르침 속에서 온전한 만족을 얻었다.

그는 부처님께 청하였다.

"저는 부처님께 출가하여 구족계를 받기를 원합니다."

"오너라, 비구여, 가르침은 잘 설해져 있다. 괴로움의 완전한 소멸을 위하여 청정한 수행을 하여라."

그래서 이것이 안냐 꼰단냐의 구족계가 되었다.

부처님은 계속해서 나머지 네 명에게 열성을 다하여 가르치셨다. 부처님이 열성을 다하여 이들을 가르치고 있는 동안 왑빠 비구와 밧디야 비구는 '무엇이든지 생겨난 것은 소멸하게 마련이다.' 라는 티끌 없는 담마의 통찰력이 생겼다. 이들은 가르침을 보았고, 가르침을 얻었고, 가르침을 알았고, 가르침에 몰입하였고, 모든 의심이 사라지고, 스승의 가르침 속에서 온전한 만족을 얻었다.

이들은 부처님께 청하였다.

"저희는 부처님께 출가하여 구족계를 받기를 원합니다."

"오너라, 비구여, 가르침은 잘 설해져 있다. 괴로움의 완전한 소멸을 위하여 청정한 수행을 하여라."

그래서 이것이 이들의 구족계가 되었다.

부처님은 〔깨달음을 얻은〕 세 명의 비구들이 탁발해온 음식을 드시고 나머지 두 명에게 열성을 다하여 가르치셨다 그리고 이렇게 말씀하셨다.

"세 명의 비구가 탁발해 오는 것이 무엇이든 그것으로 여섯 명이 살도록 하자."

마침내 나머지 마하나마 비구와 앗사지 비구도 '무엇이든지 생겨난 것은 소멸하게 마련이다.'라는 티끌 없는 담마의 통찰력이 생겼다. 이들은 가르침을 보았고, 가르침을 얻었고, 가르침을 알았고, 가르침에 몰입하였고, 모든 의심이 사라지고, 스승의 가르침 속에서 온전한 만족을 얻었다.

이들은 부처님께 청하였다.

"저희는 부처님께 출가하여 구족계를 받기를 원합니다."

"오너라, 비구여, 가르침은 잘 설해져 있다. 괴로움의 완전한 소멸을 위하여 청정한 수행을 하여라."

그래서 이것이 이들의 구족계가 되었다.

## 🔔 두 번째 담마의 바퀴를 굴리시다: 무상, 무아의 가르침

| 상윳따 니까야: 22 칸다 상윳따 59, 율장 마하왁가 1편 6:38-47 |

이와 같이 나는 들었다. 어느 때 부처님은 바라나시의 이시빠따나의 사슴동산에 계셨다. 부처님은 다섯 명의 비구들에게 가르치셨다.

"육신은 무아(無我)[28]이다. 만일 육신이 (영원한) 자아가 있다면 몸이 병들지도 않을 것이고, 육신에게 '이렇게 돼라 또는 이렇게 되지 말라'고 말할 수 있을 것이다. 그러나 육신은 무아이기 때문에 병들게 되고 육신에게 '이렇게 돼라 또는 이렇게 되지 말라'고 말할 수 없다.

몸이 무아인 것처럼 느낌도 무아이고 지각도 무아이고 형성도 무아이고 의식도 무아이다. 만일 느낌이나, 지각, 형성, 의식 등이 자아가

---

28) 무아(Anattā)는 자아를 부정하는 말(An+attā)인데 자아가 없다는 뜻은 고정 불변하는 실체가 없고 끊임없이 변한다는 뜻이다.

있다면, 이런 것들이 병들지 말아야 할 것이고 '이렇게 돼라 또는 이렇게 되지 말라' 고 말할 수 있을 것이다. 그러나 느낌이나, 지각, 형성, 의식 등은 무아이기 때문에 병들게 되고 '이렇게 돼라 또는 이렇게 되지 말라' 고 말할 수 없다."

"그대들은 어떻게 생각하는가, 육신은 영원한가 무상한가?"

"무상합니다."

"무상한 것은 괴로운 것인가 즐거운 것인가?"

"괴로운 것입니다."

"무상하고 괴롭고 수시로 변하는 것을 두고 '이것은 나의 것이다, 이것은 나이다, 이것은 나의 자아다.' 라고 생각하는 것이 합당한가?"

"합당하지 않습니다."

"느낌은, 지각, 형성, 의식은 영원한가 무상한가?"

"무상합니다."

"무상한 것은 괴로운 것인가 즐거운 것인가?"

"괴로운 것입니다."

"무상하고 괴롭고 수시로 변하는 것을 두고 '이것은 나의 것이다, 이것은 나이다, 이것은 나의 자아다.' 라고 생각하는 것이 합당한가?"

"합당하지 않습니다."

"그러므로 육신은 '이것은 나의 것이 아니다, 이것은 내가 아니다, 이것은 나의 자아가 아니다.' 라고 바른 통찰력으로 보아야 한다. 육신과 마찬가지로 느낌이 어떤 것이든, 지각이, 형성, 의식이 어떤 것이든 '이것은 나의 것이 아니다, 이것은 내가 아니다, 이것은 나의 자아가 아니다.' 라고 바른 지혜로 보아야 한다.

그러므로 이와 같이 보고 가르침을 잘 습득한 훌륭한 제자들은 몸에도 집착하지 않고, 느낌에도 집착하지 않고, 지각에도, 형성에도, 의식에도 집착하지 않는다. 이렇게 집착을 떠났을 때 욕망에서 벗어나 해탈한다. 해탈하면 '나는 해탈하였다.'고 알게 된다. '태어남은 부서지고 청정한 삶은 성취되었다. 할 일을 다해 마쳤고 더 이상 윤회하지 않는다.'고 알게 된다."

이것이 부처님이 말씀하신 것이다. 다섯 명의 비구들은 부처님의 말씀에 기뻐하였다. 부처님의 말씀을 듣는 동안 다섯 명의 비구들은 집착에서 벗어나 번뇌로부터 해탈하였다.

그때 이 세상에서 아라한은 여섯 명이 되었다.

## 🔔 야사의 출가
| 율장 마하왁가 1편 7:1-15 |

그때 바라나시에 귀하게 양육된 대부호 상인의 아들 야사라는 젊은이가 살고 있었다. 그는 왕 못지않은 호화로운 환경 속에서 쾌락을 즐기면서 살았다. 그러나 어느 날 그는 이런 쾌락의 모습 속에서 환멸과 무상함을 느끼게 되었다. 그는 탄식하며 말하였다.

"정말 괴롭구나, 괴로워."

그는 집을 나와 이시빠따나의 사슴동산으로 향하였다. 그때 부처님은 새벽이 되어 밖에서 경행〔걷는 명상〕을 하고 계셨다. 야사는 부처님 가까이 갔을 때 이렇게 탄식하였다.

"정말 괴로워요, 정말 괴로워!"

부처님은 젊은이에게 이렇게 말씀하셨다.

"여기에는 괴로운 것이 없다. 여기에는 고통이 없다. 여기 와서 앉거라, 그대를 위해 가르침을 설하리라."

'여기에는 괴로움이 없다' 라는 부처님의 말씀에 귀가 번쩍 띄어 야사는 신발을 벗고 부처님께 공손히 인사를 드리고 한쪽에 앉았다. 부처님은 야사에게 쉬운 가르침으로부터 시작하여 보시에 대하여, 도덕적인 습관에 대하여, 덧없음, 감각적 쾌락에 따른 재난과 위험, 또 이것들을 버렸을 때의 이익에 대하여 말씀하셨다.

야사가 이 모든 가르침을 이해하고 받아들일 자세가 되었음을 아시고, 부처님은 깨달으신 진리인 괴로움과, 그 원인과, 괴로움을 없애는 길과, 괴로움의 소멸에 이르는 길에 대하여 말씀하셨다. 야사는 그 자리에서 진리의 눈이 열렸다.

그런데 야사의 부모는 야사를 찾아다니다가 부처님께 와서 가르침을 듣고 아들을 데려가기는커녕, 그들은 오히려 부처님께 귀의하여 부처님, 가르침, 승가〔삼보〕에 귀의한 첫 번째 신도가 되었다.

그 후 야사는 출가하여 계를 받으니 이 세상에 아라한은 일곱 명이 되었다.

## ♣ 야사의 친구 네 명의 출가
| 율장 마하왁가 1편 9:1-4 |

그때 야사 비구의 출가하기 전의 친구인 위말라, 수바후, 뿐나지, 가왐빠띠 등 네 명이 있었는데 그들은 크고 작은 부호 상인의 아들들이었다. 그들은 대부호의 아들 야사가 출가하였다는 소식을 듣고 이렇게 생각하였다.

'야사가 머리와 수염을 깎고 노란 가사를 입고 출가한 것을 볼 때, 이 가르침은 보통 가르침이나 계율이 아니다. 야사가 출가한 것도 보통 출가가 아니다.'

그래서 이 네 명의 친구들은 야사를 찾아갔다. 야사는 이들을 부처님께 데리고 갔다. 부처님은 이들에게도 또한 쉬운 가르침부터 시작하여 점차적인 가르침을 주셨다.

그들 역시 가르침을 보았고, 가르침을 얻었고, 가르침을 알았고, 가르침을 통달하였다. 의심을 벗어났고 불확실한 것을 제거하였고 스승의 가르침 속에서 온전한 만족을 얻었기 때문에 다른 어떤 것도 필요없게 되었다.

그들은 부처님께 말하였다.

"부처님 저희들은 부처님께 출가하여 계를 받고자 합니다."

"오너라 비구여, 가르침은 잘 설해져 있다. 괴로움을 끝내기 위해 청정한 수행을 하여라."

이와 같이 그들은 계를 받았다. 부처님은 그들을 가르치고, 분발케 하고, 격려하고, 그리고 기쁘게 하셨다. 부처님의 간곡한 가르침을 받는 동안 그들의 마음은 집착이 사라져 번뇌에서 벗어나 해탈하였다.

이로써 이 세상에 아라한은 열한 명이 되었다.

## 🔔 야사의 50명 친구의 출가

| 율장 마하왁가 1편 10: 1-4 |

그때 야사 비구의 출가하기 전 친구 50명이 있었는데 그들은 모두 바라나시 지방에서 역사가 가장 오래된 훌륭한 가문의 자제들이거나,

그 다음으로 오래된 훌륭한 가문의 자제들이었다. 이들도 역시 야사의 출가 소식을 듣고 생각하기를, '야사 같은 훌륭한 가문의 자제가 출가한 것을 볼 때, 이 가르침은 보통 가르침이나 계율이 아니며 야사가 출가한 것도 보통 출가가 아니다.' 라고 생각하고 야사를 방문하고 부처님을 뵙고 가르침을 듣게 되었다. 훌륭한 가르침을 듣고 이들도 출가를 결심하여 계를 받고 집착이 사라져 번뇌에서 벗어나 해탈하였다.

이로써 이 세상에 아라한은 61명이 되었다.

## 🔔 전법선언: 중생의 행복을 위하여 길을 떠나라
| 상윳따 니까야: 4 마라 상윳따 1:5, 율장 마하왁가 1편 11:1-2 |

이와 같이 나는 들었다. 어느 때 부처님은 바라나시의 이시빠따나의 사슴동산에 계셨다.

제자들 60명이 아라한이 되었을 때 부처님은 제자들을 모으시고 말씀하셨다.

"비구들이여, 나는 모든 속박에서 벗어났다.

그대들도 또한 모든 속박에서 벗어났다.

중생의 이익을 위하여, 중생의 행복을 위하여 길을 떠나라.

세상에 대한 자비심을 가지고, 존재하는 모든 것에 대한 자비심을 가지고,

신들과 인간의 이익과 행복을 위하여 길을 떠나라.

둘이 함께 같은 길을 가지 마라.

처음도 훌륭하고, 중간도 훌륭하고, 끝도 훌륭하고,

바른 뜻과 문장을 갖춘 가르침을 설하여라.

완전하고도 청정한 수행의 삶을 보여주어라.

세상에는 더러움에 덜 물든 사람들도 있다.

다만 그들은 가르침을 듣지 못하였기 때문에 멀어졌지만,

만일 그들이 가르침을 듣는다면 그것을 곧 알아들을 것이다.

비구들이여, 나도 또한 가르침을 설하기 위하여 우루웰라의 세나니 마을로 가야겠다."

## 🔔 30명의 젊은이의 출가
| 율장 마하왁가 1편 14:1-5 |

부처님은 바라나시를 떠나 우루웰라로 가셨다. 도중에 길에서 벗어나 숲에 들어가 어떤 나무 아래 앉으셨다. 그때 30명의 양갓집 자제들이 부부동반하여 놀러 왔는데 부인이 없는 한 사람은 기생을 데려왔다. 그런데 모두 재미있게 노는 틈에 그 기생은 귀중품들을 훔쳐서 달아났다. 그래서 그들은 여인을 찾아 나섰다가 부처님을 만나 이렇게 말하였다.

"부처님, 한 여인을 보지 못하셨습니까?"

"젊은이들이여, 그대들은 그 여인과 무슨 일이 있었는가?"

이에 그들은 자초지종을 부처님께 말씀드렸다. 부처님은 그들의 이야기를 듣고 말씀하셨다.

"그대들을 위하여 달아난 여인을 찾는 것이 더 중요한가, 아니면 자기 자신을 찾는 것이 더 중요한가?"

"자기 자신을 찾는 것이 더 중요합니다."

"그렇다면 젊은이들이여, 앉아라, 그대들에게 가르침을 설하겠다."

그래서 부처님은 그들에게 쉬운 교리에서부터 시작하여 순서적으로 가르침을 설하셨다. 그들이 가르침을 이해하고 받아들일 마음의 준비가 되어 있음을 아시고 마지막으로 네 가지 거룩한 진리를 가르치셨다. 그들은 의심을 벗어나 가르침을 사무치게 꿰뚫어 볼 수 있게 되었다. 그들은 출가하여 계를 받았다.

## 깟사빠 삼형제의 귀의
| 율장 마하왁가 1편 15:1-23 |

부처님은 우루웰라에 도착하셨다. 그때 우루웰라에는 머리를 땋은 결발 고행자인 우루웰라 깟사빠, 나디 깟사빠, 가야 깟사빠 삼형제가 살고 있었다. 〔그들은 불의 신 아그니를 섬기는 사람들이었다.〕 그들의 지도력은 대단하여 우루웰라 깟사빠는 500명의 제자를 두었으며, 나디 깟사빠는 300명, 가야 깟사빠는 200명의 제자를 거느리고 있었다.

부처님은 우루웰라 깟사빠의 불을 섬기는 사당에 머무실 때 그와 알게 되었다. 그는 자신에 대한 교만심으로 부처님께 쉽사리 승복하지 않았다. 그러나 그의 마음을 꿰뚫어 아시는 부처님의 훌륭하심에 그는 결국 부처님께 귀의하게 되었고 자신을 따르던 제자들도 모두 부처님께 귀의하였다. 그들은 머리를 깎고 불을 섬기는 제사 도구들을 모두 물에 떠내려 보내고 부처님께 계를 받았다.

그런데 나디 깟사빠와 가야 깟사빠는 물에 머리카락과 불을 섬기는 제사 도구들이 떠내려 오는 것을 보고 놀라서 우루웰라 깟사빠를 찾아가 물었다.

"이렇게 하는 것이 더 훌륭한 것입니까?"

"그렇다. 이것이 참으로 더 훌륭하다."

그래서 두 동생과 그의 제자들도 형과 똑같이 머리를 깎고 불을 섬기는 제사 도구들을 물에 떠내려 보낸 뒤 부처님께 귀의하여 계를 받았다. 〔이렇게 깟사빠 삼형제의 귀의로 부처님 교단은 천 명이 넘는 가장 큰 교단이 되었다.〕

## ♠ 모든 것은 불타고 있다
| 율장 마하왁가 1편 21:1-4 |

부처님은 전에 불을 섬겨왔고 결발 고행자였던 천 명의 제자들을 거느리고 우루웰라를 떠나 가야지방 근처의 가야산 마루에 올라 이렇게 가르치셨다.

"비구들이여, 모든 것은 불타고 있다. 무엇이 모든 것이 불타고 있는 것인가? 눈이 불타고 있고, 눈에 보이는 것이 불타고 있고, 눈으로 느끼는 것이 불타고 있고, 눈에 닿는 것이 불타고 있고, 눈의 닿음에서 일어나는 느낌인 즐거움과 괴로움, 즐겁지도 않고 괴롭지도 않은 것들이 불타고 있다.

무엇으로 불타고 있는가? 욕망으로 불타고, 증오로 불타고, 어리석음으로 불타고 있다. 생·로·병·사·슬픔·괴로움·절망으로 불타고 있다. 그러므로 이것을 알고 눈으로 보이는 것들, 느끼는 것들, 여기서 오는 괴로움과 즐거움에 집착하지 말아야 한다. 집착을 떠났을 때 해탈에 이른다."

## 🔔 빔비사라왕과의 만남
| 율장 마하왁가 1편 22:1-11 |

부처님은 천 명의 제자들과 함께 가야산 마루를 떠나 라자가하로 가셔서 야자나무 숲의 수빠띳타 사당에 머무셨다. 그때 마가다국의 세니야 빔비사라왕은 부처님이 천 명의 제자들과 함께 라자가하에 오셔서 수빠띳타 사당에 머무신다는 소식을 들었다. 또한 부처님은 온전히 깨달으신 분이며, 그분에 대한 훌륭한 평판이 자자하다는 것, 이런 훌륭한 아라한을 친견하는 것은 참 좋은 일이라는 것 등을 듣고는 수많은 브라흐민[29]과 장자들을 데리고 부처님을 방문하였다.

이들은 불을 섬기던 우루웰라 깟사빠가 이 위대한 사문을 모시고 청정한 삶을 살고 있는 것을 보았다. 부처님은 이들에게 쉬운 가르침부터 시작하여 순차적으로 가르침을 설하였다. 깨끗한 천에 염색이 잘 드는 것처럼 빔비사라왕과 많은 마가다의 브라흐민과 장자들은 티없는 법의 눈이 열렸다. 그들은 '생긴 것은 무엇이든지 소멸한다.' 고 깨달았다. 그래서 많은 브라흐민과 장자들은 부처님께 귀의하여 재가신도가 되었다.

빔비사라왕은 말하였다.

"부처님, 저는 왕자 시절에 다섯 가지 소원이 있었습니다. 첫째는

---

29) 브라흐민: 브라흐민이라는 용어는 한국에서는 '바라문' 이라고 써왔는데 원문은 브라흐마나(Brāhmaṇa)로서 그 뜻은 학자, 스승, 제관계급의 사람을 뜻한다. 그래서 제관을 일컫는 말이다. 정확한 관련 용어는:
   Brahma(브라흐마): 힌두 신으로 창조신이다. 범천으로 한역됨.
   Brahman(브라흐만): 전지, 전능, 불변, 영원, 초월적인 존재로 아뜨만과 동일시됨.
   Brahmin(브라흐민): 제관을 말함. 이 용어는 Brāhmaṇa를 영어로 옮기면서 파생되어 Brāhmaṇa 대신 사용되기 시작한 것으로 현대 학자들은 대부분 브라흐민을 사용한다.

왕위에 오르는 것, 둘째는 온전히 깨달으신 분이 내 영토에 오시는 것, 셋째는 내가 그분께 예배드리는 것, 넷째는 그분의 가르침을 듣는 것, 다섯째는 내가 그 가르침을 알아듣는 것이었습니다. 이제 이 다섯 가지 저의 소원이 모두 다 이루어졌습니다."

빔비사라왕은 부처님의 가르침을 이해하고 꿰뚫어 보아 진리의 눈이 열렸다. 그는 부처님과 가르침과 승가에 귀의하였다. 〔빔비사라왕과 왕비는 일생 동안 부처님 승단에 가장 든든한 후원자가 되었다.〕

## 🔔 빔비사라왕의 대나무 숲 기증
| 율장 마하왁가 1편 22:1-18 |

빔비사라왕은 부처님과 천 명의 제자들을 공양에 초대하였다. 왕은 손수 부처님께 시중들며 음식을 권하였다. 왕은 이런 생각을 하였다.

'어디에 부처님께서 머물면 좋을까? 마을에서 너무 멀지도 않고, 너무 가깝지도 않고, 오고 가기에 편리하고, 사람들이 방문하기 쉽고, 낮 동안 너무 번잡하지 않고, 밤에 소음이 없고, 조용하고, 인적이 드물고, 방해받지 않고, 명상 수행에 적합한 곳이 어딜까? 그런데 나의 이 대나무 숲은 모든 구비 조건을 갖춘 숲이다. 나는 이 대나무 숲을 부처님과 승단에 기증해야겠다.'

이렇게 생각하고 왕은 부처님께 말하였다.

"부처님, 저는 이 대나무 숲을 부처님과 승단에 기증합니다."

부처님은 숲을 받으시고 왕을 위하여 가르침을 설하여 왕을 기쁘게 하셨다. 왕은 환희에 넘쳐 기뻐하였다.

## 🔔 대나무 숲에 최초의 승원을 지음(죽림정사)
| 율장 쭐라왁가 6편 1:1-5, 3:11 |

어느 때 부처님은 라자가하의 〔빔비사라왕이 기증한〕 대나무 숲에 계셨다. 그때에는 비구들에게 숙소에서 사는 것이 허락되지 않았다. 그래서 비구들은 숲의 여기저기 즉 숲 속, 나무 아래, 언덕, 골짜기, 동굴, 묘지 주변, 짚더미 등에서 살았다.

그때 라자가하의 대부호 상인이 아침 일찍 이 대나무 숲에 가게 되었는데 그는 마침 비구들이 여기저기에서 나오는 것을 보았다. 그래서 비구들에게 다가가 물었다.

"존자여, 제가 숙소를 지어드리면 거기에서 사시겠습니까?"

"장자여, 숙소에 사는 것은 부처님께서 허락하지 않으셨습니다."

"그러면 존자여, 부처님께 〔허락해 주시도록〕 여쭌 후에 저에게 알려 주십시오."

그래서 비구들은 장자의 간청을 부처님께 여쭈었는데 부처님은 이를 허락하셨다. 장자는 서둘러 하루 동안에 60개의 거처를 만들었다. 그리고 부처님과 비구들을 공양에 초대하였다. 공양 후 부처님은 장자에게 감사의 게송을 말씀하셨다.

장자가 기증한 60개의 거처는 추위와 더위를 막을 것이오.
동물, 파충류, 모기를 피하게 하고
뜨거운 바람과 비를 피하게 할 것이오.
명상하기에, 통찰력을 얻기에 훌륭한 곳이오.
거처는 승가의 으뜸가는 선물로써 깨달은 분에 의하여 찬탄됩니다.

부처님은 라자가하의 대부호 상인에게 감사의 게송을 말씀하신 후 자리를 떠나셨다. 부처님이 숙소 짓는 것을 허락하셨다는 소문이 퍼지면서 신도들은 앞다투어 숙소를 지어 기증하게 되었다. 그때 마가다의 세니야 빔비사라왕은 승가를 위하여 좀더 견고한 재료인 점토와 회반죽을 발라, 대나무 숲에 길고 연속한 숙소를 건축하게 되었다.[30]

## 사리뿟따와 목갈라나의 개종
| 율장 마하왁가 1편 23:1-24:4 |

그때 라자가하에 방랑 수행자인 산자야가 250명의 제자들과 함께 살고 있었다. 사리뿟따와 목갈라나는 산자야 아래에서 청정한 수행생활을 하고 있었다. 이 두 사람은 서로 '먼저 불사의 경지에 이른 사람은 다른 사람에게 그것을 알려주도록 하자.' 고 약속을 하였다.

어느 날 사리뿟따는 탁발하고 있는 앗사지 비구를 보았는데 그는 앞으로 갈 때도 되돌아 갈 때도, 앞을 볼 때도 뒤를 볼 때도, 팔을 펼 때도 굽힐 때도 의젓한 몸가짐으로 눈은 아래로 뜨고 호감이 가는 태도로 걷고 있었다. 사리뿟따는 앗사지 비구의 이런 수행자다운 행동거지에 이끌려 그를 따라가서 물었다.

"존자여, 그대의 얼굴은 아주 맑고 빛납니다. 그대의 스승은 누구입니까? 누구의 가르침을 따르고 있습니까?"

"사꺄족에서 출가하신 위대한 사문이 계시는데 그분은 부처님이십니다. 나는 부처님께 출가를 하였고 그 분의 가르침을 따르고 있습니다."

---

30) 이와 같이 최초의 사원인 죽림정사는 빔비사라왕의 대나무 숲 기증에 의하여 많은 건물이 들어서게 되었고, 이곳을 중심으로 부처님 교단은 놀라운 발전을 거듭해 갔다. 대나무 숲에 지었으므로 죽림정사로 한역됨.

"그대의 스승의 가르침은 무엇입니까? 가르침의 의미는 무엇입니까?"

"벗이여, 나는 출가한 지 얼마 되지 않아 가르침과 계율에 초년생입니다. 그대에게 가르침을 온전히 말할 수는 없지만 그러나 간단히 그 뜻을 말할 수는 있습니다."

"존자여, 많든 적든 저에게 말해 주십시오. 뜻만 말해 주십시오. 많은 수식보다는 그 의미를 듣고 싶습니다."

이에 앗사지 존자는 말하였다.

"모든 것은 원인으로부터 생긴다고 여래는 그 원인을 말씀하시고, 그리고 그 소멸을 말씀하셨습니다. 위대한 사문은 이런 가르침을 주셨습니다."

사리뿟따는 이런 간결한 표현의 담마를 들었을 때 티없는 진리의 눈이 열렸다. 그래서 '생겨난 것은 무엇이든지 소멸하게 마련이다.' 라고 깨달았다. 그리고 말하였다.

"이것이 참으로 담마[31]라면, 우리들이 무수한 겁 동안 보지 못하고 지나쳤던 슬픔 없는 길을 그대는 꿰뚫었습니다."

그리고 나서 사리뿟따는 목갈라나를 찾아갔다. 사라뿟따를 보고 목갈라나는 말하였다.

"벗이여, 그대의 감관은 아주 깨끗하고 안색은 맑고 빛납니다. 불사의 경지라도 얻었습니까?"

"그렇습니다, 벗이여, 나는 불사의 경지를 얻었습니다."

"그렇지만 그대는 어떻게 불사의 경지를 얻었습니까?"

---

31) 여기서 담마의 뜻은 좁은 의미로는 부처님의 가르침, 넓은 의미로는 진리의 뜻.

이에 사리뿟따는 앗사지 존자와의 만남과 그가 들려준 이야기를 그대로 말해주었다. 이에 목갈라나는 말하였다.

"벗이여, 부처님께로 갑시다. 이 분이 우리의 스승입니다."

"그렇지만 벗이여, 여기 250명의 방랑 수행자들은 우리에게 의지하고 우리 때문에 여기 머물고 있습니다. 그들에게 말하여 그들 뜻대로 하도록 합시다."

그들은 방랑 수행자들에게 가서 이렇게 말하였다.

"벗들이여, 우리들은 부처님께로 가려고 합니다. 부처님이 우리의 스승입니다."

"우리들은 존자님들이 여기 있기 때문에 존자님들을 의지하고 여기 있습니다. 존자님들이 위대한 사문에게 출가하신다면, 우리 모두도 위대한 사문에게 출가하겠습니다."

그래서 사리뿟따와 목갈라나는 250명의 방랑 수행자들을 데리고 부처님이 계신 대나무 숲으로 향하였다. 부처님은 사리뿟따와 목갈라나가 오는 것을 보고 비구들에게 말씀하셨다.

"저 두 사람, 꼴리따와 우빠띳사[32]가 오고 있다. 이들은 나의 중요하고 훌륭한 한 쌍의 제자가 될 것이다.

이미 깊고 심오한 지혜의 경지에 이르렀고,
집착을 소멸하여 위없는 해탈을

---

[32] 꼴리따(Kolita)는 목갈라나의 속명, 우빠띳사(Upatissa)는 사리뿟따의 속명이다. 아소까왕의 바이라트 각문에 언급된 경전인 '우빠띳사의 질문'은 사리뿟따를 말함. 사리뿟따와 목갈라나는 부처님 교단에서 가장 큰 역할을 하는 제자가 됨. 이로써 부처님 교단은 1,250명이 넘는 대 교단이 되었다. 교단은 초창기부터 빔비사라왕의 지원과 상류계층의 훌륭한 가문의 자제들의 대거 출가, 그리고 다른 교단 수행자들의 개종으로 그 기초를 튼튼히 하였다.

이미 이룬 두 사람에게 부처님은
대나무 숲에서 말씀하셨네.
저기 두 사람,
꼴리따와 우빠띳사가 오고 있다.
이 한 쌍의 제자는
나의 중요하고 훌륭한 제자가 될 것이다."

사리뿟따와 목갈라나는 부처님 발에 이마를 대어 인사를 드리고 말하였다.
"부처님, 저희들은 부처님께 출가하여 계를 받기 원합니다."
"오너라, 비구여, 담마는 잘 설해져 있다. 괴로움의 완전한 소멸을 위하여 청정한 수행을 닦아라."
그들은 이와 같이 모두 부처님께 출가하여 계를 받았다.

## 🔔 사람들의 원망
| 율장 마하왁가 1편 24:5-7 |

그때 마가다국의 지체 높은 가문의 훌륭한 젊은이들이 부처님 아래에서 청정한 수행을 하고 있었다. 그런데 사람들의 이런 비난이 퍼졌다.

'사문 고따마는 우리 아들을 빼앗아간다. 그는 우리를 과부로 만든다. 그는 가정을 파괴한다. 이미 천 명의 결발 고행자들을 출가시켰고, 산자야의 250명의 방랑 수행자들도 출가시켰다. 지금 마가다의 지체 높은 가문의 훌륭한 젊은이들이 고따마 사문 아래서 청정한 수행을 하

고 있다.'

사람들은 비구들을 보면 게송으로 불평하기 시작하였다.

저 위대한 사문이 마가다의 기립바자[라자가하를 말함]에 왔네
산자야의 제자들을 모두 꾀어내더니
이제 또 누구를 꾀어내려고 하는가!

비구들은 이런 비난의 말을 듣고 부처님께 말씀드렸다. 부처님은 말씀하셨다.
"그런 이야기들은 오래가지 않을 것이다. 7일이 지나면 [자연히] 사라질 것이다. 그러므로 사람들이 그대들을 비난하면 그들에게 이렇게 말해 주어야 한다.

위대한 영웅이신 여래는
바른 가르침으로 사람들을 인도하시네.
바른 가르침으로 인도된 지혜로운 사람을
어찌 비난하는가."

그 후 사람들은 사꺄의 아들인 그 사문은 바른 가르침으로 사람들을 인도한다는 것을 알게 되었다. 불평과 원망의 소리는 7일이 지나자 곧 사라졌다.

## 🔔 기원정사[33]의 건립
| 율장 쭐라왁가 6편 4:1-10 |

　아나타삔디까 장자는 빔비사라왕이 기증한 대나무 숲에 60개의 숙소를 지은 라자가하의 대부호 상인의 누나의 남편이었다. 사왓티에 살고 있는 아나타삔디까 장자도 역시 대부호 상인이었다. 그는 라자가하에 볼일이 있어 가게 되었다.

　아나타삔디까 장자가 그 집에 도착하였을 때, 다른 때와는 달리 처남되는 라자가하의 대부호 상인은 노예와 종들에게 이것저것 지시하며 내일 먹을 음식 준비로 분주하였다. 마치 빔비사라왕과 그 군대라도 초청한 듯이 〔엄청난〕음식을 만들고 난리였다. 그는 웬일이냐고 물으니 내일 깨달으신 분과 그의 제자들을 초대한다고 하였다. 그는 다시 물었다.

　"깨달으신 분이라고 말했는가?"

　"예, 깨달으신 분이라고 말했습니다. 장자여."

　그러나 또 다시 물었다.

　"깨달으신 분이라고 말했는가?"

　"예, 깨달으신 분이라고 말했습니다. 장자여."

　아나타삔디까 장자는 똑같은 질문을 세 번씩이나 하면서 깨달으신 분이라고 말하였는지를 확인하였다.

　"이 세상에서 '깨달으신 분'이라고 말하는 것을 듣기란 어려운데 지금 온전히 깨달으신 분, 부처님을 뵐 수 있을까?"

---

33) 제대로 편리하게 갖추어 지어진 가장 중요한 초기 승원. 기원정사로 한역됨. 빠알리 니까야 경전의 가장 많은 부분은 이곳에서 설해짐.

"지금은 부처님 뵙기에 적당한 때가 아닙니다. 내일 아침 일찍 부처님을 뵐 수 있을 것입니다."

아나타삔디까 장자는 부처님을 뵙는다는 생각에 밤잠을 설치고 동트기 전 이른 새벽에 일어나 집을 나서서 머리카락이 쭈뼛 서는 어두운 숲을 지나 부처님을 찾아갔다. 그때 부처님은 밖에서 경행〔천천히 걷는 명상〕을 하고 계셨다. 부처님은 아나타삔디까 장자를 보고 말씀하셨다.

"어서 오십시오. 수닷따."[34)]

장자는 자신의 이름을 듣고는 기쁘고 환희심이 일어났다. 부처님 발에 이마를 대어 인사를 드리고 말하였다.

"부처님께서 편히 지내시기를 바랍니다."

"나는 마음이 평화롭기 때문에 편안하게 머뭅니다."

부처님은 아나타삔디까 장자를 위하여 쉬운 가르침부터 시작하여 점차적인 가르침을 주셨다. 장자의 마음이 가르침을 이해하고 받아들일 준비가 되어 있음을 아시고 부처님은 깨달으신 진리인 사성제의 가르침을 주셨다. 장자는 깨끗한 천에 물감이 쉽게 물들 듯이 그 자리에서 '생기는 모든 것은 소멸하게 마련이다.'라는 티없는 진리의 통찰력이 생겼다. 그래서 그는 담마를 보았고, 담마를 알았고, 담마를 얻었고, 담마 속에 완전히 뛰어들어 의심을 제거하고, 주저함을 치워버리고, 스승의 가르침에서 완전한 만족을 얻었다.

"부처님, 참으로 훌륭하십니다. 저는 부처님께 귀의합니다. 가르침

---

34) 아나타삔디까 장자의 이름은 수닷따이지만, 그의 관대한 자선으로 인하여 항상 아나타삔디까(가난한 사람에게 음식을 주는 사람) 로 불렸다.

에 귀의합니다. 승가에 귀의합니다. 오늘부터 저를 재가신도로 받아주십시오."

그리고 그는 부처님과 승가 대중을 다음 날 공양에 초대하였다.

그는 집이 사왓티였기 때문에 라자가하의 대부호인 처남의 집에서 부처님을 대접하였다. 공양 후 그는 우기철에 부처님과 그 제자들이 사왓티에서 지내시도록 청하였다.

장자는 라자가하에서의 일을 마치고 사왓티로 떠났다. 가는 길에 만나는 사람들에게 자신이 깨달으신 분과 승가 대중을 초청했다는 이야기, 그러니 정사와 숙소를 지어야 한다는 이야기, 깨달으신 분이 이 세상에 나타났다는 이야기, 이 길을 따라서 오실 것이라는 이야기 등을 열성적으로 말하였다. 그래서 장자의 권고로 사람들은 승원을 짓고 거처를 마련하고 선물을 준비하였다.

장자는 사왓티를 죽 둘러보면서 생각하기를 '마을에서 너무 멀지도 않고 너무 가깝지도 않고, 사람들이 오고 가기에 편리하고, 낮에 번잡하지 않고, 밤에는 시끄럽지 않고, 인적이 드물고, 명상하기에 적합한 곳은 어딜까' 하고 생각하였다.

그런데 그때 장자는 제따 왕자의 훌륭한 숲을 보았다. 그것은 모든 조건을 다 갖춘 안성맞춤의 장소였다. 그래서 장자는 제따 왕자를 찾아가서 왕자님의 훌륭한 숲에 승원을 지을 수 있도록 요청하였다. 그러나 왕자는 억만금을 준다해도 줄 수 없다고 말하였다. 그러나 끈질긴 장자의 요청으로 결국 왕자가 부르는 값에 지을 수 있다는 결론에 도달하였다.

그래서 장자는 마차에 금화를 싣고 가서 그곳에 깔기 시작하였다.

그러나 그 금화는 입구 근처의 작은 공간에도 충분하지 않았다. 그래서 장자는 사람들에게 말하였다.

"여러분, 가서 금화를 가져오십시오. 이 공간에 금화를 깔아야 합니다."

이것을 보고 제따 왕자는 생각하기를, '장자가 이렇게 많은 금화를 가져오는 것은 보통 일이 아니다.' 그래서 장자에게 말하였다.

"됐습니다, 장자여. 이 공간을 나에게도 주십시오. 이것은 나의 선물이 될 것입니다."

그래서 왕자 자신도 숲의 입구 쪽에 건물을 짓고 현관을 지어 자신의 훌륭한 숲을 기증하였다.

아나타삔디까 장자는 그곳에 건물을 짓고 방사를 만들고 현관, 시자실, 불 때는 장소, 창고, 벽장, 경행[35]하는 장소, 회랑, 경행할 수 있는 방, 우물, 우물가 정자, 목욕탕, 목욕탕에 딸린 방, 작은 오두막들, 연못, 나무를 심어 그늘을 만듦 등으로 편리한 시설을 갖춘 승원을 지었다.

## ♣ 사꺄족 왕족 젊은이들의 출가
| 율장 쭐라왁가 7편 1:1-4 |

어느 때 깨달으신 분, 부처님은 말라족의 작은 마을인 아누삐야에 계셨다. 그때 많은 사꺄족의 훌륭한 젊은이들이 앞다투어 부처님을 본받으려고 출가하게 되었다. 이들은 부와 권력을 모두 향유하며 살아 온 사꺄족의 왕족 출신인 마하나마와 그의 형제인 아누룻다, 그리고 밧디

..................
35) 명상하면서 천천히 걷는 장소.

야, 아난다, 바구, 낌빌라, 데와닷따였다. 이중 아난다와 데와닷따는 부처님의 사촌이었다. 그리고 왕궁 이발사인 우빨리도 출가하게 되었다. 부처님은 이발사인 우빨리에게 먼저 계를 주셨고 이어서 왕족 젊은 이들에게 계를 주셨다. 밧디야 존자는 오래지 않아 세 가지 지혜를 얻었고, 아누룻다 존자는 혜안이 열리고, 아난다 존자는 깨달음의 길에 들어서고, 데와닷따 존자는 영적인 힘을 얻게 되었다.[36]

## 🔔 부처님 주치의 지와까
| 율장 마하왁가 8편 1:1-35 |

어느 때 부처님은 라자가하의 죽림정사에 계셨다. 그때 웨살리는 매우 번창하였고 사람들로 북적대고 먹을 것이 풍성하였다. 수많은 건물과, 집들, 공원, 연못이 곳곳에 있었다. 더욱이 이곳에는 미모와 기예를 겸비한 유명한 기생 암바빨리[37]가 있어 더 융성한 도시가 되었다.

그래서 라자가하에서도 암바빨리에 못지않은 기생을 내세웠는데 살라와띠라고 하였다. 그런데 미모와 명성을 날리는 유명한 기생 살라와띠는 남자 아기를 낳아서 쓰레기 더미에 버렸다.

그때 아바야 왕자는 아침에 왕을 알현하기 위하여 왕궁으로 가고 있었는데 까마귀에게 둘러싸여 있는 아기를 보았다. 남자 아기는 살아 있었다. 왕자는 아기를 데려다 후궁에서 기르도록 하였다. 그래서 이름도 '살아있다'는 뜻으로 '지와까'라고 지었고 '왕자의 보호로 양육되었다'는 뜻으로 '꼬마라밧짜'라고 이름지었다.

---
36) 샤까족 왕족인 이들의 이름: Mahānāma, Anuruddha, bhaddiya, Ānanda, Bhagu, Kimbila, Devadatta, 그리고 이발사 Upāli.
37) 그녀는 암바빨리 숲을 부처님께 보시하였다.

지와까는 분별력 있는 나이가 되었을 때 탁실라의 유명한 의사를 찾아가서 7년 동안 의술을 배웠다. 그런 후 고향으로 돌아오는 길에 대부호 아내의 병을 고쳐주고 많은 돈과 노비와 마차까지 얻었다. 지와까는 왕자에게 돌아와 길러주신 은혜에 감사하며 처음으로 번 많은 돈을 왕자에게 주었지만 왕자는 돈을 받지 않았다. 지와까는 왕자의 후원에 거처를 지었다. 그때 빔비사라왕이 병이 나서 그를 고쳐 주니 많은 궁녀들을 주셨지만 지와까는 궁녀들보다는 할 일을 달라고 여쭈었다. 그래서 빔비사라왕은 말하였다.

"그러면 지와까야, 나와 왕궁의 여인들과 깨달으신 분과 비구 승단을 돌보도록 하여라."

"네, 알겠습니다."

그래서 그는 부처님의 주치의가 되었다. 그는 다른 사람이 고치지 못하는 고질병들을 고쳐 주어 유명한 의사가 되었다.

지와까는 어느 때 웃제니의 빳조따 왕의 병을 치료해 주었는데 왕은 감사의 표시로 '시웨야까' 라는 한 쌍의 천을 지와까에게 보냈다. 그 천은 온갖 천 중에서 가장 값지고 으뜸이고 귀한 천이었다. 지와까는 '이 천을 사용할만한 분은 오직 온전히 깨달으신 분, 부처님과 마가다의 빔비사라왕뿐이다.' 라고 생각하였다.

지와까는 부처님께 공손히 청원하기를 '승가 대중이 지금까지 누더기 가사를 입었지만, 빳조따 왕이 보내 준 온갖 천 중에서 가장 값지고, 으뜸이고, 귀한 천을 받아 주십사' 고 간청하였다. 그리고 장자들이 가사나 가사 만들 천을 승단의 비구들에게 공양 올리는 것을 허락해 주십사고 간청하였다.

그 후 부처님은 비구들에게 말씀하셨다.

"장자가 공양 올린 가사를 입어도 좋다. 누구든 누더기 가사를 원하면 그것을 입어도 좋고 장자들이 공양 올린 천으로 만든 가사를 입기를 원하면 그렇게 해도 좋다. 어느 것에 만족하든지 나는 그것을 권한다."

이때부터 재가신도들은 보시의 공덕을 쌓기 위하여 앞다투어 가사를 만들어 승가에 공양하였다.

## 🔔 꼬삼비 비구들의 논쟁
| 율장 마하왁가 10편 1:1-2:20, 4:6-5:14 |

어느 때 깨달으신 분, 부처님은 꼬삼비의 고시따 승원에 계셨다. 그때 비구들은 어떤 비구가 잘못을 저질렀다고 하여 정권[38]시켰다. 그러나 정권된 비구는 잘못이라고 생각지 않았고 그 정권이 부당하다고 주장하였다. 그래서 자신의 말에 동조하는 무리를 지어 정권을 내린 무리들과 서로 다투게 되었다.

그때 어떤 비구가 부처님께 비구들의 논쟁에 대하여 말씀드리고 그들을 타이르기를 청하였다. 부처님은 정권 내린 비구들에게 가셔서 말씀하시기를, "그대들에게 그렇게 보인다 해서 모든 경우에 대하여 어떤 비구를 정권시켜야 한다고 생각해서는 안 된다."고 타이르시고 정권 당한 비구 무리에게 가셔서는, "잘못이 있을 때는 믿음으로 고백하여야 한다."고 말씀하시고 양쪽 모두에게 말씀하시기를, "이로 인하여 승단은 서로 다투고 논쟁하고 시끄러운 싸움이 일어난다. 결국 승단은 불화가 일어나고 분열될 것이다."라고 타이르시고 떠나셨다.

---
38) 홀로 근신케 하여 비구의 권한을 일시 정지시킴.

그때 비구들이 승단에서 싸우고 다투고 논쟁에 빠져들고 말로 서로 찔러 상처를 입혔다. 그들의 논쟁을 해결하는 것은 불가능하였다. 그래서 부처님께 이 사실을 알렸고 부처님은 그들에게 가셔서 이렇게 타이르셨다.

"비구들이여, 더 이상 다투지 말고, 더 이상 싸우지 말고, 더 이상 논쟁하지 말라."

이때 담마 아닌 것을 말하는 어떤 비구가 이렇게 말하였다.

"부처님, 담마의 도사이신 세존께서는 기다리십시오. 걱정하지 마시고 하루하루 편안히 지내십시오. 이 다툼과 논쟁은 저희들이 알아서 해결하겠습니다."

부처님은 '원한은 원한에 의해서 결코 사라지지 않는다'는 내용의 디가우 왕자의 이야기를 예를 들어 말씀하시고, 이와 같이 잘 설해진 가르침과 계율에 출가한 비구들은 서로 인내하고 따뜻하게 서로 대하여 다투지 말고 화목해야 한다고 타이르셨다. 그러나 비구들이 뉘우치는 기색이 보이지 않자 부처님은 자리에서 일어나 나가셨다. 다음 날 아침 부처님은 앉는 자리와 발우와 가사를 꾸리셨다. 그리고 발우와 가사를 들고 승단 가운데 서서 이런 게송을 말씀하셨다.

모두들 서로 똑같이 고함을 치지만
아무도 자신의 어리석음을 모른다.
승단이 분열된다 하더라도
자신의 이익만 생각한다.

산만한 재치로 지혜로운 척하면서
온갖 말을 다한다,
입을 크게 벌렸지만
그것이 가져올 결과를 알지 못하는구나.

'그가 나를 욕한다, 그가 나를 해쳤다,
그가 나를 이겼다, 그가 내 것을 빼앗았다'
이렇게 집착하는 사람에게
원한은 가라앉지 않는다.

'그가 나를 욕한다, 그가 나를 해쳤다,
그가 나를 이겼다, 그가 내 것을 빼앗았다'
이렇게 집착하지 않는 사람에게
원한은 가라앉는다.

언제 어느 때나
원한은 원한으로 가라앉지 않는다.
원한 아닌 것으로만 원한은 가라앉는다.
이것은 변함없는 진리이다.

부처님은 게송으로 대중을 가르치신 후 발라까로나까라 마을로 떠나셨다. 이곳에서 수행하고 있는 바구 존자를 방문하여 어려움 없이 수행을 잘 하고 있는지 물으시고 그를 격려하신 후 빠찌나왕사 숲으로 가셨다. 그곳에는 아누룻다, 난디야, 낌빌라 존자가 수행하고 있었다. 부처님은 이들에게도 어려움 없이 수행을 잘 하고 있는지 물으신 후 그들을 격려하고 다시 빠릴레야로 떠나셨다.

부처님은 빠릴레야에 도착하셔서 락키따 숲의 훌륭한 살라 나무 아래 계셨다. 부처님은 명상하는 동안 이런 생각이 떠올랐다.

'전에 나는 꼬삼비 비구들의 논쟁으로 괴로웠다. 그들은 승단에서 싸우고 논쟁하고 계율적인 문제를 제기하여 나는 편치 않았다. 그러나 지금 나는 홀로 있다. 다투고 논쟁하는 비구들로부터 떠나 있으니 내 마음은 편안하구나.'

부처님은 사왓티의 기원정사로 가셨다. 한편 꼬삼비의 신도들은 이렇게 생각하였다.

'꼬삼비의 비구들은 우리에게 많은 손실을 가져왔다. 부처님은 이 비구들의 괴롭힘으로 말미암아 여기를 떠나셨다. 꼬삼비의 비구들에게 인사도 하지 말고, 일어서지도 말고, 합장하지도 말고, 신자가 할 일을 하지 말자. 존경하지도 말고, 공경하지도 말고, 그들이 탁발 나와도 공양을 올리지 말자. 이와 같이 그들이 신도들로부터 존경도 받지 못하고 공경도 받지 못하면 그들은 승단을 떠나든지 아니면 부처님께 나아가 화해할 것이다.'

그래서 신도들로부터 존경과 공경도 받지 못하고 공양도 얻을 수 없게 되자 비구들은 이렇게 말하였다.

"존자들이여, 사왓티로 가서 부처님을 뵙고 이 계율적인 문제를 해결합시다."

그래서 정권된 비구의 무리들과 정권시킨 비구의 무리들은 모두 부처님께 나아가 잘못한 비구는 참회하고 자신이 잘못했음을 고백하고 정권이 타당하다고 고백하였다. 그래서 그의 정권은 복권되었고 상대방 비구들에게도 잘못을 고백하고 모두 서로 화해하게 되었다. 부처님은 이런 복권예식 직후에 우뽀사타[39] 예식을 행하고 빠띠목카[40]를 암송하라고 말씀하셨다.

## 🔔 최초의 비구니 마하빠자빠띠
| 율장 쭐라왁가 10편 |

어느 때 부처님은 까삘라왓투의 사꺄족들이 사는 곳의 니그로다 승원에 계셨다. 그때 마하빠자빠띠 고따미[41]가 부처님을 방문하여 예를 갖춘 후 이렇게 말하였다.

"여래께서 말씀하신 계율과 가르침에 여성도 출가를 할 수 있도록 허락해 주신다면 좋겠습니다."

"오! 고따미여, 계율과 가르침에 여성도 출가하는 것에 마음 쓰지 마십시오."

마하빠자빠띠 고따미는 다시 요청하였지만 부처님은 허락하지 않으셨다. 그래서 그녀는 슬픔의 눈물을 흘리며 그곳을 나왔다.

부처님은 까삘라왓투를 떠나 웨살리의 큰 숲의 중각강당으로 가셨다. 그때 마하빠자빠띠 고따미는 삭발을 하고 노란 가사를 입고 많은

---

39) Uposatha: 포살. 자세한 설명은 p. 306 주석 37번 우뽀사타 참조.
40) Pātimokkha: 율장에 포함된 여러 가지 계율의 모음으로 우뽀사타 날에 외운다. p. 311 빠띠목카 참조.
41) 부처님을 길러주신 양모이며 왕비로서 숫도다나왕이 죽은 후 출가를 결심하였다. 그 당시 출가하면 숲에서 수행하고 탁발로 살아야 하는 여러 가지 열악한 상황에서 여성의 출가를 망설이셨음을 알 수 있다. 빠세나디왕은 기원정사 가까이에 '라자까라마' 비구니 승원을 건립함.

무리의 사꺄족의 여성들과 함께 웨살리로 출발하여 중각강당에 도착하였다. 마하빠자빠띠 고따미는 발은 붓고 사지는 먼지로 뒤덮여서 문 밖에 서서 슬픔의 눈물을 흘리고 있었다.

그때 아난다 존자는 그녀를 보고 이렇게 말하였다.

"고따미여, 왜 그렇게 발은 붓고 사지는 먼지로 뒤덮여서 문 밖에 서서 울고 있습니까?"

"아난다 존자여, 부처님은 여래께서 말씀하신 계율과 가르침에 여성도 출가를 할 수 있도록 허락지 않으십니다."

"그러면 고따미여, 부처님께 여성의 출가를 허락해 주십사고 말씀드릴 때까지 여기서 기다리십시오."

아난다 존자는 부처님께 가서 이렇게 말씀드렸다.

"부처님, 마하빠자빠띠 고따미가 발은 붓고 사지는 먼지로 뒤덮여서 밖에서 울고 있습니다. 여성도 부처님의 계율과 가르침에 출가할 수 있도록 허락해 주신다면 좋겠습니다."

그러나 부처님은 역시 허락하지 않으셨다. 그래서 아난다 존자는 다른 식으로 말씀드려야겠다고 생각하고 다시 이렇게 말씀드렸다.

"부처님, 만일 여성이 부처님의 계율과 가르침 아래 출가를 하면, 그들도 예류과 · 일래과 · 불환과 · 아라한과[42]를 성취할 수 있을까요?"

---

42) 깨달음의 네 가지 단계에 이른 사람: Sotapatti(진리의 길에 들어선 사람: 소따빳띠: 예류자), Sakadāgāmin(한번 더 인간 세계에 돌아오는 사람: 사까다가민: 일래자), Anāgāmin(인간 세계에는 다시 돌아오지 않고 천상에 태어나는 사람: 아나가민: 불환자), Arahatta(윤회를 끊은 깨달음의 경지에 이른 사람: 아라핫따: 아라한). 여기의 각각에 phala(팔라)를 붙이면 예류과, 일래과, 불환과, 아라한과의 과위를 나타냄.

"그들도 성취할 수 있지, 아난다."

"부처님, 만일 그들이 예류과 · 일래과 · 불환과 · 아라한과를 성취할 수 있다면, 마하빠자빠띠 고따미는 부처님의 이모로서, 양모로서, 양육자로서, 부처님의 친모가 돌아가셨을 때 부처님께 젖을 먹여 길렀습니다. 그러니 부처님, 여성도 부처님 계율과 가르침 아래 출가를 할 수 있도록 허락해 주신다면 좋겠습니다."

부처님은 여성의 출가를 허락하셨다. 〔이렇게 해서 부처님을 29년간 길러주신 왕비 마하빠자빠띠 고따미는 최초의 비구니가 되었다.〕

# 제4장 위대한 열반

## 🔔 부처님 최후의 해
| 상윳따 니까야: 47 사띠빳타나 상윳따 9 |

이와 같이 나는 들었다. 어느 때 부처님은 웨살리 근처의 벨루와 마을에 계셨다. 그때 부처님은 제자들에게 말씀하셨다.

"웨살리 근처 어디든지 친구나 아는 이들이나 친한 이들이 있는 곳에서 우기 안거를 보내도록 하여라. 나도 바로 여기 벨루와 마을에서 안거를 보내려고 한다."

그런데 이 우기 안거를 시작하였을 때에 부처님은 심한 병이 드셨다. 극심한 고통으로 사경을 헤맬 정도였다. 그러나 부처님은 괴로움에 빠지지 않고 마음챙김과 선명한 알아차림으로 이겨내셨다.

부처님은 병에서 일어난 지 얼마 되지 않았을 때 승원 뒤편의 그늘에 앉아 계셨다. 아난다 존자는 부처님께 이렇게 말씀드렸다.

"저는 부처님이 무엇을 참아 내야만 했는지, 어떻게 견디어냈는지를 보았습니다. 저의 몸은 마치 약에 취한 것 같았고 방향감각을 잃어버렸고 부처님이 아프셨기 때문에 가르침도 더 이상 선명하지 않았습니다. 그렇지만 부처님은 비구 승가를 위하여 무언가 말씀하시지 않고는 마지막 열반에 들지 않을 거라고 위로가 되었습니다."

"아난다야, 비구 승단이 나에게 무엇을 기대한단 말이냐? 나는 안팎의 구별 없이 가르침을 그대들에게 다 주었다. 여래의 가르침에 감추어진 것은 없다. 만일 누구든지 생각하기를 '내가 비구 승단을 맡고 있다든지 또는 비구 승단이 내 지시 아래 있다든지' 라고 생각한다면 〔이런 생각을 하는 사람은〕 무언가 비구 승단을 위해서 말을 해야만 한다는 사람이다. '내가 비구 승단을 맡고 있다든지 또는 비구 승단이 내 지시 아래 있다든지' 라는 생각은 여래에게 결코 없다. 그러므로 여래가 비구 승단을 위해 무엇을 말해야 한단 말이냐!

아난다야, 나는 이제 늙어 삶의 마지막 단계에 이르렀다. 내 나이 지금 80이 되었구나. 마치 낡은 수레가 가죽끈의 힘으로 가듯이 여래의 몸도 가죽끈의 힘으로 가는 것 같구나. 아난다야, 눈에 보이는 어떤 것에도 주의를 기울이지 않고 모든 느낌들을 소멸하여 여래는 형상을 떠난 집중에 머문다. 오직 이때 여래의 마음은 더욱 안온하다. 그러므로 아난다야,

자신을 섬[43]으로 하고,

---

43) dīpa:빠알리어로 '디빠' 라는 말은 두 가지 뜻이 있다. (1) 등불 (2) 섬, 피난처, 귀의처, 휴식처이다. 부처님은 두 번째 의미로 쓰셨다. 디가 니까야 주석서에서 "너 자신을 섬으로 삼으라, 큰 바다에 떠 있는 섬을 피난처로 하여." 윤회는 보통 바다에 비유된다. 고해의 바다, 바다에서 안전한 곳은 땅인 섬이다. 산스끄리뜨어로 dīpa는 등불, dvīpa는 섬의 뜻, 아함경은 산스끄리뜨의 번역이다. 등불은 오역이다. 등불이 아닌 섬이라야 맞다.

자신을 귀의처로 하고,
다른 것을 귀의처로 삼지 말라.

가르침을 섬으로 하고,
가르침을 귀의처로 하고,
다른 것을 귀의처로 삼지 말라.

아난다야, 누구든지 지금이나 내가 열반에 든 후 자신을 섬으로 하고, 자신을 귀의처로 삼고, 다른 것을 귀의처로 삼지 말고, 가르침을 섬으로 하고, 가르침을 귀의처로 하고, 다른 것을 귀의처로 하지 않는 수행자는 열심히 정진하는 최상의 수행자가 될 것이다."

## 여래께서 열반할 날도 멀지 않았다
| 디가 니까야: 16 마하빠리닙바나 경 3:49-51 |

부처님은 아난다 존자와 함께 큰 숲에 있는 중각강당으로 가셨다. 그리고 아난다 존자에게 말씀하셨다.
"아난다, 웨살리 인근에 머무는 모든 비구들에게 회당에 모이도록 전하여라."
비구들이 다 모였을 때 부처님은 이렇게 말씀하셨다.
"비구들이여, 나의 통찰력으로 깨달은 진리를 그대들에게 자세하게 설명해왔다. 그대들은 청정한 삶이 오랜 세월 동안 이어지고 머물게 하기 위하여, 그것을 철저하게 배우고 닦고 연마하고 수행하여야 한다. 그렇게 하는 것은 중생의 이익과 행복을 위한 것이며, 세상에 대한 자비심으로 인간과 신의 이익과 행복을 위한 것이다.

그대들에게 간곡히 이르나니, 모든 형성된 것들은 무너지게 마련이다. 부지런히 정진하라. 여래의 마지막 열반할 날도 멀지 않았다."

부처님은 이어서 게송으로 말씀하셨다.

나는 이제 아주 연로하여
생의 마감에 이르렀구나.
오직 나 자신만을 의지하고
나는 그대들을 떠난다.

부지런히 마음챙김을 가지고
계행에 굳건히 주하라.
차분히 가라앉은 생각으로
그대들의 마음을 지키라.

가르침과 계행에
부지런히 머무는 사람은
윤회를 벗어나 괴로움을 끝낼 것이다.

## 🔔 쭌다의 마지막 공양

| 디가 니까야: 16 마하빠리닙바나 경 4:13-25, 4:39-4:41 |

부처님은 많은 비구들과 함께 빠와로 가셨다. 그리고 대장장이의 아들 쭌다의 망고 숲에 머무셨다. 쭌다는 이 소식을 듣고 망고 숲으로 가

서 부처님께 인사를 드리고 한쪽에 앉았다. 부처님은 쭌다에게 법을 설하여 격려하시고 신심을 북돋우고 기쁘게 하셨다. 쭌다는 부처님과 비구들을 다음 날 공양에 초대하였다.

대장장이 아들 쭌다는 풍부한 양의 버섯요리[44]와 단단하고 부드러운 훌륭한 음식을 준비한 후 부처님께 때를 알렸다. 부처님은 발우를 가지고 비구들과 함께 쭌다의 집으로 가셨다. 공양을 다 드신 후 부처님은 쭌다를 위하여 법을 설하여 격려하시고 신심을 북돋우고 기쁘게 하신 후 자리에서 일어나 떠나셨다.

대장장이 아들 쭌다의 공양을 드신 후 부처님은 극심한 병에 걸렸는데 피가 나오는 설사병이었다. 부처님은 거의 죽음에 이를 것 같은 격심한 고통으로 괴로워하셨다. 그러나 마음챙김과 깨어있는 마음으로 마음의 동요 없이 참아내셨다.

그 후 부처님은 꾸시나라로 떠나셨다. 가시는 도중 어떤 나무 아래로 가서 말씀하셨다.

"아난다, 가사를 네 겹으로 접어서 깔아라, 몹시 피곤하구나. 아난다, 물좀 가져오너라, 목이 마르구나."

이에 아난다는 대답하였다.

"부처님, 500대의 수레가 이 길을 지나갔습니다. 그래서 수레바퀴가 물을 휘저어서 물이 좋지 않고 더럽고 흙탕물이 되었습니다. 까꿋타 강이 가까이 있습니다. 그 강은 맑고, 시원하고, 차갑고, 깨끗하고, 아름다운 강둑이 있고 [강에 들어가기도 편하고] 쾌적한 곳입니다. 그러

---

44) sūkara-maddava: 주석서는 세 가지를 가정함. 돼지고기, 쇠고기국, 천상의 음식. 그러나 리스 데이빗은 빠알리성전협회본에서 버섯이라고 번역. 아직도 이 지역에서는 정글에서 나는 sūkara-kanda라는 버섯을 즐긴다고 함.

니 거기서 물도 드시고 몸을 시원하게 하실 수 있습니다."

그러나 부처님은 또다시 물을 찾으셨다.

"아난다, 물좀 가져오너라, 목이 마르구나."

아난다는 똑같은 대답을 하였다. 그러나 부처님은 세 번째에도 물을 가져오라고 하시자 아난다는 발우를 가지고 냇가로 갔다. 그런데 그렇게 흙탕물로 더럽던 물이 맑고 완전히 깨끗하게 되었다. 아난다는 놀라면서 여래의 훌륭한 힘에 감탄하였다. 그래서 부처님은 깨끗한 물을 드실 수 있었다.

그 후 부처님은 많은 무리의 비구들과 함께 까꿋타 강으로 가셔서 시원한 물도 드시고 목욕도 하신 후 망고 숲으로 가셨다. 그리고 쭌다까 존자에게 말씀하셨다.

"쭌다까[45], 가사를 네 겹으로 접어 깔아라. 몹시 피곤해 누워야겠다."

부처님은 마음챙김과 선명한 깨어있음으로 일어나는 시간을 마음에 새기면서 두 발을 가지런히 하고 사자처럼 오른쪽으로 누우셨다. 쭌다까 존자는 부처님 앞에 앉았다.

붓다는 까꿋타 강으로 가셨네.
그 물은 깨끗하고 맑고 기분 좋은 물이었지
세상에서 견줄 바 없는 위대한 스승
여래는 지친 육신을 그 물에 담그고

---

45) 쭌다까(Cundaka): 사리뿟따의 동생으로 쭌다(Cunda)존자였다고 한다. 어려서 출가하여 이름에 "작은"이란 뜻이 있는 "-ka"가 붙은 것 같다. 상윳따 니까야 47:13에 사리뿟따가 열반에 들었을 때 사미 쭌다가 그의 시자였다고 언급하고 있다. 같은 사람임. 비구가 되어서도 사미 때의 이름을 부른 것.

물을 마시고 목욕을 하셨네.

세존, 위대한 성자, 비구들의 수장이시고
가르침을 열고 진리의 가르침 주신 부처님은
수많은 비구들에 둘러싸여 망고 숲으로 가셨네.

쭌다까 비구에게 스승은 이르시었지
'가사를 네 겹으로 접어 깔아라, 누워야겠구나.'
쭌다까는 가사를 네 겹으로 접어 깔았지
스승은 지친 육신을 누이셨네.
쭌다까 비구는 붓다 앞에 앉아 있었네.

## ♨ 쭌다의 공양은 오히려 복을 지은 것
| 디가 니까야: 16 마하빠리닙바나 경 4:42 |

부처님은 아난다에게 말씀하셨다.

"아난다, 아마도 누군가 쭌다에게 다음과 같이 말하여 그에게 슬픔을 일으킬지도 모른다. '벗 쭌다[46]여, 여래가 그대의 공양을 마지막으로 드신 후 열반에 드셨소. 그러므로 그것은 그대의 실수이며 불행이오.' 라고 말할지도 모른다. 그러나 쭌다의 슬픔은 이와 같이 제거되어야 한다. '벗, 쭌다여, 여래가 그대의 공양을 마지막으로 드신 후 열반에 드신 것은 그대의 공덕이며 행운이다. 벗 쭌다여, 나는 이 말씀을 부처님으로부터 직접 들었습니다.'"

---
46) 재가신도인 대장장이 아들 쭌다(Cunda)를 말함.

## 붓다와 아난다
| 디가 니까야: 16 마하빠리닙바나 경 5:13-5:14 |

아난다 존자는 그의 거처로 가서 문간에 기대서서 슬퍼하면서 울면서 말하였다.

"나는 아직도 배워야 할 것이 많은 '배우는 자'인데 내게 그렇게도 자비스러웠던 스승께서 열반하려 하시다니!"

그때 부처님은 아난다를 찾으셨다. 비구들은 부처님께 아난다는 그의 거처에서 슬퍼 울고 있다고 말씀드리니 부처님은 아난다를 불러 말씀하셨다.

"아난다, 울지 마라. 슬퍼하지 마라. 우리는 사랑스럽고 마음에 드는 모든 것들과 헤어져야 하고 떨어져 나가게 마련이라고 내가 전에 이미 말하지 않았느냐. 어떻게 그럴 수 있는가? 아난다, 태어난 것은 무엇이든지, 존재하는 것은 무엇이든지, 형성된 것은 무엇이든지 무너지게 마련인데 무너지지 않기를 바란다면 그것은 불가능한 일이다. 이런 경우는 존재하지 않는다.

오랜 세월 동안[47] 아난다, 그대는 여래의 앞에서나 뒤에서나 한결같이 한 마음으로 여래의 행복과 이익을 위하여 충성스럽게 여래를 시봉하였다. 그대는 한량없는 자애스러운 행동과, 말과, 마음으로 나를 대하였다. 그대는 많은 공덕을 쌓았다. 아난다, 마음 집중에 진력하라.

---

47) 부처님이 35세에 깨달음을 얻고 80세에 열반하실 때까지의 45년간의 기간중 아난다 존자는 후반부 25년 동안 부처님을 시봉하였다. 수많은 비구가 있었음에도 불구하고 교화기간의 절반 이상을 단 한 사람, 아난다 존자가 가까이 모셨다. 이것도 부처님의 성품을 잘 보여주는 증거이다. 그래서 경전 결집에서 아난다는 들은 가르침을 외웠고 빠알리 경전은 "이와 같이 나는 들었다."로 시작된다. 여기서 '나'란 아난다 존자이다.

그러면 머지않아 모든 번뇌에서 벗어날 것이다."

## 🔔 마지막 제자, 수밧다
| 디가 니까야: 16 마하빠리닙바나 경 5:23-5:30 |

그때 방랑 수행자, 수밧다가 꾸시나라에 살았는데 '오늘 밤 삼경에 사문 고따마께서 마지막 열반에 드실 것이다.' 라고 들었다. 그는 생각하기를, '나이가 많고, 스승의 스승인 방랑 수행자 존자들로부터 듣기를 여래, 온전히 깨달으신 붓다는 오직 드물게 이 세상에 나타난다고 하였다. 그런데 오늘 밤 삼경에 사문 고따마께서 열반에 드신다는데 내 마음속에 의심이 있다. 사문 고따마는 이 의심을 제거하도록 가르침을 주실 수 있다고 나는 확신한다.'

그래서 그는 말라족의 살라 숲으로 가서 아난다 존자에게 자신의 간절한 확신에 대하여 이야기하고, 부처님을 뵙고 싶다고 하였더니 아난다 존자는 이렇게 말하였다.

"수밧다여, 그럴 수 없습니다. 여래를 괴롭게 해서는 안 됩니다. 부처님은 너무 지치셨습니다."

그러나 수밧다는 두 번 세 번 계속 간청하였지만 허락을 얻지 못하였다. 그런데 부처님은 이들의 대화를 들으시고 아난다를 불러 말씀하셨다.

"아난다, 수밧다를 막지 마라. 여래를 만나게 해 주어라. 무엇이든지 그의 질문은 알고 싶은 열망에서지 나를 괴롭히려는 것은 아닐 것이다. 내 대답을 듣고 그는 재빨리 이해할 것이다."

그래서 수밧다는 부처님을 뵙게 되었다.

······부처님의 말씀을 듣고 수밧다는 그 말씀을 찬탄하면서 부처님께 출가를 허락해 주시도록 청하였다. 그는 출가하여 구족계를 받고 게으르지 않고 부지런히 정진하여 드디어 아라한 가운데 한 사람이 되었다. 그는 부처님의 마지막 제자였다.

## 부처님의 마지막 말씀
| 디가 니까야: 16 마하빠리닙바나 경 6:1,3,7 |

부처님은 아난다에게 말씀하셨다.

"아난다, 그대들은 이렇게 생각할지도 모른다. '스승의 가르침은 이젠 없구나, 우리의 스승은 이제 계시지 않는다.' 라고. 그러나 그렇게 생각해서는 안 된다. 아난다, 내가 지금까지 가르치고 규정한 가르침과 계율이 내가 열반한 후에 그대들의 스승이 될 것이다.

아난다, 내가 열반한 후에 승가는 원한다면 사소하고 덜 중요한 계율들을 폐지해도 좋다."

그런 후 부처님은 제자들에게 말씀하셨다.

"그대들에게 간곡히 이르나니, 모든 형성된 것들은 무너지게 마련이다. 부지런히 정진하라."

이것이 여래의 마지막 말씀이었다. 그리고 여래는 선정에 드셨다. 그리고 열반에 드셨다.

## 부처님 육신을 위한 마지막 예식
| 디가 니까야: 16 마하빠리닙바나 경 6:10-6:22 |

부처님께서 열반하시자 욕망에서 벗어나지 못한 비구들은 팔을 내

저으며 울고 털썩 주저앉아 이리저리 뒹굴면서 슬퍼하였다.

"세존께서는 너무나 빨리 열반에 드시는구나. 선서께서는 너무 빨리 열반하시는구나. 지혜의 눈이 너무 빨리 세상에서 사라지는구나!"

그러나 욕망에서 벗어난 비구들은 마음챙김과 선명한 깨어있음으로 슬픔을 참아내었다. 그리고 말하였다.

"모든 형성된 것들은 무상하다. 그러니 이 무상한 것들이 어떻게 영원하기를 바라겠는가?"

아난다 존자는 꾸시나라의 말라족에게 부처님의 열반을 알렸다. 그들은 열반의 소식을 듣고 충격을 받고 슬픔에 압도되어 어떤 사람은 머리를 쥐어뜯으면서 울고, 팔을 내저으면서 울고, 이리저리 뒹굴면서 슬퍼하였다.

"세존께서는 너무나 빨리 열반에 드시는구나. 선서께서는 너무 빨리 열반하시는구나. 지혜의 눈이 너무 빨리 세상에서 사라지는구나!"

그들은 향과 화환과 여러 가지의 악기와 천을 준비하여 살라 숲의 부처님 육신을 모신 곳으로 갔다. 그리고 향을 사르고, 꽃을 장식하고, 예를 올리고, 춤과 노래, 악기를 연주하고 찬가를 하면서 부처님의 존체에 공경을 표하면서 그날을 보냈다. 그리고 차양을 치고 둥근 천막을 쳤다. 이렇게 6일이 지난 후 7일째에 말라족들은 준비한 천으로 전륜성왕의 장례식대로 여래의 육신을 감쌌다. 그들은 도시의 동쪽에 있는 말라족 사당인 마꾸따반다나에 온갖 종류의 향나무로 화장용 장작더미를 쌓고 부처님의 존체를 그 위에 올려놓았다.

그때 마하 깟사빠 존자는 500여 명의 많은 무리의 비구들과 함께 빠와로부터 꾸시나라로 가는 큰길을 따라가고 있었다. 가다가 그는 길을 비켜서 어떤 나무 아래 앉았다. 그때 꾸시나라에서 오는 어떤(나체 고행자) 아지와까[48]는 만다라와(Mandārava) 꽃을 들고 빠와로 가고 있었다. 마하 깟사빠 존자는 그를 보고 이렇게 물었다.

"벗이여, 그대는 우리 스승님을 아십니까?"

"예, 나는 그분을 압니다. 고따마 사문이 열반하신 지 칠 일이 되었습니다. 그래서 이 만다라와 꽃을 그곳에서 가지고 오는 길입니다."

이 소리를 듣고 욕망을 초월하지 못한 어떤 비구들은 땅에 쓰러져 팔을 내저으며, 이리 저리 뒹굴면서 "너무 빨리 세존께서 열반하셨다. 너무 빨리 선서께서 열반하셨다. 너무 빨리 지혜의 눈이 세상에서 사라졌구나!"라고 비통해 하였다. 그러나 욕망에서 벗어난 비구들은 마음챙김과 선명한 깨어있음으로 슬픔을 참아내었다. 그리고 말하기를, "모든 형성된 것들은 무상하다. 그러니 이 무상한 것들이 어떻게 영원하기를 바라겠는가?" 하였다.

마하 깟사빠 존자와 500명의 비구들은 서둘러서 말라족의 마꾸따반다나 사당에 있는 세존의 화장용 장작더미에 도착하였다. 마하 깟사빠 존자는 가사를 어깨에 걸치고 두 손을 합장하고 장작더미를 오른쪽으로 세 번 돌고, 부처님의 발에 머리를 대어 마지막 인사를 올렸다. 함께 온 500명의 비구들도 또한 가사를 어깨에 걸치고 두 손을 합장하고 장작더미를 오른쪽으로 세 번 돌고, 부처님의 발에 머리를 대어 마지막 인사를 올렸다.

---

48) 아지와까(Ājīvaka): 막칼리 고살라를 추종하는 나체 고행자의 교단의 수행자를 말함.

## 🔔 부처님 사리의 분배와 탑을 세움

| 디가 니까야: 16 마하빠리닙바나 경 6:23-6:27 |

꾸시나라의 말라족들은 부처님의 사리를 수습하여 회당에 모시고 칠 일 동안 향을 사르고, 꽃을 장식하고, 음악을 연주하고, 찬가를 하면서 존경과 공경의 예를 올렸다.

그때 마가다의 아자따삿뚜왕은 부처님께서 꾸시나라에서 열반하셨다는 소식을 들었다. 그래서 꾸시나라의 말라족에게 사신을 보내어 이렇게 전하였다.

"부처님은 왕족이었고 나도 왕족이오. 그러므로 나는 부처님의 사리의 일부를 받을 자격이 있소. 나는 거대한 사리탑을 세워 예배하려 하오."

웨살리의 릿차위족도, 까삘라왓투의 사꺄족도, 알라깝빠의 불리족도, 라마가마의 꼴리야족도, 웨타디빠의 브라흐민도, 빠와의 말라족도 모두 똑같이 사신을 보내 부처님 사리의 일부를 받을 자격이 있다고 하면서 탑을 세우고 예배하려 하니 사리를 나누어 주기를 요청하였다. 이런 요청을 듣고 꾸시나라의 말라족들은 운집한 군중들에게 말하였다.

"부처님은 우리 땅에서 열반하셨소. 우리는 부처님의 사리를 나누어 줄 수 없소."

이때 브라흐민[49] 도나가 군중들에게 말하였다.

"여러분, 내 말 좀 들어보십시오. 인내는 부처님의 가르침이었습니

---

49) 브라흐민(Brahmin): 제관을 말함.
　　브라흐만(Brahman): 전지, 전능, 영원, 초월적인 존재.
　　브라흐마(Brahma): 창조신(범천으로 한역).

다. 인간 중에 가장 훌륭한 분이었던 부처님의 사리를 나누는 문제를 놓고 분쟁을 한다는 것은 전혀 옳지 않습니다. 여러분, 우리 모두 일치하여 화합합시다. 기쁜 마음으로 동의하여 사리를 여덟 등분으로 나누도록 합시다. 그래서 많은 사람들이 지혜의 눈을 가지신 부처님께 존경과 봉헌을 하게 합시다. 그래서 여기저기 모든 지역에 탑을 세웁시다."

"브라흐민, 그러면 그대가 부처님의 사리를 여덟 등분으로 똑같이 공평하게 나누도록 하십시오."

그래서 브라흐민 도나는 사리를 여덟 등분으로 나눈 후 대중들에게 말하였다.

"여러분, 이 사리를 분배할 때 담았던 단지를 저에게 주십시오. 저도 탑을 세워 예배드리고 싶습니다."

그래서 단지는 브라흐민 도나에게 주어졌다. 그런데 삡팔리 숲의 모리야족도 사리를 나누어 주기를 요청해 왔다. 그러나 이미 사리를 다 분배하였기 때문에 모리야족은 다비장의 숯을 가져갔다.

그래서 마가다의 아자따삿뚜왕은 라자가하에 거대한 부처님의 사리탑을 세우고 예배하였다. 릿차위족은 웨살리에, 사꺄족은 까삘라왓투에, 불리족은 알라깝빠에, 꼴리야족은 라마가마에, 브라흐민은 웨타디빠에, 빠와에 사는 말라족은 빠와에, 꾸시나라에 사는 말라족은 꾸시나라에 각각 탑을 세웠고, 브라흐민 도나는 단지를 넣은 탑을,[50] 모리야족은 삡팔리 숲에 숯을 넣고 탑을[51] 세웠다.

---

50) 현장법사의 『대당서역기』에 의하면 "여래가 적멸한 뒤 8개국의 대왕에게 사리를 분배했었다. 사리의 분량을 병으로 잰 브라흐민은 그 병을 가지고 가서 병을 넣고 탑을 세웠다. 그래서 이 탑의 이름이 병탑이다. 나중에 아소까왕이 탑을 발굴하여 병을 꺼낸 다음 새로이 큰 탑을 세웠다."(권덕주 역: 대당서역기. p. 201)

이렇게 하여 열 개[52]의 탑이 세워졌는데 여덟 개의 탑은 부처님의 사리를 넣은 탑이고, 아홉 번째 탑은 단지를 넣은 탑이고, 열 번째 탑은 숯을 넣은 탑이 되었다. 이것이 바로 예전에 있었던 일이다.

----

51) 현장법사의 『대당서역기』의 내용에 "태자가 삭발한 탑에서 30여 척 되는 탑이 있다. 옛날 여래가 적멸하였을 때 사리가 모두 분배되어 브라흐민들은 차지할 수가 없었다. 그래서 다비 후 남은 재와 탄을 가져가 탑을 세우고 공양한 곳이다. 여기 옛 승원에는 수백 개의 탑이 있는데 그중 가장 큰 것은 100 여척으로 아소까왕이 세운 것이다." (현장의 대당서역기: 권덕주 역. p. 178)

52) 열 개의 탑. ① Magadha(Ajātasattu 왕), ② Vesāli(Licchavi 족), ③ Kapilavatthu(Sakya 족), ④ Allakappa(Buli 족), ⑤ Rāmagāma(Koliya 족), ⑥ Vethadīpa(Brahmin), ⑦ Pāvā(Malla 족), ⑧ Kusinārā(Malla 족), ⑨ Brahmin Doṇa(단지 탑), ⑩ Pipphali 숲(Moriya 족: 숯 탑)

# 제2편
# 부처님은 누구신가

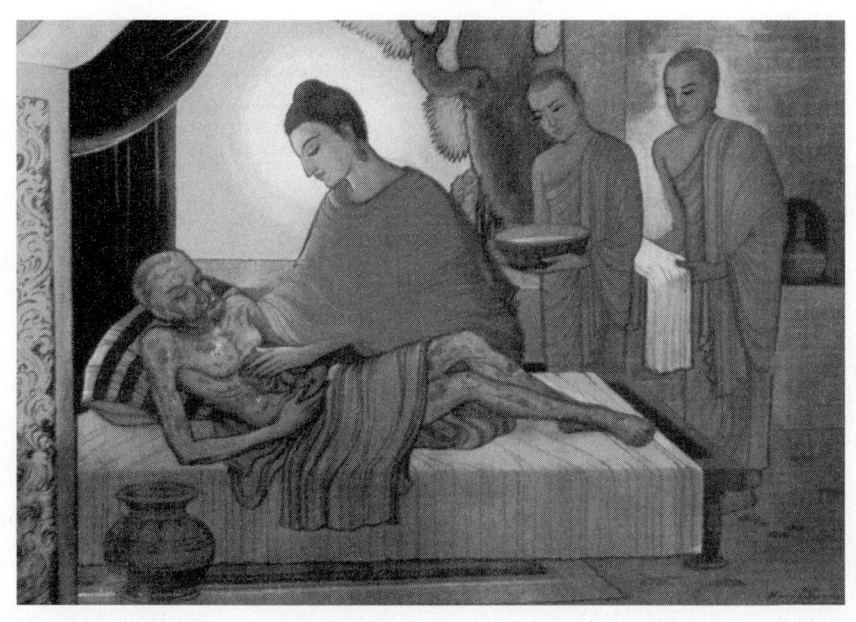

● 병든 비구를 씻기시는 부처님(율장 마하왁가 8편 26:1-4)

부처님은 비구들의 방사를 둘러보시다가 병든 비구에게 물으셨다. "비구야, 너를 간호하는 사람이 있느냐?" "없습니다." "아난다, 물을 가져오너라. 이 비구를 목욕시켜야겠구나." 부처님은 환자에게 물을 붓고 아난다는 씻겼다. 부처님은 비구들을 모아 어디에 병든 비구가 있는지, 무슨 병인지, 간호하는 사람이 있는지 물으신 후 말씀하셨다. "여기에는 그대들을 돌보아 줄 부모님도 안 계시다. 서로 돌보고 간호하지 않는다면 누가 그대들을 돌보겠는가. 누구든지 나에게 시중들 사람이 있다면 그 병든 비구를 돌보아라. 돌볼 사람이 아무도 없다면 그때는 승단이 돌보아야 한다. 만약 승단이 돌보지 않는다면 잘못을 범하는 것이다."

# 나는 바르고 온전한 깨달음을 얻었다
| 상윳따 니까야: 3 꼬살라 상윳따 1:1 |

이와 같이 나는 들었다. 어느 때 부처님은 사왓티의 기원정사에 계셨다. 그때 꼬살라의 빠세나디왕이 부처님을 찾아와서 인사를 드리고 이렇게 말하였다.

"그런데 고따마 존자님은 말씀하기를 '나는 위없는 바르고 온전한 깨달음을 얻었다.' 고 하셨습니다."

"대왕님, 만일 어떤 사람이든지 '저 사람은 위없는 바르고 온전한 깨달음을 얻었다.' 고 바르게 말하는 사람이 있다면, 그는 바로 나일 것입니다. 대왕님, 나는 위없는 바르고 온전한 깨달음을 얻었습니다."

"그렇지만, 고따마 존자님, 많은 사람들이 성인이라고 생각하는 교단의 유명한 창시자들, 많은 무리의 지도자인 사문들이나 브라흐민들이 있습니다. 예를 들면[1], 뿌라나 깟사빠, 막칼리 고살라, 니간타 나따뿟따, 산자야 벨랏타뿟따, 빠꾸다 깟짜야나, 아지따 께사깜발리 같은 사람들인데 이들에게 온전하고 위없는 깨달음을 얻었느냐고 물었을 때 아무도 부처님처럼 말하는 사람이 없었습니다. 그런데 부처님은 저들과 비교하면 나이도 어리고 출가한 지도 얼마 되지 않았는데도 어떻게 그런 선언을 하시는지요?"

"대왕님, 어리다고 얕보거나 업신여겨서는 안 될 것이 네 가지 있습니다. 왕족은 젊다고 얕보아서는 안 됩니다. 뱀은 어려도 깔보아서는 안 됩니다. 불은 작아도 얕보아서는 안 됩니다. 비구는 젊다고 얕보아서는 안 됩니다."

이에 빠세나디왕은 부처님께 말하였다.

"참으로 훌륭하십니다. 부처님, 나는 부처님과 가르침과 승가에 귀의합니다. 오늘부터 저를 재가신자로 받아 주십시오."

## 🧘 욕하는 사람에게 욕하는 사람은
| 상윳따 니까야: 7 브라흐마나 상윳따 1:2 |

어느 때 부처님은 라자가하의 죽림정사에 계셨다. 그때 브라흐민 악꼬사까 바라드와자는, 바라드와자 가문의 브라흐민이 부처님께 출가했다는 소문을 듣고 화가 나고 불쾌하여 부처님을 찾아가 거칠고 상스러운 말투로 욕설을 퍼부었다. 부처님은 그의 말을 다 듣고 난 후 말씀하셨다.

"브라흐민이여, 그대의 친구나 동료나 친척이나 손님들이 당신을

---

1) 여섯 명의 교단창시자들: 육사외도(六師外道)라고 한역됨. 그 당시 대표적인 사상가, 종교 지도자들.

방문하러 옵니까?"

"가끔 그들이 방문하러 옵니다."

"그러면 당신은 그들에게 다과나 음식을 대접합니까?"

"어떤 때는 대접합니다."

"만일 그들이 그 음식을 받지 않는다면 그 음식은 누구의 것입니까?"

"그들이 음식을 받지 않으면 그것은 나의 것입니다."

"그와 마찬가지로 브라흐민이여, 그대는 욕하지 않는 나를 욕하고 꾸짖지 않는 나를 꾸짖고 악담하지 않는 나에게 악담을 하였소. 이것들을〔욕설들〕나는 받지 않겠소. 그러니 그것은 모두 당신 것이오! 브라흐민. 욕하는 사람에게 욕하고 꾸짖는 사람에게 꾸짖고 악담하는 사람에게 악담하는 사람은, 마치 음식을 서로 나누어 먹고 서로 주고받는 것과 같소. 나는 당신의 음식을 함께 먹지 않으며 주고받지도 않소. 그러니 브라흐민이여, 그것은 모두 당신의 것이오."

"왕과 그의 신하들은 사문 고따마가 아라한이라고 믿고 있습니다. 그렇지만 아직 고따마 존자님은 화내는 것이 아닙니까?"

이에 부처님은 게송으로 말씀하셨다.

성냄이 없는 사람, 바른 삶으로 잘 길들여진 사람
조화롭게 사는 사람, 바른 지혜로 해탈한 사람,
평온 속에 머무는 사람에게
어디에서 성냄이 일어나리요.

성내는 사람에게 같이 성내는 사람은

사태를 더욱 나쁘게 만들 뿐이요.
성내는 사람에게 같이 성내지 않는 사람은
이기기 어려운 전쟁에서 이기는 사람이요.

'상대방이 화를 내고 있다' 고 알아챌 때
그는 마음집중으로 평안 속에 머뭅니다.
그는 자기 자신과 남을 위하여
그리고 양쪽 쌍방의 이익을 위하여 수행합니다.

그 후 브라흐민 악꼬사까 바라드와자는 부처님께 출가하여 부지런히 수행 정진하여 아라한이 되었다.

## 나도 밭을 갈고 씨를 뿌립니다
| 상윳따 니까야: 7 브라흐마나 상윳따 2:1 |

이와 같이 나는 들었다. 어느 때 부처님은 브라흐민 마을인 에까날라에서 가까운 마가다 사람들이 사는 곳인 닥키나기리에 계셨다. 그때 브라흐민 까시 바라드와자는 파종할 때가 되어 오백 개의 쟁기를 멍에에 실었다. 이때 부처님은 탁발하기 위해 까시 바라드와자가 마침 음식을 분배하고 있는 곳으로 가셨다. 브라흐민 까시 바라드와자는 부처님을 보고 말하였다.

"사문이여, 나는 밭을 갈고 씨를 뿌린 후에 먹습니다. 그대도 또한 밭을 갈고 씨를 뿌린 후에 드십시오."

"브라흐민이여, 나 또한 밭을 갈고 씨를 뿌린 후에 먹습니다."

"그렇지만 우리는 고따마 존자님의 멍에나, 쟁기, 밭가는 연장, 소몰이 막대, 황소를 보지 못했습니다. 그런데도 고따마 존자님은 밭을 갈고 씨를 뿌린 후에 먹는다고 하십니다."

브라흐민 까시 바라드와자는 게송으로 말하였다.

그대는 밭가는 사람이라고 말하지만
그대의 밭가는 것을 보지 못했네
그대가 밭가는 사람이라면, 말해 주시오
그대의 밭가는 것을 어떻게 알 수 있는지.

이에 부처님은 게송으로 말씀하셨다.

믿음은 씨앗이며 고행은 비이며,
지혜는 나의 멍에와 쟁기이며,
마음은 멍에의 끈이며, 부끄러움은 막대기이며,
마음챙김은 보습과 소몰이 막대일세.

몸을 단속하고, 말을 조심하고, 음식을 알맞게 먹습니다.
진실은 나의 제초기이며, 온화함은 멍에를 벗음일세.
정진은 나의 짐을 진 소이며,
속박으로부터 안온함으로 이끈다네.

쉬임 없는 정진으로 슬픔 없는 곳에 이르네

이렇게 밭갈이가 끝나면 불사의 열매를 거두며
모든 괴로움에서 벗어난다네.

## 부처님이 병으로 고생하시다
| 상윳따 니까야: 7 브라흐마나 상윳따 2:3 |

어느 때 부처님은 사왓티에 계셨다. 그때 부처님은 풍병[2]으로 괴로워하셨다. 그때 우빠와나 존자가 부처님의 시자였다. 부처님은 우빠와나에게 말씀하셨다.

"우빠와나, 더운물을 좀 가져오너라."

그래서 우빠와나는 브라흐민 데와히따의 집으로 갔다. 그리고 한쪽 켠에 조용히 서 있었다. 브라흐민 데와히따가 보니 우빠와나 존자가 조용히 서 있었다. 그래서 물었다.

"비구여, 무엇이 필요합니까? 무엇을 구하러 왔습니까?"

"깨달으신 분, 복덕이 구족하신 성자께서 풍병으로 고생하고 계십니다. 브라흐민이여, 더운물을 좀 주시면 고맙겠습니다."

브라흐민은 사람을 시켜서 더운물과 물지게를 가져오게 하고, 한 자루의 당밀을 우빠와나에게 주었다. 우빠와나는 돌아와서 당밀을 더운물에 타서 부처님이 마시도록 하고 더운물로 목욕을 시켜 드렸다. 그 후 부처님의 병은 나았다.

---

2) 풍병은 원문의 바람(Vāta)을 그대로 번역한 것인데 우리가 아는 그 풍병과는 조금 다른 것 같다. 빠알리 사전에 의하면 "내부의 바람"이란 공기와 관련되는데 위통이나 호흡장애, 가려움, 딸꾹질 등 고통을 가져오는 병이라 함. 부처님은 6년간의 극심한 고행에 따른 후유증으로 때때로 위장병에 걸리셨다고 함.

## 🧘 두려울 때 붓다, 담마, 승가를 생각하라
| 상윳따 니까야: 11 삭까 상윳따 1:3 |

어느 때 부처님은 사왓티의 기원정사에 계셨다. 부처님은 제자들에게 말씀하셨다.

"그대들이 숲이나, 나무 아래나, 또는 빈집에서 수행할 때 두려움, 전율, 공포가 일어날 때는 다음과 같이 나를 생각해라.

부처님은[3] '아라한(阿羅漢)[4]이시며, 온전히 깨달으신 분(正遍智)이며, 지혜와 덕행을 갖춘 분(明行足)이며, 바른 길로 잘 가신 분(善逝)이며, 세상을 잘 아는 분(世間解)이며, 견줄 바가 없는 분(無上士)이며, 사람을 길들이는 분(調御丈夫)이며, 신과 인간의 스승(天人師)이며, 깨달으신 분(佛: 붓다)이며, 존귀하신 분(世尊)이시다.' 라고 외우면 두려움, 전율, 공포가 사라질 것이다.

그러나 만일 나를 생각할 수 없다면 그때는 이와 같이 나의 가르침을 생각하라. '가르침은 부처님에 의하여 잘 설해져 있다. 그것은 지금 현재, 직접 볼 수 있는 것이고, 시간을 초월하며, 와서 보라고 할 만한 것이고, 유익한 것이고, 지혜로운 이들에 의해 체득된 것이다.' 라고 외우면 두려움, 전율, 공포가 사라질 것이다.

그러나 만일 나의 가르침을 생각할 수 없다면 그때는 이와 같이 승가를 생각하라. '부처님 제자들의 승가는 훌륭한 길을 수행하며, 정직한 길을 수행하며, 진리의 길을 수행하며, 합당한 길을 수행한다. 이러한 부처님 제자들의 승가는 네 쌍으로 여덟 가지[5]로 되어 있고 공양받을

---

3) 부처님의 훌륭하심을 찬탄하는 호칭에 열 가지가 있다.
4) Arahant: p. 61의 주석 22번 아라한 참조.

만하며, 공경받을 만하며, 이 세상에서 그 어느 것과도 비교할 수 없는 공덕의 복밭이다.'라고 외우면 두려움, 전율, 공포가 사라질 것이다.

그 이유는 무엇인가? 왜냐하면 아라한이시며, 온전한 깨달음을 이루신 부처님은 욕망과, 증오와, 어리석음에서 완전히 떠났으며, 두려움이 없고 공포에 떨지 않고 겁이 없기 때문이다.

이와 같이 부처님, 가르침, 승가를 떠올리고 외우면 두려움, 전율, 공포가 사라질 것이다."

## 🧘 운력[6]의 불참
| 상윳따 니까야: 21 빅쿠 상윳따 4 |

어느 때 부처님은 사왓티의 기원정사에 계셨다. 그때 어떤 새로 계를 받은 비구가 탁발에서 돌아와 식사를 마치고, 그의 처소로 들어가 아무것도 하지 않고 침묵 속에서 시간을 보냈다. 그래서 그는 비구들이 가사를 만드는 일을 돕지 않았다.

이에 비구들이 부처님께 이 일을 말씀드리자, 부처님은 그 비구를 부르시고 비구들의 이야기가 사실이냐고 물으셨다. 이에 그 비구는 대답하기를 "부처님, 저는 제가 해야 할 일을 하고 있습니다."라고 대답하였다. 부처님은 이 비구 마음의 반응을 보시고 비구들에게 이 비구를 괴롭히지 말라고 말씀하시고 게송으로 이렇게 말씀하셨다.

---

5) 깨달음의 단계 넷과 그 단계로 가는 네 가지 수행 과정: 깨달음의 단계 넷: Sotāpattipanna(예류자), Sakadāgāmin(일래자), Anāgāmin(불환자), Arahant(아라한). 네 가지 수행 과정: Sotāpattimagga(예류도), Sakadāgāmimagga(일래도), Anāgāmimagga(불환도), Arahattamagga(아라한도).
6) 운력: 승가 공동생활에서 여럿이 함께 공동체에 필요한 일을 하는 것.

정진함에 태만한 것이 아니고 노력함이 부족한 것이 아니니

모든 괴로움에서 벗어나 열반을 성취할 것이다.

이 젊은 비구는 실로 최상의 사람이니

마라를 쳐부수고 최후의 몸을 얻었다.

## 난다 존자
| 상윳따 니까야: 21 빅쿠 상윳따 8 |

어느 때 부처님은 사왓티에 계셨다. 그때 부처님 이모의 아들, 난다 존자는 잘 다듬은 가사를 입고, 두 눈가에 칠을 하고, 반짝반짝 윤기나는 발우를 들고 부처님께로 갔다.

부처님은 난다를 보고 말씀하셨다.

"난다야, 믿음을 가지고 집을 나와 출가한 사람에게는 잘 다듬은 가사를 입고, 두 눈을 칠하고, 반짝반짝 윤기나는 발우를 들고 다니는 것은 어울리지 않는다. 그러나 숲 속에 살고, 탁발하여 먹고, 누더기 가사를 입고, 감각적 쾌락에 집착하지 않는 것이 믿음을 가지고 집을 나와 출가한 사람에게는 어울리는 것이다.

숲 속에 살고, 누더기 가사를 입고, 탁발하여 살아가고, 감각적 쾌락에 집착하지 않는 그런 난다를 언제나 볼 수 있으려나?"

그 후 난다 존자는 숲 속에 살고, 누더기 가사를 입고, 탁발하여 살아가고, 감각적 쾌락에 집착하지 않게 되었다.

## 왜 출가 수행생활을 하는가?
| 상윳따 니까야: 22 칸다 상윳따 80 |

어느 때 부처님은 사꺄 사람들이 사는 곳인 까뻴라왓투의 니그로다 승원에 계셨다. 부처님은 어떤 특별한 이유로써[7] 비구들을 나무라시고 아침에 까뻴라왓투에서 탁발을 하신 후 공양을 마치고 낮 동안의 명상을 위해 마하와나 숲으로 들어가 어린 벨루와 나무 아래 앉았다. 홀로 고요히 명상에 들었을 때 부처님은 이런 생각을 하셨다.

'나는 비구 승가를 돌보지 않고 외면했다. 거기에는 세속에서 떠나온 지 얼마 안 되고 이 가르침과 계율에 들어온 지 얼마 되지 않은 새로 들어온 비구들도 있다. 만약 그들이 나를 보지 못하면 마치 어린 송아지가 어미 소를 보지 못하면 송아지에게 변화나 변동이 오는 것과 마찬가지로 이들에게도 변화나 변동이 일어날 것이다.

마치 어린 씨앗이 물을 얻지 못하면 씨앗에 변화와 변동이 오듯이, 이와 마찬가지로 세속에서 떠나온 지 얼마 안 되고 이 가르침과 계율에 들어온 지 얼마 되지 않은 새로 들어온 비구들도 나를 보지 못하면 변화와 변동이 일어날 것이다. 그러니 예전에 내가 이 비구 승가를 도왔던 것처럼 지금도 도와야겠구나.'

오후에 부처님은 명상을 마치고 니그로다 승원으로 가셨다. 비구들이 하나 둘 소심한 태도로 부처님 곁으로 모여들었다. 부처님은 제자들에게 말씀하셨다.

---

7) 상윳따 니까야 주석서에 의하면 부처님은 사왓티에서 여름안거를 지내신 후 많은 비구들과 함께 까뻴라왓투(부처님의 고향)로 가셨다. 그들이 도착하자 많은 사꺄족들이 부처님을 친견하려고 많은 선물을 가지고 왔다. 선물을 비구들에게 분배하는 동안 시끄러운 논쟁이 일어났다. 그래서 부처님은 비구들을 해산하셨다.

"탁발을 한다는 것은 가장 낮은 형태의 생계수단이다. 그러나 훌륭한 가문의 아들들이 타당한 이유에서 그런 삶의 길을 선택하였다.

그대들이 선택한 삶의 길은 왕이 강요해서도 아니며, 강도에게 쫓겨서도 아니며, 빚을 졌기 때문도 아니며, 두려움 때문도 아니며, 생계를 유지하기 위함도 아니다.

그러면 무슨 이유 때문인가? '나는 생·로·병·사에 헤매며, 슬픔과 고통과 절망에 빠져 있다. 나는 괴로움에 빠져 있고 괴로움에 싸여 있다. 이 모든 괴로움 덩어리의 종식을 알아야겠다.' 라는 이유 때문이다.

이렇게 출가한 훌륭한 가문의 아들들이 아직까지도 탐욕스러운 마음이 있고, 감각적 쾌락의 욕망으로 불타고, 악의와 증오로 가득 차서 마음은 혼란하여 갈피를 못 잡고, 선명한 마음챙김을 잃고, 집중을 못하고, 정신은 흩어지고, 감각기관의 통제를 잃어버린다.

이와 같은 사람은 이미 가정의 즐거움도 잃었고, 또한 사문의 목표도 성취하지 못한다.

그대들은 이와 같이 자신을 반조해 보아야 한다.

'이 세상에 비난받지 않고 집착할 수 있는 것이 있을까? 그러나 이 세상에는 비난받지 않고 집착할 수 있는 것은 아무것도 없다.'"고 말씀하셨다.

## 홀로 용맹정진하심
| 상윳따 니까야: 45 막가 상윳따 11 |

어느 때 부처님은 사왓티에 계셨다. 부처님은 제자들에게 이렇게 말씀하셨다.

"나는 보름 동안 홀로 명상하고자 한다. 나에게 식사를 가져오는 사람 외에는 아무도 나에게 와서는 안 된다."

그래서 식사를 가져가는 사람 외에는 아무도 부처님을 방해하지 않았다. 보름의 명상 기간이 끝난 후 부처님은 비구들에게 이렇게 말씀하셨다.

"나는 내가 예전에 온전한 깨달음을 얻었을 때에 느꼈던 그런 깨달음을 보름 동안 다시 부분적으로 체험했다. 즉, 잘못된 견해의 결과로 오는 모든 〔잘못된〕 현상들을 알게 되었고, 잘못된 생각, 잘못된 말, 잘못된 행동, 잘못된 생활수단, 잘못된 정진, 잘못된 마음챙김, 잘못된 집중의 결과로 오는 모든 〔잘못된〕 현상들을 알게 되었다. 또한 바른 견해의 결과로 오는 모든 〔바른〕 현상들을 알게 되었다. 바른 생각, 바른 말, 바른 행동, 바른 생활수단, 바른 정진, 바른 마음챙김, 바른 집중의 결과에서 오는 모든 〔바른〕 현상들을 알게 되었다."

## 🛕 사리뿟따의 열반
| 상윳따 니까야: 47 사띠빳타나 상윳따 13 |

어느 때 부처님은 사왓티의 기원정사에 계셨다. 그때 사리뿟따 존자는 마가다의 날라가마까에 있었다. 그는 중병이 들었는데 그때 사미 쭌다가 그의 시자였다. 사리뿟따 존자는 중병으로 인하여 열반에 들었다. 사미 쭌다는 사리뿟따 존자의 가사와 발우를 가지고 기원정사로 가서 아난다 존자에게 이 사실을 먼저 보고하였다.

"존자여, 사리뿟따 존자가 열반하셨습니다. 여기 발우와 가사가 있습니다."

"벗 쭌다여, 부처님을 뵙고 이 소식을 말씀드려야 합니다. 부처님께 이 소식을 전하러 갑시다."

그래서 그들은 부처님께 가서 이 사실을 말씀드렸다. 아난다 존자가 말하였다.

"부처님, 저는 이 소식을 듣고 약에 취한 것처럼 정신이 멍하니 혼미하고 가르침도 분명하지 않았습니다. 사리뿟따 존자는 제게 조언자였고 상담자였고 저를 가르쳐 주었고, 분발케 하고, 격려하고 기쁨을 주었습니다. 그는 담마를 가르치는데 지칠 줄 몰랐습니다. 그는 함께 청정한 삶을 사는 동료들에게 많은 도움이 되었습니다. 우리는 사리뿟따 존자가 저희들에게 준 담마의 도움, 담마의 풍성함, 담마의 자양물의 기억을 간직하고 있습니다."

이에 부처님은 말씀하셨다.

"아난다, 우리는 사랑하는 모든 것들로부터 언젠가는 헤어져야 한다고 내가 이미 가르치지 않았더냐? 생겨나고, 존재하고, 조건지어진 것들은 무너지고 만다. 무너지지 않는다는 것은 있을 수 없다. 마치 탄탄한 큰 나무의 가장 큰 가지가 부러진 것처럼, 탄탄한 큰 비구 승가에서 사리뿟따는 마지막 열반에 들었다. 아난다, 생겨나고 존재하고 조건지어진 것은 무너지고 만다. 무너지지 않는다는 것은 있을 수 없다."

## 🧘 사리뿟따와 목갈라나의 열반
| 상윳따 니까야: 47 사띠빳타나 상윳따 14 |

어느 때 부처님은 사리뿟따와 목갈라나가 열반에 든 지 얼마 되지 않았을 때, 많은 비구들의 무리와 함께 갠지스 강변 욱까쩰라의 왓지족

들 있는 곳에 계셨다. 부처님은 바깥 노천에서 비구들에 둘러싸여 앉아 계셨다. 부처님은 침묵하고 앉아 있는 비구들을 둘러보시고 말씀하셨다.

"비구들이여, 사리뿟따와 목갈라나가 열반에 든 지금 이 모임이 내게는 텅 빈 것 같구나. 전에는 사리뿟따와 목갈라나가 어디에 있든 상관없이 모임이 텅 빈 것 같지 않았다. 그들은 으뜸가는 한 쌍의 제자였다. 제자로서 그들이 얼마나 〔열심히〕 스승의 가르침을 실천했는지, 얼마나 스승의 충고에 순응했는지, 얼마나 사부대중의 사랑을 받고 기쁨을 주었는지, 얼마나 존경을 받았는지 참으로 놀라운 일이다.

이와 같은 한 쌍의 제자가 열반에 들었는데도 여래에게 슬픔과 비통이 없으니 그것 또한 놀라운 일이구나. 어떻게 그럴 수 있는가? 생겨나고 존재하고 조건지어진 것은 붕괴하고 만다. 붕괴하지 않는다는 것은 있을 수 없다. 마치 탄탄한 큰 나무의 가장 큰 가지가 부러진 것처럼 승가의 탄탄한 큰 비구인 사리뿟따와 목갈라나는 마지막 열반에 들었다. 비구들이여, 생겨나고 존재하고 조건지어진 것은 붕괴하고 만다. 붕괴하지 않는다는 것은 있을 수 없다."

## 🧘 가련한 늙음이여
| 상윳따 니까야: 48 인드리야 상윳따 41 |

이와 같이 나는 들었다. 어느 때 부처님은 사왓티의 동쪽 승원 미가라 마뚜 강당에 계셨다. 그때 부처님은 저녁 나절 명상을 끝내고 일어나 양지에 앉아 서쪽 햇빛에 등을 따뜻하게 하고 계셨다. 아난다 존자는 부처님께 와서 손과 발을 문질러 드리면서 말하였다.

"부처님, 놀라운 일입니다. 부처님의 안색은 더 이상 맑지 않고 빛나지 않고 사지는 주름지고 물렁해졌습니다. 등도 앞으로 굽고 감각기관의 변화가 눈에 보입니다."

"그렇다. 아난다, 젊은 사람은 늙게 마련이고, 건강한 사람은 병들게 마련이고, 살아있는 사람은 죽게 마련이다. 안색은 더 이상 예전처럼 맑지 않고 빛나지 않는다. 나의 사지는 주름지고 물렁해졌고 등은 굽고 감각기관의 변화가 눈에 보인다."

부처님은 이어서 게송으로 말씀하셨다.

기분을 망치네, 가련한 늙음이여
아름다움을 시들게 하는 늙음이여
그렇게 매혹적이던 육신도
늙어감에 따라 산산이 부서지네.

백 년을 산다해도
그 종착역은 죽음이네
죽음은 아무도 피할 수 없는 것
죽음은 모든 것을 부수어버리네.

## 부처님을 위해 법복을 만들다
| 상윳따 니까야: 55 소따빳띠 상윳따 6 |

어느 때 사왓티에서 많은 비구들이 '앞으로 3개월 후면 부처님은 이 완성된 가사를 입으시고 행각[8]에 나설 것이다' 라고 생각하면서 부처

님의 법복을 만들고 있었다.

그때 〔빠세나디왕의〕 시종인 목수 이시닷따와 뿌라나가 일이 있어 사두까에 머물고 있었다. 그런데 그들은 많은 비구들이 부처님 법복을 만들고 있다는 이야기, 3개월 후에 부처님은 새로 만든 법복을 입고 행각에 나서실 것이라는 이야기를 들었다. 그래서 그들은 부처님이 지나실 때쯤 한 사람을 시켜 길목을 지키게 하고 말하였다.

"여보게, 아라한이시며, 온전히 깨달으신 부처님이 지나가시는 것을 보면 즉시 우리에게 알려 주게."

그 후 이삼일이 지나서 그 사람은 부처님을 보았고 즉시 보고하였다. 그래서 이시닷따와 뿌라나는 부처님을 뒤따라가서 인사를 드리고 부처님 뒤를 따라 걸었다. 부처님은 길에서 나와 나무 아래로 가서 그들이 마련한 자리에 앉으셨다. 이시닷따와 뿌라나는 부처님께 예를 올리고 한쪽에 앉아서 이렇게 말씀드렸다.

"저희들은 부처님이 사왓티에서 꼬살라로 행각을 떠나신다는 이야기를 듣고 '부처님은 우리에게서 멀리 계실 것이다.' 라는 생각에 실망이 되고 우울하였습니다. 그러나 부처님이 꼬살라에서 사왓티로 행각을 떠나신다는 이야기를 듣고 '부처님은 우리 가까이 계실 것이다.' 라는 생각에 기뻤습니다. 그리고 부처님이 기원정사에 계시다고 들으면 '부처님은 우리 가까이 계신다.' 는 생각에 더욱 기뻤습니다."

"그런가, 집에서 사는 것은 속박의 삶이며 〔탐·진·치의〕 티끌에

---

8) "행각하다"라는 말은 Pakkamati의 번역인데 "앞으로 나아가다"라는 뜻이다. 그런데 행각이라는 말은 그냥 일반인이 걸어 다니는 것과 달리 수행자가 정해진 주처없이 여기저기 다니면서 머물고, 걷고, 명상하며 수행하는 것이다.

덮인 삶이다. 그러나 출가의 삶은 확 트인 공간과 같다. 이제 그대들의 정진을 보여줄 때가 되었다."

"그런데 부처님, 저희들은 아직도 더욱 억압하는 속박이 있습니다. 정말 그것은 가장 억압적입니다."

"아직도 더욱 억압하는 속박은 무엇인가?"

"부처님, 빠세나디왕이 정원에 나들이를 갈 때 왕이 타고 갈 코끼리를 준비하여 왕이 사랑하는 사랑스러운 아내들을 한 명은 앞에 한 명은 뒤에 앉힙니다. 그런데 그들 몸에서 나는 향기가 너무 달콤합니다. 마치 향 상자를 열어놓은 것 같습니다. 그들 몸의 감촉은 마치 목화솜털처럼 너무 부드럽고 굉장히 섬세하게 자란 왕실의 여인들인 것 같습니다. 그런데 부처님, 이런 때에 저희들은 코끼리나 돌보아야 하고, 그 여인들이나 보호해야 하고, 우리 자신들이나 보호해야 합니다. 그럼에도 불구하고 우리는 그 여인들에 대하여 어떤 나쁜 생각을 떠올리는 것을 그만두지 못합니다. 부처님, 이것이 저희들을 아직도 더욱 억압하는 속박이고 가장 억압적인 것입니다."

"그런가, 집에서 사는 것은 속박의 삶이며 〔탐 · 진 · 치의〕 티끌에 덮인 삶이다. 그러나 출가의 삶은 확 트인 공간과 같다. 이제 그대들의 정진을 보여줄 때가 되었다."

부처님은 그들에게 깨달음으로 가는 길에 대하여 더 말씀하셨다.

## ♟ 천 명의 비구니 승가에 주신 가르침

| 상윳따 니까야: 55 소따빳띠 상윳따 11 |

어느 때 부처님은 사왓티의 라자까라마 〔비구니 승원〕[9]에 계셨다.

부처님은 천 명의 비구니 승가에 설법하셨다.

"비구니들이여, 네 가지 법을 갖춘 훌륭한 제자는 '진리의 흐름에 들어간 사람'이다. 그는 더 이상 나쁜 곳에 떨어지지 않고 가는 곳이 결정되어 깨달음으로 나아간다. 무엇이 네 가지인가?

훌륭한 제자는 이와 같이 부처님에 대한 확고한 신뢰심을 갖는다. 부처님은 '아라한이시며, 온전히 깨달으신 분이며, 지혜와 덕행을 갖춘 분이며, 바른 길로 잘 가신 분이며, 세상을 잘 아는 분이며, 견줄 바가 없는 분이며, 사람을 길들이는 분이며, 신과 인간의 스승이시며, 깨달으신 분이며, 존귀하신 분이다.'

훌륭한 제자는 이와 같이 부처님의 가르침에 대하여 확고한 신뢰심을 갖는다. '가르침은 부처님에 의하여 잘 설해져 있고, 지금 현재, 직접 볼 수 있는 것이고, 시간을 초월하며, 와서 보라고 할만한 것이고, 유익한 것이고, 지혜로운 이들에 의해 체득된 것이다.'

훌륭한 제자는 이와 같이 승가에 대하여 확고한 신뢰심을 갖는다. '부처님 제자들의 승가는 훌륭한 길을 수행하며, 정직한 길을 수행하며, 진리의 길을 수행하며, 합당한 길을 수행한다. 이러한 부처님 제자들의 승가는 네 쌍으로 여덟 가지로 되어 있고 공양받을 만하며, 공경받을 만하며, 이 세상에서 그 어느 것과도 비교할 수 없는 공덕의 복밭이다.'

---

9) Rājakārāma: 꼬살라의 빠세나디왕이 지은 비구니 승원으로 기원정사 앞에 있었다함.(자따까 주석서 II.15)

기원후 629-645년까지 인도에서 수학한 현장법사의 "대당서역기"(권덕주 역: p. 161,162)에 "빠세나디왕의 궁성에서 멀지 않은 곳에 그가 부처님을 위해 세운 법당 터가 있으며, 여기에서 멀지 않은 곳의 낡은 건물 터에 탑이 서 있는데 부처님의 양모 마하빠자빠띠 비구니의 승원으로 빠세나디왕이 세운 것이다. 동쪽으로 이웃에 있는 탑은 아나타삔디까의 본래의 집터이다. 빠세나디왕궁의 남쪽으로 5-6리 되는 곳에 기원정사가 있다."고 기록하고 있다.

또한 훌륭한 제자는 계행을 갖춘다. 이 계행은 훌륭한 이들이 친근히 한 것으로써 깨지지 않고, 흠 없고, 얼룩지지 않고, 자유롭고, 현자에 의해 찬탄되며, 삼매로 이끄는 것이다.

비구니들이여, 이와 같이 네 가지를 갖춘 사람은 '진리의 흐름에 든 사람'으로서 더 이상 나쁜 곳에 떨어지지 않고 가는 곳이 결정되어 깨달음으로 나아간다."

## 🧘 부처님을 신뢰하는 이유
| 맛지마 니까야: 27 쭐라핫티빠도빠마 경 1-8 |

이와 같이 나는 들었다. 어느 때 부처님은 사왓티의 기원정사에 계셨다. 그때 브라흐민 자눗소니는 힌 암말이 끄는 온통 하얀색의 수레를 타고 한낮에 사왓티를 나섰다. 그는 방랑 수행자 삘로띠까가 오는 것을 보고 그에게 물었다.

"왓차야나여,[10] 이 한낮에 어디서 오십니까?"

"선생님, 저는 지금 사문 고따마가 계신 곳에서 옵니다."

"왓차야나님은 수행자 고따마의 지혜의 명석함에 대하여 어떻게 생각하십니까? 그가 지혜롭다고 생각하십니까, 혹은 그렇지 않다고 생각하십니까?"

"선생님, 제가 누구기에 감히 사문 고따마가 지혜가 명석한지 아닌지를 알 수 있겠습니까? 그것을 아는 사람이라면 그는 아마도 사문 고따마와 동등한 자일 것입니다."

"왓차야나님은 정말 사문 고따마를 높이 찬탄하는군요."

---
10) 왓차야나(Vacchāyana): 삘로띠까의 종족 이름이다.

"선생님, 제가 누구기에 감히 사문 고따마를 찬탄하겠습니까? 사문 고따마는 신과 인간 가운데 으뜸으로써 칭찬받는 사람들[11]에 의하여 칭찬을 받습니다."

"무슨 이유를 보았기에 왓차야나님은 사문 고따마에게 그와 같은 깊은 신뢰심을 갖는 것입니까?"

"선생님, 마치 지혜로운 코끼리 사냥꾼이 코끼리 숲에 들어가 길이가 길고 폭이 넓은 코끼리 발자국을 보았다면, 이것은 커다란 숫 코끼리 발자국이라고 결론을 내릴 것입니다. 내가 사문 고따마의 네 가지 자취를 보았을 때 '바르게 온전히 깨달으신 분은 세존이시다. 부처님에 의하여 담마는 잘 설해져 있고 승가는 올바른 길을 잘 실천하고 있다.'는 결론에 도달하였습니다.

무엇이 네 가지입니까? 저는 머리카락을 가를 만큼 그렇게 예리한 명사수처럼 논쟁에 있어 도사이고 영리하고 학식이 있는 귀족들을 보았습니다. 말하자면, 그들은 날카로운 재치로 다른 사람의 견해를 박살내면서 여기저기 돌아다닙니다. 그들은 사문 고따마가 어느 도시에 온다는 소리를 들으면 이런 질문을 만듭니다. '사문 고따마에게 이런 질문을 하면 그는 이렇게 대답할 것이다. 그때 우리는 그의 교리를 이렇게 반박하자.'라고 준비하였습니다. 그런데 그들은 사문 고따마가 이런이런 마을과 도시에 왔다는 소식을 들었습니다. 그들은 그곳으로 갔는데 사문 고따마는 그들에게 담마에 대하여 가르치고, 분발케 하고, 격려하고, 기쁘게 하였습니다. 이런 가르침을 듣고 난 후에 기쁘게 된 그들은 전혀 질문을 할 수도 없었는데 어떻게 그를 반박하겠습니

---

[11] 예를 들면 빠세나디왕, 빔비사라왕, 위사카, 사리뿟따 같은 사람들이 칭찬받는 사람들이었다.

까? 반대로 그 귀족들은 사문 고따마의 제자가 되었습니다.

내가 이와 같은 사문 고따마의 첫 번째 자취[두 번째 자취는 브라흐민, 세 번째는 장자인데 이들도 부처님을 논박하려다 오히려 제자가 되었고, 네 번째 자취인 사문은 출가하게 됨]를 보았을 때, '바르게 온전히 깨달으신 분은 세존이시다. 부처님의 가르침은 잘 설해져 있고 승가는 바른 길을 잘 실천하고 있다'는 결론에 도달하였습니다."

이와 같이 방랑 수행자인 삘로띠까가 말을 마치자 브라흐민 자눗소니는 하얀 암말이 끄는 온통 흰색의 마차에서 내려, 한쪽 어깨에 웃옷을 걸치고 부처님 계신 곳을 향하여 합장하고 세 번 감탄의 말을 하였다.

"부처님, 아라한, 바르게 온전히 깨달으신 분께 귀의합니다.
부처님, 아라한, 바르게 온전히 깨달으신 분께 귀의합니다.
부처님, 아라한, 바르게 온전히 깨달으신 분께 귀의합니다.
언젠가 고따마 존자님을 만나서 그와 함께 대화할 수 있겠지."

## 🧘 자이나교도 우빨리의 개종
| 맛지마 니까야: 56 우빨리 경 5-30 |

이와 같이 나는 들었다. 어느 때 부처님은 날란다의 빠와리까의 망고 숲에 계셨다. 그때 니간타 나따뿟따는 많은 니간타 무리들과 함께 날란다에 머물고 있었다.

그때 니간타 나따뿟따는 발라까에서 온 많은 재가신도들과 함께 앉아 있었는데 이들 중에서 가장 뛰어난 사람이 우빨리였다. 그들은 디가따빳시로부터 부처님과의 대화 내용을 모두 들었다. 이에 니간타 나따뿟따는 말하였다.

"훌륭하다, 따빳시, 그대는 스승의 가르침을 바르게 이해한 잘 배운 제자로서 사문 고따마에게 대답했다. 행동의 잘못이 큰 것에 비하면 생각의 잘못은 얼마나 하찮은가! 반대로 행동의 잘못은 악업을 짓고 악행을 함에 있어 가장 비난받을 만한 것이며, 말의 잘못이나 생각의 잘못은 그렇지 않다."

이에 장자 우빨리는 니간타 나따뿟따의 말에 동의하면서 말하였다.

"존자님, 제가 가서 이 논쟁점에 대하여 사문 고따마의 말을 논파하겠습니다."

"가시오, 장자여, 이 논쟁점에 대하여 사문 고따마의 교리를 논박하시오. 나와 디가 따빳시 또는 그대도 사문 고따마의 교리를 논박할 수 있소."

이에 니간타 디가 따빳시는 니간타 나따뿟따에게 말하였다.

"존자님, 우빨리 장자가 사문 고따마의 교리를 논박한다는 것이 제게는 탐탁지 않습니다. 왜냐하면 사문 고따마는 마술사이고 '개종하는 마술'을 알고 있고 그 마술에 의하여 다른 교단의 제자들을 개종시킵니다."

"그것은 불가능한 일이다. 따빳시, 우빨리 장자가 사문 고따마의 제자가 된다는 것은 있을 수 없다. 장자여, 가서 논쟁점에 대하여 사문 고따마의 말을 논파하시오. 나와 디가 따빳시 또는 그대도 사문 고따마의 교리를 논박할 수 있소."

"그렇게 하겠습니다. 존자님."


(우빨리 장자가 부처님을 논박하러 가다)

그래서 장자 우빨리는 빠와리까의 망고 숲으로 부처님을 찾아갔다. 그는 부처님께 인사를 드리고 한쪽에 앉아서 따빳시와의 대화 내용이 무엇이었는지를 질문한 후 이렇게 말하였다.

"존자님, 니간타 디가 따빳시는 스승의 가르침을 바르게 이해한 잘 배운 제자로서 부처님께 대답하였습니다. 행동의 잘못이 큰 것에 비하면 생각의 잘못은 하찮은 것입니다. 반대로 행동의 잘못은 악업을 짓고 악행을 함에 있어 가장 비난받을 만한 것이며, 말의 잘못이나 생각의 잘못은 그렇지 않습니다."

"장자여, 그대가 만일 진리에 근거해서 토론을 한다면, 우리는 이것에 대하여 대화를 할 수 있을 것 같소."

"존자님, 진리에 근거해서 토론을 하겠습니다. 이것에 대하여 좀 대화를 하도록 합시다."

"장자여, 그대는 이것에 대하여 어떻게 생각합니까? 어떤 니간타가 중병이 들어서 괴로워하는데 그는 찬물[12]을 거절하고 오직 더운물만 취한다고 합시다. 그가 만약 찬물을 얻지 못하면 그는 죽을지도 모릅니다. 이 사람이 어디에 태어난다고 니간타 나따뿟따는 말합니까?"

"존자님, 그는 '집착된 마음'이라는 신의 나라에 태어날 것입니다. 왜냐하면 그가 죽었을 때 마음이 집착되어 〔*생각의 잘못에 해당됨〕 그때까지도 묶여 있었기 때문에 죽었습니다."

"장자여, 그대가 대답하는 말에 주의를 기울이시오. 먼저 말한 것과 나중에 말한 것이 전혀 앞뒤가 맞지 않습니다. 그대는 진리에 근거해서 토론하고 대화를 하자고 말하지 않았습니까?"

---

12) 찬물에는 생물이 살고 있기 때문에 살생이 두려워 금함.

"존자님이 그렇게 말하셔도 행동의 잘못은 악한 행위를 짓고 악한 행위를 행하는 데 있어서 가장 비난받을 만한 것이며, 말의 잘못이나 생각의 잘못은 그렇지 않습니다."

"장자여, 여기 어떤 니간타가 '네 가지 조심'으로 자신을 절제한다고 합시다. 그는 물을 사용하는 데 있어 온전히 절제를 합니다. 그는 모든 악을 쫓아버리는 데에 주의를 기울입니다. 그는 모든 악을 떨쳐버립니다. 그는 모든 악을 떨쳐버리려는 마음으로 가득 차 있습니다. 그러나 밖에서 다니는 동안 많은 조그만 생물들을 죽입니다.[13] 이때 니간타 나따뿟따는 그에게 어떤 과보를 말합니까?"

"니간타 나따뿟따는 의도적인 것이 아니라면 비난받을 만한 것이 못 된다고 말합니다."

"장자여, 만약 의도적인 것이라면 그러면 비난의 대상이 됩니까?"

"그렇습니다. 의도적이라면 크게 비난의 대상이 됩니다. 존자여."

"그러면 의도적이란 것은 행동, 말, 생각의 잘못 중 어느 것에 속합니까?"

"생각의 잘못에 속합니다. 존자님."

"장자여 그대가 말하는 것에 주의를 기울이시오. 먼저 말한 것과 나중에 말한 것이 전혀 앞뒤가 맞지 않습니다. 그대는 진리에 근거해서 토론하고 대화를 하자고 말하지 않았습니까?"

(우빨리 장자의 개종)

"존자님, 〔사실은〕 존자님께서 처음에 예를 들어 설명하셨을 때 저

---

13) 니간타들이 아무리 살생하지 않으려고 하지만 다니는 동안 개미들이 밟혀 죽기 때문.

는 기쁘고 만족했습니다. 그러나 저는 부처님의 다양한 문제 해결을 듣고 싶었기 때문에 〔계속〕 반대를 했습니다. 정말 훌륭하십니다. 마치 넘어진 것을 바로 세우듯이, 가려진 것을 열어 보이듯이, 길 잃은 자에게 길을 보여주듯이, 눈 있는 자들은 모양을 보라고 등불을 들어올리듯이, 부처님은 여러 면에서 담마를 명쾌하게 밝혀주셨습니다. 존자님, 저는 부처님과 가르침과 승가에 귀의합니다. 저를 재가신도로 받아주십시오."

"장자여, 깊이 심사숙고하십시오. 그대와 같은 잘 알려진 사람에게는 깊이 심사숙고하는 것이 좋을 것입니다."

"존자님, 부처님이 그렇게 말씀하시니 저는 더욱 만족하고 즐겁습니다. 다른 교단 사람들이 저를 제자로 얻었다면 그들은 '장자 우빨리가 우리 교단의 제자가 되었다.'고 온 날란다에 깃발을 들고 행진을 할 것입니다. 그런데 부처님은 이들과는 달리 '깊이 심사숙고하십시오. 장자여, 그대와 같이 잘 알려진 사람에게는 깊이 심사숙고하는 것이 좋을 것입니다.'라고 하셨습니다. 두 번째에도 저는 부처님과 가르침과 승가에 귀의합니다. 저를 재가신도로 받아주십시오."

이에 부처님은 말씀하셨다.

"장자여, 그대의 가정은 오랫동안 니간타(자이나교도)들을 후원해 왔습니다. 그러므로 니간타들이 탁발을 오면 그들에게 보시를 해야 합니다."

"존자님, 부처님께서 그렇게 말씀하시니 저는 너무 만족하고 기쁩니다. 저는 이런 이야기를 들었습니다. 수행자 고따마는 말하기를 '보시는 나에게만 하고 다른 사람에게는 하지 마십시오. 보시는 나의 제자들에게만 하고 다른 제자들에게는 하지 마십시오. 왜냐하면 나와 나의 제자들에게 보시하는 것만이 큰 결실이 있으며 다른 이에게 보시하는 것은 그렇지 못합니다.' 라고 말한다고 들었습니다. 그러나 부처님은 제가 들은 것과는 정반대의 말씀인 '니간타들에게도 보시를 하라'고 저를 격려하셨습니다. 세 번째에도 저는 부처님과 가르침과 승가에 귀의합니다. 저를 재가신도로 받아주십시오."

그래서 부처님은 장자 우빨리에게 순차적인 가르침을 주셨다. 처음에 보시와 계행에 대한 가르침을 주시고, 다음으로 감각적 쾌락의 위험, 헛됨, 타락에 대하여 말씀하신 후, 이것을 멀리하고 버릴 때의 이익을 말씀하셨다. 부처님은 장자 우빨리의 마음이 받아들일 자세가 되어 있고, 장애로부터 벗어나 만족하고 고무되어 있음을 아시고 부처님께서 깨달으신 진리를 말씀하셨다. '괴로움과, 괴로움의 원인과, 괴로움의 소멸과, 괴로움의 소멸에 이르는 길'에 대하여 자세하게 말씀하셨다.

마치 때묻지 않은 깨끗한 천이 염색이 잘 들듯이 장자 우빨리도 '생겨나는 모든 것은 소멸한다.' 라고 티끌 없는 진리의 눈이 열렸다. 그리고 그는 담마[14]를 보았고 담마를 얻었고 담마를 이해하였고 담마를 통찰하였다. 그는 의심과 혼란을 뛰어넘고 다른 사람에 의지함 없이 스승의 가르침 속에서 온전한 만족을 얻었다.


(나는 부처님의 제자)
그 후 니간타 나따뿟따는 장자 우빨리가 개종하였다는 소식을 듣고

---
14) 여기의 담마는 가르침을 의미한다.

믿을 수가 없어 디가 따빳시를 우빨리의 집에 보내어 그것이 사실인지 알아보게 하였다. 따빳시는 개종한 것이 사실임을 확인하고 니간타 나따뿟따에게 이렇게 말하였다.

"존자님, 제가 전에 말씀드리기를, '우빨리 장자가 사문 고따마의 교리를 논박한다는 것을 탐탁지 않게 생각합니다. 왜냐하면 사문 고따마는 마술사이며 개종하는 마술을 알고 있고 그 마술에 의하여 다른 교단의 제자들을 개종시킵니다.' 라고 말씀드리지 않았습니까? 지금 장자 우빨리는 사문 고따마의 '개종하는 마술' 에 의하여 개종되었습니다!"

"그럴 리가! 그것은 불가능한 일이지 따빳시, 장자 우빨리가 사문 고따마의 제자가 된다는 것은 있을 수 없는 일이지!"

니간타 나따뿟따는 믿으려하지 않았다. 그는 사실임을 안 후에도 그래도 믿을 수 없어 니간타 나따뿟따 자신이 직접 장자 우빨리가 정말로 사문 고따마의 제가가 되었는지 확인하기 위하여 많은 니간타 무리와 함께 장자 우빨리의 집을 찾아갔다.

예전과는 달리 자신을 대접하는 태도가 달라진 장자 우빨리에게 니간타 나따뿟따는 말하였다.

"장자여, 그대는 미쳤다. 그대는 멍청이다. 그대는 이렇게 말하고 나갔다. '존자님, 제가 사문 고따마를 논박하겠습니다.' 그런데 그대는 〔사문 고따마의〕 교리의 거대한 그물에 걸려버렸다. 장자여, 그대는 '개종하는 마술' 을 가진 사문 고따마에 의하여 개종되었다!"

"개종하는 마술은 상서로운 것입니다. 존자님, 개종하는 마술은 훌륭합니다. 만약 내가 사랑하는 종족이나 친척이 개종하는 마술에 의하여 개종된다면, 그것은 오랫동안 그들을 행복과 복지로 이끌 것입니다. 만일 왕족이, 브라흐민이나 상인이나 노예들이 개종하는 마술에 의하여 개종된다면, 그것은 오랫동안 그들을 행복과 복지로 이끌 것입니다."

"장자여, 니간타의 대중들이나 왕은 생각하기를 '장자 우빨리는 니간타 나따뿟따의 제자다.' 라고 알고 있다. 그러면 그대는 누구의 제자라고 우리가 생각해야 하겠는가?"

이 말을 듣고 장자 우빨리는 자리에서 일어나 한쪽 어깨에 웃옷을 걸치고 부처님이 계신 곳을 향하여 합장하고 니간타 나따뿟따에게 이렇게 말하였다.

"그렇다면 존자님, 내가 누구의 제자인지 들어보십시오."

어리석음을 벗어버린 지혜로운 분
마음의 황무지를 버린 분, 승리자,
괴로움에서 벗어났고 치우침이 없으며
계행이 성숙하고 빼어난 지혜를 가지신 분
욕망의 출렁임을 건너 티끌이 없는
부처님이 바로 그 분이고 나는 그 제자이네.

혼돈을 벗어나 만족에 머물고
세속적 이득에 초연하고 기뻐하며
인간의 마지막 몸으로 태어나[15]

---
15) 윤회의 굴레에서 벗어남.

사문의 할 일을 해 마치신 분
참으로 무엇과도 견줄 바 없고 티없는
부처님이 바로 그 분이고 나는 그 제자이네.

의혹이 없고 훌륭하고
계행을 지키는 분, 빼어난 지도자,
견줄 자 없고, 빛나고, 주저함이 없고,
빛을 비추고, 교만을 부수고, 영웅이신
부처님이 바로 그 분이고 나는 그 제자이네.

많은 무리의 지도자
그 깊이를 헤아릴 수 없는 묵묵한 성자
안온함을 주는 분, 지혜를 갖춘 분
진리 위에 서서, 안으로 절제하는 분
집착의 저 너머로 가신 분, 해탈하신
부처님이 바로 그 분이고 나는 그 제자이네.

한적한 곳에 사는 티없는 코끼리[16]
속박을 부수고 온전히 해탈한 분
지혜로 물들어 토론에 막힘이 없고
교만심을 내려놓고 욕망을 떠나고
자신을 길들여 희론을 떠난

---
16) 코끼리는 부처님의 상징이다.

부처님이 바로 그 분이고 나는 그 제자이네.

거룩한 분이며 마음을 닦아
목표를 성취하고 진리를 설하시는 분
마음챙김과 꿰뚫는 통찰력을 타고 나
앞으로도 뒤로도 기울지 않네
동요함이 없고 통달을 얻으신
부처님이 바로 그 분이고 나는 그 제자이네.

바른 길을 가고 선정에 머무는 분
안으로 번뇌가 다하고 온전히 청정하고
의존하지 않고 두려움이 없으며
한적한 곳에 살며 최상을 성취한 분
윤회를 건넜고 우리도 건너도록 인도하시는
부처님이 바로 그 분이고 나는 그 제자이네.

무한한 지혜로 최상의 평온에 머무는 분
탐욕이 전혀 없고, 위대한 지혜의 사람
그는 여래이며, 바른 길로 잘 가신 분
견줄 자도 없고 동등한 자도 없네
용맹하고 모든 것에 막힘이 없는
부처님이 바로 그 분이고 나는 그 제자이네.

갈애를 끊고 깨달음을 얻으신 분
의혹의 구름을 걷어내고 티끌 하나 없는
존경받을 만하고 가장 위대한 영혼
가장 완벽하고 측량을 초월하는 분
가장 훌륭한 최고의 영예를 얻은
부처님이 바로 그 분이고 나는 그 제자이네.

이어서 장자 우빨리는 말하였다.
"존자님, 부처님은 수많은 칭찬받을 만한 성품을 가지고 있습니다. 누가 찬탄할 만한 사람을 찬탄하지 않겠습니까?"

## 🙏 여래도 다른 사람에게 불쾌한 말을 합니까?
| 맛지마 니까야: 58 아바야라자꾸마라 경 |

이와 같이 나는 들었다. 어느 때 부처님은 라자가하의 죽림정사에 계셨다. 그때 아바야 왕자는 니간타 나따뿟따에게 갔다. 니간타 나따뿟따는 왕자 아바야에게 이렇게 말하였다.
"왕자님, 수행자 고따마의 교리를 논박하십시오. 그러면 '아바야 왕자가 그렇게 큰 영적인 힘이 있고 그렇게 막강한 사문 고따마를 논박하였다.' 라는 좋은 평판이 퍼질 것입니다."
"그렇지만 존자여, 어떻게 내가 그렇게 큰 영적인 힘이 있고 그렇게 막강한 사문 고따마를 논박할 수 있습니까?"
"왕자님, 사문 고따마에게 가서 이렇게 말하십시오. '존자여, 여래도 다른 사람에게 불쾌한 말을 합니까?' 라고 물었을 때 만일 불쾌한 말을 한다고 대답하면 '존자여, 그대가 다른 일반 사람들처럼 그렇게 불쾌한 말을 한다면, 다른 사람과 그대와의 다른 점이 무엇입니까? 일반 사람들은 다른 사람에게 불쾌한 말을 합니다.'

그러나 만일 다른 사람에게 불쾌한 말을 하지 않는다고 대답한다면 이렇게 말하십시오. '존자여, 그러면 왜 데와닷따에게 구제할 길이 없는 어쩔 수 없는 사람이라고 불쾌한 말을 했습니까? 데와닷따[17]는 그 말에 화가 났고 불쾌하게 생각하였습니다.'

왕자여, 이와 같이 두 개의 뿔 달린 질문을 했을 때 수행자 고따마는 그것을 뱉을 수도 없고 삼킬 수도 없을 것입니다."

니간타 나따뿟따와 이런 대화를 한 후 아바야 왕자는 그 다음날 아침 공양에 부처님과 세 명의 비구를 그의 집으로 초대하였다. 왕자는 직접 음식 시중을 들며 온갖 맛있는 음식으로 부처님을 대접하였다. 공양 후 왕자는 준비된 질문을 부처님께 하였다.

"존자님, 여래도 다른 이에게 불쾌한 말을 합니까?"

"왕자님, 그 질문에 대하여 일방적인 대답은 없습니다."

"존자님, 그러면 니간타 나따뿟따는 졌습니다."

"왕자님, 그 말은 무슨 뜻입니까?"

그래서 왕자는 니간타 나따뿟따와의 자초지종 이야기를 다 하였다. 그때 어린 아기가 왕자의 무릎에 누워 있었다. 부처님은 왕자에게 이렇게 말하였다.

"만일 왕자님이나 그대의 유모가 부주의한 동안 이 아기가 막대기

---

17) 그는 부처님 교단을 차지하려고 부처님 살해를 여러 번 시도했고, 아자따삿뚜 왕자와 결탁하여 부왕 빔비사라왕을 죽이게 하였다.

조각이나 작은 돌을 입에 넣는다면 그대는 어떻게 하겠습니까?"

"존자님, 그것을 꺼내야지요. 만일 즉시 꺼낼 수 없다면 아기의 머리를 왼손으로 잡고 오른 손가락을 입에 넣어 입에 피가 나더라도 이물질을 제거할 것입니다. 왜냐하면 그 아기에 대한 자비심 때문입니다."

"마찬가지로 왕자님,

① 여래는 사실이 아니고 진실되지 않고 유익하지 않은 말들을 아는데, 이 말을 다른 사람이 좋아하지 않고 그들에게 불쾌감을 준다면 여래는 그런 말을 하지 않습니다.

② 여래는 사실이고 진실되지만 유익하지 않은 말들을 아는데, 이 말들을 다른 사람들이 좋아하지 않고 그들에게 불쾌감을 준다면 여래는 그와 같은 말을 하지 않습니다.

③ 여래는 사실이고 진실되고 유익한 말들을 아는데, 그러나 이 말들을 다른 사람들이 좋아하지 않고 그들에게 불쾌감을 준다면 여래는 이 말을 해야 할 적절한 때를 알아서 합니다.

④ 여래는 사실이 아니고 진실되지 않고 유익하지 않은 말들을 아는데, 이 말들이 다른 이에게 기분 좋고 유쾌함을 준다 하더라도 여래는 이런 말들을 하지 않습니다.

⑤ 여래는 사실이고 진실되더라도 유익하지 않은 말들을 아는데, 그런 말들이 기분 좋고 유쾌함을 준다하더라도 여래는 그런 말들을 하지 않습니다.

⑥ 여래는 사실이고 진실되고 유익한 말들을 아는데, 이 말들이 다른 이에게 기분 좋고 유쾌함을 줄 때 여래는 말해야 할 적절한 때를 알아서 합니다. 왜냐하면 여래는 중생을 향한 자비심이 있기 때문입니다."

## 어린 라훌라에게 주신 교훈
| 맛지마 니까야: 61 암발랏티까라훌로와다 경 |[18]

1. 빈 물그릇의 교훈

이와 같이 나는 들었다. 어느 때 부처님은 라자가하의 죽림정사에 계셨다. 그때 라훌라 존자는 암발랏티까에 있었다. 저녁 나절 부처님은 명상을 끝내고 암발랏티까의 라훌라가 있는 곳으로 가셨다. 라훌라는 부처님이 오시는 것을 보고 자리를 준비하고 발 씻을 물을 준비하였다. 부처님은 자리에 앉아서 발을 씻으셨다. 라훌라는 부처님께 인사를 드리고 한쪽에 앉았다.

부처님은 물그릇에 물을 조금 남긴 후 라훌라에게 말씀하셨다.

"라훌라야, 이 물그릇에 물이 조금 있는 것이 보이지?"

"네, 부처님."

"고의로 거짓말을 하고도 부끄러워하지 않는 수행자의 공덕은 이 물과 같이 적다."

부처님은 조금 남아 있던 물을 다 버리고 물으셨다.

"라훌라야, 조금 남은 물을 버리는 것을 보았지?"

"네, 부처님."

"고의로 거짓말을 하고도 부끄러워하지 않는 사람은 수행자의 공덕을 내 버리는 것이다."

다시 부처님은 빈 물그릇을 뒤집어 놓고 말씀하셨다.

"라훌라야, 빈 물그릇을 뒤집어 놓는 것을 보았지?"

---

[18] 이 경은 아소까 바이라트 각문의 "부처님이 라훌라에게 주신 거짓말하는 것에 대한 교훈"과 동일시되는 경으로 어린 라훌라에게 주신 가르침이다.

"네, 부처님."

"고의로 거짓말을 하고도 부끄러워하지 않는 사람은 수행자의 공덕을 뒤집어엎는 것이다."

다시 부처님은 빈 물그릇을 바로 놓고 말씀하셨다.

"라훌라야, 이 물그릇이 텅 빈 것이 보이지?"

"네, 부처님."

"고의로 거짓말을 하고도 부끄러워하지 않는 사람은 수행자의 공덕이 텅 비게 된다. 그리고 고의로 거짓말을 하고도 부끄러워하지 않는 사람은 어떤 악한 행동도 서슴지 않고 하게 된다. 그러므로 '나는 농담으로라도 거짓말을 하지 않을 것이다.' 라고 너 자신을 단련하여야 한다."

## 2. 거울의 교훈

"라훌라야, 거울은 뭐하는 데 쓰는 거지?"

"비춰보는 데 씁니다. 부처님."

"마찬가지로 라훌라야, 반복해서 네 자신을 비추어 돌아본 후에 행동을 해야 하고, 반복해서 네 자신을 비추어 돌아본 후에 말을 해야 하고, 반복해서 네 자신을 비추어 돌아본 후에 생각을 하여야 한다."

(행동하려고 할 때)

"라훌라야, 네가 행동을 하려고 할 때 이와 같이 네 자신을 돌아보아야 한다. '내가 하려고 하는 행동이 나에게 해로움을 주지 않을까? 또는 남에게 해로움을 주지 않을까? 또는 나와 남 모두에게 해로움을 주지 않을까? 〔혹시〕 이 행동이 좋지 못한 행동으로 고통스러운 결과를 가져오지는 않을까?' 라고 돌아보아야 한다.

네가 비추어 보았을 때 만일 '내가 하려고 하는 행동이 나에게 해로움을 줄 것이다. 또는 남에게 해로움을 줄 것이다. 또는 나와 남 모두에게 해로움을 줄 것이다. 이 행동은 좋지 못한 행동으로 고통스러운 결과를 가져올 것이다.' 라고 안다면 그런 행동은 해서는 안 된다.

그러나 네가 비추어 보았을 때 만일 '내가 하려고 하는 행동이 나에게 해로움을 주지 않을 것이다. 남에게 해로움을 주지 않을 것이다. 나와 남 모두에게 해로움을 주지 않을 것이다. 이 행동은 선한 행동으로 행복한 결과를 가져올 것이다.' 라고 안다면 그런 행동은 해도 좋다."

(행동하고 있을 때)

"또한 라훌라야, 네가 행동을 하고 있을 때에도 이와 같이 네 자신을 돌아보아야 한다. '내가 지금 하고 있는 행동이 나에게 해로움을 주고 있지는 않은가? 또는 남에게 해로움을 주고 있지는 않은가? 또는 나와 남 모두에게 해로움을 주고 있지는 않은가? 〔혹시〕 이 행동이 좋지 못한 행동으로 고통스러운 결과를 가져오는 것은 아닐까?' 라고 돌아보아야 한다.

네가 비추어 보았을 때 만일 '내가 하고 있는 행동이 나에게 해로움을 주고 있다. 또는 남에게 해로움을 주고 있다. 또는 나와 남 모두에게 해로움을 주고 있다. 이 행동은 좋지 못한 행동으로 고통스러운 결과를 가져온다.' 라고 안다면 그런 행동은 해서는 안 된다.

그러나 네가 비추어 보았을 때 만일 '내가 하고 있는 행동이 나에게 해로움을 주지 않는다. 남에게 해로움을 주지 않는다. 또는 나와 남 모두에게 해로움을 주지 않는다. 이 행동은 선한 행동으로 행복한 결과를 가져온다.' 라고 안다면 그런 행동은 계속해도 좋다."

(행동한 후)
"또한 라훌라야, 네가 행동을 한 후에도 이와 같이 네 자신을 돌아보아야 한다. '내가 한 행동이 나에게 해로움을 가져오지는 않았는가? 또는 남에게 해로움을 주지는 않았을까? 또는 나와 남 모두에게 해로움을 주지는 않았을까? 〔혹시〕 이 행동이 좋지 못한 행동으로 고통스러운 결과를 가져오지는 않았을까?' 라고 돌아보아야 한다.
네가 비추어 보았을 때 만일 '내가 한 행동이 나에게 해로움을 주었다. 또는 남에게 해로움을 주었다. 또는 나와 남 모두에게 해로움을 주었다. 이 행동은 좋지 못한 행동으로 고통스러운 결과를 가져왔다.' 라고 안다면, 그때는 그런 행동을 함께 수행하는 지혜로운 동료나 스승에게 고백하고 드러내 보여야 한다. 그런 행동을 고백하고 드러내 보이고 열어 보이기 때문에 앞으로 조심하게 된다.
그러나 네가 비추어 보았을 때 만일 '내가 한 행동이 나에게 해로움을 주지 않았다. 또는 남에게 해로움을 주지 않았다. 또는 나와 남 모두에게 해로움을 주지 않았다. 이 행동은 선한 행동으로 행복한 결과를 가져왔다.' 라고 안다면, 그때는 행복하고 기쁘게 지내게 되고 밤낮으로 그 좋은 행을 닦아야 한다."

(말할 때에도 자신을 비추어 보라)

"행동할 때와 마찬가지로 말하려고 할 때에도, 말하는 동안에도, 말한 후에도, 행동할 때와 똑같이 자기 자신을 돌아보고 비추어 본 후에 말을 하여야 한다."

(생각할 때에도 자신을 비추어 보라)
"행동할 때와 마찬가지로 생각하려고 할 때에도, 생각하는 동안에도, 생각한 후에도, 행동할 때와 똑같이 자기 자신을 돌아보고 비추어 본 후에 생각을 하여야 한다."

(과거·미래·현재의 모든 수행자처럼 너도 생각과 말과 행동을 비추어 보라)
"라훌라야, 과거의 어떤 사문이나 브라흐민들도 모두 자기 자신을 비추어 보고 또 되풀이하여 비추어 본 후에 생각을 하였고, 말을 하였고, 행동을 하였다. 이와 같이 함으로써 그들은 생각과 말과 행동을 깨끗하게 하였다.

미래의 어떤 사문이나 브라흐민들도 모두 자기 자신을 비추어 보고 되풀이하여 비추어 본 후에 생각을 할 것이고, 말을 할 것이고, 행동을 할 것이다. 이와 같이 함으로써 그들은 생각과 말과 행동을 깨끗하게 할 것이다.

현재의 어떤 사문이나 브라흐민들도 모두 자기 자신을 비추어 보고 되풀이하여 비추어 본 후에 생각을 하고, 말을 하고, 행동을 한다. 이와 같이 함으로써 그들은 생각과 말과 행동을 깨끗하게 한다.

그러므로 라훌라야, 너는 이와 같이 단련하여야 한다. '나는 내 행동을 반복하여 돌아봄으로써 행동을 깨끗이 할 것이다. 나는 내 말을 반복하여 돌아봄으로써 말을 깨끗이 할 것이다. 나는 내 마음을 반복하여 돌아봄으로써 마음을 깨끗이 할 것이다.' 이것이 바로 어떻게 너 자신을 단련해야 하는지에 대한 가르침이다."

## 🧘 번뇌가 뿌리째 뽑힌 분
| 맛지마 니까야: 68 날라까빠나 경 7 |

두려운 윤회를 가져오고, 그 결과로 괴로움을 가져오고, 생·로·병·사를 가져오고, 번뇌를 일으키는 것들을 여래는 버렸으며, 여래는 이것들을 뿌리째 잘라 버렸으며, 마치 야자수 나무의 그루터기처럼 장차 다시는 존재하지 않게 만들었다. 아누룻다, 그것은 마치 야자수 나무의 순을 잘라버리면 장차 다시는 자랄 수 없는 것처럼, 여래는 두려운 윤회를 가져오고, 괴로움을 가져오고, 생·로·병·사를 가져오고, 번뇌를 일으키는 것들을 버렸으며, 여래는 이것들을 뿌리째 잘라 버렸으며, 마치 야자수 나무의 그루터기처럼 장차 다시는 존재하지 않게 만들었다. 모든 번뇌를 잘라 번뇌가 다시는 일어나지 않게 하였다.

## 🧘 사문 고따마의 특성
| 맛지마 니까야: 77 마하사꿀루다이 경 1-9 |

이와 같이 나는 들었다. 어느 때 부처님은 라자가하의 죽림정사에 계셨다. 그때 잘 알려진 많은 방랑 수행자들이 그들의 숲인 모라니와빠에 머물고 있었다. 그때 부처님은 이른 아침 라자가하로 탁발을 가셨다. 그런데 탁발하기에는 너무 이른 시간이라 부처님은 모라니와빠 숲

의 방랑 수행자 사꿀루다인을 방문하기로 하셨다.

그때 사꿀루다인은 많은 방랑 수행자들과 함께 앉아 있었는데 그들은 여러 가지 핵심 없는 이야기들을 소란스럽게 큰 소리로 떠들고 있었다. 즉 왕의 이야기, 도둑, 대신, 군대, 전쟁, 음식, 음료, 의복, 침상, 화환, 향수, 친척, 수레, 마을, 도시, 시골, 여자, 영웅, 거리, 세상의 기원 등을 이야기하고 있었다.

사꿀루다인은 부처님이 오시는 것을 보고 그의 무리들에게 말하였다.

"여러분, 떠들지 말고 조용히 하시오. 저기 사문 고따마가 옵니다. 그는 조용한 것을 좋아하고 그렇게 수련받았고 조용한 것을 칭찬합니다. 아마도 그는 우리가 조용한 무리임을 알면 우리에게 올 것이오."

그래서 그들은 조용해졌다. 사꿀루다인은 부처님에게 말하였다.

"어서오십시오, 존자님, 환영합니다. 오랜만에 여기 오실 기회를 만드셨군요. 자리에 앉으십시오."

"그대들은 무슨 토론을 하고 있었습니까. 우다인? 무슨 토론이 중단되었습니까?"

"존자님, 저희들이 여기에서 한 이야기는 나중에 들으실 수 있습니다. 얼마 전에 여러 교단의 사문이나 브라흐민들이 토론하는 회당에 함께 모였을 때 이런 주제가 대두되었습니다. '앙가국과 마가다국의 사람들은 커다란 득을 보고 있다. 왜냐하면 여러 훌륭하고 잘 알려진 성자들이 우기를 보내기 위하여 라자가하에 왔기 때문이다.'"

이들은 뿌라나 깟사빠 등 여섯 명의 교단의 지도자[19]들을 차례로 평가하면서 이야기 한 후 어떤 사람이 사문 고따마에 대하여 이렇게 말하

---

19) 여섯명의 교단의 지도자: 각각의 이름은 p. 593의 주석 110번을 보시오.

였습니다.

(어떤 사람이 말하는 사문 고따마)

"사문 고따마는 교단을 이끄는 지도자이고, 한 단체의 지도자이며, 스승이며, 매우 잘 알려져 있으며, 교단의 유명한 창시자이며, 많은 사람으로부터 성인으로 추앙받고 있다. 그는 많은 제자들로부터 존경과 공경을 받으며 제자들은 존경심으로 가득 차서 그에게 의지한다.

언젠가 사문 고따마가 수백 명의 대중들에게 설법할 때 어떤 제자가 헛기침을 하였는데 그의 동료가 무릎으로 살짝 건드리며 '부처님께서 담마를 설하고 계십니다. 조용히 하세요.' 라고 하였습니다. 사문 고따마가 수백 명의 대중들에게 설법할 때에는 기침소리 하나 나지 않고 조용합니다. 그래서 부처님을 기다리는 많은 대중들은 기대감으로 가득 차서 '부처님이 설하실 담마를 우리는 듣겠다.' 고 설법을 들을 준비가 되어 있습니다.

그것은 마치 어떤 사람이 네 거리에서 진짜 꿀을 짜고 있는데 많은 사람들이 기대에 가득 차 있는 것처럼, 이와 같이 사문 고따마가 수백 명의 제자들에게 가르침을 설할 때에는 [부처님의 가르침을 잘 들어야겠다는 기대감에 가득 차] 기침소리 하나 나지 않습니다.

그의 제자 중에 청정한 삶에서 동료들과 다투고 수도생활을 포기하고 속세로 돌아간 제자들도 부처님과, 가르침과, 승가를 찬탄합니다. 그들은 이와 같이 오직 그들 자신만 책망하지 다른 사람을 책망하지 않습니다. '우리들은 운이 없다. 우리들은 공덕이 없다. 잘 설해진 담마와 계율에 출가를 하였지만 남은 여생 동안 완전하고도 청정한 성스러운 삶을 살 수가 없었다.'고 말합니다. 그들은 사원의 관리인으로 그리고 재가신도로서 오계를 지킵니다. 이와 같이 사문 고따마는 그의 제자들로부터 존경과 공경을 받으며 그의 제자들은 지극한 존경심을 가지고 스승에게 의지합니다."

(제자들이 부처님을 존경하는 이유)
이어서 방랑 수행자 사꿀루다인에게 부처님은 말씀하셨다.
"우다인, 나의 제자들이 나를 존경하고 공경하고 또 존경심을 가지고 나에게 의지하는 그 이유에 대하여 그대는 몇 가지나 그 특징을 나에게서 보았습니까?"
"존자님, 다섯 가지의 특징을 보았습니다. 첫째는 부처님은 식사를 적게 하며 적게 먹는 것을 칭찬합니다. 둘째는 부처님은 어떤 법의라도 만족하며 어떤 법의로도 만족하는 것을 칭찬합니다. 셋째는 부처님은 어떤 탁발음식이라도 만족하며 어떤 탁발음식이라도 만족하는 것을 칭찬합니다. 넷째는 부처님은 어떤 거처라도 만족하며 어떤 거처에도 만족하는 것을 칭찬합니다. 다섯째는 부처님은 세속과는 멀리 초연히 살고 초연히 사는 것을 칭찬합니다. 존자님, 이 다섯 가지 이유로 해서 제자들이 부처님을 존경하고 공경하고 그리고 지극한 존경심을 가지고 부처님께 의지한다고 봅니다."
이에 부처님은 우다인에게 말씀하셨다.
"우다인이여, 그러나 나는 어떤 때는 발우 가득 먹기도 합니다. 그러나 나는 어떤 때는 장자가 보시한 훌륭한 법의를 입기도 합니다. 그러나 나는 어떤 때는 초대되어 훌륭한 음식을 먹기도 합니다. 그러나 나는 어떤 때는 편리하게 지어진 승원에서 지냅니다. 그러나 나는 어떤 때는 비구와 비구니, 남자 신도와 여자 신도, 왕과 왕의 대신들, 다른 교단의 수행자들 그리고 그들의 제자들에 둘러싸여 지냅니다. 그러므로 우다인이여, 그대가 말하는 다섯 가지 이유 때문에 나의 제자들이 나를 존경하고 공경하고 또 존경심을 가지고 나에게 의지하지는 않을 것입니다."

## 담마에 대한 신앙고백
| 맛지마 니까야: 89 담마쩨띠야 경 |

이와 같이 나는 들었다. 어느 때 부처님은 사꺄족들이 사는 곳에 계셨는데 메달룸빠라는 도시에 계셨다. 그때 꼬살라의 빠세나디왕은 일이 있어 낭가라까에 도착하였다. 왕은 정원의 아름다움을 보기 위하여 마차를 타고 정원으로 갔다. 왕은 여기저기 거닐다가 조용하고 사람들의 인적이 드물고 인가에서 떨어져 있고 홀로 명상하기에 적합한 너무나 마음에 드는 나무 밑을 발견하였다. 그 장소를 보니 부처님 생각이 간절하였다. '이곳은 온전히 깨달으신 부처님께 존경의 예를 드리던 곳과 같구나.'라고 생각하였다.

대왕은 디가 까라야나에게 물었다.
"부처님은 지금 어디에 계시는가?"
"대왕님, 부처님은 지금 사꺄국 메달룸빠 마을에 계십니다."
"낭가라까에서 메달룸빠까지는 얼마나 먼가?"
"멀지 않습니다. 대왕님, 3요자나 거리입니다.[20] 그곳까지 가는데

---
20) 3요자나는 약 39km의 거리이다. 그러나 이견이 있음.

아직 충분히 해가 남아 있습니다."

빠세나디왕이 부처님이 계신 숲에 도착하였을 때 그곳에는 많은 비구들이 밖에서 경행〔걷는 명상〕을 하고 있었다. 왕은 조용히 부처님 처소로 가서 문을 두드렸다. 왕은 부처님 발에 머리를 대어 인사를 드리고 발에 입을 맞추고 발을 어루만지면서, '존자님, 빠세나디왕입니다.'라고 말하였다. 이에 부처님은 그의 신심을 보고 이와 같이 물으셨다.

"대왕님, 나에게 그렇게 친애를 보이시고 최상의 존경을 표시하는 이유는 무엇입니까?"

"존자님, 저는 부처님에 대하여 담마에 따라서 이와 같이 추론합니다. '부처님은 온전히 깨달으신 분이고 담마는 부처님에 의하여 잘 설해져 있고 부처님의 제자들의 승가는 훌륭한 길을 수행하고 있다.' 고 생각합니다.

(담마에 대한 신앙고백 1)

부처님, 나는 어떤 사문이나 브라흐민들은 10년, 20년, 30년, 또는 40년간 한정된 거룩한 삶을 사는 것을 봅니다. 그리고는 이 기간 이후에는 잘 치장하고, 기름을 바르고, 머리와 수염을 다듬고, 다섯 가지 감각적 쾌락을 즐기는 것을 봅니다.

그러나 여기 비구들은 일생 동안 완전한 청정한 삶을 사는 것을 봅니다. 정말로 나는 다른 곳에서는 이렇게 온전히 청정한 승가를 보지 못하였습니다. 이것이 제가 부처님에 대하여 '부처님은 온전히 깨달으신 분이고 담마는 부처님에 의하여 잘 설해져 있고 부처님의 제자들의 승가는 훌륭한 길을 수행하고 있다.' 고 담마에 따라서 추론하는 이유입니다.

(담마에 대한 신앙고백 2)
부처님, 〔세속에서는〕 왕이 왕과 싸우고, 귀족과 귀족이 싸우고, 브라흐민과 브라흐민, 장자와 장자, 부모와 자식, 형제, 자매, 친구들이 서로서로 싸웁니다.

그러나 여기 비구들은 우호적이고 화목하고 논쟁 없이 물과 우유처럼 융화하며 서로 친절한 눈빛으로 대하는 것을 봅니다. 저는 다른 곳에서는 이와 같이 화목한 집단을 보지 못하였습니다. 이것이 제가 부처님에 대하여 '부처님은 온전히 깨달으신 분이고 담마는 부처님에 의하여 잘 설해져 있고 부처님의 제자들의 승가는 훌륭한 길을 수행하고 있다.' 고 담마에 따라서 추론하는 이유입니다.

(담마에 대한 신앙고백 3)
부처님, 나는 여기저기 숲과 정원을 산책하기도 하고 돌아다니기도 하였습니다. 거기에서 나는 사문이나 브라흐민들을 보게 되었는데 어떤 이들은 여위고, 추루하고, 안색이 나쁘고, 두번 다시 보고 싶지 않을 정도로 추한 모습을 하고 있었습니다.

그러나 여기 비구들은 미소짓고, 쾌활하고, 진정으로 기뻐하고, 검소한 것을 기뻐하며, 감관이 청정하고, 평안하고, 산란하지 않고, 다른 사람의 보시로 살아가며, 야생의 사슴처럼 〔자유롭게〕 사는 것을 봅니다. 이렇게 살기 때문에 '의심의 여지없이 이 존자들은 부처님의 가르침 속에서 점차적으로 성취되는 뛰어난 탁월함을 알고 있다.' 고 생각하였습니다. 이것이 제가 부처님에 대하여 '부처님은 온전히 깨달으신 분이고 담마는 부처님에 의하여 잘 설해져 있고 부처님의 제자들의 승가는 훌륭한 길을 수행하고 있다.' 고 담마에 따라 추론하는 이유입니다.

(담마에 대한 신앙고백 4)

부처님, 나는 왕으로서 사형시켜야 할 사람은 사형시키고 벌금을 물려야 할 사람은 벌금을 물게 하고 귀양을 보내야 할 사람은 귀양을 보냅니다. 그렇지만 내가 의회에 앉아 있을 때에 사람들은 내 말을 차단하거나 가로막습니다. 내가 그들에게 '여러분, 내가 의회에 앉아 있을 때는 내 말을 차단하거나 가로막지 말고 내 말이 다 끝날 때까지 기다리시오.' 라고 말을 해도 그들은 내 말을 가로막고 차단합니다.

그러나 부처님이 수백 명의 대중에게 설법하실 때는 기침소리 하나 나지 않습니다. 이것은 정말 놀라운 일입니다. 정말로 이것은 놀라운 일입니다. 어떻게 칼이나 몽둥이를 사용하지 않고도 집단이 이렇게 잘 수련될 수 있는지 경이롭습니다. 나는 이렇게 잘 수련된 집단을 어디에서도 본 적이 없습니다. 이것이 제가 부처님에 대하여 '부처님은 온전히 깨달으신 분이고 담마는 부처님에 의하여 잘 설해져 있고 부처님의 제자들의 승가는 훌륭한 길을 수행하고 있다.' 고 담마에 따라서 추론하는 이유입니다.

(담마에 대한 신앙고백 5)

부처님, 저는 머리카락을 가를 만큼 그렇게 예리한 명사수처럼 논쟁에 있어 도사이고 영리하고 학식이 있는 귀족들[브라흐민, 장자, 사문들]을 보았습니다. 말하자면, 그들은 날카로운 재치로 다른 사람의 견해를 박살내면서 여기저기 돌아다닙니다. 그들은 사문 고따마가 어느 도시에 온다는 소리를 들으면 이런 질문을 만듭니다. '사문 고따마에게 이런 질문을 하면 그는 이렇게 대답할 것이다. 그때 우리는 그의 교리를 이렇게 반박하자.' 라고 준비하였습니다. 그런데 그들은 사문 고따마가 이런저런 마을과 도시에 왔다는 소식을 들었습니다. 그들은 그곳으로 갔는데 사문 고따마는 그들에게 담마에 대하여 가르치고, 분발케 하고, 격려하고, 기쁘게 하였습니다. 이런 가르침을 듣고 난 후에 기쁘게 된 그들은 전혀 질문을 할 수도 없었는데 어떻게 그를 반박하겠습니까? 반대로 그 귀족들은 사문 고따마의 제자가 되었습니다.

이것이 제가 부처님에 대하여 '부처님은 온전히 깨달으신 분이고 담마는 부처님에 의하여 잘 설해져 있고 부처님의 제자들의 승가는 훌륭한 길을 수행하고 있다.' 고 담마에 따라서 추론하는 이유입니다.

(담마에 대한 신앙고백 6)
부처님, 저에게는 이시닷따와 뿌라나라고 하는 두 명의 검열관이 있습니다. 그들은 나의 음식을 먹고 나의 마차를 사용하고 나로 인해 생계를 유지하고 명성을 얻습니다. 그럼에도 불구하고 그들은 나보다는 부처님을 더 존경합니다. 언젠가 내가 군대를 이끌고 다른 곳에 갔을 때 나는 이들을 시험하게 되었습니다. 우리는 굉장히 비좁은 숙소에 묵게 되었습니다. 이시닷따와 뿌라나 두 감독관은 법담으로 밤늦게까지 보낸 뒤, 부처님이 머물고 계시다고 들은 곳으로 머리를 두고 내 쪽으로 발을 둔 채 자리에 누웠습니다. 저는 '이것은 정말 놀라운 일이다.

이것은 정말 경이로운 일이다. 내가 그들에게 많은 것들을 주는데도 나보다도 부처님을 더 존경한다. 이들은 틀림없이 부처님의 가르침 속에서 점차적으로 성취되는 뛰어난 탁월함을 알고 있다.'고 생각하였습니다.

이것이 내가 부처님에 대하여 '부처님은 온전히 깨달으신 분이고 담마는 부처님에 의하여 잘 설해져 있고, 부처님의 제자들의 승가는 훌륭한 길을 수행하고 있다.'고 담마에 따라서 추론하는 이유입니다."

이어서 빠세나디왕은 말하였다.
"부처님은 왕족이고 나도 왕족입니다. 부처님은 꼬살라인이고 나도 꼬살라인입니다. 부처님은 여든 살이고 나도 여든 살입니다. 그러므로 내가 부처님께 이렇게 친애를 보이고 최상의 존경을 표하는 것은 당연하다고 생각합니다."

빠세나디왕이 떠난 후 부처님은 비구들에게 이렇게 말씀하셨다.
"비구들이여, 꼬살라의 빠세나디왕은 '담마에 대한 신앙 고백'을 말한 후에 떠나갔다. 〔그가 말한 것과 같은〕

'담마에 대한 신앙 고백'을 배워라.
'담마에 대한 신앙 고백'을 숙달하여라.
'담마에 대한 신앙 고백'을 기억하여라.
'담마에 대한 신앙 고백'은 유익하며
'담마에 대한 신앙고백'은 청정한 삶의 근본이다."

## 🧘 빼어난 용모의 부처님
| 맛지마 니까야: 92 셀라 경 |

이와 같이 나는 들었다. 어느 때 부처님은 1,250명의 많은 비구 승가와 함께 앙굿따라빠를 유행하시다가 아빠나라는 마을에 도착하셨다. 그때 머리를 땋은 고행자〔브라흐민〕께니야는 이런 소문을 들었다. '사문 고따마가 1,250명의 제자들과 함께 아빠나에 도착하셨다는 것, 그분은 온전히 깨달으신 분이라는 것, 그분의 명성은 자자하고 훌륭한 가르침을 주신다는 것, 이런 훌륭한 분을 뵙는 것은 좋은 일이라는 것' 이었다.

그래서 께니야는 부처님을 방문하여 인사를 드리고 한쪽에 앉았다. 부처님은 께니야에게 가르침을 주시고, 일깨우고, 분발시키고, 격려해 주셨다. 께니야는 부처님의 가르침의 일깨움을 듣고 마음이 분발되고 격려되어 환희심으로 가득 차서 부처님께 말하였다.

"고따마 존자님, 승가 대중과 함께 내일 저의 공양을 받아주십시오."

"비구 승가 대중은 많습니다. 께니야, 1,250명입니다. 그리고 그대는 브라흐민들에게 신뢰를 두고 있지 않습니까?"

"비구 승가 대중이 많다하더라도, 고따마 존자님 그리고 제가 브라흐민에게 신뢰를 두고 있다하더라도 내일 공양을 받아주십시오."

이에 부처님은 똑같은 대답으로 허락하지 않으셨으나 께니야의 계속된 세 번째 청원에 마침내 침묵으로 승낙하셨다. 께니야는 그의 장원의 예배소로 돌아가서 그의 친구, 동료, 친지, 친척들에게 필요한 것들을 준비하도록 부탁하였다. 그래서 어떤 사람은 화덕을 파고, 어떤 사람은 나무를 패고, 그릇을 씻고, 물 단지를 준비하고, 앉을 자리를 준비하였다. 께니야 자신은 대형 천막을 쳤다.

그때에 아빠나에는 브라흐민 셀라가 살고 있었다. 그는 세 가지 베다에 통달하였고 그것의 어휘, 예식, 음운론, 어원론, 전승의 다섯 가지와 또한 문헌학과 문법에 숙달하였고, 세간의 철학과 훌륭한 사람의 특징에 능통하였고, 300명의 브라흐민 학생들에게 베다를 가르치고 있었다.

그 당시 께니야는 브라흐민 셀라를 깊이 신뢰하고 있었다. 브라흐민 셀라는 그의 300명의 학생들과 함께 이리저리 걷다가 께니야의 사당으로 갔다. 그런데 사람들이 화덕을 파고, 나무를 패고, 그릇을 씻고, 단지에 물을 준비하고, 앉을 자리를 준비하고 그리고 께니야는 대형 천막을 치고 있었다. 그래서 께니야에게 물었다.

"누가 시집갑니까, 아니면 장가갑니까, 아니면 큰 제사라도 있습니까, 아니면 세니야 빔비사라왕과 그의 군대를 식사에 초청이라도 했습니까?"

"셀라님, 그런 것이 아니고 지금 아빠나에 사문 고따마와 그의 제자 1,250명이 있습니다. '그분은 온전히 깨달으신 분〔붓다〕'[21] 이라는 좋은 평판이 널리 퍼져 있습니다. 그분과 비구 승가 대중을 함께 내일 공양에 초대하였습니다."

"그대는 '붓다〔깨달은 성자〕' 라고 말했습니까. 께니야?"

"네, '붓다' 라고 말했습니다. 셀라님."

---

21) Buddha(붓다): 붓다란 뜻은 '깨달은 사람, 진리의 앎에 의하여 신과 인간 중에서 가장 뛰어난 사람' 을 뜻한다. 부처님으로 번역됨.

"그대는 '붓다'라고 말했습니까. 께니야?"

"네, '붓다'라고 말했습니다. 셀라님."

브라흐민 셀라는 이런 생각이 들었다. '이 세상에서 붓다라는 말조차 듣기 어렵다. 위대한 사람의 32가지 상호가 〔베다의〕 찬가에 전해져 오고 있다. 이런 사람에게는 오직 두 가지 길밖에 없다. 만일 그가 세속에 살면 그는 담마에 의하여 통치하는 정의로운 왕, 전륜성왕이 되어 칼이나 무기를 사용하지 않고도 담마에 의하여 나라를 통치하여 평안을 가져온다. 그러나 만일 그가 출가하면 그는 〔진리를〕 성취한 사람, 온전히 깨달은 사람이 되어 세상의 〔괴로움의〕 장막을 걷어낸다.'는 생각이 들었다.

"께니야, 온전히 깨달으신 분, 고따마 존자님이 지금 어디에 계십니까?"

"저기 푸른 숲에 계십니다. 셀라님."

브라흐민 셀라는 300명의 그의 학생들과 함께 부처님이 계신 곳으로 갔다. 그는 인사를 나누고 한쪽에 앉아서 생각하기를, '사문 고따마는 위대한 사람의 32가지 상호를 가지고 있다. 그러나 나는 그가 깨달은 분인지 아닌지 모르겠다. 그렇지만 나는 전승에 따라서 말하는 브라흐민에게서 듣기를 온전히 깨달은 사람들은 칭찬을 받을 때 자신을 드러낸다고 들었다. 그러니 적합한 시로써 사문 고따마를 칭찬하면 어떨까?'

그는 부처님 앞에서 이렇게 부처님을 찬탄하였다.

〔셀라:〕 팔등신의 완벽한 풍채

보기에 매우 아름답네
오! 부처님, 몸은 금빛이고
하얀 치아, 강건한 힘이 있네.

훌륭한 태생의 사람에 있는 특성
모든 모습 당신 속에 다 있네
맑은 눈, 보름달처럼 수려한 얼굴
훤칠하고 위엄이 있어
사문 중에 태양처럼 빛나네.

황금빛 피부의 비구
보기에 매우 아름답네
이렇게 빼어난 용모 보기 드문데
어찌하여 사문의 삶에 만족하십니까?
전륜성왕이 어울립니다.
온 세계의 승리자가 되십시오.

귀족과 부유한 왕들은
당신께 충성과 헌신을 할 것입니다.
오! 고따마시여, 왕 중의 왕,
인간의 군주로서 통치하십시오.

〔붓다:〕 셀라여, 나는 이미 왕이네

담마의 최상의 왕이네
나는 담마의 바퀴를 굴리네
그 바퀴는 아무도 멈출 수 없네.


〔셀라:〕 오! 고따마시여,
당신은 '온전히 깨달았다'고 선언합니다
'나는 담마의 최상의 왕이다
나는 담마의 바퀴를 굴린다'고
당신은 말씀하십니다.


스승이 가신 길을 따르는 제자로서
누가 당신의 장군입니까?
당신이 굴린 법의 바퀴를
누가 도와 굴립니까?


〔붓다:〕 내가 굴린 법의 바퀴
똑같은 최상의 법의 바퀴를
여래의 계승자 사리뿟따[22]
나를 도와 굴릴 것입니다.


나는 알아야 할 것을 곧바로 알았고

---

[22] 사리뿟따(Sāriputta): 경전에는 학식이나 덕성, 품성이 가장 뛰어났던 부처님 제자로 묘사되어 있다. 그러나 안타깝게도 그는 부처님보다 일찍 열반에 들었다.

닦아야 할 것을 이미 닦았으며
버려야 할 것을 이미 버렸소.
그러므로 브라흐민이여,
나는 깨달은 자, 붓다입니다.

나는 온전히 깨달은 자
나는 최상의 의사
나는 비할 데 없는 성자
악마의 군대를 쳐부수고
모든 적을 제압하고
두려움 없이 기뻐합니다.

〔셀라:〕 여러분, 이것을 들어라!
그 분의 말씀에 귀 기울이라!
통찰력을 갖춘 분, 의사,
숲 속에서 사자처럼 포효하는
위대한 영웅.

원하는 자는 나를 따르라
원하지 않는 자는 떠나라
나는 드높은 지혜를 가진 분께 출가하겠다.

〔셀라의 제자들:〕 온전히 깨달은 분의 가르침을

당신께서 따르신다면
드높은 지혜를 가진 분께
저희들도 출가하겠습니다.

〔셀라:〕 여기 300명의 브라흐민은
합장하고 청원합니다.
저희들은 부처님 아래서
청정한 삶을 살기 원합니다.

〔붓다:〕 셀라여, 청정한 삶은 잘 설해져 있습니다.
그것은 지금 보이는 것이며 시간을 초월합니다.
부지런히 정진하는 사람은
출가의 좋은 결실을 발견할 것입니다.

그래서 브라흐민 셀라와 그의 학생들은 부처님께 출가하여 계를 받았다. 구족계를 받은 후 얼마 되지 않아 셀라 존자는 홀로 부지런히 열성을 다하여 확고한 마음으로 정진하여 아라한이 되었다.
셀라와 그 대중들은 부처님을 찾아뵙고 이와 같은 게송을 말하였다.

통찰력이 있으신 분이여,
당신께 귀의한 지 8일이 지났습니다.
그 동안에 부처님,
당신의 가르침에 길들여졌습니다.

당신은 부처님이십니다.
당신은 스승이십니다.
당신은 성인이십니다.

마라를 정복하고 모든 악한 성향을 끊어버리고,
〔고해를〕 건너고 저희들도 건너도록 인도하십니다.
모든 집착을 물리치고 모든 번뇌를 제거하셨습니다.
당신은 집착에서 벗어난 사자이며 두려움과 공포가 없습니다.

여기 300명의 비구들이 합장하고 서 있습니다.
오, 성자시여, 발을 내십시오.
이들이 스승의 발 앞에 절하려 합니다.

## 고따마 존자님은 어떤 분인가?
| 맛지마 니까야: 95 짱끼 경 1-9 |

이와 같이 나는 들었다. 어느 때 부처님은 많은 비구와 함께 꼬살라 국을 유행하여 브라흐민 마을인 오빠사다에 도착하셨다. 부처님은 오빠사다의 북쪽에 있는 살라 나무숲인 데와 숲에 머무셨다. 그때 브라흐민 짱끼는 빠세나디왕이 하사한 비옥한 땅인 오빠사다를 다스리면서 권세를 누리며 살았다.

그런데 이 브라흐민 마을에 온전히 깨달으신 부처님이 오셨다는 소식이 전해지자 브라흐민과 장자들은 떼지어 데와 숲으로 가고 있었다. 브라흐민 짱끼는 자신의 궁전 위층에서 한낮의 휴식을 취하고 있었다.

그런데 그는 많은 브라흐민과 장자들이 떼지어 살라 숲의 데와 숲으로 가고 있는 것을 보았다. 그는 그의 사무관에게 물었다.

"오빠사다의 브라흐민과 장자들이 왜 떼지어 북쪽의 데와 숲으로 가는가?"

"짱끼님, 사꺄족의 사문 고따마가 그의 제자들과 함께 오빠사다에 도착하여 데와 숲에 머물고 있습니다. 사문 고따마는 온전히 깨달은 분이라는 명성이 자자합니다. 그분은 훌륭한 가르침을 주시기 때문에 사람들은 고따마 존자님을 만나러 가는 것입니다."

"그대는 오빠사다의 브라흐민과 장자들에게 가서 말하기를, '기다리십시오, 브라흐민 짱끼도 사문 고따마를 만나기 위하여 갈 것입니다.' 라고 말하시오."

사무관은 그대로 전하였다. 그때 500여 명의 브라흐민들이 무슨 일이 있어 함께 모여 있었는데 사무관의 말을 듣고는 그들은 브라흐민 짱끼에게 가서 물었다.

"짱끼님, 사문 고따마를 만나러 간다는 것이 사실입니까?"

"그렇소 여러분, 나는 사문 고따마를 만나러 가려고 합니다."

"사문 고따마를 만나러 가지 마십시오. 짱끼님이 간다는 것은 적합치 않습니다. 오히려 사문 고따마가 짱끼님을 만나러 오는 것이 합당합니다. 짱끼님은 출생에 있어서 7대를 거슬러 올라가도 양쪽 모두 나무랄 데 없이 깨끗한 〔브라흐민〕 혈통에서 태어났습니다. 그리고 대부호이고 대자산가입니다. 어휘, 예식, 음운론, 어원론, 전승의 다섯 가지와 세 가지 베다에 정통하고, 또한 문헌학과 문법에 숙달하였고, 세간의 철학과 훌륭한 사람의 특징에 능통하였습니다. 그리고 용모가 수려

하고 기품이 있으며 보기에 훌륭합니다. 또한 덕성이 충만하고, 훌륭한 연사이며, 예의 바르고, 분명하고, 의미 있는 말을 합니다. 그리고 스승의 스승을 가르치며 300명의 브라흐민 학생들에게 베다를 가르치고 있습니다. 짱끼님은 빠세나디왕과 브라흐민 뽁카라사띠의 존경을 받습니다. 이런 이유로 짱끼님이 간다는 것은 적합치 않습니다. 오히려 사문 고따마가 짱끼님을 만나러 오는 것이 합당합니다."

이에 브라흐민 짱끼는 말하였다.

"여러분, 내 말을 들어보십시오. 내가 왜 고따마 존자님을 뵈러 가야 하는지 왜 존자님이 여기로 오는 것이 합당하지 않은지 이야기하겠습니다. 고따마 존자님은 이런 분이기 때문입니다.

사문 고따마는 출생에 있어서 7대를 거슬러 올라가도 양쪽 모두 나무랄 데 없이 깨끗한 〔왕족〕 혈통에서 태어났습니다.

사문 고따마는 금고나 저장소에 비축해둔 많은 금과 은을 버리고 출가하였습니다.

사문 고따마는 아직 젊었을 때 젊음의 축복이 주어진 인생의 한창때에 검은머리의 젊은이는, 〔아들의 출가를〕 원치 않는 부모님이 눈물을 흘리며 울었지만, 그는 수염과 머리를 깎고 노란 가사를 입고 출가하였습니다.

사문 고따마는 보기에 아름답고, 용모가 빼어나고, 기품이 있으며, 안색이 최상의 아름다움을 지녔으며, 숭고한 아름다움과 고아한 풍채를 지녔으며, 당당한 외모를 지녔습니다.

사문 고따마는 계행을 갖추고, 훌륭한 계행을 지니고, 바람직한 계행을 지닙니다.

사문 고따마는 훌륭한 설법가입니다. 그는 예의바르고, 분명하고, 결함이 없으며, 의미 있는 말을 합니다.

사문 고따마는 많은 사람들의 스승의 스승입니다.

사문 고따마는 모든 감각적 쾌락에서 떠났으며 허영심이 없습니다.

사문 고따마는 업에 대하여 가르치고 업의 과보에 대하여 가르칩니다.

사문 고따마는 브라흐민들에게 어떤 해로움도 주지 않습니다.

사문 고따마는 뛰어난 귀족 계급인 왕족 가문에서 출가하였습니다.

사문 고따마는 막대한 부와 재물이 있는 매우 부유한 가정에서 출가하였습니다.

사문 고따마의 가르침을 듣기 위하여 사람들은 먼 왕국과 먼 고장에서 찾아옵니다.

사문 고따마에 대한 이와 같은 좋은 평판이 널리 퍼져 있습니다. 사문 고따마는 '아라한이시며, 온전히 깨달으신 분, 지혜와 덕행을 갖춘 분, 바른 길로 잘 가신 분, 세상을 잘 아는 분, 견줄 바가 없는 분, 사람을 길들이는 분, 신과 인간의 스승, 깨달으신 분, 존귀하신 분'이라고 합니다.

사문 고따마는 훌륭한 사람의 특징인 서른두 가지 상호를 갖추고 있습니다.

사문 고따마에게 마가다국의 세니야 빔비사라왕과 왕비와 그 자녀들, 꼬살라국의 빠세나디왕과 왕비와 그 자녀들, 브라흐민 뽁카라사띠와 그의 아내와 자녀들이 일생 동안 귀의하였습니다.

여러분, 이와 같은 사문 고따마가 오빠사다에 도착하여 데와 숲에 머물고 계십니다. 우리 마을에 오는 어떤 사문이나 브라흐민도 우리의 손님이며 그 손님은 마땅히 존경과 공경을 받아야 합니다. 사문 고따마는 우리의 손님입니다. 그러므로 이것이 고따마 존자님이 나를 보러 오는 것은 합당하지 않으며, 오히려 내가 고따마 존자님을 뵈러 가는 것이 합당한 이유입니다. 〔지금까지 말한〕 이 범위는 내가 알고 있는 고따마의 훌륭함입니다. 그러나 이것으로 제한된 것이 아니고 그 분의 훌륭함은 측량할 길이 없습니다. 고따마 존자님은 이 여러 가지 특징의 각각을 가지신 분이기 때문에 그분이 나를 보러 오는 것은 합당치 않으며, 오히려 내가 그분을 뵈러 가는 것이 합당합니다. 그러므로 여러분, 우리 모두 고따마 존자님을 뵈러 갑시다."

그래서 많은 브라흐민 무리들은 부처님을 뵈러 길을 떠났다.

## 여래는 다만 길을 안내할 뿐이다
| 맛지마 니까야: 107 가나까목갈라나 경 12-16 |

브라흐민 가나까 목갈라나는 부처님께 다음과 같이 여쭈었다.

"고따마 존자님의 제자들이 이와 같이 존자님의 충고와 가르침을 듣고 모두가 최상의 목표인 열반을 얻습니까? 아니면 어떤 사람은 얻고 어떤 사람은 얻지 못합니까?"

"브라흐민, 어떤 제자는 최상의 목표인 열반을 얻고 어떤 제자는 얻지 못합니다."

"고따마 존자님, 최상의 목표인 열반이 있고 열반에 이르는 길이 있고 안내자인 고따마 존자님이 계시는데도, 왜 〔똑같은〕 충고와 가르침을 받고도 어떤 제자들은 최상의 목표인 열반을 얻고 어떤 제자들은 열반을 얻지 못합니까? 그 원인과 이유는 무엇입니까?"

"그렇다면 브라흐민이여, 내가 되묻겠습니다. 그대는 라자가하로 가는 길에 익숙합니까?"

"예, 익숙합니다."

"브라흐민이여, 여기 라자가하로 가기를 원하는 어떤 사람이 그대에게 와서 이렇게 물었다고 합시다. '나는 라자가하로 가려고 하는데 어떻게 가는지 좀 가르쳐 주십시오.' 그대는 이렇게 대답할 것입니다. '이 길은 라자가하로 갑니다. 잠시 동안 이 길을 따라가면 어떤 마을이 보입니다. 조금 더 가면 도시가 보입니다. 조금 더 가면 아름다운 공원과 숲과 들판과 연못이 있는 라자가하가 보일 것입니다.' 라고 가르쳐 주었습니다. 그렇지만 그대의 이런 충고와 안내를 듣고서도 그는 잘못된 길로 가서 서쪽으로 갈지도 모릅니다. 또 한 사람이 당신에게 와서 라자가하로 가는 길을 물었다고 합시다. 그대는 첫 번째 사람에게 설명한 것과 똑같이 말해 주었습니다. 이런 그대의 충고와 안내를 듣고 그는 안전하게 라자가하에 도착할 것입니다. 그러면 〔목적지인〕 라자가하가 있고 라자가하로 가는 길이 있고 가는 길을 안내해 준 그대가 있는데, 그대로부터 〔똑같은〕 충고와 안내를 받고도 한 사람은 잘못된 길을 가서 서쪽으로 가고, 또 한 사람은 안전하게 라자가하에 도착합니다. 그 원인과 이유는 무엇입니까?"

"그건 제가 어떻게 할 수 없는 일입니다. 고따마 존자님, 저는 다만 길을 안내했을 뿐입니다."

"마찬가지입니다. 브라흐민이여, 최상의 목표인 열반이 있고 열반에 이르는 길이 있고 안내자인 내가 있습니다. 어떤 제자들은 나의 충고와 가르침을 듣고 열반을 성취하고 어떤 제자들은 성취하지 못합니다. 그것을 내가 어찌하겠습니까? 여래는 다만 길을 보여줄 뿐입니다."

부처님이 이렇게 말씀하시자 브라흐민 가나까 목갈라나는 이렇게 말하였다.

"꽃의 향기 중에서 재스민의 향기가 최고이듯이 고따마 존자님의 가르침은 오늘날의 가르침 가운데 으뜸입니다."

## 🧘 가르침이 우리의 의지처
| 맛지마 니까야: 108 고빠까목갈라나 경 1-10 |

이와 같이 나는 들었다. 어느 때 아난다 존자는 라자가하의 죽림정사에 있었다. 그때는 부처님이 열반에 드신 지 오래지 않아서였다. 아난다 존자는 라자가하에서 탁발하기에는 너무 이르다고 생각되어 브라흐민 고빠까 목갈라나가 일하는 곳으로 갔다.

브라흐민 고빠까 목갈라나는 아난다 존자를 환영하면서 자리를 권하였다. 그리고 그는 이렇게 물었다.

"아난다 존자님, 부처님의 제자 중에 온전히 깨달으신 부처님의 모든 자질을 갖고 있는 제자가 한 사람이라도 있습니까?"

"온전히 깨달으신 부처님의 모든 자질을 갖고 있는 제자는 한 사람도 없습니다, 브라흐민. 부처님은 일어나지 않은 길을 일으킨 분이고, 없던 길을 만든 분이며, 선포되지 않은 길을 선포한 분입니다. 부처님은 길을 아는 분이며, 길을 발견한 분이며, 길에 통달한 분입니다. 그런데 지금 제자들은 다만 그 길을 따라서 머물며 후에 그 길을 성취하

게 됩니다."²³⁾

이 두 사람의 대화는 마가다국의 대신이며 브라흐민 왓사까라의 등장으로 중단되었다. 그는 라자가하에서 일을 감독하다가 아난다 존자를 찾아왔다. 그는 아난다 존자에게 인사를 드리고 한쪽에 앉아 이렇게 말하였다.

"무슨 이야기를 하고 계셨습니까, 아난다 존자님? 중단된 이야기는 무엇입니까?"

아난다 존자는 하고 있던 이야기를 말해 주었다. 이에 왓사까라가 물었다.

"아난다 존자님, 부처님이 '내가 이 세상을 떠나면 이 사람이 그대들의 의지처가 될 것이다. 그리고 그에게 의지하라.'고 지명하신 제자가 한 사람이라도 있습니까?"

"부처님께서 의지처로 지명한 제자는 한 사람도 없습니다."

"아난다 존자님, 그러면 '그는 부처님이 열반하시면 우리의 의지처가 될 것이며 그에게 그대들은 의지하라'고 승단에서 동의하고 많은 장로 비구들에 의해 지명된 비구가 한 명이라도 있습니까?"

"승가에서 동의하고 많은 장로 비구들에 의하여 지명된 비구는 없습니다."

"그러나 아난다 존자님, 의지처가 없다면 무엇이 화합의 이유입니까?"

"브라흐민이여, 우리에게 의지처가 없는 것이 아닙니다. 우리는 의

---

23) 이 문단은 분명하게 유일무이한 부처님의 특이한 가르침을 말하고 있다. 부처님은 이 세상 그 어느 누구도 말한 적이 없는 사성제라든가 팔정도 같은 유일하고 빼어난 가르침을 천명하셨다. 부처님은 진리의 길을 깨달은 분이고 그래서 진리의 길에 통달한 분이라는 뜻이다.

지처가 있습니다. 가르침이 우리의 의지처입니다."

"아난다 존자님, '가르침이 우리의 의지처입니다.' 라고 하신 이 말의 뜻을 어떻게 이해해야 하겠습니까?"

"브라흐민이여, 정해진 수련 규칙이 있습니다. 온전히 깨달으신 부처님은 제자들을 위하여 빠띠목카[24]를 정하셨습니다. 매 우뽀사타 날에 같은 지역과 마을에 사는 우리들은 함께 모입니다. 우리들이 함께 모였을 때 빠띠목카를 외울 사람을 요청합니다. 그가 빠띠목카를 외우고 있는 동안 만약 어떤 비구가 가르침을 어긴 것이 생각나면, 〔그는 잘못을 고백하고〕 우리들은 배운 바에 따라서 가르침에 따라서 그의 잘못을 처리합니다. 그 사람의 잘못을 처리하는 것은 우리들이 아니고 부처님의 가르침입니다."

## ♟ 그대들의 행복을 위해 반복하여 조언한다
| 맛지마 니까야: 122:26 마하순냐따 경 |

부처님은 아난다에게 말씀하셨다.

"아난다, 어떻게 스승에게 적의로 대하지 않고 친근하게 대하는 것인가? 제자들의 이익을 바라는 마음으로 스승은 자비심에서 이와 같이 담마를 가르친다. '이것은 그대들의 이익을 위해서이다. 이것은 그대들의 행복을 위해서이다.'

제자들은 가르침을 귀담아 듣고 이해하려고 애쓴다. 그들은 가르침에서 어긋나지 않으며 스승의 가르침에 등을 돌리지 않는다. 이와 같이 제자들은 적의로 대하지 않고 친근하게 스승을 대한다. 그러므로 아난

---
24) Pātimokkha: 수행 규범을 정한 여러 가지 계율의 모음, 계본: 우뽀사타(포살) 날에 외운다.

다, 적의로 나를 대하지 말고 친근함으로 나를 대하라. 그것은 오랫동안 그대들을 행복함과 유익함으로 이끌 것이다.

나는 옹기장이가 아직 굽지 않은 젖은 점토를 다루듯이 그대들을 다루지는 않을 것이다. 나는 반복해서 타이르고 또 반복해서 타이를 것이다. 반복하여 잘못을 제거하고 또 반복하여 잘못을 제거할 것이다. 착실한 사람은 이런 수련을 견디어 낼 것이다."

## 마하빠자빠띠 고따미가 부처님께 법복을 드리다
| 맛지마 니까야: 142 닥키나위방가 경 |

이와 같이 나는 들었다. 어느 때 부처님은 사꺄국의 까삘라왓투에 있는 니그로다 승원에 계셨다. 그때 마하빠자빠띠 고따미는 한 벌의 새 법복을 만들어 가지고 부처님께로 갔다. 그리고 이렇게 말하였다.

"부처님, 이 한 벌의 법복은 제가 부처님을 위해 특별히 천을 자르고 기워서 만든 것입니다. 자비로 이 법복을 받아 주십시오."

부처님은 그녀에게 말씀하셨다.

"고따미여, 이것을 승가 공동체에 주십시오. 이것을 승가에 보시할 때 그 보시는 나에게 하는 것인 동시에 승가에 하는 것입니다."

그러나 마하빠자빠띠 고따미는 두 번, 세 번 계속하여 법복을 부처님이 받아 입으시기를 바라는 간절한 마음에서 자비로 받아주시기를 청하였다. 그러나 부처님은 두 번 세 번 똑같이 승가에 보시하라고 말씀하셨다.

그때 아난다 존자가 부처님께 이렇게 말하였다.

"부처님, 이 한 벌의 옷을 받아 주십시오. 마하빠자빠띠 고따미께서는 부처님께 많은 은혜를 베푸신 분입니다. 그분은 부처님 어머니의 동생으로 부처님을 보살피시고 돌보셨습니다. 부처님의 어머니가 돌아가신 후 양모가 되어 젖을 먹여 주셨습니다."

부처님은 말씀하셨다.

"그렇구나. 아난다, 정말 그렇구나!"

## 🧘 아자따삿뚜왕의 부처님 방문
| 디가 니까야: 2 사만냐팔라 경 1-13 |

이와 같이 나는 들었다. 어느 때 부처님은 라자가하에서 1,250명의 비구 대중과 함께 지와까 꼬마라밧짜의 망고 숲에 계셨다. 그때 웨데히 왕비의 아들인 마가다의 왕, 아자따삿뚜는 우기 철의 마지막 달 네 번째 달인 꼬무디[25]달 보름날, 포살날 밤에 대신들과 함께 궁성의 누각에 앉아 있었다. 〔거룩한 날〕 포살날 왕은 진지한 어조로 이렇게 말하였다.

"아, 정말 기분 좋은 달빛어린 밤이구나! 참으로 아름다운 달밤이여! 참으로 사랑스런 달밤이여! 참으로 상서로운 달밤이여! 오늘 어떤 사문이나 브라흐민을 방문하면 좋을까? 어떤 사문이나 브라흐민이 나의 〔어지러운〕 마음을 맑혀 평화롭게 해줄까?"

이에 한 대신이 말하였다.

"대왕님, 뿌라나 깟사빠라는 분이 있는데 그는 교단의 교주이고, 많은 추종자를 거느리고 있으며, 교단의 창시자이고, 잘 알려져 있고, 존경을 받으며, 오랫동안 고행하였고, 연로함의 지혜를 갖춘 분입니다.

---
25) Komudi: 하얀 연꽃이 피기 때문에 이렇게 말함. Kumuda(하얀연꽃)에서 옴.

이런 분을 방문한다면 왕께서 마음의 평화를 얻으실 것입니다."

왕은 침묵하였다. 이어서 대신들은 각기 추천하여 말하였다.

막칼리 고살라, 아지따 께사깜발리, 빠꾸다 깟짜야나, 산자야 벨랏타뿟따, 니간타 나따뿟따를 거론하였다. 그러나 왕은 역시 침묵하였다.

그때 지와까 꼬마라밧짜[26]는 조용히 왕의 곁에 앉아 있었다. 왕은 지와까에게 물었다.

"지와까, 어찌 그대는 묵묵히 앉아 있는가?"

"대왕님, 온전히 깨달으신 부처님께서 1,250명의 비구와 함께 저의 망고 숲에 계십니다. 그분은 온전히 깨달은 분이라는 명성이 널리 퍼져 있습니다. 대왕님, 부처님을 방문하십시오. 부처님을 방문하신다면 평화를 얻으실 것입니다."

"그러면 지와까, 타고 갈 코끼리를 준비하도록 일러라."

그래서 왕은 코끼리를 타고 화려한 행차를 하여 망고 숲이 멀지 않은 곳에 이르렀는데 왕은 머리털이 쭈뼛 서는 불안과 두려움에 사로잡혔다. 그래서 지와까에게 말하였다.

"지와까, 그대가 나를 속이려는 것은 아니겠지? 나를 적에게 넘기려는 것은 아니겠지? 1,250명이나 되는 비구들이 있다는 숲이 아무 소리도 없고 재채기 소리도 없고 기침 소리도 없고 사람 소리도 없고 이렇게 조용할 수가 있는가?"

"대왕님, 두려워하지 마십시오. 저는 대왕님을 속이거나 적들에게 넘기려는 것이 아닙니다. 앞으로 나아가십시오. 대왕님, 앞으로 똑바로 가십시오. 저기 천막에 등불이 켜져 있습니다."

---

[26] 그는 부처님의 주치의였다.

왕은 코끼리가 갈 수 있는 곳까지 간 다음 걸어서 천막 앞까지 가서 지와까에게 말하였다.

"지와까, 어디에 부처님이 계시지?"

"대왕님, 중앙 기둥 앞에 동쪽을 향하여 비구들 앞에 앉아 계신 분이 부처님이십니다."

왕은 부처님께 나아가 한쪽에 서서 비구들을 둘러보았다. 그들은 마치 맑은 호수의 물처럼 그렇게 완전한 침묵 속에 앉아 있었다. 왕은 감동하여 말하였다.

"나의 아들, 우다이밧다 왕자가 이 비구들의 모임처럼 그렇게 평화롭다면 얼마나 좋을까!"

그리고 왕은 부처님께 절을 하고 비구들을 향하여 합장하여 인사를 하고 한쪽에 앉았다.

## ▲ 중생의 복지와 행복을 위해 오신 분
| 앙굿따라 니까야 1부 13:1-7 |

여기에 한 사람이 있다.
그분이 이 세상에 오신 것은
많은 사람들의 행복과 이익을 위해서이다.
신과 인간의 행복과 복지와 이익을 위하여,
세상에 대한 자비심으로 이 세상에 오신 분이다.

그 한 사람은 누구인가?
그분은 여래이시며, 아라한이시며,

온전히 깨달으신 분이시다.
이 한 사람의 나타나심은 이 세상에서 보기 어려운 일이다.

그 한 사람은 누구인가?
그분은 여래이시며, 아라한이시며,
온전히 깨달으신 분이시다.
이 세상에 오신 그 한 사람은 비범한 분이시다.

그 한 사람은 누구인가?
그분은 여래이시며, 아라한이시며,
온전히 깨달으신 분이시다.
이 한 사람의 죽음은 많은 사람들을 슬프게 한다.

그 한 사람은 누구인가?
그분은 여래이시며, 아라한이시며,
온전히 깨달으신 분이시다.

이 세상에 오신 한 사람이 있다.
그 분은 유일하시고, 동등한 자가 없고, 비교할 자가 없고,
짝할 자가 없으며, 경쟁할 자가 없으며,
두 발 가진 자 가운데 으뜸이시다.

그 한 사람은 누구인가?

그분은 여래이시며, 아라한이시며,
온전히 깨달으신 분이시다.

## 🧘 끊임없는 노력
| 앙굿따라 니까야 2부 1:5 |

비구들이여, 나는 두 가지를 잘 알게 되었다. [지금까지 성취한] 좋은 상태에 만족하지 않는 것과, 물러남 없는 분투노력이다. 물러남이 없이 이와 같이 나는 분투노력하였다.

"나의 살가죽과 심줄과 뼈만 남아라. 내 몸의 살과 피는 말라버려라. 그러나 인간의 강함과, 인간의 힘과, 인간의 노력으로 얻어지는 것을 성취할 때까지 나의 노력은 멈추지 않을 것이다."

이와 같은 끊임없는 노력으로 나는 깨달음을 성취하였고 속박에서 벗어나 견줄 바 없는 안온을 얻었다. 그대들도 끊임없이 정진하여야 한다. 목표를 성취할 때까지 끊임없이 노력을 멈추지 않고 정진한다면 그대들도 청정한 삶의 위없는 목표를 이생에서 지혜로 깨달아 머물 것이다.

## 🧘 편안한 잠을 자는 사람
| 앙굿따라 니까야 3부 34 |

이와 같이 나는 들었다. 어느 때 부처님은 알라위 인근에 머물고 계셨는데 싱사빠 숲의 마차길이 있는 곳의 나뭇잎 더미 위에 계셨다. 그때 알라위국의 핫타까 왕자가 산책하러 나왔다가 이 길을 지나가게 되었는데 그는 나뭇잎 위에 앉아 계신 부처님을 보았다. 그는 부처님께

인사를 드리고 이렇게 말하였다.

"부처님, 편안히 주무셨습니까?"

"왕자여, 나는 잘 잤소. 나는 세상에서 편히 잘 자는 사람 중에 하나일 것입니다."

"그렇지만 부처님, 겨울밤은 춥고 '중 8일'[27]은 눈 오는 때입니다. 소 발굽으로 다져진 땅은 딱딱하고 떨어진 이파리 더미도 얇고 나뭇잎도 거의 다 떨어지고 황갈색의 가사는 춥고 강풍이 불어 춥습니다. 그런데도 부처님은 편안히 주무셨다고 말씀하십니다."

"왕자여, 그대에게 질문을 하겠소. 여기 어떤 장자나 장자의 아들이 있다고 합시다. 그는 무척 부자여서 호화로운 궁궐 같은 집에서 무엇하나 부족함 없이 편하게 살고 있습니다. 그대 생각에 이 장자는 편안한 잠을 자겠습니까, 아니면 그렇지 못하겠습니까?"

"그는 편안한 잠을 잘 것입니다. 부처님."

"그러면 왕자여 장자나 장자의 아들이 탐욕이나 증오, 어리석음으로 괴롭힘을 당하고 잠을 잘 자지 못한다면 그의 몸과 마음에 번뇌의 열기가 일어나지 않겠습니까?"

"번뇌의 열기가 일어날 것입니다. 부처님."

"왕자여, 장자를 괴롭히고 잠을 편안히 자지 못하게 하는 탐욕과, 증오, 어리석음이 여래에게서 버려졌고 뿌리째 뽑혀졌고, 야자수의 그루터기처럼 다시는 자라지 못하게 되었고 미래에 다시는 일어나지 않도록 잘려졌습니다. 그러므로 왕자여, 나는 잠을 편안히 잡니다."

---

27) 중 8일: 2월과 3월 사이의 마지막 4일과 처음 4일.

## 자만심의 사라짐
| 앙굿따라 니까야 3부 38 |

비구들이여, 나는 섬세하게 〔귀하게〕 자랐다. 지극히 섬세하게 양육되었다. 말할 수 없을 정도로 섬세하고 귀하게 양육되었다. 내 아버지의 집에는 연못이 있었는데 하나는 푸른 연꽃이 피는 연못, 또 하나는 빨간 연꽃이 피는 연못, 그리고 하얀 연꽃이 피는 연못이 있었다. 그것들은 나의 즐거움을 위하여 만들어진 것이었다. 백단향은 까시에서 나는 것만을 사용하였고 까시에서 나는 천만으로 터번과, 자켓, 긴 겉옷, 그리고 외투를 만들었다. 밤이고 낮이고 더위와 추위와 먼지와 이슬이 나에게 닿지 않도록 하얀 일산이 내 위에 받쳐졌다.

나는 세 개의 궁전이 있었다. 겨울을 위한 것, 여름을 위한 것, 그리고 우기를 위한 것이었다. 넉 달 우기철에는 여자 악사들만의 향연을 즐기며 궁전에서 내려오지 않았다. 다른 사람들의 집에서는 하인이나 노예에게 싸라기 밥에 시큼한 죽을 주었지만, 내 아버지의 집에서는 하인이나 노예에게도 좋은 질의 쌀밥과 고기를 주었다.

이와 같이 극도로 섬세하게 양육되었고 이런 호화로운 삶의 나에게 이런 생각이 들었다.

'가르침을 받지 못한 범부들은 그들 자신도 늙음을 극복하지 못하고 늙어가고 있지만, 다른 사람의 늙어 망가진 모습을 볼 때 그들 자신도 그와 같으리라는 것을 잊은 채 불쾌하고 창피하고 역겨워한다. 나 역시 늙음을 극복하지 못하고 늙음의 대상이다. 만일 내가 다른 사람의 늙어 망가진 모습을 볼 때 불쾌하고 창피하고 역겨워한다면 그것은 나에게 적절치 못하다.'

이렇게 나 자신을 반조해 보았을 때 젊음에 대한 자만심이 사라졌다.

'가르침을 받지 못한 범부들은 그들 자신도 병을 극복하지 못하고 병들지만, 다른 사람의 병들어 망가진 모습을 볼 때 그들 자신도 그와 같으리라는 것을 잊은 채 불쾌하고 창피하고 역겨워한다. 나 역시 병을 극복하지 못하고 병듦의 대상이다. 만일 내가 다른 사람의 병들어 망가진 모습을 볼 때 불쾌하고, 창피하고 역겨워한다면 그것은 나에게 적절치 못하다.'

이렇게 나 자신을 반조해 보았을 때 건강에 대한 자만심이 사라졌다.

'가르침을 받지 못한 범부들은 그들 자신도 죽음을 극복하지 못하고 죽지만, 다른 사람의 죽은 모습을 볼 때 그들 자신도 그와 같으리라는 것을 잊은 채 불쾌하고 창피하고 역겨워한다. 나 역시 죽음을 극복하지 못하고 죽음의 대상이다. 만일 내가 다른 사람의 죽은 모습을 볼 때 불쾌하고 창피하고 역겨워한다면 그것은 나에게 적절치 못하다.'

이렇게 나 자신을 반조해 보았을 때 생명에 대한 자만심이 사라졌다.

## ▲ 연꽃이 더러움에 물들지 않듯이
| 앙굿따라 니까야 4부 36 |

부처님은 브라흐민 도나에게 말씀하셨다.

"브라흐민이여, 모든 번뇌가 내게서 버려졌소. 그것은 뿌리째 잘려졌고, 야자수의 그루터기처럼 다시는 자라지 못하게 되었고, 미래에 더 이상 다시는 번뇌가 일어나지 않도록 말살되었소. 마치 푸른 연꽃, 붉은 연꽃, 흰 연꽃이 물에서 생겨 자라지만, 물위로 올라와서는 물에 더럽혀지지 않고 서 있는 것처럼 여래도 이 세상에서 태어나 자랐지만,

이 세상을 극복하고, 이 세상의 더러움에 물들지 않습니다. 브라흐민이여, 나는 붓다입니다."

## 🧘 붓다, 담마, 승가로 향함
| 담마빠다: 273, 296-298 |

길 가운데 '여덟 가지 바른 길'이 최상이고,
진리 가운데 '네 가지 거룩한 진리'가 최상이고,
담마 가운데 열반이 최상이다.
두발가진 자 가운데 (지혜의)눈을 가진 분이 최상이다. (273)


고따마의 제자들은 항상 잘 깨어있다.
밤이나 낮이나 언제나 부처님에 대한 마음집중에 머문다.
고따마의 제자들은 항상 잘 깨어있다.
밤이나 낮이나 언제나 담마 (가르침)에 대한 마음집중에 머문다.
고따마의 제자들은 항상 잘 깨어있다.
밤이나 낮이나 언제나 승가에 대한 마음집중에 머문다. (296-298)


## 🧘 부처님 그분은 위대한 성자[28]
| 숫따니빠따 1편 9: 153-180 |

오늘은 보름인 포살날이다. 신성한 밤이 가까워졌다. 비할 데 없는 훌륭한 스승, 고따마를 뵈러 가자. (153)

---

28) 부처님을 설명하는 한 방법으로 헤마와따 야차(낮은 신)와 사따기라 야차를 등장시켜 부처님이 어떤 분인지 설명하고 있다.

그분은 자신의 생각을 잘 다스리며 이런 다스림은 살아 있는 모든 존재들에게까지 미친다. 유쾌하거나 불쾌하거나 그는 마음을 잘 다스린다.(155)

그분은 주지 않는 것을 취하지 않으며 살아 있는 것을 해치지 않으며 게으르지 않다. 깨달은 분은 늘 명상에 든다.(157)

그분은 거짓말을 하지 않으며, 악담하지 않으며, 이간질하지 않으며, 진실되고 유익한 말만 한다.(159)

그분은 감각적 쾌락에 집착함이 없고, 아무 것에도 손상받지 않으며, 착각에서 벗어났으며, 깨달으신 분은 모든 존재에 대한 통찰력을 갖고 계시다.(161)

그분은 지혜롭고 행동은 바르고 깨끗하다. 모든 번뇌를 부숴 버리고 윤회에서 벗어났다. 성자의 마음은 훌륭한 말과 행동에 나타나 있다.(163)

저 위대한 성자를 보라. 그분은 깊은 지혜가 있고, 심오한 진리를 터득하고, 욕망을 떠나고, 세속적 쾌락에 집착치 않으며, 모든 속박에서 벗어난 분이다.(176)

오늘 우리는 훌륭한 광경을 보았다. 동트는 새벽, 아름다운 태양의

솟음을 보았다. 번뇌의 물결을 건너 욕망을 떠난 온전히 깨달으신 분을 보았다.(178)

초능력을 가지고 있는 우리 1천의 야차들은 여기 함께 모여서 부처님께 귀의합니다. 당신은 우리의 훌륭한 스승이십니다.(179)

우리들은 깨달으신 분과 그 분의 잘 설해진 가르침에 예경하면서 마을에서 마을로 산에서 산으로 돌아다니겠습니다.(180)

## 🧘 보배의 경: 모든 존재들에게 평안이 있기를[29]
| 숫따니빠따 2편 1: 222-238 |

여기 모여든 모든 존재들은 땅에 있는 것이나 하늘에 있는 것이나 모든 존재들은 다 행복하라. 그리고 내가 하는 이 말을 잘 새겨들어라.(222)

모든 존재들이여 귀를 기울이라. 밤낮으로 그대들에게 제물을 올리는 인간들에게 자애를 베풀어 그들을 해로움으로부터 성심껏 보호하라.(223)

어떤 종류의 보배라 할지라도 이 세상 것이든 천상의 것이든 여래와 견줄만한 것은 아무것도 없다. 이 소중한 보배는 부처님 안에 있다. 이

---

29) 이 경은 악귀들을 쫓아내고 인간을 해로움에서 보호하고 지켜주기를 기원한다. 불·법·승, 삼보의 진리 안에서 모두 행복하기를 기원한다. 상좌불교국에서 예식에 많이 쓰이는 중요한 경전.

런 부처님의 진리에 의해 모든 존재들에게 평안이 있기를!(224)

사꺄족의 성자는 선정 삼매를 통하여 욕망의 소멸을 깨달았고 죽음이 없는[30] 온전한 평화를 깨달았다. 이것과 견줄만한 것은 아무것도 없다. 이 소중한 보배는 가르침 안에 있다. 이런 부처님의 진리에 의해 모든 존재들에게 평안이 있기를!(225)

견줄 바 없는 부처님은 즉각적인 결과를 가져오는 순수한 선정 삼매를 찬탄하셨다. 이 선정 삼매와 견줄만한 것은 아무것도 없다. 이 소중한 보배는 가르침 안에 있다. 이런 부처님의 진리에 의해 모든 존재들에게 평안이 있기를!(226)

선한 사람들이 칭찬하는 〔열반에 이르는〕 여덟 가지 단계의 수행자가 있다.[31] 그들은 부처님의 제자들로서 공양받을 만하며 그들에게 공양하는 것은 무엇이든지 많은 복덕을 가져온다. 이 소중한 보배는 승가 안에 있다. 이런 부처님의 진리에 의해 모든 존재들에게 평안이 있기를!(227)

욕망에서 벗어난 사람들은 굳건한 마음으로 고따마의 가르침에 머물게 된다. 이들은 목표를 이루고 죽음이 없는 경지에 이르러 평화를 즐긴다. 이 소중한 보배는 승가 안에 있다. 이런 부처님의 진리에 의해

---

30) '죽지 않는'의 뜻은 윤회에서 벗어나 다시 태어나지 않기 때문에 또다시 죽을 일이 없음을 뜻함.
31) p. 122의 주석 5번 깨달음의 네 단계 참조.

모든 존재들에게 평안이 있기를!(228)

　마치 단단한 기둥이 사방에서 부는 바람에도 흔들리지 않듯이, 부처님의 거룩한 진리를 사무치게 보는 사람은 이와 같이 흔들림이 없다. 이 소중한 보배는 승가 안에 있다. 이런 부처님의 진리에 의해 모든 존재들에게 평안이 있기를!(229)

　여름의 첫 더위에 숲의 나뭇가지마다 꽃을 피워내듯이 열반으로 인도하는 부처님의 숭고한 가르침은 가장 높은 목표를 향한 가르침이다. 이 소중한 보배는 부처님 안에 있다. 이런 부처님의 진리에 의해 모든 존재들에게 평안이 있기를!(233)

　그분은 가장 훌륭한 분이며 가장 훌륭한 것을 아시며 가장 훌륭한 것을 주신다. 그분은 가장 훌륭한 가르침을 주셨다. 이 소중한 보배는 부처님 안에 있다. 이런 부처님의 진리에 의해 모든 존재들에게 평안이 있기를!(234)

　묵은 업은 소멸되고 새로운 업은 짓지 않았으며 미래의 존재에 집착하지 않는다. 존재의 씨앗은 부서졌고 윤회를 원치 않으니 지혜로운 이는 꺼진 등불처럼 열반에 든다. 이 소중한 보배는 승가 안에 있다. 이런 부처님의 진리에 의해 모든 존재들에게 평안이 있기를!(235)

　여기 모여든 모든 존재들은 땅에 있는 것이나 하늘에 있는 것이나 우리 모두 부처님께 예경을 드리자. 우리 모두 가르침에 예경을 드리자. 우리 모두 승가에 예경을 드리자. 여래는 모든 신과 인간의 존경을 받으시는 분이다. 모든 존재들에게 평안이 있기를!(236-238)

## 🧘 날라까 경: 성자의 삶
| 숫따니빠따 3편 11: 695-723 | [32]

사꺄족들은 아시따 선인의 말을 듣고 매우 기뻐하였다. 선인은 궁성을 나와 그의 청정하고 드높은 삶의 수행터로 돌아갔다. 아시따 선인은 조카에 대한 자비심으로 가득 차서 그의 여동생의 아들인 날라까에게 이 비할 데 없는 분과 그의 가르침에 대하여 이야기하였다.(695)

어느 날 선인은 조카에게 말하였다.

"얘야, 훗날 너는 붓다(깨달은 사람)에 대하여 사람들이 말하는 것을 듣게 될 것이다. 그리고 바른 길을 수행하여 온전한 깨달음을 얻은 사람에 대한 이야기를 듣게 될 것이다. 이런 이야기를 듣게 되면 그 분에게 가서 모든 가르침을 배우도록 하여라. 그리고 그 분께 출가하여 그 분을 따라서 청정한 수행을 하도록 하여라."(696)

이와 같은 현자의 앞을 내다보는 가르침을 듣고 날라까는 여러 해 동안 바른 선행의 공덕을 쌓고, 자신을 절제하고, 깨어 있고, 감관을 절제하고, 승리자가 나타나기를 기다렸다.(697)

어느 날 그는 승리자가 진리의 바퀴를 굴리신다는 소문을 들었다. 아

---

[32] 이 경은 아소까왕의 바이라트 각문에 언급된 7개 경중 하나인 'Muni-gāthā: 성자의 게송' 이다. 아소까왕은 각문에서 이 경을 재가 승가를 막론하고 누구나 수시로 읽고 명상하도록 지시하고 있다. 이 경의 앞부분인 679-694 까지는 아시따 현인이 이 아기는 장차 진리의 바퀴를 굴릴 것이라고 예언한다. 1편 부처님의 생애편 참조.

시따 선인의 말씀을 따라 날라까는 훌륭한 성자를 찾아갔다. 그는 이 지혜로운 분에게 어떻게 성자가 되는지에 대하여 여쭈었다.(698)

"오래 전에 아시따 선인이 저에게 예견한 것이 진실로 드러났습니다. 고따마시여, 모든 것의 완벽함에 도달하신 분께 여쭙니다.(699)

저는 출가하여 수행자의 삶을 살고 싶습니다. 성자시여, 저에게 성자의 최상의 삶에 대하여 가르쳐 주십시오."(700)

부처님은 말씀하셨다.
"그대에게 성자의 최상의 삶에 관하여 말하리라. 그것은 도달하기 어렵고 성취하기 어렵다. 그러나 그대에게 알려 줄 것이니 정신을 가다듬고 마음을 굳건히 하여 잘 새겨들어라.(701)

그대는 마을에서 칭찬도 듣고 비난도 듣는다.
그러나 그대의 마음은 평정을 유지하여야 한다.
비난한다고 혼란에 빠져서도 안 되고
칭찬한다고 교만해서도 안 된다.(702)

한적한 숲에 있더라도 마치 불꽃의 혀처럼 〔날름거리며〕
크고 작은 감각을 유혹하는 대상들이 나타난다.
여인은 홀로 있는 성인을 유혹한다.
그러나 그대는 여인이 유혹하도록 해서는 안 된다.(703)

육체적 쾌락을 버려라.

약한 것이건 강한 것이건 존재하는 모든 것들에게
집착하지도 말고 싫어하지도 말라.(704)

'그들은 나와 같고 나는 그들과 같다.'고
자신을 다른 것들과 비교하여
생명 있는 것들을 죽여서는 안 되며 죽이게 해서도 안 된다.(705)

대부분의 사람들은 욕망과 탐욕에 묶여 있다.
그대는 이 욕망과 탐욕을 버리고 바른 길을 가라
그리고 그대의 통찰력으로 괴로움을 헤쳐나가라.(706)

적게 먹고, 음식을 절제하고,
적은 것에 만족하고, 욕심을 부리지 말아라.
욕망이 사라지면 평화의 고요함이 찾아온다.(707)

성자의 길을 가는 사람은 탁발을 한 후 숲에 들어가
나무 아래 앉아 명상에 전념하여야 한다.
명상 수행을 통하여 즐거움이 온다.(708, 709)

마을에 탁발을 나갔을 때 후한 보시를 받았다해서
또는 공양 초대를 받았다해서 너무 반겨서도 안 되며,
이 집 저 집 서둘러 다녀서는 안 되며,
음식을 달라고 말을 하거나 어떤 암시적인 말을 해서는 안 된

다.(710, 711)

'그들은 보시를 하였다.' 좋은 일이다.
'그들은 나를 거절하였다.' 그래도 괜찮다라고 생각하고
탁발에 대한 이런 태도를 가질 때
마음의 동요 없이 다시 나무 아래로 돌아갈 수 있다.(712)

발우를 가지고 탁발하는 그는 벙어리는 아니지만
마치 벙어리처럼 보일 것이다.
받은 음식이 적다고 경멸하지 않으며
주는 사람을 멸시해서는 안 된다.(713)

사문의 높고 낮은 여러 길에 대하여 나는 말하였다.
거듭 피안에 이르지 못하며
단번에 이르지도 못한다.(714)

욕망에서 벗어나고 윤회를 끊어버리고,
해야 할 선도, 하지 말아야 할 악도
다 초월한 사람은 번뇌가 없다.(715)

그대에게 최상의 경지를 말하리라.
칼날처럼 날카롭게 마음을 집중하라.
혀를 입천장에 붙이고 배의 호흡의 일어나고 사라짐에

마음을 집중하여 자신을 다스려라.(716)


활기찬 마음을 지녀야 한다.
쓸데없이 많은 것을 생각해서는 안 된다.
번뇌 없이 집착함 없이
오직 청정한 삶을 궁극의 목표로 삼으라.(717)


초연하게 홀로 있음을 배우라.
홀로 있는 침묵 속에서 지혜가 나온다.
그때 홀로 있음은 기쁨이 된다.(718)


물소리를 들어보아라.
골짜기를 흐르는 물소리와 강물 소리를 들어보아라.
얕은 개울은 소리내며 흐르지만
깊은 강물은 소리 없이 흐른다.(720)


빈 것은 메아리가 치지만 가득 찬 것은 고요하다.
어리석은 사람은 물이 반만 찬 항아리 같고
지혜로운 사람은 물이 가득 찬 호수와 같다.(721)


사문이 적절하고 의미 있는 많은 것들을 이야기할 수 있다.
그는 자신의 풍부한 지식에 입각하여 교리의 요점을 설명한다.
그가 이런 견지에서 말할 수 있는 것은 상당히 많다.(722)

그러나 이런 지식이 있는 사람이 자신을 절제하여
설령 안다하더라도 많은 말을 하지 않을 때
그는 지혜를 발견한 사람이고 지혜를 성취한 사람이다."(723)

## 피안에 이르는 길: 피안에 이르신 분, 붓다
| 숫따니빠따 5편 16: 1131-1145 |

훌륭한 성자 삥기야는 브라흐민 바와리에게 가서 자신이 부처님을 뵙고 보고 들은 대로 부처님에 대하여 이렇게 말하였다.

"그대에게 '피안에 이르는 길'을 말하겠습니다. 티없고 지혜롭고 모든 집착을 초월한 그분은 자신이 본 것을〔깨달은 것〕그대로 우리들에게 말씀하셨습니다. 큰 지혜와 온전한 청정함과 욕망을 떠난 분이 어떻게 헛된 말씀을 하겠습니까? 티끌을 여의고 교만함과 위선을 버린 분에게 찬탄의 게송을 드립니다.(1131, 1132)

사람들은 그분을 붓다, 깨달은 분, 어둠을 물리친 분, 통찰력을 갖춘 분, 세상을 아는 분, 윤회의 저 너머로 가신 분, 번뇌가 없는 분, 괴로움을 온전히 극복하신 분이라고 부릅니다. 브라흐민이여, 내가 따르는 분이 바로 이 분입니다. 나는 이분을 가까이 모셨습니다.(1133)

마치 새들이 작은 덤불 숲을 떠나 열매가 많은 큰 숲 속으로 날아가듯이, 나도 또한 생각이 모자라는 사람들을 떠나 마치 백조처럼 큰 호수에 이르렀습니다.(1134)

내가 고따마 존자님의 가르침을 듣기 전까지는 사람들이 항상 말하기를, '예전에는 이러했고 앞으로는 이럴 것이다.' 라고 하는데 이런 말들은 전통적으로 내려오는 상투적인 말뿐이었습니다. 이것들은 내 생각의 혼란을 가져올 뿐이었습니다.(1135)

고따마는 어둠을 떨쳐내고 빛을 비추십니다. 고따마는 큰 지혜를 갖춘 분이며 세상의 모든 것을 꿰뚫어 보는 분입니다.
그분의 가르침은 지금 여기서 즉시 알 수 있고 시간을 초월하고 어떤 해로움 없이 온전히 갈애를 부수게 합니다. 그분의 가르침과 비교할 만한 것은 아무것도 없습니다."(1136, 1137)

이에 브라흐민 바와리가 말하였다.
"삥기야여, 그렇다면 왜 그렇게 큰 지혜를 가지신 분, 세상을 아는 분과 매 순간 매 시간 함께 있지 않습니까?"
"브라흐민이여, 큰 지혜를 가지신 분, 세상을 아는 분과 나는 한 순간이라도 떨어져 있지 않습니다.(1138, 1140)

나는 항상 부지런히 밤이고 낮이고
그분을 볼 수 있는 마음의 눈이 있습니다.
그분을 예배하면서 밤을 보냅니다.
한 순간도 그분을 떠나 살고 있는 것이 아닙니다.(1142)

믿음, 환희, 깨어 있는 마음은

고따마의 가르침에서 떠나지 않습니다.
큰 지혜를 가진 분이 어디로 가시든
내 마음은 그리로 향해 있습니다. (1143)


나는 늙어 기력도 없어 갈 수 없습니다.
그러나 내 마음이 완전히 가 있는 그분께
내 마음은 그분과 일치되어 있습니다. (1144)


나는 삶의 진흙탕에서
여기저기 떠돌았습니다.
그때 나는 온전히 깨달으신 분
번뇌를 맑히고 온전히 깨달은 분을 만났습니다." (1145)

## 무한을 꿰뚫어 보는 분, 붓다
| 테라가타 91 빠리뿐나까 비구 |

백 가지 맛이 나는 훌륭한 음식도
오늘 내가 즐긴 것에 비교할 수 없다.
그것은 고따마 부처님의 가르침으로
그의 통찰력은 무한을 꿰뚫어 본다.

## 최상의 경지에 이른 분, 붓다
| 테라가타 287-290 세나까 비구 |

가야의 봄 축제에 온 것은

내게는 정말 좋은 일이었다.
그때 나는 깨달으신 분께서
최상의 가르침을 설하시는 것을 보았다.

환히 빛을 발하는 무리의 스승, 최상의 경지에 이른 분
견줄 바 없는 통찰력을 갖추신 인도자,
신과 인간의 승리자, 그분을 보았다.

그분은 위대한 코끼리, 위대한 영웅,
번뇌를 여읜 위대한 광채
번뇌를 완전히 소멸하신 분
어디에도 두려움은 없다.

진정 오랜 세월 그른 길로 갔고
잘못된 견해의 사슬에 묶여 있던
나, 세나까를 부처님은 모든 속박에서 해방시켰다.

## 항상 명상 속에 머무는 분, 붓다
| 테라가타 365-367 소나 꾸띠깐나 비구 |

나는 구족계를 받았다.
그리고 모든 번뇌에서 벗어났다.
나는 부처님을 항상 뵐 수 있었고
부처님과 함께 지내게 되었다.

부처님은 많은 밤을 노천에서 지내신 후,
주거에 익숙하신 스승은 처소에 들어오셔서,
마치 바위 동굴 속의 사자처럼
두려움과 공포를 제거한 고따마는
가사를 펴고 자리를 마련하셨다.

## 도둑과 비구
| 테라가타 705-724 아디뭇따 비구 |

〔도둑이 아디뭇따 비구에게 말하기를〕

"전에 우리는 재산이 탐나서 또는 희생으로 사람들을 죽였는데 그들은 두려워서 덜덜 떨었다. 그런데 당신은 두려워하지 않고 안색은 점점 더 평안해진다. 이렇게 두려운 상황에서 당신은 왜 슬퍼하지 않는가?"(705, 706)

〔비구가 말하기를〕

"두목이여, 욕망이 없는 사람에게 정신적인 고통이란 없다. 진정으로 속박을 근절해 버린 사람에게 두려움이란 없다.(707)

윤회로 이끄는 길이 근절되고 이 세상을 있는 그대로 볼 때, 마치 짐을 내려놓으면 더 이상 아무것도 없는 것처럼 죽음에 대한 두려움이란 없다.(708)

청정한 삶은 성취되었고 진전되었다. 병을 완전히 소탕해버리면 아무것도 없듯이 나에게는 죽음의 두려움이란 없다.(709)

청정한 삶은 성취되었고 진전되었다. 존재란 즐거워할 것이 없음을 알았다. 그것은 마치 독을 마신 사람이 토해버리는 그런 독과 같은 것

이다.(710)

저 언덕으로 간 사람은, 집착을 벗어난 사람은, 할 일을 해 마친 사람은, 번뇌에서 벗어난 사람은 목숨의 멸절을 기뻐한다. 마치 사형장에서 풀려난 사람처럼.(711)

최상의 진리를 성취하고 세상에 대한 집착이 없는 사람은 죽음을 슬퍼하지 않는다. 마치 불타는 집에서 벗어난 사람처럼.(712)

인연 따라 생겨난 것은 무엇이든지 또는 어디에 다시 태어났건 이런 모든 것들은 [변하지 않는] 자아는 없다. 이것은 위대한 선인의 말씀이다.(713)

부처님께서 가르치신 그대로 이해하는 사람은 누구나 어떤 윤회의 존재도 잡지 않는다. 마치 뜨거운 쇳덩이를 잡지 않듯이.(714)

'나는 존재해 왔다.' 라는 생각도 없고 나는 장차 '존재할 것이다.' 라는 생각도 없다. 존재가 소멸할 것인데 거기에 무슨 슬픔이 있겠는가?(715)

현상의 순수하고 단순한 일어남을 있는 그대로 보는 사람에게 두려움은 없다.(716)

세상을 풀이나 나뭇조각처럼 보는 지혜로운 사람은 '나의 것' 이라는 생각이 없다. 그래서 그는 '나의 것이 아니다.' 라는 생각으로 슬퍼하지 않는다.(717)

나는 이 육신에 만족하지도 않으며 사는 것에 관심도 없다. 이 몸뚱이는 결국은 부서져버릴 것이고 또 다시 존재하지 않을 것이다.(718)

그대가 원한다면 내 육신을 그대 마음대로 하라. 나에게는 육신에 대한 증오도 사랑도 없다."(719)

비구의 예상 밖의 마음을 흔드는 말을 듣고 도둑들은 칼을 내려놓고 젊은이는 말하였다.(720)

"존자님은 무엇을 하셨기에, 스승은 누구시기에, 누구의 가르침 때문에 슬픔이 없는 경지를 얻었습니까?"(721)

"나의 스승은 모든 것을 알고 모든 것을 꿰뚫는 승리자이시다. 큰 자비의 스승, 온 세상 사람들을 치유하는 분이시다.(722)

그분은 열반으로 이끄는 위없는 도리를 가르치셨다. 그런 그의 가르침 때문에 슬픔이 없는 경지를 성취하였다."(723)

이와 같은 훌륭히 설해진 선인의 말씀을 듣고 그들은 모두 칼과 무기를 버리고, 어떤 사람은 도둑의 일에서 손을 떼고 어떤 사람은 출가를 선택하였다.(724)

## 🛕 사문을 찬탄함
| 테리가타 271-289 로히니 비구니 |

〔로히니의 아버지가 말하였다〕
"너는 잠이 들 때에도 잠을 깰 때에도
사문들을 말하는구나.
사문의 칭찬을 입에 달고 있구나.
얘야, 너는 출가 수행녀가 되겠구나.(271)

너는 사문에게 많은 양의 음식과 음료를 보시한다.
이제 로히니야, 너에게 묻겠는데
어째서 그토록 사문을 좋아하는지 말해보렴.(272)

그들은 일하는 것을 좋아하지 않고, 게으르고
남이 주는 것으로 살아가고,
갈망으로 가득하고 맛있는 것들을 찾는다.
그런데 너는 어째서 그토록 사문을 좋아하느냐?"(273)

〔로히니가 말하였다〕
"사랑하는 아버지, 당신은 오랫동안 사문에 대하여 물으셨습니다.
그래서 그들의 계행과, 지혜와, 정진에 대하여 찬탄하겠습니다.(274)

그들은 일하기를 좋아하고 게으르지 않으며,
훌륭한 일을 하며 욕망과 성냄을 끊어버렸습니다.
그래서 저는 사문을 좋아합니다.(275)

그들은 세 가지 악의 뿌리를 남김 없이 제거하고
청정한 행을 닦아 모든 악을 버렸습니다.
그래서 저는 사문을 좋아합니다.(276)

그들은 몸에 의한 행이 청정합니다.
말에 의한 행이 청정합니다.
생각에 의한 행이 청정합니다.
그래서 저는 사문을 좋아합니다.(277)

그들은 티가 없고 진주조개처럼

안과 밖이 청정하고
깨끗한 특성으로 가득합니다.
그래서 저는 사문을 좋아합니다. (278)


그들은 학식이 많고 가르침을 지니고
거룩하고, 가르침대로 살아가고,
목표와 담마를 가르칩니다.
그래서 저는 사문을 좋아합니다. (279)


또한 그들은 하나로 집중된 마음으로
마음챙김에 머뭅니다.
그래서 저는 사문을 좋아합니다. (280)


그들은 먼길을 행각하고, 마음챙김에 머물고
지혜롭고 산란하지 않으며
괴로움의 소멸에 이르는 길을 압니다.
그래서 저는 사문을 좋아합니다. (281)


어떤 마을이든지 떠날 때는
어떤 것에라도 뒤돌아보지 않습니다.
아무 미련 없이 떠납니다.
그래서 저는 사문을 좋아합니다. (282)

그들은 재물을 창고나, 단지나, 바구니에 저장하지 않으며
완전히 조리된 음식만 탁발합니다.
그래서 저는 사문을 좋아합니다.(283)

그들은 동전이나 금과 은을 지니지 않습니다
그날그날 탁발한 것으로 살아갑니다.
그래서 저는 사문을 좋아합니다.(284)

그들은 여러 다른 가문에서, 다른 지역에서 왔지만
서로간에 친근하게 대합니다.
그래서 저는 사문을 좋아합니다."(285)

"오, 사랑하는 로히니야, 너는 정말로 우리들의
행복을 위해서 이 집에 태어났구나.
너는 부처님과 가르침에 신뢰심이 있고
승가에 참으로 깊이 존경하는구나."(286)

"아버지, 괴로움이 두렵고 달갑지 않으시다면
부처님과 가르침과 승가에 귀의하십시오.
그리고 계행을 지키십시오.
그것이 아버지를 행복으로 이끌 것입니다."(288)

"나도 그처럼 훌륭하신 부처님과 가르침과

승가에 귀의하겠다. 그리고 계행을 지키겠다.
그것은 나를 행복으로 이끌 것이다."(289)

# 제3편
# 부처님의 가르침

● 법륜

부처님은 바라나시의 이시빠따나의 사슴동산에서 다섯 명의 비구들에게 최초로 가르침의 바퀴를 굴리셨다. 이 세상에서 그 어느 누구도 다시 굴릴 수 없는 위없는 법륜을 굴리셨다.(상윳따 니까야 56:11) 법륜은 부처님의 가르침을 상징하는 것으로 불상이 만들어지기 전 신앙의 중심이었다. 법륜은 수레바퀴가 굴러가듯이 부처님의 가르침이 끊이지 않고 퍼져나감을 상징한다. Y.Krishan: The Buddha Image(산찌탑에서).

# 제1장 부처님의 근본 가르침

## 🌸 연기의 가르침
| 상윳따 니까야: 12 니다나 상윳따 1 |

이와 같이 나는 들었다. 어느 때 부처님은 사왓티의 기원정사에 계셨다. 부처님은 비구들에게 말씀하셨다.

"비구들이여, 그대들에게 연기에 대하여 설하리라. 연기란 무엇인가?

① 어리석음이 있기 때문에 형성[1]이 있으며,
② 형성이 있기 때문에 의식이 있으며,
③ 의식이 있기 때문에 이름과 모양이 있으며,
④ 이름과 모양[2]이 있기 때문에 여섯 감각기관이 있으며,

--------------------
1) 형성(Saṅkhāra): p. 51의 주석 14번과 p. 215의 주석 7번 참조.
2) 이름과 모양(Nāmarūpa): p. 51의 주석 13번 참조.

⑤ 여섯 감각기관이 있기 때문에 접촉이 있으며,
⑥ 접촉이 있기 때문에 느낌이 있으며,
⑦ 느낌이 있기 때문에 갈애[3]가 있으며,
⑧ 갈애가 있기 때문에 집착이 있으며,
⑨ 집착이 있기 때문에 존재가 있으며,
⑩ 존재가 있기 때문에 태어남이 있으며,
⑪ 태어남이 있기 때문에
⑫ 늙음, 죽음, 슬픔, 한탄, 고통, 불쾌, 절망이 있다.

이와 같이 해서 괴로움의 전체 덩어리가 일어난다. 이것을 연기라 한다.

그러나 어리석음이 없으면 형성이 없으며,
형성이 없으면 의식이 없으며,
의식이 없으면 이름과 모양이 없으며,
이름과 모양이 없으면 여섯 감각기관이 없으며,
여섯 감각기관이 없으면 접촉이 없으며,
접촉이 없으면 느낌이 없으며,
느낌이 없으면 갈애가 없으며,
갈애가 없으면 집착이 없으며,
집착이 없으면 존재가 없으며,
존재가 없으면 태어남이 없으며,

---

3) 갈애(Taṇhā) : 채워도 채워도 채워지지 않는 끝없는 갈증, 갈망, 근원적인 인간의 욕망을 말한다. 열반의 성취에 걸림돌이 되며 윤회로 이끈다.

태어남이 없으면

늙음, 죽음, 슬픔, 고통, 불쾌, 절망이 없다.

이와 같이 해서 괴로움의 전체 덩어리가 소멸한다."

## ☸ 12연기의 자세한 설명
| 상윳따 니까야: 12 니다나 상윳따 2 |

사왓티에서 부처님은 제자들에게 가르치셨다.

"그대들에게 연기의 가르침을 자세하게 분석해 보이겠다.

① 늙음과 죽음: 무엇이 늙음과 죽음인가? 여러 가지 존재하는 것들이 노쇠하고 이가 빠지고 머리는 백발이 되고 피부는 주름지고 원기가 줄어들고 감각기관이 퇴화한다. 이것을 늙음이라 한다. 여러 가지 존재하는 것들이 사망하고 죽고 오온이 흩어지고 버려지고 흩어지고 그리고 사라진다. 이것을 죽음이라 한다.

② 태어남: 무엇이 태어남인가? 여러 가지 존재하는 것들이 잉태하여 태어나서 오온[4]이 나타나고 감각기관들이 생기는 것을 태어남이라 한다.

③ 존재: 무엇이 존재인가? 세 가지 종류의 존재가 있다. 감각의 존재, 형상의 존재, 무형상의 존재가 있다.[5] 이것을 존재라 한다.

④ 집착: 무엇이 집착인가? 네 가지 종류의 집착이 있다. 감각적 쾌락에 대한 집착, 견해에 대한 집착, 규율이나 제식·관례·의식에 대한 집착, 자아이론에 대한 집착이다. 이것을 집착이라 한다.

---

4) 원문은 "무더기(Khadha)들의 나타남"인데 무더기들은 다섯 가지 무더기, 즉 오온을 말하기 때문에 오온으로 번역함. 오온은 p. 219 주석 10번 참조.
5) 세 가지 존재: 한역으로 삼유, 또는 삼계라고 함. 업의 존재(욕계: 감각적 세계), 형상의 존재(색계: 형체를 볼 수 있는 세계), 무형상의 존재(무색계: 형체가 보이지 않는 세계). 우리가 사는 세계인 욕계 존재는 업의 결과로 욕계의 6도(지옥, 아귀, 축생, 아수라, 인간, 천상)에 태어나 존재한다.

⑤ 갈애: 무엇이 갈애인가? 여섯 가지 그룹의 갈애가 있다. 보이는 형상에 대한 갈애, 들리는 소리에 대한 갈애, 냄새에 대한 갈애, 맛에 대한 갈애, 촉감에 대한 갈애, 마음이 바깥 현상을 접촉했을 때의 갈애가 있다. 이것이 갈애이다.

⑥ 느낌: 무엇이 느낌인가? 여섯 가지 그룹의 느낌이 있다. 눈에 보이는 느낌, 귀에 들리는 느낌, 코에 의한 냄새의 느낌, 혀에 의한 맛의 느낌, 몸에 의한 만져지는 느낌, 마음에 의한 인식하는 느낌이다. 이것을 느낌이라고 한다.

⑦ 접촉: 무엇이 접촉인가? 여섯 가지 그룹의 접촉이 있다. 눈의 접촉, 귀의 접촉, 코의 접촉, 혀의 접촉, 몸의 접촉, 마음의 접촉이 있다. 이것을 접촉이라 한다.

⑧ 여섯 감각기관: 무엇이 여섯 감각기관인가? 눈의 감각, 귀의 감각, 코의 감각, 혀의 감각, 몸의 감각, 마음의 감각이다. 이것이 여섯 감각기관이다.

⑨ 이름과 모양: 무엇이 이름과 모양인가? 느낌, 지각, 의도, 접촉, 주의집중을 이름이라 한다. 네 가지 큰 요소〔지수화풍〕와 이 네 가지 큰 요소에서 온 모양, 이것을 모양이라 한다. 이것이 이름과 모양이다.[6]

⑩ 의식: 무엇이 의식인가? 여섯 가지 그룹의 의식이 있다. 눈으로 보고 의식이 일어남, 귀로 듣고 의식이 일어남, 코로 냄새 맡고 의식이 일어남, 혀로 맛보고 의식이 일어남, 몸으로 닿아 의식이 일어남, 마음으로 느끼어 의식이 일어남이다. 이것을 의식이라 한다.

••••••••••••••••••••
6) 자세한 설명은 p. 51의 주석 13번 이름과 모양 참조.

⑪ 형성: 무엇이 형성[7]인가? 세 가지 종류의 형성이 있다. 행동의 형성, 말의 형성, 생각의 형성이다. 이것을 형성이라 한다.

⑫ 어리석음: 무엇이 어리석음인가? 괴로움을 알지 못하고, 괴로움의 근원을 알지 못하고, 괴로움의 소멸을 알지 못하고, 괴로움의 소멸에 이르는 길을 알지 못하는 것이다. 이것을 어리석음이라 한다."

## ❂ 이것이 있기 때문에 저것이 있다
| 상윳따 니까야: 12 니다나 상윳따 41 |

아나타삔디까 장자는 부처님께 여쭈었다.

"지혜로써 철저하게 꿰뚫어 보고 선명하게 보는 훌륭한 방법은 무엇입니까?"

"장자여, 나의 거룩한 제자들은 연기의 가르침을 철저하게 그리고 치밀하게 이와 같이 살핍니다.

이것이 있으면 저것이 있고, 이것이 없으면 저것이 없다.

이것이 일어나면 저것이 일어나고, 이것이 소멸하면 저것이 소멸한다.

이 연기의 도리가 바로 나의 거룩한 제자가 진리를 철저하게 꿰뚫어 보고 선명하게 보는 훌륭한 방법입니다."

## ❂ 중도(中道)와 네 가지 거룩한 진리(四聖諦)
| 상윳따 니까야: 56 삿짜 상윳따 11 | (페이지 63쪽에 있음)

---

7) 형성(saṅkhāra: 상카라): 의지적인 형성, 형성인자, 요소, 요인의 뜻. 생각과 말과 행동을 일으키는 인자로서 선과 악을 형성하여 업을 만든다.(p. 51의 주석 14번 형성 참조). 형성이란 만든다, 쌓는다는 뜻이 있음. 행(行)으로 번역됨.

## 여덟 가지 바른 길 (八正道: 가장 중요한 불교윤리의 가르침)
| 상윳따 니까야: 45 막가 상윳따 8 |

이와 같이 나는 들었다. 어느 때 부처님은 사왓티의 기원정사에 계셨다. 부처님은 제자들에게 이와 같이 가르치셨다.

"그대들에게 '여덟 가지 거룩한 길'에 대하여 그것을 분석해 보이겠다. 무엇이 여덟 가지의 거룩한 길인가? 그것은 바른 견해, 바른 생각, 바른 말, 바른 행동, 바른 생활수단, 바른 정진, 바른 마음챙김, 바른 집중이다.

① 무엇이 바른 견해인가? 괴로움에 대하여 알고, 괴로움의 근원을 알고, 괴로움의 소멸을 알고, 괴로움의 소멸에 이르는 길에 대하여 아는 것이다.

② 무엇이 바른 생각인가? 악을 행하지 않으려는 생각, 남을 해치지 않으려는 생각을 말한다.

③ 무엇이 바른 말인가? 거짓말하지 않고, 이간질하지 않고, 악담하지 않고, 잡담〔쓸데없는 말〕하지 않는 것을 말한다.

④ 무엇이 바른 행동인가? 살아있는 생명을 죽이지 않고, 주지 않는 것을 갖지 않고, 삿된 음행을 하지 않는 것을 말한다.

⑤ 무엇이 바른 생활수단인가? 잘못된 방법으로 생계를 유지하지 않고, 바른 방법으로 생계를 유지하는 것을 말한다.

⑥ 무엇이 바른 정진인가? 악한 생각이 장차 일어나지 않도록 최선을 다하여 분투노력하며, 악한 생각을 버리도록 최선을 다하여 분투노력하며, 선한 생각을 일으키도록 최선을 다하여 분투노력하며, 선한 생각을 더욱 성장하도록 최선을 다하여 분투노력하는 것이다.

⑦ 무엇이 바른 마음챙김인가? 열성적으로 분명하게 알아차리고, 세상에 대한 탐욕과 낙담을 버리고, 〔무상하고, 불완전하고, 고정된 실체가 없으며, 더러운 것으로 가득 찬〕 몸을 몸으로 있는 그대로 관찰하며, 느낌을 느낌으로 있는 그대로 관찰하며, 마음을 마음으로 있는 그대로 관찰하며, 담마[8]를 담마로 있는 그대로 관찰하며 머문다.

⑧ 무엇이 바른 집중인가? 감각적 쾌락과 바람직하지 못한 모든 것에서 벗어나, 사유와 숙고가 있으며 홀로 명상함에서 오는 환희와 기쁨이 있는 첫 번째 선정에 머문다. 사유와 숙고를 멈추고 안으로의 평온함과 마음의 집중됨이 있으며, 사유와 숙고가 없이 삼매에서 오는 환희와 기쁨이 있는 두 번째 선정에 머문다. 환희가 사라진 후 평정한 마음과 분명한 알아차림과 육신의 행복을 느끼며 머문다. 거룩한 이들이 말하는 '평정과 마음챙김에 머무는 사람은 행복하게 머문다.'고 하는 세 번째 선정에 머문다. 고통도 쾌락도 버리고 전에 있던 행복도 불행도 버리고, 괴로움도 즐거움도 없고 평정[9]에 의하여 도달한 마음챙김의 순수함이 있는 네 번째 선정에 머문다."

## ❂ 모든 것은 원인이 있다
| 상윳따 니까야: 14 다뚜 상윳따: 12 |

어느 때 부처님은 사왓티의 기원정사에 계셨다. 부처님은 제자들에게 말씀하셨다.

----------
8) Dhamma: 부처님의 가르침, 나아가서 우주 모든 현상의 진리.
9) 평정으로 번역한 원문은 Upekkhā인데 여기서처럼 4선정의 맨 마지막에 도달하는 단계로써 슬픔이나 기쁨, 그 어떤 감정에도 치우치지 않는 미움도, 고움도 초월한 중도, 평등의 모든 감정을 뛰어넘는 깨달음의 최고의 도달점이라 할 수 있다.

"감각적 욕망, 악한 생각, 해치려는 생각은 원인이 있지 원인 없이 일어나지 않는다. 어떻게 이것들이 일어나는가? 악한 생각에 의하여 생각과 말과 행동으로 잘못된 행동을 한다. 감각적 욕망과 해치려는 생각에 의하여 생각과 말과 행동에서 잘못된 행동을 한다.

마치 어떤 사람이 활활 타는 횃불을 마른풀의 정글에 떨어뜨렸다고 할 때, 만일 재빨리 손발로 불을 끄지 않으면 풀에 살고 있는 생물들과 나무들은 재난을 만날 것이다. 이와 마찬가지로 옳지 않은 생각을 재빨리 내버리지 않고, 흔적조차 없애지 않고, 완전히 말살시키지 않으면, 그는 이 세상을 괴로움과 절망을 가지고 고통 속에서 살게 된다. 또한 죽은 후에도 나쁜 곳에 가게 된다.

자비로운 생각, 친절한 생각도 또한 원인이 있지 원인 없이 일어나지 않는다. 어떻게 이것들이 일어나는가? 자비로운 생각에 의하여 생각과 말과 행동에서 바르게 행한다. 친절한 생각에 의하여 생각과 말과 행동에서 바른 행동을 한다.

마치 어떤 사람이 활활 타는 횃불을 마른풀의 정글에 떨어뜨렸다고 할 때, 만일 재빨리 손발로 불을 끄면 풀에 살고 있는 생물들과 나무들은 재난을 만나지 않을 것이다. 이와 마찬가지로 수행자가 옳지 않은 생각을 재빨리 내버리고, 흔적조차 없애고, 완전히 말살시키면, 괴로움과 절망이 없으며 이 세상을 행복하게 살게 된다."

## ● 오온[10]의 무상
| 상윳따 니까야: 18 라훌라 상윳따 10 |

이와 같이 나는 들었다. 어느 때 부처님은 사왓티의 기원정사에 계

셨다. 부처님은 라훌라에게 이렇게 가르치셨다.

"라훌라야, 물질은 영원한가 무상한가?"

"무상합니다, 부처님."

"무상한 것은 괴로운 것인가 행복한 것인가?"

"괴로운 것입니다."

"무상하고, 괴롭고 변화하는 것들을 '이것은 나의 것이다, 이것은 나다, 이것은 나 자신이다.' 라고 생각하는 것은 옳은가?"

"옳지 않습니다."

"느낌은, 지각은, 형성은, 의식은 영원한가 무상한가?"

"무상합니다."

"무상한 것은 괴로운 것인가 행복한 것인가?"

"괴로운 것입니다."

"무상하고, 괴롭고 변화하는 것들을 '이것은 나의 것이다, 이것은 나다, 이것은 나 자신이다.' 라고 생각하는 것은 옳은 것인가?"

"옳지 않습니다."

"이와 같이 무상한 줄 알기 때문에 잘 배운 거룩한 제자들은 물질에 집착하지 않고, 느낌에 집착하지 않고, 지각, 형성, 의식에 집착하지 않는다. 집착하지 않기 때문에 욕망에서 벗어난다. 욕망에서 벗어남을 통하여 해탈을 얻는다."

----

10) 5온(五蘊): 육신을 구성하는 다섯 가지 무더기. ① 물질의 무더기(Rūpakkhandha), ② 느낌의 무더기(Vedanakkhandha), ③ 지각의 무더기(Saññākkhandha), ④ 형성의 무더기(Saṅkārakkhandha), ⑤ 의식의 무더기(Viññāṇakkhandha): 이 다섯 무더기는 색, 수, 상, 행, 식으로 한역됨. 이중 형성이란 조건지어진 것들은 무언가 자꾸 형성하고 만들어 쌓는 특성이 있음을 말함.

## 해탈[11]을 얻는 길
| 상윳따 니까야: 18 라훌라 상윳따 22 |

어느 때 부처님은 사왓티의 기원정사에 계셨다. 라훌라 존자는 부처님께 이렇게 여쭈었다.

"부처님, 어떻게 알고 어떻게 보아야 의식을 가지고 있는 이 육신과 모든 바깥 대상에서 '나' 라든가 '나의' 라든가 '헛된 자만심' 으로부터 벗어나 평화롭고 훌륭한 해탈에 이릅니까?"

"라훌라야, 어떤 종류의 물질이든, 즉 과거·현재·미래 중 어디에 속하든, 밖에 있든 안에 있든, 거칠거나 미세하거나, 열등하거나 우수하거나, 멀리 있거나 가까이 있거나, 모든 물질들은 '이것은 나의 것이 아니며, 이것은 내가 아니며, 이것은 나 자신이 아니다.' 라고 바른 지혜로 보는 사람은 집착 없는 해탈에 이른다.

어떤 종류의 느낌이든, 어떤 종류의 지각이든, 어떤 종류의 형성이든, 어떤 종류의 의식이든 모두 '이것은 나의 것이 아니며, 이것은 내가 아니며, 이것은 나 자신이 아니다.' 라고 바른 지혜로 있는 그대로 보아야 한다."

## 자신을 절제하라
| 상윳따 니까야: 20 오빰마 상윳따 10 |

어느 때 부처님은 사왓티의 기원정사에 계셨다. 그때 어떤 비구가

---

11) 해탈(Vimokkha): 해탈이란 말은 열반(Nibbāna)과 궁극적으로 같은 뜻이다. 탐, 진, 치, 욕망 등의 모든 번뇌에서 해방되어 자유롭게 된 것, 일체의 속박에서 벗어난 대자유인의 경지, 깨달음에 이른 경지를 말함.

지나치게 오랜 시간을 재가의 집에서 보냈다. 그래서 다른 비구들이 그런 사귐을 위해서 너무 오랫동안 머물지 말라고 충고하였다. 그러나 그는 충고를 듣지 않았다. 그래서 비구들은 이 일을 부처님께 말씀드렸다. 이에 부처님은 말씀하셨다.

"여기에 어떤 비구가 아침에 가사를 입고 발우를 들고 탁발하러 마을에 간다. 생각과 말과 행동을 절제하지 않고, 마음챙김에 머물지 않고, 감각기관을 절제하지 않을 때, 그는 거기서 가볍게 옷을 걸친 여인을 보게 되면 욕정의 마음이 그를 공격하기 시작한다. 그래서 그는 치명적인 고통을 당하게 된다. 이것은 훌륭한 제자의 계율에서 죽음이다. 즉 그는 수행을 거부하고 저급한 삶으로 돌아간다. 이것이 바로 치명적인 고통이다.

그러므로 비구들이여, 그대들은 이와 같이 자신을 단련하여야 한다. '우리는 생각과 말과 행동을 절제하고, 마음챙김에 머물고, 감각기관을 절제하고, 마을에 탁발하러 갈 것이다.' 라고 다짐하여야 한다."

## ❁ 몸은 병들어도 마음은 병들어서는 안 된다
| 상윳따 니까야: 22 칸다 상윳따 1 |

이와 같이 나는 들었다. 어느 때 부처님은 박가 사람들이 사는 곳인 숭수마라기라의 베사깔라 숲의 사슴동산에 계셨다. 그때 나꿀라삐따 장자가 부처님께 와서 인사를 드리고 이렇게 말씀드렸다.

"부처님, 저는 노령이고 생의 마지막 단계에 이른 늙은이입니다. 육신의 병은 항상 저를 괴롭힙니다. 그래서 내 마음을 풍요롭게 해주시는 부처님이나 비구들을 거의 친견할 수도 없습니다. 부처님, 제가 오랫동안 이익과 행복을 누릴 수 있도록 저에게 활기와 안락함을 주십시오."

이에 부처님은 말씀하셨다.

"장자여, 정말 그렇습니다. 그대의 육신은 쇠약하고 그대에게 고통을 주고 있습니다. 이런 육신을 끌고 다니는 사람이 잠깐 동안의 건강을 건강하다고 말한다면 그것은 어리석은 일입니다. 그러므로 장자여, 그대는 '나의 몸이 병들어도 나의 마음은 병들지 않으리라.' 고 이와 같이 자신을 단련하여야 합니다."

나꿀라삐따 장자는 기쁘게 부처님의 말씀을 듣고 나서 사리뿟따 존자에게 갔다. 사리뿟따 존자는 말하였다.

"장자여, 그대의 감관은 고요합니다. 그대의 안색은 깨끗하고 밝습니다. 오늘 부처님 앞에서 가르침을 들었습니까?"

"그렇구말구요, 존자님, 바로 방금 부처님의 감로와 같은 훌륭하신 가르침으로 축성되었습니다."

"어떤 훌륭한 말씀으로 부처님은 축성하셨습니까?"

이에 장자는 부처님과의 대화내용을 말하니 사리뿟따 존자는 이렇게 말하였다.

"장자여, 무엇이 몸과 마음이 병드는 것이고, 무엇이 몸은 병들어도 마음은 병들지 않는 것인지 부처님께 여쭈어 보지 않았습니까?"

"그래서 사리뿟따 존자로부터 그 뜻을 들으려고 이렇게 멀리서 왔습니다. 존자님이 그 뜻을 선명하게 해 주신다면 정말 좋겠습니다."

"장자여, 무엇이 몸도 병들고 마음도 병드는 것입니까? 가르침을 모르는 범부들은 '물질은 나의 것이다.' 라는 생각에 사로잡혀 있기 때문에, 물질이 항상하지 않고 변하는 본성 때문에 물질이 변하고 바꾸어지면, 그때 슬픔과, 괴로움, 한탄, 절망이 일어납니다. 이것이 몸도 마음도 병드는 것입니다.

그러면 무엇이 몸은 병들어도 마음은 병들지 않는 것입니까? 가르침을 잘 배운 훌륭한 제자들은 '물질은 나의 것이다.' 라고 생각하지 않습니다. 이렇게 그는 집착하지 않기 때문에 물질이 항상하지 않고 변하는 본성 때문에 물질이 변하고 바뀌어져도, 슬픔과, 괴로움, 한탄, 절망이 일어나지 않습니다. 이것이 몸은 병들어도 마음은 병들지 않는 것입니다."

## ● 무상하고 무아인 것은 괴로운 것
| 상윳따 니까야: 22 칸다 상윳따 45 |

어느 때 부처님은 사왓티에서 제자들에게 가르치셨다.

"물질(육신)은 무상한 것이다. 무상한 것은 괴로운 것이다. 괴로운 것은 무아이다.

무아인 것은 '이것은 나의 것이 아니다, 이것은 내가 아니다, 이것은 나의 자아가 아니다.' 라고 바른 지혜로 있는 그대로 보아야 한다. 이와 같이 바른 지혜로 있는 그대로 보는 사람은 번뇌에 집착하지 않고 욕망에서 벗어나 해탈한다.

느낌은 무상하다. 지각은 무상하다. 형성은 무상하다. 의식은 무상하다. 무상한 것은 괴로운 것이다. 괴로운 것은 무아이다. 무아인 것은 '이것은 나의 것이 아니다, 이것은 내가 아니다, 이것은 나의 자아가 아니다.' 라고 바른 지혜로 있는 그대로 보아야 한다. 이와 같이 바른 지혜로 있는 그대로 보는 사람은 그의 마음은 번뇌에 집착하지 않음으로써 욕망에서 벗어나 해탈한다."

## ❂ 오온은 무아이므로 집착하지 말라
| 상윳따 니까야: 22 칸다 상윳따 95 |

〔물질의 무더기는 실체가 없다〕
어느 때 부처님은 갠지스 강둑에 있는 아욧자에 계셨다. 부처님은 제자들에게 이렇게 가르치셨다.

"갠지스 강물이 흐름에 따라 거대한 거품 덩어리를 실어 내린다고 하자. 그런데 시력이 좋은 사람이 이것을 관찰해 보고 주의 깊게 조사한다고 하면, 그것은 비어 있고, 실속이 없고, 실체가 없음을 발견할 것이다. 비구들이여, 거품 덩어리의 실체는 무엇인가?

이와 마찬가지로 어떤 종류의 물질이 있다 하더라도 그것을 잘 관찰해 보고 주의 깊게 조사해 보면, 물질은 비어 있고, 실속이 없고, 실체가 없음을 발견할 것이다. 물질의 실체는 무엇인가?

〔느낌의 무더기는 실체가 없다〕
가을에 굵은 빗방울이 떨어질 때 물거품이 일어났다가 물의 표면에서 사라진다고 하자. 그런데 만일 예리한 시력으로 물거품을 잘 관찰해 보고 주의 깊게 조사해 보면, 그것은 비어 있고, 실속이 없고, 실체가 없음을 발견할 것이다. 비구들이여, 물거품의 실체는 무엇인가?

이와 마찬가지로 어떤 종류의 느낌이 있다 하더라도 그것을 잘 관찰해 보고 주의 깊게 조사해 보면, 느낌은 비어 있고, 실속이 없고, 실체가 없음을 발견할 것이다. 느낌의 실체는 무엇인가?

〔지각의 무더기는 실체가 없다〕

늦여름 한낮에 어른거리는 아지랑이가 피어오른다고 하자. 그런데 만일 예리한 시력으로 아지랑이를 잘 관찰해 보고 주의 깊게 조사해 보면, 그것은 비어 있고, 실속이 없고, 실체가 없음을 발견할 것이다. 비구들이여, 아지랑이의 실체는 무엇인가?

이와 마찬가지로 어떤 종류의 지각이 있다 하더라도 그것을 잘 관찰해 보고 주의 깊게 조사해 보면, 지각은 비어 있고, 실속이 없고, 실체가 없음을 발견할 것이다. 지각의 실체는 무엇인가?

〔형성의 무더기는 실체가 없다〕

어떤 사람이 단단한 나무심을 찾아서 날카로운 도끼를 가지고 숲으로 갔다고 하자. 그는 꼿꼿하고 새로 자라고 높이 솟은 큰 파초 둥치를 보고는 뿌리를 베어서 대궁을 자르고 한 꺼풀씩 껍질을 벗겨내었다. 그러나 그는 속 안에 부드러운 나무줄기도 발견하지 못하는데 어찌 단단한 나무심을 발견하겠는가.

그런데 만일 예리한 시력으로 파초를 잘 관찰해 보고 주의 깊게 조사해 보면, 그것은 비어 있고, 실속이 없고, 실체가 없음을 발견할 것이다. 비구들이여, 파초 둥치의 실체는 무엇인가?

이와 마찬가지로 어떤 종류의 형성이 있다 하더라도, 그것을 잘 관찰해 보고 주의 깊게 조사해 보면, 형성은 비어 있고, 실속이 없고, 실체가 없음을 발견할 것이다. 형성의 실체는 무엇인가?

〔의식의 무더기는 실체가 없다〕

마술사가 큰길 가에서 속임수의 마술을 보여 준다고 하자. 그런데 만일 예리한 시력으로 마술을 잘 관찰해 보고 주의 깊게 조사해보면, 그것은 비어 있고, 실속이 없고, 실체가 없음을 발견할 것이다. 비구들이여, 마술의 실체는 무엇인가?

이와 마찬가지로 어떤 종류의 의식이 있다 하더라도 그것을 잘 관찰해 보고 주의 깊게 조사해 보면, 의식은 비어 있고, 실속이 없고, 실체가 없음을 발견할 것이다. 의식의 실체는 무엇인가?

그러므로 가르침을 잘 배운 거룩한 제자들은 물질에 집착하지 않고, 느낌에 집착하지 않고, 지각에 집착하지 않고, 형성에 집착하지 않고, 의식에 집착하지 않는다. 집착을 하지 않기 때문에 욕망에서 벗어나 해탈한다."

부처님은 이어서 게송으로 말씀하셨다.

물질은 거품 덩어리 같고
느낌은 물거품 같고
지각은 아지랑이 같고
형성은 파초 둥치 같고
의식은 마술과 같다.
이와 같이 태양의 후예가 가르치셨네.

그러나 찬찬히 관찰하고
주의 깊게 조사하여 보면

그것은 비어 있고 실속이 없는 것이네.

부지런한 정진력으로
이와 같이 오온을 관찰하여야 한다.
낮이든 밤이든 마음챙김으로 알아차려라.

모든 속박을 끊어버리고
자기 자신을 의지처로 삼으라.
불멸의 길을 열망하면서
머리에 불이 붙은 것처럼 수행하여라.

## ❂ 여섯 감각기관(六根)은 무상한 것
| 상윳따 니까야 35 사라야따나 상윳따 1 |

이와 같이 나는 들었다. 어느 때 부처님은 사왓티의 기원정사에 계셨다. 부처님은 제자들에게 이렇게 가르치셨다.

"눈·귀·코·혀·몸·마음은 무상하다. 무상한 것은 괴로운 것이다. 괴로운 것은 무아다. 무아인 것은 '이것은 내가 아니다. 이것은 나의 것이 아니다. 이것은 나의 자아가 아니다.'라고 바른 지혜로 있는 그대로 보아야 한다. 이와 같이 보기 때문에 가르침을 잘 받은 훌륭한 제자는 여섯 감각기관인 눈·귀·코·혀·몸·마음에 집착하지 않으며 집착하지 않기 때문에 욕망에서 벗어나 해탈한다."

## 여섯 경계(六境)는 무상한 것
| 상윳따 니까야: 35 사라야따나 상윳따 4 |

"모양·소리·냄새·맛·촉감·마음의 대상은 무상하다. 무상한 것은 괴로운 것이다. 괴로운 것은 무아다. 무아인 것은 '이것은 내가 아니다. 이것은 나의 것이 아니다. 이것은 나의 자아가 아니다.' 라고 바른 지혜로 있는 그대로 보아야 한다. 이와 같이 보기 때문에 가르침을 잘 받은 훌륭한 제자는 물질의 모양·소리·냄새·맛·촉감·마음의 대상에 집착하지 않으며, 집착하지 않기 때문에 욕망에서 벗어나 해탈한다."

## 여섯 감각기관을 절제하지 않으면
| 상윳따 니까야: 35 사라야따나 상윳따 94 |

어느 때 부처님은 사왓티의 기원정사에 계셨다. 부처님은 제자들에게 이렇게 가르치셨다.

"접촉의 여섯 감각기관이 있는데 이것들을 잘 길들이지 않고, 지키지 않고, 절제하지 않으면 괴로움을 가져온다. 무엇이 여섯인가? 눈을 잘 길들이지 않고 지키지 않고 절제하지 않으면 괴로움을 가져온다. 마찬가지로 귀·코·혀·몸·마음도 잘 길들이지 않고 지키지 않고 절제하지 않으면 괴로움을 가져온다. 그러나 만일 여섯 감각기관을 잘 길들이고, 지키고, 절제하면 행복을 가져온다. 무엇이 여섯인가? 눈을 잘 길들이고 지키고 절제하면 행복을 가져온다. 마찬가지로 귀·코·혀·몸·마음도 잘 길들이고, 지키고, 절제하면 행복을 가져온다."

이어서 부처님은 게송으로 말씀하셨다.

여섯 가지 감각기관을 길들이지 않으면 괴로움을 겪는다.
이것들을 절제할 줄 아는 사람은
믿음을 벗삼아 타락함 없이 머문다.


〔눈으로 대상을 볼 때〕
즐거움을 주거나 즐거움을 주지 않는 어떤 대상을 보았을 때,
즐거움을 주는 대상에 대한 욕망을 버려라.
'〔후자는〕[12] 내게 즐거움을 주지 않는다' 라고 생각함으로써
마음을 타락하게 하지 말라.


〔귀로 소리를 들을 때〕
유쾌한 소리를 듣거나 불쾌한 소리를 들었을 때
유쾌한 소리에 매혹되지 말라.
불쾌한 소리에 대한 싫어함을 버려라.
'〔후자는〕 나를 불쾌하게 한다' 라고 생각함으로써
마음을 타락하게 하지 말라.


〔코로 냄새 맡을 때〕
향기롭고 기분 좋은 냄새를 맡거나
또는 썩은 악취 냄새를 맡았을 때
썩은 악취 냄새에 대한 싫어함을 버려라.
또한 좋은 냄새에 대한 욕망을 버려라.

---
12) 〔후자〕는 즐거움을 주지않는 대상을 말함.

〔혀로 맛볼 때〕
달고 맛있는 음식을 즐기거나 쓴맛을 맛볼 때,
달콤한 맛을 욕심스럽게 즐기지 말며
쓴맛을 싫어하는 마음을 내지 말라.

〔몸으로 감촉을 느낄 때〕
기분 좋은 감촉에 매혹되지 말고
괴로운 감촉에도 흔들리지 않으며
유쾌하거나 괴롭거나 어느 쪽에도 치우치지 않으니
좋다고 취하고 싫다고 내치지 않는다.

〔마음이 현상을 대할 때〕
집착에 묶인 범부들이 집착된 줄 알면
모든 세속의 저열한 묶임을 벗어버리고
벗어남의 길을 간다.

이와 같이 마음이 여섯 감각기관에 잘 수행이 되어 있으면,
더 이상 그 마음은 결코 흔들리지 않는다.
그대들은 욕망과 증오를 모두 극복하여
태어남과 죽음을 넘어 저 언덕으로 가라!

## 🪷 열반에 이르는 길
| 상윳따 니까야: 38 잠부카다까 상윳따 1,2 |

어느 때 사리뿟따 존자는 마가다의 날라까 마을에 있었다. 그때 방랑 수행자 잠부카다까가 사리뿟따 존자에게 이렇게 물었다.

"벗이여, 사리뿟따여, '열반 열반' 하는데 열반이란 무엇입니까?"

"열반이란 탐욕을 소멸하고, 성냄을 소멸하고, 어리석음을 소멸한 경지입니다."

"그러면 열반에 이르는 길이 있습니까?"

"벗이여, 열반에 이르는 길이 있습니다."

"그러면 그 길은 무엇입니까. 열반에 이르는 길은 무엇입니까?"

"벗이여, '성스러운 여덟 가지 길〔팔정도〕'이 열반에 이르는 길입니다. 즉 바른 견해, 바른 생각, 바른 말, 바른 행동, 바른 생활수단, 바른 정진, 바른 마음챙김, 바른 집중입니다."

"벗이여, 팔정도는 훌륭합니다. 팔정도는 열반에 이르는 훌륭한 길입니다. 팔정도는 정진하기에 합당합니다."


"벗이여, 사리뿟따여, '아라한과 아라한과' 하는데 무엇이 '아라한과' 입니까?"

"아라한과란 탐욕을 소멸하고, 성냄을 소멸하고, 어리석음을 소멸한 경지입니다."

"아라한과를 얻는 길이 있습니까?"

"벗이여, 아라한과를 얻는 길이 있습니다."

"그러면 그 길은 무엇입니까. 아라한과를 얻는 길은 무엇입니까?"

"벗이여, '성스러운 여덟 가지 길'이 아라한과를 얻는 길입니다. 즉 바른 견해, 바른 생각, 바른 말, 바른 행동, 바른 생활수단, 바른 정진, 바른 마음챙김, 바른 집중입니다."

"벗이여, 팔정도는 훌륭합니다. 팔정도는 아라한과를 얻는 훌륭한 길입니다. 팔정도는 정진하기에 합당합니다."

## 자아이론에 침묵하신 이유
| 상윳따 니까야: 44 아뱌까따 상윳따 10 |

그때 방랑 수행자 왓차곳따가 부처님께 와서 이렇게 말하였다.

"고따마여, 자아가 있습니까?"

이에 부처님은 아무 대답 없이 침묵하고 계셨다.

"그러면 자아가 없습니까?"

두 번째도 역시 부처님은 침묵하고 계셨다. 그러자 왓차곳따는 일어나 떠나갔다. 이에 아난다는 부처님께 여쭈었다.

"부처님, 왓차곳따의 질문에 대답하지 않으신 이유는 무엇인지요?"

"아난다, 왓차곳따가 '자아가 있습니까?'라고 질문했을 때, 내가 만일 '자아가 있다'고 대답한다면, 그것은 영원주의자인 수행자들이나 브라흐민들의 이론에 찬동하는 격이다. 또한 만일 '자아가 없다'고 대답한다면, 그것은 단멸주의자인 수행자들이나 브라흐민들의 이론에 찬동하는 격이다. 왓차곳따가 '자아가 있습니까?'라고 질문했을 때 만일 '자아가 있다'고 대답한다면 그것은 '모든 것은 무아(자아가 없다)다'라는 나의 이론과 일치하는가?"

"일치하지 않습니다."

"왓차곳따가 '자아가 없습니까?' 라고 질문했을 때 만일 '자아가 없다.'고 대답한다면 그는 '전에 나는 자아가 있었다, 그러나 지금 나는 더 이상 자아가 없다.'고 이미 혼란에 빠진 왓차곳따는 더욱더 혼란에 빠질 것이다."

## 청정한 삶의 목표
| 상윳따 니까야: 45 막가 상윳따 6 |

어느 때 부처님은 사왓티에 계셨다. 그때 어떤 비구가 부처님께 여쭈었다.

"청정한 삶이란 어떤 것이며, 그 목표는 무엇입니까?"

부처님은 말씀하셨다.

"청정한 삶이란 바로 이 '성스러운 여덟 가지 길' [팔정도]이다. 그것은 바른 견해, 바른 생각, 바른 말, 바른 행동, 바른 생활수단, 바른 정진, 바른 마음챙김, 바른 집중이다. 탐욕을 쳐부수고, 성냄을 쳐부수고, 어리석음을 쳐부수는 것이 청정한 삶의 목표이다."

## 마음의 받침대
| 상윳따 니까야: 45 막가 상윳따 27 |

어느 때 부처님은 사왓티에 계셨다. 부처님은 제자들에게 이와 같이 가르치셨다.

"마치 항아리가 받침대가 없으면 쉽게 넘어지고 받침대가 있으면 넘어지기 어려운 것처럼, 마찬가지로 마음도 받침대가 없으면 쉽게 넘어지고 받침대가 있으면 넘어지기 어렵다.

무엇이 마음의 받침대인가? 그것은 바로 '성스러운 여덟 가지 길'이다. 즉 바른 견해, 바른 생각, 바른 말, 바른 행동, 바른 생활수단, 바른 정진, 바른 마음챙김, 바른 집중이다."

## ❂ 수행한다는 것은 무엇인가?
| 상윳따 니까야: 45 막가 상윳따 36 |

어느 때 부처님은 사왓티에서 제자들에게 이렇게 가르치셨다.
"그대들에게 사문의 삶과 그 목표에 대하여 설할 것이다. 무엇이 사문의 삶인가? 그것은 바로 성스러운 여덟 가지 길이다. 그것은 바른 견해, 바른 생각, 바른 말, 바른 행동, 바른 생활수단, 바른 정진, 바른 마음챙김, 바른 집중이다. 무엇이 사문의 삶의 목표인가? 탐욕을 쳐부수고, 성냄을 쳐부수고, 어리석음을 쳐부수는 것이 사문의 삶의 목표이다."

## ❂ 청정한 삶을 사는 이유
| 상윳따 니까야: 45 막가 상윳따 41-48 |

어느 때 부처님은 사왓티에서 제자들에게 이렇게 가르치셨다.
"만약 다른 종파의 방랑 수행자들이 그대들에게 '수행자 고따마 아래에서 청정한 삶을 사는 이유가 무엇이냐'고 묻거든 이렇게 대답하여야 한다.

그것은 탐욕을 제거하기 위함이며, 속박을 끊기 위함이며, 잠재적〔나쁜〕성향을 뿌리째 뽑기 위함이며, 번뇌를 끊기 위함이며, 참된 지혜의 해탈을 얻기 위함이며, 바른 지혜와 식견을 얻기 위함이며, 집착 없는 완전한 열반에 이르기 위함이다.

그러면 그들이 다시 '이것들을 얻는 길이 무엇인가? 이것들로 이끄는 수행은 무엇인가?' 라고 묻거든 이렇게 대답해야 한다.

벗이여, 길이 있습니다. 참으로 이것들로 이끄는 수행이 있습니다. 그러면 무엇이 그 길인가? 무엇이 이것들로 이끄는 수행인가? 그것은 바로 거룩한 여덟 가지 길이다. 즉 바른 견해, 바른 생각, 바른 말, 바른 행동, 바른 생활수단, 바른 정진, 바른 마음챙김, 바른 집중이다."

## ❂ 깨달음의 일곱 가지 요소(7각지)
| 상윳따 니까야: 46 봇장가 상윳따 3 |

비구들이여, 어떤 비구라도 '계행[계]을 갖추고, 선정[정]을 갖추고, 지혜[혜]를 갖추고, 해탈을 갖추고, 해탈지견'[13]을 갖추었다면, 그런 수행자를 보기만 하는 것으로도 많은 이득을 가져온다고 나는 말한다. 그런 분의 가르침을 듣는 것이나, 친견하는 것이나, 가까이하는 것이나, 그분의 가르침을 기억하는 것이나, 그런 분을 따라 출가를 하는 것은 많은 도움이 된다고 나는 말한다.

무슨 이유 때문인가? 그런 훌륭한 수행자로부터 가르침을 들으면 두 가지의 초연함에 머문다. 하나는 육신의 초연함이며, 또 하나는 마음의 초연함이다. 이런 초연함에 머물 때 그는 가르침을 기억하고 곰곰이 생각해 본다.

---

13) 해탈의 단어인 목카(mokkha), 또는 위목카(Vimokkha), 또는 위뭇띠(Vimutti)의 뜻은 '속박으로부터 풀려남, 해방'을 뜻하며 온갖 번뇌로부터 벗어나 자유의 경지에 이름을 뜻하며, 불교가 추구하는 최고의 이상 경지인 깨달음, 열반과 같은 뜻이다.
해탈지견: 해탈의 앎(지식)과 봄(안목, 통찰력)을 말함. 여기 다섯 가지는 불교 예불문에서 가장 중요한 오분향에 들어 있다.

① 이때에 '마음챙김의 깨달음의 요소'가 일어나며 이것을 잘 연마하면 그 성취에 이른다. 이와 같이 마음챙김에 머물면서 지혜로 가르침을 탐구하고, 관찰한다.

② 이때에 '탐구의 깨달음의 요소'가 일어나며 이것을 잘 연마하면 그 성취에 이른다. 이와 같이 지혜로 가르침을 탐구하고 관찰할 때 해이함 없는 에너지가 솟아오른다.

③ 이때에 '정진의 깨달음의 요소'가 일어나며 이것을 잘 연마하면 그 성취에 이른다. 이와 같이 에너지가 일어날 때 영적인 환희가 일어난다.

④ 이때에 '환희의 깨달음의 요소'가 일어나며 이것을 잘 연마하면 그 성취에 이른다. 이와 같이 환희로 가득 차서 그의 몸과 마음은 평온해진다.

⑤ 이때에 '평온의 깨달음의 요소'가 일어나며 이것을 잘 연마하면 그 성취에 이른다. 몸과 마음이 평온하고 행복하면 그의 마음은 집중하게 된다.

⑥ 이때에 '집중의 깨달음의 요소'가 일어나며 이것을 잘 연마하면 그 성취에 이른다. 이와 같이 집중된 마음으로 면밀한 관찰자가 될 때 평정이 생긴다. 집중된 마음에 평정의 마음을 가지고 면밀하게 관찰하면,

⑦ 이때에 '평정의 깨달음의 요소'가 일어나며 이것을 잘 연마하면 그 성취를 얻는다.

## 🏵 일곱 가지 깨달음의 요소를 닦으면
| 상윳따 니까야: 46 봇장가 상윳따 5, 29 |

어느 때 부처님은 사왓티에 계셨다. 그때 어떤 비구가 부처님께 여쭈었다.

"부처님, '깨달음의 요소, 깨달음의 요소' 하는데 어떤 의미에서 깨달음의 요소라고 불립니까?"

"그것들은 깨달음으로 인도한다. 그래서 깨달음의 요소라고 불린다. 비구들이여, 일곱 가지 깨달음의 요소를 수행하고 연마하였을 때, 이것만큼 번뇌를 효과적으로 끊게 하는 것을 나는 보지 못하였다. 무엇이 일곱인가? 마음챙김의 깨달음의 요소, 탐구의 깨달음의 요소, 정진의 깨달음의 요소, 환희의 깨달음의 요소, 평온의 깨달음의 요소, 집중의 깨달음의 요소, 평정의 깨달음의 요소이다."


## 🏵 마음을 타락시키는 다섯 가지 장애
| 상윳따 니까야: 46 봇장가 상윳따 33 |

금의 순수함을 잃게 하는 것에 다섯 가지가 있다. 금이 순수하지 않을 때 이것은 유연하지 않고, 부드럽지 않고, 빛나지 않고, 부러지기 쉽고, 가공하기에 적합치 않다. 무엇이 다섯 가지인가? 철이나, 구리, 주석, 납, 은 등은 금의 순수함을 잃게 하며, 이러한 것들이 섞인 금은 유연하지 않고, 부드럽지 않고, 빛나지 않고, 부러지기 쉽고, 가공하기에 적합치 않다.

이와 같이 마음을 타락시키는 데에도 다섯 가지가 있다. 마음이 타락되면 마음은 유연하지 않고, 부드럽지 않고, 빛나지 않고, 부러지기 쉽고, 번뇌를 부수기 위해 바르게 집중을 하지 못한다. 무엇이 다섯 가지 마음을 타락시키는 것인가? 감각적 욕망, 악한 마음, 게으름과 무기력, 흥분과 회한, 의심이다.

이와 같이 다섯 가지로 마음이 타락되면 마음은 유연하지 않고, 부드럽지 않고, 빛나지 않고, 부러지기 쉽고, 번뇌를 부수기 위해 바르게 집중을 하지 못한다.

## 깨달음으로 이끄는 다섯 가지 능력[14] (五力)
| 상윳따 니까야: 48 인드리야 상윳따 10 |

부처님은 제자들에게 이렇게 가르치셨다.

"다섯 가지 능력이 있다. 그것은 믿음의 능력, 정진의 능력, 마음챙김의 능력, 집중의 능력, 지혜의 능력이다.

① 믿음의 능력이란 무엇인가?

거룩한 제자는 여래의 깨달음에 대한 이와 같은 믿음을 가지고 있다. '부처님은 아라한이시며, 온전히 깨달으신 분, 지혜와 덕행을 갖춘 분, 바른 길로 잘 가신 분, 세상을 잘 아는 분, 견줄 바가 없는 분, 사람을 길들이는 분, 신과 인간의 스승, 깨달으신 분, 존귀하신 분'이시다. 이것을 믿음의 능력이라고 한다.

② 정진의 능력이란 무엇인가?

거룩한 제자는 좋지 못한 성향은 버리고 좋은 성향은 얻으려는 굳건

---
14) 상윳따 48: 43에는 '다섯 가지 능력'과 '다섯 가지 힘'은 똑같은 말이라고 함.

한 정진력을 가지고 머문다. 그는 좋은 성향을 연마하려는 책임감을 기피하지 않으며 노력에 있어 확고부동하고 견고하다. 그는 악한 생각이 일어나지 않도록 최선을 다하여 분투노력하며, 악한 생각을 버리도록 최선을 다하여 분투노력하며, 선한 생각을 일으키도록 최선을 다하여 분투노력하며, 선한 생각이 더욱 성장하도록 최선을 다하여 분투노력한다. 이것을 정진의 능력이라고 한다.

③ 마음챙김의 능력이란 무엇인가?

거룩한 제자는 열성과 선명한 알아차림과 마음챙김을 가지고, 세상에 대한 탐욕과 걱정을 버리고, 〔무상하고, 불안전하고, 고정된 실체가 없으며, 더러운 것으로 가득 찬〕 몸을 몸으로 있는 그대로 관찰하며, 느낌을 느낌으로 있는 그대로 관찰하며, 마음을 마음으로 있는 그대로 관찰하며, 현상을 현상으로 있는 그대로 관찰하며 머문다. 이것을 마음챙김의 능력이라고 한다.

④ 집중의 능력이란 무엇인가?

거룩한 제자는 마음의 대상을 놓아버리고 집중을 얻고 마음의 하나됨을 얻는다. 감각적 쾌락과 바람직하지 못한 모든 것에서 벗어나 사유와 숙고가 있으며, 홀로 명상함에서 오는 환희와 기쁨이 있는 첫 번째 선정에 머문다. 사유와 숙고를 멈추고 안으로의 평온함과 마음의 집중됨이 있으며, 사유와 숙고가 없이 삼매에서 오는 환희와 기쁨이 있는 두 번째 선정에 머문다. 환희가 사라진 후 평정한 마음과 분명한 알아차림과 육신의 행복을 느끼며 머문다. 거룩한 이들이 말하는 '평정과 마음챙김에 머무는 사람은 행복하게 머문다.'고 하는 세 번째 선정에 머문다. 고통도 쾌락도 버리고 전에 있던 행복도 불행도 버리고 괴로움도 즐거움도 없고, 평정에 의하여 도달한 마음챙김의 순수함이 있는 네 번째 선정에 머문다. 이것을 집중의 능력이라고 한다.

⑤ 지혜의 능력이란 무엇인가?

거룩한 제자는 이와 같이 지혜를 가지고 있다. 그는 사물의 생성과 소멸에 대한 지혜를 갖추었으며 그 지혜는 성스럽고 꿰뚫어 보는 지혜이며 괴로움의 완전한 소멸로 이끄는 지혜이다. 그는 '이것은 괴로움이다.'라고 있는 그대로 안다. '이것은 괴로움의 근원이다.'라고 있는 그대로 안다. '이것은 괴로움의 소멸이다.'라고 있는 그대로 안다. '이것은 괴로움의 소멸로 이끄는 길이다.'라고 있는 그대로 안다. 이것을 지혜의 능력이라고 한다."

## ❀ 무상, 무아의 가르침
| 맛지마 니까야: 1 물라빠리야야 경 |

이와 같이 나는 들었다. 어느 때 부처님은 욱깟타의 수바가 숲의 황제 살라나무 아래 계셨다. 부처님은 제자들에게 이렇게 가르치셨다.

"그대들에게 '모든 현상의 뿌리'에 관하여 설할 것이다. 여기에 부처님의 가르침에 익숙하지 않은 가르침을 듣지 못한 범부들이 있다.

이들은 지(地)[15] · 수(水) · 화(火) · 풍(風)으로 이루어진 이 육신에 집

---

15) 사대(四大): 여기서 地(땅) · 水(물) · 火(불) · 風(바람)은 우리 몸을 이루는 요소로 물질적 요소인 단단한 성질을 땅의 요소로 한역함. 그래서 땅을 외형적 모양의 육신이라고 생각하면 이해가 쉬움.

착하여 육신을 영원한 '자아'라고 생각하고, '나의 것'이라고 애착하고, 육신에서 즐거움을 찾는다. 그 이유는 무엇일까? 이런 사람들은 〔그 현상을〕 깊이 이해하지 못하기 때문이다.

또한 각각의 현상에 집착하여 찰라 생멸변화하는 본성을 보지 못하고 그것들을 영원한 '자아'라고 생각하고, '나의 것'이라고 집착하여 거기에서 즐거움을 찾는다. 그 이유는 무엇일까? 이런 사람들은 〔그 현상을〕 깊이 이해하지 못하기 때문이다.

여기에 아직 〔수행의〕 목표에는 도달하지 않았지만 속박에서 벗어나 최상의 평온을 구하려고 최선의 정진을 하는 사람들이 있다. 그들은 지·수·화·풍으로 이루어진 이 육신에 집착하지 않으며, 육신을 육신으로 있는 그대로 알며, 육신을 영원한 '자아'라고 생각지 않으며, '나의 것'이라고 애착하지 않으며, 육신에서 즐거움을 찾지 않는다. 그 이유는 무엇일까? 이런 사람들은 〔그 현상을〕 온전히 이해하기 때문이다.

또한 각각의 현상의 생멸변화하는 현상을 보며 거기에 집착하지 않으며, 그것들을 영원한 '자아'라고 생각하지 않으며, '나의 것'이라고 집착하지 않으며, 거기에서 즐거움을 찾지 않는다. 그 이유는 무엇일까? 이런 사람들은 〔그 현상을〕 온전히 이해하기 때문이다.

여기에 아라한이 있다. 그는 번뇌를 부수고 청정한 삶을 살고 해야 할 일을 다해 마치고, 짐을 내려 놓고, 최상의 목표를 성취하고, 존재의 속박을 부수어 버리고, 완전하고도 심오한 지혜에 의하여 해탈한 사람이다. 그는 지(地)·수(水)·화(火)·풍(風)으로 이루어진 이 육신에 집착하지 않으며, 있는 그대로 알며, 육신을 영원한 '자아'라고 생각지 않으며, '나의 것'이라고 애착하지 않으며, 육신에서 즐거움을 찾지 않는다. 그 이유는 무엇일까? 그는 〔이런 현상을〕 온전히 이해하기 때문이며, 탐욕과 성냄과 어리석음을 쳐부수어 이것들로부터 벗어났기 때문이다.

여기에 여래가 있다. 그는 온전한 깨달음을 얻었다. 그는 지(地)·수(水)·화(火)·풍(風)으로 이루어진 이 육신에 집착하지 않으며, 육신을 육신으로 있는 그대로 알며, 육신을 영원한 '자아'라고 생각지 않으며, '나의 것'이라고 애착하지 않으며, 육신에서 즐거움을 찾지 않는다. 그 이유는 무엇일까? 그는 〔이런 현상을〕 온전히 이해하기 때문이다.

그는 즐거움이란 괴로움의 뿌리임을 알며, 존재에서 태어남이 있으며 존재하는 것은 무엇이든지 늙고 죽는다는 것을 알기 때문이다. 그러므로 여래는 갈애를 완전히 부수고, 사라지게 하고, 소멸하고, 버림으로써 최상의 완전한 깨달음을 얻었다."

## ❂ 진정한 가르침에 이르는 길
| 맛지마 니까야: 9 삼마딧티 경 1-8 |

이와 같이 나는 들었다. 어느 때 부처님은 사왓티의 기원정사에 계셨다. 그때 존자 사리뿟따는 비구들에게 이와 같이 설법하였다.

"벗들이여, '바른 견해, 바른 견해'라고 말하는데, 거룩한 제자가 어떻게 하면 바른 견해를 갖게 됩니까? 어떻게 하면 견해가 바른길에서 벗어나지 않고, 가르침에 완전한 신뢰심을 가지며, 진정한 가르침에 도달합니까? 벗들이여, 거룩한 제자가 불건전하고 건전한 것의 양쪽을 다 알고 그것의 뿌리를 다 알 때, 그는 바른 견해를 가지며, 견해가 바른길에서 벗어나지 않으며, 가르침에 완전한 신뢰심을 가지며, 진정한 가르침에 도달합니다.

〔3독(毒)과 10악(惡)〕
그러면 불건전한 것은 무엇이며, 불건전한 것의 뿌리는 무엇입니까?

살아있는 존재를 죽이는 것, 주지 않는 것을 훔치는 것, 감각적 쾌락을 쫓아 잘못된 음행을 하는 것이 불건전한 것입니다.〔몸으로 짓는 세 가지 악〕.

거짓말하는 것, 이간질하는 것, 악담하는 것, 잡담하는 것이 불건전한 것입니다.〔입으로 짓는 네 가지 악〕.

탐욕, 성냄, 어리석음이 불건전한 것입니다.〔마음으로 짓는 세 가지 악〕.

이것들을 불건전한 것이라 부릅니다. 이와 같이 불건전한 것의 뿌리는 탐욕과, 성냄과, 어리석음입니다.

그러면 건전한 것은 무엇입니까?

살아있는 존재를 죽이지 않는 것, 주지 않는 것을 훔치지 않는 것, 감각적 쾌락을 쫓아 잘못된 음행을 하지 않는 것입니다.

거짓말하지 않는 것, 이간질하지 않는 것, 악담하지 않는 것, 잡담하지 않는 것입니다.

탐욕과 성냄과 어리석음이 없이 지혜로운 것입니다.

이것들을 건전한 것이라 부릅니다. 건전한 것의 뿌리는 탐욕과 성냄과 어리석음이 없이 지혜로운 것입니다."

## 뗏목의 비유: 집착을 버림
| 맛지마 니까야: 22 알라갓두빠마 경 13,14 |

"비구들이여, 소유하여 가질 목적이 아닌 강을 건너기 위한 목적인 뗏목에 비유한 가르침을 그대들에게 설하겠다. 어떤 사람이 긴 여행을 하고 있었는데 크고 깊고 넓은 강물을 만났다고 하자. 그런데 그가 있는 쪽은 두렵고 위험한 반면 건너편 언덕은 안전하고 위험이 없었다. 그런데 거기에는 저 쪽으로 건너는 다리도 배도 없었다. 그는 이렇게 생각할 것이다.

'저편 언덕은 안전하다. 그런데 건널 다리도 배도 없다. 그러니 갈대, 나무 막대기, 나뭇가지, 나뭇잎들을 모아 뗏목을 만들면 좋을 것 같다. 그리고 뗏목에 의지하여 손과 발의 힘으로 저쪽 언덕으로 안전하게 건너가면 어떨까?'

그래서 그는 이렇게 하여 강을 건널 것이다. 강을 건너 저쪽 언덕에 도착하여 그는 이렇게 생각할 것이다.

'이 뗏목은 나에게 큰 도움이 되었다. 나는 이 뗏목에 의지하여 손과 발의 힘으로 저쪽 언덕에 무사히 도착하였다. 그러니 이제 나는 이 뗏목을 머리에 이든지 어깨에 짊어지고 내가 가고 싶은 곳으로 가면 어떨까?'

그대들은 어떻게 생각하는가? 뗏목을 짊어지고 가는 것이 그가 취해야 할 뗏목에 대한 바른 태도인가?"

"아닙니다, 부처님."

"그러면 어떻게 하는 것이 그 뗏목에 대한 바른 태도인가? 강을 건너 저쪽 언덕에 도착한 그 사람은 이렇게 생각할 것이다.

'이 뗏목은 나에게 큰 도움이 되었다. 나는 이 뗏목에 의지하여 손과 발의 힘으로 저쪽 언덕에 무사히 도착하였다. 이제 이 뗏목을 마른땅으로 끌어 올려 두든지 아니면 물속에 침수시키고 내 갈 길을 가면 어떨까?'

이렇게 하는 것이 바로 그 사람이 해야 할 뗏목에 대한 바른 태도이다. 그러므로 나는 그대들에게 소유하여 가질 목적이 아닌 강을 건너기 위한 목적인 뗏목에 비유한 가르침을 설하였다. 가르침이 뗏목과 비슷함을 안다면, 좋은 것에 집착하는 것도 버려야 하거늘 하물며 나쁜 것들이야 말할 필요가 있겠는가!"

## ❂ 영원한 것은 없다
| 맛지마 니까야: 22 알라갓두빠마 경 22,23 |

"비구들이여, 만일 영원하고 영속하고 변하지 않는 것으로서 영원토록 지속될 어떤 것이 있다면 아마도 그대들은 그런 것들을 소유물로 가질 것이다. 그러나 그와 같이 영원하고 영속하고 변하지 않는 소유물을 본 적이 있는가?"

"본 적이 없습니다, 부처님."

"나도 또한 그와 같이 영원하고 영속하고 변하지 않는 것으로서 영원토록 지속되는 어떤 것도 본 적이 없다. 그대들은 만일 '자아이론'에 집착하는 사람에게 슬픔, 한탄, 고통, 절망을 일으키지 않는 그런 '자아이론'이 있다면 그것에 집착할지도 모른다. 그러나 슬픔, 한탄, 고통, 절망을 일으키지 않는 그런 '자아이론'을 본 적이 있는가?"

"본 적이 없습니다, 부처님."

"나도 또한 '자아이론'에 집착하는 사람에게 슬픔, 고통, 한탄, 절망을 일으키지 않는 그런 '자아이론'을 본 적이 없다."

## 아라한
| 맛지마 니까야: 22 알라갓두빠마 경 28-36 |

"비구들이여, 잘 배운 훌륭한 제자는 5온에 집착하는 어리석은 꿈에서 깨어나 눈뜨게 되며, 이런 깨달음에 의하여 평온을 얻으며 평온을 통하여 해탈한다. 해탈하면 '해탈했다'라는 지혜가 생기며 '태어남은 부수어졌고 청정한 삶은 성취되었고, 해야 할 일을 다 마치고 더 이상 윤회하는 일이 없다'라고 안다.

그는 어리석음을 버린 사람이며, 다시 태어나지 않는 생사의 윤회를 벗어난 사람이며, 갈애를 끊어버린 사람이며, '나'라는 집착된 교만을 버린 사람이며, 그래서 이런 어리석음, 생사윤회, 갈애, '나'라는 아만이 다시는 일어나지 않도록 완전히 뿌리째 뽑아버린 사람이다."

## 여래는 칭찬과 비난에 흔들리지 않는다
| 맛지마 니까야: 22 알라갓두빠마 경 37 |

"사실에 근거하지 않고, 거짓되게, 쓸데없이, 진실이 아닌 것으로 나를 잘못 말하는 사문이나 브라흐민들이 있다.

'사문 고따마는 사람들을 잘못 인도한다. 그는 존재하는 것들의 단멸과 파괴와 박멸을 가르친다.'

그러나 나는 그렇게 말하지 않았기 때문에 그들은 나를 잘못 말하고 있다. 예전이나 지금이나 내가 가르치는 것은 괴로움과 괴로움의 소멸이다. 만일 다른 사람들이 이런 가르침에 대하여 여래를 욕하고 비난하고 집요하게 공격한다 해도, 여래는 그것 때문에 분개하거나 불쾌해 하거나 불평하지 않는다. 또한 만약 다른 사람이 이런 가르침에 대하여 여래를 존중하고, 공경하고, 예경한다 해도 여래는 기뻐하거나 즐거워하지 않으며 우쭐대지 않는다.

그러므로 만일 다른 사람들이 그대들을 욕하고 비난하고 집요하게 공격한다 해도, 그로 인하여 분개하거나 불쾌해 하거나 불평하지 말아야 한다. 그리고 또한 만일 다른 사람들이 그대들을 존중하고 공경하고 예경한다 해도 그로 인하여 기뻐하거나 즐거워하지 말며 우쭐대지 말아야 한다."

## ● 수행의 단계
| 맛지마 니까야: 27 쭐라핫티빠도빠마 경 12-27 |

〔브라흐민 자눗소니는 방랑 수행자 삘로띠까와의 대화를 통하여 부처님에 대한 큰 신뢰심이 일어나 부처님을 방문하였는데 부처님은 그에게 사문의 수행 단계에 대하여 말씀하셨다〕

"브라흐민이여, 장자나 장자의 아들 또는 다른 가문의 사람들이 가르침을 듣습니다. 그 가르침을 듣고 여래에 대한 확신을 갖습니다. 그런 확신을 가지고 이런 생각을 합니다. '가정생활을 하는 것은 제한된 삶이고 티끌의 삶이며 출가생활은 광활한 공간의 삶이다. 윤이 나는 조개껍질처럼 온전히 완전하고 온전히 청정한 거룩한 삶을 산다는 것은 집에서 사는 사람에게는 쉬운 일이 아니다. 그러니 머리와 수염을 깎고 노란 가사를 입고 출가생활을 하는 것이 어떨까?' 그래서 그 후 그의 크고 작은 재물을 버리고 가족과 친척을 떠나 머리와 수염을 깎고 노란 가사를 입고 출가합니다.

〔열 가지 계율〕

이와 같이 출가한 후에 출가 수행자의 삶에 대한 수련이 주어집니다.

① 그는 살아 있는 것들을 죽이는 것을 버리고 죽이는 것을 삼가합니다. 몽둥이나 칼을 치워버리고 모든 살아 있는 것들에게 친절하고 우호적이고 자비로운 마음으로 대합니다.

② 그는 주지 않는 것을 훔치는 것을 버리고 훔치는 것을 삼가합니다. 다만 주는 것만을 가지며 훔치지 않은 것으로 청정하게 살아갑니다.

③ 그는 독신생활이 아닌 것을 버리고 독신생활을 준수하며 음행을 하지 않습니다.

④ 그는 거짓말을 버리고 거짓말을 하지 않습니다. 진실을 말하고 진실에 뿌리 내리고 신뢰가 있으며 믿을만합니다.

이간질을 버리고 이간질을 하지 않습니다. 그는 사람을 갈라놓기 위하여 여기에서 들은 말을 저기에 옮기지 않습니다. 그는 갈라진 사람들을 화해시키며 우정을 돈독히 하며 일치를 기뻐하며 일치를 가져오는 말을 합니다.

악담을 버리고 악담을 하지 않습니다. 부드러운 말, 듣기 좋은 말, 마음에 와 닿는 사랑스러운 말을 하며 예절바르고 많은 사람들이 환영할만한 말을 합니다.

잡담〔쓸데없는 말〕을 버리고 잡담을 하지 않습니다. 말해야 할 적당한 때에 말하며 사실을 말하며 목표와 가르침과 계율에 따라서 말합니다. 그는 새길만한 가치가 있는 말, 타당한 말, 유익한 말을 적절한 때에 말합니다.

⑤ 그는 술을 마시거나 취하게 하는 물질을 금합니다.[16]
⑥ 그는 오전에만 식사하고 때 아닌 때나 밤에는 먹지 않습니다.
⑦ 그는 춤, 노래, 음악, 연극 등을 멀리합니다.
⑧ 그는 화환을 걸거나 향수를 바르거나 화장하지 않습니다.
⑨ 그는 높고 큰 침상을 사용하지 않습니다.
⑩ 그는 금이나 은을 받지 않습니다.

〔청빈〕

그는 육신을 보호하기 위한 법복으로 만족하며, 장을 유지하기 위한 탁발음식으로 만족하며, 어디로 가든지 그는 가사와 발우만을 가지고 갑니다. 마치 새가 어디로 가든지 짐이라고는 날개만 가지고 날아가듯이, 이처럼 비구도 육신을 보호하기 위한 법복으로 만족하며, 장을 유지하기 위한 탁발음식으로 만족하며, 어디로 가든지 그는 가사와 발우만을 가지고 갑니다.

이와 같은 여러 가지 훌륭한 계율을 갖추고 그는 안으로 티없는 행복을 느낍니다.

〔여섯 감각기관을 다스림〕

눈으로 물질의 모양을 보고서 그 외형에 도취되지 않습니다. 그는

---

16) 이 경에 10계에 해당되는 5번이 빠져 있으므로 10 계의 가르침은 율장 마하왁가 1편 56에 의하여 이것을 복원함.

눈으로 형태를 볼 때 그 모양과 특성에 집착하지 않습니다. 만일 눈을 다스리지 않으면 탐욕과 낙담과 악하고 좋지 못한 것들이 침입하기 때문에 눈을 절제하고 다스립니다. 귀로 소리를 들을 때, 코로 냄새를 맡을 때, 혀로 맛볼 때, 몸으로 촉감을 느낄 때, 마음으로 대상을 지각할 때에, 만일 귀를, 코를, 혀를, 몸을, 마음을 다스리지 않으면 탐욕과 낙담의 악하고 좋지 못한 것들이 침입하기 때문에 그는 이것들을 절제하고 다스려야 합니다. 이와 같은 감각기관을 훌륭하게 절제함으로써 그는 티없는 행복을 느낍니다.

〔마음챙김 수행〕

그는 앞으로 갈 때에도, 뒤로 돌 때에도, 앞을 볼 때에도, 뒤돌아 볼 때에도, 팔 다리를 굽힐 때에도 펼 때에도, 가사를 입을 때에도, 가사와 발우를 들고 갈 때에도, 먹을 때에도, 마실 때에도, 음식을 씹을 때에도, 대소변을 볼 때에도, 걸을 때에도, 서 있을 때에도, 앉아 있을 때에도, 잠들 때에도, 깨어날 때에도, 말할 때에도, 침묵할 때에도, 온전히 깨어있는 마음을 잃지 않습니다.

이와 같은 훌륭한 계행을 갖추고 여섯 감각기관을 절제하고, 훌륭한 마음챙김과 온전히 깨어있는 마음을 가지고 숲이나, 나무 아래, 산, 계곡, 언덕의 동굴, 묘지, 울창한 삼림, 확 트인 곳 등과 같은 한적한 수행장소로 갑니다. 그는 탁발에서 돌아와 식사를 마친 후 가부좌를 하고 앉아서 등을 곧게 세우고 마음챙김을 앞에 세웁니다.

〔다섯 가지 장애를 버림〕

① 그는 세상에 대한 탐욕을 버리고 탐욕에서 벗어나고 탐욕으로부터 마음을 정화합니다.

② 그는 악의를 버리고 악의에서 벗어나 인자함에 머물며 살아있는 모든 것들의 이익을 위하여 자비로움에 머뭅니다. 그리고 악의로부터 마음을 정화합니다.

③ 그는 게으름과 무기력함을 버리고 게으름과 무기력함에서 벗어나고 온전히 깨어있고 게으름과 무기력함으로부터 마음을 정화합니다.

④ 그는 흥분과 회한을 버리고 안으로 평화로움으로 고요함에 머물고 흥분과 회한으로부터 마음을 정화합니다.

⑤ 그는 의심을 버리고 의심을 초월하고 바람직한 것에 대하여 의혹이 없으며 마음을 의심으로부터 정화합니다.

〔네 가지 선정을 닦음〕

① 이와 같이 그는 지혜를 둔하게 만드는 마음의 번뇌인 다섯 가지 장애를 버리고, 감각적 쾌락으로부터 그리고 불건전한 것들로부터 멀리 떠나서 감각적 쾌락과 바람직하지 못한 모든 것에서 벗어나 사유와 숙고가 있으며, 홀로 명상함에서 오는 환희와 기쁨이 있는 첫 번째 선정에 머뭅니다.

② 사유와 숙고를 멈추고 안으로의 평온함과 마음의 집중됨이 있으며, 사유와 숙고가 없이 삼매에서 오는 환희와 기쁨이 있는 두 번째 선정에 머뭅니다.

③ 환희가 사라진 후 평정한 마음과 분명한 알아차림과 육신의 행복을 느끼며 머뭅니다. 거룩한 이들이 말하는 '평정과 마음챙김에 머무

는 사람은 행복하게 머문다.'고 하는 세 번째 선정에 머뭅니다.

④ 고통도 쾌락도 버리고, 전에 있던 행복도 불행도 버리고, 괴로움도 즐거움도 없고, 평정에 의하여 도달한 마음챙김의 순수함이 있는 네 번째 선정에 머뭅니다.

이와 같이 알고 이와 같이 볼 때 그의 마음은 감각적 쾌락의 번뇌로부터 벗어나며, 존재의 번뇌로부터 벗어나며, 어리석음의 번뇌로부터 벗어나 해탈합니다. 해탈하면 해탈하였다는 것을 압니다. '태어남은 부수어졌고, 청정한 삶은 성취되었다. 해야 할 일을 다 마치고 더 이상 윤회하는 일은 없다.'고 분명히 압니다."

부처님이 말씀하시자 브라흐민 자눗소니는 부처님의 말씀을 찬탄하며 부처님께 귀의하여 재가신도가 되었다.

## ❋ 몸, 입, 마음으로 짓는 열 가지 악과 선
| 맛지마 니까야: 41 살레야까 경 |

이와 같이 나는 들었다. 어느 때 부처님은 많은 비구들과 함께 꼬살라국을 유행하여 브라흐민 마을인 살라에 도착하셨다.

살라 마을의 브라흐민 장자들은 이런 이야기를 들었다. '사꺄족에서 출가한 사문 고따마는 많은 비구들과 함께 꼬살라국을 유행하여 마침내 살라에 도착하셨다. 그에 대한 좋은 평판이 자자하게 퍼져 있다. 즉 부처님은 아라한이시며, 온전히 깨달으신 분, 지혜와 덕행을 갖춘 분, 바른 길로 잘 가신 분, 세상을 잘 아는 분, 견줄 바가 없는 분, 사람을 길들이는 분, 신과 인간의 스승, 깨달으신 분, 존귀하신 분이시다. 그의 가르침은 처음도 중간도 끝도 훌륭하고, 바른 뜻과 문장을 갖추고, 참으로 청정하고 완전한 성스러운 삶을 보여준다.'라는 이야기를 들었다.

그래서 그들은 생각하기를 '이와 같은 아라한을 만나는 것은 좋은 일이다.'라고 하면서 부처님을 찾아가서 인사를 드리고 이와 같이 말하였다.

"고따마 존자님, 왜 어떤 사람들은 죽은 후에 행복하지 않은 곳, 심하면 지옥에 태어납니까? 또 왜 어떤 사람들은 죽은 후에 행복한 곳, 더욱이 가장 좋은 곳인 천상에 태어납니까?"

"장자들이여, 그것은 가르침대로 행하지 않고 바르게 행하지 않기 때문에 죽은 후에 행복하지 않은 곳 심하면 지옥에 태어납니다. 또한 가르침에 따라서 행하고 바르게 행한다면 죽은 후에 행복한 곳 천상에 태어납니다."

"고따마 존자님, 너무 간략히 말씀하셔서 그 상세한 뜻을 잘 모르겠습니다. 상세한 뜻을 저희들이 이해할 수 있도록 가르침을 주시면 좋겠습니다."

"장자들이여, 가르침에 어긋나고 옳지 않은 행으로 몸으로 짓는 세 가지, 입으로 짓는 네 가지, 마음으로 짓는 세 가지가 있습니다.


〔열 가지 악(10악)〕
〔몸으로 짓는 세 가지 악〕
가르침에 어긋나고 옳지 않은 행으로 몸으로 짓는 세 가지 행위가 있습니다.
첫째는 살아있는 생명을 죽입니다. 살아있는 생명에 대한 자비심이 없이 잔인하고 살생하고 해치는 일에 열중합니다.

둘째는 주지 않는 것을 갖습니다. 마을이나 숲에서 도둑질하여 다른 사람의 부와 재산을 갖습니다.

셋째는 삿된 음행을 합니다. 부모, 형제, 자매, 친척의 보호를 받고 있거나 남편이 있거나 심지어 약혼의 표시로 화환을 건 여인과 성행위를 하는 것입니다.

〔입으로 짓는 네 가지 악〕

가르침에 어긋나고 옳지 않은 것으로 입으로 짓는 네 가지 행이 있습니다.

첫째는 거짓말을 합니다. 법정이나 회합에 증인으로 소환되었을 때, 친척이나 조합이나 귀족의 앞에서 증인으로 이와 같이 질문을 받았을 때 'ㅇㅇㅇ씨, 당신이 알고 있는 것을 말해 보시오.'라고 물었을 때, 알지 못하면서도 안다고 하고, 알면서도 알지 못한다고 하고, 보지 못하고서 보았다고 하고, 보고서도 보지 못하였다고 합니다. 이와 같이 그 자신을 위해, 다른 사람을 위해, 또는 물질적인 이득을 위해 의도적으로 거짓말을 합니다.

둘째는 이간질을 합니다. 여기서 들은 말을 저기서 하여 이들을 갈라놓고, 저기서 들은 말을 여기서 하여 이들을 갈라놓습니다. 일치된 사람들을 갈라놓고 분열을 만들고, 남의 불화를 즐기고 불화를 기뻐하고 불화를 일으키는 말을 합니다.

셋째는 악담을 합니다. 거친 말, 심한 말, 상처를 주는 말, 모욕적인 말, 화나게 하는 말, 정신집중을 깨뜨리는 말을 합니다.

넷째는 쓸데없는 잡담을 합니다. 적합치 않은 때에 말하고, 사실이 아닌 것을 말하고, 쓸데없는 말을 하고, 가르침과 계율에 어긋난 말을 합니다. 적절치 않은 때에 하는 말은 가치가 없고 조리에 맞지 않고 절제가 없고 이익이 되지 않는 말입니다.

〔마음으로 짓는 세 가지 악〕
가르침에 어긋나고 옳지 않은 것으로 마음으로 짓는 세 가지 행이 있습니다.

첫째는 탐욕을 부립니다. 다른 사람의 부유함과 재산을 보고는 '저것들이 내 것이었으면 얼마나 좋을까!' 하고 탐욕을 부립니다.

둘째는 악의를 품습니다. 증오심을 가지고 생각하기를 '이것들이 살해되기를, 씨도 안 남고 파괴되기를!' 하고 악의를 품습니다.

셋째는 잘못된 견해를 갖습니다. 왜곡된 견해를 가지고 생각하기를 '보시의 공덕도 없고, 공양의 공덕도 없고, 제사의 공덕도 없고, 선행이나 악행의 결과도 없고, 이 세상도 저 세상도 없고, 어머니도 아버지도 없고, 윤회도 없고, 자신의 뛰어난 지혜로 깨달아 이 세상과 저 세상을 말하는 훌륭하고 바르게 수행하는 사문이나 브라흐민도 이 세상에 없다.'고 말합니다.

장자들이여, 이와 같이 가르침대로 따르지 않고 바르게 행하지 않기 때문에 죽은 후에 행복하지 않은 곳, 심하면 지옥에 태어납니다.

〔열 가지 바른 행〕
장자들이여, 가르침에 합당하고 옳은 행으로 몸으로 짓는 세 가지,

입으로 짓는 네 가지, 마음으로 짓는 세 가지 행이 있습니다.

〔몸으로 짓는 세 가지 바른 행〕
가르침에 합당하고 옳은 행으로 몸으로 짓는 세 가지 행이 있습니다.
첫째는 살아있는 생명을 죽이지 않습니다. 몽둥이나 무기를 치워버리고 부드럽고 친절하게 살아있는 모든 존재에게 자비로 대합니다.
둘째는 주지 않는 것을 갖지 않습니다. 마을이나 숲에서 다른 사람의 부와 재산을 도둑질하여 갖지 않습니다.
셋째는 삿된 음행을 하지 않습니다. 부모, 형제, 자매, 친척의 보호를 받고 있거나 남편이 있거나 약혼의 표시로 화환을 건 여인과 성행위를 하지 않습니다.

〔입으로 짓는 네 가지 바른 행〕
가르침에 합당하고 옳은 것으로 입으로 짓는 네 가지 행이 있습니다.
첫째는 거짓말을 하지 않습니다. 법정이나 회합에 증인으로 소환되었을 때, 친척이나 조합이나 귀족의 앞에서 증인으로 이와 같이 질문을 받았을 때 '○○○씨, 당신이 알고 있는 것을 말해 보시오.'라고 물었을 때, 알지 못하면 알지 못한다고 하고, 알면 안다고 하고, 보지 못하였으면 보지 못하였다고 하고, 보았으면 보았다고 합니다. 이와 같이 그 자신을 위해, 다른 사람을 위해, 또는 물질적인 이득을 위해, 의도적으로 거짓말을 하지 않습니다.
둘째는 이간질하지 않습니다. 사람들을 갈라놓기 위하여 여기서 들은 말을 저기서 하지 않으며, 저기서 들은 말을 여기서 하지 않습니다.

그는 갈라진 사람들을 화합시키며, 우정을 증진시키며, 화합을 즐기며, 화합을 기뻐하며, 화합을 도모하는 말을 하는 사람입니다.

셋째는 악담을 하지 않습니다. 부드럽고 귀에 듣기 좋은 말, 사랑스럽고 마음에 와 닿는 말, 예절바르고 많은 사람들이 좋아하는 말, 유쾌한 말을 합니다.

넷째는 쓸데없는 잡담을 하지 않습니다. 적절한 때에 말하며, 사실을 말하며, 좋은 말을 하며, 가르침과 계율에 합당한 말을 합니다. 적절한 때에 하는 말은 가치가 있고, 조리에 맞고, 절제가 있고, 이익이 되는 말입니다.

〔마음으로 짓는 세 가지 바른 행〕

가르침에 합당하고 옳은 것으로 마음으로 짓는 세 가지 행이 있습니다.

첫째는 탐욕을 부리지 않습니다. 다른 사람의 부유함과 재산을 보고는 '저것들이 내 것이었으면 얼마나 좋을까!' 하고 탐욕을 부리지 않습니다.

둘째는 악의를 품지 않습니다. 증오심에서 벗어나 생각하기를 '이 존재들이 악의에서 고통에서 근심에서 벗어나기를, 그리고 그들이 행복하게 살기를!' 하고 생각합니다.

셋째는 바른 견해를 갖습니다. '보시의 공덕도 있고, 공양의 공덕도 있고, 제사의 공덕도 있고, 선행이나 악행의 결과도 있고, 이 세상도 저 세상도 있고, 어머니도 아버지도 있고, 윤회도 있고, 자신의 뛰어난 지혜로 깨달아 이 세상과 저 세상을 말하는 훌륭하고 바르게 수행하는 사문이나 브라흐민이 이 세상에는 있다.'고 말합니다.

장자들이여, 이와 같이 가르침대로 따르고 바르게 행하기 때문에 죽은 후에 행복한 곳, 천상에 태어납니다."

## ❂ 비구니 담마딘나의 가르침
| 맛지마 니까야: 44 쭐라웨달라 경 |

이와 같이 나는 들었다. 어느 때 부처님은 라자가하의 죽림정사에 계셨다.

그때 재가신도 위사카는 비구니 담마딘나에게로 가서 인사를 드리고 이렇게 질문하였다.

"존경스런 자매여, '삭까야, 삭까야'[17]라고 하는데 이것에 대한 부처님의 가르침은 무엇입니까?"

"위사카여, 집착의 대상인 다섯 가지 무더기가 삭까야라고 부처님은 말씀하셨습니다. 말하자면 집착의 대상이 되는 물질의 무더기, 집착의 대상이 되는 느낌의 무더기, 집착의 대상이 되는 지각의 무더기, 집착의 대상이 되는 형성의 무더기, 집착의 대상이 되는 의식의 무더기를 말합니다.

위사카여, 부처님은 집착의 대상이 되는 이 다섯 가지 무더기〔오온〕를 삭까야라고 하셨습니다."

재가신도 위사카는 이어서 더 많은 질문을 하고 만족한 대답을 듣고 기뻐하였다.

........................................
17) Sakkāya: 본질, 실체, 인성, 개성, 속성 등으로 번역됨. 여기서는 다섯 가지 존재의 속성(오온)을 말함. 다섯 가지 속성은 실체가 없으며, 무상함을 가르친다.

## 🪷 여섯 감각기관의 절제
| 맛지마 니까야: 75 마간디야 경 |

이와 같이 나는 들었다. 어느 때 부처님은 꾸루국의 깜맛사담마라는 꾸루족의 마을에 계셨는데, 바라드와자 가문 브라흐민의 불을 예배하는 예배소에서 풀로 된 깔개 위에 계셨다. 부처님은 이른 아침 깜맛사담마로 탁발하러 가셨다. 탁발에서 돌아오신 후 공양을 드시고 낮 동안의 명상을 위해 숲 속으로 들어가셔서 어떤 나무 아래 앉으셨다.

그때 방랑 수행자 마간디야는 그 주변을 거닐다가 브라흐민의 불의 예배소로 갔다. 그는 풀 자리가 펴진 것을 보고 브라흐민에게 물었다.

"바라드와자님의 불의 예배소에 누구를 위한 풀 자리가 깔려 있습니까? 사문의 잠자리같이 보입니다."

"마간디야 존자님, 사꺄족에서 출가한 사꺄족의 아들인 사문 고따마가 있습니다. 고따마 존자님은 깨달은 분이라는 훌륭한 평판이 널리 퍼져 있습니다. 이 잠자리는 그 고따마 존자님을 위해 마련된 것입니다."

"바라드와자님, '성장의 파괴자'[18] 고따마 존자님의 잠자리를 본 것은 기분 나쁜 일입니다."

"말씀을 조심하십시오. 마간디야 존자님, 그런 말씀을 삼가십시오. 많은 학식이 높은 왕족들, 브라흐민들, 장자들, 그리고 사문들이 고따마 존자님께 깊은 신뢰심을 가지고 있고 훌륭한 바른 가르침인 진리의 길을 그로부터 수행하고 있습니다."

---

18) 마간디야의 사상으로 여섯 감각기관을 절제하라는 부처님 가르침과는 달리, 절제함이 없이 새로운 것의 경험으로 지혜가 성장한다고 주장. 그러므로 부처님의 가르침인 절제는 지혜가 성장하지 못하게 파괴한다고 생각함.

"바라드와자님, 제가 고따마 존자님을 직접 대면한다 하더라도 저는 이렇게 말할 것입니다. '사문 고따마는 성장의 파괴자'라고요. 왜 그러냐고요? 우리의 경전에 그렇게 쓰여 있기 때문입니다."

부처님은 저녁 무렵 명상에서 일어나 브라흐민의 불의 예배소로 가서 준비된 풀 자리에 앉으셨다.

그때 바라드와자 가문의 브라흐민은 부처님께 와서 인사를 드리고 한쪽에 앉았다. 그런데 부처님과 브라흐민과의 대화가 채 끝나기도 전에 마간디야가 불의 예배소로 부처님을 뵈려고 들어왔다. 그는 부처님께 인사를 드리고 한쪽에 앉았다. 부처님은 마간디야에게 이런 말씀을 하셨다.

"마간디야, 눈은 보이는 것에서 즐거움을 찾고 기뻐합니다. 눈은 여래에 의하여 길들여졌고, 단속되었고, 보호되었고, 절제되었습니다. 그는 눈의 절제를 위한 담마를 가르칩니다. 마간디야, 그대는 이것 때문에 '사문 고따마는 성장의 파괴자'라고 하였습니까?"

"그렇습니다. 고따마 존자님, 그 이유는 우리의 경전에 그렇게 쓰여 있기 때문입니다."

"마간디야, 귀는 들리는 소리에서 즐거워하며 기뻐합니다. 코는 풍기는 냄새에서 즐거워하며 기뻐하고, 혀는 입 속의 맛에서 즐거워하고 기뻐하며, 육신은 만져지는 감촉에서 즐거워하고 기뻐하며, 마음은 마음이 움직이는 대상에서 즐거워하고 기뻐합니다.

여래는 이 여섯 감각기관을 길들였고, 단속하였고, 보호하였고, 절제하였습니다. 그리고 그는 이것들의 절제를 가르칩니다. 이것과 연관해서 그대는 '사문 고따마는 성장의 파괴자'라고 하였습니까?"

"그렇습니다. 고따마 존자님, 왜냐하면 우리의 경전에 그렇게 쓰여 있기 때문입니다."

"마간디야, 어떤 사람이 전에는 눈에 의하여 인식되는 그가 원하고, 갈망하고, 기분 좋고, 좋아하는 감각적 쾌락이나 욕망을 일으키는 형상들을 즐겼다고 합시다. 그러나 나중에 이런 눈에 보이는 형상들의 생성, 소멸, 만족, 위험, 벗어남을 있는 그대로 알기 때문에, 눈에 보이는 형상에 대한 갈애를 버리고, 열광을 제거하고, 안으로 마음의 평화를 가지고 갈증 없이 머물게 됩니다. 이 사람에게 당신은 무슨 말을 하겠습니까. 마간디야?"

"아무 할 말이 없습니다. 고따마 존자님."

"마간디야, 내가 궁성에서 살 때에 나는 나에게 주어진 다섯 가지 감각적 쾌락을 즐기며 살았습니다. 나에게는 세 개의 궁전이 있었습니다. 우기를 위한 것, 겨울을 위한 것, 그리고 여름을 위한 것이었습니다. 나는 우기 4개월 동안 여인들 악사들의 음악에 빠져서 아래 궁전에는 내려가지 않았고 우기의 궁전에서 살았습니다. 그 후에 나는 감각적 쾌락의 생성, 소멸, 만족, 위험, 그리고 이것으로부터 벗어남을 있는 그대로 알았기 때문에, 나는 감각적 쾌락의 갈애, 열광을 버리고 내면에 평화를 가지고 갈증 없이 머물게 되었습니다.

나는 다른 이들이 감각적 쾌락의 갈애에 휘말리고 열정에 불타 감각적 쾌락에 빠져서 벗어나지 못하는 것을 봅니다. 나는 이들을 부러워하지도 않고 그 안에 있는 것을 즐거워하지도 않습니다. 왜냐하면 천상의 더 없는 기쁨을 능가하는 감각적 쾌락에서 떠난 즐거움과 불건전한 것에서 떠난 즐거움이 있기 때문입니다. 나는 여기에서 기쁨을 누리기 때문에 이것보다 못한 것을 부러워하지도 않고 즐거워하지도 않습니다."

〔부처님은 다른 여러 가지 가르침을 마간디야에게 주셨다. 가르침을 다 듣고 그는 말하였다.〕

"고따마 존자님, 훌륭하십니다. 마치 넘어진 것을 일으켜 세우듯이, 가려진 것을 드러내 보이듯이, 길 잃은 사람에게 길을 보여주듯이, 어둠 속에서 눈 있는 자는 형상을 보라고 등불을 들어올리듯이, 고따마 존자님은 여러 면으로 담마를 분명하게 밝혀 주셨습니다. 저는 고따마 존자님과 가르침과 승가에 귀의합니다. 저는 고따마 존자님께 출가하여 구족계를 받기를 원합니다."

"마간디야, 전에 다른 교단에 있던 사람이 이 가르침과 계율에 출가하기를 원하면 4개월 동안의 관찰 기간이 있습니다. 4개월이 끝날 때 만약 대중들이 괜찮다고 하면 그때 구족계를 받을 수 있습니다. 그러나 개인별 차이는 인정합니다."

"저는 관찰 기간으로 4개월이 아니라 4년 동안 살겠습니다. 그때 받아 주신다면 구족계를 받겠습니다."

그 후 방랑 수행자 마간디야는 출가하여 구족계를 받고 열심히 정진하고 수행하여 생사윤회를 끊는 아라한이 되었다.

## ◉ 진리를 깨닫는 길
| 맛지마 니까야: 95 짱끼 경 11-34 |

〔'이것만이 진리'라는 말은 오류〕
머리는 삭발하고 나이는 16세인 까빠티까라는 브라흐민 청년이 있

었다. 그는 세 가지 베다에 통달하였고 그것의 어휘, 예식, 음운론, 어원론, 전승과 또한 문헌학과 문법에 숙달하였고, 세간의 철학과 훌륭한 사람의 특징에 능통하였다. 그는 부처님께 이렇게 여쭈었다.

"고따마 존자님, 구전으로 내려온 고대 베다의 찬가와 경전에 대하여 브라흐민들은 확정적인 결론을 내리기를, '오직 이것만이 진리이다. 다른 것들은 다 가짜다.' 라고 합니다. 고따마 존자님은 이것에 대하여 어떻게 말씀하십니까?"

"그런데 바라드와자,[19] 브라흐민 가운데에서 한 사람이라도 '나는 이것을 안다. 나는 이것을 본다. 오직 이것만이 진실이고 다른 것은 가짜다.' 라고 말하는 사람이 있는가?"

"없습니다. 고따마 존자님."

"그러면 브라흐민의 스승 가운데서 7대로 거슬러 올라가서 스승의 스승들 중에 단 한 사람이라도 '나는 이것을 안다. 나는 이것을 본다. 오직 이것만이 진실이고 다른 것은 가짜다.' 라고 말하는 사람이 있었는가?"

"없습니다. 고따마 존자님."

"그러면 고대 브라흐민 성자들, 〔베다〕찬가의 창작자, 〔베다〕찬가의 작성자, 이들의 고대 〔베다〕 찬가는 예전에 암송되었고, 설해지고, 편집되었다. 그런데 지금의 브라흐민들은 아직도 설해진 것을 암송하고, 암송된 것을 암송한다. 이들 〔베다〕 찬가의 작성자들 중 단 한 사람이라도 '나는 이것을 안다. 나는 이것을 본다. 오직 이것만이 진실이고 다른 것은 가짜다.' 라고 말하는 사람이 있었는가?"

---

19) 바라드와자는 까빠티까의 가문 이름.

"없습니다. 고따마 존자님."

"이와 같이 어느 누구도 그렇게 말하는 사람이 없었다면 지금 브라흐민들이 그렇게 말하는 것은 근거가 없음이 드러나지 않았는가?"

"고따마 존자님, 브라흐민들은 그것을 믿음으로 존경할 뿐만 아니라 또한 구전으로써 존경합니다."

"바라드와자, 어떤 것은 믿음으로 완전히 받아들였지만 그것이 비고, 공허하고, 거짓일 수도 있고, 어떤 것은 잘 믿어지지 않지만 그것이 사실이고, 진실이고, 바른 것이기도 하지. 또한 어떤 것을 좋아하지만 그것이 비고, 공허하고, 거짓일 수도 있고, 어떤 것을 좋아하지 않지만 그것이 사실이고, 진실이고, 바른 것이기도 하지. 그러므로 진리를 지키는〔보호하는〕지혜로운 사람에게는 '오직 이것만이 진리이고 다른 것은 가짜다.' 라고 확정적인 결론을 내리는 것은 합당하지 못하다."

〔진리를 보호하는 길〕

"그러면 고따마 존자님, 어떻게 진리를 보호합니까? 우리는 고따마 존자님께 진리의 보호에 대하여 여쭙니다."

"바라드와자, 예를 들면 만일 어떤 사람이 어떤 것에 대한 믿음이 있을 때 '나의 믿음은 이와 같다.' 라고 말할 뿐 '나의 믿음만이 진리이고 다른 믿음은 전부 가짜다.' 라고 단정적으로 말하지 않을 때 그는 진리를 보호한다. 그러나 아직 진리를 깨닫지는 못하였다.

만일 어떤 사람이 구전으로 내려오는 전승을 받아들일 때 '나는 구전을 받아들인다.' 라고 말할 뿐 '구전만이 진짜이고 다른 것은 엉터리다.' 라고 단정적으로 말하지 않을 때 그는 진리를 보호한다. 그러나 아직 진리를 깨닫지는 못하였다.

만일 어떤 견해를 찬성할 때 '나는 그 견해를 찬성한다.' 라고 말할 뿐 '그 견해만이 진리이고 다른 견해는 잘못된 것이다.' 라고 단정적으로 말하지 않을 때 그는 진리를 보호한다. 그러나 아직 진리를 깨닫지는 못하였다."

〔진리를 깨닫는 길〕

"고따마 존자님, 그렇게 해서 진리를 보호합니다. 그러나 어떻게 진리를 깨닫습니까?"

"바라드와자, 어떤 비구가 한 마을에 의지하여 머물고 있다. 그 마을에 살고 있는 한 장자가 탐욕과, 성냄과, 어리석음의 세 가지 관점에서 이 비구를 살핀다. 탐욕에 사로잡혀, 성냄에 사로잡혀, 어리석음에 사로잡혀 '알지도 못하면서 안다고 하고 보지 못하면서 본다고 과장하지는 않는가?' 또는 '사람들을 해롭고 괴로움을 가져오는 길로 잘못 인도하는 것은 아닌가?' 라고 살핀다. 얼마 후 장자는 이 비구에게서 탐욕이나 성냄 어리석음으로부터 나오는 행동이나 말을 발견하지 못한다. 그리고 이 존자가 가르치는 법은 심오하고 평화롭고 탁월하며 탐욕과 성냄과 어리석음에 사로잡혀 있는 사람이 쉽게 가르칠 수 있는 가르침이 아니라는 것을 발견한다.

그리고 이 존자가 탐·진·치에서 벗어났음을 보고 그에 대한 믿음과 존경심을 갖는다.

존경심에 가득 차서 가르침을 듣는다.

가르침을 듣고는 기억하여 그 뜻을 새긴다.

뜻을 새기고는 그 뜻을 자신의 삶에 비추어 보아 받아들인다.
이렇게 받아들였을 때 열성이 샘솟는다.
열성이 샘솟으면 마음을 쏟아 매진한다.
마음을 쏟아 매진하면 면밀한 관찰과 숙고가 생긴다.
면밀히 관찰하고 숙고하면 분발력이 생긴다.
굳건한 분발력으로 그는 최상의 진리를 깨닫게 되고
지혜로 최상의 진리를 꿰뚫어 보게 된다.
이렇게 해서 진리를 깨닫게 된다. 그러나 아직 완전히 진리에 도달하지는 못하였다."

〔진리에 도달하는 길〕

"그렇게 해서, 고따마 존자님, 진리를 깨닫게 됩니다. 그러면 어떻게 마침내 진리에 도달합니까?"

"바라드와자, 진리에 최종적으로 도달하는 길은 똑같은 것을 반복적으로 꾸준히 계속할 때 이루어지며, 그것을 발전시키고 연마할 때 이루어진다. 이렇게 해서 마침내 진리에 도달하게 된다."

"그렇게 해서, 고따마 존자님, 진리에 마침내 도달하게 됩니다. 그러면 진리에 도달하는 데에 가장 도움이 되는 것은 무엇입니까?"

"분투노력하는 것이 진리에 도달하는 데에 가장 도움이 된다. 만약 이런 분투노력이 없다면 그는 진리에 도달하지 못할 것이다."

"고따마 존자님, 그러면 분투노력에 가장 도움이 되는 것은 무엇입니까?"

"면밀한 관찰과 숙고가 가장 도움이 된다. 만약 면밀한 관찰과 숙고가 없다면 그는 분투노력하지 않을 것이다."

"고따마 존자님은 저희들에게 진리를 보호하는 길, 진리를 깨닫는 길, 진리에 도달하는 길에 대하여 훌륭히 가르쳐 주셨습니다. 저희들은 존자님의 말씀에 동의하고 수용하고 만족합니다. 고따마 존자님은 사문에 대한 사랑과, 믿음과, 존경을 저에게 불러일으켰습니다."

그는 부처님께 귀의하여 재가신도가 되었다.

## ❂ 논쟁의 뿌리
| 맛지마 니까야: 104 사마가마 경 1-11 |

이와 같이 나는 들었다. 어느 때 부처님은 사꺄족의 사마가마에 계셨다. 그때 자이나 교단의 니간타 나따뿟따가 얼마 전에 빠와에서 죽었다. 그가 죽자 제자들은 둘로 분열되어 싸우고 격심하게 논쟁하고 서로 [가시 돋친] 말로 이렇게 찔러댔다.

'너는 이 가르침과 계율을 이해하지 못하지만 나는 이해한다. 네가 어떻게 이해하겠는가. 너의 길은 틀렸고 나의 길이 옳다. 나는 한결같고 너는 그렇지 못하다. 너는 먼저 말해야 할 것을 나중에 말하고 나중에 말해야 할 것을 먼저 말한다. 네가 그렇게 심사숙고하는 것도 거꾸로 된 것이다. 너의 말은 논파되었다. 가서 좀더 배우든지 아니면 할 수 있다면 해명해 보시지.'

마치 니간타 나따뿟따의 제자 가운데는 오직 살인자만 있는 것처럼 보였다. 흰옷을 입은 재가 제자들은 그들의 소행에 혐오감을 느꼈고 낙담하고 실망하였다.

그때 사미 쭌다는 빠와에서 우기를 보낸 후 부처님 계신 곳으로 가서 아난다 존자에게 니간타 나따뿟따의 이야기를 하였다. 아난다 존자는 쭌다와 함께 부처님께 가서 그런 이야기를 한 후 이어서 말하였다.

"부처님께서 열반하시면 〔우리〕 승가에는 논쟁이 일어나지 말아야 한다. 그런 논쟁은 많은 사람들을 불행하게 하고 해악을 주고 고통을 주기 때문이라고 생각하였습니다."

"아난다, 내가 깨달아 그대들에게 가르친 것들, 4념처나 4정근, 5력, 칠각지, 팔정도 등에 대하여 두 비구라도 다른 주장을 하는 것을 보았는가?"

"보지 못하였습니다. 부처님, 그러나 부처님이 열반하시면 승가생활과 빠띠목카〔계본〕에 대하여 논쟁이 있을 것입니다. 그런 논쟁은 많은 사람들에게 해를 끼치고 고통과 불행을 가져올 것입니다."

"아난다, 승가생활과 빠띠목카에 대한 논쟁이 있다면 그것은 사소한 것이다. 그러나 승가에서 팔정도라든지 깨달음과 같은 바른 수행의 길에 연관된 가르침에 대한 논쟁이 일어난다면, 그것은 많은 사람들에게 해를 주고 고통을 주고 불행을 줄 것이다.

논쟁의 여섯 가지 뿌리가 있다. 무엇이 여섯인가?

분노와 원한을 가지고 있다.

혹독하고 자비가 없다.

시기심이 많고 인색하다.

교활하고 남을 속인다.

악의가 있고 잘못된 견해를 가지고 있다.

완고하고 집요하다.

이런 사람은 스승과〔불〕, 가르침과〔법〕, 승가〔승〕에 대하여 존경이나 공경을 하지 않는다. 그리고 수행을 충실히 마치지 않는다. 이런 사람은 승가에 논쟁을 일으키는데 그것은 많은 사람을 해롭게 하고 불행하게 하고 고통스럽게 한다. 만일 그대가 그런 논쟁의 뿌리를 자신의 안에서 또는 밖에서 보게 되면 논쟁의 악한 뿌리를 잘라버리도록 분투 노력해야 한다. 그러나 자신의 안팎에서 그런 논쟁의 뿌리를 발견치 못하였다면 미래에 그런 논쟁이 다시는 일어나지 않도록 수행 정진하여야 한다."

## ● 사랑, 존경, 화합으로 이끄는 자질
| 맛지마 니까야: 104 사마가마 경 21,22 |

"아난다, 여기에 사랑과 존경심을 일으키고, 협조와, 화합과, 일치로 이끄는 기억하여야 할 여섯 가지가 있다.

동료들에게 자애로운 행동으로 대한다.

동료들에게 자애로운 말로 대한다.

동료들에게 자애로운 마음으로 대한다.

청정한 삶의 계행을 지니는 그의 동료와 법답게 얻은 것은 무엇이든지, 심지어 탁발하여 얻은 것까지도 함께 나누는 것을 기뻐한다.

청정한 삶의 동료들과 깨지지 않고 손상됨 없는, 현자가 찬탄하고 집중으로 이끄는 계행에 일치하여 머문다.

청정한 삶의 동료들과 거룩하고 해탈로 이끄는 견해, 이런 견해에 따라 수행하는 사람들을 괴로움의 완전한 소멸로 이끄는 견해에 일치하여 머문다.

이것들은 여섯 가지 기억하여야 할 자질로서 사랑과 존경심을 일으키고 협조와 화합과 일치로 이끈다.

아난다, 그대들이 이것을 실천하면 사소하거나 크건 간에 참아내지 못할 어떤 말이 있겠느냐?"

"없습니다. 부처님."

"그러므로 아난다, 이 여섯 가지 중요한 자질을 기억하고 실천하여라. 그러면 그것은 그대들을 오랜 세월 동안 행복과 안락함으로 이끌 것이다."

## ❂ 네 가지 거룩한 진리의 자세한 설명 1
| 맛지마 니까야: 141 삿짜위방가 경 |

이와 같이 나는 들었다. 어느 때 부처님은 바라나시의 이시빠따나의 사슴동산에 계셨다. 부처님이 제자들에게 가르치신 후 자리에서 일어나 거처로 들어가셨을 때 사리뿟따 존자는 비구들에게 이렇게 말하였다.

"벗들이여, 여래이시며 아라한이시며 온전히 깨달으신 분은 바라나시의 이시빠따나의 사슴동산에서, 인간이든 신이든 이 세상 그 어느 누구에 의해서도 결코 멈추어질 수 없는 위없는 법륜[20]을 굴리셨습니다. 그것은 네 가지 거룩한 진리의 선언이며, 가르침이며, 설정이며, 설립이며, 열어 보임이며, 해설이었습니다.

[무엇이 네 가지 거룩한 진리입니까? 괴로움의 거룩한 진리, 괴로움의 근원의 거룩한 진리, 괴로움의 소멸의 거룩한 진리, 괴로움의 소멸

---

20) 담마의 바퀴(가르침의 바퀴: Dhammacakka): 첫 번째 가르침을 설하심을 말함. 법륜으로 한역됨. 부처님의 가르침이 끊이지 않고 퍼져나감을 상징함.

에 이르는 길의 거룩한 진리입니다.]

① 무엇이 괴로움의 거룩한 진리입니까?

태어남도 괴로움이고, 늙음도 괴로움이고, 죽음도 괴로움이고, 슬픔·한탄·고통·비탄·절망도 괴로움입니다. 구하여도 얻을 수 없는 것이 괴로움입니다. 간단히 다섯 가지 집착의 무더기[21]가 괴로움입니다. 이것이 괴로움의 거룩한 진리입니다.

② 무엇이 괴로움의 근원의 거룩한 진리입니까?

그것은 갈애로서 윤회를 가져오며, 쾌락과 욕망을 동반하며, 여기저기서 쾌락을 추구합니다. 갈애에는 감각적 쾌락에 대한 갈애, 존재에 대한 갈애, 비존재에 대한 갈애가 있습니다.[22] 이것이 괴로움의 근원의 거룩한 진리입니다.

③ 무엇이 괴로움의 소멸의 거룩한 진리입니까?

갈애[23]를 남김 없이 소멸하고, 갈애를 놓아 버리고, 갈애를 내 버리고, 갈애에서 벗어나는 것입니다. 이것이 괴로움의 소멸의 거룩한 진리입니다.

・・・・・・・・・・・・・・・・・・・・
21) 오온(五蘊)으로 한역됨. 사람은 물질, 느낌, 지각, 형성(업을 형성하는 특징을 가짐), 의식의 무더기로 되어 있음.
22) 갈애의 세 가지 ① 감각적 쾌락에 대한 갈애(Kāmataṇha) ② 존재에 대한 갈애(Bhavataṇha): 다시 태어나겠다는 갈애를 말함. ③ 비존재에 대한 갈애(Vibhavataṇha): 존재를 끝장내겠다는 갈애. 즉 두 번 다시 태어나지 않겠다는 갈애를 말함.
23) 갈애(Taṇhā): p. 50의 자세한 주석 12번 참조.

④ 무엇이 괴로움의 소멸에 이르는 길의 거룩한 진리입니까?

그것은 바로 여덟 가지 바른 길입니다. 바른 견해, 바른 생각, 바른 말, 바른 행동, 바른 생활수단, 바른 정진, 바른 마음챙김, 바른 집중입니다.

1. 무엇이 바른 견해입니까? 괴로움에 대하여 알고, 괴로움의 근원에 대하여 알고, 괴로움의 소멸에 대하여 알고, 괴로움의 소멸에 이르는 길에 대하여 아는 것입니다.

2. 무엇이 바른 생각입니까? 욕망을 떠난 생각, 사악함을 떠난 생각, 해침을 떠난 생각을 말합니다.

3. 무엇이 바른 말입니까? 거짓말을 하지 않고, 이간질을 하지 않고, 악담을 하지 않고, 쓸데없는 말을 하지 않는 것입니다.

4. 무엇이 바른 행동입니까? 살아있는 생명을 죽이지 않고, 주지 않는 것을 훔치지 않고, 감각적 쾌락을 위하여 그릇된 행실을 하지 않는 것입니다.

5. 무엇이 바른 생활수단입니까? 잘못된 생활수단을 버리고 바른 생활수단에 의하여 생활을 하는 것입니다.

6. 무엇이 바른 정진입니까? 나쁜 성향은 일어나지 않도록 애써 노력하며, 나쁜 성향은 버리려고 애써 노력하며, 좋은 성향은 일어나게 애써 노력하며, 좋은 성향은 발전시키고 유지하려고 애써 노력하는 것입니다.

7. 무엇이 바른 마음챙김입니까? 열성을 가지고 온전한 깨어 있음과 마음챙김으로 세상에 대한 탐욕과 낙담을 던져버리고, 몸을 몸으

로, 느낌을 느낌으로, 마음을 마음으로, 담마를 담마로 관찰하며 머무는 것입니다.

8. 무엇이 바른 집중입니까?

감각적 쾌락과 바람직하지 못한 모든 것에서 벗어나, 사유와 숙고가 있으며, 홀로 명상함에서 오는 환희와 기쁨이 있는 첫 번째 선정에 머뭅니다.

사유와 숙고를 멈추고 안으로의 평온함과 마음의 집중됨이 있으며, 사유와 숙고가 없이 삼매에서 오는 환희와 기쁨이 있는 두 번째 선정에 머뭅니다.

환희가 사라진 후 평정한 마음과 분명한 알아차림과 육신의 행복을 느끼며 머뭅니다. 거룩한 이들이 말하는 '평정과 마음챙김에 머무는 사람은 행복하게 머문다.'고 하는 세 번째 선정에 머뭅니다.

고통도 쾌락도 버리고 전에 있던 행복도 불행도 버리고 괴로움도 즐거움도 없고, 평정에 의하여 도달한 마음챙김의 순수함이 있는 네 번째 선정에 머뭅니다.

이것이 괴로움의 소멸로 이끄는 길의 거룩한 진리입니다."

비구들은 사리뿟따의 설법에 기뻐하였다.

## ❂ 네 가지 거룩한 진리의 자세한 설명 2
| 디가 니까야: 22 마하사띠빳타나 경 18-21 |

이와 같이 나는 들었다. 어느 때 부처님은 꾸루국의 도시인 깜맛사담마라는 꾸루 사람들이 사는 곳에 계셨다. 부처님은 비구들에게 말씀

하셨다.

### (1) 괴로움의 거룩한 진리

무엇이 '괴로움의 거룩한 진리' 인가?

태어남은 괴로움이다.

늙음은 괴로움이다.

〔병듦은 괴로움이다.〕24)

죽음은 괴로움이다.

슬픔 · 한탄 · 고통 · 고뇌 · 절망은 괴로움이다.

싫어하는 것들과 만나야 하는 것도 괴로움이다.

사랑하는 것들과 헤어져야 하는 것도 괴로움이다.

원하는 것을 구하지 못하는 것도 괴로움이다.

간단히 집착의 대상이 되는 다섯 가지 무더기가 괴로움이다.

이것을 '괴로움의 거룩한 진리' 라고 부른다.

① 태어남이란 무엇인가? 이런 저런 존재의 무리들에서 다양한 존재들의 탄생, 존재하게 됨, 새로운 형태의 생김, 다섯 가지 무더기〔오온〕의 나타남, 여섯 가지 감각기관의 얻음 〔6근〕이 있다. 이것을 태어남이라 한다.

② 늙음이란 무엇인가? 시듦, 노쇠, 부서짐, 백발, 주름살, 목숨이 줄어듦, 감각기관의 붕괴, 이것을 늙음이라 한다.

---

24) 여기에는 병듦이 없는 대신 슬픔, 한탄, 고통, 고뇌, 절망이 들어 있다. 율장이나 상윳따 56:11에는 전형적인 8고의 정형구가 들어 있고 대신 슬픔~절망의 구절은 없다. 경들도 판본에 따라 다르다.

③ 죽음이란 무엇인가? 존재로부터 떨어져 나감, 붕괴, 사라짐, 생명의 끝, 생명의 마침, 오온의 부서짐, 육신의 버려짐, 이것을 죽음이라 한다.

④ 슬픔 · 한탄 · 고통 · 고뇌 · 절망은 무엇인가? 슬픔이란 내면의 깊은 비애, 마음의 아픔, 불행으로 괴로움을 겪는 사람의 내면의 비참함을 말하며, 한탄이란 울고, 탄식하고, 울부짖고, 불행으로부터 괴로움을 겪는 사람의 탄식을 말하며, 고통이란 육체적인 고통, 육신의 불편함, 육신과의 접촉에서 생기는 불편함을 말하며, 고뇌란 정신적 고통, 정신적인 불편함, 정신적인 접촉에서 생기는 불편함을 말하며, 절망이란 낙담의 상태, 풀죽음, 불행으로부터 고통을 겪는 사람의 가망 없는 상태를 말한다.

⑤ 무엇이 싫어하는 것들과 만나야 하는 괴로움인가? 원하지 않고 달갑지 않은 불쾌한 눈에 보이는 대상, 들리는 소리, 냄새, 맛, 촉감, 마음의 대상을 만나야 하고, 악의를 가진 사람, 해치려는 사람, 불쾌감을 주는 사람, 정신적 번뇌의 해로운 묶임을 주는 사람들과 합류하고, 교제하고, 연대를 갖고, 합치하고 만나야 한다. 이것이 싫어하는 것들과 만나야 하는 괴로움이다.

⑥ 무엇이 사랑하는 것들과 헤어져야 하는 괴로움인가? 원하고 좋아하고 유쾌한 눈에 보이는 대상, 들리는 소리, 냄새, 맛, 촉감, 마음의 대상과 헤어져야 하고 선의를 가진 사람, 이익을 주는 사람, 유쾌함을 주는 사람, 정신적 번뇌의 해방을 주는 사람들과 헤어져야 하고, 어머니 아버지, 형제 자매, 친척, 친구, 동료들과 합류하고, 교제하고, 연대를 갖고, 합치하고 만나는 것이 박탈된다. 이것이 사랑하는 것들

과 헤어져야 하는 괴로움이다.

⑦ 무엇이 원하는 것을 구하지 못하는 괴로움인가? 태어남의 대상인 존재들에게 이런 염원이 일어난다. '오, 우리는 태어남의 대상이 되지 않기를! 태어남이 없기를!' 그러나 이것은 염원한다고 얻어지는 것이 아니다. 이것이 원하는 것을 구하지 못하는 것이다. 늙고, 병들고, 죽고, 슬픔, 한탄, 고통, 고뇌, 절망의 대상인 존재들에게 이런 열망이 일어난다. '오, 우리들은 늙음의 대상이 아니기를! 병듦의 대상이 아니기를! 슬픔 · 한탄 · 고통 · 고뇌 · 절망의 대상이 아니기를! 늙음이 우리에게 오지 않기를! 병듦이 우리에게 오지 않기를, 슬픔 · 한탄 · 고통 · 고뇌 · 절망이 우리에게 오지 않기를!' 하고 원한다. 그러나 이것들은 원한다고 이루어지는 것이 아니다. 이것이 원하는 것을 구하지 못하는 괴로움이다.

⑧ 무엇이 간단히 집착의 대상이 되는 다섯 가지 무더기[25]의 괴로움인가? 그것들은 다음과 같다. 집착의 대상이 되는 물질의 무더기, 집착의 대상이 되는 느낌의 무더기, 집착의 대상이 되는 지각의 무더기, 집착의 대상이 되는 형성의 무더기, 집착의 대상이 되는 의식의 무더기이다. 이것이 '간단히 집착의 대상이 되는 다섯 가지 무더기의 괴로움'이다.

이것을 '괴로움의 거룩한 진리' 라고 부른다.

........................

25) 다섯 가지 무더기(오온)가 괴로움이란 뜻은 내 몸 자체가 있기 때문에 괴로움이란 뜻이다. 내 몸을 다섯 가지 무더기로 나누면 물질의 요소인 육신이 있고, 느낌의 요소, 지각, 형성, 의식의 요소가 있다. 형성이란 말 그대로 만든다는 말인데 만들어 자꾸 쌓는 것을 말한다. 습관, 성품, 사고방식, 업 등도 한번에 그렇게 되지 않고 수없이 반복하여 형성되어 그 사람을 만든다. 그런데 내 몸 즉 오온의 각각의 요소는 집착의 대상이 되며 그 결과 괴로움이 온다는 가르침이다.

### (2) 괴로움의 근원의 거룩한 진리

무엇이 '괴로움의 근원의 거룩한 진리'인가? 괴로움의 근원은 갈애[26]이다. 갈애는 윤회를 가져오며 쾌락과 욕망을 수반하며 여기저기서 즐거움을 찾는다. 예를 들면 감각적 쾌락에 대한 갈애, 존재에 대한 갈애, 비존재에 대한 갈애이다.[27]

어디에서 갈애가 일어나는가? 어디에 갈애가 자리잡는가? 이 세상에서 무엇이든지 사랑스럽고 기분 좋은 것에서 갈애는 일어나 자리잡는다.

이 세상에서 무엇이 사랑스럽고 기분 좋은 것인가?

(6근[28]에서 갈애가 일어남)
눈·귀·코·혀·몸·마음은 세상에서 사랑스럽고 기분 좋은 것이며, 여기에서 갈애는 일어나 자리잡는다.

(6경에서 갈애가 일어남)
눈에 보이는 광경, 귀에 들리는 소리, 코에 맡아지는 냄새, 혀로 느껴지는 맛, 피부에 닿는 감촉, 마음에 오는 느낌은 세상에서 사랑스럽고 기분 좋은 것이며, 여기에서 갈애는 일어나 자리잡는다.

(6식에서 갈애가 일어남)

---
26) p. 50 주석 12번 갈애 참조.
27) p. 271 주석 22번 "갈애의 세 가지" 참조.
28) 6근(六根): 여섯 감각기관(눈, 귀, 코, 혀, 몸, 마음). 6경(六境): 여섯 감각기관의 대상(물질, 소리, 냄새, 맛, 감촉, 현상). 6식(六識): 6근이 6경을 만나 알아채는 여섯 의식작용(눈의 의식, 귀의 의식, 코의 의식, 혀의 의식, 몸의 의식, 마음의 의식).

눈으로 보는 의식 작용, 귀로 듣는 의식 작용, 코로 냄새 맡는 의식 작용, 혀로 맛보는 의식 작용, 몸에 닿는 의식 작용, 마음에 오는 의식 작용은 세상에서 사랑스럽고 기분 좋은 것이며, 여기에서 갈애는 일어나 자리잡는다.

(6근의 접촉에서 갈애가 일어남)
눈과 대상과의 접촉, 귀와 소리의 접촉, 코와 냄새의 접촉, 혀와 맛의 접촉, 몸과 닿음의 접촉, 마음과 현상과의 접촉은 세상에서 사랑스럽고 기분 좋은 것이며, 여기에서 갈애는 일어나 자리잡는다.

(6근의 접촉에서 생긴 느낌에서 갈애가 일어남)
눈으로 대상을 본 느낌, 귀로 소리를 들은 느낌, 코로 냄새를 맡은 느낌, 혀로 맛본 느낌, 몸에 닿은 느낌, 마음에 온 현상의 느낌은 세상에서 사랑스럽고 기분 좋은 것이며, 여기에서 갈애는 일어나 자리잡는다.

(6근의 지각에서 갈애가 일어남)
눈으로 보이는 대상을 지각함, 귀로 들리는 소리를 지각함, 코로 맡은 냄새를 지각함, 혀로 느낀 맛을 지각함, 몸에 닿은 감촉을 지각함, 마음의 현상을 지각함은 세상에서 사랑스럽고 기분 좋은 것이며, 여기에서 갈애는 일어나 자리잡는다.

(6경에 대한 의지 작용으로 갈애가 일어남)
눈으로 본 대상에 대한 의지 작용, 귀로 들은 소리에 대한 의지 작용, 코로 맡은 냄새에 대한 의지 작용, 혀로 맛본 맛에 대한 의지 작용, 몸에 닿은 느낌에 대한 의지 작용, 마음의 현상에 대한 의지 작용은 세상에서 사랑스럽고 기분 좋은 것이며, 여기에서 갈애는 일어나 자리잡는다.

(6경에 대하여 갈애가 일어남)
눈으로 본 대상에 대한 갈애, 귀로 들은 소리에 대한 갈애, 코로 맡은 냄새에 대한 갈애, 혀로 맛본 맛에 대한 갈애, 몸에 닿은 감촉에 대한 갈애, 마음에 온 느낌에 대한 갈애는 세상에서 사랑스럽고 기분 좋은 것이며, 여기에서 갈애는 일어나 자리잡는다.

(6경에 대한 생각이 생겨 갈애가 일어남)
눈으로 본 대상에 대한 생각, 귀로 들은 소리에 대한 생각, 코로 맡은 냄새에 대한 생각, 혀로 맛본 맛에 대한 생각, 몸에 닿은 감촉에 대한 생각, 마음에 온 느낌에 대한 생각은 세상에서 사랑스럽고 기분 좋은 것이며, 여기에서 갈애는 일어나 자리잡는다.

(6경에 대하여 곰곰이 생각함으로써 갈애가 일어남)
눈으로 본 대상을 곰곰이 생각하고, 귀로 들은 소리를 곰곰이 생각하고, 코로 맡은 냄새에 대하여 곰곰이 생각하고, 혀로 맛본 맛에 대하여 곰곰이 생각하고, 몸에 닿은 느낌에 대하여 곰곰이 생각하고, 마음의 느낌에 대하여 곰곰이 생각하는 것은 세상에서 사랑스럽고 기분 좋은 것이며, 여기에서 갈애는 일어나 자리잡는다.

이것을 '괴로움의 근원의 거룩한 진리' 라고 부른다.

### (3) 괴로움의 소멸의 거룩한 진리

무엇이 '괴로움의 소멸의 거룩한 진리' 인가? 괴로움을 소멸하는 길은 갈애를 남김 없이 사라지게 하고, 소멸하고, 버리고, 벗어나고, 집착하지 않는 것이다. 어디에서 갈애가 버려지는가? 어디에서 갈애가 소멸하는가? 이 세상에서 무엇이든지 사랑스럽고 기분 좋은 것에서 갈애는 버려지고 갈애는 소멸된다.

이 세상에서 무엇이 사랑스럽고 기분 좋은 것인가?

(6근에서 갈애는 버려진다)

눈 · 귀 · 코 · 혀 · 몸 · 마음은 세상에서 사랑스럽고 기분 좋은 것이며, 여기에서 갈애는 버려지고 소멸된다.

(6경에서 갈애는 버려진다)

눈으로 보는 광경, 귀로 듣는 소리, 코로 냄새 맡는 향기, 혀로 맛봄, 몸의 피부에 닿는 감촉, 마음의 현상에 오는 느낌은 세상에서 사랑스럽고 기분 좋은 것이며, 여기에서 갈애는 버려지고 소멸된다.

(6식에서 갈애는 버려진다)

눈으로 보는 의식 작용, 귀로 듣는 의식 작용, 코로 냄새 맡는 의식 작용, 혀로 맛보는 의식 작용, 몸에 닿는 의식 작용, 마음의 현상에 오는 의식 작용은 세상에서 사랑스럽고 기분 좋은 것이며, 여기에서 갈애는 버려지고 소멸된다.

  (6근의 접촉에서 갈애는 버려진다)
  눈과 대상과의 접촉, 귀와 소리의 접촉, 코와 냄새의 접촉, 혀와 맛의 접촉, 몸과 닿음의 접촉, 마음의 현상과의 접촉은 세상에서 사랑스럽고 기분 좋은 것이며, 여기에서 갈애는 버려지고 소멸된다.

  (6근의 접촉에서 생긴 느낌에서 갈애가 버려진다)
  눈으로 대상을 본 느낌, 귀로 소리를 들은 느낌, 코로 냄새를 맡은 느낌, 혀로 맛본 느낌, 몸에 닿은 느낌, 마음에 온 현상의 느낌은 세상에서 사랑스럽고 기분 좋은 것이며, 여기에서 갈애는 버려지고 소멸된다.

  (6근의 지각에서 갈애가 버려진다)
  눈으로 보이는 대상을 지각함, 귀로 들리는 소리를 지각함, 코로 맡은 냄새를 지각함, 혀로 느낀 맛을 지각함, 몸에 닿은 감촉을 지각함, 마음의 현상을 지각함은 세상에서 사랑스럽고 기분 좋은 것이며, 여기에서 갈애는 버려지고 소멸된다.

  (6경에 대한 의지 작용으로 갈애가 버려진다)
  눈으로 본 대상에 대한 의지 작용, 귀로 들은 소리에 대한 의지 작용, 코로 맡은 냄새에 대한 의지 작용, 혀로 맛본 맛에 대한 의지 작용, 몸에 닿은 느낌에 대한 의지 작용, 마음의 현상에 대한 의지 작용은 세상에서 사랑스럽고 기분 좋은 것이며, 여기에서 갈애는 버려지고 소멸된다.

(6경에 대하여 갈애가 버려진다)
눈으로 본 대상에 대한 갈애, 귀로 들은 소리에 대한 갈애, 코로 맡은 냄새에 대한 갈애, 혀로 맛본 맛에 대한 갈애, 몸에 닿은 감촉에 대한 갈애, 마음에 온 느낌에 대한 갈애는 세상에서 사랑스럽고 기분 좋은 것이며, 여기에서 갈애는 버려지고 소멸된다.

(6경에 대한 생각이 생기는 곳에서 갈애가 버려진다)
눈으로 본 대상에 대한 생각, 귀로 들은 소리에 대한 생각, 코로 맡은 냄새에 대한 생각, 혀로 맛본 맛에 대한 생각, 몸에 닿은 감촉에 대한 생각, 마음에 온 느낌에 대한 생각은 세상에서 사랑스럽고 기분 좋은 것이며, 여기에서 갈애는 버려지고 소멸된다.

(6경에 대하여 곰곰이 생각하는 곳에서 갈애가 버려진다)
눈으로 본 대상을 곰곰이 생각하고, 귀로 들은 소리를 곰곰이 생각하고, 코로 맡은 냄새에 대하여 곰곰이 생각하고, 혀로 맛본 맛에 대하여 곰곰이 생각하고, 몸에 닿은 느낌에 대하여 곰곰이 생각하고, 마음의 느낌에 대하여 곰곰이 생각하는 것은 세상에서 사랑스럽고 기분 좋은 것이며, 여기에서 갈애는 버려지고 소멸된다.
이것을 '괴로움의 소멸의 거룩한 진리'라고 부른다.

### (4) 괴로움의 소멸에 이르는 길의 거룩한 진리

무엇이 '괴로움의 소멸에 이르는 길의 거룩한 진리'인가? 괴로움의 소멸에 이르는 길은 바로 '여덟 가지 바른 길'이다. 그것들은 바른 견해, 바른 생각, 바른 말, 바른 행동, 바른 생활수단, 바른 정진, 바른 마음챙김, 바른 집중이다.

① 무엇이 바른 견해인가? 괴로움에 대한 지혜, 괴로움의 근원에 대한 지혜, 괴로움의 소멸에 대한 지혜, 괴로움의 소멸에 이르는 길에 대한 지혜를 말한다.

② 무엇이 바른 생각인가? 감각적 쾌락에서 벗어난 생각, 악의에서 벗어난 생각, 해침에서 벗어난 생각을 말한다.

③ 무엇이 바른 말인가? 거짓말을 하지 않고, 이간질을 하지 않고, 악담을 하지 않고, 잡담을 하지 않는 것이다.

④ 무엇이 바른 행동인가? 살생하지 않고, 주지 않는 것을 갖지 않으며, 삿된 음행을 하지 않는 것이다.

⑤ 무엇이 바른 생활수단인가? 잘못된 방법으로 생계를 유지하지 않고 바른 방법으로 생계를 유지하는 것이다.

⑥ 무엇이 바른 정진인가? 악한 생각이 일어나지 않도록 최선을 다하여 분투노력하며, 악한 생각은 버리도록 최선을 다하여 분투노력하며, 선한 생각은 일으키도록 최선을 다하여 분투노력하며, 선한 생각은 더욱 성장하도록 최선을 다하여 분투노력하는 것이다.

⑦ 무엇이 바른 마음챙김인가? 열성을 가지고 온전한 깨어 있음과 마음챙김으로 세상에 대한 탐욕과 낙담을 버리고 몸을 몸으로, 느낌을 느낌으로, 마음을 마음으로, 현상을 현상으로 있는 그대로 관찰하여

머문다.

⑧ 무엇이 바른 집중인가?

감각적 쾌락과 바람직하지 못한 모든 것에서 벗어나, 사유와 숙고가 있으며, 홀로 명상함에서 오는 환희와 기쁨이 있는 첫 번째 선정에 머문다.

사유와 숙고를 멈추고 안으로의 평온함과 마음의 집중됨이 있으며, 사유와 숙고가 없이 삼매에서 오는 환희와 기쁨이 있는 두 번째 선정에 머문다.

환희가 사라진 후 평정한 마음과 분명한 알아차림과 육신의 행복을 느끼며 머문다. 거룩한 이들이 말하는 '평정과 마음챙김에 머무는 사람은 행복하게 머문다.'고 하는 세 번째 선정에 머문다.

고통도 쾌락도 버리고 전에 있던 행복도 불행도 버리고, 괴로움도 즐거움도 없고, 평정에 의하여 도달한 마음챙김의 순수함이 있는 네 번째 선정에 머문다.

이것을 '괴로움의 소멸에 이르는 길의 거룩한 진리'라고 부른다.

## ❂ 다섯 가지 장애의 원인과 버림
| 앙굿따라 니까야 1부 2: 1-10 |

감각적 욕망을 일으키고,
감각적 욕망이 더욱 증가하고,
감각적 욕망이 강해지는 원인은 무엇일까?
나는 이 원인보다 더 강력한 원인을 알지 못한다.
그것은 '아름다운 대상' 때문이다.

아름다운 대상에 부적절한 주의를 기울이는 사람에게
감각적 욕망이 일어나고, 증가하고, 더욱 강해진다.

악의를 일으키고,
악의가 증가하고,
악의가 더욱 강해지는 원인은 무엇일까?
나는 이 원인보다 더 강력한 원인을 알지 못한다.
그것은 '불쾌한 대상' 때문이다.
불쾌한 대상에 부적절한 주의를 기울이는 사람에게
악의가 일어나고, 증가하고, 더욱 강해진다.

게으름과 무기력함을 일으키고,
게으름과 무기력함이 증가하고,
게으름과 무기력함이 더욱 강해지는 원인은 무엇일까?
나는 이 원인보다 더 강력한 원인을 알지 못한다.
그것은 '권태로움, 졸음, 하품, 식곤증, 그리고 정신적인 나태함' 때문이다.
이런 나태한 마음을 가지고 있는 사람에게
게으름과 무기력함이 일어나고, 증가하고, 더욱 강해진다.

흥분과 혼란을 일으키고,
흥분과 혼란이 증가하고,
흥분과 혼란이 더욱 강해지는 원인은 무엇일까?

나는 이 원인보다 더 강력한 원인을 알지 못한다.
그것은 '안주하지 못하는 마음' 때문이다.
마음이 안주하지 못하고 들떠 있는 사람에게
흥분과 혼란이 일어나고, 증가하고, 더욱 강해진다.

의심을 일으키고,
의심이 증가하고,
의심이 더욱 강해지는 원인은 무엇일까?
나는 이 원인보다 더 강력한 원인을 알지 못한다.
그것은 '부적절한 주의 집중' 때문이다.
어떤 것에 부적절하게 주의를 기울이는 사람에게
의심이 일어나고, 증가하고, 더욱 강해진다.

그러면 욕망을 일으키지 않고,
이미 일어난 욕망을 버리는 원인은 무엇일까?
나는 이 원인보다 더 강력한 원인을 알지 못한다.
그것은 '추하고 더러운 대상〔에 대한 관찰〕' [29] 이다.
이런 추하고 더러운 대상에 적절한 주의를 기울이는 사람에게
욕망이 일어나지 않고, 일어난 욕망은 사라진다.

악의를 일으키지 않고,

---

29) 거죽은 아름다워도 눈에 보이지 않는 몸안의 여러 더러움들, 늙고 썩어 사라지는 무상한 여러 현상들 등.

일어난 악의를 버리는 원인은 무엇일까?
나는 이 원인보다 더 강력한 원인을 알지 못한다.
그것은 '자애에 의한 마음의 해탈' 이다.
자애에 의한 마음의 해탈에 적절하게 마음을 기울이는 사람에게
악의가 일어나지 않고, 일어난 악의는 사라진다.

게으름과 무기력함을 일으키지 않고,
이미 일어난 게으름과 무기력함을 버리는 원인은 무엇일까?
나는 이 원인보다 더 강력한 원인을 알지 못한다.
그것은 '노력, 끈기, 분투노력함의 요소' 의 세 단계이다.
이렇게 노력을 일으킨 사람에게
게으름과 무기력함은 일어나지 않고
일어난 게으름과 무기력함은 버려진다.

흥분과 혼란을 일으키지 않고,
이미 일어난 흥분과 혼란을 버리는 원인은 무엇일까?
나는 이 원인보다 더 강력한 원인을 알지 못한다.
그것은 '고요한 마음' 이다.
이렇게 마음이 고요한 사람에게
흥분과 혼란은 일어나지 않고
이미 일어난 흥분과 혼란은 버려진다.

의심을 일으키지 않고,

이미 일어난 의심을 버리는 원인은 무엇일까?
나는 이 원인보다 더 강력한 원인을 알지 못한다.
그것은 '적절한 주의를 기울임' 이다.
어떤 것에 적절한 주의를 기울이는 사람에게
의심은 일어나지 않고 이미 일어난 의심은 버려진다.

## 무아 개념의 확립
| 앙굿따라 니까야 6부 104 |

비구들이여, 그대들이 여섯 가지의 이익을 보면 예외 없이 모든 현상에서 무아의 개념을 세우는 데 충분하다. 무엇이 여섯인가?
- 나는 세상으로부터 초연하게 지내겠다.
- '나' 에 대한 개념을 버리겠다.
- '나의 것' 에 대한 개념을 버리겠다.
- 나는 특별한 지혜를 구족할 것이다.
- 나는 원인을 선명하게 이해할 것이다.
- 원인에서 생긴 현상을 분명하게 이해할 것이다.

## 삼독을 제거하기 위하여
| 앙굿따라 니까야 6부 107 |

세 가지 가르침이 있다. 그것은 탐욕과 증오와 어리석음이다. 이 세 가지를 제거하기 위하여 다른 세 가지를 닦아야 한다. 무엇이 세 가지인가?
- 탐욕을 제거하기 위하여 더러움에 대한 마음을 닦아야 한다.

- 성냄을 제거하기 위하여 자애의 마음을 닦아야 한다.
- 어리석음을 제거하기 위하여 통찰력을 닦아야 한다.

진정으로 비구들이여, 이 세 가지를 제거하기 위하여 세 가지 좋은 것을 닦아야 한다.

## ❋ 악행을 제거하기 위하여
| 앙굿따라 니까야 6부 108 |

세 가지 가르침이 있다. 그것은 악한 생각, 악한 말, 악한 행동이다. 이 세 가지를 제거하기 위해서 다른 세 가지를 닦아야 한다. 무엇이 세 가지인가?
- 악한 생각을 제거하기 위하여 좋은 생각을 닦아야 한다.
- 악한 말을 제거하기 위하여 좋은 말을 닦아야 한다.
- 악한 행동을 제거하기 위하여 좋은 행동을 닦아야 한다.

진정으로 비구들이여, 이 세 가지를 제거하기 위하여 세 가지 좋은 것을 닦아야 한다.

## ❋ 청정한 독신생활의 의미
| 앙굿따라 니까야 7부 47 |

어느 때 브라흐민 자눗소니가 부처님께 와서 인사를 드리고 이렇게 말하였다.

"고따마 존자님은 청정한 독신생활의 삶을 산다고 천명하십니까?"

"브라흐민이여, 어떤 사람에 대하여 말하기를 '그는 깨지지 않고 얼룩지지 않은 온전하고도 청정한 독신생활의 삶을 산다.' 고 말한다면 그것은 바로 나를 두고 하는 말일 것입니다."

〔마사지와 안마를 받음〕
"그러면 고따마 존자님, 어떤 것이 청정한 독신생활의 삶에서 깨지고 얼룩진 삶입니까?"
"여기에 브라흐민이여, 어떤 사문이나 브라흐민은 온전히 청정한 독신생활의 삶을 산다고 주장합니다. 그리고 그는 실제로 여인과 성행위를 하지 않습니다. 그렇지만 그는 여인으로 하여금 기름 바르게 하고, 목욕하게 하고, 여인의 마사지와 안마를 받습니다. 그는 이것을 즐기고 기다리고 만족을 느낍니다. 이것은 청정한 독신생활의 삶에서 깨지고 얼룩진 삶입니다. 그는 청정하지 못한 독신의 삶을 사는 사람이고 성적인 사슬에 묶여 있는 사람이라고 불립니다. 그는 생·로·병·사·슬픔·고통·절망에서 헤어나지 못합니다. 그는 괴로움에서 벗어나지 못한다고 나는 말합니다.

〔놀이를 하고 즐김〕
어떤 사문이나 브라흐민은 완전하게 독신생활을 한다고 주장합니다. 그리고 그는 실제로 여인과 성행위를 하지 않고, 여인으로 하여금 기름 바르게 하거나, 목욕하게 하거나, 여인의 마사지와 안마를 받지 않습니다. 그러나 그는 여인과 농담을 주고받으며 놀이를 하고 즐깁니다. 그는 이것을 즐기고 기다리고 만족을 느낍니다. 이것도 또한 청정한 독신생활의 삶에서 깨지고 얼룩진 삶입니다. 그는 청정하지 못한 독신의 삶을 사는 사람이고 성적인 사슬에 묶여 있는 사람이라고 불립니다. 그는 생·로·병·사·슬픔·고통·절망에서 헤어나지 못합니다. 그는 괴로움에서 벗어나지 못한다고 나는 말합니다.

〔여인들을 응시함〕

브라흐민이여, 어떤 사문이나 브라흐민은 완전하게 독신생활을 한다고 주장합니다. 그리고 그는 실제로 여인과 성행위를 하지 않고, 여인의 마사지와 안마도 받지 않고, 여인과 농담도 주고받지 않으며, 놀이로 즐기지도 않습니다. 그러나 그는 여인들을 응시하고 그들의 눈을 응시합니다. 그는 이것을 즐기고 기다리고 만족을 느낍니다. 이것도 또한 청정한 독신생활의 삶에서 깨지고 얼룩진 삶입니다. 그는 청정하지 못한 독신의 삶을 사는 사람이고 성적인 사슬에 묶여 있는 사람이라고 불립니다. 그는 생·로·병·사·슬픔·고통·절망에서 헤어나지 못합니다. 그는 괴로움에서 벗어나지 못한다고 나는 말합니다.

〔여인들의 웃음소리에 귀 기울임〕

브라흐민이여, 어떤 사문이나 흐라흐민은 완전하게 독신생활을 한다고 주장합니다. 그리고 그는 실제로 여인과 성행위를 하지 않고, 여인의 마사지와 안마도 받지 않고, 여인과 농담도 주고받지 않으며, 놀이로 즐기지도 않습니다. 그리고 여인들의 눈을 응시하지도 않습니다. 그러나 벽 뒤에서 아니면 울타리를 통하여 여인들의 웃음소리, 말소리, 노랫소리, 우는소리를 귀 기울여 듣습니다. 그는 이것을 즐기고 기다리고 만족을 느낍니다. 이것도 또한 청정한 독신생활의 삶에서 깨지고 얼룩진 삶입니다. 그는 청정하지 못한 독신의 삶을 사는 사람이고 성적인 사슬에 묶여 있는 사람이라고 불립니다. 그는 생·로·병·사·슬픔·고통·절망에서 헤어나지 못합니다. 그는 괴로움에서 벗어나지 못한다고 나는 말합니다.

〔여인과의 과거를 회상함〕
브라흐민이여, 어떤 사문이나 브라흐민은 완전하게 독신생활을 한다고 주장합니다. 그리고 그는 실제로 여인과 성행위를 하지 않고, 여인의 마사지와 안마도 받지 않고, 여인과 농담도 주고받지 않으며, 놀이로 즐기지도 않습니다. 그리고 여인들의 눈을 응시하지도 않으며, 벽 뒤에서 아니면 울타리를 통하여 여인들의 웃음소리, 말소리, 노랫소리 등을 귀 기울여 듣지도 않습니다. 그러나 그는 과거에 여인과 웃고 떠들고 놀던 때를 회상합니다. 그는 이것을 즐기고 기다리고 만족을 느낍니다. 이것도 또한 청정한 독신생활의 삶에서 깨지고 얼룩진 삶입니다. 그는 청정하지 못한 독신의 삶을 사는 사람이고 성적인 사슬에 묶여 있는 사람이라고 불립니다. 그는 생·로·병·사·슬픔·고통·절망에서 헤어나지 못합니다. 그는 괴로움에서 벗어나지 못한다고 나는 말합니다.

브라흐민이여, 나는 이 중에 내 안에 버려지지 않은 성적인 속박을 하나도 발견하지 못하였습니다. 나는 이 세상에서 위없는 완전한 깨달음을 이루었다고 천명하였습니다. 나의 해탈은 확고부동합니다."
부처님께서 이렇게 말씀하시자 브라흐민 자눗소니는 부처님을 찬탄하였다.

## 무상에 대한 선인의 가르침
| 앙굿따라 니까야 7부 70 |

"비구들이여, 옛날에 아라까라는 교단의 지도자인 스승이 살았는데 그는 감각적 쾌락에서 벗어난 사람이었다. 그는 수백 명의 제자들이 있었고 그들에게 이렇게 가르쳤다.

'인생은 짧다. 오! 브라흐민들이여, 우리의 삶은 제한돼 있고 보잘 것 없고 괴로움과 절망으로 가득 차 있다. 이 진리를 깨달아라! 선을 행하라! 청정한 삶을 살아라! 태어난 것들에게 불멸이란 없다.

마치 풀잎 끝의 이슬방울이 해가 뜨면 재빨리 말라버려 잠시도 가지 않듯이, 우리의 삶도 또한 이슬방울 같다.

마치 큰 빗방울이 물에 떨어져 물거품이 생겼다가 순식간에 사라져 잠시도 가지 않듯이, 우리의 삶도 또한 물거품 같다.

마치 물 위에 막대기로 그은 선이 긋자마자 사라져 잠시도 가지 않듯이, 우리의 삶도 또한 물 위에 그린 선과 같다.

마치 산의 계곡 물이 재빨리 흘러 모든 것을 휩쓸어 가며 잠시도, 순간도, 일초도 머물지 않고 돌진하며 소용돌이치며 흐르듯이, 우리의 삶도 또한 산의 계곡 물과 같다.

이와 같이 사람의 삶은 이슬과 같고, 물거품 같고, 물 위에 그은 선과 같고, 산의 계곡 물과 같다. 인생은 짧고, 제한돼 있고, 보잘것 없고, 괴로움과 절망으로 가득 차 있다. 이 진리를 깨달아라! 선을 행하라! 청정한 삶을 살아라! 태어난 것들에게 불멸이란 없다.'

그러므로 비구들이여, 장차 후회하지 않도록 고요한 곳에서 부지런히 정진하여라. 이것이 그대들에게 주는 나의 가르침이다."

## 부처님 가르침의 특징
| 앙굿따라 니까야 8부 53 |

어느 때 부처님은 웨살리 큰 숲의 중각강당에 계셨다. 그때 마하빠자빠띠 고따미[30] 비구니가 부처님께 예를 올리고 이렇게 말하였다.

"부처님, 가르침을 간략하게 말씀해 주시면 그 가르침을 듣고 홀로 떨어져서 부지런히 굳건히 열성을 다하여 정진하겠습니다."

이에 부처님은 말씀하셨다.

"고따미여, 어떤 것을 알 때에 그것이

탐욕으로 이끌지 탐욕을 버림으로 이끌지 않으며,

묶임으로 이끌지 묶임에서 벗어남으로 이끌지 않으며,

윤회의 축적으로 이끌지 윤회의 줄임으로 이끌지 않으며,

많은 욕심으로 이끌지 욕심이 적음으로 이끌지 않으며,

불만족으로 이끌지 만족으로 이끌지 않으며,

얽힘으로 이끌지 떨어져 있음으로 이끌지 않으며,

게으름으로 이끌지 정진으로 이끌지 않으며,

사치스러움으로 이끌지 검소함으로 이끌지 않을 때,

고따미여, 이와 같은 것들은 '담마가 아니고 계율이 아니고 스승의 가르침이 아니다.'라고 확실히 알 수 있습니다.

이와 반대로 어떤 것을 알 때에 그것이

탐욕을 버림으로 이끌며, 묶임에서 벗어남으로 이끌며, 윤회의 줄임으로 이끌며, 적은 욕심으로 이끌며, 만족으로 이끌며, 떨어져 있음으

---

30) 부처님이 출가할 때까지 29년 동안 기른 양모이며 수많은 샤꺄족 왕족 여인들을 이끌고 부처님 교단에 출가한 최초의 비구니가 되어 비구니 교단이 세워짐. 열심히 수행 정진하여 깨달음을 얻음.

로 이끌며, 정진으로 이끌며, 검소함으로 이끌 때, 고따미여, 이와 같은 것들은 '담마이고, 계율이고, 스승의 가르침이다.' 라고 확실히 알 수 있습니다."

## ❂ 업의 사슬
| 앙굿따라 니까야 10부 174 |

부처님은 제자들에게 말씀하셨다.

"살생하는 데에는 세 가지가 있다고 나는 말한다. 그것은 탐욕 때문이며 성냄 때문이며 어리석음 때문이다.

도둑질하며 삿된 음행을 하는 데에도 세 가지가 있다고 나는 말한다. 그것은 탐욕 때문이며 성냄 때문이며 어리석음 때문이다.

거짓말하며, 이간질하며, 악담하며, 잡담하는 데에도 세 가지가 있다고 나는 말한다. 그것은 탐욕 때문이며 성냄 때문이며 어리석음 때문이다.

탐욕과, 악의와, 잘못된 견해가 일어나게 되는 데에도 세 가지가 있다고 나는 말한다. 그것은 탐욕 때문이며 성냄 때문이며 어리석음 때문이다.

그러므로 탐욕과 성냄과 어리석음은 업의 사슬을 만든다. 그러나 탐욕과 성냄과 어리석음을 부수어 버리면 업의 사슬은 끊어진다."

# 제2장 중요한 계율

## 귀의삼보[31]

| 쿳다까 니까야: 쿳다까빠타 1 |

부처님께 귀의합니다.
가르침에 귀의합니다.
승가에 귀의합니다.

두 번째도 부처님께 귀의합니다.
두 번째도 가르침에 귀의합니다.
두 번째도 승가에 귀의합니다.

세 번째도 부처님께 귀의합니다.

---

31) 귀의삼보: 삼보(세 가지 보배)인 부처님(Buddha), 가르침(Dhamma), 승가(Sangha)에 귀의함.

세 번째도 가르침에 귀의합니다.
세 번째도 승가에 귀의합니다.

## 재가신도가 되는 길: 삼보와 오계의 가르침
| 상윳따 니까야: 55 소따빳띠 상윳따 37 |

어느 때 부처님은 까삘라왓투의 사꺄족이 사는 마을의 니그로다 승원에 계셨다. 그때 사꺄족의 마하나마가 부처님께 인사를 드리고 이렇게 말씀드렸다.

"부처님, 재가신도가 되려면 어떻게 해야합니까?"[32]

"마하나마, 붓다(Buddha: 부처님) · 담마(Dhamma: 가르침) · 상가(Sangha: 승가)에 귀의하면 재가신도가 된다."[33]

"부처님, 재가신도가 어떻게 해야 계행을 갖추는 것입니까?"

"재가신도는 생명을 죽이지 않으며, 주지 않는 것을 훔치지 않으며, 삿된 음행을 하지 않으며, 거짓말하지 않으며, 취하게 하는 술을 마시지 않는다. 이렇게 재가신도는 계행을 갖춘다."[34]

"부처님, 재가신도가 어떻게 해야 믿음을 성취하는 것입니까?"

"그는 여래의 깨달음에 대하여 믿음을 갖는다. 부처님은 '아라한이시며, 온전히 깨달으신 분, 지혜와 덕행을 갖춘 분, 바른 길로 잘 가신 분, 세상을 잘 아는 분, 견줄 바가 없는 분, 사람을 길들이는 분, 신과 인간의 스승, 깨달으신 분, 존귀하신 분' 이시다. 이와 같이 재가신도

---

32) 재가신도가 되려면 삼보에 귀의하고 오계를 지켜야 함을 가르치심. 삼보(부처님, 가르침, 승가)는 불교를 이루는 가장 중요한 요소이다.
33) 이것은 3보의 가르침이다.
34) 이것은 5계의 가르침이다.

는 믿음을 성취한다."35)

"부처님, 재가신도가 어떻게 해야 보시를 성취하는 것입니까?"

"재가신도는 집에 살면서 인색함의 때가 없는 마음으로 걸림 없이 너그럽게 베풀며, 손이 커서 아낌없이 베풀며, 남에게 주는 것에 기쁨을 느끼며, 남을 위해 자선을 베풀며 보시와 나누는 것을 기뻐한다. 이와 같이 재가신도는 보시를 성취한다."

"부처님, 재가신도가 어떻게 해야 지혜를 성취하는 것입니까?"

"여기 지혜로운 재가신도가 있다. 그는 생성과 소멸에 대한 지혜가 있다. 그런데 그 지혜는 거룩하고 꿰뚫어 보는 지혜이며 괴로움의 완전한 소멸로 이끄는 지혜이다. 이와 같이 재가신도는 지혜를 성취한다."

## ● 오계와 두려움과 증오의 극복
| 상윳따 니까야: 12 니다나 상윳따 41 |

이와 같이 나는 들었다. 어느 때 부처님은 사왓티의 기원정사에 계셨다. 부처님은 아나타삔디까 장자를 위하여 다섯 가지 '두려움과 증오'의 극복에 대하여 설법하셨다.

① 생명을 죽이는 사람은 그런 행동으로 인하여 현생과 내생에 두려움과 증오가 일어납니다. 그리고 정신적으로 괴로움과 슬픔을 겪습니다. 그러나 생명을 죽이지 않는 사람에게는 두려움과 증오가 가라앉습니다.

② 주지 않는 것을 훔치는 사람은 그런 행동으로 인하여 현생과 내생에 두려움과 증오가 일어납니다. 그리고 정신적으로 괴로움과 슬픔

---
35) 이것은 여래 10호 (열가지 명호)의 가르침이다.

을 겪습니다. 그러나 주지 않는 것을 훔치지 않는 사람에게는 두려움과 증오가 가라앉습니다.

③ 삿된 음행을 하는 사람은 그런 행동으로 인하여 현생과 내생에 두려움과 증오가 일어납니다. 그리고 정신적으로 괴로움과 슬픔을 겪습니다. 그러나 삿된 음행을 하지 않는 사람에게는 두려움과 증오가 가라앉습니다.

④ 거짓말을 하는 사람은 그런 행동으로 인하여 현생과 내생에 두려움과 증오가 일어납니다. 그리고 정신적으로 괴로움과 슬픔을 겪습니다. 그러나 거짓말을 하지 않는 사람에게는 두려움과 증오가 가라앉습니다.

⑤ 취하게 하는 술을 마시는 사람은 그런 행동으로 인하여 현생과 내생에 두려움과 증오가 일어납니다. 그리고 정신적으로 괴로움과 슬픔을 겪습니다. 그러나 취하게 하는 술을 마시지 않는 사람에게는 두려움과 증오가 가라앉습니다.

이와 같이 '다섯 가지 두려움과 증오가 가라앉습니다'라고 말씀하셨다.

## 사미[36]를 위한 열 가지 계율
| 율장 마하왁가 1편 56 |

사미들에게 이런 생각이 들었다. '수련하기 위하여 우리가 지켜야 하는 계율은 몇 가지나 될까?' 비구들이 이 일을 부처님께 여쭈었다.

---

[36] 이중 다섯 가지는 재가자도 지키는 5계에 해당되며 열가지 모두는 출가 사미가 수지해야는 계율이다. 사마네라(Samaṇa+Uddesa 또는 Sāmaṇera)란 출가하여 비구나 비구니계를 받기 전까지의 출가 수행자를 말한다. 사미로 한역됨.

부처님은 말씀하셨다.

"사미가 수련을 위하여 지켜야 할 계율은 열 가지이니 이 열 가지를 닦아야 한다."

1. 살생을 하지 말라.
2. 주지 않는 것을 훔치지 말라.
3. 음행을 하지 말라.
4. 거짓말을 하지 말라.
5. 술 마시지 말라.
6. 때아닌 때 먹지 말라.
7. 춤, 노래, 음악을 멀리하라.
8. 화환, 향수, 화장품으로 치장하지 말라.
9. 높고 큰 침상을 사용하지 말라.
10. 금과 은을 받지 말라.

## ❂ 10악: 몸으로 짓는 세 가지 업과 입으로 짓는 네 가지 업
| 상윳따 니까야: 55 소따빳띠 상윳따 7 |

이와 같이 나는 들었다. 어느 때 부처님은 많은 비구들과 함께 꼬살라의 '대나무 대문'이라고 불리는 브라흐민 마을에 도착하셨다. 그때 이 마을의 브라흐민 장자들은 사꺄족에서 출가한 사꺄의 아들인 사문 고따마가 많은 비구들과 함께 '대나무 문'에 도착하였다고 들었다. 그리고 고따마 존자에 대한 이와 같은 좋은 평판이 퍼져 있었다.

"부처님은 '아라한이시며, 온전히 깨달으신 분, 지혜와 덕행을 갖춘 분, 바른 길로 잘 가신 분, 세상을 잘 아는 분, 견줄 바가 없는 분, 사람을 길들이는 분, 신과 인간의 스승, 깨달으신 분, 존귀하신 분' 이시다.

그분은 자신의 온전한 지혜로 깨달아 다른 사람들에게 설법하신다. 그는 처음도 훌륭하고 중간도 훌륭하고 끝도 훌륭한 가르침을 설하신다. 그의 가르침은 훌륭한 뜻을 가진 문장으로 온전히 청정한 성인의 삶을 보여준다. 그러니 이런 아라한을 만나는 것은 참 좋은 일이다."

그래서 브라흐민 장자들은 부처님을 찾아갔다. 그들 중 어떤 사람은 부처님께 예를 올리고 한쪽에 앉았고, 어떤 사람은 부처님께 예를 올리고 인사말을 하고 친절한 말을 한 후 자리에 앉았고, 또 어떤 사람은 두 손을 모아 합장을 한 후 자리에 앉았고, 어떤 사람은 자기의 이름과 가문을 말한 후 자리에 앉았고, 또 어떤 사람은 조용히 아무 말 없이 한쪽에 앉았다. 브라흐민 장자들은 부처님께 이와 같이 말하였다.

"고따마 존자님, 저희들의 소원은 아이들이 북적대는 집에서 사는 것이고 까시국에서 나는 백단향을 즐기고 싶고 화환을 걸고 싶고 향수와 화장품을 바르고 싶습니다. 그리고 금과 은을 받고 싶습니다. 죽은 후에는 좋은 곳인 천상세계에 태어나고 싶습니다. 저희들은 이와 같은 소원과 욕망이 있기 때문에 저희들에게 합당한 가르침을 주십시오."

이에 부처님은 말씀하셨다.

"그대들 각자에게 이익을 가져오는 가르침을 설하겠소.

(살생을 금함)

장자들이여, 거룩한 제자는 이와 같이 살핍니다. '나는 살고 싶고 죽고 싶지 않으며 즐거움을 원하고 괴로움을 싫어한다. 그러므로 만일 어떤 사람이 나의 생명을 빼앗는다면 그것은 기분 나쁜 일이며 유쾌한 일이 아니다. 나와 마찬가지로 다른 사람도 살기를 원하고 죽고 싶지 않으며 즐거움을 원하고 괴로움을 싫어한다. 그러므로 내가 만일 다른 사람의 목숨을 빼앗는다면 그것은 그에게 기분 나쁜 일이며 유쾌한 일이 아니다. 나에게 기분 나쁘고 유쾌한 일이 아닌 것은 남에게도 기분 나쁘고 유쾌한 일이 아니다. 나에게 기분 나쁘고 유쾌하지 않은 것을 어떻게 남에게 행하랴!' 이와 같이 살펴보기 때문에 그는

　살아있는 생명을 죽이지 않으며,
　남에게도 죽이지 않도록 권하고,
　죽이지 않는 것을 찬탄합니다.
　이 세 가지에 의해 몸의 행위는 깨끗해집니다.

(도둑질을 금함)

장자들이여, 다시 거룩한 제자는 이와 같이 살핍니다. '만일 어떤 사람이 내가 주지 않았는데 내것을 훔쳐간다면 그것은 나에게 기분 나쁜 일이며 유쾌한 일이 아니다. 마찬가지로 만일 내가 다른 사람이 주지 않은 것을 훔친다면 그것은 그에게 기분 나쁜 일이며 유쾌한 일이 아니다. 나에게 기분 나쁘고 유쾌한 일이 아닌 것은 남에게도 기분 나쁘고 유쾌한 일이 아니다. 나에게 기분 나쁘고 유쾌하지 않은 것을 어떻게 남에게 행하랴!' 이와 같이 살펴보기 때문에 그는

　주지 않는 것을 훔치지 않으며,
　남에게도 훔치지 않도록 권하고,
　훔치지 않는 것을 찬탄합니다.
　이 세 가지에 의해 몸의 행위는 깨끗해집니다.

(삿된 음행을 금함)

장자들이여, 다시 거룩한 제자는 이와 같이 살핍니다. '만일 누군가 나의 아내와 간통을 한다면 그것은 나에게 기분 나쁜 일이며 유쾌한 일이 아니다. 마찬가지로 만일 내가 남의 아내와 간통을 한다면 그것은 그에게 기분 나쁜 일이며 유쾌한 일이 아니다. 나에게 기분 나쁘고 유쾌한 일이 아닌 것은 남에게도 기분 나쁘고 유쾌한 일이 아니다. 나에게 기분 나쁘고 유쾌하지 않은 것을 어떻게 남에게 행하랴!' 이와 같이 살펴보기 때문에 그는

성적인 부정행위를 하지 않으며,

남에게도 성적인 부정행위를 하지 않도록 권하고,

성적인 부정행위를 하지 않는 것을 찬탄합니다.

이 세 가지에 의해 몸의 행위는 깨끗해집니다.

(거짓말을 금함)

장자들이여, 다시 거룩한 제자는 이와 같이 살핍니다. '만일 누군가 거짓말을 해서 나의 이익을 훼손한다면 그것은 나에게 기분 나쁜 일이며 유쾌한 일이 아니다. 마찬가지로 만일 내가 남에게 거짓말을 해서 그의 이익을 훼손하였다면 그것은 그에게 기분 나쁜 일이며 유쾌한 일이 아니다. 나에게 기분 나쁘고 유쾌한 일이 아닌 것은 남에게도 기분 나쁘고 유쾌한 일이 아니다. 나에게 기분 나쁘고 유쾌하지 않은 것을 어떻게 남에게 행하랴!' 이와 같이 살펴보기 때문에 그는

거짓말을 하지 않으며,

남에게도 거짓말을 하지 않도록 권하고,

거짓말을 하지 않는 것을 찬탄합니다.
이 세 가지에 의해 입의 행위는 깨끗해집니다.

(이간질을 금함)
장자들이여, 다시 거룩한 제자는 이와 같이 살핍니다. '만일 누군가 이간질하는 말을 해서 내 친구와 나를 갈라놓는다면 그것은 나에게 기분 나쁜 일이며 유쾌한 일이 아니다. 마찬가지로 만일 내가 남에게 이간질하는 말을 해서 그의 친구와 그를 갈라놓는다면 그것은 그에게 기분 나쁜 일이며 유쾌한 일이 아니다. 나에게 기분 나쁘고 유쾌한 일이 아닌 것은 남에게도 기분 나쁘고 유쾌한 일이 아니다. 나에게 기분 나쁘고 유쾌하지 않은 것을 어떻게 남에게 행하랴!' 이와 같이 살펴보기 때문에 그는

이간질을 하지 않으며,
남에게도 이간질을 하지 않도록 권하고,
이간질을 하지 않는 것을 찬탄합니다.
이 세 가지에 의해 입의 행위는 깨끗해집니다.

(악담을 금함)
장자들이여, 다시 거룩한 제자는 이와 같이 살핍니다. '만일 누군가 나에게 악담을 한다면, 그것은 나에게 기분 나쁜 일이며 유쾌한 일이 아니다. 마찬가지로 만일 내가 남에게 악담을 한다면 그것은 그에게 기분 나쁜 일이며 유쾌한 일이 아니다. 나에게 기분 나쁘고 유쾌한 일이 아닌 것은 남에게도 기분 나쁘고 유쾌한 일이 아니다. 나에게 기분 나

쁘고 유쾌하지 않은 것을 어떻게 남에게 행하랴!' 이와 같이 살펴보기 때문에 그는

    악담하지 않으며,

    남에게도 악담하지 않도록 권하고,

    악담하지 않는 것을 찬탄합니다.

    이 세 가지에 의해 입의 행위는 깨끗해집니다.

(잡담을 금함)

    장자들이여, 다시 거룩한 제자는 이와 같이 살핍니다. '만일 누군가 나에게 쓸데없는 잡담을 한다면 그것은 나에게 기분 나쁜 일이며 유쾌한 일이 아니다. 마찬가지로 만일 내가 남에게 쓸데없는 잡담을 한다면, 그것은 그에게 기분 나쁜 일이며 유쾌한 일이 아니다. 나에게 기분 나쁘고 유쾌한 일이 아닌 것은 남에게도 기분 나쁘고 유쾌한 일이 아니다. 나에게 기분 나쁘고 유쾌하지 않은 것을 어떻게 남에게 행하랴!' 이와 같이 살펴보기 때문에 그는

    쓸데없는 잡담을 하지 않으며,

    남에게도 쓸데없는 잡담을 하지 않도록 권하고,

    쓸데없는 잡담을 하지 않는 것을 찬탄합니다.

    이 세 가지에 의해 입의 행위는 깨끗해집니다."

    이에 브라흐민 장자들은 말하였다.

    "정말 훌륭하십니다. 고따마 존자님, 정말 훌륭하십니다. 고따마 존자님, 저희들은 오늘부터 부처님과, 가르침과, 승가에 귀의합니다. 저

희들을 재가신자로 받아주십시오. 이 생명 다하도록 부처님께 귀의합니다."

## 🏵 우뽀사타(布薩)[37]의 제정
| 율장 마하왁가 2편 1-2:1 |

어느 때 깨달으신 분, 부처님은 라자가하의 '독수리봉'〔영취산〕에 계셨다. 그때 다른 교단의 방랑 수행자들은 14일과 15일 그리고 반달의 제8일에 함께 모여 담마를 설하였다. 그래서 사람들은 담마를 듣기 위하여 그들에게로 갔다. 그들은 사람들의 호감과 신뢰를 얻었다.

그때 마가다의 세니야 빔비사라왕은 홀로 명상하는 중에 이런 생각이 들었다. '다른 교단의 방랑 수행자들은 14일과 15일 그리고 반달의 제8일에 함께 모여 담마를 설한다. 그래서 사람들은 담마를 듣기 위하여 그들에게로 간다. 그들은 사람들의 호감과 신뢰를 얻는다. 부처님도 이렇게 하시면 어떨까?' 그래서 부처님을 찾아가서 이런 말씀을 드리고 왕의 생각을 말하였다.

"그러니 부처님의 제자들도 14일과 15일과 반달의 제8일에 함께 모이는 것이 어떻겠습니까?"

부처님은 빔비사라왕에게 가르침을 설하여 왕을 기쁘게 하고, 분발케 하고, 환희심을 북돋았다. 부처님은 이런 일로 인하여 비구들을 모으시고 말씀하셨다.

"비구들이여, 14일과 15일, 그리고 반달의 제8일에 담마를 설하기

---

37) Uposatha: 포살이라고 한역함. 인도 고대의 전통을 부처님은 받아들임. 승가 대중들이 함께 모여 계율을 외우고 가르침을 기억하며, 잘못을 참회하고 수행을 바로세우기 위한 예식.

위하여 모두 함께 모여야 한다."

## ⚜ 빠와라나[38](自恣)의 제정
| 율장 마하왁가 4편 1-2:2 |

어느 때 부처님은 사왓티의 기원정사에 계셨다. 그때에 서로 친한 몇 명의 비구들이 꼬살라국의 어떤 거주지에서 우기 안거를 하게 되었다. 그들은 '어떻게 하면 우리 모두가 서로 친근하게 화합하면서 편안한 우기 안거를 보낼 수 있을까' 라고 생각하였다. 그래서 그들은 서로 말하지 말고 각자 할 일을 하기로 하였다. 이렇게 [3개월 동안] 서로 말을 하지 않았고 상대방에게 말을 걸지도 않았다.

그때 우기 안거를 마친 비구들이 부처님을 뵈러 가는 것은 관례였다. 그래서 이 비구들도 3개월 간의 우기 안거를 마치고 앉고 눕는 자리를 꾸리고 가사와 발우를 들고 사왓티로 길을 떠났다. 기원정사에 도착하여 부처님께 예를 올리고 한쪽에 앉았다. 부처님은 외지에서 온 비구들과 친근한 인사를 나누는 것이 관례였다. 부처님은 이렇게 말씀하셨다.

"비구들이여, 잘들 지냈는가? 서로 친근하게 화합하면서 편안한 우기 안거를 보냈는가? 탁발하는 데 어려움은 없었는가?"

"부처님, 저희들은 잘 지냈습니다. 서로 친근하게 화합하면서 편안한 우기 안거를 보냈습니다. 탁발하는 데 어려움은 없었습니다."

---

38) pavāraṇā: 자자(自恣: 묻다의 뜻)라고 한역됨. 우기 안거 마지막 날 대중이 모인 자리에서 자신의 잘못이 있으면 말해달라고 요청하는 예식으로, 서로 잘못을 지적하고 참회하고 시정하여 수행을 점검하고 청정하게 하는 예식. 이날은 우뽀사타(포살) 날이지만 빠띠목카(계본)를 외우는 대신 빠와라나라고 부르는 행사를 한다.

"그대들은 어떻게 그렇게 서로 친근하게 화합하면서 편안한 우기 안거를 보내고 탁발하는 데도 어렵지 않았는가?"

"부처님, 저희들은 어떻게 하면 우리 모두가 서로 친근하게 화합하면서 편안한 우기 안거를 보낼 수 있을까를 생각하였습니다. 그래서 서로 말하지 말고 각자 할 일을 하기로 하였습니다. 이렇게 〔3개월 동안〕 서로 말을 하지 않았고 상대방에게 말을 걸지도 않았습니다. 그래서 저희들은 서로 화합하면서 편안한 우기 안거를 보냈고 탁발하는 데도 어려움이 없었습니다."

부처님은 그들에게 말씀하셨다.

"참으로 이 어리석은 사람들은 불편하게 보냈으면서도 편안하게 보낸 것처럼 말한다. 짐승처럼 모여 살았으면서도 편안하게 보냈다고 한다. 양들이 모여 사는 것처럼 살았으면서도 편안하게 살았다고 한다. 게으른 사람들이 모여 사는 것처럼 살았으면서도 편안하게 살았다고 한다. 어떻게 이 어리석은 사람들은 다른 교단의 '벙어리 수행'의 계율을 지킬 수 있다는 말인가?"

부처님은 이렇게 꾸짖으시고 합당한 말씀을 하신 후 이렇게 말씀하셨다.

"다른 교단의 계율인 '벙어리 수행'을 지켜서는 안 된다. 누구든지 그렇게 하는 사람은 잘못을 범하는 것이다. 우기 안거를 끝마친 비구들은 함께 모여 대중에게 세 가지에 대하여 물어야 한다.

자신의 잘못을 본 것이 있는지,

자신의 잘못을 들은 것이 있는지,

자신의 잘못이라고 의심이 되는 것이 있는지,

이 세 가지를 대중에게 말해달라고 요청하여야 한다. 〔이 예식이 빠와라나이다.〕 이것은 서로를 위하여 좋은 것이며, 계율을 어기지 않게 하며 계율을 파악하는 데 목적이 있다.

빠와라나는 이와 같이 하여야 한다.

유능하고 노련한 사람이 대중 앞에서 이렇게 말해야 한다.

'승가 대중은 저의 말을 들으십시오.

오늘은 빠와라나 날입니다.

만일 대중이 옳다고 여기면 대중은 빠와라나를 하십시오.'

한 장로 비구가 가사를 어깨에 걸치고 합장하고 무릎을 꿇고 앉아서 이렇게 세 번 말해야 한다.

'존자님들, 나에 대하여 본 것, 들은 것, 의심되는 것에 대하여 대중 여러분께 요청합니다. 부디 자비로써 저에게 말해주시면 고치겠습니다.

존자님들, 나에 대하여 본 것, 들은 것, 의심되는 것에 대하여 대중 여러분께 요청합니다. 부디 자비로써 저에게 말해주시면 고치겠습니다.

존자님들, 나에 대하여 본 것, 들은 것, 의심되는 것에 대하여 대중 여러분께 요청합니다. 부디 자비로써 저에게 말해주시면 고치겠습니다.'"

〔장로부터 새로 계 받은 사람 순으로 모두 이렇게 세 번 묻는다.〕

부처님은 이어서 말씀하셨다.

"각 사람이 무릎을 꿇고 앉아 빠와라나를 할 동안에는 대중이 모두 같이 무릎을 꿇고 앉아야 한다. 그의 요청이 끝나면 다시 자리에 앉아도 된다."

## 빠와라나(自恣) 행사
| 상윳따 니까야: 8 방기사 상윳따 7 |

어느 때 부처님은 사왓티의 동쪽 승원, 미가라마뚜 강당에 계셨다. 부처님은 500명의 많은 비구들과 함께 계셨는데 그들은 모두 아라한이었다. 그때 보름날 우뽀사타〔포살〕날에 부처님은 빠와라나 예식을 하시려고 옥외에서 많은 비구의 무리에 둘러싸여 앉아 계셨다. 잠잠한 비구들을 둘러보고 나서 부처님은 말씀하셨다.

"비구들이여, 그대들에게 청하건대 나의 말과 행동의 어떤 것이라도 비난받을 만한 것이 있었는가?"

이때 사리뿟따 존자가 말하였다.

"부처님의 말과 행동에 아무것도 비난할 만한 것이 없습니다. 부처님께 청하옵건대 저의 말과 행동에 어떤 책망할 만한 것이 있었다면 말씀해 주십시오."

"사리뿟따, 그대의 말과 행동에 아무것도 책망할 것이 없다."

"부처님, 저에게 책망할 것이 없으시다면, 여기 500명의 비구들에게 말과 행동에 어떤 책망할 것이 있으면 말씀해 주십시오."

"사리뿟따, 500명의 비구들의 말과 행동에도 아무런 책망할 것이 없다."

이때 방기사 존자가 자리에서 일어나 부처님께 말하였다.

"부처님, 저에게 영감이 떠올랐습니다. 저에게 영감이 떠올랐습니다."

"그렇다면 그대의 영감을 말해 보아라. 방기사."

이에 방기사 존자는 부처님을 찬탄하는 게송을 읊었다.

보름날, 청정함을 위하여
500명의 비구들이 함께 모였네.
구속과 속박을 끊고
태어남과 괴로움에서 벗어난 선인들

마치 대신들에 둘러싸인 전륜성왕이
깊은 바다로 둘러싸인 강대한 영토를 둘러보는 것 같은
전쟁의 승리자, 위없는 대상(隊商)의 지도자에게
세 가지 지혜에 정통하고
윤회에서 벗어난 제자들이 예배드리네.

우리 모두 부처님의 진정한 아들이며
여기에 쭉정이는 없네.
갈애의 창살을 부순 이
태양의 후예에게 나는 예배드리네.

## 빠띠목카(戒本)[39]를 외우도록 규정하심

| 율장 마하왁가 2편 3:1-3 |

부처님은 이와 관련하여 비구들에게 말씀하셨다.
"내가 홀로 명상하고 있을 때 나는 이런 생각을 하였다. '나는 이미 비구들을 위하여 계율을 정하였다. 그러니 이런 계율을 가지고 비구들을 위하여 빠띠목카를 외우도록 만들면 어떨까? 빠띠목카의 독송은 우

---
39) Pātimokkha: 부처님이 가르치신 계율을 간략히 모은 것으로 포살일에 외운다. 계본.

뽀사타를 행함에 있어 공식적인 예식이 될 것이다.' 비구들이여, 빠띠목카를 독송하도록 하여라."

빠띠목카는 이와 같이 독송하여야 한다.

노련하고 유능한 사람이 대중 앞에서 이렇게 말하여야 한다.

"승가 대중은 저의 말을 들으십시오. 오늘 15일은 우뽀사타 날입니다. 승가 대중이 옳다고 여기면 우뽀사타를 행하여야 하며 빠띠목카를 독송하여야 합니다.

승가 대중의 첫 번째 의무는 무엇입니까? 존자님들은 각자 자신의 청정함을 말하십시오. 저는 빠띠목카를 독송할 것입니다. 모두 주의를 기울여 잘 들으십시오. 계율을 위반한 사람은 그것을 드러내야 합니다. 만일 계율을 위반한 것이 없다면 침묵하십시오. 침묵하면 존자님들은 청정하다고 저는 알겠습니다. 각각의 질문에 대중들은 답을 하여야 합니다. 이와 같이 대중들은 세 번씩 답을 선언하여야 합니다. 만일 세 번씩 선언하는 동안, 계율의 위반을 기억하고도 드러내지 않으면 그것은 의도적인 거짓말이 됩니다. 알면서도 거짓말을 하는 것을 '걸림돌' 이라고 부처님은 말씀하셨습니다. 그러므로 청정해지기를 원하는 사람은 계율을 위반한 것이 기억나면 그것을 드러내야 합니다. 그것을 드러냄으로써 편안하게 됩니다."

## ❇ 이런저런 경우, 해야 하나 말아야 하나?
| 율장 마하왁가 6편 40:1 |

어느 때 비구들은 이런 경우에 또는 저런 경우에 어떻게 해야 하는지 망설임이 일어났다.[40] 그래서 생각하기를, '이런 경우는 부처님이

허락하셨는가, 아니면 허락하지 않으셨는가?' 하며 망설였다. 그래서 부처님께 이 일을 여쭈었다. 이에 부처님은 제자들에게 말씀하셨다.

'이것은 해서는 안 된다' 고 금하지는 않았지만,
만일 이것을 해서는 안 된다는 생각이 들 때,
그리고 이것을 허락해서는 안 된다는 생각이 들 때,
그것을 범해서는 안 된다.

'이것은 해서는 안 된다' 고 금하지는 않았지만,
만일 이것을 하는 것이 좋다는 생각이 들 때,
그리고 이것을 하는 것을 금해서는 안 된다는 생각이 들 때,
그것을 행하는 것이 좋다.

'이것은 해도 된다' 고 허락하지는 않았지만,
만일 이것을 해서는 안 된다는 생각이 들 때,
그리고 이것을 허락해서는 안 된다는 생각이 들 때,
그것을 범해서는 안 된다.

'이것은 해도 된다' 고 허락하지는 않았지만,
이것을 하는 것이 좋다는 생각이 들 때,
그리고 이것을 하는 것을 금해서는 안 된다는 생각이 들 때,

---

40) 계율로 '해도 된다' 또는 '해서는 안 된다.' 고 정해져 있지 않은 경우는 바른 생각의 기준에 따라 행동하라고 가르치심.

그것을 행하는 것이 좋다.

## 🏵 조각을 이은 가사의 유래
| 율장 마하왁가 8편 2: 11:2-12:2 |

그때 비구들은 조각을 하나도 이어 붙이지 않은 상아색 가사를 입었다. 사람들은 그것을 보고 이렇게 비난하였다.

"마치 감각적 쾌락을 즐기는 장자 같구먼."

비구들은 이 일을 부처님께 말씀드렸다. 이에 부처님이 말씀하셨다.

"조각을 잇지 않은 가사를 입어서는 안 된다. 누구든지 이어붙이지 않은 가사를 입는 사람은 잘못을 범하는 것이다."

부처님은 라자가하에 계시다가 닥키나기리로 가는 도중 마가다국의 들판을 지나게 되었다. 논들은 줄이 질서 정연하고, 선이 질서 정연하고, 논둑이 질서 정연하고, 네모나게 잘 배열되어 있었다. 부처님은 이것을 보시고 아난다 존자에게 말씀하셨다.

"아난다, 저 줄과 선과 둑이 질서 정연하고 네모나게 잘 배열되어 있는 마가다의 들판이 보이느냐?"

"예, 부처님."

"아난다, 너는 이 들판과 같이 비구들의 가사를 만들 수 있겠느냐?"

"예, 부처님."

부처님은 닥키나기리에 얼마 동안 머문 후 라자가하로 다시 돌아가셨다. 아난다 존자는 몇 벌의 가사를 만들어 부처님께 보여드렸다. 부처님은 이와 관련하여 비구들에게 이렇게 말씀하셨다.

"비구들이여, 아난다는 참 총명하다. 내가 간단하게 말하였는데도 자세하게 이해할 정도로 뛰어난 지혜를 가지고 있다. 여기저기 조각을 잇고 솔기를 만들어 훌륭히 만들었다. 잘라진 조각들은 기워야 한다. 이것이 수행자에게 어울리는 것이며 아무도 탐내지 않는다. 상가띠도 잘라진 조각들을 기워서 만들어야 하며, 웃따라상가도 잘라진 조각들을 기워서 만들어야 하며, 안따라와사도 잘라진 조각들을 기워서 만들어야 한다."[41)

## 🟢 버리는 것 없이 다시 사용함: 청빈한 삶
| 율장 쭐라왁가 11장 12-14 |

부처님이 열반하신 지 얼마 되지 않았을 때 아난다 존자는 승단의 일로 꼬삼비에서 어떤 나무 아래 앉아 있었다. 그곳은 꼬삼비의 우데나 왕의 유쾌한 숲에서 멀지 않은 곳이었다.

그때 우데나왕은 그의 후궁들을 거느리고 유쾌한 숲에서 즐겁게 지내고 있었다. 후궁들은 '바로 멀지 않은 곳에 그들의 스승, 아난다 존자가 앉아 있다.'는 소식을 들었다. 그들은 왕께 허락을 받고 아난다 존자에게 가서 인사를 드리고 한쪽에 앉았다.

아난다 존자는 부처님의 가르침을 설하여 그들을 기쁘게 하고 고무시키고 환희심을 일으키고 즐겁게 하였다. 그들은 가르침을 듣고 환희심으로 고무되고 마음은 기쁨으로 가득 찼다. 그들은 500벌의 안따라와사 법복을 아난다 존자에게 공양하였다.

---

41) 상가띠(Saṅghāṭi): 설법할 때 또는 마을에 나가 탁발할 때 입는 두 겹으로 된 가사. 웃따라상가 (Uttarāsaṅgha): 보통 때 맨 위에 입는 한 겹으로 된 가사로 승가에서 공식적인 예식에 입는다. 안따라와사(Antaravāsa): 허리에서부터 아래에 입는 한 겹으로 된 속에 입는 법복으로 일할 때 입는다.

후궁들은 왕에게로 다시 돌아갔다. 우데나왕은 물었다.

"아난다 존자를 만났는가?"

"예, 대왕님, 아난다 존자를 만났습니다."

"그런데 아난다 존자에게 아무것도 보시하지 않았는가?"

"대왕님, 저희들은 500벌의 안따라와사 법복을 아난다 존자에게 보시하였습니다."

우데나왕은 경멸하고 비난하면서 말하였다.

"어떻게 그렇게 많은 법복을 아난다 사문은 받을 수 있단 말이냐! 천 장사를 차리려는가, 아니면 상점에서 팔도록 주려고 그러나?"

그래서 우데나왕은 아난다 존자를 방문하여 예를 갖추어 인사를 한 후 이렇게 질문하였다.

"아난다 존자님, 여기 나의 후궁들이 오지 않았습니까?"

"대왕님, 후궁들이 왔었습니다."

"공경하는 아난다 존자님께 아무것도 드리지 않았습니까?"

"그들은 500벌의 안따라와사 법복을 공양하였습니다."

"아난다 존자님, 그렇게 많은 법복으로 무엇을 하시렵니까?"

"낡은 법복을 가진 비구들에게 나누어 주려 합니다."

"그러면 그렇게 많은 낡은 법복은 무엇을 하시렵니까?"

"웃따라상가 가사를 만들 것입니다."

"그러면 낡은 웃따라상가 가사는 무엇을 하시렵니까?"

"매트리스 덮개를 만들 것입니다."

"그러면 낡은 매트리스 덮개는 무엇을 하시렵니까?"

"바닥 깔개를 만들 것입니다."

"그러면 낡은 바닥 깔개는 무엇을 하시렵니까?"
"〔문간에 까는〕 신발 닦게를 할 것입니다."
"그러면 낡은 신발 닦게는 무엇을 하시렵니까?"
"걸레를 만들 것입니다."
"그러면 낡은 걸레는 무엇을 만들 것입니까?"
"가느다랗게 잘라서 진흙에 반죽하여 바닥에 바를 것입니다."

이에 우데나왕은 생각하기를, '사꺄의 아들인 이 사문들은 질서 정연하게 순서대로 모든 것을 다 이용하고 하나도 낭비하지 않는구나.'라는 생각이 들었다. 그래서 왕은 아난다 존자에게 500벌의 법복을 더 공양하였다. 그래서 이것은 아난다 존자에게 천 벌의 법복이 공양된 첫 번째 경우였다.

## ❂ 금과 은을 받지 않는다
| 상윳따 니까야: 42 가마니 상윳따 10 |

어느 때 부처님은 라자가하의 죽림정사에 계셨다. 그때 왕의 신하들이 궁성에 모여 앉아 이런 이야기를 하였다.

"사꺄의 아들들인 사문들은 금과 은을 갖는 것이 허용되며 금과 은을 받는다."

거기에는 촌장 마니쭐라까가 앉아 있었다. 촌장은 그들에게 이렇게 말하였다.

"그렇게 말해서는 안 됩니다. 그렇지 않습니다. 사꺄의 아들들인 사문들은 금과 은을 받는 것이 허락되지 않으며 금과 은을 받지 않습니다."

그러나 그들을 납득시킬 수 없었다. 그래서 촌장 마니쭐라까는 부처님을 찾아가서 왕의 신하들이 한 이야기를 모두 말씀드리고 이렇게 말하였다.

"부처님, 제가 부처님의 견해에 일치하는 말을 하였는지요? 부처님의 가르침을 사실과는 다르게 잘못 말하지는 않았는지요? 부처님의 견해를 따르는 어느 누구에게라도 비난의 기회를 주지 않도록 제가 부처님 가르침에 일치하는 대답을 하였는지요?"

이에 부처님은 말씀하셨다.

"촌장이여, 그대가 그렇게 대답한 것은 내가 말한 것과 일치하는 것이고 사실과 다르게 나를 잘못 말한 것이 아닙니다. 나의 견해를 따르는 어느 누구에게라도 비난의 기회를 주지 않도록 가르침에 일치하는 대답을 하였소. 사꺄의 아들들인 사문들은 금과 은을 갖는 것이 허용되지 않으며 금과 은을 받지 않습니다. 만일 금과 은이 허용된다면 그들에게 다섯 가지 감각적 쾌락도 또한 허용될 것입니다. 만일 다섯 가지 감각적 쾌락이 허용된다면, 그런 사람은 분명히 사문의 자질이 없는 사람이며, 사꺄 아들의 자질이 없는 사람이라고 분명히 말할 수 있습니다.

그러나 촌장이여, 나는 이렇게 말합니다. 짚이 필요한 사람은 짚을 구할 수 있고, 목재가 필요한 사람은 목재를 구할 수 있고, 수레가 필요한 사람은 수레를 구할 수 있고, 일꾼이 필요한 사람은 일꾼을 구할 수 있습니다. 그러나 금과 은을 구할 수 있다거나 받아들이라고 나는 말하지 않습니다."

## 🌸 오후 불식의 이유
| 맛지마 니까야: 66 라뚜끼꼬빠마 경 1-7 |

이와 같이 나는 들었다. 어느 때 부처님은 앙굿따라빠에 계셨는데 거기에는 아빠나라는 도시가 있었다. 부처님은 아침에 아빠나로 탁발을 가셨다. 아침 공양 후 부처님은 숲으로 들어가서 낮 동안의 명상을 위하여 나무 아래 앉으셨다.

그때 우다인 존자가 홀로 명상하는 동안 이런 생각이 떠올랐다.

'얼마나 많은 고통을 부처님은 없애 주셨는가! 얼마나 많은 기쁨을 부처님은 우리에게 주셨는가! 얼마나 많은 바람직하지 않은 것들을 부처님은 없애 주셨는가! 얼마나 많은 바람직한 것들을 부처님은 우리에게 주셨는가!'

저녁 나절 그는 명상을 끝내고 부처님을 찾아가서 이렇게 말씀드렸다.

"부처님, 우리가 전에는 아침과 저녁 그리고 낮 동안 아무 때나 음식을 먹었습니다. 그런데 부처님은 어떤 경우에 당면하였을 때 비구들에게 이렇게 말씀하셨습니다. '비구들이여, 낮에 때 아닌 때에 먹지 않도록 하여라.' 라고 하셨을 때 저는 기분이 언짢았고 슬펐습니다. 생각하기를 '신심있는 장자들은 때 아닌 때, 낮 동안 여러 가지 훌륭한 음식을 우리에게 준다. 그런데 부처님은 그것을 포기하라고 하신다.' 그러나 저희들은 부처님께 대한 사랑과 존경으로, 그리고 잘못하는 것으로 인한 두려움과 부끄러움에서 낮 동안 때 아닌 때 먹는 것을 멈추었습니다.

그래서 우리는 아침과 저녁에만 먹었습니다. 그런데 어떤 경우에 당면하였을 때 부처님은 저희들에게 저녁을 먹지 말라고 하셨습니다. '부처님은 두 끼 중 더 좋은 식사인 저녁을 먹지 말라고 하신다.' 라고 생각하니 슬프고 기분이 언짢았습니다.

언젠가 어떤 사람은 낮에 탕국을 얻어 놓고 저녁에 다 같이 먹자고 하였습니다. 그런데 사람들은 낮에는 별로 요리를 하지 않고 저녁에 요리를 합니다. 저희들은 부처님에 대한 사랑과 존경으로 그리고 잘못하는 것으로 인한 두려움과 부끄러움으로 때 아닌 때 먹는 저녁 식사를 멈추었습니다.

부처님, 비구들이 때로는 밤의 짙은 어둠 속에서 걸식하다가 쓰레기 구덩이로 걸어가기도 하고, 하수구에 빠지기도 하고, 가시덤불로 들어가거나, 자고 있는 소를 밟기도 하였습니다. 범죄를 지은 불량배들을 만나기도 하고, 나쁜 짓을 하려는 깡패를 만나기도 하고, 여인으로부터 성적인 유혹을 받기도 하였습니다.

언젠가 저는 저녁에 어두워졌을 때 걸식을 나간 적이 있었습니다. 그런데 도중에 번개가 치기 시작하였습니다. 마침 한 여인이 단지를 씻고 있다가 번쩍이는 번개 속에 나를 보고 무서움에 소리를 질렀습니다. '아이쿠! 귀신이야!' 저는 그 여인에게 말하기를, '자매여, 나는 귀신이 아닙니다. 탁발 나온 비구입니다.' 여인은 말하기를, '어머니도 아버지도 죽은 비구이구먼!'[42] 이렇게 컴컴한 밤에 배를 위해 걸식하러 돌아다니는 것보다 차라리 날카로운 푸줏간 칼로 배를 가르는 것이 더 낫다.' 하면서 악담을 하였습니다.

---

42) 비구의 부모님이 살아있으면 음식을 제공하기 때문에 어두운 밤에 음식을 구하러 다니지 않기 때문.

부처님, 이런 것들을 상기할 때, '얼마나 많은 고통을 부처님은 없애 주셨는가! 얼마나 많은 기쁨을 부처님은 우리에게 가져왔는가! 얼마나 많은 바람직하지 않은 것들을 부처님은 없애 주셨는가! 얼마나 많은 바람직한 것들을 부처님은 우리에게 주셨는가!' 라는 생각이 들었습니다."

"우다인이여, 여기 어떤 잘못 생각하는 비구들이 있는데 나는 그들을 위해서 '이것은 버리라.'고 말하였다. 그러나 그들은 말하기를, '이와 같은 하찮은 것, 이와 같은 작은 일을 가지고 버리라고 하신다. 이 사문은 너무나 지나치게 까다롭다니까!' 그리고는 그것을 버리지 않고 나에게만 불만을 품는 것이 아니라 열심히 수행하는 비구들에게도 그렇게 대한다. 이렇게 잘못 생각하는 비구들에게 이것은 견고하고 끈질긴 결박이 되며 두꺼운 멍에가 된다."

이렇게 부처님은 말씀하셨다.

## ❂ 네 가지 종류의 청정한 보시
| 맛지마 니까야: 142 닥키나위방가 경 9-14 |

이어서 부처님은 아난다 존자에게 보시에 대하여 말씀하셨다.
"아난다, 보시의 청정에 네 가지 종류가 있다.
보시하는 자는 청정하고 받는 자는 청정하지 못한 보시.
보시하는 자는 청정하지 못하지만 받는 자는 청정한 보시.
보시하는 자도 받는 자도 모두 청정하지 못한 보시.
보시하는 자도 받는 자도 모두 청정한 보시.

계행을 지키는 사람이 계행을 지키지 않는 사람에게
행위의 과보가 크다는 믿음을 가지고
바르게 얻은 것을 기꺼이 보시하면
보시하는 사람의 계행이 보시를 청정하게 하네.

계행을 지키지 않는 사람이 계행을 지키는 사람에게
행위의 과보가 크다는 믿음이 없이
바르지 못하게 얻은 것을 마지못해 보시하면
받는 사람의 계행이 보시를 청정하게 하네.

계행을 지키지 않는 사람이 계행을 지키지 않는 사람에게
행위의 과보가 크다는 믿음도 없이
바르지 못하게 얻은 것을 마지못해 보시하면
받는 사람과 주는 사람 둘 다 보시를 청정하게 하지 못하네.

계행을 지키는 사람이 계행을 지키는 사람에게
행위의 과보가 크다는 믿음을 가지고
바르게 얻은 것을 기꺼이 보시하면
그 보시는 커다란 과보를 가져온다고 나는 말하네.

탐욕을 떠난 사람이 탐욕을 떠난 사람에게
행위의 과보가 크다는 믿음을 가지고
바르게 얻은 것을 기꺼이 보시하면

그 보시는 이 세상의 보시 중 최상의 보시라고 나는 말하네."

## ❂ 생각과 말과 행동의 청정
| 앙굿따라 니까야 3부 118 |

세 가지 청정함이 있다. 무엇이 셋인가? 몸의 청정함, 말의 청정함, 마음의 청정함이다.

몸의 청정함이란 무엇인가? 살생하지 않고, 도둑질하지 않고, 삿된 음행을 하지 않는 것이다.

말의 청정함이란 무엇인가? 거짓말하지 않고, 이간질하지 않고, 악담하지 않고, 잡담하지 않는 것이다.

마음의 청정함이란 무엇인가? 탐욕을 부리지 않고, 악한 마음을 품지 않고, 바른 견해를 갖는 것이다.

## ❂ 새로 출가한 초심자에게 주신 가르침
| 앙굿따라 니까야 5부 114 |

어느 때 부처님은 마가다 사람들이 사는 곳에 계셨는데 그곳 안다까윈다에 계셨다. 그때 부처님은 아난다에게 이렇게 말씀하셨다.

"아난다, 근래에 이 가르침과 계율에 새로 들어온 출가한 지 얼마 되지 않는 초심자들이 있다. 그들에게 열심히 권고하여야 하고, 안주하도록 해야 하고, 다섯 가지에 확고히 머물도록 해야 한다. 무엇이 다섯 가지인가? 그대는 이와 같이 말해야 한다.

① 계행을 지키고, 빠띠목카에 따라서 절제하고, 행동과 습관을 온전히 하고, 아주 작은 잘못에서도 그 위험을 보아야 한다. 수련 규칙을

받아 지니고 그 안에서 그대들 자신을 단련하여라.

② 감각기관을 지키는 마음챙김을 가지고 감각기관의 문을 잘 지켜라.

③ 말을 적게 하고 말함에 한계를 두어야 한다.

④ 숲 속의 한적한 거처에 머물러야 한다.

⑤ 바른 견해를 가지고 바르게 볼 줄 알아야 한다.

아난다, 이와 같이 근래에 이 가르침과 계율에 새로 들어온 출가한 지 얼마 되지 않는 초심자들이 있다. 그들에게 열심히 권고하여야 하고, 안주하도록 해야 하고, 다섯 가지에 확고히 머물도록 해야 한다."

# 제3장 자비 실천의 가르침

## 🌸 조금 있어도 베풀면
| 상윳따 니까야: 1 데와따 상윳따 4:2 |

험한 여행길의 친구처럼
조금 있어도 나누어 주는 사람은
죽은 자들 가운데서 죽지 않는다.[43]
이것은 옛날부터의 원리이다.

어떤 이는 조금 있어도 베풀고
어떤 이는 많아도 베풀지 않으니
조금 있어도 베푸는 보시는
천 배의 가치가 있다.

---

43) 인색하여 남에게 줄줄 모르는 사람을 죽은 자라고 비유하고 있다.

주기 어려운 것을 주는 사람들,
하기 어려운 것을 하는 사람들,
옳지 못한 사람은 흉내낼 수 없으니
옳은 사람의 가르침은 따르기 쉽지 않네.

옳지 못한 사람과 옳은 사람은
죽은 후 가는 곳이 다르니
옳은 사람은 좋은 곳으로 가고
옳지 못한 사람은 나쁜 곳으로 간다네.

## ❀ 베풂의 공덕
| 상윳따 니까야: 1 데와따 상윳따 5:1,2 |

베풀면 좋은 결실을 얻지만
베풂이 없으면 좋은 결실이 없다네
도둑들이 훔쳐가거나
왕들이 빼앗아가거나
불타서 사라진다네.

모든 재산과 함께
이 몸도 끝내는 버려야 하니
지혜로운 이여 이것을 알아
자신도 즐기고 보시도 하세.

음식을 베푸는 사람은 남에게 힘을 주는 사람이며
의복을 베푸는 사람은 남에게 아름다움을 주는 사람이며
탈것을 베푸는 사람은 남에게 편안함을 주는 사람이며
등불을 베푸는 사람은 남에게 밝은 눈을 주는 사람이며
살 집을 베푸는 사람은 남에게 모든 것을 주는 사람이며
그러나 부처님 가르침을 베푸는 사람은 남에게
윤회의 해방을 주는 사람이다.

## 누구에게 공덕이 늘어납니까?
| 상윳따 니까야: 1 데와따 상윳따 5:7 |

"누구에게 공덕이 밤낮으로 늘어납니까?"
"동산과 숲을 조성하고 나무를 심어
그늘을 드리워 지친 나그네 쉬어가게 하고
다리를 놓아 물을 건너가게 하고
우물 가 정자를 세우고
우물을 파 목마른 이 마시게 하고
객사를 지어 나그네 쉬어가게 하는
이런 이에게 공덕은 밤낮으로 늘어난다네."

## 꾸사 풀잎이 손을 베듯이
| 상윳따 니까야: 2 데와뿟따 상윳따 1:8 |

악행은 나중에 후회를 가져오니
악행을 하지 않는 것이 더 좋다.

선행은 후회할 일이 없으니
선행은 힘써 행함이 더 좋다.

마치 꾸사 풀잎을 잘못 잡으면
손을 베듯이
수행자가 행동을 잘못하면
스스로를 지옥으로 이끈다.

되는대로 아무렇게나 행동하고
맹세한 것을 지키지 않아
청정한 삶에 자신이 없으면
좋은 결실을 가져올 수 없다.

## ❂ 늙음과 죽음이 덮칠 때 해야 할 일
| 상윳따 니까야: 3 꼬살라 상윳따 3:5 |

어느 때 부처님은 사왓티의 기원정사에 계셨다. 그때 빠세나디왕은 부처님을 찾아와서 왕의 직무인 왕으로서 해야 할 일과 세속적인 분주함을 이야기하였다. 이에 부처님은 왕에게 물으셨다.

"대왕님, 이것을 아셔야 합니다. 대왕께 말씀드립니다. 늙음과 죽음이 대왕을 덮치고 있습니다. 늙음과 죽음이 덮치고 있는데 무엇을 해야 하겠습니까?"

"부처님, 늙음과 죽음이 덮칠 때에 해야 할 일은 담마에 따라 사는 것, 올바르게 사는 것, 착한 일을 하고 공덕을 쌓는 것 이외에 다른 무엇이 있겠습니까?"

"그렇습니다. 대왕님, 늙음과 죽음이 닥칠 때 해야 할 일은 담마에 따라 사는 것, 바르게 사는 것, 그리고 착하게 사는 것과 공덕을 쌓는 것 이외에 다른 무엇이 있겠습니까?"

이어서 부처님은 게송으로 말씀하셨다.

하늘을 찌를 듯한 거대한 바위산이
사방에서 산을 뭉개면서 다가오는 것처럼
늙음과 죽음은 그렇게
살아 있는 모든 것들에게 덮쳐온다네.
왕족, 브라흐민, 상인, 노예, 천민, 청소부,
누구를 막론하고 모든 것을 뭉개버리네.

코끼리 부대, 전차 부대, 보병 부대로도 막을 수 없고
속임수로도 꺾을 수 없고
재물로도 매수할 수 없다네.

그러므로 지혜로운 이는
자신을 위하여 확고한 마음으로
붓다, 담마, 승가에 믿음을 둔다네.

생각과 말과 행동으로 가르침을 실천하는 사람은
이런 이야말로 이 세상에서도 칭찬받고

죽은 후 좋은 곳에서 즐긴다네.

## ☸ 아들에게 버림받은 대부호
| 상윳따 니까야: 7 브라흐마나 상윳따 2:4 |

어느 때 부처님은 사왓티에 계셨다. 그때 어떤 대부호 브라흐민이 낡고 해진 옷을 입고 부처님을 찾아왔다. 부처님이 말씀하셨다.

"브라흐민이여, 그대는 왜 그렇게 초라하고 낡고 해진 옷을 입고 있소?"

"고따마 존자님, 나의 네 명의 아들들이 그들 아내들의 부추김에 넘어가서 나를 쫓아냈습니다."

"그러면 브라흐민이여, 당신의 아들들이 많은 사람들과 함께 앉아 있는 모임의 장소에서 다음과 같은 시를 잘 배워서 읊으시오."

그들의 탄생을 나는 기뻐했고
그들의 성공을 나는 빌었지,
그러나 그들은 아내의 부추김에 넘어가서
개가 돼지를 쫓아내듯 나를 쫓아냈네.

비록 나를 아버지, 사랑하는 아버지라 부르지만
이 나쁜 자들은 사실 비열한 자일세.
아들의 가면을 쓴 마귀들이
내가 늙어가니 나를 버리네.

쓸모 없는 늙은 말이
여물도 못 먹고 쫓겨나듯,
어리석은 자식들의 늙은 아비는
다른 이의 집에서 밥을 비네.

불효한 자식들보다
지팡이가 내겐 더 나은 것일세.
지팡이로 사나운 황소도
사나운 개도 쫓아낸다네.

어둠 속에서 내 앞에 가고
웅덩이에서 나를 붙잡아 주지.
이런 지팡이의 자비로운 힘으로
걸려 넘어져도 다시 일어나네.

대부호 브라흐민은 부처님 앞에서 이 시를 잘 외워서 그 아들들이 함께 앉아 있는 큰 모임의 장소에서 큰 소리로 읊었다. 이것을 듣고 아들들은 뉘우치는 마음이 일어 아버지를 집으로 모시고 가서 목욕을 시켜드리고 편안하게 모시게 되었다. 그 후 대부호 브라흐민은 부처님께 귀의하여 재가신도가 되었다.

## 공경하고 존경해야 할 사람
| 상윳따 니까야: 7 브라흐마나 상윳따 2:5 |

어느 때 부처님은 기원정사에 계셨다. 그때 브라흐민 마낫탓다가 사왓티에 살고 있었다. 그는 어머니도 아버지도 스승도 존경하지 않았다. 그때 부처님은 많은 대중에 둘러싸여 가르침을 설하고 계셨다.

그런데 마낫탓다에게 이런 생각이 들었다. '사문 고따마는 많은 대중에 둘러싸여 가르침을 설하고 있다. 그에게 가 보자. 그가 나에게 먼저 말을 걸면 나도 말을 할 것이고, 말을 걸지 않으면 나도 말하지 않을 것이다.' 라고 생각하고 부처님 계신 곳으로 가서 부처님 한쪽 옆에 서 있었다. 그러나 부처님은 그에게 말을 걸지 않았다. 그래서 그는 생각하기를, '사문 고따마는 아무것도 모르는구나' 라고 생각하고 돌아가려고 하였다.

그러나 부처님은 그의 마음을 꿰뚫어 보시고 게송으로 말씀하셨다.

교만심을 품는 것은 좋은 일이 아니라네
누구를 만나러 왔는지
무슨 목적으로 왔는지 말을 해야 하네.

마낫탓다는 생각하기를 '사문 고따마는 내 생각을 아는구나.' 하고 그는 부처님 발에 엎드려 발에 입맞추고 발을 어루만지면서 말하였다.

"내 이름은 마낫탓다입니다. 고따마 존자님, 내 이름은 마낫탓다입니다."

그때 대중들은 이런 광경을 보고 말하였다.

"참으로 놀라운 일입니다. 저 브라흐민 마낫탓다는 부모도 공경하지 않고, 손위 형제들도 존경하지 않고, 스승도 존경하지 않았는데, 그러나 지금 그는 사문 고따마 앞에 최고의 존경을 표시하고 있습니다."

부처님은 브라흐민 마낫탓다에게 말씀하셨다.

"그대의 마음에 믿음이 일어났으니 됐네, 브라흐민이여, 일어나 자리에 앉게."

그는 자리에 앉아 부처님께 이렇게 말하였다.

"누구에게 교만해서는 안 됩니까? 누구에게 존경심으로 대하여야 합니까? 누구에게 공경과 존경을 드려야 합니까? 누구를 지극히 공경하는 것이 합당합니까?"

이에 부처님은 게송으로 말씀하셨다.

제일 먼저 자신의 어머니, 아버지,
그 다음에는 나이든 형제,
그 다음에는 스승에게 교만해서는 안 되네.
이 분들께 깊이 공경과 존경을 드려야 하네.
교만을 꺾고 겸손한 마음으로
번뇌를 맑히고 위없는 경지에 도달한
성자에게 공경과 존경을 드려야 하네.

## 🪷 일곱 가지 서원

| 상윳따 니까야: 11 상까 상윳따 2:1 |

어느 때 부처님은 사왓티의 기원정사에 계셨다. 부처님은 제자들에

게 이렇게 가르치셨다.

여기에 일곱 가지 서원이 있다.

1. 살아있는 한 부모님을 봉양하리라.
2. 살아있는 한 가족의 웃어른을 존경하리라.
3. 살아있는 한 부드럽고 공손하게 말하리라.
4. 살아있는 한 불화를 일으키는 말을 하지 않으리라.
5. 살아있는 한 인색하지 않고 관대하게 베풀고, 주는 것을 기뻐하며 자선을 하며, 보시하고 나누는 것을 기뻐하는 삶을 살리라.
6. 살아있는 한 진실을 말하리라.
7. 살아있는 한 성내지 않으며, 만일 화가 나면 즉시 화나는 마음을 제거하리라.

## ❂ 백 개의 가마솥의 음식보다 자비로운 마음을
| 상윳따 니까야: 20 오빰마 상윳따 4 |

어느 때 부처님은 사왓티의 기원정사에 계셨다. 부처님은 제자들에게 이렇게 가르치셨다.

"만일 어떤 사람이 아침에 백 개의 가마솥의 음식을 보시하고, 점심에 백 개의 가마솥의 음식을 보시하고, 저녁에 백 개의 가마솥의 음식을 보시한다고 하자.

또 만일 어떤 사람이 비록 소젖을 짜기 위하여 소의 젖꼭지를 한번 당기는 것만큼의 잠깐의 시간이라도 아침에 잠시 동안 자비로운 마음을 실천하거나, 점심에 잠시 동안 자비로운 마음을 실천하거나, 저녁에 잠시 동안 자비로운 마음을 실천한다고 할 때, 백 개의 가마솥 음식보다 잠시 동안이라도 자비로운 마음을 실천하는 것이 훨씬 더 결실이 크다. 그러므로 그대들은 이와 같이 배워야 한다.

자비로써 마음의 해탈을 발전시키고 연마하며, 자비를 수레로 삼고, 자비를 토대로 삼고, 자비의 마음을 견고하게 하고, 자비 속에서 자신을 단련하여, 자비로움을 온전히 성취하리라."

## 목숨을 건 포교
| 상윳따 니까야: 35 사라야따나 상윳따 88 |

부처님은 뿐나 존자에게 〔감각기관의 절제에 대하여 가르침을 주신 후〕 이어서 말씀하셨다.

"이와 같이 간단한 가르침을 그대에게 말하였다. 이제 뿐나여, 어느 지방으로 가서 지내려고 하는가?"

"부처님, '수나빠란따' 라는 지방이 있는데 거기에서 지내려고 합니다."

"뿐나여, 수나빠란따 사람들은 거칠고 난폭하다. 만일 그들이 모욕하고 욕하면 어떻게 하겠는가?"

"부처님, 만일 그들이 모욕하고 욕한다면 '수나빠란따 사람들은 나를 주먹으로 때리지 않았으니 정말 훌륭하다.' 고 생각하겠습니다. 부처님."

"그러나 뿐나여, 만일 그들이 주먹으로 때린다면 어떻게 하겠는가?"

"부처님, 만일 그들이 주먹으로 때린다면 '수나빠란따 사람들은 나를 흙덩이로 때리지 않았으니 정말 훌륭하다.' 고 생각하겠습니다."

"만일 흙덩이로 때린다면 어떻게 하겠느냐?"

"부처님, 만일 그들이 흙덩이로 때린다면 '수나빠란따 사람들은 나를 몽둥이로 때리지 않았으니 정말 훌륭하다.'고 생각하겠습니다."

"만일 몽둥이로 때린다면 어떻게 하겠느냐?"

"부처님, 만일 그들이 몽둥으로 때린다면 '수나빠란따 사람들은 나를 칼로 찌르지 않았으니 정말 훌륭하다.'고 생각하겠습니다."

"만일 칼로 찌른다면 어떻게 하겠느냐?"

"부처님, 만일 그들이 칼로 찌른다면 '수나빠란따 사람들은 나를 날카로운 칼로 죽이지 않았으니 정말 훌륭하다.'고 생각하겠습니다."

"만일 날카로운 칼로 죽인다면 어떻게 하겠느냐?"

"부처님, 만일 그들이 날카로운 칼로 나를 죽인다면 '어떤 부처님 제자는 고통스러울 때 자신의 육신과 생명을 혐오하여 자결을 호소한 사람도 있었는데, 나는 가해자를 찾지 않고도 칼에 찔림을 당하게 되었다.'고 생각하겠습니다."

"장하다, 뿐나여, 그런 자제력과 평화로움을 가지고 있으니 그대는 수나빠란따 지방에 가서 살 수 있다. 그럼 좋을대로 떠나도록 하여라."

이와 같은 부처님의 말씀을 듣고 기쁜 마음으로 그는 길을 떠나 마침내 수나빠란따에 도착하였다. 그 후 우기 안거 동안에 500명의 남자 신도와 500명의 여자 신도를 교화시켰다.

## 밤늦도록 가르치시다

| 상윳따 니까야: 35 사라야따나 상윳따 243 |

어느 때 부처님은 사꺄 사람들이 사는 곳인 까삘라왓투의 니그로다 승원에 계셨다. 그때 사꺄 사람들은 새로 회당을 지었는데 아직 어떤 사문

이나 브라흐민 또는 어떤 사람도 사용하지 않았다. 까삘라왓투의 사꺄 사람들은 부처님께 와서 예를 올리고 한쪽에 앉아 이렇게 말씀드렸다.

"부처님, 새 회당이 이제 막 완성되었습니다. 그리고 아직 어떤 사문도 브라흐민도 어떤 사람도 사용하지 않았습니다. 부처님께서 회당을 처음으로 사용해 주십시오. 부처님께서 회당을 처음으로 사용하신 후에 저희들이 사용하겠습니다. 그러면 저희들에게 오랫동안 이익과 행복이 있을 것입니다."

이에 부처님은 침묵으로 허락하셨다. 그들은 부처님이 허락하신 것을 알고 자리에서 일어나 부처님께 예를 올리고 오른쪽으로 돌아 새 회당으로 갔다. 그리고 새 회당 바닥에 자리를 깔고, 방석을 준비하고, 큰 물 항아리를 준비하고, 기름 등을 걸었다. 이런 준비가 다 끝났을 때 그들은 부처님께 알렸다.

부처님은 가사를 입고 발우와 가사를 들고 많은 비구들과 함께 새 회당으로 가셨다. 부처님은 발을 씻으신 후[44] 회당에 들어가셔서 가운데 기둥을 뒤로하고 동쪽을 향하여 앉으셨다. 비구들도 또한 발을 씻은 후 회당에 들어가서, 서쪽 벽을 뒤로하고 동쪽을 향하여 부처님 뒤에 앉았다. 까삘라왓투의 사꺄족들도 또한 발을 씻은 후 회당에 들어가서, 동쪽 벽 앞에 서쪽을 향하여 부처님을 마주보고 앉았다.

부처님은 밤늦게까지 이들에게 훌륭한 법문으로 가르치시고, 간곡히 권고하고, 격려하고, 기쁘게 하셨다. 부처님은 그들에게 말씀하셨다.

"밤이 깊었소. 고따마들이여,[45] 갈 때가 된 것 같소."

---
44) 그 당시 신발 없이 맨발로 다녔기 때문에 모두 발을 씻는다.

그들은 자리에서 일어나 부처님께 예를 올리고 부처님의 오른쪽으로 돌아 떠나갔다.

사까 사람들이 돌아간 후, 부처님은 마하목갈라나 존자에게 이렇게 말씀하였다.

"비구 승가는 태만과 무기력에서 벗어났다. 목갈라나여, 비구들에게 가르침을 설하여라. 나는 등이 아프구나, 등을 좀 펴야겠다."

그래서 마하목갈라나 존자는 비구들을 위하여 훌륭한 가르침을 설하였다.

## 🕮 한량없는 마음의 해탈 (4무량심)
| 상윳따 니까야: 41 찟따 상윳따 7 |

어느 때 고닷따 존자가 맛치까산다의 암바따까 승원[46]에 있었다. 그 때 존자 고닷따는 장자 찟따에게 한량없는 마음의 해탈에 대하여 물었다. 이에 장자 찟따는 말하였다.

"존자님, 한량없는 마음의 해탈이란 이런 것입니다.

수행자는 온 천지 사방을 자애로운 마음으로 물들여 가득 채우면서 머뭅니다. 광대하고, 광활하고, 무한하고, 악의나 증오 없이 무한한 자애심으로 온 세상을 가득 채우면서 머뭅니다.

그는 온 천지 사방을 자비로운 마음으로 물들여 가득 채우면서 머뭅니다. 광대하고, 광활하고, 무한하고, 악의나 증오 없이 무한한 자비심으로 온 세상을 가득 채우면서 머뭅니다.

---
45) 그들은 고따마 씨족이었다.
46) 장자 찟따가 지어 기증한 승원. 그는 맛치까산다의 대부호로 재가의 신도 중에서 부처님 가르침을 설법하는 데 으뜸이었다고 함.

그는 온 천지 사방을 더불어 기뻐함으로 물들여 가득 채우면서 머뭅니다. 광대하고, 광활하고, 무한하고, 악의나 증오 없이 무한한 더불어 기뻐함으로 온 세상을 가득 채우면서 머뭅니다.

그는 온 천지 사방을 평정의 마음으로 물들여 가득 채우면서 머뭅니다. 광대하고, 광활하고, 무한하고, 악의나 증오 없이 무한한 평정의 마음으로 온 세상을 가득 채우면서 머뭅니다.

이것을 한량없는 마음의 해탈이라고 합니다.

이 모든 한량없는 마음의 해탈 중에서 흔들림 없는 마음의 해탈이 최상의 것입니다. 흔들림 없는 마음의 해탈은 탐욕을 비우는 것이며, 성냄을 비우는 것이며, 어리석음을 비우는 것입니다."

## ● 기근에 왜 행각[47] 하십니까?
| 상윳따 니까야: 42 가마니 상윳따 9 |

어느 때 부처님은 많은 비구의 무리와 함께 꼬살라 사람들이 사는 곳을 거쳐 날란다에 도착하여 빠와리까의 망고 숲에 머무셨다. 그때 날란다에 기근이 들어 곡식은 마름병이 들어 하얗게 말라 지푸라기가 되었고 식량은 구하기가 힘들었다.

그때 니간타 나따뿟따도 날란다에서 많은 추종자들과 함께 있었다. 니간타는 그의 재가신자인 촌장 아시반다까뿟따에게 이렇게 말하였다.

"촌장이여, 사문 고따마의 교리를 논파하여 보시오. 그러면 막강하고 위대한 수행자 고따마의 교리를 논파했다는 좋은 평판이 자자할 것이요."

...................
47) 행각(行脚): 여기저기 돌아다니며 수행하는 것.

"존자시여, 어떻게 그런 막강하고 위대한 사문 고따마를 논파할 수 있습니까?"

이에 니간타 나따뿟따는 자세하게 질문의 내용을 말해준 후 부처님에게 보냈다. 촌장 아시반다까뿟따는 가르쳐 준 질문의 내용대로 부처님께 이와 같이 말하였다.

"부처님은 여러 면에서 사람들의 가정에 대하여 자비를 가지고 있고 또 그들을 보호하고 그들에 대한 동정심을 찬탄하는 걸로 알고 있습니다."

"그렇소, 촌장이여, 여래는 여러 면에서 가정에 대한 자비를 가지고 있고 가정을 보호하고 가정에 대한 동정심을 찬탄합니다."

촌장은 다시 말하였다.

"그렇다면 왜 부처님과 많은 비구 무리들은 곡식은 마름병이 들어 하얗게 말라 지푸라기로 변하고, 식량도 구하기 힘든 이 기근의 때에 행각하십니까? 가정을 말살시키려는 겁니까? 가정에 재앙을 주려는 겁니까? 가정을 파괴하려는 겁니까?"

"촌장이여, 나는 지금까지 어떤 가정도 요리된 자선음식을 보시하였기 때문에 망했다는 말을 들어보지 못하였소. 오히려 어떤 가정이든 많은 부와 재물을 가지게 되고, 많은 금은을 가지게 되고, 많은 소유물을 가지게 되고, 많은 곡물을 가지게 되어 부유하게 되었소. 그 모든 재물은 자선함으로써 모으게 되었고, 진실함으로써 모으게 되었고, 자신을 절제함으로써 모으게 되었소."

이어서 부처님은 가정을 파괴하는 다른 이유를 말씀하시고 촌장의 말이 잘못되었음을 지적하셨다. 촌장은 부처님의 훌륭한 말씀에 감복하여 부처님의 재가신도가 되었다.

## ☸ 내가 죽으면 어디로 갈까?
| 상윳따 니까야: 55 소따빳띠 상윳따 21 |

이와 같이 나는 들었다. 어느 때 부처님은 까삘라왓투의 사꺄족들이 사는 마을의 니그로다 승원에 계셨다. 그때 사꺄족의 마하나마가 부처님께 인사를 드리고 이렇게 말하였다.

"부처님, 이 까삘라왓투는 부유하고, 번영하고, 인구가 많고, 길거리는 사람들로 붐빕니다. 가끔 제가 존경하올 부처님과 존자님들을 방문한 후 오후에 까삘라왓투에 들어서면 통제할 수 없이 산란한 코끼리나, 말, 마차, 수레, 그리고 사람들과 마주칩니다. 그때 저에게 부처님과 가르침과, 승가에 대한 마음챙김은 헝클어지고 혼란되어 이런 생각이 듭니다. '만일 내가 이 순간, 이 북새통에서 죽는다면, 내가 가는 곳이 어디일까? 나는 어디에 다시 태어날까?' 라는 생각이 듭니다."

"두려워하지 말라. 마하나마! 두려워하지 말라. 마하나마여! 설령 그대가 죽는다해도 나쁜 죽음은 없을 것이다. 사람이 오랫동안 믿음과, 계행과, 배움과, 버림과, 지혜로 그의 마음을 수행하였을 때는, 비록 사대로 이루어진 이 물질적인 육신이 부모로부터 태어나 음식으로 양육되고, 무상하게 닳아 없어지고 파괴되어 흩어진다해도, 비록 이 육신이 사나운 짐승이나 새나 다른 생물들에게 먹힌다해도, 그러나 오랫동안 믿음과, 계행, 배움, 버림과, 지혜로 수행하였기 때문에 그의 마음은 높이 올라 정상을 정복한다.[48]

---
48) 이 문장은 육신의 죽음과 업의 결실을 보여주며 좋은 곳에 태어나 열반으로 나아감을 의미.

예를 들어 어떤 사람이 기름단지를 깊은 연못에 넣어 깨트리면, 깨진 단지 조각들은 가라앉고 기름은 물위로 떠오를 것이다. 이와 마찬가지로 〔오랫동안 선업을 쌓았기 때문에 죽은 후에 나쁜 곳에 가라앉지 않으며, 선한 업은 위로 떠오르며 좋은 곳으로 가게 된다〕. 그대는 오랫동안 믿음과, 계행, 배움, 버림과, 지혜로 수행하였기 때문에 그대의 마음은 높이 올라 정상을 정복한다. 그러므로 마하나마여, 두려워하지 말라. 그대가 설령 죽는다해도 나쁜 죽음은 없을 것이다."

## 네 가지 무량한 마음을 닦음 (4무량심)
| 맛지마 니까야: 40 쭐라앗사뿌라 경 9-13 |

이어서 부처님은 제자들에게 말씀하셨다.

"어떻게 사문에게 합당한 길을 수행하는가?

그는 자애로 물든 마음으로 한쪽 방향을 가득 채우면서 머문다. 자애로 물든 마음으로 두 번째 방향을 가득 채우면서 머문다. 자애로 물든 마음으로 세 번째 방향을 가득 채우면서 머문다. 자애로 물든 마음으로 네 번째 방향을 가득 채우면서 머문다. 자애로 물든 마음으로 위와 아래와 주위와 모든 곳에 빠짐없이 가득 채우면서 머문다. 그는 증오와 악의 없이 무한하고 광대하고 무량한 자애로 물든 마음으로 그를 둘러싸고 있는 온 세상을 가득 채우면서 머문다.

그는 자비로 물든 마음으로 한쪽 방향을 가득 채우면서 머문다. 자비로 물든 마음으로 두 번째 방향을 가득 채우면서 머문다. 자비로 물든 마음으로 세 번째 방향을 가득 채우면서 머문다. 자비로 물든 마음으로 네 번째 방향을 가득 채우면서 머문다. 자비로 물든 마음으로 위와 아래와 주위와 모든 곳에 빠짐없이 가득 채우면서 머문다. 그는 증오와 악의 없이 무한하고 광대하고 무량한 자비로 물든 마음으로 그를 둘러싸고 있는 온 세상을 가득 채우면서 머문다.

그는 함께 기뻐함으로 물든 마음으로 한쪽 방향을 가득 채우면서 머문다. 함께 기뻐함으로 물든 마음으로 두 번째 방향을 가득 채우면서 머문다. 함께 기뻐함으로 물든 마음으로 세 번째 방향을 가득 채우면서 머문다. 함께 기뻐함으로 물든 마음으로 네 번째 방향을 가득 채우면서 머문다. 함께 기뻐함으로 물든 마음으로 위와 아래와 주위와 모든 곳에 빠짐없이 가득 채우면서 머문다. 그는 증오와 악의 없이 무한하고 광대하고 무량한 함께 기뻐함으로 물든 마음으로 그를 둘러싸고 있는 온 세상을 가득 채우면서 머문다.

그는 평정[49]으로 물든 마음으로 한쪽 방향을 가득 채우면서 머문다. 평정으로 물든 마음으로 두 번째 방향을 가득 채우면서 머문다. 평정으로 물든 마음으로 세 번째 방향을 가득 채우면서 머문다. 평정으로 물든 마음으로 네 번째 방향을 가득 채우면서 머문다. 평정으로 물든 마음으로 위와 아래와 주위와 모든 곳에 빠짐없이 가득 채우면서 머문다. 그는 증오와 악의 없이 무한하고 광대하고 무량한 평정으로 물든 마음으로 그를 둘러싸고 있는 온 세상을 가득 채우면서 머문다."

---

[49] 평정(Upekkhā): 사랑도 미움도, 슬픔도, 기쁨도 그 어느 감정에도 치우침이 없이 희노애락을 초월한 마음을 말한다. 4선정의 마지막 단계.

## 자애를 일으키는 여섯 가지 자질
| 맛지마 니까야: 48 꼬삼비야 경 1-6 |

이와 같이 나는 들었다. 어느 때 부처님은 꼬삼비의 고시따 승원에 계셨다. 그때 꼬삼비 비구들은 말로 서로 찌르면서 다투고 싸우고 심하게 논쟁하였다. 그래서 그들은 서로 납득할 수도 없었고 납득시킬 수도 없었다. 또한 서로 설득할 수도 없었고 설득시킬 수도 없었다. 이를 아시고 부처님은 그 비구들을 불러 말씀하셨다.

"비구들이여, 그대들은 말로 서로 찌르면서 다투고 싸우고 심하게 논쟁하고, 그래서 서로 납득할 수도 없고, 납득시킬 수도 없고, 또한 서로 설득할 수도 없고, 설득시킬 수도 없다는 것이 사실인가?"

"사실입니다, 부처님."

"비구들이여, 그대들이 말로 서로 찌르면서 다투고 싸우고 심하게 논쟁할 때, 공적으로든 사적으로든 청정한 삶을 함께 사는 동료들에게 자애스러운 행동과, 자애스러운 말과, 자애스러운 마음이 나오겠는가?"

"나오지 않습니다, 부처님."

"그대들이 그렇게 서로 다투고 논쟁한다면 동료들에게 어떻게 자애스러운 말과, 행동과, 마음이 나오겠는가. 어리석은 자들아, 그대들은 무엇을 알고 무엇을 보아서 그렇게 말로 서로 찌르고 싸우고 다투고 논쟁한단 말이냐? 그런 싸움은 그대들에게 오랫동안 괴로움과 해로움을 가져올 뿐이다.

비구들이여, 여기에 서로 화합하고, 일치하고, 논쟁하지 않고, 서로 돕고, 사랑과 존경을 이루어 내는 여섯 가지 명심해야 할 자질이 있다.

① 청정한 삶에서 그의 동료들에게 공적으로든 사적으로든 자애의

행동으로 대한다.

② 청정한 삶에서 그의 동료들에게 공적으로든 사적으로든 자애의 말로 대한다.

③ 청정한 삶에서 그의 동료들에게 공적으로든 사적으로든 자애의 마음으로 대한다.

④ 청정한 삶에서 계행을 지키는 동료들과 함께 물건을 공유한다. 자신을 위하여 아껴둠이 없이 법답게 얻은 것은 무엇이든지 서로 나누어야 하며 발우에 담긴 음식까지라도 서로 나누어야 한다.

⑤ 결점 없고, 흠 없고, 얼룩지지 않고, 깨지지 않고, 자유롭고, 현자에 의해 칭찬되고, 삼매에 도움이 되는 그런 계행 속에 청정한 삶의 동료들과 함께 공적으로든 사적으로든 일치하여 머물러야 한다.

⑥ 어떤 견해든 거룩하고, 해탈로 이끌고, 이것에 따라 수행하는 사람을 완전한 괴로움의 소멸로 이끄는 그런 견해 속에 청정한 삶의 동료들과 함께 공적으로든 사적으로든 일치하여 머물러야 한다.

이것이 화합하게 하고, 일치하게 하고, 논쟁하지 않고, 서로 돕고, 사랑과 존경을 이루어 내는 명심해야 할 여섯 가지 자질이다."

## 왓지인이 번영하는 일곱 가지 요인

| 디가 니까야: 16 마하빠리닙바나 경 1:1-1:5 |

이와 같이 나는 들었다. 어느 때 부처님은 라자가하의 독수리봉[영취산]에 계셨다. 그때 마가다의 아자따삿뚜왕은 왓지국을 침범할 맘을 먹고 그의 총리대신, 브라흐민 왓사까라에게 말하였다.

"브라흐민, 그대는 부처님을 찾아 뵙고 건강하시고 편안하신지 문안드리고 이렇게 여쭈시오, '아자따삿뚜왕은 왓지국이 힘이 강력하고 막강하다고 하더라도 그들을 침략하여 전멸시키겠다고 선언하였습니다. 그리고 왕은 왓지국을 파괴하고 완전히 황폐화시킬 것이다.'고 말씀드리고 부처님께서 말씀하시는 것을 잘 듣고 나에게 그대로 보고하시오. 부처님은 진실 아닌 것을 결코 말씀하지 않기 때문이오."

그래서 그는 부처님을 찾아가 그대로 말씀드렸다.

그때 아난다 존자는 부처님의 뒤에 서서 부채를 부쳐드리고 있었다. 부처님은 말씀하셨다.

"아난다, 왓지 사람들이 자주 함께 모임을 갖는다고 들었느냐?"

"예, 자주 모인다고 들었습니다."

"아난다, 왓지 사람들이 서로 자주 모임을 갖는 한 그들은 쇠퇴하지 않고 번영할 것이다."

"아난다, 왓지 사람들이 화목하게 모이고 헤어지고 화목하게 일들을 잘 처리한다고 들었느냐?"

"예, 그런다고 들었습니다."

"아난다, 왓지 사람들이 화목하게 모이고 헤어지고 화목하게 일들을 처리하는 한 그들은 쇠퇴하지 않고 번영할 것이다."

"아난다, 왓지 사람들이 전에 제정되지 않은 것은 제정을 삼가고, 전에 이미 제정된 것은 폐지를 삼가고, 왓지인의 규정으로 설정된 조상들의 전통을 잘 따른다고 들었느냐?"

"예, 그런다고 들었습니다."

"그렇다면 그들은 쇠퇴하지 않고 번영할 것이다."

"아난다, 왓지 사람들이 웃어른을 존경하고, 공경하고, 봉양하며,

어른들의 말씀을 귀담아 듣는다고 들었느냐?"

"예, 그런다고 들었습니다."

"그렇다면 그들은 쇠퇴하지 않고 번영할 것이다."

"아난다, 왓지 사람들이 다른 사람의 아내나 딸을 강제로 유괴해서 같이 살기를 강요하지 않는다고 들었느냐?"

"예, 그런다고 들었습니다."

"그렇다면 그들은 쇠퇴하지 않고 번영할 것이다."

"아난다, 왓지 사람들이 그들의 예배소를 〔도시〕 안에서나 또는 도시 밖에서나 예배하고, 공경하고, 존경하고, 전에〔지금까지〕 합당한 지원과 봉헌을 한 것처럼 그렇게 계속해서 꾸준히 지원과 봉헌을 한다고 들었느냐?"

"예, 그런다고 들었습니다."

"그렇다면 그들은 쇠퇴하지 않고 번영할 것이다."

"아난다, 왓지 사람들이 아라한들을 합당하게 돌보고 편안하게 보호하여 왓지국에 아직 오지 않은 아라한들이 올 수 있게 하고, 이미 거주하고 있는 이들은 편안하고 안락하게 살 수 있도록 한다고 들었느냐?"

"예, 그런다고 들었습니다."

"그렇다면 그들은 쇠퇴하지 않고 번영할 것이다."

그런 후 부처님은 브라흐민 왓사까라에게 말씀하셨다.

"브라흐민이여, 언젠가 나는 웨살리의 사란다 예배소에서 왓지 사람들에게 위의 일곱 가지 쇠퇴하지 않는 가르침을 말한 적이 있습니다. 이 가르침이 왓지 사람들에게 계속 이어지는 한, 이 가르침을 왓지 사람들이 철저하게 지키는 한, 왓지국은 쇠퇴하지 않고 번영할 것입니다."

부처님께서 이렇게 말씀하시자 이에 브라흐민은 말하였다.

"고따마 존자님, 왓지인들이 이 일곱 가지 중에서 한 가지만 지켜도 쇠퇴하지 않고 번영할 것인데 일곱 가지를 다 지킨다면 말해 무엇하겠습니까? 그러므로 아자따삿뚜왕이 교활한 수를 쓰지 않는 한, 또는 왓지인의 화합을 깨뜨리지 않는 한, 전쟁으로 왓지국을 이긴다는 것은 불가능합니다."

## ☸ 퇴보하지 않는 여섯 가지 요소
| 디가 니까야: 16 마하빠리닙바나 경 1:11 |

마가다의 총리대신 왓사까라가 떠난 지 오래지 않아 부처님은 아난다 존자에게 말씀하셨다.

"아난다, 라자가하 인근에 머무는 모든 비구들을 회당에 모이도록 일러라."

비구들이 다 모인 후에 부처님은 말씀하셨다.

"그대들에게 여섯 가지 퇴보하지 않는 요소에 대하여 설하리라.

① 동료들에게 공적으로나 사적으로나 자애의 행동으로 대하는 한 그대들은 더욱 더 향상하고 퇴보하지 않을 것이다.

② 동료들에게 공적으로나 사적으로나 자애의 말로 대하는 한 그대들은 더욱 더 향상하고 퇴보하지 않을 것이다.

③ 동료들에게 공적으로나 사적으로나 자애의 마음으로 대하는 한 그대들은 더욱 더 향상하고 퇴보하지 않을 것이다.

④ 법답게 얻은 선물이나 공양받은 것, 탁발한 음식까지라도 자신을

위해서 아껴두지 않고 청정한 삶의 동료들과 함께 서로 나누는 한, 그대들은 더욱 더 향상하고 퇴보하지 않을 것이다.

⑤ 동료들과 함께 공적으로나 사적으로나 해탈로 이끄는 계행, 지혜로운 이들이 칭찬하는 계행, 갈애나 잘못된 견해를 일으키지 않게 하는 계행, 마음 집중에 도움이 되는 계행, 완전하고 청정한 계행을 지키고 머무는 한, 그대들은 더욱 더 향상하고 퇴보하지 않을 것이다.

⑥ 동료들과 함께 공적으로나 사적으로나 괴로움의 완전한 소멸로 이끌고, 열반으로 이끄는 훌륭한 견해에 머무는 한, 그대들은 더욱 더 향상하고 퇴보하지 않을 것이다.

이 여섯 가지 퇴보하지 않는 요인이 그대들에게 오래 머무는 한, 철저하게 이 여섯 가지 요인을 관찰하고 지키는 한, 그대들의 [영적 성장은] 더욱 더 향상하고 퇴보하지 않을 것이다."

## ❂ 인색한 베풂에 대한 교훈
| 디가 니까야: 23 빠야시 경 30-34 |

(커다란 결실이 있는 제사)

빠야시 왕자는 꾸마라 깟사빠 존자에게 이렇게 말하였다.

"깟사빠 존자님, 저는 거대한 제사를 지내고 싶습니다. 오래도록 저에게 이익과 행복을 가져올 수 있도록 가르침을 주십시오."

"왕자님, 어떤 농부가 경작되지 않은 숲 속의 그루터기들이 그냥 있는 척박한 땅에 씨를 뿌렸다고 할 때, 그 씨들은 제대로 뿌리를 내리지 못하고 썩어버릴 것이며, 비도 제때에 오지 않았을 때 농부가 많은 수확을 거두겠습니까?

"그렇지 않습니다, 깟사빠 존자님."

"왕자님, 제사도 그와 마찬가지입니다. 제사를 지낼 때 황소나, 염소, 닭, 돼지 등을 죽이고 또는 여러 종류의 생물들을 살상하고 제사에 참여하는 사람들이 그릇된 견해와, 그릇된 생각, 그릇된 말, 그릇된 행동, 그릇된 생계 유지, 그릇된 노력, 그릇된 마음챙김, 그릇된 집중을 가지고 있다면, 그 제사는 큰 결실도 없고 이익도 없고 찬란함도 없고 빛남도 없습니다. 그러나 어떤 농부가 잘 경작된 땅에 그루터기를 제거한 비옥한 땅에 씨를 뿌렸다고 할 때, 그 씨들은 뿌리를 견고하게 내려 썩지 않을 것이며, 비도 제때에 온다면 농부는 많은 수확을 거두겠습니까?"

"그렇습니다, 깟사빠 존자님."

"왕자님, 제사도 이와 마찬가집니다. 제사를 지낼 때 황소나, 염소, 닭, 돼지 등을 죽이지 않고 또는 어떤 생류도 죽이지 않고, 제사에 참여하는 사람이 바른 견해와, 바른 생각, 바른 말, 바른 행동, 바른 생계 유지, 바른 노력, 바른 마음챙김, 바른 집중을 가지고 있다면, 그 제사는 커다란 결실과 이익과 찬란함과 빛남을 가져 올 것입니다."


(인색한 베풂에 대한 교훈)
그리고 나서 빠야시 왕자는 사문, 브라흐민, 가난한 사람, 길가는 나그네, 거지, 그리고 필요한 사람에게 베풀 자선을 위한 곳을 설립하였다. 그리고 시큼한 죽과 싸라기 밥, 둥근 술 장식이 달린 거친 옷들이 분배되었다. 그런데 그때 젊은 브라흐민 웃따라가 분배하는 책임으로 있었다. 이런 분배품을 보고 그는 말하였다.

"이런 자선을 통하여 이 생에서 나는 빠야시 왕자와 연관이 되어있다. 그러나 저 생에서는 아니다."

그런데 빠야시 왕자는 이 소리를 전해듣고 웃따라에게 그렇게 말한 것이 사실이냐고 물었다.

"왕자님, 사실입니다."

"그런데 왜 그대는 그렇게 말을 하였는가? 웃따라, 우리들은 자선에 대한 보상을 기대하고 공덕을 얻기를 원하고 있지 않느냐?"

"그러나 왕자님께서 베푸신 음식은 시큼한 죽과 싸라기 밥이었습니다. 그런데 왕자님은 이런 음식을 발에라도 닿는 것을 꺼리실텐데 하물며 그런 음식을 잡수시겠습니까? 그리고 둥근 술 장식이 달린 거친 옷들은 왕자님이 발에 닿는 것도 꺼리실텐데 하물며 그런 옷을 입으시겠습니까? 왕자님은 저희들에게 친절하고 따뜻하게 대해 주셨습니다. 그런데 그런 왕자님의 친절함과 따뜻함과 그리고 자선에서 보이신 불친절함과 거칠음을 어떻게 조화시켜야 할까요?"

"그러면 웃따라여, 그대는 내가 먹는 것과 같은 음식과 내가 입는 것과 같은 옷들을 베풀도록 주선하여라."

"매우 훌륭하십니다, 왕자님."

그래서 웃따라는 그대로 시행하였다.

빠야시 왕자는 마지못해 억지로 자선하는 곳을 설립했기 때문에, 자신의 손으로 베풀지 않았기 때문에, 적절한 관심도 없이 그냥 옆에 던져버리듯이 베풀었기 때문에, 그는 죽어서 텅 빈 세리사까 대저택의 사천왕의 동료로 태어났다. 그러나 웃따라는 자선을 베풂에 인색하지 않았고, 자신의 손으로, 적절한 관심을 가지고 베풀었고, 던져버리듯이 베풀지 않았기 때문에 죽은 후 좋은 곳, 천상의 33 신들의 동료로 태어났다.

그때 가왐빠띠 존자는 한낮의 휴식을 위하여 텅 빈 세리사까 대저택으로 가곤 하였다. 그런데 사천왕의 동료 신이 된 빠야시 왕자는 가왐빠띠 존자에게 가서 인사를 드리고 한 곁에 섰다. 가왐빠띠 존자가 물었다.

"그대는 누구인가, 친구여?"

"존자여, 저는 빠야시 왕자입니다."

"그런데 그대의 자선 품의 분배 책임을 맡았던 젊은 브라흐민 웃따라는 어디에 태어났는가?"

"존자여, 웃따라는 인색함 없이 자선을 베풀었기 때문에 33신들의 동료로 태어났고, 저는 인색하게 자선을 베풀었기 때문에 사천왕의 동료가 되어 여기 텅 빈 세리사까 대저택에 태어났습니다. 존자여, 부탁하오니 존자께서 지구에 가시면 이렇게 말해주십시오.

자선을 베풂에 인색하지 말고,

자신의 손으로 직접 베풀고,

적절한 관심을 가지고 베풀고,

던져버리듯이 베풀지 말라.

그리고 빠야시 왕자의 과보와 브라흐민 웃따라의 과보로 태어난 곳을 알려 주십시오."

그래서 가왐빠띠 존자는 인간 세상에 다시 돌아와서 이렇게 말하였다.

"여러분들은 인색함 없이 베풀고, 그대들의 손으로 직접 베풀고, 적절한 관심을 가지고 베풀고, 아무렇게나 던져버리듯이 베풀지 마십시오. 빠야시 왕자는 이렇게 하지 못하였기 때문에 죽은 후 사천왕의 동료가 되어 텅 빈 세리사까 대 저택에 태어났습니다. 그러나 왕자의 자선 품 분배의 책임을 맡은 젊은 브라흐민 웃따라는 인색함 없이 잘 베풀었기 때문에 죽은 후 33신의 동료로 천상의 좋은 곳에 태어났습니다."

## 육방(여섯 방향)의 비유
| 디가 니까야: 31 시갈로와다 경 1,2,27-35 |

이와 같이 나는 들었다. 어느 때 부처님은 라자가하의 죽림정사에 계셨다.

그때 장자의 아들인 젊은 시갈라는 아침 일찍 일어나 라자가하를 벗어나 〔물에서 나와〕 옷과 머리가 젖은 채로 두 손을 모아 합장하고 동·서·남·북·위·아래의 방향을 향하여 예배하였다.

부처님은 이른 아침 탁발을 하려고 라자가하로 들어가다가 시갈라가 여러 방향으로 예배드리는 것을 보고 말씀하셨다.

"장자의 아들이여, 그대는 왜 이렇게 옷과 머리가 젖은 채 여러 방향에 예배하는가?"

"존자님, 저의 아버지가 임종시 저에게 말씀하시기를, '사랑하는 아들아, 너는 여러 방위에 예배하여야 한다.'고 하셨습니다. 그래서 아버지의 말씀에 대한 존경과 공경심으로 여러 방향 즉, 동·남·서·북·아래·위의 여섯 방향을 향하여 예배합니다."

"장자의 아들이여, 그러나 거룩한 가르침에서는 여섯 방향은 그런 식으로 예배하는 것이 아니다."

"그러면 존자님, 거룩한 가르침에서는 어떻게 육방에 예배를 합니까? 거룩한 가르침에서 육방을 어떻게 예배하는지 가르침을 주시면 감사하겠습니다."

"그렇다면 귀를 기울여 잘 듣고 마음에 새겨라. 그대를 위하여 설하리라."

부처님은 계속해서 장자의 아들 시갈라에게 말씀하셨다.

"장자의 아들이여, 거룩한 제자는 어떻게 여섯 방향〔동·남·서·북·상·하〕을 보호하는가? 여섯 방향을 다음과 같이 알아야 한다. 부모는 동쪽이라고 알아야 한다. 스승은 남쪽, 아내와 아이들은 서쪽, 친구와 동료는 북쪽, 하인과 고용인은 아래쪽, 사문과 브라흐민은 위쪽이라고 알아야 한다.

〔동쪽: 부모와 자녀의 도리〕
아들은 다섯 가지로 동쪽 방향인 부모님을 섬겨야 한다. 부모님은 나를 양육하셨다. 그러니 나는 부모님을 봉양할 것이며, 주어진 의무를 다할 것이며, 가문의 전통을 이어갈 것이며, 유산을 물려받음에 모자람이 없도록 할 것이며, 부모님이 돌아가시면 그분들을 위하여 보시를 베풀 것이다.

부모는 다섯 가지로 동쪽 방향인 자녀를 돌보아야 한다. 악을 삼가도록 한다. 선을 행하도록 격려한다. 교육을 시키고 전문적인 기술을 가르친다. 적합한 배우자를 물색하여 결혼시킨다. 때가 오면 유산을 물려준다.

이렇게 각각 다섯 가지 길로써 자녀는 부모를 섬기고 부모는 자녀를 돌보아야 한다. 이렇게 해서 동쪽 방향은 보호되고 안전하고 편안하게 된다.

〔남쪽: 스승과 제자의 도리〕
제자는 다섯 가지로 남쪽 방향인 스승을 섬겨야 한다. 일어서서 맞이하고 인사하며, 〔미리 와서〕 기다리며, 배움에 열성을 다하고, 개인적으로 시중을 들고, 가르침을 받을 때 주의를 기울여 배운다.

스승은 다섯 가지로 남쪽 방향인 제자를 돌보아야 한다. 가르쳐야 할 바를 철저히 가르친다. 제자들이 알아들었는지 확인한다. 모든 분야의 교육을 철저히 시킨다. 스승의 친구와 동료들에게 제자를 추천해 준다. 모든 곳에서 안전하게 보호해 준다.

이렇게 각각 다섯 가지 길로써 제자는 스승을 섬기고 스승은 제자를 돌보아야 한다. 이렇게 해서 남쪽 방향은 보호되고 안전하고 편안하게 된다.

〔서쪽: 아내와 남편의 도리〕
남편은 다섯 가지로 서쪽 방향인 아내를 섬겨야 한다. 아내를 공경하고, 부드럽게 말하고, 충실하여 믿을 수 있고, 권한을 넘겨주고, 옷과 장신구를 사준다.

아내는 다섯 가지로 서쪽 방향인 남편을 섬겨야 한다. 맡은 바 일을 잘 해내며, 시가와 친가 양쪽 친척들을 모두 환대하며, 충실하여 믿을 수 있으며, 남편이 벌어 온 재물을 잘 관리하며, 모든 일을 처리함에 근면하고 능숙하여야 한다.

이렇게 각각 다섯 가지 길로써 남편은 아내를 돌보고 아내는 남편을 섬겨야 한다. 이렇게 해서 남쪽 방향은 보호되고 안전하고 편안하게 된다.

〔북쪽: 친구와 친구의 도리〕
벗은 다섯 가지로 북쪽 방향인 친구와 동료를 섬겨야 한다. 관대하게 베풀며, 친절한 말을 하며, 친구에게 이익이 돌아가도록 하며, 자신에게 하듯 친구를 대접하며, 말에 신용이 있으며 약속을 지킨다.

친구와 동료는 다섯 가지로 북쪽 방향인 벗을 섬겨야 한다. 벗이 취해 있을 때에 돌보아 주며, 벗이 취해 있을 때에 그의 재물을 돌보아 주며, 고난에 처하였을 때 의지처가 되어 주며, 재난에 처했을 때 그를 버리지 않으며, 벗의 가족까지도 관심을 가지고 돌본다.

이렇게 각각 다섯 가지 길로써 친구는 벗을 돌보고 벗은 친구와 동료를 돌보아야 한다. 이렇게 해서 북쪽 방향은 보호되고 안전하고 편안하게 된다.

〔아래: 주인과 하인이나 고용인의 도리〕
주인은 다섯 가지로 아래 방향인 하인과 고용인을 대접하여야 한다. 그들의 힘과 능력에 따라 일을 배정하며, 음식과 급료를 주며, 병이 났을 때에 돌보아 주며, 특별히 맛있는 것을 나누어 먹으며, 적절한 때에 쉬게 한다.

하인과 고용인은 다섯 가지로 아래 방향인 주인을 섬겨야 한다. 주인보다 일찍 일어나고, 늦게 자며, 주는 것만을 가지며, 맡겨진 일을 충실히 해내며, 항상 주인에 대한 칭찬과 좋은 평판을 이야기한다.

이렇게 각각 다섯 가지 길로써 주인은 하인과 고용인을 돌보고 하인과 고용인은 주인을 섬겨야 한다. 이렇게 해서 아래 방향은 보호되고 안전하고 편안하게 된다.

〔위: 사문이나 브라흐민과 시주자의 도리〕
시주자는 다섯 가지로 위 방향인 사문과 브라흐민을 섬겨야 한다. 자애로운 행동으로 대하며, 자애로운 말로 대하며, 자애로운 생각으로 대하며, 〔탁발 오는〕 그들을 위하여 대문을 열어 놓으며, 필요한 것들을 시주한다.

사문과 브라흐민은 다섯 가지로 위 방향인 시주자를 돌보아야 한다. 악을 삼가도록 하며, 선을 행하도록 북돋우며, 자애롭게 대하며, 아직 알지 못하는 뜻 깊은 가르침을 설해 주고 이미 아는 것은 분명하게 알도록 하며, 천상에의 길을 알려준다.

이렇게 각각 다섯 가지 길로써 시주자는 사문과 브라흐민을 섬기며 사문과 브라흐민은 시주자를 돌보아야 한다. 이렇게 해서 위 방향은 보호되고 안전하고 편안하게 된다."

부처님께서 이렇게 말씀하시자 젊은 장자 시갈라는 부처님을 찬탄하면서 부처님께 귀의하여 재가신도가 되었다.

## ❂ 부모님의 은혜를 갚는 길
| 앙굿따라 니까야 2부 4:2 |

비구들이여, 사람들이 은혜를 갚아도 갚아도 다 갚지 못하는 두 분이 있다고 나는 말한다. 그 두 분은 바로 어머니와 아버지이다. 한쪽 어깨에는 어머니를 다른 한쪽 어깨에는 아버지를 모시고 이렇게 하면

서 백 년을 산다해도, 이렇게 하면서 백 세까지 간다하더라도, 그리고 연고를 발라드리고, 안마를 해드리고, 목욕을 시켜드리고, 팔 다리를 주물러 드리고, 대소변을 받아낸다 하더라도 부모님의 은혜는 다 갚지 못한다.

설령 부모님을 칠보로 가득한 이 지구의 최고의 통치자로 모신다해도 부모님의 은혜는 다 갚을 수 없다. 왜 그럴까? 부모님은 자식들을 위하여 그보다 더 많은 것을 하시기 때문이다. 부모님은 자식을 기르고, 음식을 먹이고, 이 세상을 안내하여 주시기 때문이다.

그러나 믿음이 없는 부모님은 격려하여 믿음을 심어드리고, 그 믿음을 확고히 정착되도록 하며, 부도덕한 부모님은 격려하여 계행 속에 살도록 돕고, 그 계행을 확고히 정착되도록 하며, 인색한 부모님은 격려하여 너그러운 관용의 마음을 심어드리고, 그 너그러운 관용의 마음이 확고히 정착되도록 하며, 어리석은 부모님은 격려하여 지혜를 심어드리고, 그 지혜가 확고히 정착되도록 하면, 바로 이렇게 하는 사람이야말로 부모님의 은혜를 갚는 사람이다. 이런 사람은 부모님에게 해야 하는 것보다 더 많은 것을 갚는 사람이다.

## 음식을 보시하면
| 앙굿따라 니까야 4부 57 |

어느 때 부처님은 삿자넬라라고 불리는 꼴리야 사람들의 작은 도시에 계셨다. 부처님은 아침에 발우와 가사를 챙겨서 꼴리야 여인 숩빠와사의 집으로 가셨다. 부처님은 준비된 자리에 앉으셨다. 숩빠와사는 부처님께 여러 가지 맛있는 음식을 대접하였다. 공양을 다 드신 후 부처

님은 숩빠와사에게 이렇게 축복을 주셨다.

"숩빠와사여, 훌륭한 여성 제자는 음식을 보시함으로써 음식을 받는 사람에게 네 가지를 준다. 장수함을 주며, 아름다움을 주며, 행복을 주며, 강건함을 준다. 〔남에게〕 장수함을 줌으로써 자신은 장수함을 받게 될 것이다. 아름다움을 줌으로써 자신은 아름다움을 받게 될 것이다. 행복을 줌으로써 자신은 행복을 받게 될 것이다. 강건함을 줌으로써 자신은 강건함을 받게 될 것이다.

이와 같이 훌륭한 여성 제자는 음식을 보시함으로써 그 음식을 받는 사람에게 네 가지를 준다."

## ❂ 존재하는 모든 것들에게 자애롭게 대하기를
| 앙굿따라 니까야 4부 67 |

발 없는 것들에게 자애롭게 대하기를
두 발 가진 것들에게 자애롭게 대하기를
네 발 가진 것들에게 자애롭게 대하기를
많은 발 가진 것들에게 자애롭게 대하기를.

발 없는 것들이 나를 해치지 않기를
두 발 가진 것들이 나를 해치지 않기를
네 발 가진 것들이 나를 해치지 않기를
많은 발 가진 것들이 나를 해치지 않기를.

존재하는 모든 것은 행운을 얻기를

존재하는 모든 것은 해침을 받지 않기를
붓다, 담마, 승가는 무한하다.
다른 모든 생류는 유한하다.

나는 잘 지켜지고 보호되어 있으니
존재하는 모든 해로운 것들은 나에게서 떠나기를
나는 부처님께 귀의합니다.
온전히 깨달으신 일곱 분50)께 귀의합니다.

## 일곱 종류의 아내
| 앙굿따라 니까야 7부 59 |

어느 때 부처님은 사왓티의 기원정사에 계셨다. 이른 아침 부처님은 발우와 가사를 가지고 아나타삔디까 장자의 집으로 가셨다. 장자는 부처님께 예를 올리고 한쪽에 앉았다. 그때 사람들이 집에서 시끄럽게 소란스러웠다. 부처님은 말씀하셨다.

"장자여, 그대의 집에서 사람들이 무슨 일로 이렇게 소란스럽소? 마치 어부들이 고기를 그물로 잡아서 끌어올리는 것 같습니다."

"부처님, 그것은 며느리 수자따입니다. 수자따는 부유한 집에서 시집왔습니다. 그녀는 시부모에게도 조심성이 없고 남편에게도 조심성이 없습니다. 더구나 그녀는 부처님을 공경하지도 않고 존경하지도 않습니다."

부처님은 수자따를 부르셨다. 그녀는 부처님께 인사를 드리고 한쪽

---
50) 부처님의 전생의 부처님들인 과거 7불을 말함.

에 앉았다. 부처님은 말씀하셨다.

"수자따, 일곱 가지 종류의 아내가 있다. 살인자 같은 아내, 도둑 같은 아내, 〔사나운〕 여주인 같은 아내, 어머니 같은 아내, 누이 같은 아내, 친구 같은 아내, 하녀 같은 아내가 있다. 이 일곱 가지 아내 중에서 수자따는 어느 아내에 속하는가?"

"부처님께서 너무 간단하게 말씀하셔서 자세한 뜻을 모르겠습니다. 제가 이해할 수 있도록 저를 위하여 자세한 가르침을 주시면 감사하겠습니다."

수자따는 가르침을 청하였다. 부처님은 수자따를 위하여 다음과 같이 가르치셨다.

"자비가 없고 마음은 타락하고
다른 사람을 열망하고 남편은 멸시하며
그녀를 〔아내로〕 사온 사람을 죽이려는 아내
이런 아내가 살인자 같은 아내다.[51]

기술이나, 장사, 농장 일을 통해
남편이 벌어들인 재산을
자신을 위해 조금씩 훔쳐내는 아내
이런 아내가 도둑 같은 아내다.

---

[51] 이 구절은 "vadhakā ca bhariyā ca sā pavuccati" '살인자라고도 불리고 아내라고도 불린다.' 또는 '그와 같은 아내는 살인자라고 불린다.' 라고 보통 번역을 하지만 뜻이 매끄럽지 않아 이 시들의 끝 구절은 'ㅇㅇ같은' 이라고 의역을 하였다.

아무것도 하는 일 없이 나태하게 잔뜩 먹고
험담을 하고, 사납고, 거친 말을 하고
부지런한 남편을 구박하는 아내
이런 아내가 〔사나운〕 여주인 같은 아내다.

항상 남편에게 친절하고 이익을 주며
마치 어머니가 외아들에게 하듯이 그렇게 남편을 돌보고
남편이 벌어들인 재산을 조심해서 지키고 감독하는 아내
이런 아내가 어머니 같은 아내다.

마치 여동생이 언니에게 대하듯이
남편을 지극한 공경심으로 대하며
남편의 뜻을 겸허히 수용하는 아내
이런 아내가 누이 같은 아내다.

헤어졌던 친구들이 서로 환영하듯이
남편 앞에서 항상 즐거운 모습이며
훌륭한 태생의 계행을 지키고 헌신적인 아내
이런 아내가 친구 같은 아내다.

몽둥이도 두려워하지 않고 성내지 않으며
잘 참아내고 마음은 고요하고 깨끗하고
남편의 뜻을 순순히 따르는 아내

이런 아내가 하녀 같은 아내다.

살인자 같은 아내, 도둑 같은 아내, 〔사나운〕 여주인 같은 아내는 말이 사납고 계행이 바르지 못하고 존경을 받지 못하며 죽은 후 나쁜 곳에 태어난다. 그러나 어머니 같은 아내, 누이 같은 아내, 친구 같은 아내, 하녀 같은 아내는 계행이 확고하고 오래도록 자신을 잘 다스려서 죽은 후 좋은 곳에 태어난다.
수자따, 이와 같이 일곱 가지 아내가 있다. 어떤 아내가 그대의 모습인가?"
"부처님, 오늘부터 저를 하녀와 같은 아내라고 여겨 주십시오."

## ❂ 보시하는 마음 자세
| 앙굿따라 니까야 8부 31 |

보시에 여덟 가지가 있다.
- 자동적으로 아무런 생각이나 조건 없이 그냥 보시하는 사람,
- 두려움에서 벗어나고자 보시하는 사람,
- 받았기 때문에 되돌려 갚으려고 보시하는 사람,
- 보시를 하면 그로부터 보시를 다시 받을 것이라는 생각에서 보시하는 사람,
- 주는 것이 좋다는 생각에서 보시하는 사람,
- 요리 못하는 사람에게 〔탁발승〕 거절하는 것은 합당치 못하다는 생각에서 보시하는 사람,
- 보시를 하면 좋은 평판을 얻는다는 속셈에서 보시하는 사람,

- 보시를 함으로써 마음이 풍요롭고 기분이 좋아진다는 생각에서 보시하는 사람,

〔그대가 하는 보시는 어떤 보시인가?〕

## ❂ 자애를 발전시키고 연마하면
| 앙굿따라 니까야 11부 16 |

비구들이여, 자애에 의한 마음의 해탈을 발전시키고, 연마하고, 수레로 삼고, 근본으로 삼고, 굳건히 머뭄으로써 열한 가지 이익을 얻는다. 무엇이 열한 가지인가?

- 편안하게 잠이 들고
- 편안하게 잠에서 깨어난다.
- 악몽을 꾸지 않는다.
- 사람들로부터 사랑을 받는다.
- 사람 이외의 것들로부터 사랑을 받는다.
- 신들이 보호한다.
- 불이나, 독이나, 무기가 해치지 못한다.
- 쉽게 마음집중을 할 수 있다.
- 안색이 밝다.
- 죽을 때 혼미하지 않고 맑은 정신으로 죽는다.
- 아라한이 되지 못하면 브라흐마 세계에 태어난다.

이와 같이 자애에 의한 마음의 해탈을 발전시키고, 연마하고, 수레로 삼고, 근본으로 삼고, 굳건히 머뭄으로써 열한 가지 이익을 얻는다.

## 🟆 소나와 조율된 악기의 가르침
| 율장 마하왁가 5편 1 |

어느 때 부처님은 라자가하의 영취산에 계셨다. 그때 마가다의 세니야 빔비사라왕은 최고의 권세를 누리며 8만 개의 촌락을 다스리고 있었다. 왕은 수많은 촌락의 촌장들에게 이 세상에 대한 가르침을 설하였다. 그리고 부처님께 가서 훌륭한 가르침을 듣도록 권유하였다. 그래서 이들은 부처님을 뵙기 위하여 영취산으로 향하였다.

그때 사가따 존자가 부처님의 시자였다. 그들은 사가따 존자에게 부처님을 뵙도록 청하였다. 부처님은 그들에게 쉬운 가르침부터 시작하여 차례대로 가르침을 주셨다. 그리고 그들이 가르침을 이해하고 받아들일 자세가 되어 있음을 아시고 마지막으로 네 가지 거룩한 진리에 대하여 말씀하셨다. 그들은 부처님의 훌륭한 가르침을 듣고 진리의 눈을 뜨게 되었다. 그들은 기뻐하면서 부처님의 훌륭하심을 찬탄하였다.

그런데 거기에는 소나 꼴리위사라는 대부호 상인의 아들도 있었다. 소나의 마음에 이런 생각이 들었다.

'부처님이 말씀하신 가르침을 내가 이해하기로는 집에서 온전히 청정한 삶을 살기란 쉽지 않다. 그러니 머리를 삭발하고 가사를 입고 출가를 하여야겠다.'

그래서 다른 사람들은 다 돌아갔는데 소나는 가지 않고 남아서 부처님께 출가하겠다고 여쭈었다. 소나는 출가를 허락받아 구족계를 받고 시타 숲에 머물렀다.

소나 존자는 깨달음을 빨리 얻어야겠다는 생각으로 맹렬히 정진하였다. 어려움 없이 신발을 신고 곱게 자란 그에게 맨발로 경행한다는 것은 큰 어려움이었다. 그래서 돌부리에 채이고 걸리고 하여 발에서는 피가 줄줄 흘렀다.

어느 날 그는 생각하였다.

'나는 부처님 제자 중에서 어느 누구 못지않게 열심히 정진하는데, 그런데 내 마음은 아직도 번뇌로부터 벗어나지 못하고 집착에서 벗어나지 못하였다. 그런데 나는 집에 재산이 많으니 차라리 돌아가서 재물을 즐기며 선행을 하는 것이 낫지 않을까?'

그때 부처님은 몇 명의 제자들과 함께 영취산에서 시타 숲으로 오셔서 소나의 경행처〔천천히 걸으며 명상하는 곳〕로 가셨다. 피로 얼룩진 소나의 경행처를 보시고 물으셨다.

"여기 경행처가 왜 이렇게 피로 얼룩졌는가?"

"부처님, 소나 비구가 지나치게 열심히 왔다갔다하며 경행을 하여 발이 터져서 피가 났습니다."

이야기를 들으신 후 부처님은 소나의 처소로 가셔서 이렇게 말씀하셨다.

"소나, 너는 이런 생각을 하였느냐. '나는 누구 못지않게 열심히 정진하는데 온갖 번뇌와 집착에서 아직 벗어나지 못하였다. 그러니 나의 집에는 재산이 많으니 돌아가서 그것을 즐기면서 사는 것이 낫지 않을까' 라고 생각하였느냐?"

"네, 부처님."

"소나, 너는 세속에 있을 때 위나[52] 악기를 잘 연주하였느냐?"

"네, 부처님."

---

52) vina: 네 개의 줄이 있는 인도 현악기 일종.

"만약 줄이 너무 팽팽하면 조화로운 소리가 나더냐?"

"그렇지 않습니다. 부처님."

"만약 줄이 너무 느슨하면 조화로운 소리가 나더냐?"

"그렇지 않습니다. 부처님."

"그러면 줄이 너무 팽팽하지도 않고 너무 느슨하지도 않고, 잘 균형 있게 조율되었을 때 조화로운 소리가 나더냐?"

"네, 부처님."

"이와 마찬가지로 소나야, 너무 지나치게 열심히 정진하면 몸과 마음이 들뜨게 되고, 또 너무 안일하게 느슨해도 게으름에 빠지게 된다. 그러므로 정진할 때 항상 균형을 유지해야 한다. 너의 감각기관들이 균형을 이루도록 꿰뚫어 살펴야 하고, 항상 돌아보아 균형의 조화로움에서 벗어나지 말아야 한다."

이와 같이 가르치신 후 부처님은 다시 영취산으로 돌아가셨다.

그 후 소나 존자는 정진할 때 항상 균형을 유지하고, 균형의 조화로움에서 벗어나지 않고 열심히 수행 정진하여 아라한 중의 한 명이 되었다.

부처님은 소나 존자에게 말씀하셨다.

"소나야, 너는 참으로 섬세하게 자랐구나. 너는 한 겹짜리 신발을 신어도 되느니라."[53]

부처님은 그의 연약한 발바닥을 보고 신발을 허락하셨다.

"부처님, 저는 엄청난 분량의 금은보화를 모두 버리고 출가를 하였습니다. 제가 만약 신발을 신는다면 사람들은 이렇게 말할 것입니다. '소나 꼴리위사는 엄청난 분량의 금은보화를 모두 버리고 출가하였다.

---

53) 이때까지 비구들은 신발을 신지 않았다.

그런데 지금 한 겹짜리 신발에 집착하고 있다.' 만약 부처님께서 비구들 모두에게 신발을 허락하신다면 저도 신발을 신겠지만, 허락하지 않으신다면 저도 신지 않겠습니다."

그래서 이러한 인연으로 부처님은 모든 비구들이 한 겹짜리 신발을 신어도 된다고 허락하셨다.

## ☸ 위사카[54]의 무량한 보시
| 율장 마하왁가 8편 2:15 |

부처님은 바라나시에 계시다가 사왓티의 기원정사로 가셨다. 그때 위사카는 부처님을 뵙고 예를 올리고 한쪽에 앉았다. 부처님은 그녀를 위하여 가르침을 주시고, 분발시키고, 기쁘게 하셨다. 그녀는 부처님과 비구들을 공양에 초대하였다.

부처님께서 공양을 다 드신 후 위사카는 부처님의 한쪽에 앉아서 이렇게 말씀드렸다.

"부처님, 저는 부처님께 여덟 가지 청이 있습니다."

"위사카, 여래는 청원을 초월해 있다."

"부처님, 저의 청은 정당한 것이고 흠잡을 데 없는 것입니다."

"말해 보아라, 위사카."

"– 부처님, 저는 일생 동안 비옷을 승가에 보시하고자 합니다.

– 저는 일생 동안 다른 곳에서 오는 비구에게 음식을 보시하고자 합니다.

..........
54) visākhā: 대부호의 딸로 부처님의 여성 재가신도 중 으뜸으로, 승가를 섬긴 사람 가운데 으뜸이라고 부처님은 말씀하심. 동원의 미가라마뚜(녹자모) 강당을 지어 보시함. 부처님은 기원정사에 계실 때는 낮에 동원정사를 자주 왕래하셨다.

- 저는 일생 동안 다른 곳으로 떠나는 비구에게 음식을 보시하고자 합니다.
- 저는 일생 동안 병든 비구에게 음식을 보시하고자 합니다.
- 저는 일생 동안 병든 비구를 간호하는 비구에게 음식을 보시하고자 합니다.
- 저는 일생 동안 병든 비구에게 약품을 보시하고자 합니다.
- 저는 일생 동안 항상 죽을 보시하고자 합니다.
- 저는 일생 동안 목욕옷을 비구니 승가에 보시하고자 합니다."

"그런데 위사카, 그대는 여래에게 여덟 가지 청을 하는 무슨 특별한 이유가 있는가?"

"부처님, 저는 시녀에게 승원에 가서 공양 준비가 다 되었다고 알려 드리라고 보냈는데, 그녀는 승원에서 비구들이 아무것도 입지 않은 채 쏟아지는 비에 몸을 씻고 있는 것을 보고는 '나체 수행자가 쏟아지는 비에 몸을 씻고 있었다.'고 말했습니다. 벗은 것은 청정치 못하고 불쾌한 것입니다. 부처님, 저는 이런 특별한 이유로 저의 일생 동안 승가에 비옷을 보시하고자 합니다.

부처님, 다른 곳에서 오는 비구는 길에 익숙지 않고 탁발할 만한 곳에 익숙지 않기 때문에, 탁발하러 다니는 것이 어려운 일입니다. 그렇지만 제가 드리는 음식을 드신 후에는 차츰 길에 익숙해지고, 탁발할 만한 곳에 익숙해져서, 어려움 없이 탁발하러 갈 것입니다. 부처님, 저는 이런 특별한 이유로 저의 일생 동안 다른 곳에서 오는 비구에게 음식을 보시하고자 합니다.

부처님, 다른 곳으로 가는 비구가 음식을 구하러 다니는 동안, 따라

가던 대상에 뒤처지기도 하고 지쳐서 그가 원하는 거주처에 엉뚱한 때에 도착할 것입니다. 그렇지만 제가 드리는 음식을 드시면, 따라가는 대상에 뒤처지지 않을 것이며, 지치지도 않아 그가 가고자 하는 거주처에 제 때에 도착할 것입니다. 부처님, 저는 이런 특별한 이유로 저의 일생 동안 다른 곳으로 가는 비구에게 음식을 보시하고자 합니다.

부처님, 만일 병든 비구가 적당한 음식을 구하지 못하면, 그의 병은 점점 더 나빠지든지 아니면 죽을 것입니다. 부처님, 저는 이런 특별한 이유로 저의 일생 동안 병든 비구에게 음식을 보시하고자 합니다.

부처님, 병든 비구를 간호하는 비구가 음식을 구하러 다니다가 병자를 위한 음식을 가져오지만 해가 높이 떠올라 〔오후 불식이므로〕 식사하는 때를 놓치고 맙니다. 그러나 병자를 간호하는 비구가 제가 드리는 음식을 드신다면, 병자를 위한 음식을 제 때에 가져올 것이고, 공양의 때를 놓치지 않을 것입니다. 부처님, 저는 이런 특별한 이유로 저의 일생 동안 병든 비구를 간호하는 비구에게 음식을 보시하고자 합니다.

부처님, 만약 병든 비구가 적당한 약을 구하지 못하면, 그의 병이 점점 더 나빠지든지 아니면 죽을 것입니다. 그러나 제가 드리는 약을 드시면 병이 심해지지 않고 죽지 않을 것입니다. 부처님, 저는 이런 특별한 이유로 저의 일생 동안 병든 비구에게 약을 보시하고자 합니다.

부처님, 부처님께서는 죽에는 열 가지 이익이 있음을 아시고 안다까윈다에서 죽을 허용하셨습니다. 저는 이런 특별한 이유로 저의 일생 동안 항상 죽을 보시하고자 합니다.

부처님, 아찌라와띠 강에서 비구니들과 창녀들이 같은 여울에서 함께 옷을 벗고 목욕을 하고 있었습니다. 창녀들이 비구니들을 놀리며 말하기를, '어찌하여 그렇게 젊은 나이에 청정한 수행을 하십니까? [지금은] 참으로 감각적 쾌락을 즐겨야 할 때입니다. 늙었을 때 그때 가서 청정한 수행을 하면 되지 않습니까? 그렇게 되면 두 가지를 다 경험하게 되지 않습니까?' 라고 놀렸습니다. 이렇게 창녀들의 놀림을 받은 비구니들은 부끄러웠습니다. 여인이 벗은 것은 청정치 못하고 혐오스럽고 불쾌합니다. 부처님, 저는 이런 특별한 이유로 저의 일생 동안 비구니 승가에 목욕옷을 보시하고자 합니다."

"위사카, 참으로 훌륭하다. 그대의 여덟 가지 청을 받아들인다."

그리고 부처님은 게송으로 위사카를 축복하셨다.

매우 기뻐하고 계행을 갖춘
여래의 제자가 음식을 공양한다.
탐욕을 극복한 그 보시는 천상의 것으로
슬픔을 쫓아 버리고 행복을 가져온다.
티끌이나 얼룩지지 않은 길로
그녀는 신과 같은 수명을 얻는다.
공덕 [짓기를] 열망하여 편안하고, 건강하고
천상에서 오래도록 기뻐한다.

## ❂ 병든 비구를 씻기시는 부처님

| 율장 마하왁가 8편 26:1-4 |

그때 어떤 비구가 이질에 걸려 고생하고 있었다. 그는 설사를 자주 하여 누워있는 자리가 설사로 더러워져 있었다. 그때 부처님은 시자인

아난다 존자를 데리고 비구들의 방사를 둘러보다가 그 병든 비구를 보게 되어 그에게 이렇게 말씀하셨다.

"비구야, 너는 무슨 병에 걸렸느냐?"

"부처님, 저는 이질에 걸렸습니다."

"그런데 너를 간호하는 사람이 있느냐?"

"없습니다, 부처님."

"왜 비구들이 너를 간호하지 않느냐?"

"저는 비구들에게 아무 도움도 되지 않기 때문입니다. 부처님."

부처님은 아난다 존자에게 말씀하셨다.

"아난다, 가서 물을 가져오너라. 이 비구를 목욕시켜야겠구나."

"예, 부처님."

아난다 존자는 물을 가져왔다. 부처님은 환자에게 물을 붓고 아난다 존자는 환자를 씻겼다. 그런 후 그를 부축하여 침상에 눕혔다.

부처님은 이것과 관련하여 비구들을 모으고 말씀하셨다. 어디에 병든 비구가 있는지, 무슨 병인지, 간호하는 사람이 있는지, 왜 간호를 하지 않는지를 소상하게 물으신 후 이렇게 말씀하셨다.

"비구들이여, 여기에는 그대들을 돌보아 줄 어머니도 안 계시고 아버지도 안 계시다. 서로 돌보고 간호하지 않는다면 누가 그대들을 돌보겠는가? 누구든지 나에게 시중들 사람이 있다면 그 병든 비구를 돌보아라. 만일 그에게 은사가 있다면 은사는 그를 평생토록 돌보아야 하며 병자가 회복될 때까지 기다려야 한다. 스승이나 방을 함께 쓰는 비구나 제자가 있다면 이들이 병자를 돌보아야 한다. 그러나 환자에게 이런 사람이 아무도 없다면 그때는 승단이 환자를 돌보아야 한다. 만약 승단이 돌보지 않는다면 잘못을 범하는 것이다."

## ❀ 훌륭한 간병인의 자질
| 율장 마하왁가 8편 26:8 |

병자를 간호하기에 적절한 다섯 가지 자질이 있다.
- 약을 구할 능력이 있어야 한다.
- 환자에게 무엇이 이로운지 무엇이 해로운지를 알아야 한다.
  그래서 환자에게 이로운 것은 가져오고 해로운 것은 버린다.
- 이득을 얻으려는 생각 없이 다정한 마음을 가지고 간호하여야 한다.
- 똥·오줌·땀·구토물 등을 더럽다고 생각지 말아야 한다.
- 환자에게 때때로 가르침을 설하여 기쁘게 하여야 한다.

## ❀ 담마빠다

자애로써 분노를 이기라.
선으로써 악을 이기라.
베풂으로써 인색한 자를 이기라.
진실로써 거짓말쟁이를 이기라. (223)


진실을 말하라. 성내지 말라.
조금 있더라도 청하는 사람에게 베풀어라.
이 세 가지에 의해 그는 신들의 곁으로 가리. (224)


가르침의 보시는 모든 보시를 능가한다.

가르침의 맛은 모든 맛을 능가한다.
가르침의 즐거움은 모든 즐거움을 능가한다.
갈애의 부숨은 모든 괴로움을 극복한다.(354)

## 자애의 경[55]
| 숫따니빠따 1편 8: 멧따 수따 143-152 |

남을 이롭게 하는 선행에 숙달된 사람으로서 평온의 경지를 얻고자 하는 사람은 유능하고, 정직하고, 성품이 고결하고, 말씨가 상냥하고, 친절하고, 겸손하기를!(143)

만족할 줄 알아서 남이 지원하기 쉽고, 분주하지 않고 간소하게 살며, 감관을 고요히 하며, 슬기롭고, 건방지지 않으며, 탐욕에 집착하지 않기를!(144)

지혜로운 사람이 책망할 만한 아주 작은 잘못이라도 하지 않기를!

존재하는 모든 것들은 행복하기를!
존재하는 모든 것들은 평안하기를!(145)

어떤 존재이거나 막론하고 그들이 약하거나 강하거나, 어떤 예외 없이 길거나 크거나, 중간이거나 짧거나, 미세하거나 거칠거나, 눈에 보이거나 보이지 않거나, 가깝거나 멀거나, 태어났거나 태어날 것이거나 이 모든 존재하는 것들은 행복하기를!(146)

서로 속이지 않으며, 어디서나 어느 누구도 멸시하지 않으며, 성냄

---

55) Mettasutta(자애의 경): 상좌불교권에서 예불, 축복, 합송, 예식 등에 중요한 경이다.

이나 악의로써 다른 사람을 괴롭히지 않기를!(147)

마치 어머니가 외아들을 목숨을 다해 보호하듯이, 존재하는 모든 것들에게 한량없는 자비의 마음을 기르기를!(148)

어떤 걸림도 없이, 어떤 미움도 없이, 어떤 적의도 없이, 한량없는 자애의 마음이 위로, 아래로, 옆으로, 온 천지 사방에 가득하기를!(150)

서 있을 때에도, 걸을 때에도, 앉아있을 때에도, 누워있을 때에도, 정신이 깨어있는 한 이와 같은 마음챙김을 닦기를! 이와 같은 삶은 가장 훌륭한 삶이기 때문입니다.(151)

그릇된 견해에 빠지지 말고 계행을 지키고 통찰력을 갖추어 감각적 욕망의 집착을 버림으로써 다시는 윤회하지 않게 됩니다.(152)

## ● 큰 축복의 경
| 숫따니빠따 2편 4: 마하망갈라 수따 258-269 | [56]

어느 때 부처님은 사왓티의 기원정사에 계셨다. 그때 어떤 아름다운 하늘 신이 제따 숲을 두루 비추며 부처님께 와서 인사를 드리고 한쪽에 서서 이렇게 말하였다.[57]

"많은 신과 인간들은 모두 행복을 바라면서
축복에 대하여 생각을 하고 있습니다.
무엇이 으뜸가는 축복인지 말씀해 주십시오."(258)

........................
56) Mahāmaṅgala sutta(마하망갈라 경): 이 경도 상좌불교권에서 예불, 축복, 예식, 합송 등에 중요한 경전이다.
57) 경전에 하늘 신의 등장은 신을 신성시하는 시대를 반영하며 부처님 가르침을 표현하기 위한 수단의 문장형식으로 볼 수 있다.

이에 부처님은 말씀하셨다.
"어리석은 사람과 가까이 하지 않으며,
지혜로운 사람과 가까이 하며,
공경할 만한 사람을 공경하는 것
이것이 으뜸가는 축복이다. (259)

적합한 환경에서 살고,
지난 날 공덕을 쌓아서,
스스로 바른 서원을 세우니
이것이 으뜸가는 축복이다. (260)

널리 많이 배우고 기술을 익히고,
높은 수련과 수행을 쌓아,
말솜씨가 뛰어나니
이것이 으뜸가는 축복이다. (261)

부모를 봉양하고 아내와 자식을 돌보고,
일이 혼란하지 않고 한결같으니
이것이 으뜸가는 축복이다. (262)

너그럽게 베풀고 바르게 살고
친구와 친척을 돕고 비난받지 않는 행동을 하니
이것이 으뜸가는 축복이다. (263)

악행을 버리고 술을 삼가고,
가르침을 행함에 부지런하니
이것이 으뜸가는 축복이다. (264)


존경하고, 겸손하고, 만족하고, 감사하며
때맞추어 가르침을 듣는 것
이것이 으뜸가는 축복이다. (265)


인내심이 있고 순응하고 공손하며,
때맞추어 수행자를 만나서 가르침을 논의하니
이것이 으뜸가는 축복이다. (266)


자신을 절제하고, 청정한 삶을 살며
거룩한 진리를 깨닫고, 열반을 성취하는 것
이것이 으뜸가는 축복이다. (267)


세상일에 부딪쳐도 마음이 흔들리지 않고,
슬픔 없이 티가 없이 평온하니
이것이 으뜸가는 축복이다. (268)


이와 같은 삶을 사는 사람에게는
어디에서나 실패하는 일 없이
어디에서나 행복을 얻게 되니,

이것이 으뜸가는 축복이다."(269)

## ◉ 보시의 공덕
| 숫따니빠따 3편 5 |

이와 같이 나는 들었다. 어느 때 부처님은 라자가하의 영취산에 계셨다. 그때 "마가"라는 브라흐민 청년이 부처님을 찾아왔다. 그는 부처님께 인사를 드린 후 이렇게 말하였다.

"고따마 존자님, 저는 시주하는 사람입니다. 저는 보시를 하고 재정적으로 후원을 하며 다른 사람들의 요청에 귀를 잘 기울이는 사람입니다. 나는 올바르게 재물을 벌어서 바르게 벌어들인 이익을 많은 사람에게 나누어 줍니다. 고따마 존자님, 저의 이와 같은 보시에 의해 많은 공덕을 쌓게 될까요?"[58]

"그렇습니다. 젊은 브라흐민이여, 누구든지 남에게 관대하고 구하는 사람에게 귀를 기울이고 남에게 너그럽게 베풀면 많은 공덕을 얻게 됩니다."

## ◉ 슬픔의 화살을 뽑아버린 사람
| 숫따니빠따 3편 8: 살라 수따 574-593 |

사람의 목숨은 예측할 수 없으며 아무도 모른다. 이 세상의 삶은 짧고, 이 세상의 삶은 어렵고, 이 세상의 삶은 괴로움으로 묶여 있다.(574)

---

58) 달마대사가 양무제에게 보시한 공덕이 없다고 대답한 것은 물론 보시했다는 아상을 경계하기 위한 것이겠지만, 부처님 대답과 비교하면 부처님의 사유방식은 항상 현실을 직시하는, 있는 그대로의 대상을 꿰뚫는, 전혀 수식이 없는, 간단명료한, 명쾌한 답변을 주셨다.

태어난 존재들은 죽는다. 죽음에서 벗어날 길은 없다. 늙으면, 아니면 다른 이유로 해서 누구든지 죽게 된다. 이것이 존재하는 것들의 길이다.(575)

과일이 익으면 어느 날 떨어진다. 이와 마찬가지로 태어난 존재들은 언젠가는 죽음에 떨어져야 하는 두려움이 따라다닌다.(576)

마치 옹기장이의 점토로 만든 그릇들이 마침내는 부서지듯이 죽어 부서지는 인생도 이와 같다.(577)

젊은이도 늙은이도 지혜로운 이도 어리석은 이도 모두 다 죽음의 지배하에 있게 된다. 모든 존재들의 종착역은 죽음이다.(578)

그들은 죽음에 굴복하여 저 세상으로 가지만, 아버지도 아들을 구할 수 없고 가족이나 친척도 어쩔 도리가 없다.(579)

보라, 친척들이 슬퍼하면서 보고 있지만, 도살장으로 끌려가는 소처럼 한 사람씩 한 사람씩 끌려간다.(580)

이렇게 세상 사람들은 늙음과 죽음으로 고통당한다. 이런 이치를 아는 지혜로운 이는 슬퍼하지 않는다.(581)

어디서 왔다가 어디로 가는지 그대는 그 길을 알지 못한다. 그 양 끝을 보지 못하는데도 그대는 헛되이 슬퍼한다.(582)

슬퍼한다고 해서 아무것도 얻는 것이 없으며 자신을 해치기나 하는 바보일 뿐이다. 슬퍼한다 해서 무슨 이득이 생긴다면 지혜로운 사람들이 그렇게 할 것이다.(583)

울고 슬퍼한다고 마음의 평안이 오지 않으며 오히려 더 큰 고통이 오고 몸만 해칠 뿐이다.(584)

슬퍼하는 사람은 창백하게 점점 야위어간다. 이것은 자신을 해치는

행위이다. 슬퍼한다고 죽은 사람을 살릴 수도 없으므로 슬퍼 한탄하는 것은 헛된 일이다.(585)

슬픔을 버리지 않으면 고통 속으로 점점 더 깊이 빠져들며, 이미 죽은 사람 때문에 울부짖는 것은 슬픔의 손아귀에 잡힌 것이다.(586)

전에 지은 업에 따라 살고 있는 죽음에 당면한 사람들을 보라. 죽음에 붙잡혔다는 것을 알 때 그들은 전율한다.(587)

기대하는 것과 실제로 일어나는 일은 항상 다르다. 죽은 자의 이별도 또한 이러하니 이런 세상의 이치를 마땅히 보라.(588)

사람이 백 년을 살거나 혹은 그 이상을 살더라도 마침내는 사랑하는 친척들과 헤어져 이 세상을 떠나게 된다.(589)

그러므로 훌륭한 사람이 슬픔을 버린 것처럼 가르침을 잘 듣고 배워서, 만일 죽은 사람을 보더라도 울거나 슬퍼하지 말고 '저 사람을 다시는 볼 수 없구나' 라고 새겨야 한다.(590)

마치 집에 불이 나면 물로 꺼버리듯이, 지혜롭고 확고부동한 훌륭한 사람은 마치 바람이 목화솜털을 날려버리듯이, 슬픔이 일어나면 즉시 그것을 날려버린다.(591)

자신의 행복을 추구하는 사람이라면, 스스로 자신에게 꽂은 한탄의 화살, 욕망의 화살, 슬픔의 화살을 뽑아버려야 한다.(592)

한탄과 욕망과 슬픔의 화살을 뽑아버린 사람, 모든 집착을 버린 사람, 그래서 마음의 평화를 얻은 사람은 모든 슬픔을 초월하였으며 그는 슬픔에서 벗어나 열반에 이른다.(593)

## ❀ 어머니가 외아들에게 하듯이
| 테라가타 33 소빠까 비구 |

마치 어머니가 사랑하는 외아들에게
[조건 없는] 선을 베풀 듯이,
그대도 그렇게 어디에서든지 존재하는
모든 것들에게 선을 베풀어야 한다.

## ❀ 우둔한 쭐라빤타까, 깨달음을 얻다
| 테라가타 557-566 | 이 게송의 자세한 설명은 다음에 있다.

나의 수행의 진척은 느렸다.
전에 나는 멸시당하였다.
형은 나를 쫓아냈다
"지금 집으로 가버려!"라고 말하면서.(557)


쫓겨난 나는 부처님의 가르침을 열망하면서
풀이 죽어 승원의 문가에 서 있었다.(558)


부처님은 거기에 오셔서 내 머리를 만지시고
손을 잡으시고 승원으로 데리고 가셨다.(559)


부처님은 자비로움으로
깨끗한 천을 주시면서 말씀하셨다.
"이 깨끗한 천에 마음을 집중해 보아라."(560)

가르치심을 듣고 기쁘게 가르침에 머물렀다.
최상의 목표를 성취하기 위해
마음 집중 수행을 하였다.(561)

나는 세 가지 지혜를 얻었다.
부처님의 가르침은 성취되었다.(562)

나는 훌륭한 망고 숲에 앉아 있었다.
때를 알릴 때까지(563)
스승은 때를 알리는 사람을 보내셨다.
나는 스승께 나아갔다.(564)

부처님 발에 예경하고 한쪽에 앉았다.
앉아 있는 나를 보시고
스승은 나를 받아주셨다.(565)

온 세상의 모든 공양을 받으시는 분
인류의 복전이신 스승은
나도 받아주셨다.(566)

## ❀ 쭐라빤타까 비구 이야기[59]

| 테라가타 557-566 주석, 담마빠다 게송 25 주석 |

라자가하의 한 금융업자에게 마하빤타까와 쭐라빤타까라는 손자가

있었다. 마하빤타까는 가끔 할아버지와 함께 부처님 말씀을 듣곤 하였다. 그는 부처님께 출가하기를 열망하여 비구가 되어 열심히 수행 정진하여 아라한이 되었다.

그는 자신의 수행의 성취와 명상의 기쁨 속에서 사는 동안 이런 기쁨을 동생 쭐라빤타까에게도 주고 싶었다. 그래서 쭐라빤타까도 부처님께 출가하게 되었다. 출가한 지 얼마 안 되어 형은 쭐라빤타까가 정신적으로 둔하다는 것을 알게 되었다. 다만 한 개의 게송을 배우려고 애쓰는 데에 넉 달이 걸렸다. 더 공부를 하는 동안에 그는 이미 배운 것을 잊어버리기 일쑤였다.

그래서 마하빤타까는 동생에게 말하였다.

"쭐라빤타까, 너는 더 이상 이 승단에 있을 수가 없다. 넉 달 동안 한 게송도 숙달하지 못하잖아! 그러니 어떻게 성숙한 비구로 살 수 있겠느냐. 이 승원을 떠나거라."

그래서 동생을 쫓아냈다. 그러나 쭐라빤타까는 부처님 가르침에 대한 열망으로 가정생활은 염두에도 없었다.

하루는 [부처님의 주치의] 지와까 꼬마라밧짜가 부처님과 500명의 비구들을 공양에 초대하려고 이런 일을 책임지고 있는 마하빤타까 비구에게 요청하였다. 그런데 그는 동생인 쭐라빤타까는 빼놓았다. 이튿날 이른 아침 쭐라빤타까는 너무 슬퍼서 승단을 떠나려고 나가다가 부처님을 만났다. 부처님께서 말씀하셨다.

"쭐라빤타까, 이렇게 일찍이 어디로 가고 있느냐?"

---

59) 이 이야기는 부처님의 자비를 잘 보여주는 가르침이기 때문에 주석이지만 여기에 실음. 이것과 다음의 끼사 고따미 두 가지만 주석서에서 가져옴.

"부처님, 제 형이 저를 쫓아냈습니다. 그래서 승단을 떠나려고 합니다."

"쭐라빤타까, 너를 승단에 받아들이는 것은 내가 하는 일이다. 네 형이 그렇게 말할 때 왜 나에게 오지 않았느냐? 재가생활로 돌아가면 무슨 좋은 일이 있겠느냐? 승원에 머물도록 하여라."

부처님은 그의 머리를 만지시면서 그를 데리고 승원으로 가셔서 위로하시면서 깨끗한 천 조각을 주시면서 말씀하셨다.

"쭐라빤타까, 동쪽을 보고 앉아서 '더러움 제거, 더러움 제거(라조하라낭, 라조하라낭: Rajoharaṇaṁ)' 하고 계속 외우면서 이 천 조각을 문질러라."

그래서 쭐라빤타까는 동쪽의 태양을 보고 앉아서 계속해서 '더러움 제거, 더러움 제거' 하면서 천을 문질렀다. 오래지 않아 깨끗하던 천이 점점 더러워졌다. 그래서 그는 생각하기를, '이 천 조각은 매우 깨끗했지만 내가 문지름에 따라 원래의 모습이 변하여 더러워졌다.' 이렇게 그는 '인연 따라 생긴 것들은 참으로 무상하다'는 생각을 되새겼다. 그리고 그는 시들고 무너지는 무상의 이치와 정신적인 통찰력의 강화에 그의 마음을 집중하였다.

부처님은 그의 공부가 진전됨을 아시고 그에게 말씀하셨다.

"더럽게 되는 것은 천 조각에 한한 것이 아니다. 사람 안에는 탐욕의 더러움이 있고, 성냄의 더러움이 있고, 어리석음의 더러움이 있다. 이런 더러움을 제거하여야 수행의 목표를 이룰 수 있고 깨달음을 성취할 수 있다."

쭐라빤타까는 부처님의 말씀을 받아 지니고 마음 집중의 명상을 계속하였다. 오래지 않아 그는 아라한의 경지에 도달하였다. 이와 같이 그의 우둔함은 소멸되었다.

한편 부처님과 비구들은 지와까의 공양 초대로 그의 집에 앉아 있었다. 이제 막 공양을 올리려 하는데 부처님은 잠깐만 기다리라고 하시면서 승원에 어떤 누가 있거든 데려오라고 사람을 보냈다. 그래서 쭐라빤타까를 데리고 와서 모두 함께 공양을 하였다. 공양이 끝난 후 부처님은 쭐라빤타까에게 공양에 대한 감사의 축복의 말을 하라고 말씀하셨다. 쭐라빤타까는 마치 어린 사자처럼 큰 소리로 용맹하게 자신감 있게 모든 경전을 아우르는 법문을 하였다.[60]

## ☸ 죽은 아들과 끼사 고따미
| 담마빠다 게송 114 주석, 테리가타 213 주석 |

끼사 고따미는 사왓티의 부잣집 딸이었다. 고따미는 성이고 몸매가 날씬하기 때문에 끼사로 불렸다. 그녀는 부유한 젊은이와 결혼하여 아들을 낳았다. 그런데 그 아기는 아장아장 걸을 때 죽었다. 그녀는 엄청난 슬픔에 휩싸였다. 그녀는 죽은 아이를 안고 만나는 사람마다 아이를 살려내는 약을 달라고 하였다. 사람들은 그녀가 미쳤다고 생각하게 되었다. 그런데 어떤 지혜로운 사람이 그녀의 상태를 보고는 그녀를 도울 수 있을 것이라는 생각이 들었다. 그래서 그녀에게 말하였다.

"부처님은 당신이 만나야 할 사람이오. 그분은 당신이 원하는 약을 가지고 있어요, 그러니 그분께 가보세요."

---
60) 이때 그는 18세였다고 한다. 부처님의 따뜻한 자비심과 훌륭한 가르침으로 그는 용기 백배하여 깨달음을 얻고 열심히 정진하여 삼장의 의미를 통달하였다고 함. 부처님과 제자들은 재가자들의 청으로 공양을 받은 경우, 식후에 공양 올린 사람들을 위하여 축복의 말씀을 하셨다.

그래서 그녀는 부처님께 나아가서 그녀의 죽은 아들을 살릴 수 있는 약을 달라고 요청하였다. 부처님은 말씀하셨다.

"가서 아무도 죽은 적이 없는 집에서 겨자씨를 얻어 오시오."

그녀는 죽은 아이를 가슴에 안고 겨자씨를 얻기 위하여 이 집 저 집 돌아다녔다. 모든 사람들은 그녀를 도우려고 했지만 그러나 그녀는 아무도 죽은 적이 없는 집을 단 한 집도 찾을 수가 없었다.

그러자 그녀는 죽음에 당면한 것은 그녀의 가정만이 아니라는 사실과, 지금 살고 있는 사람들보다 더 많은 사람들이 죽었다는 사실을 깨달았다. 이러한 사실을 깨닫자마자 그녀의 죽은 아들에 대한 태도가 달라졌다. 그녀는 더 이상 죽은 아들의 육신에 집착하지 않게 되었다.

끼사 고따미는 숲으로 가서 아들의 시체를 그곳에 남겨 놓았다. 그리고 부처님께 돌아가서 사람이 죽은 적이 없는 집을 한 집도 발견하지 못하였다고 말씀드렸다. 이에 부처님은 말씀하셨다.

"고따미, 그대는 오직 그대만이 아들을 잃어버렸다고 생각했다. 그대가 지금 깨달은 것처럼 죽음이란 모든 존재에게 오는 것이다. 그들의 욕망이 채워지기 전에 죽음은 그들을 데려간다."

부처님의 이 말씀을 듣고 그녀는 온전히 무상에 대한 깨우침을 얻었다.

끼사 고따미는 비구니가 된 지 얼마 되지 않았을 때, 어느 날 등잔에 불을 켜고 있을 때 그녀는 불꽃이 일었다가 스러지는 것을 보고 갑자기 존재의 생겨났다가 사라지는 모습을 선명하게 보았다. 그녀는 모든 존재의 무상한 모습에 마음을 집중하고 열반을 체득하기 위하여 열심히 정진하였다. 드디어 끼사 고따미는 깨달음을 성취하였다.

# 제4장 수행의 가르침

## 🪷 담마빠다

"그는 나를 욕했다, 그는 나를 때렸다.
그는 나를 이겼다, 그는 내 것을 빼앗았다"라고
이런 생각을 품는 사람들의
증오는 사라지지 않는다.(3)

"그는 나를 욕했다, 그는 나를 때렸다.
그는 나를 이겼다, 그는 내 것을 빼앗았다"라고
이런 생각을 품지 않는 사람들의
증오는 사라진다.(4)

이 세상에서 원한은 원한에 의해서는
결코 풀리지 않는다.
원한을 버림으로써 풀린다.
이것은 영원한 진리이다. (5)


쾌락을 추구하면서 살고,
감각기관을 다스리지 못하고,
먹는데 적당량을 모르고,
게으르고, 노력에 열성이 없는 사람은
바람이 연약한 나무를 쓰러트리듯이
악마가 그를 정복한다. (7)


더러움에서 벗어나지 못하고,
자아절제와 진실이 없는 사람이
가사를 입는다면
그는 가사를 입을 자격이 없다. (9)


더러움을 쓸어버리고
계행에 잘 머무르고,
자아절제와 진실을 갖춘 사람은
참으로 그는 가사를 입을 자격이 있다. (10)


본질 아닌 것을 본질로 생각하고

본질을 본질 아닌 것으로 보는 사람들은
본질에 이르지 못한다,
잘못된 생각의 영역에 머무르기에.(11)

본질을 본질로,
본질 아닌 것을 본질 아닌 것으로 알면
그들은 본질에 이른다,
바른 생각의 영역에 머무르기에.(12)

지붕이 부실하게 이어진 집에 비가 스며들듯이
이처럼 수행되지 않은 마음에 욕망이 스며든다.
지붕이 잘 이어진 집에 비가 새지 않듯이,
이처럼 잘 수행된 마음에 욕망은 스며들지 않는다.(13, 14)

비록 많은 경전을 외운다 해도,
그에 따라 행하지 않는 방일한 사람은
다른 사람의 소만 세는 목동과 같아서
그는 청정한 삶의 (결실을) 나누지 못한다.(19)

비록 경전을 조금밖에 외우지 못하더라도
가르침에 따라 살고
욕망과 성냄과 어리석음을 버리고
올바로 알고, 마음을 온전히 해탈하여

이 세상이나 저 세상에 집착하지 않으면
그는 청정한 삶의 (결실을) 나눈다.(20)


빛깔이 곱지만 향기가 없는 아름다운 꽃처럼,
잘 설해진 말도 행하지 않는 사람에게는 열매가 없다.
빛깔이 곱고, 향기도 있는 아름다운 꽃처럼,
잘 설해진 말도 행하는 사람에게는 열매가 있다.(51, 52)


삶의 길에서 자기보다 낫거나
동등한 사람을 찾지 못하면,
단호히 홀로 가라,
어리석은 자와의 우정은 없다.(61)


"내 아들이다, 내 재산이다."라고
생각하며 어리석은 자는 괴로워한다.
참으로 자기 자신도 자기 것이 아닌데
어찌 아들일까? 어찌 재산일까?(62)


어리석은 자가 어리석음을 알면
그로인해 그는 지혜로운 자가 된다.
어리석은 자가 지혜롭다고 생각하면
그는 참으로 어리석은 자라고 불린다.(63)

단단한 바위가 바람에 움직이지 않듯이
이와 같이 지혜로운 사람들은
칭찬과 비난에 흔들리지 않는다. (81)


조련사에 의해 잘 길들여진 말처럼
그의 감각기관이 고요함에 이르고,
그의 교만이 부서지고,
번뇌에서 벗어난 사람,
신들도 그런 사람을 부러워한다. (94)


땅처럼 그는 대적하지 않는다.
잘 수련된 그와 같은 분은
인드라의 기둥 같고 진흙이 없는 호수와 같다.
그와 같은 분에게 윤회는 없다. (95)[61]


바른 앎으로 해탈하고 평온한
그런 분의 마음은 고요하고,
말과 행동은 고요하다. (96)


의미 없는 천 마디 말보다
들어서 평온해지는
의미 있는 한 마디 말이 더 낫다. (100)

--------

61) 땅은 온갖 오물을 버려도 대적하지 않는다. 성문 앞의 인드라의 기둥도 흔들림 없이 굳건히 서 있다.

전쟁에서 백만 대군을 정복하는 것 보다
하나의 자신을 정복하는 사람이야말로
그는 참으로 전쟁의 가장 큰 승리자이다. (103)

존경을 표하는 습관이 있고
웃어른을 항상 존경하는 사람에게
수명, 아름다움, 행복, 강건함의
네 가지가 증가한다. (109)

계행이 없고 선정이 없는 사람의 백년의 삶보다
계행을 지키고 선정에 들어 사는 사람의
하루의 삶이 더 낫다. (110)

선을 (행함에) 서둘러라.
악으로부터 마음을 삼가라.
공덕을 짓는 데에 느슨한 사람은
마음은 (벌써) 악 속에서 즐거워한다. (116)

악을 지었다면
그것을 되풀이 하지 말라.
그것에 대해 욕망을 내지 말라.
괴로움은 악의 누적이다. (117)

공덕을 지었다면
되풀이해서 그것을 행하라.
그것에 대한 열망을 일으키라.
행복은 공덕의 누적이다.(118)


첫 번째로 자기 자신을 합당하게 세워야 한다.
그리고 나서 다른 사람을 가르쳐야 한다.
(그런) 지혜로운 사람은 비난받지 않으리.(158)


참으로 자기야말로 자기 자신의 의지처,
무슨 다른 의지처가 있을까?
잘 다스려진 자기 자신에 의해
얻기 어려운 의지처를 얻는다.(160)


금화의 소나기에 의해서도
감각적 쾌락에 만족이란 없다.
감각적 쾌락은 작은 즐거움에 괴로움뿐이다.
이와 같이 알고서 지혜로운 사람은(186)
천상의 쾌락에서 조차도
즐거움을 구하지 않는다.
원만히 깨달으신 분의 제자는
(다만) 갈애의 부숨을 기뻐한다.(187)

굶주림은 가장 큰 병이고
이 몸은[62] 가장 큰 괴로움이다.
이것을 사실 그대로 알면
열반은 최상의 행복이다.(203)


건강은 최상의 이익이며
만족은 최상의 재물이며
신뢰는 최상의 친척이며
열반은 최상의 행복이다.(204)


어리석은 자와 함께 걷는 사람은
오랜 세월동안 슬퍼한다.
어리석은 자와의 친교는
적과 함께 (사는 것)처럼 항상 괴롭다.
지혜로운 자와의 친교는
친척들의 모임처럼 행복하다.(207)


그러므로 참으로 총명하고, 지혜롭고,
많이 배우고, 인내심의 덕성이 있고
책임감이 있고, 거룩한,
그와 같은 참되고 지혜로운 사람을 따라야 한다.

---

62) saṅkhāra(상카라)는 문맥에 따라 다양한 뜻이 있다. 여기서는 '형성'을 뜻하며 우리 몸은 다섯 가지가 모여 형성된 것이기에 '몸'으로 의역함.

마치 달이 별들의 길을 따르듯이.(208)

사랑하는 사람과 사귀지 말라
사랑하지 않는 사람과도 결코 (사귀지 말라.)
사랑하는 사람은 보지 못함이 괴로움이며
사랑하지 않는 사람은 보는 것이 또한 괴로움이다.(210)

그러므로 사랑하는 사람을 만들지 말라.
사랑하는 사람과 헤어짐은 참으로 괴롭다.
사랑하는 사람도 사랑하지 않는 사람도
없는 사람들에게는 얽매임이 없다.(211)

친애에서 슬픔이 생기고
친애에서 두려움이 생긴다.
친애에서 벗어난 이에게는 슬픔이 없는데
어찌 두려움이 있으랴.(212)

빗나가는 마차를 제어하듯이
일어난 분노를 제어할 수 있는 사람
그를 나는 마부라고 부른다.
다른 사람은 단지 고삐잡이 일 뿐이다.(222)

이것은 오래된 것이니 아뚤라![63]

이것은 단지 오늘의 일이 아니다.
조용히 앉아있다고 비난한다.
말을 많이 한다고 비난한다.
알맞게 말해도 역시 비난한다.
세상에서 비난받지 않는 사람은 없다. (227)

오직 비난만 받는 사람도,
오직 칭찬만 받는 사람도,
과거에도 없었고,
미래에도 없을 것이고,
현재에도 없다. (228)

독경하지 않음은 경전의 녹이고
돌보지 않음은 집의 녹이고
게으름은 용모의 녹이고
방일은 깨어있는 사람의 녹이다. (241)

252.
다른 사람의 잘못은 쉽게 보인다.

---

63) 이 게송에 따른 주석에 의하면, 재가 신도인 아뚤라는 500명의 신도를 데리고 가르침을 듣기위해 레와따 존자에게 갔는데 아무 것도 설해주지 않았다. 화가 나서 사리뿟따 존자에게 갔는데 그는 아비담마 (경을 조직적으로 설명한 것) 교리를 장황하게 설하였다. 다시 아난다존자에게 갔는데 가르침을 쉽고 짤막하게 설하였다. 그러나 이도 만족하지 못하고 다시 부처님에게 가서 모든 존자들에게 만족할 수 없어서 왔다고 하니 부처님은 왕도, 깨달은 붓다도 누구는 비난하고 누구는 칭찬한다고 하시면서 위의 게송을 설하심.

그러나 자신의 (잘못은) 보기 어렵다.
다른 사람의 잘못들은 왕겨처럼 까부른다.
그러나 자신의 (잘못은) 숨긴다.
교활한 도박꾼이 운이 나쁜 주사위를 감추듯이.(252)


코끼리가 전쟁터에서
활로 쏜 화살을 참아내듯이
나는 욕설을 참아 내리라,
참으로 많은 사람들은 성품이 나쁘기에.(320)



길들여진 것 (코끼리나 말)을
사람들이 모인 곳에 데려가고
왕은 길들여진 것을 탄다.
인간가운데 욕설을 참아내는
길들여진 분이 최상이다.(321)


만일 훌륭한 삶을 사는 지혜로운 사람인,
함께 지낼 분별 있는 친구를 얻는다면
모든 위험을 극복하고, 기쁘게 그리고 주의 깊게
그와 함께 가라.(328)


만일 훌륭한 삶을 사는 지혜로운 사람인,

함께 지낼 분별 있는 친구를 얻지 못하면,
정복한 왕국을 떠나는 왕처럼
코끼리 숲 속의 코끼리처럼 혼자서 가라. (329)


눈을 자제하는 것은 훌륭하고
귀를 자제하는 것은 훌륭하고
코를 자제하는 것은 훌륭하고
혀를 자제하는 것은 훌륭하다. (360) [64]


몸을 자제하는 것은 훌륭하고
말을 자제하는 것은 훌륭하고
마음을 자제하는 것은 훌륭하고
모든 것을 자제하는 것은 훌륭하다.
모든 면에서 자제하는 비구는
모든 괴로움에서 벗어난다. (361)


여기 지혜로운 비구에게 이것이 첫 번째 (단계)이다:
'감각기관의 절제, 만족, 계본에 의한 절제,
그의 삶이 청정하고 근면한 선한 친구와의 사귐'이다. (375)

---

64) 게송 360, 361에서 눈이나 몸 등은 원문대로 하면 표현이 부자연스러워 품사를 변형하고 어순도 모두 일치하게 번역함.

## 외뿔소의 뿔처럼 혼자서 가라
| 숫따니빠따 1편 3: 35-75 |

살아있는 것들을 해치지 말며 그들 중 어느 것도 해치지 말며, 자녀나 친구도 갈망하지 말며 외뿔소의 뿔처럼 혼자서 가라.(35)

교제를 하면 집착이 생기며 집착이 생기면 괴로움이 따른다. 집착의 결과를 관찰하고 외뿔소의 뿔처럼 혼자서 가라.(36)

친구에게 정을 쏟으면 마음이 얽매어 유익함을 잃는다. 친밀함의 이와 같은 두려움을 보고 외뿔소의 뿔처럼 혼자서 가라.(37)

아내나 자식에 집착하는 것은 마치 무성한 대나무가 엉킨 것과 같다. 새로 돋은 죽순이 엉켜있지 않듯이 외뿔소의 뿔처럼 혼자서 가라.(38)

속박 없는 숲 속의 사슴이 한가로이 거닐고 풀을 뜯는 것처럼, 지혜로운 이는 홀로 있는 자유를 찾아 외뿔소의 뿔처럼 혼자서 가라.(39)

집에 있을 때, 길을 갈 때, 행각할 때 동료들과 함께 있으면 요구사항이 많다. 아무도 탐내지 않는 자유를 찾아 외뿔소의 뿔처럼 혼자서 가라.(40)

동료들과 함께 있으면 환락이 있고 자녀들이 있으면 많은 기쁨이 있다. 그러나 사랑하는 이들과의 이별이 싫다면 외뿔소의 뿔처럼 혼자서 가라.(41)

동서남북 어디에고 미워함 없이 친절하고 얻은 것이 많거나 적거나 만족하고, 두려움 없이 모든 위험을 극복하고 외뿔소의 뿔처럼 혼자서

가라.(42)

바르고 지혜롭고 성숙한 친구를 만난다면, 모든 위험을 이겨내고 마음챙김을 가지고 그와 함께 가라.(45)
바르고 지혜롭고 성숙한 친구를 만나지 못하였다면, 정복한 나라를 버리고 떠나는 왕처럼 외뿔소의 뿔처럼 혼자서 가라.(46)

친구를 얻음은 찬탄할 일이다. 자기보다 훌륭하거나 동등한 사람과 친해야 한다. 이런 사람을 찾지 못한다면 허물없이 살며 외뿔소의 뿔처럼 혼자서 가라.(47)
감각적 쾌락은 우아하고 달콤하고 매력적이고, 여러 가지 형태로 마음을 매혹한다. 감각적 가닥(대상)들의 해로움을 보고 외뿔소의 뿔처럼 혼자서 가라.(50)

해악을 가져오고 잘못된 견해에 빠져 있는 악한 친구를 멀리하라. 부주의하고 무책임한 사람을 멀리하고 외뿔소의 뿔처럼 혼자서 가라.(57)
두루 배우고 가르침을 알아 거기에 머무는 지혜로운 친구와 가까이 하라. 사물의 이치를 알아 의심을 제거하고 외뿔소의 뿔처럼 혼자서 가라.(58)

세상의 오락과 쾌락을 멀리하고 겉치장으로 꾸미지 말라. 다만 진실을 말하고 외뿔소의 뿔처럼 혼자서 가라.(59)
소리에 놀라지 않는 사자처럼, 그물에 걸리지 않는 바람처럼, 더러

운 물에 물들지 않는 연꽃처럼, 외뿔소의 뿔처럼 혼자서 가라.(71)

그대를 해탈로 이끄는 자애, 자비, 기쁨, 평정을 때맞추어 닦으며, 세상의 방해 없이 외뿔소의 뿔처럼 혼자서 가라.(73)

욕망, 증오, 어리석음을 버리고 모든 속박을 부수어 버리고, 죽음에 당면해도 용감히 외뿔소의 뿔처럼 혼자서 가라.(74)

사람들은 자신의 이익을 위하여 우정을 갖고 사귄다.
사욕을 떠난 친구는 보기 드물다.
그들은 자신의 목적을 위해서는 재빠르고 비열하다.
그러니 외뿔소의 뿔처럼 혼자서 가라 .(75)

## ❂ 파멸의 원인
| 숫따니빠따 1편 6: 91-108 |

고따마께 여쭙니다. 무엇이 파멸의 원인입니까?(91)
진리의 가르침을 사랑하는 사람은 발전하고,
진리의 가르침을 싫어하는 사람은 파멸한다.(92)
사악한 사람을 좋아하고 훌륭한 사람을 가까이 하지 않으며,
사악한 사람의 교리를 좋아하면 이것이 파멸의 원인이다.(94)
항상 졸거나 잠자는 것을 좋아하고, 서로 어울려 수다스럽고,
축 늘어져서 게으르고, 성을 잘 낸다면 이것이 파멸의 원인이다.(96)
자기는 부유하게 살면서도 나이 들어 노쇠한 부모님을 돌보지 않는다면, 이것이 파멸의 원인이다.(98)

브라흐민이나, 사문, 또는 다른 수행자를 거짓말로 속인다면, 이것이 파멸의 원인이다.(100)

많은 재물과 돈을 가진 부유한 사람이 이런 좋은 것들을 단지 자신만을 위해 쓴다면, 이것이 파멸의 원인이다.(102)

출생, 재산, 문중에 대한 자만심을 가지고 일가친척과 친한 친구를 멸시한다면, 이것이 파멸의 원인이다.(104)

여자, 술, 그리고 도박에 빠져 버는 것을 다 탕진해 버린다면, 이것이 파멸의 원인이다.(106)

자기 아내로 만족하지 않고 창녀와 놀아나고 남의 아내와 희롱한다면, 이것이 파멸의 원인이다.(108)

## ❂ 으뜸가는 재산
| 숫따니빠따 1편 10: 181,182 |

이 세상에서 가장 으뜸가는 재산은 무엇입니까?
행복으로 이끄는 훌륭한 수행은 무엇입니까?
맛중에 최상의 맛은 무엇입니까?
어떻게 사는 것을 가장 훌륭하게 산다고 말합니까?

가장 으뜸가는 재산은 신뢰이며
행복으로 이끄는 훌륭한 수행은 가르침의 실천이며,
맛중에 최상의 맛은 진리이며
지혜롭게 사는 것이 가장 훌륭한 삶이라고 말합니다.

## 진정한 친구
| 숫따니빠따 2편 3: 253-255 |

'나는 너의 친구다.' 라고 하면서 아무것도 도와주지 않고,
친구를 멸시하고 부끄럼 없이 행동한다면 그는 진정한 친구가 아니다.
친구에게 기분 좋은 말만 하고 말처럼 행동하지 않는 친구는,
'행이 없는 말만 앞선 친구' 라고 지혜로운 이는 알고 있다.

장차 서로 간에 불화가 생길까 노심초사하고,
그러면서 친구의 결점만 들추어내는 그런 사람은 친구가 아니다.
그러나 아버지 품에 있는 아들처럼 편안하고,
다른 사람이 사이를 갈라놓지 못한다면 그런 사람은 진정한 친구다.

## 바른 수행자의 삶
| 숫따니빠따 2편 13: 359-368 |

"강을 건너 저 언덕에 이르고 열반을 성취하고 흔들림이 없는 큰 지혜의 성인께 여쭙니다. 비구가 출가하여 감각적 욕망을 버린 후에 어떻게 해야 바른 수행자의 삶을 살 수 있습니까?"(359)

부처님은 말씀하셨다.

"해몽이나 관상, 예언과 같은 점치는 일을 버리고 길흉화복의 운세에 관심 두지 않는다면 그는 바른 수행자의 삶을 살 것이다.(360)

가르침을 이해하고 윤회에서 벗어나 천상계나 인간계의 감각적 쾌락의 욕망을 벗어버린다면 그는 바른 수행자의 삶을 살 것이다.(361)

중상과 성냄과 인색함을 버리고 매력을 느끼는 것이나 혐오를 느끼

는 것에서 자유롭다면 그는 바른 수행자의 삶을 살 것이다. (362)

유쾌하고 불쾌한 것을 버리고 아무것에도 집착하지 않으며 아무것에도 의지하지 않으며 모든 속박에서 벗어난다면 그는 바른 수행자의 삶을 살 것이다. (363)

'사람들이 나를 존경한다.'고 생각하여 우쭐거리지 않고 욕한다하여 악의를 품지 않고 음식을 얻었다하여 교만하지 않는다면 그는 바른 수행자의 삶을 살 것이다. (366)

수행자가 출가하여 자기 분수를 알고 아무것도 해치지 않고 가르침을 있는 그대로 깨닫는다면 그는 바른 수행자의 삶을 살 것이다." (368)

## 교리나 신조에 꼭 잡혀 있는 사람은
| 숫따니빠따 4편 5: 796-802 |

어떤 교리나 신조에 꼭 붙잡혀 있는 사람은 그것만이 이 세상에서 최고라고 주장하면서 말하기를, "이것만이 가장 훌륭하다"고 하며 다른 견해들은 열등한 것이라고 헐뜯는다. 그 결과 그런 사람은 논쟁을 뛰어넘어 논쟁에서 자유로울 수가 없다. (796)

자신이 본 것, 들은 것, 인식한 것, 계율, 예식 등에 개인적인 이득이 있다고 보면 그것들에 열정적으로 집착하여 다른 것들은 열등하다고 여긴다. (797)

자기와 관계 있는 어떤 것에 집착하여 다른 모든 것들은 열등하다고 보는 사람은, 속박에 갇혀 있는 사람이라고 진리에 통달한 사람들은 말한다. 그러므로 수행자는 자기가 본 것, 들은 것, 인식한 것, 계율, 예식 등에 무조건 신뢰하여 그것만이 옳다고 주장하지 않는다.(798)

수련된 사람은 자기의 지식이나 계율 또는 예식 등에 의존하여 독단적 견해를 일으키지 않는다. 그러므로 자기 자신을 남과 비교하여 '뛰어나다, 또는 못난이다, 또는 피장파장이다'라고 생각하지 않는다.(799)

성자는 '나'에 대한 개념을 버려 모든 집착에서 떠나 있다. 그는 자신이 갖고 있는 지식에도 의존하지 않는다. 논쟁하는 사람들 가운데 있으면서도 어느 한쪽을 따르지 않는다. 그에게는 독단적 견해가 없다.(800)

성자는 이 세상에서나 저 세상에서나 이거 아니면 안 된다는 극단적 견해가 없다. 그에게는 어떤 교의나 신조가 주는 위안이 더 이상 필요 없으며 교의나 신조가 그를 사로잡지 않는다.(801)

성자는 보고, 듣고, 느낀 것에 의한 티끌만한 편견도 갖고 있지 않다. 이와 같은 독단적인 어떤 견해에도 사로잡히지 않은 청정한 분을 어떻게 생각으로 규정지어 말할 수 있겠는가?(802)

## 모든 것은 죽은 후 남겨질 뿐
| 숫따니빠따 4편 6: 804-812 |

참으로 인생은 짧구나!
백 년도 못되어 죽다니,
조금 더 오래 산다한들
늙어 죽기는 마찬가지.(804)


사람들은 '나의 것'이라는 집착 때문에 슬퍼한다. 그러나 집착할 영원한 것은 없다. 이 이치를 안다면, 집착의 삶에서 벗어나 수행자의 길을 가라.(805)


'이것은 내 것이야!'라고 하며 집착하는 것, 그것들은 죽은 후에 뒤에 남겨질 뿐. 바른 길을 가는 지혜로운 사람이라면 이런 사실을 깨닫고 내 것이라는 집착을 버려야 한다.(806)


잠을 깬 사람이 꿈속에서 본 사람을 다시는 볼 수 없듯이, 사랑하는 사람도 죽으면 다시는 볼 수 없다. '아무개' 하면 그를 직접 볼 수 있었고 목소리를 들을 수 있었지만, 그러나 죽고 나면 그의 이름만이 남겨질 뿐이다.(807, 808)


내 것에 집착하는 탐심이 많은 사람은 슬픔과 한탄과 인색함을 버리지 못한다. 그러므로 성자들은 안온을 보기 때문에 소유를 버리고 유행(遊行)한다.(809)

집착을 떠난 성자는 어디에도 머무르지 않고 좋아하지도 않고 싫어하지도 않는다. 마치 연꽃잎에 물방울이 묻지 않고 구르듯이 슬픔과 인색함도 그를 더럽힐 수 없다.(811)

마치 연꽃잎에 물방울이 묻지 않고 구르듯이 또는 마치 연꽃이 더러운 물에 더럽혀지지 않듯이 성자는 그가 보고, 듣고, 인식한 어떤 것에도 더럽혀지지 않는다.(812)

## ❂ 완전한 경지에 이른 사람: 평화로운 성자
| 숫따니빠따 4편 10: 848-857 |

"어떻게 [사물을] 보고 어떻게 행동을 하면 '성자'라고 불립니까? 고따마 존자님께 간청하오니 완전한 경지에 이른 사람에 대하여 말씀하여 주십시오."(848)

부처님은 말씀하셨다.
"죽음이 오기 전에 모든 것을 쉬어 고요하고 갈애를 소멸한 사람은 과거에도 집착하지 않고, 미래에 어떻게 될 것인지도 걱정하지 않고, 현재에도 집착하지 않는다. 이와 같은 사람은 좋고 싫고를 떠났다.(849)

그는 성내지 않고, 두려움이 없고, 교만하지 않고, 한탄하지 않는다. 성자는 그의 말을 절제한다.(850)

그는 오지 않은 미래를 열망하지도 않고, 지나간 과거를 슬퍼하지도

않는다. 어떤 견해나 사상에 좌우되지 않고, 감각적 느낌에 묶여 있는 세상에서 멀리 떠나 있다.(851)

그는 모든 것에 초연하고, 속이지 않고, 인색하지 않고, 탐욕스럽지 않고, 오만하지 않고, 불쾌감을 주지 않고, 불화를 일으키는 말을 하지 않는다.(852)

그는 쾌락에 빠지지 않고, 교만하지 않고, 온화하고, 총명하고, 맹목적으로 무조건 믿지 않고, 어떤 것에도 싫어함을 보이지 않는다.(853)

그는 이익을 바라고 일하지 않기 때문에 얻은 것이 없더라도 평정을 잃지 않는다. 갈애로 인하여 방해받지 않으며 맛있는 음식의 유혹에 빠지지 않는다.(854)

그는 마음챙김으로 항상 평정의 마음을 유지한다. 자기가 남보다 잘났다거나 못났다거나 동등하다거나 하는 비교를 하지 않는다. 그에게는 교만의 부풀음이 없다.(855)

진리를 깨달은 사람은 어떤 것에도 의존하지 않는다. 그가 의존할 것은 아무것도 없다. 그에게는 존재에 대한 갈애도 비존재에 대한 갈애[65]도 더 이상 없다.(856)

---

65) 존재에 대한 갈애, 비존재에 대한 갈애: p. 271의 주석 22번 참조.

나는 그를 '평화의 성자'라고 부르겠다. 그는 감각적 욕망에서 이미 떠났다. 그를 얽어매는 것은 아무것도 없으며 그는 집착을 뛰어 넘었다."(857)

## ❀ 과거 현재 미래에 집착하지 말라
| 숫따니빠따 4편 15 |

지나간 것의 환상에 사로잡혀 아쉬워하지 말며,
새로운 것에 만족하여 안주하지 말며,
사라져 가는 것들을 슬퍼하지 말며,
욕망이 이끄는 대로 끌려다니지 말라.(944)

과거를 불살라버리고
미래도 한쪽 옆으로 치워놓고
현재에도 집착으로 움켜쥐지 않으면
평화로운 평온한 길을 유행(遊行)하리라.(949)

내 것이라는 생각이 전혀 없는 사람은
없다고 해서 슬퍼하지 않으며
잃음으로 괴로워 할 일이 없다.(950)

## ❀ 괴로움은 어디서 옵니까?
| 숫따니빠따 5편 4: 1049-1058 |

브라흐민 학인 멧따구는 부처님께 여쭈었다.

"존자님께 여쭙니다. 존자님은 지혜를 통달하고 마음을 완전히 맑히신 분이라고 생각합니다. 저에게 말씀해 주십시오. 이 세상의 갖가지 괴로움은 어디서 오는 것입니까?"(1049)

부처님은 말씀하셨다.
"멧따구여, 그대는 괴로움이 어디서 오는지를 물었다. 나 자신이 찾아낸 진리의 길을 그대에게 말하리라. 모든 종류의 괴로움은 근본적인 집착에서 온다. 이런 이치를 모르는 사람은 집착을 하게 되고 어리석은 자는 계속해서 괴로움을 겪게 된다. 그러므로 괴로움이 어디서 일어나는지를 보는 사람은 집착을 해서는 안 된다."(1050, 1051)

"존자님은 분명한 대답을 주셨습니다. 존자님께 여쭙니다. 저에게 말씀하여 주십시오. 그러면 어떻게 지혜로운 사람은 피안에 이릅니까? 어떻게 그들은 태어남과 늙음과 슬픔을 초월할 수 있습니까? 이것을 설명해 주십시오, 성자여, 그대의 견해는 분명하기 때문입니다."(1052)

"멧따구여, 전해들은 이야기가 아닌 [내가 깨달은] 진리를 그대에게 말하리라. 이 진리를 깨닫고 마음챙김을 가지고 사는 사람은 세상의 속박을 뛰어 넘을 것이다."(1053)

"이 비할 데 없는 진리의 말씀은, 성자여, 저를 기쁘게 합니다. 마음챙김을 가지고 이 진리에 따라 살아 세상의 속박을 초월하겠습니다."(1054)

"멧따구여, 천지사방 어느 곳에서든 그대가 인식하는 어느 것에라도 집착하지 말라. 오고 가는 무상한 것들과 존재하는 것들에 그대의 의식을 머물러 의지하지 말라. 이와 같이 마음챙김으로 방심치 않는 수행자는 '나의 것'이라는 집착의 개념을 버린다. 그는 태어남과 늙음과 슬픔을 버리고 괴로움에서 벗어난다." (1055, 1056)

"성자 고따마의 훌륭한 지혜의 말씀으로 저는 무척 기쁩니다. 존자님의 '집착을 하지 말라'는 말씀은 더 없이 훌륭합니다. 존자님은 진정으로 괴로움에서 벗어난 분이며 그대의 모든 견해는 분명합니다. (1057)

지혜로운 존자님의 가르침을 항상 듣는 사람들은 괴로움에서 벗어날 것입니다. 저의 존경의 표시로 존자님께 예를 올리겠습니다. 위대한 분이시여, 청하옵건대 부디 자주 저에게 가르침을 주신다면 감사하겠습니다." (1058)

## ❂ 저를 의혹에서 벗어나게 해 주십시오
| 숫따니빠따 5편 5: 1063-1064 |

브라흐민 학인 도따까는 부처님께 여쭈었다.

"모든 것을 통찰하시는 부처님, 부디 저를 온갖 의혹에서 벗어나게 하여 주십시오."

"도따까여, 나는 어떤 누구라도 의혹에서 벗어나게 해 주지는 못한다. 그러나 그대가 으뜸가는 가르침을 이해한다면, 그때 그대 스스로 의혹의 강을 건너 의혹을 벗어나리라."

## 게으른 사람
| 테라가타 17 다사까 비구 |

게으르고, 많이 먹고, 잠자고, 빈둥거리는 이는 먹이를 먹고 살찐 커다란 돼지와 같다.
이런 어리석은 사람은 거듭 태에 들어간다.

## 훌륭한 사람을 가까이 함은 좋은 일
| 테라가타 75 수사라다 비구 |

잘 교정된 성품이 좋은 이들을 보는 것은 좋은 일이다.
의혹은 끊어지고 지혜는 증대한다.
어리석은 사람이라도 지혜로운 사람이 된다.
그러므로 훌륭한 사람을 가까이 함은 좋은 일이다.

## 흔들림 없는 마음
| 테라가타 191 키따까 비구 |

누구의 마음이 바위처럼 굳건히 서 있어 흔들리지 않으며,
욕망의 집착에서 벗어나고 흔들리는 세상 가운데 있어도 흔들리지 않을까?
그의 마음이 이렇게 잘 수련되어 있는 사람에게
어디에서 괴로움이 올 것인가?

## 수행하는 마음 자세
| 테라가타 494-500 마하깟짜야나 비구 |

감당할 수 없을 정도의 많은 일을 벌리지 말라.
사람들과 너무 가깝게 지내지 말라.
수행할 때 너무 조바심 내서 애쓰지 말라.
탐심이 많고 맛에 탐착을 하면
행복을 가져오는 목표를 잃어버린다. (494)

지체 높은 집안에서 받는 존경과 공양은
참으로 수렁과 같음을 알아야 한다.
예리한 창은 뽑아내기 힘들다.
범인은 명예나 존경에 초연하기 어렵다. (495)

다른 사람의 말에 따라 내가 도둑이 되는 것은 아니다.
다른 사람의 말에 따라 내가 성인이 되는 것도 아니다.
자기 자신이 자기를 잘 알고 있듯이
신들도 우리 자신을 잘 알고 있다. (497)

사람들은 그들이 죽는다는 사실을 인식하지 못한다.
그러나 이 사실을 인식한다면 싸움은 없을 것이다. (498)
지혜로운 사람은 재산을 잃더라도 살아갈 수 있다.
그러나 지혜가 없으면 부유하더라도 살아가기 힘들다. (499)

귀는 모든 것을 듣고 눈은 모든 것을 본다.
지혜로운 사람은 듣는 것 보는 것을 절제해야 한다. (500)

## ❂ 수행자의 마음가짐
| 테라가타 581-583 우빠세나 비구 |

성자는 구하는 바 없이 만족하며,
누구든 너무 가까이 하지 않는다. (581)


자신을 드러낼 때는 마치 둔하고 멍청이처럼 처신한다.
지혜로운 사람은 대중 가운데 있을 때
지나치게 말을 많이 해서는 안 된다. (582)


누구를 멸시한다든지 마음을 상하게 해서는 안 된다.
수행 규칙에 따라 절제하며 먹는데 적당한 양을 알아야 한다. (583)

## ❂ 훌륭한 사람과 사귀는 것은 행운이다
| 테라가타 1018-1026 아난다 비구 |

총명한 사람은, 악한 사람을 친구로 삼지 말아야 하며
화 잘 내는 사람, 시기심 많은 사람을 친구로 삼지 말아야 하며
다른 사람이 못되는 것을 좋아하는 사람을 친구로 삼지 말아야 한다. 이런 나쁜 사람과 사귀는 것은 불행이다. (1018)


총명한 사람은 믿음이 있는 사람을 친구로 삼아야 하며

유쾌한 사람, 지혜로운 사람, 두루 많이 배운 사람을 친구로 삼아야
한다. 이런 훌륭한 사람과 사귀는 것은 행운이다.(1019)

배움이 적은 사람은 소처럼 늙어간다.
육신은 커지지만 지혜는 커지지 않는다.(1025)
두루 많이 배운 사람이 배움이 적은 사람을 멸시하는 것은
장님이 등불을 들고 있는 것이나 마찬가지로
많이 배운 것이 쓸모가 없다.(1026)

## 나는 자유!
| 테리가타 11 뭇따 비구니 |

오! 자유! 정말로 나는 완전히 벗어났다.
세 가지 굽은 것들에서 벗어났다.
절구, 절구 공이, 그리고
마음이 비뚤어진 남편으로부터 벗어났다.
나는 생사에서 벗어났다.
윤회로 이끄는 것은 뿌리째 뽑혔다.

## 바라는 바가 없다
| 테리가타 31,32 밋따 비구니 |

신으로 태어나기를 바라면서
나는 제 8일, 14일, 보름, 그리고 특별한 날에
여덟 가지 계율을 지키고 포살에 참여하였다.

지금은 〔출가하여〕 삭발을 하고
가사를 입고 하루 한 끼만 먹지만
내 마음에서 두려움이 사라졌기 때문에
신으로 태어나기를 바라지 않는다.

## ❀ 갈애를 끊어버림
| 테리가타 39-41 다른 사마 비구니 |

출가한 지 25년이 흘렀다
그러나 나는 아직 마음의 평안을 얻지 못하였다.(39)


마음의 평화, 마음을 다스림,
오랜 세월 찾아 헤맸으나 얻을 수 없었다.
그때 언뜻 승리자 〔부처님〕의 말씀
떠올리고는 전율하였다.(40)


모든 괴로움에서 벗어나기 위해
열정적으로 분투노력하였다.
그리고 갈애를 부수어 버렸다.
부처님 가르침이 성취되었다.
오늘은 갈애를 끊은 지 7일째 날.(41)

## 🏵 무상의 경지에 도달함
| 테리가타 45-47 다른 웃따마 비구니 |

열반을 얻는 길인 '깨달음의 일곱 가지 요소'를
부처님의 가르침대로 나는 발전시키고 연마하였다. (45)

내가 그토록 열망한
비어있음의 경지에 도달하였다.
나는 부처님의 진정한 딸이며
평화 속에서 항상 기쁘게 산다. (46)

신과 인간 세상에 대한 욕망을 완전히 끊었다.
나는 생사윤회에서 벗어났다. (47)

## 🏵 불을 섬기던 여인
| 테리가타 87-91 난둣따라 비구니 |

나는 불을 섬기고 달과 태양과 신들을 섬겨왔다.
목욕 예식을 위하여 물에 잠기곤 하였다. (87)
많은 서약을 지키고 머리를 절반 삭발하고
땅 위에서 자고 해진 후에는 먹지 않았다. (88)

그 전에는 화장하고 보석을 장식하고 향수를 뿌리고 하여
감각적 쾌락에 집착하여 육신을 치장하였다. (89)
이제 나는 바른 신심을 가지고 출가하여

무상한 이 몸을 있는 그대로 관찰하고
욕망을 뿌리째 뽑아버렸다. (90)


윤회는 끊어지고 모든 욕구와 열망은 가버렸다.
모든 속박에서 벗어나
내 마음엔 오직 평화뿐이다. (91)

## ❂ 신심으로 출가하였으나
| 테리가타 92-96 밋따깔리 비구니 |

대단한 신심을 가지고 출가를 하였지만
나는 아직 칭찬을 바라는 마음과
소유욕에 대한 욕심으로 이리 저리 행각하였다. (92)


나는 내가 가야할 길을 잃어버렸다.
번뇌와 욕망에 사로잡혀
수행자 삶의 진정한 목표를 망각하였다. (93)


그때 내 작은 방에 앉아 있을 때
고뇌가 나를 엄습하였다.
"나는 잘못된 길을 헤매고 있잖아!
갈애의 손아귀에 끌려 빗나갔구나! (94)


남은 삶은 짧아! 늙음과 병마가 인생을 부수고 있구나,

이 몸이 부서지기 전에 게으름 떨 시간이 없지!"(95)
나는 몸과 마음을 구성하는 다섯 무더기의 일어나고 사라짐을
있는 그대로 관찰하여 온전히 해탈하여 우뚝 섰다.
부처님의 가르침은 마침내 성취되었다.(96)

## 🌀 비구니들의 깨달음
| 테리가타 117-121 빠따짜라 장로 비구니 |

〔빠따짜라 장로 비구니가 30명의 비구니에게 가르침〕
젊은이들은 절구공이로 곡식을 찧는다.
젊은이들은 아내와 아이들을 부양하기 위하여 재물을 모은다.(117)


비구니들이여, 부처님의 가르침을 실천하여라.
그러면 결코 후회하는 일은 없으리라.
민첩하게 발을 씻고 한쪽에 앉으라.
마음의 평화를 얻도록 전념하면서
부처님의 가르침을 실천하여라.(118)


빠따짜라 장로 비구니의 가르침을 듣고
비구니들은 발을 씻고 한쪽에 앉아
마음의 평화를 얻도록 전념하면서
부처님의 가르침을 실천하였다.(119)
마침내 그들은 어리석음의 어둠을 깨고
깨달음을 성취하였다.(120)

그들은 일어서서 환희에 차서
빠따짜라 장로 비구니의 발에 절하면서 말하였다.
"당신의 가르침을 성취하였습니다.
인드라 신을 30명의 천신이 공경하듯
그렇게 당신을 공경하겠습니다.
저희들의 마음에는 어떤 집착도 남아있지 않습니다."(121)

## 죽은 아들은 어디로 갔나
| 테리가타 127-132 빠따짜라 장로 비구니 |

〔아들을 잃고 슬픔에 빠져 헤어나지 못하는 여인들이 빠따짜라 장로 비구니를 찾아와 슬픈 이유를 말하였다. 이에 빠따짜라 장로 비구니는 이렇게 그들의 슬픔을 제거하였다.〕

그대는 '내 아들아!' 하면서 울부짖는다.
그러나 그대는 그 아이가 어디서 왔는지
어디로 가는지 그 오고 간 길을 알지 못한다.(127)


존재하는 모든 것들은 이와 똑같다.
아이가 어디서 왔는지 어디로 가는지
알 수 있다면 슬픔은 사라질 것이다.(128)


아이는 청하지도 않았는데 왔고 허락도 없이 떠났다.
그는 어딘가로부터 와서
잠깐 동안 머물렀을 뿐이다.(129)

그는 하나의 길을 따라 왔다가 다른 길로 떠나갔다.

그는 인간으로 죽어 윤회의 길을 갈 것이다.

그는 이렇게 왔고 이렇게 갔는데 울 일이 있겠느냐?(130)


당신은 내 가슴 속에 숨겨져 있던 내 아들에 대한

슬픔의 화살을 뽑아 주셨습니다.

당신은 그것을 밀어 내버렸고 슬픔은 가버렸습니다.(131)


오늘 나는 화살을 뽑아냈고 나의 갈증은 고요해져

온전한 평온에 이르렀습니다.

나는 부처님께 귀의합니다.

가르침에 귀의합니다.

승가에 귀의합니다.(132)


## 육신이 내게는 괴로움이다
| 테리가타 139-144 케마 비구니 |

〔악마가 유혹하며 말하였다.〕[66]

자 케마여! 당신은 젊고 아름답습니다. 나 또한 그렇습니다.

다섯 가지 악기를 연주하며 우리 서로 즐깁시다.(139)


〔케마 비구니가 말하였다.〕

더럽고 병들고 무너지는 이 육신은 나를 괴롭힌다.

---

66) 악마를 등장시켜 마음의 흐름을 표현하고 있다.

나는 이 육신에 혐오감을 느낀다.
육체적 쾌락의 갈애는 내게서 뿌리째 뽑혔다. (140)

육체적 쾌락은 창이나 칼과 같아서
육신을 구성하는 요소를 난도질한다.
그대가 말하는 즐거움은 내게는 즐거움이 아니다. (141)

쾌락의 즐거움은 부서지고
무명의 암흑은 파괴되었다.
악마여, 그대는 파멸되었다. (142)

있는 그대로 보지 못하는 어리석은 자들은
하늘의 별자리를 숭배하고 불을 섬기며
그것을 청정하다고 생각한다. (143)

그러나 나는 모든 것 중에 으뜸이신
깨달으신 분을 공경한다.
그분의 가르침을 실천하여
나는 괴로움에서 완전히 벗어났다. (144)

## 재색을 버리고 출가하다

| 테리가타 151-156 아노빠마 비구니 |

나는 상당한 재산과 부를 가진 지체 높은 집안에서 태어났다.

아름다운 용모의 나는 금융업자 맛자의 딸이었다.(151)

왕자들도 나와 사귀기를 열망하였고,
부잣집 자제들도 나를 갈망하였다.
한 사람은 아버지에게 사람을 보내 말하였다.
"아노빠마를 주십시오. 그러면 그녀 몸무게의
여덟 배의 금과 보석을 드리겠습니다."(152, 153)

그런데 나는 세상에서 으뜸이며 능가할 자 없는
온전히 깨달으신 분을 뵙고
그분의 발에 절을 하고 한쪽에 앉았다.(154)

부처님은 자비심으로 가르침을 설해 주셨다.
그 자리에서 나는 제3과위[67]를 얻었다.(155)
그리고 머리를 삭발하고 출가하였다.
오늘이 갈애를 소멸한 지 7일째 되는 밤이다.(156)

## 🟤 부처님 양모의 게송
| 테리가타 157-162 마하빠자빠띠 고따미 비구니 |

깨달은 분, 영웅, 존재하는 모든 것 중 으뜸이시고
나와 많은 다른 이의 고통을 소멸해 주신

---

67) 수행의 네 가지 단계 중 세 번째인 아나가민과(anāgāminphala)(세상에 다시 돌아오지 않는 과위). p. 122 주석5 참조.

부처님께 경배합니다. (157)


괴로움이 어떻게 오는지 알았고
그 원인인 갈애를 소멸하였네.
여덟 가지 바른 길을 수행하여
모든 것이 소멸된 경지에 도달하였네. (158)


전생에 나는 어머니, 아들, 아버지, 형제, 할머니였다.
진리의 실상을 바로 보지 못하고
윤회의 굴레에서 여러 모습으로 태어났지. (159)


그러나 나는 부처님을 뵙게 되었다.
이것이 나의 마지막 탄생이다.
더 이상 윤회는 없다. (160)


모두 함께 모인 제자들을 보라,
그들의 굳건한 힘, 그들의 성실한 노력,
이것이 모든 부처님께 대한 예경이다. (161)


마야왕비는 모든 이들의
이익을 위해 고따마를 낳았다.
마야왕비는 질병과 죽음의 수렁에 빠진 이들의
고통의 덩어리를 저 멀리 쫓아 버렸다. (162)

## 욕정의 허망함을 가르침
| 테리가타 366-399 수바 비구니 |[68]

아름다운 지와까의 망고 숲을 비구니 수바가 걸어가고 있는데 한 남자가 길을 가로막았다. 수바 비구니가 말하였다.

〔수바 비구니〕

"그대는 왜 길을 막고 있습니까? 내가 잘못이라도 했습니까? 출가 비구니에게 접근하는 것은 옳지 않습니다. 나의 스승께서는 계율을 정하셨습니다. 우리는 그것을 존중하고 따릅니다. 나는 티없는 청정한 삶을 살고 있습니다. 그대는 왜 길을 막고 있습니까? 그대는 마음을 절제하지 못하고 욕망으로 가득 차 있습니다. 그러나 나는 평온합니다. 욕망은 모두 가버렸습니다. 그대는 왜 길을 막고 있습니까?"

〔남자〕

"당신은 젊고 아름답고 청순합니다. 청정한 삶에서 무엇을 구합니까? 가사를 벗어 던지고 자! 어서 꽃이 만발한 이 숲에서 즐깁시다. 숲에 혼자 들어가서 무슨 즐거움이 있습니까? 맹수들이 출몰하는 인적이 없는 두려운 숲에 당신은 동행 없이 혼자 들어가려는 것입니까? 금빛 인형처럼, 천상 정원의 여신처럼 당신은 걷고 있습니다. 섬세하고 부드러운 까시산의 옷을 입으면 당신은 더욱 빛날 것입니다. 오! 비할 수

---

[68] 이 상황을 보더라도 초기 비구니 승원이 정착되기 전에는 비구니들의 수행처가 매우 어려웠음을 알 수 있으며, 부처님이 비구니 출가의 허락을 망설인 것을 알 수 있다. 빠세나디왕은 기원정사 가까이에 라자까라마(Rājakārāma) 비구니 승원을 건립하였다.

없는 아름다움이여. 그대가 원하는 것은 무엇이든 하겠습니다. 그대보다 더 사랑스러운 것은 아무것도 없소. 하녀의 시중을 받으며 궁전에 삽시다. 온갖 금은보석으로 당신을 입혀드리겠소."

〔수바 비구니〕
"결국은 부서질 이 육신은 시체로 가득한 무덤의 묘자리만 하나 더 늘려주겠지요. 그런데 그대는 이런 육신에서 무슨 가치를 보았기에 나를 그렇게 쳐다보는 것입니까? 그대는 정신이 돌았습니다."

〔남자〕
"그대의 눈은 어린 사슴과 같고 산 속의 요정과 같소. 당신의 눈을 보면 나의 감각적 쾌락은 더욱더 솟아납니다. 티없는 금빛 얼굴 위에 당신의 눈은 연꽃 봉오리같이 청초하고 빛납니다. 그대가 설령 멀리 있다하더라도 나는 결코 잊을 수가 없습니다. 그대의 긴 속눈썹, 청순한 눈빛, 그대의 눈보다 더 사랑스러운 것은 아무것도 없습니다."

〔수바 비구니〕
"그대는 길이 없는 곳을 걸으려 하오. 달을 잡으려 하고 수메루 산을 뛰어넘으려 하고 있소. 그대는 부처님의 자녀를 쫓고 있습니다. 천상에도 이 지구상에도 나에게 욕망의 대상이 되는 것은 아무것도 없습니다. 붓다의 가르침에 의해 욕망은 뿌리째 뽑혔습니다. 마치 그릇 속의 독이 증발해 버리듯이.
이런 것을 성찰하지 못하는 사람이나 스승의 가르침을 알지 못하는 사람들이나 유혹하시지요. 그러나 이런 것을 아는 사람을 유혹한다면 그대는 괴롭기만 할 것입니다. 내 마음은 즐거움이나 괴로움 칭찬이나 비방에도 흔들림 없이 굳건히 마음챙김에 머뭅니다. '인연 따라 생긴 것은 부정(不淨)한 것으로 가득 차 있다.'는 것을 알기 때문에 나는 어느 것에도 집착하지 않습니다. 나는 부처님을 따릅니다. 그리고 훌륭한 팔정도의 수레를 타고 갑니다. 번뇌의 화살은 뽑혔습니다.

나는 막대기와 줄로 만든 화려하게 색칠한 춤추는 꼭두각시를 본 적이 있습니다. 만일 이 꼭두각시의 막대기나 줄들을 떼어내고 던져버리면 흩어져 산산조각으로 부서져 꼭두각시의 형체를 발견할 수 없을 것입니다. 그러니 어디에 마음을 두어야 할까요? 〔어느 것을 꼭두각시라 하겠습니까?〕

나의 몸도 이와 같습니다. 육신의 특성〔현상〕을 떠나서 육신은 존재할 수 없습니다. 육신의 특성들을 제거하면 아무것도 남는 것이 없습니다. 그러니 어디에 마음을 두어야 할까요? 〔어느 것을 육신이라 하겠습니까?〕[69]

어리석은 이여, 그대는 사라져 버린 신기루 같은, 꿈속의 황금나무 같은, 군중 속에서 보여 주는 마술 같은 있지도 않은 것을 맹목적으로 쫓고 있습니다.

〔그대가 그렇게 찬탄하는〕 눈은 구멍 속의 작은 구(球)로서 중앙에 거품이 있고 눈물도 나고 눈곱도 낍니다. 다양한 양상들이 눈의 모양에

---

[69] 이 예문은 5온의 무상에 대한 근본 가르침이라 본다. 다섯 가지 무더기(5온)가 합쳐져서 이루어진 이 몸은 5온이 각각 흩어지면 존재는 사라진다. 어떤 요소를 가리켜 나라고 할 것인가. 거기에는 영원한 자아는 없다. 고정되고 변하지 않는 본질은 없다. 그래서 무아이고 무상이다. 이 문장에서 무상한 육신에의 집착을 일깨움.

서 만들어집니다."

그때 그토록 아름다운 눈을 수바 비구니는 아무런 애착도 없이 뽑았다.

그리고 말하였다.

"여기 이 눈을 가져가십시오."

그리고 그것을 그 남자에게 주었다. 그 남자의 욕정은 즉시 사라졌다. 그리고 용서를 빌었다.

"그대의 눈이 원래대로 복구되기를 빕니다. 청정한 삶의 여인이여.
이런 일은 두번 다시 없을 것입니다.
그대와 같은 사람을 해치려는 것은
마치 불길을 끌어안는 것 같습니다.
나는 마치 독사를 움켜쥔 것 같습니다.
그대의 눈이 원래대로 복구되기를 빕니다.
나를 용서하십시오."

수바 비구니는 그 남자에게서 벗어나 온전히 깨달으신 부처님께 나아갔다. 부처님의 거룩한 공덕의 모습을 보는 순간 그녀의 눈은 원래대로 복구되었다.

## ☸ 얼굴빛이 평온한 이유

| 상윳따 니까야: 1 데와따 상윳따 1:10 |

이와 같이 나는 들었다. 어느 때 부처님은 사왓티의 기원정사에 계셨다. 그때 하늘신[70]이 부처님 앞에서 이런 게송을 읊었다.

깊은 숲 속에 사는
평화롭고 청정한 수행자는
하루 한 끼만 먹는데도
어떻게 얼굴빛이 그렇게 평온합니까?

부처님은 말씀하셨다.
"지나간 과거를 슬퍼하지 않고
오지 않은 미래를 열망하지 않고
현재에 충실하기 때문에
얼굴빛은 그렇게 평온하다네.

오지 않은 미래를 열망하고
지나간 과거를 슬퍼하는
어리석은 사람들은
낫에 잘린 푸른 갈대처럼
그렇게 시든다네."

## ✹ 기뻐할 것도 슬퍼할 것도 없다
| 상윳따 니까야: 2 데와뿟따 상윳따 2:8 |

이와 같이 나는 들었다. 어느 때 부처님은 사께따의 안자나 숲에 있는 사슴동산에 계셨다. 그때 하늘아들 까꾸다가 부처님께 와서 이렇게

---
70) 가장 고층에 속하는 경전들로서 부처님의 사상과 가르침을 표현하기 위한 한 방법으로 하늘신, 하늘아들을 등장시키고 있다.

말하였다.

"사문이여, 당신은 기쁘십니까?"

"그대는 내가 무엇을 얻었기 때문에 기쁘다고 생각하는가?"

"그러면 당신은 슬프십니까?"

"그대는 내가 무엇을 잃었기 때문에 슬프다고 생각하는가?"

"사문이여, 그러면 기쁘지도 슬프지도 않습니까?"

"벗이여, 그렇다네."

〔까꾸다〕"오, 수행자여 그대는 어떻게
기쁘지도 않고 슬프지도 않습니까?
어떻게 홀로 그렇게 고요히 앉아
불만에 휩싸이지 않습니까?"

〔붓다〕"진정으로 나에게는
기쁨도 없고 슬픔도 없네.
홀로 고요히 앉아 있을 때
불만족에 휩싸이지 않는다네.

〔붓다〕기쁨은 슬퍼하는 사람에게 따라오고,
슬픔은 기뻐하는 사람에게 따라오네.
수행자는 기쁨도 없고 슬픔도 없다네.
벗이여 이와 같이 알아야 하네."

〔까꾸다〕 "오랜 세월 후 나는 드디어 만났네

온전히 해탈한 성인

세상의 집착을 멀리 떠난 분

슬픔도 기쁨도 없는 수행자."

## ❀ 훌륭한 사람을 가까이 하라
| 상윳따 니까야: 2 데와뿟따 상윳따 3:1 |

훌륭한 사람을 가까이하고

훌륭한 사람과 함께 사귀어라

훌륭한 사람의 진정한 가르침을 배우면

① 보다 좋아지고 결코 나빠질 수 없으며

② 다른 사람에게서는 얻을 수 없는 지혜를 얻으며

③ 슬픔 속에 있어도 슬퍼하지 않으며

④ 친척들 가운데서 빛나며

⑤ 〔죽은 후〕 좋은 곳으로 가며

⑥ 편안한 삶을 살며

⑦ 모든 괴로움에서 벗어나 해탈한다네.

## ❀ 게으른 수행자
| 상윳따 니까야: 2 데와뿟따 상윳따 3:5 |

이와 같이 나는 들었다. 어느 때 많은 비구들이 꼬살라의 히말라야 산기슭에 있는 숲 속의 작은 오두막들에 있었다. 그런데 비구들은 마음이 들떠 있고, 자만심으로 가득하고, 허영심으로 들떠있고, 시끄럽고,

거친 말을 하고, 조심성이 없고, 지혜가 없고, 집중하지 못하고, 침착하지 못하고, 감각기관을 절제하지 못하였다.

그때 보름날, 포살날에 하늘아들 잔뚜가[71] 비구들에게 다가와서 게송으로 말하였다.

    예전에 고따마의 훌륭한 제자들은 행복하게 살았네
    바라는 마음 없이 음식을 구하고
    바라는 마음 없이 거처를 구하고
    세상의 무상함을 알아 괴로움의 소멸을 이루었네.

    그러나 지금 그들은 마을의 촌장처럼
    자신을 제어하기 힘들고
    먹고 또 먹고 드러눕고
    다른 이의 집에 있는 것을 탐내네.

    나는 승가에 공손히 합장하고
    여기 있는 일부의 사람에게 말하네
    이들은 돌보는 이 없이 버림받고
    죽은 시체처럼 버려진다네.
    나는 게으른 이에게는 충고하지만
    부지런한 이에게는 공손히 예경 드리네.

---

71) 비구들의 타락한 모습을 하나의 상징적 표현 방식인 하늘사람을 등장시켜 준엄하게 꾸짖고 있다.

## ● 탐욕, 증오, 어리석음은 자신을 해친다
| 상윳따 니까야: 3 꼬살라 상윳따 1:2 |

어느 때 부처님은 사왓티의 기원정사에 계셨다. 그때 빠세나디왕이 부처님을 방문하여 이렇게 말하였다.

"부처님, 사람 안에서 일어나서 해로움을 주고 괴로움을 주고 불편함을 주는 것이 얼마나 많이 있습니까?"

"대왕님, 사람 안에서 일어나서 해로움을 주고 괴로움을 주고 불편함을 주는 것에는 세 가지가 있습니다. 그것은 탐욕과, 증오와, 어리석음입니다. 이 세 가지는 사람 안에서 일어나 그 자신을 해치고 고통을 주고 불편하게 합니다.

마치 갈대에서 나온 열매가
바로 그 갈대를 파괴하듯이
탐욕과, 증오와, 어리석음은
사람 안에서 일어나
악한 마음을 가진 사람 스스로를 해칩니다."

## ● 죽을 때 무얼 가지고 가는가
| 상윳따 니까야: 3 꼬살라 상윳따 1:4 |

이와 같이 나는 들었다. 어느 때 부처님은 사왓티의 기원정사에 계셨다. 그때 꼬살라의 빠세나디왕이 부처님께 말하였다.

"부처님, 내가 고요히 홀로 명상에 들었을 때 이런 생각이 들었습니다. '누구에게 자기 자신은 사랑스러운 친구가 되며 누구에게 자기 자신은 미운 적이 되는가?' 그래서 이렇게 생각하였습니다. '생각과 말과 행동을 악하게 하는 사람들에게 자기 자신은 미운 적이다. 그들이 "우리에게 사랑스러운 것은 우리 자신"이라고 생각할지라도 그러나 그들에게 자신은 미운 적이다. 왜냐하면 적이 적에게 하는 짓〔생각, 말, 행동〕을 자기 자신에게 하고 있기 때문이다. 그러므로 그들에게 자신은 미운 적이다.

그러나 생각과 말과 행동을 바르게 하는 사람들에게 그들 자신은 사랑스러운 친구이다. 그들이 "우리에게 미운 것은 우리 자신"이라고 생각할지라도 그러나 그들에게 자신은 사랑스러운 친구이다. 왜냐하면 친구가 친구에게 하는 것〔생각, 말, 행동을〕을 자신에게 하고 있기 때문이다. 그러므로 그들에게 자신은 사랑스러운 친구라는 생각이 떠올랐습니다."

이에 부처님은 게송으로 말씀하셨다.
그렇습니다, 대왕님.
자기 자신이 사랑스럽다면
악으로 자신에게 멍에를 씌우지 말라.
악을 행하는 사람에게
행복은 쉽게 얻어지지 않는다.

죽음의 신에게 잡힐 때
목숨을 버려야 하는데
정말로 내 것이라고 할 것이 있는가?
죽을 때 무얼 가지고 가는가?
그림자가 항상 따라다니듯

무엇이 사람을 따라다닐까?

공덕과 악행 두 가지는
사람이 이 세상에서 지은 것
이것이야말로 진정으로 자기의 것이다.
죽을 때 이것을 가지고 간다.
마치 그림자가 항상 따라다니듯
이것이 항상 따라다닌다.
그러므로 사람은 선행을 닦아야 한다
공덕은 저 세상에서 든든한 후원자다.

## ❂ 참으로 자신을 보호하려면
| 상윳따 니까야: 3 꼬살라 상윳따 1:5 |

**빠세나디왕**은 부처님께 이렇게 말하였다.
"부처님, 내가 홀로 고요히 명상에 들었을 때 이런 생각이 들었습니다. '누가 자기 자신을 보호하는 사람이고, 누가 자기 자신을 보호하지 못하는 사람인가?' 그래서 이렇게 생각하였습니다. '생각과 말과 행동으로 잘못을 하는 사람들은 자기 자신을 보호하지 못하는 사람들이다. 설령 코끼리부대로, 기마부대로, 전차부대로, 또는 보병부대로 자신을 지킨다 해도 자신을 지킬 수 없다. 왜냐하면 이런 보호〔부대들〕는 모두 다 내 밖에 있기 때문이다. 그러므로 그들 자신을 보호받지 못한다.
그러나 생각과 말과 행동으로 바르게 사는 사람들은 그들 자신을 보호한다. 설령 코끼리부대, 기마부대, 전차부대, 또는 보병부대 등으로 지키지 않는다 해도 그들은 자신을 보호하는 것이다. 왜냐하면 그런 보호는 내 마음 안에 있지 밖에 있는 것이 아니기 때문이다. 그러므로 그들 자신을 보호한다.'고 생각했습니다."

"그렇습니다, 대왕님!
생각으로 절제하는 것은 훌륭합니다.
말로 절제하는 것은 훌륭합니다.
행동으로 절제하는 것은 훌륭합니다.
모든 면에서 절제하는 것은 훌륭합니다.
모든 면에서 절제하는 성실한 사람을
'보호받는 사람'이라고 부릅니다."

## ❂ 자신을 사랑하는 사람은 남을 해쳐서는 안 된다
| 상윳따 니까야: 3 꼬살라 상윳따 1:8 |

이와 같이 나는 들었다. 어느 때 부처님은 사왓티의 기원정사에 계셨다. 그때 꼬살라의 빠세나디왕과 말리까왕비는 궁전의 높은 누각에 있었다. 빠세나디왕은 말리까왕비에게 이렇게 말하였다.

"말리까, 누군가 그대 자신보다 더 소중한 사람이 있소?"

"대왕님, 나 자신보다 더 소중한 사람은 없습니다. 대왕께서는 누군가 자기 자신보다 더 소중한 사람이 있습니까?"

"나도 마찬가지요, 말리까. 누군가 나 자신보다 더 소중한 사람은 없소."

그리고 나서 빠세나디왕은 누각에서 내려와 부처님이 계신 곳으로 갔다. 그리고 말리까왕비와의 대화 내용을 말씀드렸다. 부처님은 그 이야기를 이해하시고 이렇게 게송으로 말씀하셨다.

당신의 마음이 천지사방으로 다 돌아다녀도
어디서도 자기 자신보다 더 소중한 것을 찾지 못하듯,
다른 사람에게도 자기 자신은 소중하기 때문에
자기 자신을 사랑하는 사람은
남을 해쳐서는 안 됩니다.

## ◉ 겉만 보고 판단할 수 없다
| 상윳따 니까야: 3 꼬살라 상윳따 2:1 |

어느 때 부처님은 사왓티의 동쪽 승원, 미가라마뚜 강당에 계셨다. 그때 부처님은 저녁나절 명상에서 일어나 동쪽 문 밖 회랑에 앉아 계셨다. 그때 빠세나디왕이 부처님을 방문하여 인사를 드리고 한쪽에 앉았다.

그때 부처님과 빠세나디왕이 앉아 있는 곳과 멀지 않은 거리에서 일곱 명의 결발 고행자, 일곱 명의 자이나교도, 일곱 명의 나체고행자, 일곱 명의 한 벌 옷의 고행자, 일곱 명의 방랑 수행자 등이 더부룩한 겨드랑이 털, 긴 손톱과, 긴 몸의 털을 한 채 그들의 필수품 꾸러미를 들고 지나가게 되었다.

그때 빠세나디왕은 자리에서 일어나 오른쪽 무릎을 꿇고 합장한 채 이들 수행자들을 향하여 '나는 꼬살라의 왕 빠세나디입니다. 존자들이여.' 라고 세 번 말하였다. 이들이 다 지나간 후 빠세나디왕은 부처님께 물었다.

"부처님, 저들은 아라한들입니까. 또는 아라한의 길에 들어선 이들입니까?"

"대왕님, 세속에 사는 사람이 그것을 안다는 것은 어려운 일입니다. 그가 계행을 지니고 있는지는 함께 살아보아야 알 수 있습니다. 그가 청정한지 어떤지는 함께 대화를 해 보아야 알 수 있습니다. 그가 불굴의 정신이 있는지는 역경에 처했을 때 알 수 있습니다. 그가 지혜가 있는지는 토론을 통해서 알 수 있습니다. 그것도 짧은 시간에는 알 수 없고 긴 시간이 지난 후에나 알 수 있습니다. 또한 주의 깊어야 알 수 있지 주의가 깊지 않으면 알 수 없습니다. 또한 지혜로워야 알 수 있지 우둔하면 알 수 없습니다."

부처님은 다시 게송으로 말씀하셨다.

사람은 겉으로 드러난 모양으로는 쉽게 알 수 없고
잠깐 슬쩍 보아서는 또한 믿을 수가 없네.
잘 절제된 듯한 모습을 한
절제되지 않은 사람들이 돌아다니네.

점토로 만든 가짜 귀고리처럼
금을 입힌 동전 반전(半錢)처럼[72]
어떤 사람은 위장한 채 돌아다니니
안은 더럽고 겉은 아름답네.

---

72) 속은 동전이지만 금을 입혔으니 금화로 보인다.

## 🌸 태어날 때 입안에 도끼가 생긴다
| 상윳따 니까야: 6 브라흐마 상윳따 1:10 |

어느 때 부처님은 사왓티의 기원정사에 계셨다. 그때 꼬깔리까 비구가 부처님께 와서 말하였다.

"부처님, 사리뿟따와 목갈라나는 사악한 욕망을 가지고 있으며 사악한 욕망의 지배를 받고 있습니다."

이에 부처님은 말씀하셨다.

"그렇게 말해서는 안 된다. 꼬깔리까, 사리뿟따와 목갈라나에게 믿음을 가져야 한다. 그들은 훌륭히 행동하고 있지 않으냐."

그런 후 두 번째도 세 번째도 똑같이 부처님께 와서 사리뿟따와 목갈라나가 사악한 욕망을 가지고 있다고 비난하였다.

그런 후 얼마 되지 않아 꼬깔리까는 종기가 생겨 점점 커져서 결국은 그 병으로 죽었다. 부처님은 제자들에게 이와 관련하여 말씀하셨다.

"사람이 태어날 때
입안에 도끼가 생긴다.
어리석은 사람은 나쁜 말을 하여
그것으로 자기 자신을 찍는다.

비난할 것은 칭찬하고
칭찬할 것은 비난하니
입으로 불운을 만들어
행복을 얻지 못한다.

바른 길을 간 훌륭한 이에게
증오를 품는다면
그 불운은 무엇보다 큰 것이다."

## ❂ 브라흐민 다난자니 여인의 신심
| 상윳따 니까야: 7 브라흐마나 상윳따 1:1 |

이와 같이 나는 들었다. 어느 때 부처님은 라자가하의 죽림정사에 계셨다. 그때 바라드와자 가문의 어떤 브라흐민의 아내인 다난자니는 붓다 · 담마 · 승가의 삼보에 열렬한 신앙심을 가지고 있었다.

그런데 브라흐민 다난자니 여인은 브라흐민에게 음식을 가져가다가 걸려 넘어졌다. 그녀는 자동적으로 이렇게 세 번 말하였다.

"붓다, 아라한, 온전히 깨달으신 분께 귀의합니다.
붓다, 아라한, 온전히 깨달으신 분께 귀의합니다.
붓다, 아라한, 온전히 깨달으신 분께 귀의합니다."

이 말을 듣고 브라흐민은 다난자니에게 말하였다.
"이 가엾은 여인은 기회가 닿는 모든 경우에 아주 하찮은 것에도 머리 깎은 사문을 찬탄하는 말을 한다. 나는 당신 스승의 교리를 논박하러 가야겠소."
"브라흐민이여, 나는 이 세상에서 신과 인간을 통틀어 어떤 사람도, 어떤 브라흐민도, 어떤 사문도, 아라한이시며, 온전히 깨달으신 분 부처님의 교리를 논파할 수 있는 사람을 보지 못하였습니다. 그렇지만 가

보십시오. 가시면 알게 될 것입니다."

그래서 브라흐민은 화가 나고 불쾌하여 부처님을 찾아갔다. 그는 인사를 드리고 앉아서 부처님께 게송으로 말하였다.

무엇을 베어버려 편안히 잠듭니까?
무엇을 베어버려 슬퍼하지 않습니까?
고따마여, 그 한 가지는 무엇입니까?
어떤 것의 죽임을 그대는 승인합니까?

부처님은 말씀하셨다.
"성냄을 베어버려 편안히 잠들며
성냄을 베어버려 슬프지 않네.
뿌리에는 독이 있고 꼭지에는 꿀이 있는
성냄을 죽이는 것, 오 브라흐민이여,
이것이 거룩한 이가 칭찬하는 죽임이라네
성냄을 베어버려 그는 슬프지 않기 때문이네."

부처님의 훌륭한 말씀을 듣고 그는 부처님께 귀의하였다. 그 후 그는 출가하여 열심히 수행 정진하여 아라한이 되었다.

## ❀ 공격심에 가득 찬 사람
| 상윳따 니까야: 7 브라흐마 상윳따 2:6 |

어느 때 부처님은 사왓티의 기원정사에 계셨다. 그때 브라흐민 빳짜

니까사따는 생각하기를, '부처님의 말끝마다 반박하리라' 고 생각하고 부처님을 찾아갔다. 그때 부처님은 기원정사 뜰을 거닐고 계셨다. 브라흐민은 부처님을 따라 걸으며 이렇게 물었다.

"담마를 말해보시오, 수행자여!"

[부처님은 그의 교만한 마음을 꿰뚫어 보시고] 이와 같이 말씀하셨다.

"반박하는 기질과 타락한 마음으로 공격심에 가득 차 있는 사람은 잘 설해진 가르침이 이해하기 어렵소. 그러나 공격심과 불신의 마음을 버리고 반감을 떨쳐버리면, 그때는 잘 설해진 가르침을 이해할 수 있습니다."

## 교만심을 버려라
| 상윳따 니까야: 8 방기사 상윳따 3 |

어느 때 방기사 존자는 알라위의 악갈라와 사당에 그의 스승 니그로다깝빠 존자와 함께 있었다. 그런데 방기사 존자는 자신의 재능 때문에 다른 훌륭한 비구들을 깔보았다. 그러나 이런 생각이 들었다.

'내 재능 때문에 다른 바르게 행동하는 사람들을 깔보는 것은 많은 좋은 것을 잃는 것이지 결코 얻는 것이 아니다. 정말로 이것은 나에게 좋은 일이 아니다.'

그는 스스로 뉘우치면서 게송을 떠올렸다.

교만심을 버려라, 고따마의 제자여!
교만의 길에서 그대의 발걸음을 완전히 끊어라.
교만의 길에 빠져 정신을 못 차렸기 때문에

오랜 세월 자책이 뒤따랐다.

위선으로 더럽혀진 사람들,
교만에 정복되어 지옥에 떨어져
오랜 세월을 슬퍼한다.

그러나 바르게 수행하는
바른 길을 아는 자는 결코 슬프지 않다.
그는 기쁨과 행복을 누린다.
참으로 그는 진리를 보는 자라 부른다.

## ☸ 훌륭한 설법의 네 가지 요소
| 상윳따 니까야: 8 방기사 상윳따 5 |

어느 때 부처님은 사왓티의 기원정사에 계셨다. 부처님은 제자들에게 이렇게 가르치셨다.

"말을 할 때 네 가지 요소가 있으면 그런 말은 잘 설해진 말이며 지혜로운 사람들로부터 비난의 여지가 없다. 네 가지란 무엇인가?

훌륭히 설해진 것만 말하며 나쁘게 설해진 것은 말하지 않는다.

다만 진리에 입각해서 말하며 진리 아닌 것은 말하지 않는다.

다만 유쾌한 말을 하며 불쾌한 말을 하지 않는다.

다만 사실인 것만 말하며 거짓을 말하지 않는다."

이에 방기사 존자는 자신이 들은 부처님 설법에 대해 칭송하는 게송을 말하였다.

자신을 괴롭히지 않고
남을 해치지 않는 그런 말만을 할 때
그와 같은 말은 참으로 잘 설해진 말이다.

다만 유쾌한 말만을 하여야 한다.
그 말이 어떤 사악함도 없을 때
그런 말은 다른 이에게 유쾌함을 준다.

진리가 참으로 불사의 말인 것은
변함없는 진리이다.
수행의 목표도, 부처님 법도, 훌륭한 이는 말한다.
모두 진리 위에 세워져 있다고.

열반에 이르기 위해, 괴로움을 종식키 위해,
부처님이 설하신 평온의 말씀은
진정으로 가장 훌륭한 말씀일세.

## ❂ 큰 지혜의 사리뿟따
| 상윳따 니까야: 8 방기사 상윳따 6 |

어느 때 사리뿟따 존자는 사왓티의 기원정사에 있었다. 그때 사리뿟따 존자는 비구들에게 부처님 가르침을 설하여 그들을 깨우치고, 분발시키고, 격려하였다. 그 설법은 세련되고, 유창하고, 명확하고, 뜻을 잘 전달하는 그런 설법이었다. 그래서 비구들은 온 마음과 정성을 기울

여 열성적으로 그 가르침을 들었다.

방기사 존자는 사리뿟따 존자를 이렇게 칭송하였다.

심오한 지혜와 슬기로움으로
바른 길과 그른 길을 잘 아는
큰 지혜를 가진 사리뿟따는
비구들에게 가르침을 설하네.

그는 간략하게 가르치기도 하고
상세하게 말하기도 하네.
그 목소리는 마치 구관조 새처럼
분발시키는 법문을 쏟아내네.

그가 가르칠 때
그의 매혹적이고 우렁차고 유쾌한 목소리에
고무되고 기쁘게 되어
비구들은 귀를 기울이네.

## ❂ 뿌린 대로 거둔다
| 상윳따 니까야: 11 삭까 상윳따 1:10 |

어떤 종류의 씨를 뿌렸든지
뿌려진 씨에 따라
그는 바로 그 열매를 거둔다.

선을 행하면 선을 거두고
악을 행하면 악을 거둔다.
너의 씨앗은 뿌려졌다.
그러니 열매를 거두리라.

## 🌸 분노를 극복하라
| 상윳따 니까야: 11 삭까 상윳따 3:4-5 |

분노를 극복하여
우정을 시들게 하지 말라.
잘못이 없는 이를 헐뜯지 말며,
분열시키는 말을 하지 말라.
분노에 의해 악한 이들은 무너진다
마치 눈사태가 무너지듯이.

분노에 정복당하지 말라.
화내는 이에게 같이 화내지 말라.
성내지 않고 남을 해치지 않는 이는
항상 부처님 안에 사는 사람일세.
분노에 의해 악한 이들은 무너진다
마치 눈사태가 무너지듯이.

## ● 마하 깟사빠
| 상윳따 니까야: 16 깟사빠 상윳따 1 |

어느 때 부처님은 사왓티의 기원정사에 계셨다. 부처님은 제자들에게 이렇게 가르치셨다.

"깟사빠는 어떤 법의〔가사〕에도 만족한다. 그는 어떤 법의에도 만족하는 것을 칭찬하며, 부적합한 방법으로 법의를 구하려고 하지 않는다. 법의를 얻지 못해도 애태우지 않으며 법의를 얻는다 해도 집착 없이 그것을 사용하며, 법의에 열광하지 않으며 맹목적으로 법의에 탐착하지 않으며 또한 그 탐착의 위험을 알기 때문에 그 벗어남을 안다.

깟사빠는 어떤 탁발음식에도, 어떤 거처에도, 그리고 어떤 필수 의약품에도 만족한다. 그는 이것들에 만족하는 것을 칭찬하며 부적합한 방법으로 이것들을 구하려고 하지 않는다. 이것들을 얻지 못한다 해도 애태우지 않으며, 이것들을 얻는다 해도 집착 없이 사용하며, 열광하지 않으며, 탐착하지 않으며, 또한 탐착의 위험을 알기 때문에 그 벗어남을 안다.

그러므로 비구들이여, 나는 깟사빠나 또는 깟사빠와 비슷한 사람의 모범을 들어 그대들에게 간곡히 권고한다. 가르침을 들은 후에는 가르침에 따라 그대로 수행하여야 한다."

## ● 달과 같이 너 자신을 멀리하라
| 상윳따 니까야: 16 깟사빠 상윳따 3 |

어느 때 부처님은 사왓티에서 제자들에게 가르치셨다.

"그대들은 남의 집에 갈 때에 몸과 마음을 달처럼 멀리하고 항상 새로 오는 사람처럼 행하며 가족들에게 겸손하게 대하여야 한다. 마치 오래된 우물이나, 절벽이나, 가파른 강둑 위에서 아래를 내려다보는 것처럼, 몸과 마음을 멀리하고 가족들을 대하여야 한다.

깟사빠는 남의 집에 갈 때 몸과 마음을 달처럼 멀리하고 항상 새로 오는 사람처럼 행하며 가족들에게 겸손하게 대한다.

어떤 태도의 비구가 가정을 방문하기에 합당한가?"

이어서 부처님은 허공에 손을 휘저으면서 말씀하셨다.

"이 손이 허공을 붙잡지도 않고, 허공에 붙잡히지도 않고, 허공에 묶여 있지도 않듯이, 이와 같이 남의 집을 방문할 때는 사람들 사이에 사로잡히지 말고, 집착하지 말고, 묶여 있지 말고 다만 생각하기를 '이익을 얻고자 하는 이는 이익을 얻기를, 공덕을 얻고자 하는 이는 공덕을 얻기를!' 이라고 생각한다. 그는 다른 이가 이익을 얻는 것을 자기의 이익처럼 기뻐한다.

이런 비구가 남의 집을 방문하는 훌륭한 태도를 가진 사람이다."

## ❂ 훌륭한 설법
| 상윳따 니까야: 16 깟사빠 상윳따 3 |

이어서 부처님은 제자들에게 말씀하셨다.

"어떤 것이 훌륭한 가르침을 설하는 것인가? 만일 어떤 비구가 생각하기를, '가르침은 부처님에 의해 잘 설해져 있고 지금, 현재, 직접 볼 수 있는 것이고, 시간을 초월하는 것이고, 와서 보라고 할만한 것이고, 유익한 것이고, 지혜 있는 이들에 의해 체득된 것이다.

그러므로 사람들이 부처님의 말씀에 귀를 기울이기를, 들은 후에는 가르침을 이해하기를, 이해한 후에는 그 가르침을 실천하기를!' 이런 생각을 가지고 설법한다. 그리고 진정한 자비심과 동정심과 따뜻한 관심으로 부처님의 가르침을 설한다면, 이런 가르침의 설법은 훌륭하다."

## ❂ 마하 깟사빠의 수행
| 상윳따 니까야: 16 깟사빠 상윳따 5 |

이와 같이 나는 들었다. 어느 때 부처님은 라자가하의 죽림정사에 계셨다. 그때 마하 깟사빠 존자가 부처님께 와서 인사를 드리고 한쪽에 앉았다. 부처님은 말씀하셨다.

"그대는 연로하여 그 낡은 삼베 누더기가 짐스럽고 무거울 것 같군. 그러니 신도들이 공양하는 새 가사도 입고 식사 공양 초대에도 가고 내 가까이 살았으면 좋겠구나."

"부처님, 저는 오랫동안 숲에서 수행해 왔고 숲에서의 수행을 좋게 생각하고 있습니다. 또한 오랫동안 탁발하여 먹었고 탁발하는 것을 좋게 생각하고 있습니다. 그리고 저는 오랫동안 누더기 가사를 입었고 누더기 가사를 좋게 생각하고 있습니다. 또한 세 가지 가사만 소유하고 세 가지 가사만 소유하는 것을 좋게 생각하고 있습니다. 욕심이 적은 것, 어떤 경우에도 만족하는 것, 홀로 있는 것, 사회와 거리를 두고 사는 것, 열심히 수행 정진하는 것 등을 좋게 생각해 왔고 또 그렇게 행하고 있습니다."

"그러면 깟사빠여, 어떤 이익 때문에 그와 같은 것들을 좋게 생각하는가?"

"두 가지 유익한 점 때문입니다. 부처님, 첫째는 지금 여기에서의 나 자신의 행복한 삶이며, 둘째는 다음 세대들에 대한 자비심 때문입니다. 다음 세대의 사람들은 이것을 모범으로 삼을 것입니다. 그들이 이런 수행을 듣게 되면 그들은 이것에 따라서 수행할 것이고 그런 수행은 오랫동안 그들을 행복과 복지로 이끌 것입니다."

"참으로 훌륭하다 깟사빠여, 그대는 세상에 대한 자비심으로, 중생의 행복과 복지를 위하여 그렇게 열심히 수행하고 정진해 왔다."

## 이익, 명성, 칭찬은 경계해야 할 대상

| 상윳따 니까야: 17 라바삭까라 상윳따 2 |

어느 때 부처님은 사왓티의 기원정사에 계셨다. 부처님은 제자들에게 이렇게 가르치셨다.

"이득과 명성을 얻고 남에게서 찬탄을 받는 것은 속박을 벗어나 최상의 안온을 얻는 데에 격심하고 혹독한 방해물이다.

만일 어부가 미끼를 단 낚싯바늘을 깊은 연못에 던지면 먹이를 찾던 물고기가 그것을 삼킬 것이다. 낚싯바늘을 삼킨 물고기는 큰 재난과 불행을 만나 어부의 원하는 대로 이끌리게 된다. 여기에서 어부는 악마를 의미하고 미끼 달린 바늘은 이득과, 명성과, 찬탄을 의미한다. 누구라도 이득이나, 명성, 찬탄을 즐기는 사람은 미끼 달린 갈고리를 삼킨 사람이라고 부른다. 그는 이로 인하여 재난과 불행을 만나 악마가 원하는 대로 이끌리게 된다.

이와 같이 이득과, 명성과, 찬탄은 속박을 벗어나 최상의 안온을 얻는 데에 격심하고 혹독한 방해물이다.

그러므로 그대들은 이와 같이 '우리는 이미 일어난 이득과, 명성과, 찬탄을 버릴 것이며, 아직 일어나지 않은 이득과, 명성과, 찬탄이 우리 마음에 계속적으로 들러붙지 못하도록 할 것이다.' 라고 자신을 단련하여야 한다."

## 가르침을 보는 자는 나를 본다
| 상윳따 니까야: 22 칸다 상윳따 87 |

이와 같이 나는 들었다. 어느 때 부처님은 라자가하의 죽림정사에 계셨다. 그때 왁깔리 존자는 도공의 헛간에 있었는데 병이 들어 괴로워하였으며 아주 중병이었다. 그래서 왁깔리 존자는 시자에게 말하였다.

"부처님께 가서 내 이름으로 부처님 두 발에 예를 올리고 이렇게 여쭈어라. '부처님, 왁깔리 비구가 병이 들어 괴로워하는데 아주 중병입니다. 그가 부처님 두 발에 머리 숙여 예를 올립니다. 부처님께서 자비심으로 왁깔리를 방문해 주신다면 좋겠습니다.' 라고 말씀드려라."

부처님은 시자의 전갈을 듣고 발우와 가사를 챙겨서 왁깔리 존자를 방문하였다. 왁깔리 존자는 부처님이 오시는 것이 보이자 침상에서 일어나려고 애썼다. 이에 부처님은 말씀하셨다.

"왁깔리, 됐다. 일어나지 말아라. 그대는 고통을 잘 참아내고 잘 견디어 내기를 바란다. 증세가 차도가 있고 고통의 느낌이 가라앉기를 바란다. 좀 나아진 느낌이 드는가?"

"부처님, 고통을 참을 수가 없습니다. 격심한 고통이 옵니다. 점점 더 고통이 심해지고 차도가 없습니다."

"왁깔리, 양심의 가책이나 후회가 그대를 괴롭히지는 않는가?"

"부처님, 사실 저는 양심의 가책이나 후회할 것이 너무나 많습니다."

"왁깔리, 계행을 지킴에 있어서 나무랄만한 것이 없는가?"

"부처님, 계행을 지킴에 있어서 저는 나무랄만한 것이 없습니다."

"왁깔리, 계행을 지킴에 나무랄만한 것이 없다면, 양심의 가책이나 후회로 괴로워할 일이 없지 않겠느냐?"

"저는 오랫동안 부처님을 뵈려고 열망해왔지만 부처님을 뵈러 갈 만큼 이 육신이 건강하지 못했습니다."

"됐다, 왁깔리. 이 〔썩어 없어질〕 더러운 육신을 보아서 무엇 하느냐. 나의 가르침을 보는 사람은 나를 보는 것이며, 나를 보는 사람은 가르침을 보는 것이다."

부처님은 계속하여 왁깔리 존자에게 오온의 무상함을 간곡하게 말씀하신 후 자리에서 일어나 영취산으로 향하셨다.

## ❀ 가장 기본적인 수행
| 상윳따 니까야: 35 사라야따나 상윳따 120 |

어느 때 사리뿟따 존자는 사왓티의 기원정사에 있었다. 그때 어떤 비구가 사리뿟따 존자에게 와서 이렇게 말하였다.

"벗, 사리뿟따여, 나와 함께 지내던 비구가 수행생활을 그만두고 세속으로 돌아갔습니다."

"그렇습니다. 벗이여, 감각기관의 문을 지키지 않을 때, 먹는 것에 적당한 양을 조절하지 못할 때, 그리고 온전히 깨어있지 못할 때, 이런 사람이 그의 온 일생을 온전하고 청정한 수행자의 삶을 산다는 것은 불가능합니다.

그러나, 벗이여, 만일 비구가 감각기관의 문을 잘 지키고 먹는 것에 적당량을 알고 그리고 온전히 깨어있다면, 그의 온 일생을 온전하고 청정한 수행자의 삶을 사는 것은 가능합니다.

(여섯 감각기관의 절제)

그러면 감각기관의 문을 어떻게 지킵니까? 눈으로 대상을 볼 때 거죽으로 드러난 모습이나 특성에 집착하지 말아야 합니다. 왜냐하면 만일 눈을 다스리지 않으면 탐욕과 불유쾌함의 바람직하지 않은 나쁜 것들이 마음속에 스며들 것입니다. 그래서 그는 눈을 절제하는 수행에 전념하고 눈을 잘 지킵니다. 그런 결과 그는 눈의 절제를 얻습니다.

귀로 소리를 들을 때, 코로 냄새를 맡을 때, 혀로 맛볼 때, 몸으로 촉감을 느낄 때, 마음으로 현상을 지각할 때, 이 모든 감각 현상에서 거죽으로 드러난 모습이나 특성에 집착하지 말아야 합니다. 왜냐하면 만일 귀를, 코를, 혀를, 몸을, 마음을 다스리지 않으면, 탐욕과 불유쾌함의 바람직하지 않은 나쁜 것들이 마음속에 스며들 것입니다. 그래서 그는 감각기관을 절제하는 수행에 전념하고 감각기관을 잘 지킵니다. 그런 결과 그는 감각기관의 절제를 얻습니다.

(먹는 것의 절제)

'먹는 것에 적당량을 안다'는 것은 무엇일까요? 그는 주의 깊게 이와 같이 살핍니다. '음식을 먹는 것은 즐거움을 위함도 아니며, 탐닉하기 위함도 아니며, 신체적인 매력이나 꾸미기 위함도 아니며, 다만 이 육신을 지탱하고 유지하기 위함이며, 육신의 고통을 덜고 청정한 삶을 돕기 위함이다.' 이것이 바로 '먹는 것에 적당량을 안다.' 는 것입니다.

(깨어있는 마음)

어떻게 '깨어있음'에 몰두합니까? 낮 동안 앞으로 가고 뒤로 가고 〔경행하는 것〕 앉아 있는 동안 〔좌선하는 것〕 그의 마음을 방해하는 것으로부터 마음을 맑게 합니다. 밤의 초경에 앞으로 가고 뒤로 가고 앉아 있는 동안 그의 마음을 방해하는 것으로부터 마음을 맑게 합니다. 밤의 중경에 사자가 눕듯이 오른쪽으로 누워 두 발을 가지런히 하고 마음챙김으로 다시 일어날 것을 생각합니다. 밤의 후경에 이른 새벽에 일어나 앞으로 가고 뒤로 가고 앉아 있는 동안 그의 마음을 방해하는 것으로부터 마음을 맑게 합니다. 이것이 바로 '깨어있음'에 몰두하는 것입니다.

그러므로 벗이여, 우리는 '감각기관의 문을 지키고, 먹는데 적당한 양을 알며, 깨어있음에 몰두할 것이다.' 라고 자신을 단련하여야 합니다. 이와 같이 벗이여, 그대 자신을 단련하여야 합니다."

## ❀ 육체적인 괴로움을 극복하는 사람
| 상윳따 니까야: 36 웨다나 상윳따 4 |

어느 때 부처님은 사왓티의 기원정사에 계셨다. 그때 부처님은 비구들에게 이렇게 말씀하셨다.

"가르침을 듣지 못한 범부는 이렇게 말한다. '큰 바다에는 끝없이 깊은 구렁이 있다'고. 그러나 그런 말은 무언가 있지도 않고 발견될 수도 없는 것을 말한다. '끝없이 깊은 구렁' 이라는 말은 사실 육신의 괴로운 느낌을 지적하는 말이다.

가르침을 듣지 못한 범부는 육체적인 괴로움의 느낌을 당하면 슬퍼하고, 한탄하고, 울고, 가슴을 치고, 마음이 몹시 산란해진다. 이 사람은 끝없는 깊은 구렁에서 올라오지 못한 사람이며 견고한 발판을 얻지 못한 사람이라고 부른다.

그러나 가르침을 받은 훌륭한 사람들은 육체적인 괴로움의 느낌을 당해도 슬픔에 빠지지 않고, 한탄하지 않고, 울지 않고, 가슴을 치고 통곡하지 않고, 산란과 혼란 속에 빠지지 않는다. 이런 사람은 끝없는 깊은 구렁 속에서 위로 올라온 사람이며 견고한 발판을 얻은 사람이라고 부른다.

괴로운 느낌을 참아내지 못하는 사람은 생명을 해치는 육체적 〔고통의〕 느낌이 그를 엄습할 때 그는 전율한다.

큰 소리로 울고, 울부짖는 사람은 기운 없는 병약자가 되어 끝없이 깊은 구렁에서 헤어나지 못하고 견고한 발판을 얻지 못한다.

그러나 괴로운 느낌을 참아내는 사람은 생명을 해치는 육체적 〔고통의〕 느낌이 그를 엄습해도 그는 전율하지 않으며 끝없이 깊은 구렁에서 솟아오르며 견고한 발판을 얻는다."

## ❂ 욕망은 괴로움의 뿌리이다

| 상윳따 니까야: 42 가마니 상윳따 11 |

어느 때 부처님은 우루웰라깝빠라는 말라족의 마을에 계셨다. 그때 촌장 바드라까는 부처님께 와서 이렇게 청하였다.

"부처님, 괴로움의 근원과 괴로움의 소멸에 대하여 가르쳐 주십시오."

이에 부처님은 말씀하셨다.

"과거에 일어난 어떤 괴로움이라도 그것은 모두 욕망 때문에 일어났습니다. 왜냐하면 욕망은 괴로움의 뿌리이기 때문입니다.

미래에 일어날 어떤 괴로움이라도 그것은 모두 욕망 때문에 일어날 것입니다. 왜냐하면 욕망은 괴로움의 뿌리이기 때문입니다.

현재에 일어나는 어떤 괴로움이라도 그것은 모두 욕망 때문에 일어납니다. 왜냐하면 욕망은 괴로움의 뿌리이기 때문입니다."

## ❂ 어리석음이 앞에 있으면
| 상윳따 니까야: 45 막가 상윳따 1 |

이와 같이 나는 들었다. 어느 때 부처님은 사왓티의 기원정사에 계셨다. 부처님은 제자들에게 이렇게 가르치셨다.

"어리석음이 길을 인도하면 불건전한 상태에 이르기 때문에 잘못하고도 부끄러움도 없고 겁내는 것도 없게 된다. 어리석음에 지배되는 사람은 잘못된 견해가 일어난다. 잘못된 견해에서 잘못된 생각이, 잘못된 생각에서 잘못된 말이, 잘못된 말에서 잘못된 행동이, 잘못된 행동에서 잘못된 생활수단이, 잘못된 생활수단에서 잘못된 노력이, 잘못된 노력에서 잘못된 마음챙김이, 잘못된 마음챙김에서 잘못된 집중이 일어난다.

그러나 참된 지혜가 맨 앞에 있으면 건전한 상태에 이르기 때문에 잘못에 대하여 부끄러워하고 두려워하게 된다. 참된 지혜에 도달한 지혜로운 사람은 바른 견해가 일어난다. 바른 견해에서 바른 생각이, 바른 생각에서 바른 말이, 바른 말에서 바른 행동이, 바른 행동에서 바른 생활수단이, 바른 생활수단에서 바른 노력이, 바른 노력에서 바른 마음챙김이, 바른 마음챙김에서 바른 집중이 일어난다."

## ❂ 좋은 우정은 청정한 삶의 전체이다
| 상윳따 니까야: 45 막가 상윳따 2 |

이와 같이 나는 들었다. 어느 때 부처님은 사꺄 사람들이 사는 나가라까라는 마을에 계셨다. 그때 아난다 존자가 부처님께 말하였다.

"부처님, 좋은 우정, 좋은 교우관계는 청정한 삶의 절반입니다."

이에 부처님은 대답하셨다.

"그렇지 않다. 아난다, 그렇지 않다. 좋은 우정, 좋은 교우관계는 청정한 삶의 전부이다. 왜냐하면 좋은 친구, 좋은 동료가 있으면 그로 인하여 여덟 가지 바른 길을 연마하게 되고 여덟 가지 바른 길을 더 발전시키게 된다."

## ❂ 열반의 세계에 도달함
| 상윳따 니까야: 45 막가 상윳따 34 |

어느 때 부처님은 사왓티에 계셨다. 부처님은 제자들에게 가르치셨다.

"인간 가운데 저 언덕 너머〔열반의 세계〕로 간 사람은 매우 적다. 나머지 사람들은 이 언덕에서 오르락내리락 한다. 잘 설해진 가르침을 따르는 사람들은 건너기 어려운 죽음의 영역을 건너 저 언덕에 도달하리."

## 깨달음에 도움이 되지 않는 논쟁

| 상윳따 니까야: 56 삿짜 상윳따 9 |

부처님은 제자들에게 말씀하셨다.

"그대들은 이와 같은 논쟁적인 이야기들을 삼가야 한다. '너는 이 가르침과 계율을 이해하지 못하지만, 나는 이 가르침과 계율을 잘 알고 있어. 이 가르침과 계율에서 네가 알고 있는 것이 무엇이지? 나는 바른 수행을 하고 있지만 너는 잘못된 수행을 하고 있어. 너는 앞에 말해야 할 것을 뒤에 말하고, 뒤에 말해야 할 것을 앞에 말하고 있어. 나는 핵심을 말하지만 너는 그렇지 못해. 네가 그렇게 오랫동안 생각해낸 것도 거꾸로 된 거야. 너의 이론은 논박거리다. 네가 졌기 때문에 너의 이론을 살려보든지 아니면 할 수 있으면 밝혀보시지.'라고 말하는 논쟁적인 이야기를 삼가야 한다. 왜 그런가? 이와 같은 이야기들은

아무런 유익함이 없으며,
거룩한 삶의 근본에 적합하지 않으며,
〔더러운〕 경계에서 멀리함[73]으로 이끌지 않으며,
욕망의 집착을 놓음으로 이끌지 않으며,
건전치 않은 요소를 소멸함으로 이끌지 않으며,
평화, 지혜, 깨달음 그리고 열반으로 이끌지 않기 때문이다.

그러므로 그대들은 이런 이야기를 하여야 한다.

---

73) "경계에서 멀리함"은 닙비다(Nibbida)의 번역으로 원뜻은 "싫어함, 넌더리, 혐오"라는 뜻으로 온갖 더러움에 대한 넌더리를 말한다. 그래서 넌더리를 내고 온갖 더러운 경계에서 멀리한다는 뜻이다.

'이것은 괴로움이다.

이것은 괴로움의 원인이다.

이것은 괴로움의 소멸이다.

이것은 괴로움의 소멸로 이끄는 길이다.'

나는 왜 이런 말을 하는가?

이것은 유익하며

거룩한 삶의 근본에 적합하며,

경계에서 멀리함으로 이끌며,

욕망의 집착을 놓음으로 이끌며,

건전치 않은 요소를 소멸함으로 이끌며,

평화, 지혜, 깨달음 그리고 열반으로 이끌기 때문이다."

## ❀ 더러움이란 무엇인가?
| 맛지마 니까야: 5 아낭가나 경 9-30 |

(악하고 바람직하지 못한 욕망의 영역)

목갈라나 존자는 사리뿟따 존자에게 이렇게 물었다.

"벗이여, 사리뿟따여, '더러움, 더러움'이라고 말하는데 더러움이란 무엇입니까?"

"벗이여, 더러움이라는 것은 악한 욕망에서 나오는 바람직하지 못한 것들을 말합니다.

〔무엇이 악한 욕망에서 나오는 바람직하지 못한 것들입니까?〕

— 어떤 비구가 이런 열망을 가질 수 있습니다. '나는 정말 잘못하였

는데 다른 비구들이 내 잘못을 몰랐으면 좋겠다.'고 바랍니다. 그러나 벗이여, 다른 비구들은 그가 잘못한 것을 알 수도 있습니다. 그러면 그는 화를 내고 불쾌하게 여깁니다. 벗이여, 화를 내는 것과 불쾌하게 여기는 것 두 가지 모두 더러움입니다.

– 어떤 비구가 이런 열망을 가질 수 있습니다. '나는 잘못을 범하였다. 비구들은 사적으로 나를 나무라고 승가 대중 앞에서 나무라지 말았으면 좋겠다.'고 바랍니다. 그러나 벗이여, 다른 비구들은 그를 사적으로 나무라지 않고 승가 대중 앞에서 나무랄 수도 있습니다. 그러면 그 비구는 화를 내고 불쾌하게 여깁니다. 벗이여, 화를 내는 것과 불쾌하게 여기는 것 두 가지 모두 더러움입니다.

– 어떤 비구가 이런 열망을 가질 수 있습니다. '나는 정말 잘못하였다. 그런데 어느 모로 보나 나와 대등한 자가 나를 책망하지 그렇지 못한 자가 나를 책망하지 않았으면 좋겠다.'고 바랍니다. 그러나 자기와 대등하지 못한 자가 책망할 수도 있습니다. 그러면 그 비구는 화를 내고 불쾌하게 여깁니다. 벗이여, 화를 내는 것과 불쾌하게 여기는 것 두 가지 모두 더러움입니다.

– 어떤 비구가 이런 열망을 가질 수 있습니다. '스승께서 비구들에게 담마를 설하실 때 오직 나에게만 질문하고 다른 비구에게는 질문하지 않았으면 좋겠다.'고 바랍니다. 그러나 스승은 다른 비구에게 질문할 수도 있습니다. 그러면 그 비구는 화를 내고 불쾌하게 여깁니다. 벗이여, 화를 내는 것과 불쾌하게 여기는 것 두 가지 모두 더러움입니다.

– 어떤 비구가 이런 열망을 가질 수 있습니다. '비구들이 마을에 탁발하러 들어갈 때 오직 나만 선두에 세우고 다른 비구들은 선두에 세우

지 말았으면 좋겠다.'고 바랍니다. 그러나 비구들은 그를 선두에 세우지 않고 다른 비구를 선두에 세울 수도 있습니다. 그러면 그 비구는 화를 내고 불쾌하게 여깁니다. 벗이여, 화를 내는 것과 불쾌하게 여기는 것 두 가지 모두 더러움입니다.

- 어떤 비구가 이런 열망을 가질 수 있습니다. '지정된 식사하는 장소에서 나만 제일 좋은 자리, 제일 좋은 물, 제일 좋은 탁발 음식을 얻었으면 좋겠다.'고 바랍니다. 그러나 다른 비구들이 제일 좋은 자리, 제일 좋은 물, 제일 좋은 탁발 음식을 얻고 그는 좋은 것을 얻지 못할 수도 있습니다. 그러면 그 비구는 화를 내고 불쾌하게 여깁니다. 벗이여, 화를 내는 것과 불쾌하게 여기는 것 두 가지 모두 더러움입니다.

- 어떤 비구가 이런 열망을 가질 수 있습니다. '지정된 식사하는 장소에서 식사 후에 오직 나만 훌륭한 행위의 이익에 대한 담마를 설하였으면 좋겠다.'[74]고 바랍니다. 그러나 다른 비구들이 축복의 말을 하고 그는 축복의 말을 하지 못할 수도 있습니다. 그러면 그 비구는 화를 내고 불쾌하게 여깁니다. 벗이여, 화를 내는 것과 불쾌하게 여기는 것 두 가지 모두 더러움입니다.

- 어떤 비구가 이런 열망을 가질 수 있습니다. '승원에서 비구들에게 나만 오직 담마를 설하고 다른 비구들은 담마를 설하지 않았으면 좋겠다.'라고 바랍니다. 그러나 승원에서 비구들에게 다른 비구가 담마를 설하고 그는 담마를 설하지 못할 수도 있습니다. 그러면 그 비구는 화를 내고 불쾌하게 여깁니다. 벗이여, 화를 내는 것과 불쾌하게 여기

---

74) 공양에 초대받았을 때, 공양이 끝난 후 시주자에게 축복의 담마를 간단히 설하는 것이 전통이다.

는 것 두 가지 모두 더러움입니다.

 − 어떤 비구가 이런 열망을 가질 수 있습니다. '승원에서 비구니들에게 나만 오직 담마를 설하고 다른 비구들은 담마를 설하지 않았으면 좋겠다.'고 바랍니다. 그러나 승원에서 비구니들에게 다른 비구가 담마를 설하고 그는 담마를 설하지 못할 수도 있습니다. 그러면 그 비구는 화를 내고 불쾌하게 여깁니다. 벗이여, 화를 내는 것과 불쾌하게 여기는 것 두 가지 모두 더러움입니다.

 − 어떤 비구가 이런 열망을 가질 수 있습니다. '승원에서 재가 남녀 신도들에게 나만 오직 담마를 설하고 다른 비구들은 담마를 설하지 않았으면 좋겠다.'고 바랍니다. 그러나 승원에서 재가 남녀 신도들에게 다른 비구가 담마를 설하고 그는 담마를 설하지 못할 수도 있습니다. 그러면 그 비구는 화를 내고 불쾌하게 여깁니다. 벗이여, 화를 내는 것과 불쾌하게 여기는 것 두 가지 모두 더러움입니다.

 − 어떤 비구가 이런 열망을 가질 수 있습니다. '비구들이 나만 존경하고 공경하고 다른 비구들은 존경하고 공경하지 않았으면 좋겠다.'라고 바랍니다. 그러나 비구들이 다른 비구들을 존경하고 공경하고 그는 존경과 공경을 받지 못할 수도 있습니다. 그러면 그 비구는 화를 내고 불쾌하게 여깁니다. 벗이여, 화를 내는 것과 불쾌하게 여기는 것 두 가지 모두 더러움입니다.

 − 어떤 비구가 이런 열망을 가질 수 있습니다. '비구니들이 나만 존경하고 공경하고 다른 비구들은 존경하고 공경하지 않았으면 좋겠다.'고 바랍니다. 그러나 비구니들이 다른 비구를 존경하고 공경하고 그는 존경과 공경을 받지 못할 수도 있습니다. 그러면 그 비구는 화를 내고

불쾌하게 여깁니다. 벗이여, 화를 내는 것과 불쾌하게 여기는 것 두 가지 모두 더러움입니다.

　- 어떤 비구가 이런 열망을 가질 수 있습니다. '재가 남녀 신도들이 나만 존경하고 공경하고 다른 비구들은 존경하고 공경하지 않았으면 좋겠다.' 라고 바랍니다. 그러나 재가 남녀 신도들이 다른 비구들을 존경하고 공경하고 그는 존경과 공경을 받지 못할 수도 있습니다. 그러면 그 비구는 화를 내고 불쾌하게 여깁니다. 벗이여, 화를 내는 것과 불쾌하게 여기는 것 두 가지 모두 더러움입니다.

　- 어떤 비구가 이런 열망을 가질 수 있습니다. '다른 비구가 아닌 나만이 좋은 법복, 좋은 탁발 음식, 좋은 거처, 좋은 필수 의약품을 얻었으면 좋겠다.' 고 바랍니다. 그러나 다른 비구가 좋은 법복, 좋은 탁발 음식, 좋은 거처, 좋은 필수 의약품을 얻고 그는 좋은 것들을 얻지 못할 수도 있습니다. 그러면 그 비구는 화를 내고 불쾌하게 여깁니다. 벗이여, 화를 내는 것과 불쾌하게 여기는 것 두 가지 모두 더러움입니다.

　벗들이여, 이와 같이 '더러움' 이란 악한 욕망에서 나오는 바람직하지 못한 것들을 말합니다.

　벗들이여, 만일 어떤 비구든지 이와 같은 악한 욕망에서 나오는 바람직하지 못한 것들을 버리지 못한 것을 사람들이 보거나 듣는다면, 비록 그가 숲이나 멀리 떨어진 곳에 살고, 탁발하여 살고, 누더기 옷이나 거친 옷을 입고, 격심한 고행을 한다 하더라도, 청정한 삶의 동료들은 그를 존경이나 공경하지 않을 것입니다. 왜냐하면 그 비구에게서 악한 욕망에서 나오는 바람직하지 못한 것들을 버리지 못한 것을 보거나 들었기 때문입니다.

그러나 만일 어떤 비구든지 이와 같은 악한 욕망에서 나오는 바람직하지 못한 것들을 버린 것을 사람들이 보거나 듣게 된다면, 비록 그가 마을의 승원에 머물고, 공양의 초대에 가고, 장자가 보시한 법복을 입는다 해도, 청정한 삶의 동료들은 그를 존경하고 공경할 것입니다. 왜냐하면 그 비구에게서 악한 욕망에서 나오는 바람직하지 못한 것들을 버린 것을 보고 들었기 때문입니다."

## 가르치기 어려운 사람과 쉬운 사람의 특성
| 맛지마 니까야: 15 아누마나 경 |

이와 같이 나는 들었다. 어느 때 존자 마하 목갈라나가 박가국의 숭수마라기라의 베사깔라 숲의 사슴동산에 있었다. 존자 마하 목갈라나는 비구들에게 이렇게 가르쳤다.

〔가르치기에 어렵게 만드는 특성〕
벗들이여, 어떤 것이 가르치기에 어렵게 만드는 특성입니까?
① 악한 욕망을 가지고 있고 악한 욕망에 지배당하는 사람.
② 자신은 칭찬하고 남은 헐뜯는 사람.
③ 화를 내고 분노의 마음에 완전히 지배당하는 사람.
④ 화를 내고 성냄으로 인하여 원한을 품는 사람.
⑤ 화를 내고 성냄으로 인하여 요지부동의 고집을 부리는 사람.
⑥ 화를 내고 성냄으로 인하여 분노에 찬 말을 하는 사람.
⑦ 꾸짖음을 듣고 꾸짖는 사람에게 대항하는 사람.
⑧ 꾸짖음을 듣고 꾸짖는 사람을 헐뜯는 사람.

⑨ 꾸짖음을 듣고 꾸짖는 사람에게 대드는 사람.
⑩ 꾸짖음을 듣고 어물쩍 넘기거나, 제대로 듣지 않고 화를 내고 미워하고 빈정대는 사람.
⑪ 꾸짖음을 듣고 자신의 행동에 대하여 설명하지 못하는 사람.[75]
⑫ 남에게 혹독하고 원한을 품는 사람.
⑬ 남을 시기하고 인색한 사람.
⑭ 남을 사기 치고 기만하는 사람.
⑮ 완고하고 건방진 사람.
⑯ 세속에 묶여 견고하게 집착하여 그것을 쉽게 버리지 못하는 사람.

벗들이여, 이 열여섯 가지가 가르치기에 어렵게 만드는 특성입니다.

〔가르치기에 쉽게 만드는 특성〕
벗들이여, 그러면 어떤 것이 가르치기에 쉽게 만드는 특성입니까?
① 악한 욕망이 없고 악한 욕망에 지배당하지 않는 사람.
② 자신을 칭찬하지 않고 남은 헐뜯지 않는 사람.
③ 화를 내지 않고 분노에 지배당하지 않는 사람.
④ 화를 내지 않고 성냄으로 인하여 원한을 품지 않는 사람.
⑤ 화를 내지 않고 성냄으로 인하여 요지부동의 고집을 부리지 않는 사람.
⑥ 화를 내지 않고 성냄으로 인하여 분노에 찬 말을 하지 않는 사람.

---

75) 예를 들면 누구와, 언제, 어디에서, 무엇을 했는지, 무슨 말을 했는지 모르겠다고 "전혀 생각이 안 나는데, 내가 그랬나? 모르겠는데" 등으로 자신의 언행을 부인한다.

⑦ 꾸짖음을 듣고 꾸짖는 사람에게 대항하지 않는 사람.

⑧ 꾸짖음을 듣고 꾸짖는 사람을 헐뜯지 않는 사람.

⑨ 꾸짖음을 듣고 꾸짖는 사람에게 대들지 않는 사람.

⑩ 꾸짖음을 듣고 어물쩍 넘기거나, 제대로 듣지 않고 화를 내고 미워하고 빈정대지 않는 사람.

⑪ 꾸짖음을 듣고 자신의 행동에 대하여 설명할 수 있는 사람.

⑫ 남에게 혹독하지 않고 원한을 품지 않는 사람.

⑬ 남을 시기하지 않고 인색하지 않은 사람.

⑭ 남을 사기 치지 않고 기만하지 않는 사람.

⑮ 완고하지 않고 건방지지 않은 사람.

⑯ 세속에 묶여 견고하게 집착하지 않아 그것을 쉽게 버릴 수 있는 사람.

벗들이여, 이 열여섯 가지가 가르치기에 쉽게 만드는 특성입니다.

〔열여섯 가지 자질을 자신과 비교하라〕

벗들이여, 그대들은 다음과 같이 자신을 되돌아보아야 합니다.

① 악한 욕망을 가지고 있고 악한 욕망에 지배당하는 사람은 나에게 기분 나쁘고 싫은 사람이다. 만일 내가 악한 욕망을 가지고 있고, 악한 욕망에 지배당하는 사람이라면 다른 사람에게 나는 기분 나쁘고 싫은 사람이다. 이것을 아는 사람은 '나는 악한 욕망을 품지 않을 것이며 악한 욕망에 지배당하지 않을 것이다.' 라는 생각을 일으켜야 합니다.

② 자신은 칭찬하고 남은 헐뜯는 사람은 나에게 기분 나쁘고 싫은 사람이다. 만일 내가 나 자신을 칭찬하고 남을 헐뜯는다면 다른 사람에

게 나는 기분 나쁘고 싫은 사람이다. 이것을 아는 사람은 '나는 나 자신을 칭찬하고 남을 헐뜯지 않을 것이다.' 라는 생각을 일으켜야 합니다.

③ 화를 내고 분노의 마음에 완전히 지배당하는 사람은 나에게 기분 나쁘고 싫은 사람이다. 만일 내가 화를 내거나 분노의 마음에 완전히 지배당하는 사람이라면 다른 사람에게 나는 기분 나쁘고 싫은 사람이다. 이것을 아는 사람은 '나는 화를 내지 않을 것이고 분노의 마음에 완전히 지배당하지 않을 것이다.' 라는 생각을 일으켜야 합니다.

④ 화를 내고 성냄으로 인하여 원한을 품는 사람은 나에게 기분 나쁘고 싫은 사람이다. 만일 내가 화를 내고 성냄으로 인하여 원한을 품는다면 다른 사람에게 나는 기분 나쁘고 싫은 사람이다. 이것을 아는 사람은 '나는 화를 내지 않을 것이며 성냄으로 인하여 원한을 품지 않을 것이다.' 라는 생각을 일으켜야 합니다.

⑤ 화를 내고 성냄으로 인하여 요지부동의 고집을 부리는 사람은 나에게 기분 나쁘고 싫은 사람이다. 만일 내가 화를 내고 성냄으로 인하여 요지부동의 고집을 부린다면 다른 사람에게 나는 기분 나쁘고 싫은 사람이다. 이것을 아는 사람은 '나는 화를 내지 않을 것이며, 성냄으로 인하여 요지부동의 고집을 부리지 않을 것이다.' 라는 생각을 일으켜야 합니다.

⑥ 화를 내고 성냄으로 인하여 분노에 찬 말을 하는 사람은 나에게 기분 나쁘고 싫은 사람이다. 만일 내가 화를 내거나 분노에 찬 말을 한다면 다른 사람에게 나는 기분 나쁘고 싫은 사람이다. 이것을 아는 사람은 '나는 화를 내지 않을 것이며, 분노에 찬 말을 하지 않을 것이다.'

라는 생각을 일으켜야 합니다.

　⑦ 꾸짖음을 듣고 꾸짖는 사람에게 대항하는 사람은 나에게 기분 나쁘고 싫은 사람이다. 만일 내가 꾸짖음을 듣고 꾸짖는 사람에게 대든다면 다른 사람에게 나는 기분 나쁘고 싫은 사람이다. 이것을 아는 사람은 '나는 꾸짖음을 듣고 꾸짖는 사람에게 대들지 않을 것이다.' 라는 생각을 일으켜야 합니다.

　⑧ 꾸짖음을 듣고 꾸짖는 사람을 헐뜯는 사람은 나에게 기분 나쁘고 싫은 사람이다. 만일 내가 꾸짖음을 듣고 꾸짖는 사람을 헐뜯는다면 다른 사람에게 나는 기분 나쁘고 싫은 사람이다. 이것을 아는 사람은 '나는 꾸짖음을 듣고 꾸짖는 사람을 헐뜯지 않을 것이다.' 라는 생각을 일으켜야 합니다.

　⑨ 꾸짖음을 듣고 꾸짖는 사람에게 대드는 사람은 나에게 기분 나쁘고 싫은 사람이다. 만일 내가 꾸짖음을 듣고 꾸짖는 사람에게 대든다면 다른 사람에게 나는 기분 나쁘고 싫은 사람이다. 이것을 아는 사람은 '나는 꾸짖음을 듣고 꾸짖는 사람에게 대들지 않을 것이다.' 라는 생각을 일으켜야 합니다.

　⑩ 꾸짖음을 듣고 어물쩍 넘기거나 제대로 듣지 않고 화를 내고 미워하고 빈정대는 사람은 나에게 기분 나쁘고 싫은 사람이다. 만일 내가 꾸짖음을 듣고 어물쩍 넘기거나 제대로 듣지 않고 화를 내고 미워하고 빈정댄다면, 다른 사람에게 나는 기분 나쁘고 싫은 사람이다. 이것을 아는 사람은 '나는 꾸짖음을 듣고 어물쩍 넘기지 않을 것이며, 올바로 듣고 화내거나 미워하거나 빈정대지 않을 것이다.' 라는 생각을 일으켜야 합니다.

⑪ 꾸짖음을 듣고 자신의 행동에 대하여 설명하지 못하는 사람은 나에게 기분 나쁘고 싫은 사람이다. 만일 내가 꾸짖음을 듣고 나의 행동이 〔무엇이 잘못되었는지〕 설명하지 못한다면 다른 사람에게 나는 기분 좋거나 유쾌한 사람이 아니다. 이것을 아는 사람은 '나는 꾸짖음을 들으면 나의 행동이 〔무엇이 잘못되었는지〕 설명할 수 있어야 한다.'라는 생각을 일으켜야 합니다.

⑫ 남에게 혹독하고 원한을 품는 사람은 나에게 기분 나쁘고 싫은 사람이다. 만일 내가 남을 멸시하고 지배하려 한다면 다른 사람에게 나는 기분 나쁘고 싫은 사람이다. 이것을 아는 사람은 '나는 남을 멸시하지 않을 것이며, 남을 지배하려고 하지 않을 것이다.' 라는 생각을 일으켜야 합니다.

⑬ 남을 시기하고 인색한 사람은 나에게 기분 나쁘고 싫은 사람이다. 만일 내가 남을 시기하고 인색하다면 다른 사람에게 나는 기분 나쁘고 싫은 사람이다. 이것을 아는 사람은 '나는 남을 시기하지 않을 것이며 인색하지 않을 것이다.' 라는 생각을 일으켜야 합니다.

⑭ 사기 치고 남을 기만하는 사람은 나에게 기분 나쁘고 싫은 사람이다. 만일 내가 사기 치고 남을 기만한다면 다른 사람에게 나는 기분 나쁘고 싫은 사람이다. 이것을 아는 사람은 '나는 사기 치지 않을 것이며 남을 기만하지 않을 것이다.' 라는 생각을 일으켜야 합니다.

⑮ 완고하고 건방진 사람은 나에게 기분 나쁘고 싫은 사람이다. 만일 내가 완고하고 건방지다면 다른 사람에게 나는 기분 나쁘고 싫은 사람이다. 이것을 아는 사람은 '나는 완고하지 않을 것이며 건방지지 않을 것이다.' 라는 생각을 일으켜야 합니다.

⑯ 세속에 묶여 견고하게 집착하여 그것을 쉽게 버릴 수 없는 사람은 나에게 기분 나쁘고 싫은 사람이다. 만일 내가 세속에 묶여 그것을 쉽게 버릴 수 없는 사람이라면 다른 사람에게 나는 기분 나쁘고 싫은 사람이다. 이것을 아는 사람은 '나는 세속에 묶여 견고하게 집착하지 않을 것이며 그것을 쉽게 버릴 것이다.' 라는 생각을 일으켜야 합니다.

〔열여섯 가지 자질을 성찰하라〕

벗들이여, 그리고 자기 자신을 이와 같이 성찰하여야 합니다.
① 나는 악한 욕망을 가지고 있고 악한 욕망에 지배당하지는 않는가?
② 나는 자신을 칭찬하고 남을 헐뜯지는 않는가?
③ 나는 화를 내고 분노의 마음에 지배당하고 있지는 않는가?
④ 나는 화를 잘 내고 성냄으로 인하여 원한을 품지는 않는가?
⑤ 나는 화를 잘 내고 성냄으로 인하여 요지부동의 고집을 부리지는 않는가?
⑥ 나는 화를 잘 내고 분노에 찬 말을 하지는 않는가?
⑦ 나는 꾸짖음을 듣고 꾸짖는 사람에게 대항하지는 않는가?
⑧ 나는 꾸짖음을 듣고 꾸짖는 사람을 헐뜯지는 않는가?
⑨ 나는 꾸짖음을 듣고 꾸짖는 사람에게 대들지는 않는가?
⑩ 나는 꾸짖음을 듣고 어물쩍 넘기거나 잘 듣지 않고 화를 잘 내고 미워하고 빈정대지는 않는가?
⑪ 나는 꾸짖음을 듣고 나의 행동을 설명하지 못하는가?
⑫ 나는 남에게 혹독하고 원한을 품는가?

⑬ 나는 남을 시기하고 인색하지 않은가?

⑭ 나는 남에게 사기 치고 남을 기만하지는 않는가?

⑮ 나는 완고하고 건방지게 굴지는 않는가?

⑯ 나는 세속에 묶여 견고하게 집착하여 그것을 쉽게 버릴 수 없는 사람인가?

만일 그렇다면 악하고 건전치 못한 성향을 제거하려는 노력을 기울여야 하며, 만일 그렇지 않다면 밤낮으로 좋은 성향을 닦으며 기쁘고 행복하게 머물 것입니다.

## ● 이와 같이 나는 욕망을 제거하고 소멸하였다
| 맛지마 니까야: 19 드웨다위딱까 경 |

이와 같이 나는 들었다. 어느 때 부처님은 사왓티의 기원정사에 계셨다. 부처님은 제자들에게 이렇게 가르치셨다.

"깨달음을 얻기 전 내가 아직 깨닫지 못한 보디삿따[76]였을 때였다. 내가 부지런하고 열성적이고 굳건히 머물 때 감각적 욕망이 일어났다. 그래서 나는 이와 같이 이해하였다.

'감각적 욕망이 나에게 일어났다. 이것은 나와 남을 해친다. 이것은 지혜를 방해하고 괴로움이 되고 열반으로 이끌지 않는다.'

이런 생각을 하였을 때 감각적 욕망은 내게서 사라졌다.

---

76) Bodhisatta: Bodhi는 깨달음, Satta는 존재의 뜻으로, 보디삿따의 원류는 자따까에서 깨달음을 구하고 중생을 이롭게 하는 석가모니 부처님의 전생의 깨달음을 얻기 전의 명칭이 보디삿따였다. 그래서 깨달음을 얻기 전의 고따마 싯달타도 보디삿따라고 칭하고 있다. 그런데 대승불교에서 이 명칭을 이어받아 폭넓은 의미로 발전되었다. 보살로 한역됨.

감각적 욕망이 내 안에서 일어날 때는 언제든지 나는 그것을 버렸고, 제거하였고, 그것으로부터 자신을 멀리하였다.

자주 생각하고 숙고하는 것은 무엇이든지, 그것들에 그대들의 마음은 기울어진다. 만일 그대들의 마음이 자주 감각적 욕망, 악한 생각, 해로운 생각에 마음을 기울이고 숙고한다면, 감각적 욕망, 악한 생각, 해로운 생각을 버리겠다는 마음을 포기하게 되고, 결국 반복되는 감각적 욕망, 악한 생각, 해로운 생각에 빠져버린다.

내가 부지런하고, 열성적이고, 굳건히 머물 때 감각적 욕망을 떠난 〔청정한〕 마음이 일어났다. 그래서 나는 이와 같이 이해하였다. '감각적 욕망을 떠난 청정한 마음이 나에게 일어났다. 이것은 나와 남을 해치지 않는다. 이것은 지혜를 샘솟게 하고 괴로움이 없으며 열반으로 이끈다.' 만일 내가 하루 동안이라도 이런 생각을 하면 나에게 두려움이 없어짐을 본다.

그러나 지나치게 그것에 대하여 생각하고 숙고하면, 육신이 피로하고, 육신이 피로하면 마음이 산만해지고, 마음이 산만하면 삼매에 들기 어렵다.

그래서 나는 안으로 마음을 한결같이 하고, 고요히 하고, 하나로 하고, 그리고 집중한다. 그것은 무엇 때문인가? 그것은 내 마음이 산만하지 않기 위해서이다.

자주 생각하고 숙고하는 것은 무엇이든지 그것들에 그대들의 마음은 기울어진다. 만일 자주 감각적 쾌락을 떠난 청정한 마음, 선한 마음, 자비스러움에 대하여 생각하고 숙고하면, 감각적 욕망, 악한 생각, 해로운 생각을 버리게 되고, 결국 감각적 쾌락을 떠난 청정한 마음, 선한 마음, 자비스런 마음으로 기울어지게 된다."

## ❂ 남이 나에게 나쁘게 대하더라도
| 맛지마 니까야: 21 까까쭈빠마 경 10-11 |

이와 같이 나는 들었다. 어느 때 부처님은 사왓티의 기원정사에 계셨다.

부처님은 제자들에게 이와 같이 가르치셨다.

"어떤 사람은 불쾌한 말을 그에게 하지 않는 한 극도로 친절하고 부드럽고 고요하다. 그러나 그에게 불쾌한 말을 하였을 때 비로소 그가 정말로 친절하고 부드럽고 고요한지 어떤지를 알 수 있다.

다른 사람들이 그대들에게 말을 할 때에는 다섯 가지 형태가 있다.

① 때에 맞는 말, 때에 맞지 않는 말.
② 진실한 말, 진실하지 않은 말.
③ 부드러운 말, 거친 말.
④ 선한 말, 남을 해치는 말.
⑤ 우정어린 말, 증오심으로 가득한 말.

그러므로 다음과 같이 그대들 자신을 다스려야 한다.

'우리의 마음은 〔불쾌한 말에〕 영향받지 않을 것이며 악한 말을 하지 않을 것이다. 우리는 (우리에게 불쾌한 말을 하는) 그의 이익을 위하여 증오심 없이 자애로운 마음으로 자비로움에 머물 것이다. 우리는 자애로 물든 마음으로 그를 가득 채우면서 머물리라. 그리고 그 사람에서부터 시작하여 증오 없이, 악의 없이, 무한하고, 광활하고, 무량한 자애의 마음으로 온 세상을 물들여 가득 채우면서 머물리라.'

이것이 바로 '어떻게 그대들 자신을 단련하여야 하는가'의 가르침이다."

## 🌀 배우고 나서 지혜로 뜻을 새기라
| 맛지마 니까야: 22 알라갓두빠마 경 10-12 |

부처님은 제자들에게 이렇게 가르치셨다.

"여기에 어떤 어리석은 사람들이 가르침을 배운다. 숫따, 게야, 웨야까라나, 가타, 우다나, 이띠웃따까, 자따까, 압붓따담마, 웨달라.[77]

그러나 이런 가르침을 배우고 나서 지혜로 그 뜻을 새기지 않는다. 지혜로 그 뜻을 새기지 않기 때문에 가르침이 선명치 않다. 그들은 단순히 다른 사람의 교리를 반박하기 위해, 또는 다른 사람을 비판하기 위해 가르침을 배우기 때문에 가르침의 배움에서 결실을 얻지 못한다.

여기에 어떤 훌륭한 사람들이 가르침을 배운다. 숫따, 게야, 웨야까라나, 가타, 우다나, 이띠웃따까, 자따까, 압붓따담마, 웨달라.

그들은 가르침을 배우고 나서 지혜로 그 뜻을 새긴다. 지혜로 그 뜻을 새기기 때문에 가르침이 선명하다. 그들은 단순히 다른 사람의 교리

---

77) 빠알리 삼장을 쓰여 있는 문장 형식에 따라 아홉으로 나눈 것. 부록 "삼장의 아홉 가지 분류"의 설명 참조. p. 750.

를 반박하기 위해, 또는 다른 사람을 비판하기 위해 가르침을 배우지 않기 때문에 가르침의 배움에서 결실을 얻는다. 바르게 알아들은 이런 가르침들은 그들에게 오랜 세월 동안 행복과 이익을 준다. 무엇 때문인가? 그것은 가르침을 바르게 파악하였기 때문이다.

그러므로 그대들이 나의 가르침을 이해한다면 그것을 마음속에 잘 새기고 이해하지 못한다면 나에게 질문하든지 또는 지혜로운 비구들에게 물어야 한다."

## ❂ 담마에 대한 토론과 고귀한 침묵
| 맛지마 니까야: 26 아리야빠리예사나 경 1-12 |

이와 같이 나는 들었다. 어느 때 부처님은 사왓티의 기원정사에 계셨다. 그때 많은 비구들이 아난다 존자에게 와서 말하였다.

"벗 아난다여, 우리는 부처님으로부터 직접 가르침을 들은 지 오래 되었습니다. 그러니 우리가 부처님의 설법을 들을 수 있었으면 좋겠습니다."

이에 아난다 존자가 말하였다.

"존자들이여, 그러면 브라흐민 람마까의 사당으로 오십시오. 거기서 부처님의 설법을 들을 수 있을 것입니다."

그때 부처님은 아난다 존자에게 말씀하셨다.

"아난다, 낮 동안 머물기 위해 동쪽 승원, 미가라마뚜 강당으로 가자."

부처님은 아난다 존자와 함께 동쪽 승원, 미가라마뚜 강당으로 가셨다.

저녁나절 부처님은 명상을 마치고 아난다 존자와 함께 몸을 씻기 위해 목욕하는 곳인 뿝바꼿타까로 가셔서 몸을 씻은 후 나와서 옷을 하나만 걸치고 몸을 말리셨다.

아난다 존자는 부처님께 말씀드렸다.

"부처님, 브라흐민 람마까 사당이 이 근처에 있는데 아주 쾌적하고 아름다운 곳입니다. 부처님께서 자비로 그곳으로 가신다면 좋겠습니다."

부처님은 침묵으로 허락하셨다. 부처님이 그곳에 도착하였을 때에 그곳에는 많은 비구들이 담마에 대하여 토론을 하고 있었다. 부처님은 잠시 문 밖에서 토론이 끝나기를 기다리신 후 이야기가 끝난 것을 아시고 문을 두드리셨다. 부처님은 준비된 자리에 앉으셔서 이렇게 말씀하셨다.

"비구들이여, 그대들은 지금까지 무엇에 대하여 토론을 하고 있었는가? 중단된 토론은 무엇인가?"

"부처님, 저희들의 중단된 토론은 부처님에 대한 이야기를 하고 있었습니다. 그런데 그때 부처님이 오셨습니다."

"훌륭하다, 그대들이 모여 앉아 담마에 대하여 토론하는 것은 믿음으로 출가한 그대들에게 합당한 일이다. 그대들이 모였을 때는 두 가지를 해야 한다. 그 하나는 담마에 대한 토론과 다른 하나는 고귀한 침묵이다."

## ⚘ 이익과 존경과 명성을 경고하심
| 맛지마 니까야: 29 마하사로빠마 경 |

이와 같이 나는 들었다. 어느 때 부처님은 라자가하의 영취산에 계셨는데 데와닷따가 승단을 〔분열하여〕 떠난 지 얼마 되지 않은 때였다. 부처님은 데와닷따에 관하여 비구들에게 말씀하셨다.

"여기 한 가문의 자제가 신심으로 출가하였다. 그는 생각하기를, '나는 생·로·병·사·슬픔·괴로움·한탄·절망에 빠져 있다. 나는 괴로움에 빠져 있고 괴로움에 압도되어 있다. 이 모든 괴로움 덩어리의 종식을 알아야겠다.'고 생각하고 출가 수행자가 되어 살아가면서 물질적 이익도 얻고, 존경도 받고, 명성도 얻게 된다. 그는 이런 이익과, 존경, 명성에 만족하게 되고 그의 목적은 성취되었다고 여긴다. 이런 이익과 존경과 명성 때문에 그는 우쭐해져서 자기 자신은 추켜세우고 남은 얕잡아 보며 말하기를, '나는 이렇게 이익과, 존경, 명성을 받는데 다른 비구들은 알려지지도 않고 그렇지 못해.'라고 생각하면서 자신의 이익과, 존경, 명성에 도취되어 점점 나태해지고 게으르게 된다. 게으르기 때문에 그는 괴로움 속에 머물게 된다. 이런 사람은 청정한 삶의 단단한 나무심이 아닌, 가지와 잎을 잡고 있는 사람이라고 부르며 수행을 성취하지 못하고 거기서 멈추게 된다.

또 어떤 사람은 믿음으로 출가하여 물질적 이익, 존경, 명성을 얻지만 여기에 만족하지 않는다. 그리고 아직 그의 목표에 도달하지 못하였다고 생각한다. 그래서 그는 이익, 존경, 명성에 도취하지 않고, 게으름에 빠지지 않아서 계행을 성취한다. 그는 계행을 성취하였다고 생각하고 그의 목표를 이루었다고 여긴다. 그래서 계행을 온전히 갖추었다는 것 때문에 자신은 칭찬하고 남은 비난한다. '나는 계행을 갖추고 훌륭한 성품을 가지고 있다. 다른 비구들은 계행을 갖추지 못하고 악한 성품을 가지고 있다.' 그래서 그는 자신이 계행을 갖추었다는 것에 도취되어 점점 나태해져서 괴로움 속에 살게 된다. 이런 사람은 청정한 삶의 단단한 나무심이 아닌 겉껍질만 붙잡고 있는 사람이라고 부르며 수행을 성취하지 못하고 거기서 멈추게 된다.

또 어떤 사람은 믿음으로 출가하여 물질적 이익, 존경, 명성을 얻지만, 그것에 도취되지도 않고 계행을 잘 지킨다는 사실에 도취되지 않는다. 그리고 게으르지 않아 삼매를 성취한다. 그러나 그는 자신이 삼매를 얻었다는 것에 만족하여 생각하기를 '나는 삼매를 얻어 마음이 통일되었다. 그렇지만 다른 사람들은 마음이 흐트러져 삼매를 얻지 못한다.' 고 자신을 칭찬하고 남을 비난한다. 그래서 그는 삼매를 얻었다는 것에 도취되어 나태해지고 게으르게 되어 괴로움 속에 살게 된다. 이런 사람은 청정한 삶의 단단한 나무심이 아닌 속껍질을 붙잡고 있는 사람이라고 부르며 수행을 성취하지 못하고 거기서 멈추게 된다.

어떤 사람은 출가하여 이익, 존경, 명성을 얻지만 그것에 도취되지 않고 계행을 잘 지킨다는 자부심에 빠지지도 않고 삼매를 얻었다고 자만심에 빠지지도 않는다. 그는 여기에 만족하지 않고 게으르지 않아 지혜와 통찰력을 얻는다. 그러나 그는 자신이 지혜와 통찰력을 얻었다는 것에 만족하여 생각하기를, '나는 지혜와 통찰력을 얻었지만 다른 비구들은 얻지 못하였다.'고 자신을 칭찬하고 남을 비난한다. 그래서 그는 지혜와 통찰력을 얻었다는 것에 도취되어 나태해지고 게으르게 되어 괴로움 속에 살게 된다. 이런 사람은 청정한 삶의 단단한 나무심이 아닌 백목질[78]을 얻은 사람이라고 부르며 수행을 성취하지 못하고 거기서 멈추게 된다.

어떤 사람은 출가하여 이익, 존경, 명성을 얻지만, 그것에 도취되지 않고 계행을 잘 지킨다는 자부심에 빠지지도 않으며 삼매를 얻었다고 자만심에 빠지지도 않는다. 그는 게으르지 않아 지혜와 통찰력을 얻는다. 그는 이런 얻음으로 인하여 자신을 추켜세우고 남을 얕보지 않는다. 그는 지혜와 통찰력에 도취되지도 않는다. 그는 나태하지도 않고 게으름에 빠지지도 않는다. 이런 정진력으로 그는 중단 없는 해탈을 얻는다. 이 중단 없는 해탈은 결코 타락하여 퇴보하지 않는다.

그러므로 청정한 삶은 이득과, 존경, 명성에서 이익을 구하고자 함이 아니며, 계행의 성취에서 이익을 구하고자 함이 아니며, 삼매를 얻음에서 이익을 구하고자 함이 아니며, 지혜와 통찰력을 얻음에서 이익을 구하고자 함이 아니다. 청정한 삶은 흔들림 없는 마음의 해탈을 얻고자 함이며, 그것은 청정한 삶의 목표이며, 그것은 단단한 나무심을 얻은 것이며, 그것은 궁극이다."

---

[78] 나무껍질 바로 밑의 연한 목재.

## 세 비구의 모범적 수행
| 맛지마 니까야: 31 쭐라고싱가 경 |

이와 같이 나는 들었다. 어느 때 부처님은 나디까의 긴자까와사타 승원에 계셨다. 그때 아누룻다, 난디야, 그리고 낌빌라 존자가 고싱가 살라 나무숲에 머물고 있었다.

그때 부처님은 저녁 무렵 명상을 끝내고 고싱가 살라나무 숲으로 가셨다. 숲을 지키는 사람이 부처님이 오는 것을 보고 말하였다.

"사문이여, 이 숲에 들어오시면 안됩니다. 여기는 세 명의 훌륭한 가문의 자제들이 수행하고 있으니 그들을 방해해서는 안됩니다."

그런데 아누룻다 존자는 숲을 지키는 사람의 이 소리를 듣고 부처님이 오신 것을 알고는 그에게 말하였다.

"부처님을 막지 마십시오. 오시는 분은 우리 스승이신 부처님이십니다."

그리고 나서 아누룻다는 난디야와 낌빌라에게 가서 말하였다.

"어서 나오세요. 스승님께서 오셨습니다!"

그래서 세 사람 모두가 나와서 부처님을 맞이하였다. 한 사람은 부처님의 발우와 가사를 받고, 한 사람은 앉을 자리를 준비하고, 한 사람은 발 씻을 물을 준비하였다. 부처님은 깔개에 앉아 발을 씻으셨다. 세 명의 비구는 부처님께 예를 올리고 한쪽에 앉았다. 부처님은 이렇게 말씀하셨다.

"아누룻다여, 그대들이 잘 지내기를 바라며 편안하기를 바라며 탁발하는데 어떤 어려움도 없기를 바란다."

"부처님, 저희들은 잘 지내고 편안하고 탁발하는데 어려움이 없습니다."

"아누룻다여, 그대들이 서로 화합하고 다툼 없이 우유와 물처럼 융합하고 서로 친절한 눈빛으로 대하며 지내기를 바란다."

"부처님, 저희들은 서로 화합하고 다툼 없이 우유와 물처럼 융합하고 서로 친절한 눈빛으로 대하며 지내고 있습니다."

"아누룻다여, 그러면 어떻게 그렇게 잘 지내고 있는가?"

"부처님, 저는 생각하기를, '참으로 이것은 나에게 이익이다. 청정한 삶에서 이와 같은 동료들과 함께 산다는 것은 커다란 이익이다.' 라고 생각합니다. 저는 공적으로나 사적으로나 두 존자들에게 자애로운 생각과 말과 행동으로 대합니다. 저는 생각하기를, '내가 원하는 것을 제쳐놓고 이 존자들이 원하는 것을 하면 어떨까?' 라고 생각하고는 내가 원하는 것은 제쳐놓고 이 존자들이 원하는 것을 따릅니다. 우리들은 몸은 다르지만 마음은 하나입니다."

난디야 존자와 낌빌라 존자도 아누룻다 존자가 말한 것과 똑같이 말하였다. 그리고 덧붙여 말하였다.

"이것이 바로 저희들이 서로 화합하고 다툼 없이 우유와 물처럼 융합하고 서로 친절한 눈빛으로 대하며 지내는 이유입니다."

"훌륭하구나! 훌륭해. 바라건대 그대들은 모두 부지런하고 열성적이고 굳건히 지내기를 바란다."

"부처님, 저희들은 부지런하고 열성적이고 굳건히 지냅니다."

"아누룻다여, 어떻게 그렇게 부지런하고 열성적이고 굳건히 지내는가?"

"부처님, 그것은 저희들 중 제일 먼저 탁발에서 돌아온 사람이 앉을 자리를 준비하고 마실 물과 씻을 물을 준비하고 찌꺼기 통을 준비합니다. 제일 나중에 탁발에서 돌아온 사람은 남은 음식을 먹고 싶으면 먹고 그렇지 않으면 풀 없는 곳에 버리든지 벌레가 살지 않는 물에 버립니다. 그는 자리를 치우고 마실 물과 씻을 물을 치웁니다. 찌꺼기 통은 깨끗이 씻어서 치우고 식당을 청소합니다. 누구든지 마실 물그릇이나 또는 씻을 물그릇이나 또는 배설한 후 씻을 물그릇에 물이 조금 남아있든지, 또는 비어 있는 것을 보았을 때는 각각의 물그릇에 물을 채워 놓습니다. 만일 물통이 너무 무거워 혼자 움직이기 어려우면 손짓으로 도와달라고 불러서 손을 맞잡고 옮겨 놓습니다. 이런 작업들 때문에 말을 하지는 않습니다. 그러나 닷새마다 함께 앉아서 밤을 새워가며 담마를 토론합니다. 이것이 바로 저희들이 부지런하고, 열성적이고 굳건히 지내는 이유입니다."

이에 부처님은 화합하고 살며 열심히 정진하는 그들을 격려하고 칭찬하셨다.

## ❀ 사문에 합당한 길
| 맛지마 니까야: 40 쭐라앗사뿌라 경 1-8 |

이와 같이 나는 들었다. 어느 때 부처님은 앙가 사람들이 사는 곳에 계셨는데 앙가의 마을인 앗사뿌라에 계셨다. 부처님은 제자들에게 이렇게 가르치셨다.

"사람들은 그대들을 '사문'[79]이라고 부른다. 또한 사람들이 그대들에게 '누구냐'고 물었을 때 그대들은 '사문'이라고 대답한다. 그처럼 사람들이 말하고 또 그대들이 그처럼 대답하기 때문에 그대들은 이와 같이 수행하여야 한다. '우리는 사문에 합당한 길을 수행할 것이다. 그렇게 하면 우리에 대한 사람들의 호칭이 참되고 우리의 대답이 사실이 될 것이며, 우리가 사용하는 법복이나, 탁발음식, 거처, 필수의약품을 보시한 사람들에게 큰 결실과 이익을 가져올 것이며, 우리의 출가한 것이 헛되지 않고 알찬 열매를 맺을 것이다.'

[사문에게 합당하지 않은 길]
그러면 어떤 것이 사문에게 합당한 길을 수행하지 않는 것인가?
탐욕스러운 사람이 탐욕을 버리지 않는 한, 악의를 품은 사람이 악의를 버리지 않는 한, 분노, 원한, 경멸, 질투, 인색, 기만, 사기, 악한 욕망, 잘못된 생각을 가진 사람이 이런 나쁜 성향을 버리지 않는 한, 사문에게 합당한 수행을 하지 않는다고 나는 말한다.

- 가사를 입은 자에게 그가 다만 가사를 입었다고 해서 사문이라고 나는 말하지 않는다.
- 나체 고행자에게 그가 다만 나체라고 해서 사문이라고 나는 말하지 않는다.
- 흙먼지를 뒤집어쓰고 [고행하는] 자에게 그가 다만 흙먼지를 뒤집어쓴다고 해서 사문이라고 나는 말하지 않는다.
- 목욕 예식을 하는 자에게 그가 다만 목욕 예식을 한다고 해서 사문이라고 나는 말하지 않는다.

---

79) 사마나(samaṇa): 사문이라고 한역됨. 다른 교단의 고행자, 수행자들도 사문이라고 부름. 출가 수행자에 대한 명칭.

- 나무 밑에서 사는 자에게 그가 다만 나무 밑에서 산다고 해서 사문이라고 나는 말하지 않는다.
- 노천에서 사는 자에게 그가 다만 노천에서 산다고 해서 사문이라고 나는 말하지 않는다.
- 서서 고행하는 자에게 그가 다만 서서 고행한다고 해서 사문이라고 나는 말하지 않는다.
- 일정한 간격에 먹는자에게 그가 다만 일정한 간격에 먹는다고 해서 사문이라고 나는 말하지 않는다.
- 진언을 외우는 자에게 그가 다만 진언을 외운다고 해서 사문이라고 나는 말하지 않는다.
- 결발 고행자에게 그가 다만 결발 고행자라고 해서 사문이라고 나는 말하지 않는다.
- 탐욕이 있는 자가 단지 가사를 입었기 때문에 탐욕이 버려진다면,
- 악의가 있는 자가 단지 가사를 입었기 때문에 악의가 버려진다면,
- 분노가 있는 자가 단지 가사를 입었기 때문에 분노가 버려진다면,
- 원한이 있는 자가 단지 가사를 입었기 때문에 원한이 버려진다면,
- 남을 경멸하는 자가 단지 가사를 입었기 때문에 경멸심이 버려진다면,
- 질투가 있는 자가 단지 가사를 입었기 때문에 질투심이 버려진다면,
- 인색한 자가 단지 가사를 입었기 때문에 인색함이 버려진다면,
- 남을 기만하는 자가 단지 가사를 입었기 때문에 기만심이 버려진다면,

- 남을 사기치는 자가 단지 가사를 입었기 때문에 사기심이 버려진 다면,
- 악한 욕망이 있는 자가 단지 가사를 입었기 때문에 악한 욕망이 버려진다면,
- 잘못된 생각을 가진 자가 단지 가사를 입었기 때문에 잘못된 생각이 버려진다면,

그렇다면 그의 친척들이 그가 태어난 바로 그날 가사를 입힐 것이다.

그러나 가사를 입는 사람 가운데서도 탐욕, 성냄, 원한, 경멸, 질투, 인색함, 기만, 사기, 악한 욕망, 잘못된 견해를 가지고 있음을 본다. 그렇기 때문에 가사 입은 자에게 그가 다만 가사를 입었다고 해서 사문이라고 나는 말하지 않는다.

〔사문에게 합당한 길〕

그러면 어떤 것이 사문에게 합당한 길을 수행하는 것인가? 어떤 사람이든지 탐욕스러운 비구가 탐욕을 버릴 때, 악의를 품고 있는 사람이 악의를 버릴 때, 성내는 사람이 성냄을 버릴 때, 원한에 찬 사람이 원한을 버릴 때, 경멸하는 사람이 경멸을 버릴 때, 질투하는 사람이 질투를 버릴 때, 인색한 사람이 인색함을 버릴 때, 기만하는 사람이 기만을 버릴 때, 속이는 사람이 속임을 버릴 때, 악한 욕망을 가진 사람이 악한 욕망을 버릴 때, 잘못된 생각을 가진 사람이 잘못된 생각을 버릴 때, 윤회의 근거가 되고 행복하지 않은 곳으로 가게 되는 사문의 이런 얼룩과, 결점과, 잘못을 버렸기 때문에 그는 사문에게 합당한 길을 수행한다고 나는 말한다. 그는 자신이 이런 악하고 불건전한 성향에서 깨끗하

게 됨을 보며 해탈된 자신을 본다. 이런 것을 볼 때 기쁨이 솟아난다. 기쁨이 솟아나면 환희심이 일어난다. 환희심이 일어나면 육신은 고요해진다. 육신이 고요해지면 마음은 즐거워진다. 마음이 즐거우면 삼매에 든다."

## 괴로운 삶, 즐거운 삶의 이유
| 맛지마 니까야: 46 마하담마사마다나 경 |

이와 같이 나는 들었다. 어느 때 부처님은 사왓티의 기원정사에 계셨다. 부처님은 제자들에게 이렇게 가르치셨다.

"대부분의 사람들은 보통 이런 염원을 가지고 있다. 원하지 않고 불쾌하고 마음에 들지 않는 일은 줄어들기를! 원하고 유쾌하고 마음에 드는 일은 늘어나기를! 그러나 대부분의 사람들이 이렇게 염원한다 하더라도 원하지 않고 불쾌하고 마음에 들지 않는 일은 늘어나고, 원하고 유쾌하고 마음에 드는 일은 줄어든다. 그대들은 그 이유가 무엇이라고 생각하는가?

가르침을 알지 못하는 사람들은 무엇을 따라야 하는지, 무엇을 따르지 말아야 하는지, 무엇을 연마해야 하는지, 무엇을 연마하지 말아야 하는지를 모르기 때문에, 그는 따라야 할 것은 따르지 않고 따르지 말아야 할 것은 따르고, 연마해야 할 것은 연마하지 않고 연마하지 말아야 할 것은 연마하게 된다. 그래서 그에게 원하지 않고 불쾌하고 마음에 들지 않는 일은 늘어나고, 원하고 유쾌하고 마음에 드는 일은 줄어든다.

그러나 여기 가르침을 아는 사람들은 무엇을 따라야 하는지 무엇을 따르지 말아야 하는지, 무엇을 연마해야 하는지 무엇을 연마하지 말아야 하는지 알기 때문에, 그는 따라야 할 것은 따르고 따르지 말아야 할 것은 따르지 않고, 연마해야 할 것은 연마하고 연마하지 말아야 할 것은 연마하지 않는다. 그래서 그에게 원하지 않고 불쾌하고 마음에 들지 않는 일은 줄어들고, 원하고 유쾌하고 마음에 드는 일은 늘어난다."

## ☸ 감각적 쾌락보다 더 평화로운 어떤 것
| 맛지마 니까야: 68 날라까빠나 경 1-6 |

이와 같이 나는 들었다. 어느 때 부처님은 꼬살라국의 날라까빠나의 빨라사 숲에 계셨다. 그때 존자 아누룻다, 난디야, 낌빌라, 바구, 꾼다다나, 레와따, 아난다 그리고 그 외에 잘 알려진 여러 명의 매우 훌륭한 가문의 자제들이 부처님께 신심을 가지고 출가하여 비구가 되었다.

그때 부처님은 비구 승가 대중에 둘러싸여 바깥에 앉아 계셨다. 부처님은 이들 훌륭한 가문의 자제들에 대하여 이렇게 말씀하셨다.

"비구들이여, 훌륭한 가문의 자제들이 믿음으로 출가하였는데 이들은 청정한 삶에서 기뻐하는가?"

부처님이 이렇게 물었지만 아무도 대답하지 않았다. 그래서 부처님은 훌륭한 가문의 자제에게 직접 질문해야겠다고 생각하시고 존자 아누룻다에게 말씀하셨다.

"아누룻다, 그대들은 모두 청정한 삶을 기뻐하는가?"

"네, 부처님, 저희들은 모두 진정으로 청정한 삶을 기뻐합니다."

"훌륭하다, 아누룻다여! 청정한 삶을 기뻐한다는 것은 믿음으로 출가한 그대들 모두에게 지당한 일이다. 그대들은 인생의 한창때의 젊은

이로서 감각적 쾌락에 빠질 수도 있었지만 그러나 출가를 하였다. 그대들의 출가는 왕의 요청 때문도 아니며, 도둑에 쫓겨서도 아니며, 빚을 졌기 때문도 아니며, 두려움 때문도 아니며, 생계수단을 잃었기 때문도 아니다. 그대들은 이와 같이 '나는 생ㆍ로ㆍ병ㆍ사ㆍ슬픔ㆍ한탄ㆍ괴로움ㆍ절망 속에 빠져 있다. 참으로 이 괴로움의 덩어리의 종식을 알아야겠다.' 고 생각하고 출가하지 않았는가?"

"그렇습니다, 부처님."

"아누룻다여, 이렇게 출가한 훌륭한 가문의 자제들은 무엇을 어떻게 해야 하는가?

그대들이 감각적 쾌락과 바람직하지 못한 것들에서 벗어나서 환희로움과 즐거움을 얻지 못하면,

또는 감각적 쾌락이나 바람직하지 못한 것들보다 더 평화로운 어떤 것을 얻지 못하면,

탐욕과 악의, 게으름과 무기력, 들뜸, 의심, 불만족, 권태가 마음을 사로잡아 머문다.

그러나 감각적 쾌락과, 바람직하지 못한 것들에서 벗어나서 환희로움과 즐거움을 얻는다면,

또는 감각적 쾌락이나 바람직하지 못한 것들보다 더 평화로운 어떤 것을 얻는다면,

탐욕과 악의, 게으름과 무기력, 들뜸, 의심, 불만족, 권태가 마음을 사로잡아 머물지 않는다."

## 랏타빨라 존자의 출가 이야기
| 맛지마 니까야: 82 랏타빨라 경 1-25 |

(랏타빨라의 출가)

이와 같이 나는 들었다. 어느 때 부처님은 많은 무리의 제자들과 함께 꾸루국을 유행하다가 툴라꼿티따라는 꾸루족의 도시에 도착하셨다.

그때 툴라꼿티따의 브라흐민들과 장자들은 이렇게 들었다.

"사꺄족에서 출가한 사문 고따마가 많은 무리의 제자들과 함께 이곳에 왔다. 지금 그에 대한 이와 같은 좋은 평판이 퍼져 있다. '그분은 아라한이고 온전히 깨달은 분이다. 그분은 스스로의 지혜로 깨달아 이 세상 모든 종류의 사람들에게 말씀하신다. 그분은 처음도 훌륭하고, 중간도 훌륭하고, 끝도 훌륭하고, 바른 뜻과 문장을 갖추어 가르치신다. 그분은 참으로 완전하고 청정한 삶을 보여주신다.' 그러니 이러한 아라한을 뵙는 것은 좋은 일이다."

그래서 툴라꼿티따의 브라흐민들과 장자들은 부처님께로 갔다. 부처님은 그들을 위해 훌륭한 법문을 설해 주시고, 분발케하고, 권고하고, 기쁘게 하셨다.

그런데 거기에는 툴라꼿티따에서 가장 명망 높은 가문의 아들인 랏타빨라도 그 무리 중에 앉아 있었다. 그는 생각하기를, '부처님의 가르침을 내가 이해하기로는 집에 살면서 윤이나는 조개껍질처럼 순수하고 완벽한 청정한 삶을 산다는 것은 쉬운 일이 아니다. 그러니 머리와 수염을 깎고 노란 가사를 입고 출가하면 어떨까?' 그때 브라흐민들과 장자들은 부처님의 가르침에 기뻐하면서 모두 돌아갔다. 그들이 모두 가고 나자 랏타빨라는 부처님께 가서 출가하여 구족계를 받고 싶다고 말하였다.

부처님은 말씀하셨다.

"랏타빨라, 출가하겠다고 부모님의 허락은 받았는가?"

"부모님 허락을 받지 않았습니다."

"여래는 부모님의 허락을 받지 않은 사람을 출가시키지 않는다."

"그러면 부모님의 허락을 받도록 하겠습니다."

그래서 랏타빨라는 부모님을 찾아가서 이렇게 말씀드렸다.

"어머니, 아버지, 부처님의 가르침을 제가 이해하기로는 집에 살면서 윤이나는 조개껍질처럼 순수하고 완벽한 청정한 삶을 산다는 것은 쉬운 일이 아닙니다. 머리와 수염을 깎고 노란 가사를 입고 출가하려고 합니다. 제가 출가하도록 허락해 주십시오."

"사랑하는 랏타빨라야, 너는 우리의 사랑스럽고 소중한 외아들이다. 너는 아주 편안하게 양육되었고 극진한 보살핌 속에 자랐다. 그러니 너는 전혀 괴로움을 모른다. 설령 네가 죽는다 해도 너와 헤어지기를 원치 않는데 하물며 네가 살아있는데 너를 출가하도록 허락하겠느냐?"

랏타빨라는 두 번, 세 번 출가를 요청하였으나 부모님은 여전히 거절하였다. 허락을 받지 못하였기 때문에 그는 맨바닥에 드러누워서 말하였다.

"나는 여기서 죽든지 아니면 출가할 것입니다."

그래서 부모님은 말하였다.

"사랑하는 아들아, 어서 일어나서 음식을 좀 먹고 마시고 즐기며 살아라. 먹고 마시고 즐기면서 감각적 쾌락도 즐기고 공덕도 쌓으면 되지 않겠니. 우리는 너의 출가를 허락할 수 없다. 설령 네가 죽는다 해도 너와 헤어지기를 원치 않는데 하물며 네가 살아있는데 너를 출가하도록 허락하겠느냐?"

그러나 랏타빨라는 아무 반응이 없었다. 두 번째, 세 번째 부모님의 간곡한 부탁에도 랏타빨라는 아무 말도 하지 않았다.

그래서 랏타빨라의 부모님은 아들의 친구들에게 가서 그 동안의 사정을 말하고 아들을 설득하도록 부탁하였다. 그러나 친구들의 여러 번의 간곡한 청에도 랏타빨라는 침묵할 뿐이었다. 할 수 없이 친구들은 부모님에게 말하였다.

"어머니, 아버지, 랏타빨라는 맨바닥에 드러누워 말하기를 '나는 여기서 죽든지 아니면 출가하겠다.'고 합니다. 만일 부모님이 출가를 허락지 않는다면 그는 거기서 죽을 것입니다. 그러나 출가를 허락한다면 출가한 후에도 그를 볼 수 있을 것입니다. 만일 출가수행이 재미없으면 집으로 돌아오는 수밖에 더 있겠어요? 그러니 출가하도록 허락해 주십시오."

그래서 부모님은 출가를 허락하였다. 그리고 출가하더라도 반드시 부모님을 방문해야 한다고 말하였다.

이렇게 해서 랏타빨라는 자리에서 일어나 기운을 차린 후에 부처님께 출가하여 구족계를 받았다. 그 후 그는 홀로 머물고, 초연하게, 근면하게, 열성적으로, 굳건하게 수행하여 오래지 않아 훌륭한 가문의 자제들이 출가한 목적인 청정한 삶의 최상의 목표를 지금 여기에서 스스로 알고 깨달아 성취하였다. 그는 알았다. '태어남은 부수어지고, 청정한 삶은 성취되었고, 해야 할 일을 다 마쳤고, 더 이상 윤회는 없다.'고 알았다. 그는 아라한 중에 한 사람이 되었다.

(부모님 집을 방문하다)

그 후 랏타빨라 존자는 부처님께 이렇게 말씀드렸다.

"부처님께서 허락해 주신다면 부모님을 방문하고 싶습니다."

"랏타빨라, 좋을대로 하여라."

그래서 랏타빨라 존자는 발우와 가사를 챙겨서 툴라꼿티따를 향하여 출발하였다. 그는 목적지에 도착하여 툴라꼿티따 근교의 꾸루 왕 꼬라위야의 사슴동산에 머물렀다. 그는 아침 일찍 탁발을 나갔다. 차례로 탁발을 하면서 부모님 집에 들어가게 되었다. 그때 랏타빨라의 아버지는 문이 있는 중앙의 방에서 머리를 손질하고 있었다. 그는 저 멀리 어떤 사문이 오는 것을 보고는 말하였다.

"이 까까머리 사문들 때문에 우리의 사랑스럽고, 소중한 외동아들이 출가를 해 버렸어!"

랏타빨라 존자는 자신의 아버지 집에서 음식도 얻지 못하고 좋은 대접도 못 받고 오직 수모만 받았다.

그때 그의 친족의 여종이 때 지난 죽을 쏟아 버리려고 하였다. 그것을 보고 랏타빨라 존자는 말하였다.

"자매여, 그것을 쏟아 버리려면 여기 내 발우에다 부으시오."

여종은 죽을 쏟아 부으면서 그의 목소리 그리고 손발의 특성을 알아챘다. 그녀는 랏타빨라 존자의 어머니에게 달려가서 말하였다.

"마님, 주인님의 아들 랏타빨라가 돌아 왔어요!"

"뭐라구? 네가 말한 게 정말이라면 너는 더 이상 종의 신분이 아니다."

그때 존자 랏타빨라는 탁발 수행자를 위해 마련된 거처에서 그 죽을 먹고 있었다. 그의 아버지는 아들이 왔다는 소리를 듣고 즉시 그를 찾아가서 말하였다.

"사랑하는 아들 랏타빨라야, 네가 어째서 때 지난 죽을 먹고 있느냐? 네가 갈 집이 있지 않느냐?"

"장자여, 출가한 자에게 어떻게 자기 집이 있겠습니까? 장자여, 우리는 집이 없습니다. 저는 부모님 집에 갔었습니다. 그러나 음식도 못 얻고 수모만 당했습니다."

"사랑하는 아들아, 가자, 집으로 가자."

"됐습니다. 장자여, 오늘 음식은 다 먹었습니다."

"그러면 사랑하는 랏타빨라야, 내일 음식을 들도록 하여라."

아버지는 집으로 돌아가서 금화로 큰 무더기를 쌓아놓고 덮어놓았다. 그리고는 랏타빨라의 전처들에게 말하였다.

"얘, 며늘 아가들아, 랏타빨라에게 사랑스럽게 보이도록 예쁘게 꾸미고 장식하여라."

날이 밝자 장자는 온갖 종류의 맛있는 음식을 준비해 놓고 랏타빨라에게 알렸다. 랏타빨라는 발우와 가사를 들고 아버지의 집으로 가서 준비된 자리에 앉았다. 장자는 금화 무더기의 덮개를 벗기고 말하였다.

"사랑하는 랏타빨라야, 이것은 네 어머니의 재산이고 저것은 네 아버지의 것이고 또 이것은 네 조상들의 재산이다. 사랑하는 아들아, 이 부를 즐기면서 너는 공덕을 쌓을 수 있다. 자, 출가수행을 버리고 집으로 돌아와라, 이 재산을 즐기면서 그리고 공덕을 쌓으면 되지 않겠니?"

"장자여, 제 충고를 받아들이신다면 이 금화 더미를 수레에 실어 갠지스 강의 깊은 곳에 던져 넣으십시오. 왜냐하면 이런 재물 때문에 슬픔, 한탄, 괴로움, 재난, 절망이 생기기 때문입니다."

그때 존자 랏타빨라의 전처들이 그의 발을 잡고 말하였다.

"서방님, 그 선녀들이 얼마나 아름답기에 그들을 위해서 청정한 삶을 사시는 것입니까?"

"자매들이여, 우리는 선녀들을 위해서 청정한 삶을 사는 것이 아닙니다."

"랏타빨라 서방님이 우리를 자매라고 부르다니!"

전처들은 울면서 졸도하고 말았다. 존자 랏타빨라는 그의 아버지에게 말하였다.

"장자여, 주실 음식이 있으시면 주십시오. 저를 더 이상 괴롭히지 마십시오."

"음식을 먹어라. 사랑하는 랏타빨라야, 음식이 차려져 있다."

랏타빨라 존자의 아버지는 손수 이것저것 먹으라고 권하고 여러 가지 훌륭한 음식으로 그를 대접하였다. 랏타빨라 존자는 공양을 다 마치고 발우를 챙기고 일어서서 이와 같은 게송을 읊었다.

꾸며진 인형을 보라.
상처로 지어진 육신
병들고 근심 덩어리.
견고하게 머물 곳 없네.

꾸며진 모양새를 보라.

보석과 귀걸이로
해골이 가죽 속에 둘둘 말려 있네.
옷 때문에 매력적인 것 같지.

두 발을 적갈색 물감으로 물들이고
얼굴에는 분을 바르고
어리석은 자는 속일 수 있지만
피안을 구하는 자는 속일 수 없네.

머리는 여덟 갈래로 땋아 내리고
눈에 연고를 발라 꾸미었네
어리석은 자는 속일 수 있지만
피안을 구하는 자는 속일 수 없네.

새로 페인트칠한 연고 단지처럼
오물로 가득 찬 몸을 멋지게 꾸미었네
어리석은 자는 속일 수 있지만
피안을 구하는 자는 속일 수 없네.

사슴 사냥꾼이 올가미를 쳐 놓았지만
사슴은 올가미에 걸리지 않네
사냥꾼이 슬퍼하게 내버려두고
사슴은 먹이를 먹고 간다네.

## 랏타빨라 존자와 꼬라위야왕의 대화

| 맛지마 니까야: 82 랏타빨라 경 26-42 |

(네 가지 상실)

랏타빨라 존자는 아버지 집에서 나와 꼬라위야왕의 사슴동산으로 가서 낮 동안의 명상을 위해 한 나무 아래 앉았다. 그때 이 곳의 사냥터 관리인은 청소를 하다가 랏타빨라 존자를 보고 왕에게 가서 말하였다.

"대왕님, 왕께서 항상 그렇게 칭찬하시던 툴라꽂티따에서 가장 훌륭한 가문의 아들인 랏타빨라 존자가 정원의 나무 아래 앉아 있습니다."

"그럼 오늘 다른 일은 그만두고 지금 존자님을 뵈러 가야겠구나."

왕은 음식을 준비하여 보내라고 말하고 많은 수레를 대동하고 제왕의 화려한 위용을 보이면서 가장 훌륭한 대신들을 데리고 랏타빨라 존자가 있는 곳으로 갔다. 인사를 나눈 후 왕은 말하였다.

"여기 코끼리 깔개에 앉으십시오. 랏타빨라 존자님."

"대왕님, 아닙니다. 앉으시지요. 저는 제 깔개가 있습니다."

왕은 자리에 앉아 이런 질문을 하였다.

"랏타빨라 존자님, 네 가지 상실〔잃음〕이 있는데 여기 어떤 사람들은 이 네 가지 상실의 괴로움을 겪었기 때문에 머리와 수염을 깎고 노란 가사를 입고 그리고 출가를 합니다. 네 가지 상실이란 늙음으로 인한 상실, 병듦으로 인한 상실, 재산의 상실, 친족의 상실을 말합니다.

늙음으로 인한 상실이란 무엇일까요. 랏타빨라 존자님, 어떤 사람이 나이가 들어 늙고, 노쇠하고, 고령이 되고, 생의 마지막 단계에 이른 사람이 있습니다. 그는 생각하기를, '나는 늙고, 노쇠하고, 고령이고,

생의 마지막 단계에 이르렀다. 이제는 더 이상 얻지 못한 재물을 얻는 것도 쉬운 일이 아니고, 있는 재산을 늘리는 일도 쉬운 일이 아니다. 그러니 머리와 수염을 깎고 노란 가사를 입고 출가하면 어떨까?' 라고 생각합니다. 이 사람은 늙음으로 인한 상실을 겪었습니다.

그런데 랏타빨라 존자님은 지금 아직 젊고 칠흑같은 머리의 젊은이로서 젊음의 축복으로 가득 찬 인생의 한창때에 있습니다. 존자님은 어떤 늙음으로 인한 상실도 겪지 않았습니다. 존자님은 무엇을 알았고, 무엇을 보았고, 무엇을 들었기에 출가하였습니까?

병듦으로 인한 상실이란 무엇일까요. 랏타빨라 존자님, 어떤 사람이 병으로 고통스러워하고 괴로워하고, 심하게 아픕니다. 그는 생각하기를, '나는 병으로 고통스러워하고 괴로워하고 심하게 아프다. 이제는 더 이상 얻지 못한 재물을 얻는 것도 쉬운 일이 아니고 있는 재산을 늘리는 일도 쉬운 일이 아니다. 그러니 머리와 수염을 깎고 노란 가사를 입고 출가하면 어떨까?' 라고 생각합니다. 이 사람은 병듦으로 인한 상실을 겪었습니다.

그러나 존자님은 지금 병도 없고 괴로움도 없습니다. 존자님은 소화가 잘 되고 몸이 너무 차지도 않고 너무 덥지도 않은 중간입니다. 존자님은 어떤 병듦으로 인한 상실도 겪지 않았습니다. 존자님은 무엇을 알았고, 무엇을 보았고, 무엇을 들었기에 출가하였습니까?

재산의 상실이란 무엇일까요. 랏타빨라 존자님, 어떤 사람이 부유하고 대부호이고 굉장히 소유한 것이 많습니다. 그런데 그 재산이 점점 줄어듭니다. 그는 생각하기를, '전에 나는 부유하고 대부호이고 소유한 것이 굉장히 많았다. 그런데 점점 그 재산이 줄어들었다. 이제는 더 이상 얻지 못한 재물을 얻는 것도 쉬운 일이 아니고 있는 재산을 늘리는 일도 쉬운 일이 아니다. 그러니 머리와 수염을 깎고 노란 가사를 입고 출가하면 어떨까?' 라고 생각합니다. 이 사람은 재산의 상실을 겪었습니다.

그러나 랏타빨라 존자님은 툴라꽃티따의 가장 명망 있는 가문의 자제입니다. 존자님은 어떤 재산의 상실도 겪지 않았습니다. 존자님은 무엇을 알았고, 무엇을 보았고, 무엇을 들었기에 출가하였습니까?

친족의 상실이란 무엇일까요. 랏타빨라 존자님, 어떤 사람이 많은 친구와 동료와 친척이 있습니다. 그런데 그 친척들이 점점 줄어듭니다. 그는 생각하기를, '전에 나는 많은 친구와 동료와 친척이 있었다. 그런데 그 친척들이 점점 줄어든다. 이제는 더 이상 얻지 못한 재물을 얻는 것도 쉬운 일이 아니고 있는 재산을 늘리는 일도 쉬운 일이 아니다. 그러니 머리와 수염을 깎고 노란 가사를 입고 출가하면 어떨까?' 라고 생각합니다. 이 사람은 친척의 상실을 겪었습니다.

그러나 랏타빨라 존자님은 툴라꽃티따에 많은 친구와 동료, 친척들이 있습니다. 존자님은 어떤 친족의 상실도 겪지 않았습니다. 존자님은 무엇을 알았고, 무엇을 보았고, 무엇을 들었기에 출가하였습니까?"

(랏타빨라 존자의 출가 이유: 네 가지 담마의 요점)
"랏타빨라 존자님, 이것들은 네 가지 상실입니다. 어떤 사람들은 이런 상실의 고통을 겪었기 때문에 출가를 합니다. 그러나 존자님은 이것들 중 어떤 것도 겪지 않았습니다. 존자님은 무엇을 알았고, 무엇을 보았고, 무엇을 들었기에 출가하였습니까?"

"대왕님, 온전히 깨달음을 성취하신 부처님께서 가르치신 네 가지 가르침의 요점이 있습니다. 이 가르침을 듣고, 보고, 알았기 때문에 출가하였습니다. 무엇이 넷입니까.

'첫째는 이 세상 모든 것은 불안정하여 휩쓸려 가버린다.

둘째는 이 세상은 의지처도 없고 보호자도 없다.

셋째는 이 세상은 내 것이라고 할 것이 아무것도 없다. 우리는 모든 것을 두고 떠나야 한다.

넷째는 이 세상은 불완전하고 만족이 없으며 갈애의 노예의 삶이다.'

대왕님 온전히 깨달음을 성취하신 부처님께서 이렇게 네 가지 가르침의 요점을 말씀하셨습니다. 이 가르침을 듣고, 보고, 알았기 때문에 출가하였습니다."

(① 이 세상은 불안정하여 휩쓸려 가버린다.)

"랏타빨라 존자님, '이 세상 모든 것은 불안정하여 휩쓸려 가버린다.'고 하셨는데 이 말을 어떻게 알아들어야 하겠습니까?"

"대왕님께서 20대의 나이에는 코끼리를 타는 것에도 능하고, 말에도 능하고, 전차에도 능하고, 활에도 능하고, 칼에도 능하고, 팔과 다리에 힘이 있고, 강건하여 전쟁도 할 수 있었지 않습니까?"

"그렇습니다. 존자님, 가끔 내가 그때 초인적 힘을 가지고 있었던 것처럼 생각되기도 했습니다. 힘에 있어서 나와 대등한 자를 보지 못하였습니다."

"대왕님, 그러면 그대는 지금도 팔과 다리에 힘이 있고 전쟁을 할 정도로 강건합니까?"

"그렇지 않습니다. 랏타빨라 존자님. 지금 나는 늙어 노쇠하고, 생의 마지막 단계에 이르렀는데 내 나이 여든이 되었습니다. 가끔 이쪽으로 발을 디딘다고 생각했는데 다른 곳으로 발이 갑니다."

"대왕님, 이런 이유로 온전히 깨달으신 부처님은 말씀하시기를, '이 세상 모든 것은 불안정하여 휩쓸려 가버린다.'고 하셨습니다. 이것을 알고 보고 들었을 때 나는 출가를 하였습니다."

"존자님, 부처님께서 얼마나 훌륭하게 말씀하셨는지 참으로 놀라운 일입니다. 참으로 그렇습니다. 이 세상 모든 것은 불안정하여 휩쓸려 가버립니다."


(② 이 세상은 의지처도 없고 보호자도 없다.)

"그러면 존자님, 우리 궁성에는 코끼리군대, 기마군대, 전차군대, 보병이 있어서 어떤 위험에서도 우리를 지켜줍니다. 그런데 '이 세상은 의지처도 없고 보호자도 없다.'고 하셨는데 이 말 뜻을 어떻게 알아들어야 하겠습니까?"

"대왕님은 어떤 만성질환이 있습니까?"

"나는 만성 풍병이 있습니다. 어떤 때는 친구들과 친척들이 내 주위에 서서 '꼬라위야왕은 죽을 것이다.'라고 생각합니다."

"대왕님의 친구나 동료나 친척에게 '이리 와서 내가 좀 덜 아프게 내 고통을 좀 나누어 가져가라.'고 명령할 수 있습니까? 아니면 그 고통을 홀로 감당해야 합니까?"

"명령할 수 없습니다. 존자님, 그 고통을 나 홀로 감당해야 합니다."

"대왕님, 이런 이유로 온전히 깨달으신 부처님은 말씀하시기를, '이 세상은 의지처도 없고 보호자도 없다.' 고 하셨습니다. 이것을 알고 보고 들었을 때 나는 출가를 하였습니다."

"존자님, 부처님께서 얼마나 훌륭하게 말씀하셨는지 정말 놀라운 일입니다. 참으로 그렇습니다. 이 세상은 의지처도 없고 보호자도 없습니다."

(③ 이 세상은 내 것이라고 할 것이 아무것도 없다.)

"존자님, 우리 궁성에는 지하 저장실과 금고에 많은 금화와 금이 있습니다. 그런데 존자님은, '이 세상에는 내 것이라고 할 것이 아무것도 없다. 우리는 모두 두고 떠나야 한다.' 고 하셨는데 이 말 뜻을 어떻게 알아들어야 하겠습니까?"

"대왕님은 지금 다섯 가지 감각적 쾌락을 즐기면서 삽니다. 그러나 저 세상에서도 똑같은 감각적 쾌락을 즐길 수 있을까요, 아니면 다른 사람이 그 재산을 이어받고 당신은 지은 업에 따라 갈 길을 갈까요?"

"나는 저 세상에서 그것들을 가질 수가 없습니다. 다른 사람이 그 재산을 이어받고 나는 업에 따라 내 갈 길을 갈 것입니다."

"대왕님, 이런 이유로 온전히 깨달으신 부처님은 말씀하시기를, '이 세상에는 내 것이라고 할 것이 아무것도 없다. 우리는 모두 두고 떠나야 한다.' 고 하셨습니다. 이것을 알고 보고 들었을 때 나는 출가를 하였습니다."

"존자님, 부처님께서 얼마나 훌륭하게 말씀하셨는지 정말 놀라운 일입니다. 참으로 그렇습니다. 이 세상에는 내 것이라고 할 것이 없습니다. 우리는 모두 두고 떠나야 합니다."

(④ 이 세상은 불완전하고 만족이 없으며 갈애의 노예의 삶이다.)

"존자님, '이 세상은 불완전하고 만족이 없으며 갈애의 노예의 삶이다.' 라고 하셨는데 이 말뜻을 어떻게 알아들어야 하겠습니까?"

"대왕님은 번창한 꾸루국을 통치하십니까?"

"그렇습니다. 존자님."

"대왕님, 어떤 믿을만한 사람이 동쪽에서 와서 말하기를, '나는 동쪽에서 왔는데 그곳에 부유하고 번창하고 사람들로 붐비는 큰 나라가 있습니다. 거기에는 많은 코끼리군대, 기마군대, 전차군대, 보병군대가 있습니다. 거기에는 많은 상아가 있고 많은 가공된 금은과 가공되지 않은 금은이 있으며 그리고 많은 여인들이 있습니다. 대왕님의 현재의 병력으로 그것을 정복할 수 있습니다. 정복하십시오, 대왕님.' 라고 말하는 사람이 있다면 대왕님은 어떻게 하시겠습니까?"

"랏타빨라 존자님, 나는 그 나라를 정복하여 통치할 것입니다."

"대왕님, 어떤 믿을만한 사람이 서쪽에서 와서 동쪽에서 온 사람과 똑같이 말하고, 북쪽에서 와서 똑같이 말하고, 남쪽에서 와서 똑같이 말하였다고 합시다. 그러면 대왕님은 어떻게 하시겠습니까?"

"존자님, 나는 그 나라들을 모두 정복하여 통치할 것입니다."

"대왕님, 이런 이유로 온전히 깨달으신 부처님은 말씀하시기를, '이 세상은 불완전하고 만족이 없으며 갈애의 노예의 삶이다.' 고 하셨습니다. 이것을 알고 보고 들었을 때 나는 출가를 하였습니다."

"존자님, 부처님께서 얼마나 훌륭하게 말씀하셨는지 정말 놀라운 일입니다. 참으로 그렇습니다. 이 세상은 불완전하고 만족이 없으며 갈애의 노예의 삶입니다."

이어서 랏타빨라 존자는 게송으로 말하였다.

세상에서 부유한 사람을 보면
어리석어 얻은 재물을 보시할 줄 모르네.
욕심스럽게 재물을 쌓아두고
더욱더 감각적 쾌락을 열망하네.

땅을 무력으로 정복한 왕은
바다에 이르기까지 온 땅을 다 통치하고
아직도 바다 이쪽에 만족하지 못하고
바다 저쪽까지 탐내네.

왕뿐만 아니라 대부분의 사람들도 그와 같이
갈애를 버리지 못하고 죽음에 이르면
아직 만족하지 않은 채 시체를 떠나네
세상에서 감각적 쾌락은 만족이 없네.

친족들은 울며 머리를 쥐어뜯고
'아이고, 우리의 사랑하는 사람이 죽었네.'

수의로 감싸서 운반하여
장작더미 위에 올려놓고 불태우네.

재물은 뒤에 남긴 채 수의 한 벌만 입고
불타는 막대기에 찔리면서 장작더미 위에서 불타네.
죽는 사람에게는 친족도, 친구도,
안식처가 될 수 없고 의지처가 될 수 없네.

상속자가 재물을 가져가고
사람은 업에 따라 제 갈 길을 가야 하니
죽을 때는 자식도, 아내도, 재물도, 토지도
아무것도 그를 따를 수 없네.

재물이 많다해서 장수할 수 없고
부유함이 늙음을 몰아낼 수 없네
'인생은 짧다'고 모든 성인은 말하네
영원한 것은 없으며 변화할 뿐이라고.

부자든 가난하든 똑같이 죽음이 오네
성인도 어리석은 자도 똑같이 죽음이 오네
어리석은 자는 그 어리석음에 의해
마치 때려눕힌 듯 누워 있지만
현명한 자는 죽음이 와도 흔들리지 않네.

재물보다 더 중요한 것은 지혜이며
그 지혜로움으로 궁극의 목표를 얻네.
어리석음으로 사람들은 악행을 저지르고
세세생생 그 목표에 도달하지 못하네.

달콤하고 즐거운 수많은 감각적 쾌락이
여러 면으로 마음을 괴롭히니
감각적 쾌락에 얽매임의 위험을 보고
대왕이여, 나는 출가를 하였네.

과일이 나무에서 떨어지듯이 사람도 그와 같네
젊은이든 늙은이든 몸이 부서지면 떨어지니
대왕이여, 이것을 보고 나는 출가하였네
사문의 삶이 확실히 더 훌륭하다네.

## 🟤 바람직하지 못한 생각과 말과 행동
| 맛지마 니까야: 88 바히띠까 경 |

이와 같이 나는 들었다. 어느 때 부처님은 사왓티의 기원정사에 계셨다. 그때 아난다 존자는 낮 동안의 명상을 위하여 동쪽 승원 미가라마뚜 강당으로 갔다.

꼬살라의 빠세나디왕은 아난다 존자를 멀리서 보고 사람을 보내어 잠깐만 기다리라고 해 놓고 아난다 존자에게 가서 말하였다.

"아난다 존자님, 바쁘지 않으시면 자비심으로 아찌라와띠 강가로 저와 함께 가신다면 좋겠습니다."

아난다 존자는 침묵으로 동의하였다. 아난다 존자는 아찌라와띠 강가로 가서 나무 아래 앉았다. 왕은 말하였다.

"아난다 존자님, 여기 코끼리 깔개에 앉으시지요."

"아닙니다. 대왕님 앉으십시오. 저는 제 깔개에 앉았습니다."

"아난다 존자님, 부처님은 지혜로운 사문이나 브라흐민들이 비난할 만한 그런 생각이나 말이나 행동을 하실까요?"

"대왕님, 부처님은 그런 생각이나 말이나 행동을 하지 않습니다."

"아난다 존자님, 우리는 어리석은 사람들이 조사나 평가도 하지 않고 남을 칭찬하거나 비난하는 것에 대하여는 어떤 가치도 인정하지 않습니다. 그러나 지혜롭고 총명한 사람들이 조사와 평가를 하고 남을 칭찬하거나 비난하는 것에 대하여는 가치가 있다고 인정합니다. 그러면 지혜로운 사문이나 브라흐민들이 비난할만한 그런 생각과 말과 행동은 어떤 것입니까?"

"어떤 생각과 말과 행동이나 바람직하지 않은 것은 비난의 대상입니다. 대왕님."

"아난다 존자님, 어떤 생각과 말과 행동이 바람직하지 못한 것입니까?"

"비난받을 만한 생각과 말과 행동은 어떤 것이든지 바람직하지 못합니다."

"아난다 존자님, 비난받을 만한 생각과 말과 행동은 어떤 것입니까?"

"괴로움을 가져오는 생각과 말과 행동입니다."

"아난다 존자님, 어떤 생각과 말과 행동이 괴로움을 가져옵니까?"
"어떤 생각과 말과 행동이든 고통스런 결과를 가져오는 것입니다."
"아난다 존자님, 어떤 생각과 말과 행동이 고통스런 결과를 가져옵니까?"
"자신을 괴로움으로 이끌거나 다른 사람을 괴로움으로 이끌거나 나와 남 모두를 괴로움으로 이끌거나, 이로 인하여 바람직하지 못한 것은 증가하고 바람직한 것은 줄어들 때, 이와 같은 생각과 말과 행동은 지혜로운 사문이나 브라흐민에 의하여 비난을 받습니다."

## ❁ 깨달음으로 이끄는 것들
| 맛지마 니까야: 122 마하순냐따 경 1-7,12 |

이와 같이 나는 들었다. 어느 때 부처님이 사꺄족들이 있는 곳에 계셨는데 까삘라왓투의 니그로다 승원에 계셨다. 부처님은 낮 동안의 명상을 위해 사꺄족의 처소인 깔라케마까로 가셨다.

그런데 그곳에는 많은 잠자리가 준비되어 있었다. 그래서 부처님은 생각하기를 '많은 잠자리가 여기 준비되어 있는데 많은 비구들이 여기에 머무는가?' 라고 생각하셨다. 그때 아난다 존자와 많은 비구들은 사꺄족의 처소인 가따에서 법복을 만들고 있었다.

부처님은 저녁나절, 명상을 마치고 아난다 존자가 있는 가따로 가셔서 이렇게 말씀하셨다.

"아난다, 깔라케마까에 깔개와 잠자리가 많이 준비되어 있는데 거기에 비구들이 많이 머무는가?"

"예, 부처님, 거기에 많은 비구들이 머물고 있습니다. 지금은 가사를 만드는 때라서 그렇습니다."

"아난다, 만일 비구가 동료들과의 모임을 즐기고, 모임의 즐거움에 몰두하고, 무리에서 즐기고, 무리에서 기쁨을 구한다면, 빛이 바래어 빛나지 않는다. 참으로 아난다, 이런 모임을 즐기고 무리의 즐거움에 빠져버린 사람이 벗어남의 더 없는 기쁨, 떠남의 더 없는 기쁨, 평화의 더 없는 기쁨, 깨달음의 더 없는 기쁨을 곤란이나 어려움 없이 뜻대로 얻는다는 것은 불가능하다.

그러나 여기 여래에 의하여 발견된 머묾이 있다. 보이는 모든 것에 주의를 기울이지 않음으로써 안으로 비어있음에 머무는 것을 발견했다. 만일 안으로 비어있는 마음에 머물기를 원한다면 마음을 차분히 안정시켜야 한다. 그리고 고요히 하고 골똘히 한 가지에 집중해야 한다.

만약 말을 하고 싶어지면 이렇게 생각해야 한다. '이런 이야기들은 천박스럽고, 상스럽고, 조잡하고, 유익하지 않다. 이런 이야기들은 어리석음에서 깨어나게 하지 않으며, 번뇌의 소멸, 평화로움, 깨달음, 그리고 열반으로 이끌지 않는다.'

그러나 〔번뇌의〕 소멸에 대한 이야기, 해탈로 이끄는 이야기, 완전한 깨어있음, 평화로움, 깨달음, 열반으로 이끄는 이야기들이 있는데, 말하자면 욕심이 적음, 만족, 떠남, 세속으로부터 초연함, 정진, 계행, 삼매, 지혜, 해탈, 해탈의 앎과 봄과 같은 이야기들이다. 그래서 '이와 같은 이야기들을 나는 말할 것이다.'라고 결심해야 한다. 이렇게 해서 그는 온전히 깨어있게 된다."

이와 같이 부처님은 말씀하셨다.

## 수행자의 재난
| 맛지마 니까야: 122 마하순냐따 경 24 |

이어서 부처님은 아난다에게 말씀하셨다.

"아난다, 청정한 삶을 사는 사람에게 어떻게 재난이 일어나는가? 어떤 수행자가 숲이나, 나무 밑, 산비탈, 언덕의 동굴, 확 트인 곳과 같은 한적한 곳에 수행처를 마련한다. 이렇게 멀리 떨어져 수행하는 사람을 브라흐민이나 장자들 그리고 도시와 시골에서 사람들이 그를 방문한다. 그들과의 만남의 결과 그는 욕망에 빠져 정신을 못 차리고, 갈애에 휘말리고, 그들을 부러워하고, 다시 출가전의 사치함으로 되돌아가게 된다. 이것이 수행자의 재난이다. 그는 악하고 바람직하지 못한 것에 굴복했으며, 그것은 윤회를 가져오며, 괴로움과 고통을 가져오며, 생로병사를 가져온다. 이것이 청정한 삶을 사는 사람의 재난이다."

## 누가 칭찬이나 비난을 하더라도
| 디가 니까야: 1 브라흐마잘라 경 1:1-1:6 |

이와 같이 나는 들었다. 어느 때 부처님은 500명의 제자들과 함께 라자가하와 날란다 사이의 큰길을 따라 가고 계셨다. 그때 방랑수행자 숩삐야도 그의 제자 브라흐마닷따와 함께 같은 길을 뒤따라가고 있었다. 그런데 숩삐야는 부처님과 가르침과 승가를 여러 가지로 헐뜯었고 브라흐마닷따는 그 반대로 부처님과 가르침과 승가를 칭찬하였다.

부처님과 비구들은 하룻밤을 묵기 위하여 왕의 휴게소인 암발랏티까 정원으로 갔다. 숩삐야도 그의 제자와 함께 암발랏티까 정원으로 갔다. 그는 계속해서 부처님과 가르침과 승가를 비방하였고 그의 제자는 반대로 칭찬하였다.

이른 아침 많은 비구들이 둥그런 천막 안에 모여 앉아 이런 이야기를 하였다.

"벗들이여, 부처님께서 각각 다른 성향을 가진 중생을 선명한 통찰력으로 이해하심은 정말 대단한 일입니다. 쑵뻬야는 부처님과 가르침과 승가를 비방하고 그 제자는 반대로 칭찬하였습니다."

부처님은 비구들의 이와 같은 이야기를 아시고 천막으로 가셔서 비구들의 이야기 내용을 들으신 후 말씀하셨다.

"비구들이여, 만일 다른 사람이 나와 가르침과 승가를 헐뜯더라도 그대들은 화를 내거나 원망하거나 불쾌하게 생각해서는 안 된다. 만일 그대들이 화를 내거나 불쾌하게 생각한다면 그것은 오직 그대들에게 장애가 될 뿐이다. 화가 나고 불쾌할 때 다른 사람이 말하는 것이 옳은지 그른지를 분간할 수 있는가?"

"분간할 수 없습니다. 부처님."

"만일 다른 사람이 나와 가르침과 승가를 헐뜯는다면 그대들은 그 사람에게 무엇이 잘못된 것인지를 설명해야 한다. 즉, '그 말은 옳지 않습니다. 그것은 사실이 아닙니다. 그것은 우리와는 다른 이야기입니다.'

만일 다른 사람이 나와 가르침과 승가를 칭찬한다면 그대들은 기뻐하거나 우쭐해서는 안 된다. 만일 그대들이 그런 칭찬에 기뻐하거나 우쭐해한다면 그것은 오직 그대들에게 장애가 될 뿐이다."

부처님은 이렇게 말씀하셨다.

## 🟡 방문해야 할 네 곳: 4대 성지
| 디가 니까야: 16 마하빠리닙바나 경 5:7-8 |

아난다 존자는 부처님께 이렇게 말하였다.

"부처님, 전에는 여러 다른 지역에서 우기 안거를 마친 비구들이 여래를 뵙기 위하여 오곤 하였습니다. 그래서 우리는 마음을 고무시키는 존경스런 비구들을 맞이하곤 하였습니다. 그러나 부처님이 가시고 나면 우리는 이렇게 마음을 고무시키는 비구들을 맞이할 수 있는 기회가 없을 것입니다."

"아난다, 믿음을 가진 사람들이 신심을 가지고 방문해야 할 네 곳이 있다. 이곳들은 간절한 마음을 일으키게 하는 곳이다.

- 여기는 여래가 태어나신 곳이다.[80] 이곳은 믿음을 가진 사람들이 신심을 가지고 방문해야 할 곳이다.

- 여기는 여래가 위없는 깨달음을 얻으신 곳이다.[81] 이곳은 믿음을 가진 사람들이 신심을 가지고 방문해야 할 곳이다.

- 여기는 여래가 진리의 바퀴를 [처음] 굴리신 곳이다.[82] 이곳은 믿음을 가진 사람들이 신심을 가지고 방문해야 할 곳이다.

- 여기는 여래가 열반하신 곳이다.[83] 이곳은 믿음을 가진 사람들이 신심을 가지고 방문해야 할 곳이다.

아난다, 이 네 곳이 믿음을 가진 사람들이 신심을 가지고 방문해야 할 곳이다."

---

80) 룸비니: Lumbinī.
81) 보드가야: Bodhgayā.
82) 사르나트: Sārnāth.
83) 꾸시나라: Kusinārā.

## 길들여진 마음
| 앙굿따라 니까야 1부 4:1-10 |

　길들여지지 않고, 간수되지 않고, 보호되지 않고, 절제되지 않은 마음만큼 많은 해로움을 가져오는 다른 어떤 것을 나는 알지 못한다. 이런 마음은 참으로 많은 해로움을 가져온다.
　길들여지고, 간수되고, 보호되고, 절제된 마음만큼 많은 이익을 가져오는 다른 어떤 것을 나는 알지 못한다. 이런 마음은 참으로 많은 이익을 가져온다.

## 가장 빨리 변하는 마음
| 앙굿따라 니까야 1부 5:8 |

　마음만큼 그렇게 재빨리 변하는 다른 것을 나는 알지 못한다. 얼마나 빨리 마음이 변하는지 비유를 든다는 것은 쉽지 않다.

## 따라야 할 사람과 따르지 말아야 할 사람
| 앙굿따라 니까야 3부 27 |

　비구들이여, 세상에는 세 가지 종류의 사람이 있다. 무엇이 셋인가?
　- 넌더리쳐야 할 사람으로 피해야 하는 사람이 있다. 이런 사람은 따르지 말고 섬기지 말고 공경하지 말아야 한다.
　- 무관심으로 대하여야 하는 사람이 있다. 이런 사람은 따르지 말고 섬기지 말고 공경하지 말아야 한다.
　- 따라야 하는 사람이 있다. 이런 사람은 따라야 하고 섬기고 공경해야 한다.

넌더리쳐야 할 사람으로 피해야 할 사람은 어떤 사람인가? 어떤 사람은 계행을 지키지 않고, 악행을 하고, 청정하지 않고, 의심쩍은 행동을 하고, 비밀스런 행동을 한다. 그는 사문인 체해도 사문이 아니다. 그는 바르게 사는 체해도 바르게 사는 사람이 아니다. 그는 안으로 썩어있고 욕망과 오물 더미로 가득 차 있다. 이런 사람은 넌더리쳐야 할 사람이며 피하여야 할 사람으로 따르지 말고 섬기지 말고 공경하지 말아야 한다.

무관심으로 대하여야 할 사람은 어떤 사람인가? 어떤 사람은 성미가 급하고 사납다. 사소한 어떤 것이라도 그에게 말하면 그는 격분하고 성내고 시비를 건다. 그는 원망하여 성냄과 증오를 드러내고 심술을 부린다. 마치 곪은 종기가 꼬챙이에 찔렸을 때 피와 고름이 더욱 더 많이 나오는 것처럼 그는 성미가 급하고 사납다. 이런 사람은 무관심으로 대하여야 하는 사람으로 따르지 말고 섬기지 말고 공경하지 말아야 한다.

따라야 하고 섬겨야 하고 공경해야 할 사람은 어떤 사람인가? 어떤 사람은 계행을 지키고 훌륭한 성품을 가지고 있다. 이런 사람은 따라야 하고 섬겨야 하고 공경하여야 한다.

비구들이여, 세상에는 이와 같이 세 종류의 사람이 있다.

## ● 살아있는 동안 공덕을 짓자
| 앙굿따라 니까야 3부 51 |

어느 때 생의 마지막에 다다른 120세의 노쇠하고 연로한 두 사람의 브라흐민이 부처님께 와서 이렇게 말하였다.

"고따마 존자님, 우리는 브라흐민입니다. 이제 노쇠하고 늙고 생의 마지막에 다다랐고 120세가 되었습니다. 그러나 선하고 좋은 일이라고는 한 것이 없고 〔내생의〕 두려움에 대한 공덕도 짓지 못하였습니다. 고따마 존자님, 오랫동안 저희들에게 행복과 이익이 될 수 있도록 저희들을 위하여 가르침을 주십시오."

"참으로, 브라흐민이여, 이 세상은 늙음과 질병과 죽음에 의하여 휩쓸려 가버립니다. 이 세상이 늙음과 질병과 죽음에 의하여 휩쓸려 갈 때 생각과 말과 행동으로 자기 자신을 제어하는 사람은, 이 세상을 떠날 때에 이런 자제하는 삶이 귀의처가 될 것입니다."

삶은 휩쓸려가고 인생은 짧다.
늙음에 다다른 이에게 피난처가 없네
죽음의 두려움을 알아차리고
행복으로 이끄는 선을 행하세.

생각과 말과 행동에서 자신을 절제하고
살아있는 동안 공덕을 지으면
죽을 때 행복을 가져온다네.

## 성내는 모양의 세 가지
| 앙굿따라 니까야 3부 130 |

비구들이여, 세상에는 세 가지 종류의 사람이 있다. 무엇이 셋인가? 바위에 새기는 것과 같은 사람, 땅에 새기는 것과 같은 사람, 물에

새기는 것과 같은 사람이 있다.

바위에 새기는 것과 같은 사람은 어떤 사람인가? 어떤 사람은 자주 화를 낸다. 그리고 그 성냄은 오래간다. 그것은 마치 바위에 새긴 각문이 바람이나 물이나 세월의 흐름으로도 쉽게 지워지지 않는 것처럼, 어떤 사람은 자주 화를 내고 그 성냄은 오래간다.

땅에 새기는 것과 같은 사람은 어떤 사람인가? 어떤 사람은 자주 화를 낸다. 그러나 그의 성냄은 오래가지 않는다. 그것은 마치 땅위의 자취가 바람이나 물이나 세월의 흐름으로 쉽게 지워지는 것처럼, 그는 화를 잘 내지만 그 성냄은 오래가지 않는다.

물에 새기는 것과 같은 사람은 어떤 사람인가? 그는 남이 심하게 말을 하거나 무례하게 말을 해도 그와 쉽게 화해하고 우호적으로 지낸다. 그것은 마치 물위의 자취가 즉시 없어지는 것처럼, 그는 남의 무례하고 심한 말에도 성내지 않고 오히려 그와 화해하고 우호적으로 지낸다.

## ☸ 아침, 낮, 저녁이 행복한 이유
| 앙굿따라 니까야 3부 150 |

누구든지 아침 동안 생각과 말과 행동을 바르게 실천하면 행복한 아침이 찾아온다.

누구든지 낮 동안 생각과 말과 행동을 바르게 실천하면 행복한 낮이 찾아온다.

누구든지 저녁 동안 생각과 말과 행동을 바르게 실천하면 행복한 저녁이 찾아온다.

## 경전에 대해 아는 것이 많더라도
| 앙굿따라 니까야 4부 6 |

비구들이여, 세상에는 네 종류의 사람이 있다.

배움이 적어 그 배움에서 이익을 얻지 못하는 사람, 배운 것은 적어도 그 배움에서 이익을 얻는 사람, 배운 것은 많은데 그 배움에서 이익을 얻지 못하는 사람, 배운 것도 많고 그 배움에서 이익도 얻는 사람이 있다.

배움이 적어 그 배움에서 이익을 얻지 못하는 사람은 어떤 사람인가? 어떤 사람은 다양한 문장 형식에 따른 다양한 경전에 대하여 배움이 적다. 그래서 그는 경전의 글자의 뜻이나 가르침의 의미도 제대로 알지 못하기 때문에 가르침에 따라서 살지 못한다.

배움은 적어도 그 배움에서 이익을 얻는 사람은 어떤 사람인가? 어떤 사람은 다양한 문장 형식에 따른 다양한 경전에 대하여 아는 것이 적지만 경전의 글자의 뜻이나 가르침의 의미를 제대로 알기 때문에 그 가르침에 따라서 살아간다.

배운 것은 많은데 그 배움에서 이익을 얻지 못하는 사람은 어떤 사람인가? 어떤 사람은 다양한 문장 형식에 따른 다양한 경전에 대하여 폭넓게 알고 있다. 그러나 배운 것은 많더라도 경전의 글자의 뜻이나 가르침의 의미를 제대로 알지 못하기 때문에 그 가르침에 따라서 살지 못한다.

배운 것도 많고 그 배움에서 이익도 얻는 사람은 어떤 사람인가? 어떤 사람은 다양한 문장 형식에 따른 다양한 경전에 대하여 폭넓게 알고 있다. 그리고 배운 것도 많고 경전의 글자의 뜻이나 가르침의 의미를 제대로 알기 때문에 그 가르침에 따라서 살아간다.

## ❂ 악한 생각은 즉시 물리치라
| 앙굿따라 니까야 4부 11 |

비구들이여, 만일 그대들이 걷고 있을 때, 서 있을 때, 앉아 있을 때, 깨어 누워 있을 때, 감각적 욕망의 생각, 악한 생각, 폭력적인 생각이 일어난다면, 그리고 그 일어난 생각을 물리치지 않고 받아들이고 끝내지 않고 제거하지 않는다면, 이런 사람은 열성이 없고 잘못에 대한 부끄러움이 없으며 항상 '게으르고, 정진력이 부족한' 사람이라고 부른다.

그러나 만일 그대들이 걷고 있을 때, 서 있을 때, 앉아 있을 때, 깨어 누워 있을 때, 감각적 욕망의 생각, 악한 생각, 폭력적인 생각이 일어난다면, 그리고 그 일어난 생각을 물리치고 받아들이지 않고 끝내고 제거한다면 이런 사람은 열성적이고 잘못에 대한 부끄러움을 알며 항상 '단호하고, 정진력이 강한' 사람이라고 부른다.

## ❂ 재물, 명예, 장수로 이끄는 네 가지 요소
| 앙굿따라 니까야 4부 61 |

부처님은 아나타삔디까 장자에게 이렇게 말씀하셨다.
"장자여, 세상에는 매우 얻기 어렵지만 사람들이 좋아하고 원하는 것이 네 가지가 있소. 사람들은 생각하기를, 첫째는 '재물이 바른 방법으로 나에게 오기를' 하고 바랍니다. 재물을 얻은 후에 둘째는 '나와 친

척 그리고 나의 스승에 대한 명성이 두루 퍼지기를' 하고 바랍니다. 재물과 명성을 얻은 후에 셋째는 '내가 오랫동안 살았으면, 그리고 장수함을 얻기를' 하고 바랍니다. 재물, 명성, 장수함을 얻은 후에는 넷째는 '죽은 후 몸이 파괴되어 좋은 곳 하늘나라에 태어나기를' 하고 원합니다. 이 네 가지는 사람들이 좋아하고 원하지만 매우 얻기 어려운 것입니다.

장자여, 그런데 이런 재물, 명예, 장수, 좋은 곳에 태어남의 네 가지를 얻기 위해서 필요한 네 가지가 있습니다. 그것은 '믿음의 성취, 계행의 성취, 관용의 성취, 그리고 지혜의 성취' 입니다.

무엇이 믿음의 성취입니까? 훌륭한 제자는 믿음이 있습니다. 그는 여래의 깨달음에 이와 같이 믿음을 둡니다. 부처님은 '아라한이시며, 온전히 깨달으신 분, 지혜와 덕행을 갖춘 분, 바른 길로 잘 가신 분, 세상을 잘 아는 분, 견줄 바가 없는 분, 사람을 길들이는 분, 신과 인간의 스승, 깨달으신 분, 존귀하신 분' 이라는 믿음을 갖습니다.

무엇이 계행의 성취입니까? 훌륭한 제자는 생명을 파괴하지 않으며, 도둑질하지 않으며, 거짓말하지 않으며, 삿된 음행을 하지 않으며, 나태함의 근본인 술이나 취하게 하는 것을 금합니다. 이것이 계행의 성취입니다.

무엇이 관용의 성취입니까? 훌륭한 제자는 인색함의 때가 없이 재가에 살며 손이 커서 남에게 관대하고 주는 것을 기뻐하고 남의 요청에 응하고 베풂과 나눔을 기뻐합니다. 이것이 관용의 성취입니다.

무엇이 지혜의 성취입니까? 훌륭한 제자는 '탐욕, 욕망, 악의, 게으름과 나태함, 들떠있음과 혼동, 의심' 이 마음의 더러움임을 알고 이것들을 버립니다. 이런 것들을 버린 사람은 큰 지혜의 훌륭한 제자, 통찰지를 가진 사람, 지혜를 성취한 사람이라고 불립니다. 이것이 지혜의 성취입니다.

장자여, 이것들이 세상에서 매우 얻기 어렵지만 사람들이 원하고 좋아하는 네 가지를 얻기 위한 네 가지〔덕행〕입니다."

## ❂ 훌륭한 사람과 저열한 사람의 특성
| 앙굿따라 니까야 4부 73 |

비구들이여, 네 가지 특질을 가진 사람은 저열한 사람이라고 알아야 한다. 무엇이 넷인가?

① 저열한 사람은 묻지도 않았는데 다른 사람의 결점을 들추어낸다. 하물며 물었을 때는 말해 무엇하겠는가. 만약 어떤 사람에 대한 질문을 받았을 때는, 그의 결점을 하나도 생략하지 않고 아주 자세하게 말한다.

② 저열한 사람은 어떤 사람에 대하여 질문을 받았는데도 그 사람의 칭찬은 말하지 않는다. 하물며 질문을 받지 않는다면 말해 무엇하겠는가. 질문에 마지못해 대답해야 할 경우에는 좋은 칭찬거리는 생략하고 머뭇거리면서 대충대충 말해버린다.

③ 저열한 사람은 자신에 대한 질문을 받았을 때는 자신의 잘못은 드러내지 않는다. 하물며 질문을 받지 않는다면 말해 무엇하겠는가. 질문에 마지못해 대답해야 할 경우에는 자신의 잘못은 생략하고 머뭇거리면서 대충대충 말해 버린다.

④ 저열한 사람은 묻지도 않았는데 자신의 자랑거리를 늘어놓는다.

하물며 물음을 받는다면 말해 무엇하겠는가. 만약 질문을 받았을 때는 자신의 자랑거리는 하나도 생략하지 않고 머뭇거리지도 않고 아주 자세하게 말한다.

이런 네 가지 특질을 가진 사람은 저열한 사람이라고 알아야 한다.

비구들이여, 네 가지 특질을 가진 사람은 훌륭한 사람이라고 알아야 한다. 무엇이 넷인가?

① 훌륭한 사람은 어떤 사람에 대하여 질문을 받았을 때 그 사람의 결점을 드러내지 않는다. 하물며 질문을 받지 않았을 때는 말해 무엇하겠는가. 질문을 받았을 때는 다른 사람의 허물은 생략하고, 머뭇거리면서 대충대충 말한다.

② 훌륭한 사람은 묻지도 않았는데 다른 사람의 칭찬거리를 드러낸다. 하물며 누가 묻는다면 말해 무엇하겠는가. 질문에 대하여 대답해야 하는 경우에는 다른 사람의 칭찬거리를 하나도 생략하지 않고 망설임 없이 자세히 말한다.

③ 훌륭한 사람은 묻지도 않았는데 자신의 허물을 드러낸다. 하물며 누가 묻는다면 말해 무엇하겠는가. 질문에 대답해야 하는 때는 자신의 허물을 하나도 생략함 없이 주저함 없이 자세히 말한다.

④ 훌륭한 사람은 자기 자신에 대한 질문을 받았을 때도 자신의 자랑거리를 드러내지 않는다. 하물며 질문을 받지 않는다면 말해 무엇하겠는가. 마지못해 대답해야 할 경우에는 자신의 자랑거리를 생략하고 머뭇거리면서 대충 말한다.

이런 네 가지 특질을 가진 사람은 훌륭한 사람이라고 알아야 한다.

## 생각과 말과 행동을 바르게
| 앙굿따라 니까야 4부 116 |

비구들이여, 네 가지 경우에 부지런함을 실천해야 한다. 무엇이 넷인가?

행동에 있어서 나쁜 행위는 버리고 좋은 행위는 연마해야 한다. 여기에 게을러서는 안 된다.

말에 있어서 나쁜 말은 버리고 좋은 말은 연마해야 한다. 여기에 게을러서는 안 된다.

생각에 있어서 나쁜 생각은 버리고 좋은 생각은 연마해야 한다. 여기에 게을러서는 안 된다.

잘못된 견해는 버리고 바른 견해는 연마해야 한다. 여기에 게을러서는 안 된다.

이와 같이 생각과 말과 행동과 견해에서 나쁜 것을 버리고 좋은 것을 연마할 때 미래의 존재와 죽음을 두려워하지 않는다.

## 늙음, 병듦, 죽음을 대하는 두 가지 태도
| 앙굿따라 니까야 5부 48 |

여기에 이 세상 어느 누구에 의해서도 얻어질 수 없는 다섯 가지 상태가 있다. 무엇이 다섯인가?

① "늙기 마련인 것이 늙지 않기를!" 이것은 이 세상의 어느 누구에 의해서도 얻을 수 없다.

② "병들기 마련인 것이 병들지 않기를!" 이것은 이 세상의 어느 누구에 의해서도 얻을 수 없다.

③ "죽기 마련인 것이 죽지 않기를!" 이것은 이 세상의 어느 누구에 의해서도 얻을 수 없다.

④ "허물어지기 마련인 것이 허물어지지 않기를!" 이것은 이 세상의 어느 누구에 의해서도 얻을 수 없다.

⑤ "끝나기 마련인 것이 끝나지 않기를!" 이것은 이 세상의 어느 누구에 의해서도 얻을 수 없다.

이 다섯 가지는 이 세상의 어느 누구에 의해서도 얻을 수 없다.

가르침을 모르는 범부에게 늙기 마련인 늙음이, 병들기 마련인 병듦이, 죽기 마련인 죽음이, 허물어지기 마련인 허물어짐이, 끝나기 마련인 끝남이 온다. 그에게 늙음, 병듦, 죽음, 허물어짐, 끝남이 올 때 그는 이렇게 숙고하지 않는다. '나에게만 이런 것들이 오는 것이 아니라 오고 감이 있는 곳에는 어디에든지 그리고 죽음과 탄생이 있는 곳에는 어디에든지 모든 사람에게 이런 것들은 온다. 만일 이런 것들이 올 때 슬퍼하고 한탄하고 울부짖고 가슴을 치고 산란함에 빠져버리면, 밥맛도 없고 몸은 추하게 되고 일에 게으르게 되고 적들은 기뻐할 것이고 친구들은 슬퍼할 것이다.' 라고 숙고하지 않기 때문에 이런 것들이 올 때 그는 슬퍼하고 초췌해지고 울부짖고 가슴을 치고 산란함에 빠진다.

이런 사람을 가르침을 모르는 범부라고 부르며 그는 슬픔의 독화살을 맞은 사람으로 자기 자신을 괴롭힐 뿐이다.

그러나 가르침을 아는 훌륭한 제자에게 늙기 마련인 늙음이, 병들기 마련인 병듦이, 죽기 마련인 죽음이, 허물어지기 마련인 허물어짐이,

끝나기 마련인 끝남이 온다. 그에게 늙음, 병듦, 죽음, 허물어짐, 끝남이 올 때 그는 이렇게 숙고한다. '나에게만 이런 것들이 오는 것이 아니라 오고 감이 있는 곳에는 어디에든지 그리고 죽음과 탄생이 있는 곳에는 어디에든지 모든 사람에게 이런 것들은 온다. 만일 이런 것들이 올 때 슬퍼하고 한탄하고 울부짖고 가슴을 치고 산란함에 빠져버리면, 밥맛도 없고 몸은 추하게 되고 일에 게으르게 되고 적들은 기뻐할 것이고 친구들은 슬퍼할 것이다.' 라고 생각하고 그는 이런 것들이 올 때 슬퍼하지 않고 한탄하지 않고 울부짖지 않고 가슴을 치지 않고 산란함에 빠지지 않는다.

이런 사람을 가르침을 아는 훌륭한 제자라고 부르며 그는 슬픔의 독화살을 뽑아버린 사람이다. 슬픔도 없고 독화살도 뽑아버린 훌륭한 제자는 번뇌를 완전히 소멸한 사람이다.

이와 같이 이 세상 어느 누구에 의해서도 얻어질 수 없는 다섯 가지 상태가 있다.

## 분명한 다섯 가지 명제
| 앙굿따라 니까야 5부 57 |

비구들이여, 그가 여자든 남자든, 재가자든 출가자든 누구를 막론하고 모든 사람이 자주 되새겨야 할 다섯 가지 사실이 있다. 무엇이 다섯인가?

① 나는 분명히 늙어간다. 나는 늙음을 피할 수 없다.
② 나는 분명히 병이 생긴다. 나는 병듦을 피할 수 없다.
③ 나는 분명히 죽게 된다. 나는 죽음을 피할 수 없다.

④ 내가 좋아하고 사랑하는 모든 것들은 변하게 되고 나는 그들과 헤어져야 한다.

⑤ 나는 내 업의 주인이며 상속자다. 선업을 짓든 악업을 짓든 이것으로 나는 상속자가 될 것이다.

이것들을 여자든 남자든, 재가자든 출가자든 누구를 막론하고 모든 사람이 자주 되새겨야 한다.

그러면 '나는 분명히 늙어가고 늙음을 피할 수 없다.' 고 되새겨야 하는 이유는 무엇인가? 젊은 시절에는 젊음에 대한 자만심으로 가득하다. 그래서 젊음에 대한 자만심에 도취되어 생각과, 말과, 행동으로 악을 짓게 된다. 그러나 분명히 늙는다는 사실을 되새기는 사람은 젊음에 대한 자만심을 모두 버리게 되거나 자만심이 줄어들게 된다.

'나는 분명히 병도 생기고 병듦을 피할 수 없다.' 고 되새겨야 하는 이유는 무엇인가? 건강한 동안에는 건강에 대한 자만심으로 가득하다. 그래서 건강에 대한 자만심에 도취되어 생각과, 말과, 행동으로 악을 짓게 된다. 그러나 분명히 병도 생기고 병듦을 피할 수 없다고 되새기는 사람은 건강에 대한 자만심을 모두 버리게 되거나 자만심이 줄어들게 된다.

'나는 분명히 죽게 되며 죽음을 벗어날 수는 없다.' 고 되새겨야 하는 이유는 무엇인가? 살고 있는 동안에는 삶에 대한 충만감이 가득하다. 그래서 삶에 대한 충만감에 도취되어 생각과 말과 행동으로 악을 짓게 된다. 그러나 분명히 죽음이 오며 죽음을 피할 수 없다고 되새기는 사람은 삶에 대한 자만심을 모두 버리게 되거나 자만심이 줄어들게 된다.

'내가 좋아하고 사랑하는 모든 것들은 변하게 되고 나는 그들과 헤어져야 한다.'고 되새겨야 하는 이유는 무엇인가? 인간은 자기가 좋아하고 사랑하는 것에 대하여 열정적인 욕망을 갖는다. 그래서 열정적인 욕망에 도취되어 생각과 말과 행동으로 악을 짓게 된다. 그러나 '내가 좋아하고 사랑하는 모든 것들은 변하게 되고 나는 그들과 헤어져야 한다.'고 되새기는 사람은 열정적인 욕망을 모두 버리게 되거나 열정적인 욕망이 줄어들게 된다.

'나는 내 업의 주인이며 상속자다. 선업을 짓든 악업을 짓든 이것으로 나는 상속자가 될 것이다.'고 되새겨야 하는 이유는 무엇인가? 생각과 말과 행동으로 악한 삶을 사는 사람들이 있다. 그러나 '나는 내 업의 주인이며 상속자다.'고 되새기는 사람은 악한 행동은 모두 버리게 되거나 악한 행동이 줄어들게 된다.

이와 같이 그가 여자든 남자든 재가자든 출가자든 누구를 막론하고 모든 사람이 이 다섯 가지를 자주 되새겨야 한다.

## ❂ 충고를 하는 마음자세
| 앙굿따라 니까야 5부 167 |

사리뿟따 존자는 비구들에게 말하였다.

"존자들이여, 다른 사람에게 충고를 하려면 안으로 다섯 가지 가르침을 확립한 후에 충고를 하여야 합니다. 무엇이 다섯입니까?

나는 아무 때나 말하지 않고 알맞은 때에 말할 것이다.

나는 실제로 일어난 일만 말할 것이지 있지도 않은 말을 하지 않을 것이다.

나는 부드럽게 말하지 거칠게 말하지 않을 것이다.

나는 서로에게 이익이 되는 말만 할 것이지 이익이 없는 말은 하지 않을 것이다.

나는 자애의 마음을 가지고 말할 것이지 성냄을 가지고 말하지 않을 것이다.

이와 같이 다른 사람에게 충고를 하려면 안으로 다섯 가지 가르침을 확립한 후에 충고를 하여야 합니다."

## 학승과 선승이 서로 비난하다
| 앙굿따라 니까야 6부 46 |

이와 같이 나는 들었다. 어느 때 마하쭌다 존자가 사하자띠에서 쩨띠 사람들이 있는 곳에 머물고 있었다. 그는 비구들에게 이렇게 말하였다.

"벗들이여, 담마〔부처님 가르침〕에 열성적인 비구〔학승〕들이 명상하는 비구〔선승〕들을 헐뜯어 말하기를, '그들은 우리는 명상가다, 우리는 명상가다.'라고 말한다. 그리고 그들은 명상을 한다. 그러나 '무엇을 명상하는가? 무엇 때문에 명상하는가? 어떻게 명상하는가?'라고 비난합니다. 그래서 담마에 열성적인 비구들도 명상하는 비구들도 모두 기쁘지 않게 됩니다. 이들은 중생의 이익과 행복을 위하여 수행하는 것이 아닙니다.

한편 명상하는 비구들은 담마에 열성적인 비구들을 헐뜯어 말하기를, '그들은 우리는 담마의 열성가이다, 우리는 담마의 열성가이다.'라고 말한다. 그래서 그들은 자만심으로 우쭐거린다. 그들은 언변이 좋고 말이 많다. 마음챙김이 없고 마음집중이 부족하다. 생각은 안정성 없이 여기저기 떠돌고 감각기관은 절제함이 없다. 그러면 '무엇 때문에 담마에 열성적인가? 무슨 목적으로 담마에 열성적인가? 어떻게 담마에 열성적인가?' 라고 비난합니다. 그래서 담마에 열성적인 비구들도 명상하는 비구들도 모두 기쁘지 않게 됩니다. 이들은 중생의 이익과 행복을 위하여 수행하는 것이 아닙니다.

어떤 담마 열성가 비구들은 명상가 비구들을 칭찬하지 않고, 담마 열성가 비구들만 칭찬합니다. 또 어떤 명상가 비구들은 담마 열성가 비구들은 칭찬하지 않고, 명상하는 비구들만 칭찬합니다. 그래서 담마에 열성적인 비구들도 명상하는 비구들도 모두 기쁘지 않게 됩니다. 이들은 중생의 이익과 행복을 위하여 수행하는 것이 아닙니다.

그러므로 벗들이여, 그대들 자신을 이와 같이 담마 열성가는, '우리들은 담마 열성가이지만 명상하는 비구들을 칭찬하겠습니다.' 라고 단련하여야 합니다. 왜냐하면 열반의 체험을 얻은 이런 뛰어난 사람들은 이 세상에 드물기 때문입니다. 또한 명상하는 비구들은, '우리들은 명상가이지만 담마 열성가를 칭찬하겠습니다.' 라고 단련하여야 합니다. 왜냐하면 심오한 뜻의 경지를 통찰지로 선명하게 꿰뚫어 보는 이런 뛰어난 사람들은 이 세상에 드물기 때문입니다."

## 잃어버릴 수 없는 재산
| 앙굿따라 니까야 7부 7 |

그때 〔빠세나디〕 왕의 총리대신 욱가는 부처님을 방문하여 인사를

드리고 이렇게 말하였다.

"부처님, 미가라 로하네야가 얼마나 부유하고 재산이 많은지 정말 놀랄 정도입니다."

"욱가여, 그는 얼마나 부유하고 얼마나 많은 재산을 가졌습니까?"

"부처님, 그는 수억대의 금을 가지고 있는데 은은 말할 나위가 있겠습니까?"

"욱가여, 그것이 정말로 재산일까요? 그것이 재물이 아니라고 말하는 것은 아닙니다. 그러나 그것들은 불이 나면 타서 없어지고, 홍수에 휩쓸려 가고, 왕이 몰수하고, 도둑이 훔쳐가고, 적이 빼앗아 가고, 상속인이 가져갑니다. 그러나 이렇게 없어지지 않는 일곱 가지 재물이 있습니다. 그것은 믿음의 재산, 계행의 재산, 양심의 재산, 잘못함에 대한 두려움의 재산, 배우고 들은 재산, 관용심의 재산, 그리고 지혜의 재산입니다. 이것들은 불에 타지 않고, 물에 휩쓸려 가지 않고, 왕이나 도둑, 적이나 상속인이 빼앗아 갈 수 없습니다."

## ❀ 이런 친구라면 따라야 한다
| 앙굿따라 니까야 7부 35 |

비구들이여, 일곱 가지 자질을 갖춘 친구는 사귀어야 한다. 무엇이 일곱인가?

그는 주기 어려운 것을 남에게 준다.

그는 하기 어려운 것을 해낸다.

그는 참기 어려운 것을 참아낸다.

그는 자신의 비밀을 드러낸다.

그는 남의 비밀을 지켜준다.

그는 불행에 빠진 사람을 버리지 않는다.

다른 사람이 망했을 때 그를 얕보지 않는다.

이런 일곱 가지 자질을 갖춘 친구는 사귀어야 한다.

## 방심치 않음은 모든 것 중 으뜸
| 앙굿따라 니까야 10부 15 |

비구들이여, 어떤 훌륭한 것이라 하더라도 모두 방심치 않음을 그 뿌리로 하고, 방심치 않음에 집중되어진다. 그러므로 방심치 않음은 모든 좋은 것 중에 으뜸이라고 할 수 있다.

마치 강가강, 야무나강, 아찌라와띠강, 사라부강, 마히강과 같은 큰 강이 모두 다 바다로 흘러 들어가고 바다로 기울어지는 것과 같다. 그러므로 바다는 모든 강들 가운데 으뜸이라고 할 수 있다. 이와 마찬가지로 어떤 좋은 것이 있다 하더라도 이 모든 것들은 방심치 않음에 뿌리를 내리고 방심치 않음에 집중된다. 그러므로 모든 좋은 것들 가운데 방심치 않음은 으뜸이라고 할 수 있다.

# 제5장 평등의 가르침

 여자가 남자보다 더 훌륭할 수 있네

| 상윳따 니까야: 3 꼬살라 상윳따 2:6 |

어느 때 부처님은 사왓티의 기원정사에 계셨다. 그때 꼬살라의 빠세나디왕이 부처님을 방문하였다. 마침 그때 한 부하가 귓속말로 왕에게 말하기를 "말리까 왕비께서 공주를 출산하셨습니다."라 하였다. 이 말을 듣고 왕은 기뻐하지 않았다. 부처님은 왕이 기뻐하지 않음을 아시고 이와 관련하여 게송으로 말씀하셨다.

백성의 왕이시여,
어떤 여인은 남자보다 더 훌륭하네.
지혜롭고 덕성스럽게 자라
진실한 아내로서 시어머니를 공경하네.

이런 여인이 낳은 아들은
영웅이 될 것이니,
그런 훌륭한 여인의 아들은
왕국을 지배할 수 있다네.

## ◉ 여성인 것이 무슨 상관이랴
| 상윳따 니까야: 5 빅쿠니 상윳따 2 |

어느 때 사왓티에서 비구니 소마는 아침 일찍 가사를 입고 발우와 가사를 챙겨서 걸식을 하기 위해 사왓티로 들어갔다. 걸식을 마친 뒤 돌아와서 공양을 마치고 낮 동안의 〔명상을〕 위해 안다 숲으로 들어가 나무 아래 앉았다.

그때 악마 마라가[84] 그녀에게 공포와 두려움을 일으키고 삼매에 드는 것을 방해하려고 그녀에게 다가와 게송으로 말하였다.

그 경지〔아라한의 경지〕는 도달하기 어려워서
성자만이 얻을 수 있다네.
두 손가락만큼의 지혜를 가진
여성으로서는 얻을 수 없네.

그때 소마 비구니는 악마 마라가 그녀에게 공포와 두려움을 일으키고 삼매에 드는 것을 방해하려는 소행인줄 알아채고 다음과 같이 대답했다.

--------
84) 구도의 열정과 마음의 움직임을 마라를 등장시켜서 표현함.

마음이 잘 집중되어 있다면,
지혜가 꾸준하게 나아가고 있다면,
가르침을 바르게 이해하고 있다면,
여성인 것이 무슨 상관이랴!


'나는 여자다' 또는 '나는 남자다'
또는 '나는 그 무엇이다' 라고
말하는 사람이 있다면
그는 악마일 뿐이다.

## 가문을 묻지 말고 행위를 물으시오
| 상윳따 니까야: 7 브라흐마나 상윳따 1:9 |

어느 때 부처님은 순다리까 강 언덕 꼬살라 사람들이 사는 곳에 계셨다.

그때 브라흐민 순다리까 바라드와자는 순다리까 강 언덕에서 불의 신에게 제물을 바치는 불의 제사를 지내고 있었다. 그는 제사를 다 지낸 후 제사 음식을 누구에게 공양할까 하고 사방을 둘러보았다. 그때 그는 한 수행자가 머리를 덮어쓴 채 나무 아래 앉아 정진하는 것을 보았다. 그래서 그는 제사 음식을 왼손에 들고 물병을 오른손에 들고 그 수행자에게로 다가갔다. 그 수행자는 발자국 소리를 듣고 머리에 덮어쓴 것을 벗었다. 브라흐민 순다리까 바라드와자는 생각하기를, '이 수행자는 깎은 머리네, 〔나는 브라흐민에게 공양하려고 하는데〕 이 수행자는 깎았어' 하고 돌아가려고 하다가 '여기 어떤 브라흐민은 머리를 깎기도 하지, 가문을 좀 물어봐야겠다.' 라고 생각하고 수행자에게 물었다.

"수행자여, 당신은 어떤 가문 출신입니까?"

이에 부처님은 말씀하셨다.

"출생을 묻지 말고 행위를 물으시오.

어떤 나무를 태워도 똑같이 불이 생겨나는 것처럼,

비천한 가문에서도 훌륭한 성인이 나오며,

부끄러움으로 자신을 자제할 줄 아는 이야말로

가문이 훌륭한 사람이요.

진리로 온전히 길들여지고 그런 단련으로 완성된

지혜의 궁극에 도달한 사람,

청정한 삶의 완성자, 공양 받을만한 이에게

때맞추어 공양을 드리시오."

이에 브라흐민 순다리까 바라드와자는 부처님께 존경하는 마음으로 음식을 드렸지만 부처님은 거절하시면서 말씀하셨다.

"깨달음을 얻은 이에게는 원칙이 있소. 시를 읊은 대가로 음식을 받지 않습니다."

이어서 부처님은 불을 제사지내는 그에게 이렇게 가르치셨다.

"나무에 불을 붙이어, 브라흐민,

그런 외적 행위가 청정함을 가져온다 생각지 말라

청정함을 밖에서 찾는 사람은
청정함을 얻지 못한다고 현자는 말하네.

나는 제단에 불붙일 나무도 없네.
나는 다만 내 안의 광명에 불을 붙이네.
꺼지지 않는 불빛으로
내 마음은 항상 집중되어 있네.
나는 청정한 삶을 사는 아라한이네."

브라흐민 순다리까 바라드와자는 부처님의 훌륭함을 찬탄하였다. 그 후 그는 부처님께 출가하여 열심히 수행 정진하여 아라한 중에 한 사람이 되었다.

## ☸ 비구든 비구니이든 어느 누구라도
| 상윳따 니까야: 47 사띠빳타나 상윳따 10 |

어느 때 부처님은 사왓티의 기원정사에 계셨다. 그때 아난다 존자는 아침에 발우와 가사를 들고 어떤 비구니들의 처소를 방문하였다. 많은 비구니들은 아난다 존자에게 인사를 드리고 이렇게 말하였다.

"아난다 존자님, 많은 비구니들이 그들의 마음속에 '네 가지 마음챙김의 확립'[85]을 잘 닦아서 그전보다 좀더 훌륭한 탁월한 이해를 얻었습니다."

"그렇습니다! 비구니여, 정말 그렇습니다! 비구든 비구니이든 어느

---
85) 사념처(四念處) 수행. p. 635 "네 가지 마음챙김의 확립" 참조

누구라도 '네 가지 마음챙김의 확립'이 잘 서 있는 사람은 그전보다 좀더 훌륭한 탁월한 이해를 얻게 됩니다."

그런 후 아난다 존자는 가르침을 설하여 비구니들을 격려하고, 분발시키고, 기쁘게 한 후 자리에서 일어나 떠났다.

그 후 아난다 존자는 부처님께 비구니들과의 대화의 내용과 무엇을 가르쳤는지를 모두 말씀드렸다. 부처님은 아난다 존자의 이야기를 듣고 말씀하셨다.

"그렇다! 아난다여, 정말 그렇다! 비구든 비구니이든 어느 누구라도 '네 가지 마음챙김의 확립'이 잘 서 있는 사람은 그전보다 좀더 훌륭한 탁월한 이해를 얻게 된다."

## ❀ 여성 제자도 깨달음으로 나아간다
| 상윳따 니까야: 55 소따빳띠 상윳따 39 |

어느 때 부처님은 사꺄족들이 사는 곳인 까삘라왓투의 니그로다 승원에 계셨다. 그때 부처님은 이른 아침 탁발을 나가 사꺄 여인 깔리고다[86]의 집으로 가셔서 마련된 자리에 앉으셨다. 사꺄 여인 깔리고다는 부처님께 예를 올리고 한쪽에 앉았다. 부처님은 그녀에게 이렇게 말씀하셨다.

"고다, 네 가지 법을 갖춘 훌륭한 여성 제자는 흐름에 든 이로서 나쁜 곳에 떨어지지 않으며 깨달음으로 나아간다. 네 가지는 무엇인가?

---

86) Kāḷigodha: 그녀는 귀족 출신 가운데 가장 훌륭하다고 불린 밧디야(Bhaddiya) 존자의 어머니로 그 당시 사꺄 여인들 가운데 가장 어른이었다 함. 이름은 Godha, 피부가 검었기 때문에 Kāḷi라고 불리었다함.

훌륭한 여성 제자는 이와 같이 부처님께 확고한 신뢰심을 갖는다. 부처님은 '아라한이시며, 온전히 깨달으신 분, 지혜와 덕행을 갖춘 분, 열반으로 잘 가신 분, 세상을 잘 아는 분, 견줄 바가 없는 분, 사람을 길들이는 분, 신과 인간의 스승, 깨달으신 분, 존귀하신 분' 이라는 신뢰심을 갖는다.

훌륭한 여성 제자는 가르침에 확고한 신뢰심을 갖는다. '부처님에 의하여 잘 설해진 가르침은 지금 현재 직접 볼 수 있는 것이고, 와서 보라고 할 만한 것이고, 최상의 목표로 이끄는 것이고, 지혜 있는 이들에 의하여 체득된 것이다.' 라고 신뢰심을 갖는다.

훌륭한 여성 제자는 승가에 확고한 신뢰심을 갖는다. '부처님 제자들의 승가는 착하게 사는 길을 수행하며, 올바른 길을 수행하며, 진리의 길을 수행하며, 합당한 길을 수행한다. 부처님 제자들의 이러한 승가는 공양받을 만하며 공경받을 만하며 이 세상 그 어느 것과도 비교할 수 없는 공덕의 밭이다.' 라는 신뢰심을 갖는다.

훌륭한 여성 제자는 집에서 살면서 인색함의 때가 없이 관대하게 베풀며, 손이 커서 아낌없이 나누어 주며 주는 것을 기뻐하며 나누는 것을 기뻐한다.

그러므로 고다여, 훌륭한 여성 제자가 이 네 가지 법을 갖추면 열반의 흐름에 든 이로서 나쁜 곳에 떨어지지 않고 깨달음으로 나아간다."

"부처님, 부처님께서 가르치신 네 가지 흐름에 든 요소는 제 안에 〔항상〕 있으며, 저는 그런 가르침에 따라 살고 있습니다. 저는 부처님과, 가르침과, 승가에 대한 굳건한 신뢰심이 있습니다. 더구나 남에게 주기에 적합한 것이 우리 집에 있는 것은 무엇이든지 계행을 지키는 사람들과 선한 사람들과 아낌없이 나눕니다."

"그대는 성취하였다. 고다! 그대는 잘 성취하였다. 고다! 그대는 열반의 흐름의 경지에 들었다고 말한 것이다, 고다."

## 어느 종족에서 출가를 하였건 누구나 깨달음을 얻음
| 맛지마 니까야: 40 쭐라 앗사뿌라 경 13-14 |

이어서 부처님은 제자들에게 이렇게 가르치셨다.

완만한 둑이 있는 맑고 깨끗하고 차갑고 투명하고 아름다운 연못이 있다고 하자. 만일 동쪽에서 오는 사람이 뜨거운 날씨에 기진맥진하고 지치고 목이 말라 갈증을 느낀다면, 그는 그 연못으로 가서 갈증을 풀고 뜨거운 날씨로 인한 열을 식힐 것이다. 서쪽에서 오는 사람이든, 북쪽에서 오는 사람이든, 남쪽에서 오는 사람이든, 어느 곳에서 오는 사람이든, 뜨거운 날씨에 기진맥진하고 지치고 목이 말라 갈증을 느낀다면 그는 그 연못으로 가서 갈증을 풀고 뜨거운 날씨로 인한 열을 식힐 것이다.

이와 마찬가지로 왕족에서 출가한 어느 누구라도, 브라흐민 종족에서 출가한 어느 누구라도, 평민 종족에서 출가한 어느 누구라도, 노예 종족에서 출가한 어느 누구라도 여래가 가르친 가르침과 계율에 들어와서 자애와, 자비, 함께 기뻐함, 그리고 평정을 닦으면 내적인 평화를 얻는다. 그리고 이런 내적인 평화로 인하여 그는 사문에게 합당한 길을 수행한다고 나는 말한다.

어느 종족에서 출가를 하였다하더라도 번뇌를 부수어 번뇌 없는 해탈을 깨달아 머문다면 그는 번뇌를 부수어 버린 [깨달은] 사람이다.

## 네 계급[87]은 전혀 차별이 없다
| 맛지마 니까야: 84 마두라 경 |

이와 같이 나는 들었다. 어느 때 존자 마하 깟짜나는 마두라의 군다 숲에 머물고 있었다. 그때 마두라의 아완띠뿟따왕은 이와 같은 소문을 들었다.

"사문 깟짜나가 마두라의 군다 숲에 머물고 있다. 그에 대한 훌륭한 소문이 이렇게 퍼져 있다.

'그는 지혜롭고 식별력이 있고 총명하고 박식하고 언변이 뛰어나고 통찰력이 있다. 그는 연로한 아라한이다. 이와 같은 아라한을 방문하는 것은 좋은 일이다.'"

그래서 마두라의 아완띠뿟따왕은 깟짜나 존자를 방문하여 이런 질문을 하였다.

"깟짜나 존자님, 브라흐민들은 말하기를, '오직 브라흐민만이 가장 높은 계급이고 나머지 모든 계급은 열등하다. 오직 브라흐민만이 흰 계급이고 다른 계급은 시커멓다. 오직 브라흐민만이 정화가 가능하고 다른 계급은 그렇지 않다. 브라흐민만이 브라흐마 신의 아들이고 브라흐마 신의 자손이고 브라흐마 신의 입에서 태어났고 브라흐마 신에 의하여 창조되었고 브라흐마 신의 상속자다.'라고 말합니다. 이런 말에 대하여 존자님은 어떻게 생각하십니까?"

"대왕님, 그런 말들은 다만 세상에서 하는 이야기일 뿐입니다. 어떻

---

[87] 네 계급은 고대 베다(브라흐민들이 작성)에서 유래한다. 브라흐민(제관)들은 네 계급을 만들어 놓고 권위를 누리고 아래 계급을 지배하였다. 지금까지 이 악습은 인도 사회의 큰 문제로 남아 있다. 부처님은 당시의 철저한 네 계급을 완전히 부정하고 인간의 평등을 가르치셨다.
네 계급: ① Brahmaṇa(제관) ② Khattiya(왕족) ③ Vessa(평민) ④ Sudda(노예)

게 브라흐민들이 하는 말이 다만 세상에서 하는 말뿐인지 이해될 수 있는 길이 있습니다."

(예문 ① 네 계급이 모두 부유하다면)
"대왕님, 만일 한 왕족이 재산이 많고 곡식과 금과 은이 많다면, 그보다 먼저 일어나고 늦게 자며, 그에게 열성적으로 시중 들고, 그를 기쁘게 하고, 그에게 부드럽게 말하는 왕족들이 있을 것이며 또한 이와 같은 브라흐민도 있을 것이며, 평민도 있을 것이며, 노예도 있겠지요?"

"그럴 것입니다. 깟짜나 존자님."

"대왕님, 만일 한 브라흐민[88]이 재산이 많고 곡식과 금과 은이 많다면, 그보다 먼저 일어나고 늦게 자며, 그에게 열성적으로 시중 들고, 그를 기쁘게 하고, 부드럽게 말하는 브라흐민이 있을 것이며 또한 이와 같은 왕족도 있을 것이며, 평민도 있을 것이며, 노예도 있겠지요?"

"그럴 것입니다. 깟짜나 존자님."

"대왕님, 만일 한 평민이 재산이 많고 곡식과 금과 은이 많다면, 그보다 먼저 일어나고 늦게 자며, 그에게 열성적으로 시중 들고, 그를 기쁘게 하고, 부드럽게 말하는 평민이 있을 것이며 또한 이와 같은 왕족도 있을 것이며, 브라흐민도 있을 것이며, 노예도 있겠지요?"

"그럴 것입니다. 깟짜나 존자님."

---

88) · 브라흐마(Brahmā): 최고신, 범천으로 한역됨.
　　· 브라흐마나(Brahmaṇa): 제관
　　· 브라흐민(Brahmin): 브라흐마나를 영어로 옮기면서 파생된 말로 현대학자들은 브라흐민으로 번역한다.

"대왕님, 만일 한 노예가 재산이 많고 곡식과 금과 은이 많다면, 그보다 먼저 일어나고 늦게 자며, 그에게 열성적으로 시중 들고, 그를 기쁘게 하며, 부드럽게 말하는 노예가 있을 것이며 또한 이와 같은 왕족도 있을 것이며, 브라흐민도 있을 것이며, 평민도 있겠지요?"

"그럴 것입니다. 깟짜나 존자님."

"대왕님, 만약 그렇다면 이 네 계급은 모두 같습니까, 다릅니까?"

"만일 그렇다면 깟짜나 존자님, 이 네 계급은 모두 똑같습니다. 내가 알기로는 그들 사이에 전혀 다름이 없습니다."

"대왕님, 이것이 바로 어떻게 브라흐민들이 하는 말이 다만 세상에서 하는 말뿐인지 이해될 수 있는 길입니다."

(예문 ② 네 계급이 똑같이 10악을 지으면)

"대왕님, 만일 한 왕족이, 브라흐민이, 평민이, 또는 노예가 살생을 하고, 주지 않는 것을 훔치고, 감각적 쾌락에 빠져 음행을 하고, 거짓말을 하고, 이간질을 하고, 악담을 하고, 잡담을 하고, 탐욕을 부리고, 악한 마음을 품고, 그릇된 견해를 가지고 있다고 합시다. 그들이 죽으면 파멸의 곳, 불행한 곳에 태어날까요, 아니면 그렇지 않을까요?"

"깟짜나 존자님, 그들이 죽으면 파멸의 곳, 불행한 곳에 태어날 것입니다."

"대왕님, 만약 그렇다면 이 네 계급은 모두 똑같습니까, 다릅니까?"

"만일 그렇다면 깟짜나 존자님, 이 네 계급은 모두 똑같습니다. 내가 알기로는 그들 사이에 전혀 다름이 없습니다."

"대왕님, 이것이 바로 어떻게 브라흐민들이 하는 말이 다만 세상에서 하는 말뿐인지 이해될 수 있는 길입니다."

(예문 ③ 네 계급이 똑같이 10악을 짓지 않으면)
"대왕님, 만일 한 왕족이, 브라흐민이, 평민이, 또는 노예가 살생을 하지 않고, 주지 않는 것을 훔치지 않고, 감각적 쾌락에 빠져 음행을 하지 않고, 거짓말을 하지 않고, 이간질을 하지 않고, 악담을 하지 않고, 잡담을 하지 않고, 탐욕을 부리지 않고, 악한 마음을 품지 않고, 바른 견해를 가지고 있다고 합시다. 그들이 죽으면 좋은 곳, 행복한 곳, 천상에 태어날까요, 아니면 그렇지 않을까요?"

"깟짜나 존자님, 그들이 죽으면 좋은 곳, 행복한 곳, 천상에 태어날 것입니다."

"대왕님, 만약 그렇다면 이 네 계급은 모두 똑같습니까, 아니면 다릅니까?"

"만일 그렇다면 이 네 계급은 모두 똑같습니다. 내가 알기로는 그들 사이에 전혀 다름이 없습니다."

"대왕님, 이것이 바로 어떻게 브라흐민들이 하는 말이 다만 세상에서 하는 말뿐인지 이해될 수 있는 길입니다."

(예문 ④ 네 계급이 똑같이 출가를 한다면)
"대왕님, 만약 한 왕족이, 브라흐민이, 평민이, 또는 노예가 머리와 수염을 깎고, 노란 가사를 입고 출가를 하여 살생을 하지 않고, 주지 않는 것을 훔치지 않고, 거짓말을 하지 않고, 밤에 먹는 것을 금하고, 하루에 한 끼 먹고, 독신생활을 하며, 계행을 지키고, 훌륭한 성품을 갖추었다고 합시다. 그대는 그들을 어떻게 대접하겠습니까?"

"존자님, 우리는 그들에게 존경을 표하고 일어서서 맞이하고 자리를 권하고 법복과, 음식, 거처, 필수 의약품을 보시하고 그들을 지키고 보호할 것입니다. 왜 그럴까요? 그들의 전의 왕족의 지위, 또는 브라흐민의 지위, 또는 평민의 지위, 또는 노예의 지위는 없어지고 다만 사문으로 간주되기 때문입니다."

"대왕님, 만약 그렇다면 이 네 계급은 모두 같습니까, 다릅니까?"

"만일 그렇다면 이 네 계급은 모두 똑같습니다. 내가 알기로는 그들 사이에 전혀 다름이 없습니다."

"대왕님, 이것이 바로 어떻게 브라흐민들이 하는 말이 다만 세상에서 하는 말뿐인지 이해될 수 있는 길입니다."

이에 마두라의 아완띠뿟따왕은 깟짜나 존자에게 이렇게 말하였다.

"훌륭하십니다. 깟짜나 존자님! 정말 훌륭하십니다. 존자님은 가르침을 여러 면으로 분명하게 말씀해 주셨습니다. 저는 깟짜나 존자님과, 가르침과, 승가에 귀의합니다. 저를 재가신도로 받아주십시오."

"대왕님, 나에게 귀의하지 말고 내가 귀의한 부처님께 귀의하십시오."

"온전히 깨달으신 부처님은 지금 어디 계십니까?"

"대왕님, 온전히 깨달으신 부처님은 이미 열반에 드셨습니다."

"깟짜나 존자님, 부처님께서 아무리 멀리 계신다해도 백 요자나 거리에 계신다 해도 우리는 온전히 깨달으신 부처님을 뵙기 위하여 찾아갔을 것입니다. 그러나 부처님은 열반에 드셨기 때문에 〔찾아 뵐 수가 없습니다.〕 우리는 부처님께 귀의합니다, 가르침에 귀의합니다, 승가에 귀의합니다."

## 🪷 네 계급은 다름이 없다
| 맛지마 니까야: 96 에수까리 경 |

이와 같이 나는 들었다. 어느 때 부처님은 사왓티의 기원정사에 계셨다. 그때 브라흐민 에수까리가 부처님을 찾아와서 인사를 드리고 이렇게 말하였다.

(정당한 동의 없이 브라흐민이 정한 네 가지 종류의 봉사)
"고따마 존자님, 브라흐민들은 네 가지 종류의 봉사를 규정하고 있습니다. 그들은 브라흐민에 대한 봉사, 왕족에 대한 봉사, 평민에 대한 봉사, 노예에 대한 봉사를 규정하고 있습니다.
① 브라흐민에 대한 봉사로는, 브라흐민은 브라흐민에게 봉사하고, 왕족도, 평민도, 노예도 브라흐민에게 봉사하여야 한다고 규정하고 있습니다.
② 왕족에 대한 봉사로는, 왕족은 왕족에게 봉사하고, 평민도, 노예도 왕족에게 봉사하여야 한다고 규정하고 있습니다.
③ 평민에 대한 봉사로는, 평민은 평민에게 봉사하고 노예도 평민에게 봉사하여야 한다고 규정하고 있습니다.
④ 노예에 대한 봉사로는, 노예만이 노예에게 봉사하여야 한다. 누가 노예에게 봉사하겠는가? 라고 규정하고 있습니다.
이와 같이 브라흐민들은 네 가지 봉사를 규정하고 있습니다. 고따마 존자님은 이것에 대하여 어떻게 말씀하십니까?"

"그러나 브라흐민이여, 모든 사람들이 그 네 가지 봉사에 대한 브라흐민의 규정을 정당하다고 동의하였습니까?"

"아니오, 그렇지 않습니다. 고따마 존자님."

"브라흐민이여, 마치 일전 한 푼 없는 무척 가난한 사람에게 그가 원하지도 않는데 강제로 고기 조각을 잘라주면서 말하기를, '당신은 이 고기를 먹어야 합니다. 그리고 고기 값을 내야 합니다.' 라고 말하는 것과 같습니다. 마찬가지로 다른 사문들이나 다른 브라흐민들이 동의하지도 않았는데도 불구하고 그 〔소수의〕 브라흐민들은 네 가지 종류의 봉사를 규정하였습니다.

브라흐민이여, 나는 모든 사람이 봉사해야 한다고 말하지 않습니다. 또한 모든 사람이 봉사하지 말아야 한다고도 말하지 않습니다. 여기에 종이나 머슴으로 남에게 봉사하는 사람이 있습니다. 그런데 이 종이나 머슴이 다른 사람의 종노릇하는 동안 좋은 것은 없고 여러 가지가 좋지 않게 그에게 올 때에는 이 사람은 계속해서 〔주인을〕 섬겨야 한다고 나는 말하지 않습니다. 반대로 나빠지는 일은 없고 더욱 더 좋아지기만 한다면 이런 사람은 〔주인을〕 계속해서 봉사해야 한다고 나는 말합니다.

만일 어떤 귀족에게, 브라흐민에게, 평민에게, 또는 노예에게 묻기를, '그대의 종이 그대에게 봉사하기 때문에 점점 나빠지고 좋아지지 않습니까? 또는 그대의 종이 그대에게 봉사하기 때문에 점점 좋아지고 나빠지지 않습니까? 그렇다면 어떤 사람에게 당신은 봉사를 받아야 하겠습니까? 이에 바르게 대답하는 귀족은, 브라흐민은, 평민은, 또는

노예는 이렇게 말할 것입니다.'

'나에게 봉사하기 때문에 좋아지지 않고 나빠진 종에게는 나는 봉사받지 말아야 하고, 그러나 나에게 봉사하기 때문에 좋아지고 나빠지지 않은 종에게는 나는 봉사받아야 한다.'

(더 훌륭함은 계급이나 용모, 재산에 있지 않음)

브라흐민이여, 상류계급〔브라흐민 계급과 왕족계급〕의 가문에서 출생하였다고 해서 더 훌륭하다거나 더 못하다거나라고 나는 말하지 않습니다. 용모가 아름답다고 해서 더 훌륭하다거나 또는 더 나쁘다고 나는 말하지 않습니다. 대부호라고 해서 더 훌륭하다거나 또는 더 나쁘다고 나는 말하지 않습니다.

어떤 상류계급의 사람이나, 또는 어떤 훌륭한 용모를 가진 사람이나, 또는 어떤 막대한 재산을 가진 부호라 할지라도 어떤 사람은 살아있는 생명을 죽이고, 주지 않는 것을 훔치고, 감각적 쾌락에 빠져 그릇된 행동을 하며, 거짓말하며, 이간질하며, 악담을 하며, 잡담을 하며, 탐욕을 부리고, 악의를 품고, 그릇된 견해를 가지고 있습니다. 그러므로 나는 상류계급 가문이라고 해서, 용모가 아름답다고 해서, 대부호라고 해서 더 훌륭하다고 나는 말하지 않습니다.

그러나 어떤 상류계급의 사람이나, 또는 어떤 훌륭한 용모를 가진 사람이나, 또는 어떤 막대한 재산을 가진 부호는 살아있는 생명을 죽이지 않고, 주지 않는 것을 훔치지 않고, 감각적 쾌락에 빠지지 않아 그릇된 행동을 하지 않으며, 거짓말하지 않으며, 이간질하지 않으며, 악담을 하지 않으며, 잡담을 하지 않으며, 탐욕을 부리지 않으며, 악의를 품지 않으며, 바른 견해를 가지고 있습니다. 그러므로 나는 상류계급 가문이라고 해서, 용모가 아름답다고 해서, 대부호라고 해서 더 나쁘다고 나는 말하지 않습니다.

(가문을 초월한 출가)
만일 어떤 왕족 가문이나, 브라흐민, 평민, 또는 어떤 노예 가문이라도 출가를 하여 여래가 설한 가르침과 계율에 들어와서 살아있는 생명을 죽이지 않고, 주지 않는 것을 훔치지 않고, 감각적 쾌락에 빠져 그릇된 행동을 하지 않고, 거짓말하지 않으며, 이간질하지 않으며, 악담을 하지 않으며, 잡담을 하지 않으며, 탐욕을 부리지 않으며, 악의를 품지 않으며, 바른 견해를 가지고 있다면, 그는 훌륭한 가르침인 바른 길을 성취한 사람입니다.

브라흐민이여, 그대는 어떻게 생각합니까? 브라흐민만이 악의나 증오 없이 자애의 마음을 닦을 능력이 있고, 왕족이나, 평민, 노예는 그런 능력이 없습니까?"

"그렇지 않습니다. 고따마 존자님. 왕족이나, 브라흐민이나, 평민이나, 노예나, 어느 누구라도 악의나 증오 없이 자애의 마음을 닦을 능력이 있습니다."

"브라흐민이여, 그대는 어떻게 생각합니까? 브라흐민만이 수세미와 목욕 비누가루를 가지고 강으로 가서 먼지와 때를 씻어 낼 능력이 있고, 왕족이나, 평민, 노예는 그런 능력이 없습니까?"

"그렇지 않습니다. 고따마 존자님. 왕족이나, 브라흐민이나, 평민이나, 노예나, 어느 누구라도 수세미와 목욕 비누가루를 가지고 강으로 가서 먼지와 때를 씻어 낼 능력이 있습니다."

부처님은 이어서 다른 예를 더 들어 브라흐민에게 말씀하셨다.

## ◉ 행위로 브라흐민이 된다
| 맛지마 니까야: 98 와셋타 경 |[89]

이와 같이 나는 들었다. 어느 때 부처님은 잇차낭갈라 근처의 잇차낭갈라 숲에 머물고 계셨다. 그때 부유하고 명망 있는 잘 알려진 브라흐민들이 잇차낭갈라에 살고 있었다. 그들은 브라흐민 짱끼, 따룩카, 뽁카라사띠, 자눗소니, 또데야, 그리고 다른 부유하고 명망 있는 브라흐민들이었다.

그때 브라흐민 청년 와셋타와 바라드와자는 산책하며 이리저리 걷는 동안 그들 사이에 이와 같은 토론이 일어났다.

"브라흐민이란 어떤 사람일까?"

바라드와자는 말하였다.

"7대의 조상으로 거슬러 올라가서 아버지와 어머니 양쪽이 다 순수한 혈통을 가져서 출생에 있어서 비판의 여지가 없고 나무랄 데 없는 사람이 브라흐민이다."

와셋타는 말하였다.

"계행을 갖추고 덕행을 갖춘 사람, 바로 그가 브라흐민이다."

...................
89) 이 경은 숫따니빠따의 3편 9장 "와셋타 경"과 동일한 경이다.

그래서 브라흐민 청년 바라드와자는 와셋타를 설득할 수 없었고, 와셋타는 바라드와자를 설득할 수 없었다. 와셋타는 바라드와자에게 이렇게 말하였다.

"사꺄족에서 출가한 사문 고따마가 잇차낭갈라 숲에 머물고 계시다. 그분은 온전히 깨달으신 분이라는 고따마 존자에 대한 훌륭한 평판이 자자하게 퍼져 있다. 바라드와자, 사문 고따마에게 가서 이 문제를 여쭈어 보자. 그리고 그분의 대답을 받아들이도록 하자."

그래서 그들은 부처님께 가서 인사를 드리고 한쪽에 앉아서 이렇게 말하였다.

"우리 두 사람은 세 가지 베다에 정통한 자로 인정받고 있고 우리도 그렇게 말합니다. 나는 뽁카라사띠의 제자이고 이 사람은 따룩카의 제자입니다. 우리는 세 가지 베다가 가르치고 있는 것을 모두 통달하였습니다. 언어학과 문법에도 통달하였고, 토론에도 스승에 견줄만합니다. 고따마 존자님, 저희들 사이에 출생과 계급에 대한 논쟁이 일어났습니다. 바라드와자는 '출생에 의하여 브라흐민이 된다.'고 말합니다. 그러나 저는 '행동에 의하여 브라흐민이 된다.'고 주장합니다. 통찰력이 있으신 분이여, 저희들의 논쟁이 이와 같음을 아십시오. 저희들은 서로 설득할 수가 없었기 때문에 붓다〔깨달은 사람〕라고 널리 알려진 분께 여쭈어 보려고 왔습니다. 보름달이 되면 사람들이 달을 향하여 합장하듯이 세상 사람들은 고따마께 존경과 공경을 드립니다. 세상의 눈으로 나타나신 고따마께 여쭙니다. 출생에 의하여 브라흐민이 됩니까, 아니면 행동에 의하여 브라흐민이 됩니까? 어떻게 브라흐민을 인식해야 하는지 모르는 저희들에게 설명해 주십시오."

(출생에 따라 생물의 종류가 다르다)

"와셋타, 생물의 출생에 있어서의 분류를 점차적으로 그리고 있는 그대로 그대에게 설명하겠다. 〔여러 종이 있는 것은〕 출생의 다양성이 있기 때문이다.

풀과 나무를 보라. 이것들은 비록 자아의식이 없다 하더라도 이들도 출생에 따른 뚜렷한 특징이 있다. 출생이 여러 가지로 다르기 때문이다.

벌레, 나비, 개미에 이르기까지 보라. 이들도 출생에 따른 뚜렷한 특징이 있다. 출생이 여러 가지로 다르기 때문이다.

작은 것이나 큰 것이나 네 발 가진 짐승들을 보라. 이들도 출생에 따른 뚜렷한 특징이 있다. 출생이 여러 가지로 다르기 때문이다.

배로 기어다니는 기다란 뱀 종류들을 보라. 이들도 출생에 따른 뚜렷한 특징이 있다. 출생이 여러 가지로 다르기 때문이다.

물에서 사는 물고기들을 보라. 이들도 출생에 따른 뚜렷한 특징이 있다. 출생이 여러 가지로 다르기 때문이다.

날개로 하늘을 나는 새들을 보라. 이들도 출생에 따른 뚜렷한 특징이 있다. 출생이 여러 가지로 다르기 때문이다.

(인간은 출생에 따른 다름이 없다)

〔이와 같이 이것들은〕 출생에 따른 뚜렷한 특징이 있고, 출생에 따른 다름이 있는 반면에, 인간에게는 이와 같은 출생에 따른 뚜렷한 특징도 없고 출생에 따른 다름이 없다. 머리카락에도 다름이 없고, 머리에도 없고, 귀나, 눈, 입, 코, 입술, 눈썹에도 다름이 없다. 어깨에도

다름이 없고, 목에도 없고, 배에도, 등, 엉덩이, 가슴, 생식기관에도 다름이 없다. 손에도 다름이 없고, 발에도 없고, 손가락에도, 손톱에도, 무릎, 종아리에도 다름이 없다. 피부색깔에도,[90] 목소리에도 다름이 없다. 이와 같이 다른 생물들의 출생에서처럼 출생에 따른 그런 뚜렷한 특징이 없다. 인간의 육체에서는 뚜렷이 〔서로〕 다른 어떤 것도 발견할 수가 없다. 인간에 대한 구별은 다만 말에 의한 지적일 뿐이다.

농사를 지어서 살아가는 사람은 그는 다만 농부라고 하지 브라흐민이 아님을 알아야 한다.[91]

여러 가지 기술로 살아가는 사람은 그는 기술자라고 하지 브라흐민이 아님을 알아야 한다.

물품을 팔아서 살아가는 사람은 그는 상인이라고 하지 브라흐민이 아님을 알아야 한다.

다른 사람을 시중들며 살아가는 사람은 그는 하인이라고 하지 브라흐민이 아님을 알아야 한다.

물건을 훔쳐서 살아가는 사람은 그는 도둑이라고 하지 브라흐민이 아님을 알아야 한다.

활쏘기로 살아가는 사람은 그는 무사이지 브라흐민이 아님을 알아야 한다.

제사를 지내서 살아가는 사람은 제관이지 브라흐민이 아님을 알아야 한다.

---

90) 흑인과 백인의 차이는 헤아릴 수 없는 세월 동안 다른 기후에서 살았기 때문일 것이다.
91) 브라흐민들은 4성계급을 만들었다. 브라흐민이니, 왕족이니, 평민이니, 노예니 하면서 군림했다. 그래서 인간에게 이런 계급의 딱지를 붙여서는 안 되며, 인간은 다만 농부니, 기술자니, 상인이니, 하는 이런 실제적인 이름이 있을 뿐이다. 브라흐민 가문의 농부나 노예 가문의 농부나 한 가지, 이들은 그냥 농부일 뿐이다.

도시나 국가를 다스리는 사람은 왕이지 브라흐민이 아님을 알아야 한다.

(진정한 브라흐민)[92]
출생이나 가계 때문에 그를 브라흐민이라 부르지 않는다.

만일 그가 아직 장애에 묶여 있다면, 그는 다만 '그대'라고만 불린다.

그러나 모든 장애와 갈애를 벗어난 사람 그를 나는 브라흐민이라 부른다.

모든 속박을 끊어버리고, 두려워하지 않으며 집착을 초월하고, 묶임에서 벗어난 사람, 그를 나는 브라흐민이라 부른다.

분노하지 않고, 책임감이 있고, 계율을 지키고, 겸손하고, 자신을 다스려 마지막 몸에[93] 이른 사람, 그를 나는 브라흐민이라 부른다.

연꽃 잎 위의 물방울처럼, 송곳 끝의 겨자씨처럼, 감각적 쾌락에 물들지 않고 집착하지 않는 사람, 그를 나는 브라흐민이라 부른다.

적의를 품은 자들 가운데 우호적이며 폭력을 쓰는 자들 가운데 평화적이며, 집착하는 자들 가운데 집착을 떠난 사람, 그를 나는 브라흐민이라 부른다.

송곳 끝의 겨자씨가 떨어지듯이 욕망과 증오를 떨쳐버리고, 거짓과 교만을 떨쳐버린 사람, 그를 나는 브라흐민이라 부른다.

---
92) 여기 게송부터 부처님은 진정한 브라흐민과 아라한을 동일시하고 있다. 담마빠다의 경과도 같음으로 보아 최고층에 속하는 경임을 알 수 있다. 윤회를 끊고 수행을 완성한 아라한의 모델을 보여준다. 여기에서 브라흐민이란 말 대신에 아라한을 대치하여도 된다.
93) 더 이상 윤회의 몸을 받지 않음.

진흙탕 길 어려운 길을 넘어 삶의 〔고해의〕 바다, 어리석음의 저 너머로 가 선정에 들어 갈애와 의심을 벗어나 열반을 성취한 사람, 그를 나는 브라흐민이라 부른다.

세상의 감각적 쾌락을 포기하고 출가하여 감각적 쾌락과 윤회를 부수어 버린 사람, 그를 나는 브라흐민이라 부른다.

황소처럼 두려움 없는 훌륭한 사람, 영웅, 승리자, 성자, 욕망을 떠난 사람, 번뇌를 씻어버린 사람, 깨달은 사람, 그를 나는 브라흐민이라 부른다.

전생을 알며 행복한 곳과 불행한 곳을 알며 다시 태어남이 없는 청정한 삶을 성취한 사람, 그를 나는 브라흐민이라 부른다.


(행위에 의해 브라흐민이 된다)
이름이나 가계는
세상에서 다만 정하여 쓰는 것일 뿐,
관습에서 생겨서 여기저기 쓰인다.


이 사실을 알지 못하는 사람에게
그릇된 견해가 오랫동안 마음속에 남는다.
알지 못하고 그들은 단언한다.
'출생에 의해 브라흐민이 된다.' 고.


출생에 의해 브라흐민이 되는 것도 아니고
출생에 의해 브라흐민이 안 되는 것도 아니다.

행위에 의해 브라흐민이 되기도 하고
행위에 의해 브라흐민이 안 되기도 한다.

행위에 의해 농부가 되고
행위에 의해 기술자가 되고
행위에 의해 상인이 되고
행위에 의해 하인이 되고

행위에 의해 도둑이 되고
행위에 의해 무사가 되고
행위에 의해 제관이 되고
행위에 의해 제왕이 된다.

참으로 지혜로운 이는
이처럼 행위를 있는 그대로 본다.
그들은 연기를 보는 자이며
행위와 그 결과를 잘 알고 있다."

부처님께서 이와 같이 말씀하시자, 브라흐민 청년 와셋타와 바라드와자는 부처님의 훌륭한 말씀을 찬탄하였다. 그리고 부처님과 가르침과 승가에 귀의하여 재가신도가 되었다.

## 참된 사람과 참되지 못한 사람
| 맛지마 니까야: 113 삽뿌리사 경 1-20 |

이와 같이 나는 들었다. 어느 때 부처님은 사왓티의 기원정사에 계셨다. 부처님은 제자들에게 이렇게 가르치셨다.

"그대들에게 참된 사람의 성품과 참되지 못한 사람의 성품에 대하여 설할 것이다. 귀를 기울여 잘 듣도록 하여라.


(가문과, 재산과, 명성을 내세움)

무엇이 참되지 못한 사람의 특성인가? 참되지 못한 사람이 귀족가문에서 출가를 하였을 때 이와 같이, '나는 귀족가문에서 출가하였다. 그런데 다른 비구들은 귀족계급에서 출가하지 않았다.' 라고 하면서 그가 귀족가문이라는 것 때문에 자신을 칭찬하고 남을 헐뜯는다. 또 참되지 못한 사람이 위대한 가문이나, 또는 대부호의 가문이나, 또는 잘 알려진 유명한 가문에서 출가를 하였을 때, 다른 사람은 그렇지 못하다고 하여 그가 위대한 가문이라는 것 때문에, 또는 대부호 가문이라는 것 때문에, 또는 잘 알려진 유명한 가문이라는 것 때문에, 또는 법복이나 탁발음식, 거처, 필수 의약품을 얻었기 때문에, 자신을 칭찬하고 남을 헐뜯는다.

이것이 참되지 못한 사람의 성품이다.


그러나 참된 사람은 이와 같이 생각한다. '귀족계급 때문에, 또는 위대한 가문 때문에, 또는 대부호 가문 때문에, 또는 잘 알려진 유명한 가문이라는 것 때문에, 또는 법복이나 탁발음식, 거처, 필수 의약품 때문에 탐욕이 부서지고 증오가 부서지고 어리석음이 부서지는 것은 아니다.

　귀족계급에서 출가하지 않았다 하더라도, 또는 위대한 가문이나, 또는 대부호 가문이나, 또는 잘 알려진 유명한 가문에서 출가하지 않았다 하더라도, 또는 법복이나 탁발음식, 거처, 필수 의약품을 얻지 못하였다 하더라도, 부처님의 가르침과 일치하는 길로 가고, 합당한 길로 가고, 가르침에 따라서 행동한다면 이로 인해 그는 존경받고 칭찬받는다.'

　그러므로 바른 길로의 실천을 우선으로 놓기 때문에 그는 자신의 좋은 가문이나, 재산이나, 명성 때문에 자신을 칭찬하지도 않고 남을 헐뜯지도 않는다.

　이것이 참된 사람의 성품이다.


(학식과 계율과 고행을 내세움)

　참되지 못한 사람은 그가 많이 배웠다고 하여 이와 같이, '나는 많이 배웠다. 그런데 다른 비구들은 많이 배우지 못하였다.'라고 하면서 그가 많이 배웠다는 것 때문에 자신을 칭찬하고 남을 헐뜯는다. 또 참되지 못한 사람은 그가 계율을 잘 안다고 하여, 또는 가르침의 설법자라고 하여, 또는 숲에 사는 [고행자]라고 하여, 또는 누더기를 입는다 하여, 또는 장좌불와[94] 한다 하여, 또는 하루에 한 번 먹는다 하여, 다른 사람은 그렇지 못하다고 하며, 그가 계율을 잘 안다는 것 때문에, 또는 가르침의 설법자라는 것 때문에, 또는 숲에 사는 고행자라는 것 때문에, 또는 누더기를 입는 것 때문에, 또는 장좌불와를 하는 것 때문에, 또는 하루에 한 번 먹는 것 때문에, 자신을 칭찬하고 남을 헐뜯는다.

---

94) 밤에도 누워자지 않고 앉아서 정진함.

이것이 참되지 못한 사람의 성품이다.

그러나 참된 사람은 이와 같이 생각한다. '학식이 많다는 것 때문에, 또는 계율을 잘 안다는 것 때문에, 또는 설법을 잘 한다는 것 때문에, 또는 숲에 사는 고행자라는 것 때문에, 또는 누더기를 입는 것 때문에, 또는 장좌불와를 하는 것 때문에, 또는 하루에 한 번 먹는 것 때문에, 탐욕이 부서지고 증오가 부서지고, 어리석음이 부서지는 것은 아니다.

많이 배우지 못하였다 하더라도, 또는 계율을 잘 알지 못한다 하더라도, 또는 설법자가 아니라 하더라도, 또는 숲에 사는 고행자가 아니라 하더라도, 또는 누더기를 입지 않는다 하더라도, 또는 장좌불와를 하지 않는다 하더라도, 또는 하루에 한 번 이상 먹는다 하더라도, 그가 부처님의 가르침과 일치하는 길로 가고 합당한 길로 가고 가르침에 따라서 행동한다면 이로 인해 그는 존경받고 칭찬받는다.'

그러므로 바른 길로의 실천을 우선으로 놓기 때문에, 그는 자신의 학식과, 계율과, 고행 때문에 자신을 칭찬하지도 않고 남을 헐뜯지도 않는다. 이것이 참된 사람의 성품이다."

## ● 모든 계급 중 으뜸인 사람
| 디가 니까야: 27 악간냐 경 1-7, 30-31 |

이와 같이 나는 들었다. 부처님은 사왓티 동쪽 승원, 미가라마뚜〔녹자모강당〕 강당에 계셨다. 그때 와셋타와 바라드와자는 비구가 되기 위하여 비구들 사이에서 관찰기간을 보내고 있었다. 부처님은 오후에 명상을 끝내고 승원에서 나와 그늘에서 경행하고 계셨다.

와셋타는 바라드와자에게 말하였다.

"부처님께 갑시다. 지금 경행하고 계시니 부처님께 가르침을 들을 좋은 기회입니다."

그래서 그들은 부처님께 가서 인사를 드렸다. 부처님은 와셋타에게 이렇게 물으셨다.

"와셋타, 그대들은 브라흐민 가문에서 출생하여 출가하였다. 다른 브라흐민들이 그대들을 비난하고 욕하지 않는가?"

"부처님, 사실 다른 브라흐민들이 조금도 절제함이 없이 상습적인 힐난을 퍼부으며 저희들을 욕하고 비난합니다."

"그런가 와셋타, 어떤 비난을 그대들에게 퍼붓는가?"

"브라흐민들은 말하기를, '브라흐민 계급이 가장 높고 다른 계급은 낮다. 브라흐민만이 〔피부색이〕 맑고 다른 계급은 검다. 브라흐민만이 순수한 혈통이고 다른 계급은 그렇지 않다. 브라흐민만이 브라흐마 신의 입에서 난 진짜 자식이며 브라흐마 신에 의하여 창조된 상속자이다. 그대들은 최고의 계급을 버리고 노예, 브라흐마 신의 발에서 태어난 검둥이, 가장 낮은 계급의 까까머리 사문으로 출가를 하였다. 그런 천한 사람들과 섞이는 것은 당치도 않고 옳지 않다.'라고 브라흐민들은 욕을 합니다."

"와셋타, 우리는 브라흐민의 아내인 브라흐민 여인들을 보아왔다. 그녀들은 월경을 하고 잉태를 하고 아이를 낳아 젖을 먹인다. 그런데도 〔여인의〕 자궁에서 태어난 브라흐민들이 브라흐마 신의 입에서 난 진짜 자식이며 브라흐마 신에 의하여 창조된 상속자라고 말한다. 그들의 말하는 것은 거짓말이며 이로 인해 많은 악덕을 짓게 된다.

왕족과 무사계급, 사제계급, 농공상 계급, 노예계급의 네 계급이 있다. 만일 이들 네 계급의 어느 누구라도 살생하고, 주지 않는 것을 가지며, 삿된 음행을 하고, 거짓말을 하고, 이간질하고, 악담하고, 잡담하고, 탐욕스럽고, 악의가 있고, 잘못된 견해를 가지고 있다면 그는 부도덕하고, 비난받아 마땅하고, 피하여야 하는 것이고, 해롭고, 현자들이 비난하는 것이다. 그런데 어떤 계급의 누구라도 이런 잘못에 떨어질 수가 있다.

반대로 이 네 계급의 어느 누구라도 살생하지 않고, 주지 않는 것을 갖지 않으며, 삿된 음행을 하지 않고, 거짓말을 하지 않고, 이간질하지 않고, 악담하지 않고, 잡담하지 않고, 탐욕을 떠나고, 증오를 품지 않으며, 바른 견해를 가지고 있다면 그는 도덕적이고, 칭찬받아 마땅하고, 따라야 하고, 유익하고, 현자들이 칭찬하는 것이다. 그런데 어떤 계급의 누구라도 이렇게 〔훌륭하게〕 사는 사람이 있다.

그러므로 네 계급은 전혀 다름이 없이 똑같다."

## ❂ 담마빠다

줄줄이 땋아 내린 머리[95]에 의해서도 아니고
혈통에 의해서도 아니고,
출생에 의해서도 브라흐마나가 되는 것은 아니다.
그 안에 진리와 담마가 있는 사람,
그는 청정한 사람이고, 그는 브라흐마나이다. (393)

---

95) jaṭā(자따)는 고행자들이 긴 머리를 줄줄이 땋아 늘어뜨리거나, 머리 위로 감아올리거나 하는 것. 이런 머리를 신성시함.

# 제6장 현실직시의 가르침

## 해탈로 이끄는 물 없는 목욕

| 상윳따 니까야: 7 브라흐마나 상윳따 2:11 |

어느 때 부처님은 사왓티의 기원정사에 계셨다. 그때 상가라와라는 브라흐민이 사왓티에 살고 있었다. 그는 물에 의한 정화를 믿는 사람으로 '물에 의한 청정'을 수행하는 사람이었다. 그래서 그는 새벽과 해질녘에 몸을 물 속에 담그는 수행에 몰두하였다.

그때 아난다 존자는 부처님께 이 사실을 말씀드리면서 상가라와를 위하여 자비심으로 그를 방문하시도록 청하였다.

그래서 아침에 부처님은 가사를 입고 발우와 가사를 들고 상가라와가 사는 곳으로 가셨다. 브라흐민 상가라와는 부처님께 인사를 드리고 한쪽에 앉았다. 부처님은 이와 같이 말씀하셨다.

"브라흐민이여, 그대는 물에 의한 정화를 믿는 사람으로 '물에 의한 청정'을 수행하고 새벽과 해질녘에 몸을 물 속에 담그는 수행에 몰두한다는데 이 말이 맞소?"

"그렇습니다, 고따마 존자님."

"무슨 이익 때문에 그렇게 하시오, 브라흐민?"

"낮 동안에 지은 모든 악한 행위는 해질녘에 목욕함으로써 씻어지고, 밤 동안에 지은 모든 악한 행위는 새벽에 목욕함으로써 씻어집니다."

이에 부처님은 게송으로 말씀하셨다.

담마는 계행의 여울이 있는 호수이며
이 맑은 호수는 훌륭한 이들이 대대로 찬탄한다네.
현자들이 목욕하러 가는 그곳에 목욕하면
옷을 적시지 않고도 저 언덕으로 건너가네.

브라흐민 상가라와는 부처님의 훌륭하심을 찬탄하면서 부처님께 귀의하여 재가신도가 되었다.

## 여섯 가지 신통의 능력이 있습니까?

| 상윳따 니까야: 12 니다나 상윳따 70 |

(위장 출가)

이와 같이 나는 들었다. 어느 때 부처님은 라자가하의 죽림정사에 계셨다. 그때 부처님은 지극한 영예와 존경과 공경을 받았으며 법복과, 탁발음식, 거처, 필수 의약품을 받으셨다. 비구 승가도 또한 영예와 존경과 공경을 받았으며, 법복과, 탁발음식, 거처, 필수 의약품을 받았다. 그러나 다른 교단의 방랑 수행자들은 영예도, 존경도, 공경도 받지 못하였고 법복이나, 탁발음식, 거처, 필수 의약품을 얻지 못하였다.

그때 방랑 수행자 수시마는 많은 방랑 수행자의 무리와 함께 라자가하에 머물고 있었다. 그런데 그 무리들이 수시마에게 말하였다.

"벗이여, 수시마여, 사문 고따마에게 출가하여 그의 가르침을 다 배운 후 돌아와서 우리에게 그의 가르침을 배운대로 가르쳐 주시오. 우리는 그 가르침을 통달하여 재가자에게 설법할 것입니다. 그러면 우리도 그들처럼 영예와, 존경과, 공경을 받을 수 있고, 법복과, 탁발음식, 거처, 필수 의약품을 얻을 수 있을 것이오."

수시마는 그렇게 하기로 하고 존자 아난다를 찾아가서 말하였다.

"벗 아난다여, 나는 이 가르침과 계율에서 청정한 삶을 살기를 원합니다."

아난다 존자는 그를 부처님께 데리고 가서 출가의 뜻을 말씀드렸다. 그래서 수시마는 부처님께 출가하여 계를 받았다.

(여섯 가지 신통을 얻었는지를 질문하다)
어느 날 수시마 존자는 많은 비구들이 부처님께 와서 그들의 깨달음을 이와 같이 말하는 것을 들었다.

"태어남은 부수어졌고, 청정한 삶은 이루어졌으며, 해야 할 일을 마쳤으며, 다시는 윤회하는 일이 없다고 우리는 압니다."

그래서 수시마 존자는 그 깨달은 비구들이 있는 곳으로 찾아가서 그들이 부처님 앞에서 깨달음을 선언한 것이 정말이냐고 물었다. 비구들이 '그렇다'고 분명하게 말하자 수시마 존자는 이렇게 여러 가지 질문을 하였다.

(신족통이 있는가?)
"진정으로 그와 같이 알고 그와 같이 보시니, 그러면 존자들이여, 그대들은 다양한 종류의 신비한 힘을 부립니까? 〔예를 들면〕 하나에서 여럿이 되고 여럿에서 하나가 되고, 나타나고 사라지고, 담이나, 성벽, 산을 장애 없이 마치 빈 공간처럼 통과합니까? 마치 물 속에서처럼 땅속을 헤엄쳐서 들락날락하며, 땅 위에서처럼 물 속을 가라앉지 않고 걷습니까? 가부좌하여 앉은 채 새처럼 공간을 다니며, 굉장한 힘을 가지고 있는 태양과 달을 손으로 만지며, 브라흐마 세계까지 멀리 몸을 미칠 수 있습니까?"
"그렇지 않습니다. 벗이여."

(천이통이 있는가?)
"진정으로 그와 같이 알고 그와 같이 보시니, 그러면 존자들이여, 그대들은 인간을 초월하는 청정한 하늘 귀로 인간의 소리와 신의 소리를 멀거나 가까운 것에 상관없이 다 듣습니까?"
"그렇지 않습니다. 벗이여."

(타심통이 있는가?)
"진정으로 그와 같이 알고 그와 같이 보시니 그러면 존자들이여, 그대들은 다른 존재들과 사람들의 마음을 압니까? 〔예를 들면〕 욕망의 마음을 욕망의 마음으로 알고, 욕망이 없는 마음을 욕망이 없는 마음으로 알고, 증오의 마음을 증오의 마음으로 알고, 증오가 없는 마음을 증오가 없는 마음이라고 알고, 어리석은 마음을 어리석은 마음이라고 알고, 어리석음이 없는 마음을 어리석음이 없는 마음이라고 압니까? 이와 마찬가지로 긴장된 마음과 산란한 마음, 숭고한 마음과 숭고하지 않은 마음, 뛰어난 마음과 뛰어나지 못한 마음, 집중된 마음과 집중되지 못한 마음, 해탈한 마음과 해탈하지 못한 마음을 각각 그대로 압니까?"

"그렇지 않습니다. 벗이여."

(숙명통이 있는가?)
"진정으로 그와 같이 알고 그와 같이 보시니, 그러면 존자들이여, 그대들은 여러 가지 과거의 삶을 기억합니까? 〔예를 들면〕 한번 태어나고, 두 번 태어나고, 백 번, 천 번, 만 번, 백만 번 태어나고, 세계 축소의 수많은 겁, 세계 팽창의 수많은 겁, 세계 축소와 팽창의 수많은 겁에 이와 같이 '그때 내 이름은 아무개였고, 성씨는 무엇이었고, 어떻게 생겼고, 어떤 음식을 먹었고, 어떤 즐거움과 괴로움을 겪었고, 얼마나 오래 살았고, 거기서 죽어서 어디에 태어났고, 이렇게 반복하여 나는 여기에 태어났다.' 고 그대들은 이와 같이 여러 가지 형태의 과거의 삶을 자세히 기억합니까?"

"그렇지 않습니다. 벗이여."

(천안통이 있는가?)
"진정으로 그와 같이 알고 그와 같이 보시니, 그러면 존자들이여, 그대들은 인간을 초월하는 청정한 하늘 눈으로 다른 존재들과 사람들을 봅니까? 존재들이 죽고 다시 태어나고, 열등한 존재 빼어난 존재, 아름다운 존재 추한 존재, 행운의 존재 불행한 존재, 이와 같이 어떻게 존재들이 그들의 업에 따라서 가는지를 봅니까? 예를 들면 '생각과 말과 행동으로 잘못을 짓고, 훌륭한 분을 욕하고, 잘못된 견해를 가지며, 그래서 잘못된 행동을 하는 이런 사람들은 죽은 후 나쁜 곳에 태어났다. 그러나 생각과 말과 행동으로 선을 행하고, 훌륭한 분을 욕하지 않고, 바른 견해를 가지며, 그래서 바른 행동을 하는 이런 사람들은 죽은 후 좋은 곳에 태어났다.' 는 이렇게 존재들이 그들의 업에 따라서 가는 것을 봅니까?"

"그렇지 않습니다. 벗이여."

(누진통[96]이 있는가?)

"진정으로 그와 같이 알고 그와 같이 보시니, 그러면 존자들이여, 그대들은 〔색계의〕 형상을 초월하고, 형상이 없는 〔무색계를〕 성취하여 그것들을 몸으로 감지하면서 평화로운 해탈 속에 머뭅니까?"

"그렇지 않습니다. 벗이여."

"그런데 존자들이여, 그대들이 선언한 것 〔깨달음을 얻었다고 천명한 것〕과 지금 이것들 〔여섯 가지 신통〕을 얻지 못하였다고 말한 것이 어떻게 있을 수 있습니까?" 〔깨달음을 얻었다고 선언한 사람이 어떤 신통도 얻지 못하였기 때문〕.

"벗 수시마여, 우리는 지혜로 해탈하였소."

"존자님들의 간결한 말의 자세한 뜻을 알지 못하겠습니다. 자세한

---
96) 자유자재하게 번뇌를 끊는 힘.

뜻을 제가 이해할 수 있도록 말씀해 주시면 좋겠습니다."

"그대가 이해하든 이해하지 못하든, 벗 수시마여, 우리는 지혜로 해탈하였소."


(오온의 집착을 끊고 해탈함)
그래서 수시마 존자는 부처님을 찾아가서 비구들과의 모든 대화 내용을 말씀드렸다. 이에 부처님은 수시마 존자에게 말씀하셨다.

"수시마, 먼저 담마의 확고부동한 지혜가 오고, 그런 후에 열반의 지혜가 온다."

"부처님께서 간단히 말씀하신 뜻을 잘 모르겠습니다. 제가 이해할 수 있도록 좀더 자세히 말씀해 주시면 감사하겠습니다."

이에 부처님은 말씀하셨다.

"수시마여, 물질은 영원한가 무상한가?"

"무상합니다. 부처님."

"무상한 것은 괴로운 것인가 행복한 것인가?"

"괴로운 것입니다."

"무상하고 괴롭고 변화하는 이런 것들에 대해 '이것은 내 것이다, 이것은 나이다, 이것은 나 자신이다.' 라고 생각하는 것이 옳은가?"

"옳지 않습니다."

"느낌은, 지각은, 형성은, 의식은 영원한가 무상한가?"

"무상합니다."

"무상한 것은 괴로운 것인가 행복한 것인가?"

"괴로운 것입니다."

"무상하고 괴롭고 변화하는 이런 것들에 대해 '이것은 내 것이다, 이것은 나이다, 이것은 나 자신이다.' 라고 생각하는 것이 옳은가?"

"옳지 않습니다."

"그러므로 수시마, 어떤 종류의 물질이든지, 어떤 종류의 느낌이든지, 지각이든지, 형성이든지, 의식이든지, 이것들이 과거·현재·미래 중 어디에 속하든, 안이든 밖이든, 거칠든 미세하든, 열등하든 우세하든, 멀든 가깝든, 모든 물질·느낌·지각·형성·의식은 바른 지혜를 가지고 있는 그대로 이와 같이 보아야 한다. '이것은 나의 것이 아니다, 이것은 내가 아니다, 이것은 나 자신이 아니다.' 라고 보아야 한다.

가르침을 잘 받은 훌륭한 제자들은 이와 같이 보기 때문에 그들은 물질에 애착하지 않고, 느낌·지각·형성·의식에 애착하지 않는다. 애착하지 않기 때문에 그는 평온하다. 평온을 통하여 그의 마음은 해탈한다. 해탈했을 때 해탈한 줄 아는 지혜가 생긴다. '태어남은 부수어졌고, 청정한 삶은 이루어졌으며, 해야 할 일을 마쳤으며, 다시는 윤회하는 일이 없다' 라고 그는 분명히 안다."

(12연기[97]로 원인이 있기 때문에 결과가 있음을 보이심)

"수시마여, 태어남이 있기 때문에 늙음과 죽음이 있다고 보는가?" "네, 부처님."

"존재가 있기 때문에 태어남이 있다고 보는가?" "네, 부처님."

"집착이 있기 때문에 존재가 있다고 보는가?" "네, 부처님."

"갈애가 있기 때문에 집착이 있다고 보는가?" "네, 부처님."

---

97) 갈애. 이름과 모양, 형성에 대한 자세한 설명은 p. 51의 주석 13번, 14번 참조.

"느낌이 있기 때문에 갈애가 있다고 보는가?" "네, 부처님."
"접촉이 있기 때문에 느낌이 있다고 보는가?" "네, 부처님."
"여섯 감각기관이 있기 때문에 접촉이 있다고 보는가?" "네, 부처님."
"이름과 형태가 있기 때문에 여섯 감각기관이 있다고 보는가?" "네, 부처님."
"의식이 있기 때문에 이름과 형태가 있다고 보는가?" "네, 부처님."
"형성이 있기 때문에 의식이 있다고 보는가?" "네, 부처님."
"어리석음이 있기 때문에 형성이 있다고 보는가?" "네, 부처님."
"태어남이 없으면 늙고 죽음이 없다고 보는가?" "네, 부처님."
"존재가 없으면 태어남이 없다고 보는가?" "네, 부처님."
"집착이 없으면 존재가 없다고 보는가?" "네, 부처님."
"갈애가 없으면 집착이 없다고 보는가?" "네, 부처님."
"느낌이 없으면 갈애가 없다고 보는가?" "네, 부처님."
"접촉이 없으면 느낌이 없다고 보는가?" "네, 부처님."
"여섯 감각기관이 없으면 접촉이 없다고 보는가?" "네, 부처님."
"이름과 형태가 없으면 여섯 감각기관이 없다고 보는가?" "네, 부처님."
"의식이 없으면 이름과 형태가 없다고 보는가?" "네, 부처님."
"형성이 없으면 의식이 없다고 보는가?" "네, 부처님."
"어리석음이 남김없이 없으면 형성이 없다고 보는가?" "네, 부처님."

(여섯 가지 신통의 허황됨을 가르치심)

"수시마여, 내가 지금 말한 것처럼 이와 같이 알고 이와 같이 본다면 그대는 여러 가지 정신적인 힘을 부릴 수 있는가? 하늘을 나는 것과 같은 초능력적 신통을 부릴 수 있는가?"

"부릴 수 없습니다. 부처님."

"이와 같이 알고 이와 같이 본다면 그대는 인간을 초월하는 하늘 귀로 가깝거나 멀거나 상관없이 들을 수 없는 소리를 들을 수 있는가?"

"들을 수 없습니다. 부처님."

"이와 같이 알고, 이와 같이 본다면 그대는 다른 사람이 어떤 마음을 가지고 있는지 다른 사람의 마음을 꿰뚫어 볼 수 있는가?"

"볼 수 없습니다. 부처님."

"이와 같이 알고 이와 같이 본다면 그대는 과거생에 어디서 태어나, 어떻게 살다, 어떤 일을 겪고, 어디서 죽어, 다시 태어난 전생을 기억할 수 있는가?"

"기억할 수 없습니다. 부처님."

"이와 같이 알고 이와 같이 본다면 그대는 인간을 초월하는 하늘눈으로 사람들이 죽고 다시 태어나고 선업과 악업을 지음과 그 과보를 볼 수 있는가?"

"볼 수 없습니다. 부처님."

"이와 같이 알고 이와 같이 본다면 그대는 〔색계의〕 형상을 초월하고 형상이 없는 〔무색계를〕 성취하여 그것들을 몸으로 감지하면서 평화로운 해탈 속에 머무는가?"

"그렇지 않습니다. 부처님."

"수시마, 그렇다면 그대가 말한 내용과 지금 그대의 대답에서 그런 신통을 얻지 못한다는 말이 어떻게 있을 수 있는가? 〔모순된 말이다.〕"

그때 수시마 존자는 부처님 발 앞에 엎드려 말하였다.

"부처님, 저는 너무나 어리석고 너무나 바보스럽게도 잘못을 범했습니다. 저는 이처럼 잘 설해진 가르침과 계율에 가르침의 도둑으로 출가했습니다. 부처님, 제가 앞으로 저 자신을 절제할 수 있도록 저의 잘못에 대한 참회를 받아주십시오."

"수시마, 참으로 그대는 바보스럽게도 어리석게도 잘못을 저질렀다. 그래서 이처럼 잘 설해진 가르침과 계율에 가르침의 도둑으로 출가하였다. 그러나 그대는 잘못을 잘못으로 보았고 가르침에 따라서 잘못을 참회하였기에 그대의 참회를 받아들인다. 잘못을 잘못으로 보고 가르침에 따라서 참회를 하고 그리고 앞으로 절제를 실천할 때, 그대를 위하여 이것은 거룩한 분의 가르침과 계율에서 하나의 성장의 길이다."

## ● 큰돌이 물위로 떠오르겠는가?
| 상윳따 니까야: 42 가마니 상윳따 6 |

어느 때 부처님은 날란다의 빠와리까의 망고 숲에 계셨다. 그때 촌장 아시반다까뿟따가 부처님께 인사를 드리고 이렇게 말하였다.

"부처님, 서쪽 지방의 브라흐민들은 물병을 가지고 물풀로 화환을 만들어 걸고 몸을 물 속에 담그어 청정하게 하고 불을 섬깁니다. 이들 브라흐민들은 죽은 사람을 직접 들어 올려 이름을 부르고 하늘나라로 인도한다고 합니다. 그런데 아라한이시며, 온전히 깨달으신 분, 부처님은 세상의 모든 사람들을 그들이 죽은 후에 좋은 곳 하늘나라에 태어나게 할 수 있습니까?"

"그러면 촌장이여, 내가 질문을 할 테니 대답해 보시오. 여기 어떤 사람이 살아있는 생명을 죽이고, 주지 않는 것을 훔치고, 삿된 음행을 하고, 거짓말을 하고, 이간질을 하고, 악담을 하고, 쓸데없는 말을 하고, 욕심과, 악의와, 잘못된 견해로 가득 차 있다고 합시다. 그런데 많은 사람들이 그의 주변에 모여와서 기도하고 찬가를 외우고 합장하고 돌면서 말하기를 '이 사람이 죽은 후 좋은 곳 하늘나라에 태어나게 하소서.' 라고 기도한다면, 촌장이여, 이런 많은 사람들의 기도 덕분에, 아니면 찬가 때문에, 아니면 합장하고 그를 돌았기 때문에, 그 사람이 죽은 후 좋은 곳 하늘나라에 태어나겠습니까?"

"그렇지 않습니다. 부처님."

"촌장이여, 어떤 사람이 커다란 돌을 깊은 못의 물에 던져 넣었다고 합시다. 그런데 많은 사람들이 못의 주변에 모여와서 기도하고 찬가를 외우고 합장하고 돌면서 말하기를, '착한 큰 돌멩이야 떠올라라, 착한 큰 돌멩이야 물가로 나오려무나.' 라고 기도한다면 이런 많은 사람들의 기도 덕분에 아니면 찬가 때문에, 아니면 합장하고 못을 돌았기 때문에 그 큰 돌이 못 위로 솟아올라 물가로 나오겠습니까?"

"그렇지 않습니다. 부처님."

"이와 마찬가지로, 촌장이여, 여기 어떤 사람이 살아있는 생명을 죽이고, 주지 않는 것을 훔치고, 삿된 음행을 하고, 거짓말을 하고, 이간질을 하고, 악담을 하고, 쓸데없는 말을 하고, 욕심과, 악의와, 잘못된 견해로 가득 차 있다고 합시다. 그런데 많은 사람들이 그의 주변에 모여와서 기도하고 찬가를 외우고 합장하고 돌면서 말하기를, '이 사람이 죽은 후 좋은 곳 하늘나라에 태어나게 하소서.' 라고 기도한다 하더라도 그는 죽은 후 나쁜 곳 지옥에 태어날 것입니다.

그러나 촌장이여, 반대로 어떤 사람이 생명을 죽이지 않고, 주지 않는 것을 훔치지 않고, 삿된 음행을 하지 않고, 거짓말하지 않고, 이간질하지 않고, 악담하지 않고, 쓸데없는 말을 하지 않고, 탐욕을 부리지 않고, 악의가 없고, 바른 견해를 가지고 있다고 합시다. 그런데 많은 사람들이 그의 주변에 모여와서 기도하고 찬가를 외우고, 합장하고 돌면서 말하기를, '이 사람이 죽은 후 비참한 곳, 나쁜 곳인 지옥에 태어나게 해주십시오.' 라고 기도한다면, 촌장이여, 이런 많은 사람들의 기도 때문에, 아니면 찬가 때문에, 아니면 합장하고 그를 돌았기 때문에, 그 사람이 죽은 후 나쁜 곳 지옥에 태어나겠습니까?"

"그렇지 않습니다. 부처님."

"촌장이여, 어떤 사람이 한 단지의 기름을 깊은 못의 물 속에 넣은 후 그 단지를 깨뜨렸다고 합시다. 깨진 단지 조각들은 가라앉을 것이고 기름은 위로 떠오를 것입니다. 그런데 많은 사람들이 그의 주변에 모여와서 기도하고 찬가를 외우고 합장하고 돌면서 말하기를, '착한 기름아 가라앉아라, 착한 기름아 아래로 내려가거라.' 라고 기도한다면, 촌장이여, 이런 많은 사람들의 기도 덕분에, 아니면 찬가 때문에, 아니면 합장하고 못을 돌았기 때문에, 그 기름이 아래로 가라앉든지 아래로 내려가겠습니까?"

"그렇지 않습니다. 부처님."

"이와 같이 촌장이여, 어떤 사람이 생명을 죽이지 않고, 주지 않는 것을 훔치지 않고, 삿된 음행을 하지 않고, 거짓말하지 않고, 이간질하지 않고, 악담하지 않고, 쓸데없는 말을 하지 않고, 탐욕을 부리지 않고, 악의가 없고, 바른 견해를 가지고 있다고 합시다. 그런데 많은 사람들이 그의 주변에 모여와서 기도하고 찬가를 외우고 합장하고 돌면서 말하기를, '이 사람이 죽은 후 비참한 곳, 나쁜 곳인 지옥에 다시 태어나게 해주십시오.' 라고 기도한다 하더라도 그는 좋은 곳인 천상 세계에 태어날 것입니다."

이와 같이 부처님이 말씀하셨을 때 촌장 아시반다까뿟따는 부처님의 훌륭한 말씀을 찬탄하면서 부처님께 귀의하여 재가신도가 되었다.

## ☸ 장로니 케마가 왕에게 설법하다
| 상윳따 니까야: 44 아뱌까따 상윳따 1 |

어느 때 부처님은 사왓티의 기원정사에 계셨다. 그때 비구니 케마[98]는 꼬살라국을 유행하다가 사왓티와 사께따 사이의 또라나왓투에 거처를 잡았다.

그때 꼬살라의 빠세나디왕은 사께따에서 사왓티로 가는 도중에 또라나왓투에서 하루를 묵게 되었다. 왕은 신하에게 이렇게 말하였다.

"가서 내가 오늘 친견할 수 있는 사문이나 브라흐민이 또라나왓투에 있는가 알아보아라."

신하는 여기저기 찾아보았으나 사문이나 브라흐민은 찾을 수가 없었다. 그러나 비구니 케마가 그곳에 머물고 있는 것을 보았다. 그래서 왕에게 보고하여 말하였다.

"대왕님, 또라나왓투에는 대왕님이 친견할 사문이나 브라흐민은 없습니다. 그러나 부처님의 제자이고, 아라한이고, 온전히 깨달은 케마

---
98) 비구니 가운데 지혜가 으뜸이었고 비구니들의 모델로 찬탄된 장로 비구니.

라고 하는 비구니가 있습니다. 이 존경스러운 비구니에 대한 훌륭한 평판이 이와 같이 두루 퍼져 있습니다. '케마 비구니는 지혜롭고, 실력이 있고, 박식하고, 뛰어난 언변이 있고, 총명하다.'고 합니다. 대왕님, 그 비구니를 친견하심이 좋을 듯합니다."

그래서 빠세나디왕은 케마 비구니를 찾아가서 인사를 드리고 한 쪽에 앉아서 이렇게 말하였다.

"존경스런 자매여, 자매님은 어떻게 말하십니까. 여래는 사후에 존재합니까?"

"대왕님, 부처님은 '여래는 사후에 존재한다.'고 단언하여 말하지 않았습니다."

"그러면 자매여, 여래는 사후에 존재하지 않습니까?"

"대왕님, 부처님은 또한 '여래는 사후에 존재하지 않는다.'고 단언하여 말하지 않았습니다."

"그러면 자매여, 여래는 사후에 존재하기도 하고 존재하지 않기도 합니까?"

"대왕님, 부처님은 '여래는 사후에 존재하기도 하고 존재하지 않기도 하다.'고 단언하여 말하지 않았습니다."

"그렇다면 자매여, 여래는 사후에 존재하는 것도 아니고 존재하지 않는 것도 아닙니까?"

"대왕이여, 부처님은 또한 '여래는 사후에 존재하는 것도 아니고 존재하지 않는 것도 아니다.'고 단언하여 말하지 않았습니다."

"자매님은 각각의 경우에 말하기를, '부처님은 그것을 단언하여 말하지 않았습니다.'고 하셨는데 그렇다면 부처님께서 말씀하지 않으신 원인과 이유는 무엇입니까?"

"그러면 대왕님, 제가 이것과 같은 것에 대한 질문을 하겠습니다. 합당하다고 생각하시는 대로 대답해 주십시오. 대왕님은 갠지스 강의 모래알을 이와 같이 셀 수 있는 경리나, 회계사, 또는 수학자가 있습니까. '갠지스 강에는 굉장히 많은 모래알이 있다.' 또는 '그곳에는 굉장히 많은 수백의 모래알이 있다.' 또는 '그곳에는 굉장히 많은 수백천의 모래알이 있다.'고 셀 수 있습니까?"

"자매여, 그렇지 않습니다."

"그러면 대왕님은 큰 바다의 물을 이와 같이 측량할 수 있는 경리나, 회계사, 또는 수학자가 있습니까. '큰 바다에는 굉장히 많은 양동이의 물이 있다.' 또는 '그곳에는 굉장히 많은 수백 양동이의 물이 있다.' 또는 '그곳에는 굉장히 많은 수백천 양동이의 물이 있다.'고 헤아릴 수 있습니까?"

"자매여, 그렇지 않습니다."

"무슨 이유입니까?"

"왜냐하면 큰 바다는 깊고 헤아릴 수 없고 깊이를 재기가 힘들기 때문입니다."

"이와 마찬가지로 대왕님, 만일 어떤 사람이 여래를 육체적 형상[99]으로 규정하려고 한다 하더라도 여래의 육체적 형상은 이미 버려졌고, 뿌리째 잘려졌고, 야자수 나무의 그루터기처럼 되었고, 미래에 장차 생기지 않도록 되었습니다. 여래는 형상으로 간주되는 것에서 벗어난

---

99) 여래는 부처님의 호칭. 부처님도 다섯 가지 무더기(오온)로 되어 있으나, 이미 오온의 무상을 꿰뚫어 오온에(육신, 느낌, 지각, 형성, 의식) 대한 모든 갈애와 집착을 버리고 완전히 끊어버리고, 깨달음을 얻고 윤회의 몸에서 벗어났기 때문이다.

분입니다.

그분은 큰 바다와 같아서 깊고 헤아릴 수 없고 그 깊이를 잴 수 없습니다. 그러므로 '여래는 사후에 존재한다, 또는 존재하지 않는다, 여래는 사후에 존재하기도 하고 존재하지 않기도 한다, 또는 여래는 사후에 존재하는 것도 아니고, 존재하지 않는 것도 아니다.' 라는 말들은 그분에게 적용되지 않습니다.

만일 어떤 사람이 여래를 느낌으로, 또는 지각으로, 또는 형성으로, 또는 의식으로 규정하려고 한다 하더라도, 여래의 느낌은, 지각은, 형성은, 또는 의식은 이미 버려졌고, 뿌리째 잘려졌고, 야자수 나무의 그루터기처럼 되었고, 미래에 장차 생기지 않도록 되었습니다. 여래는 느낌으로, 또는 지각으로, 또는 형성으로, 또는 의식으로 간주되는 것에서 벗어난 분입니다. 그분은 큰 바다와 같아서 깊고 헤아릴 수 없고 그 깊이를 잴 수 없습니다. 그러므로 '여래는 사후에 존재한다, 또는 존재하지 않는다, 여래는 사후에 존재하기도 하고 존재하지 않기도 한다, 또는 여래는 사후에 존재하는 것도 아니고, 존재하지 않는 것도 아니다.' 라는 말들은 그분에게 적용되지 않습니다."

꼬살라의 빠세나디왕은 비구니 케마의 이와 같은 말에 기뻐하며 자리에서 일어나 예를 올리고 비구니의 오른쪽으로 돌아 떠나갔다.

## ❀ 이 사라 나무도 '진리의 흐름'[100]에 들었다

| 상윳따 니까야: 55 소따빳띠 상윳따 24 |

어느 때 부처님은 까삘라왓투의 니그로다 승원에 계셨다. 그때 사꺄

---
100) Sotāpatti(예류자) 깨달음의 첫 단계에 들어감.

족의 사라까니가 죽었다. 그런데 부처님은 말씀하시기를, '사라까니는 진리의 흐름에 든 사람으로서 더 이상 나쁜 곳에 떨어지지 않고 확정되어 깨달음으로 향하여 나아간다.'고 선언하셨다.

그래서 많은 사꺄족들이 모여서 투덜거리고 불평하고 화를 내면서 말하였다.

"정말로 놀랄 일입니다. 여러분, 이제는 누구나 진리의 흐름에 든 이가 되겠습니다. 왜냐하면 부처님이 말씀하시기를 '얼마 전에 죽은 사라까니는 진리의 흐름에 든 사람으로서 더 이상 나쁜 곳에 떨어지지 않고 깨달음으로 향하여 나아간다'고 말씀하셨기 때문입니다. 그는 수행도 하지 않았고 술을 마셨습니다."

그래서 사꺄족의 마하나마는 부처님을 찾아가 인사를 드리고 한쪽에 앉아 이 모든 내용을 말씀드렸다. 이에 부처님은 말씀하셨다.

"마하나마여, 재가신도가 오랜 세월 동안 부처님과, 가르침과, 승가에 귀의하였다면 어떻게 그가 나쁜 곳으로 가겠는가? 만일 누구든지 '〔오랜 세월 동안〕 부처님과, 가르침과, 승가에 귀의한 재가의 제자'라고 말한다면, 그는 바로 사꺄족의 사라까니를 바르게 말한 것이다. 사꺄족의 사라까니는 그렇게 행한 사람이다. 그런데 어떻게 그런 사람이 나쁜 곳으로 가겠는가?

만일 이 커다란 사라 나무가 잘 설해진 것과 잘못 설해진 것을 알 수 있다면, 나는 이 나무에게라도 '이 나무는 진리의 흐름에 들어 더 이상 나쁜 곳에 떨어지지 않고 확정되어 깨달음으로 향하여 나아간다.'고 선언할 것이다. 하물며 사꺄족의 사라까니는 더 이상 무슨 말이 필요하겠는가? 사꺄족의 사라까니는 그가 죽을 때 수행을 성취하였다."

## 바후까 강으로 왜 갑니까?
| 맛지마 니까야: 7 왓투빠마 경 19-22 |

이와 같이 나는 들었다. 어느 때 부처님은 사왓티의 기원정사에 계셨다. 그때 브라흐민 순다리까 바라드와자는 부처님께 이와 같이 말하였다.

"고따마 존자님은 바후까 강으로 목욕[101]하러 가십니까?"

"브라흐민이여, 바후까 강으로 왜 갑니까? 바후까 강이 무엇을 할 수 있습니까?"

"고따마 존자님, 많은 사람들은 바후까 강이 그들을 깨끗하게 한다고 생각합니다. 바후까 강은 많은 사람들에게 공덕이 된다고 생각합니다. 그래서 많은 사람들은 바후까 강에서 그들이 지은 악한 행위를 씻어냅니다."

이에 부처님은 브라흐민 순다리까 바라드와자에게 게송으로 말씀하셨다.

바후까 강에서, 아디깍까, 가야, 그리고 순다리까 강과
사랏사띠 강과, 빠야가, 그리고 바후마띠 강에[102]
어리석은 자 영원토록 목욕한다 해도
그의 검은 행위를 깨끗이 할 수 없네.

---
101) 보통 목욕이 아니라, 청정하게 하는 정화 예식으로 성스러운 강에 몸을 담금으로써 악이 씻긴다고 함. 현재도 힌두교의 큰 전통으로 이어옴.
102) 강이라고 쓴 네 개는 강이고 나머지 셋은 얕은 곳으로 목욕하는 장소이다.

순다리까 강이 무엇을 할 수 있는가?
**빠야가, 바후까** 강이 무엇을 할 수 있는가?
잔인하고 잔혹한 짓을 한 사람들,
강들은 이런 악인을 씻어 깨끗이 할 수 없네.

마음이 순수하고 맑은 사람들
매일 매일이 정화의 날[103]이고 포살날이네
행동이 바르고 마음이 깨끗한 사람은
자신의 계행을 온전히 하네.

브라흐민이여, 이 가르침에 목욕하라
그래서 모든 존재를 안온하게 하라.

거짓말을 하지 않으며,
살아있는 생명을 죽이지 않으며,
주지 않는 것을 훔치지 않으며,
믿음을 가지고 인색하지 않으면,
가야 강으로 갈 필요가 있겠는가?
왜냐하면 어떤 우물도 가야이므로.

부처님의 이와 같은 말씀을 듣고 브라흐민 순다리까 바라드와자는 부

---

103) 브라만교의 관습으로 '정화의 날'. 2월-3월달 보름 다음 날 강에 목욕하면 일 년 동안 지은 악이 깨끗해진다고 함.

처님께 출가하여 비구가 되어 열심히 수행 정진하여 아라한이 되었다.

## 초인간이 아닌 수행자 고따마
| 맛지마 니까야: 12 마하시하나다 경 1-4 |

이와 같이 나는 들었다. 어느 때 부처님은 웨살리 근교의 서쪽에 있는 숲에 계셨다.

그때 릿차위족의 아들 수낙캇따는 최근에 부처님의 가르침과 계율을 떠났다. 그런데 그는 웨살리에서 사람들이 모인 곳에서 이렇게 말하였다.

"수행자 고따마는 어떤 초능력적인 면모도 없고, 훌륭한 사람들이 가지고 있는 지혜나 통찰력의 특별함도 없습니다. 그는 자신의 경험에 바탕을 두고 추론에 의하여 담마를 가르칩니다. 그는 누구에게든지 담마를 가르칠 때는 이렇게 말합니다. '이 가르침을 수행하면 괴로움의 완전한 소멸에 이른다.' 고 가르칩니다."

그때 아침에 존자 사리뿟따가 웨살리에 탁발하러 나갔다가 수낙캇따의 부처님을 비난하는 이야기를 듣게 되었다. 그래서 부처님께 수낙캇따가 비난하고 다니는 이야기를 그대로 말씀드렸다. 이에 부처님은 사리뿟따에게 말씀하셨다.

"사리뿟따여, 어리석은 수낙캇따는 [마음속에 불만이 있고[104]] 그래서 화가 나서 그렇게 말하고 다닌다. 그는 여래를 비난한다고 생각하겠지만 사실은 그는 여래를 칭찬하는 것이다. 그는 말하기를, '사문 고따

---

104) 디가 니까야 24장에 수낙캇따는 말하기를 "부처님은 기적도 보여주지 않고, 사물의 시초 같은 것도 가르치지 않기 때문에 속퇴하겠다." 고 말한다. 그는 기적이나 초능력에 관심이 있었다.

마는 누구에게든지 담마를 가르칠때는 이 담마를 수행하는 사람을 완전한 괴로움의 소멸로 이끈다고 말합니다.' 그러나 수낙캇따가 말하는 것은 여래를 비난하는 것이 아니라 오히려 칭찬하는 것이다."

## 희론에 물들지 않는 분
| 맛지마 니까야: 18 마두삔디까 경 1-8 |

이와 같이 나는 들었다. 어느 때 부처님은 사꺄족들이 사는 곳에 계셨는데 까삘라왓투의 니그로다 승원에 계셨다. 부처님은 탁발에서 돌아와 공양을 마치고 낮 동안의 명상을 위해 마하와나 숲으로 가셔서 어린 벨루와 나무 아래 앉으셨다.

그때 사꺄족의 단다빠니는 산책하러 마하와나로 갔다가 부처님이 계신 곳으로 갔다. 그는 부처님께 인사를 하고 지팡이에 기대서서[105] 이렇게 말하였다.

"〔교만한 투로〕 사문의 견해는 무엇이오? 무엇을 가르칩니까?"

"벗이여, 나는 이 세상의 어느 누구와도 논쟁하지 않습니다. 감각적 쾌락에서 떠나고, 의혹을 떠나고, 걱정을 끊어버리고, 존재의 어떤 영역에 대한 갈애[106]도 없이 머무는 사람은 더러움에 물든 인식에 사로잡히지 않습니다. 이것이 나의 가르침이고 나의 견해입니다."

부처님의 이런 대답에 단다빠니는 머리를 흔들고, 혀를 내두르고, 이마를 찡그리고 지팡이를 짚고 그 자리를 떠났다.

부처님은 저녁나절 명상을 끝내고 다시 니그로다 승원으로 돌아오

---

105) 그는 늙지도 않은 사람이 허세를 부리며 지팡이를 짚고 다녔다 함.
106) 존재의 영역은 6도 윤회 중 어디에 태어나기를 바라는 것을 말함.

셔서 비구들이 모인 자리에서 단다빠니와의 대화 내용을 모두 이야기하셨다. 그때 어떤 비구가 이런 질문을 하였다.

"부처님, 이 세상 어느 누구와도 논쟁하지 않는다는 것은 무엇이며, 어떻게 더 이상 그런 더러움에 물든 인식에 사로잡히지 않습니까?"

"비구들이여, 인간을 괴롭히는 희론[107]에 물든 인식과 개념이 있는데, 만일 그것에서 기뻐할 것도 없고, 환영할 것도 없고, 집착할 것도 없다는 것을 발견하게 되면, 그것은 잠재적 집착의 끝이며, 증오의 끝이며, 잘못된 견해의 끝이며, 의심, 자만심, 존재에 대한 욕망, 무지의 끝이다. 그것은 몽둥이나 무기를 사용하는 것의 끝이며, 다툼, 싸움, 논쟁, 비난, 악의, 거짓말의 끝이며, 여기에서 악하고 바람직하지 않은 것들이 남김 없이 소멸한다."

이와 같이 부처님은 가르치셨다.

## ❋ 어두운 행위에는 어두운 결과가 따른다
| 맛지마 니까야: 57 꾹꾸라와띠까 경 |

이와 같이 나는 들었다. 어느 때 부처님은 꼴리야국의 할릿다와사나라는 꼴리야 마을에 계셨다.

그때 소의 행동을 하며 수행하는 고행자 뿐나와 개의 행동을 하며 수행하는 나체 고행자 세니야가 부처님을 찾아왔다. 그들은 부처님께 인사를 드리고 소의 행동을 닦는 뿐나는 한쪽에 앉고 개의 행동을 닦는

---

107) Papañca(희론으로 번역함): 빠빤쨔는 "장애. 방해. 착각"이라는 뜻을 가지며 수행에 걸림돌이 된다. 이것은 현실적, 실제적, 사실적이 아닌, 이치에 맞지 않는 모순된 생각으로 인간을 혼란스럽게 만들고 번뇌망상을 일으킨다. 부처님은 희론을 떠난 분이었다. 부처님의 사유 경향을 잘 알 수 있다. 현실적, 실제적, 사실적이 아닌, 이치에 맞지 않는 모순된 생각으로 인간을 혼란스럽게 만들고 번뇌망상을 일으킨다. 부처님은 희론을 떠난 분이었다. 부처님의 사유 경향을 잘 알 수 있다.

세니야는 개처럼 한쪽에 웅크리고 앉았다. 뿐나는 부처님께 이렇게 말하였다.

"존자님, 세니야는 나체로 남이 하기 어려운 개의 행동을 하며 고행합니다. 그는 음식이 땅위에 던져졌을 때 먹고 오랫동안 개의 행동을 하며 고행을 해 왔습니다. 그의 목적지는 어디입니까? 미래에 그는 어디로 갑니까?"

"뿐나여, 그만두시오. 그런 것을 나에게 묻지 마십시오."

뿐나는 두 번, 세 번 부처님께 똑같은 질문을 하며 부처님의 대답을 듣기 원하였다.

"뿐나여, 나에게 그런 것을 묻지 말라고 말하면서 그대의 질문에 대답하지 않았지만〔할 수 없이〕그대에게 말하겠소. 뿐나여, 여기 어떤 사람이 철저하게 그리고 계속적으로 개의 행동과 개의 습관, 개의 마음을 닦았습니다. 그가 죽은 후 그는 개들의 동료로 태어납니다. 그가 설령 생각하기를 '이런 계행과 고행과 수행으로 나는 신이 될 것이다.'라고 한다면 그것은 잘못된 생각입니다."

부처님이 이렇게 말씀하시자 세니야는 눈물을 흘리며 소리를 내어 울었다. 부처님은 말씀하셨다.

"뿐나여, 나에게 그런 것을 묻지 말고 그만두라고 그대에게 말했지만 나는 그대를 설득할 수 없었소."

이에 세니야는 말하였다.

"존자님, 부처님이 그렇게 말했다고 해서 우는 것이 아니고 제가 오랫동안 개의 행동을 닦으며 고행하였기 때문에〔그 과보를 생각하고〕우는 것입니다. 그러면 존자여, 여기 뿐나는 소의 행동을 하는 고행자입니다. 그는 오랫동안 소의 행동을 하며 고행을 해 왔습니다. 그의 목적지는 어디입니까? 미래에 그는 어디로 갑니까?"

"세니야, 그만두십시오. 나에게 그런 질문을 하지 마십시오."

그러나 세니야는 두 번, 세 번 같은 질문을 하였다. 이에 부처님은 말씀하셨다.

"세니야여, 나에게 그런 것을 묻지 말라고 말하면서 그대의 질문에 대답하지 않았지만 〔할 수 없이〕 그대에게 말하겠소. 여기 어떤 사람이 철저하게 소의 행동과 소의 습관과 소의 마음을 닦았습니다. 그가 죽은 후 그는 소의 동료로 태어납니다. 그가 설령 생각하기를 '이런 수행과 고행의 공덕으로 나는 신이 될 것이다.' 라고 한다면 그것은 잘못된 생각입니다."

부처님이 이렇게 말씀하시자 뿐나는 눈물을 흘리며 소리를 내어 울었다. 부처님은 말씀하셨다.

"세니야여, 나에게 그런 것을 묻지 말고 그만두라고 그대에게 말했지만 나는 그대를 설득할 수 없었소."

이에 뿐나는 말하였다.

"존자님, 부처님이 그렇게 말했다고 해서 우는 것이 아니고 제가 오랫동안 소의 행동을 닦으며 고행하였기 때문에 〔그 과보를 생각하고〕 우는 것입니다.

존자님, 저는 부처님께 대한 이런 신뢰심이 있습니다. '부처님은 나에게 소의 행동을 버릴 수 있도록 가르침을 주실 수 있다. 그리고 여기 개의 행동을 닦는 나체 고행자도 개의 행동을 버릴 수 있도록 가르침을 주실 수 있다.' 고요."

"뿐나여, 여기 내가 최상의 지혜로 깨달은 〔진리인〕 네 가지 행위가 있습니다. 네 가지 행위란 무엇입니까?

① 어두운 행위는 어두운 결과를 가져옵니다.

② 밝은 행위는 밝은 결과를 가져옵니다.

③ 어둡고 밝은 행위는 어둡고 밝은 결과를 가져옵니다.

④ 어둡지도 밝지도 않은 행위는 어둡지도 않고 밝지도 않은 결과를 가져옵니다."

부처님은 각 행위를 더 설명하셨다. 이에 소의 행동을 닦는 고행자 뿐나는 부처님의 가르침을 찬탄하면서 부처님께 귀의하여 재가신도가 되었다. 개의 행동을 닦는 고행자 세니야는 부처님의 가르침을 찬탄하면서 부처님께 출가하겠다고 말하였다. 이에 부처님은 말씀하셨다.

"세니야여, 전에 다른 교단의 사람이 이 가르침과 계율에 출가하기를 원한다면 넉 달 동안 시험삼아 살아보는 기간이 필요합니다. 넉 달의 마지막 날에 만일 모든 비구 대중들이 그에게 만족하면 비구들은 그를 받아들여 비구의 자격을 줍니다. 그러나 출가를 원하는 사람에 따라서 개인적인 차별이 있을 수 있습니다."

그 후 세니야는 넉 달간의 시험기간을 거쳐 정식 비구가 되어 열심히 정진하여 마침내 아라한이 되었다.

## ❂ 열 가지 형이상학적[108] 질문
| 맛지마 니까야: 63 쭐라말룽꺄 경 |

이와 같이 나는 들었다. 어느 때 부처님은 사왓티의 기원정사에 계

---

108) 형이상학: 눈에 보이지 않는 추상적, 철학적, 초경험적, 관념적인 것에 바탕을 둔 것.

셨다. 그때 말룽꺄뿟따 존자는 홀로 명상을 하고 있는 동안 이런 생각이 떠올랐다.

'부처님은 이와 같은 추론적인 견해들은 말씀하시지 않고 제쳐 두고 배척하셨다.

① 세상은 영원한가?
② 세상은 영원하지 않은가?
③ 세상은 유한한가?
④ 세상은 무한한가?
⑤ 영혼과 육체는 같은가?
⑥ 영혼과 육체는 다른가?
⑦ 여래는 사후에 존재하는가?
⑧ 여래는 사후에 존재하지 않는가?
⑨ 여래는 사후에 존재하기도 하고 존재하지 않기도 한가?
⑩ 여래는 사후에 존재하는 것도 아니고 존재하지 않는 것도 아닌가?

이런 견해에 대해 부처님이 내게 말씀하지 않는 것이 못마땅하고 흡족하지 않다. 그러니 부처님께 가서 그 뜻을 여쭈어 보아야겠다. 만일 부처님이 이런 질문에 대답하시면 나는 수행생활을 계속할 것이고, 만일 대답을 하지 않으시면 나는 수행을 버리고 집으로 돌아갈 것이다.'

그래서 저녁나절 말룽꺄뿟따 존자는 명상을 끝내고 부처님께 가서 자기가 생각하고 있는 것들을 그대로 말씀드렸다. 그리고 말하였다.

"부처님께서 '세상은 영원하다'고 생각하시면 '세상은 영원하다'고 말씀해 주십시오. '세상은 영원하지 않다'고 생각하시면 '세상은 영원하지 않다'고 말씀해 주십시오. 두 가지 다 모르시면 알지 못하고 보지 못하기 때문에 '나는 모른다. 나는 보지 못한다' 고 말씀하시는 것이 솔직할 것입니다.

부처님께서 '세상은 유한하다' 라고 생각하시면 '세상은 유한하다' 고 말씀해 주십시오. '유한하지 않다' 고 생각하시면 '세상은 무한하다' 고 말씀해 주십시오. 두 가지 다 모르시면 알지 못하고 보지 못하기 때문에 '나는 모른다. 나는 보지 못한다' 고 말씀하시는 것이 솔직할 것입니다.

부처님께서 '영혼과 육체는 같다' 고 생각하시면……, '영혼과 육체는 같지 않다' 고 생각하시면……, '여래는 사후에 존재한다' 고 생각하시면……, '여래는 사후에 존재하지 않는다' 고 생각하시면……, '여래는 사후에 존재하기도 하고 존재하지 않기도 한다' 고 생각하시면……, '여래는 사후에 존재하는 것도 아니고 존재하지 않는 것도 아니다' 라고 생각하시면 '여래는 사후에 존재하는 것도 아니고 존재하지 않는 것도 아니다.' 고 말씀해 주십시오. 두 가지 다 모르시면 알지 못하고 보지 못하기 때문에 '나는 모른다. 나는 보지 못한다' 고 말씀하시는 것이 솔직할 것입니다."

이에 부처님은 말씀하셨다.

"말룽꺄뿟따, 내가 그대에게 '나를 따라 청정한 수행생활을 하면 그대에게 세계는 영원한가, 영원하지 않은가, ……,[109] 또는 여래는 사후에 존재하는 것도 아니고 존재하지 않는 것도 아닌가를 말해줄 것이다.' 라고 말한 적이 있는가?"

"없습니다, 부처님."

---

109) 앞 장의 열 가지 질문을 그대로 반복함.

"그대가 나에게 '만일 부처님께서 세상은 영원한가, 영원하지 않은가, ……, 또는 여래는 사후에 존재하는 것도 아니고 존재하지 않는 것도 아닌가를 말해 주신다면 나는 부처님께 출가하겠다.' 라고 말한 적이 있는가?"

"없습니다, 부처님."

"말룽꺄뿟따, 나도 그대에게 '나를 따라 출가하면 세상은 영원한가 등을 말해 주겠다고 말하지 않았고, 그대도 나에게 세상은 영원하다 등을 말해 주면 출가하겠다.' 고 말하지 않았다. 그렇다면, 어리석은 사람아, 누구에게 무엇을 바라겠다는 것이냐?

어떤 사람이 이렇게 '부처님께서 세상은 영원한가, 영원하지 않은가, ……, 또는 여래는 사후에 존재하는 것도 아니고 존재하지 않는 것도 아닌가를 설명해 줄 때까지, 나는 부처님 아래 출가하지 않을 것이다.' 라고 말하는 사람이 있다면, 이런 것들은 결코 여래에 의하여 그에게 설명되지 않은 채 남아 있을 것이므로 그러는 동안 이 사람은 아마 죽을 것이다.

(독 묻은 화살의 비유)

말룽꺄뿟따, 어떤 사람이 독이 잔뜩 묻은 화살을 맞았다고 하자. 그래서 그의 친구와 동료와 친척들이 그를 치료하기 위해 외과의사를 데리고 왔다. 그런데 독화살 맞은 사람이 말하기를 '나를 쏜 사람이

- 계급이 왕족인지, 브라흐민인지, 상인인지, 노예인지 알기 전에는 이 독화살을 뽑지 않겠다.
- 이름이 무엇인지, 어느 종족인지 알기 전에는 이 독화살을 뽑지

않겠다.
- 키가 큰지, 작은지, 중간인지 알기 전에는 이 독화살을 뽑지 않겠다.
- 피부색깔이 검은지, 갈색인지, 금색인지 알기 전에는 이 독화살을 뽑지 않겠다.
- 시골에 사는지, 읍이나 도시에 사는지 알기 전에는 이 독화살을 뽑지 않겠다.
- 활이 긴 활인지, 격발식 활인지 알기 전에는 이 독화살을 뽑지 않겠다.
- 활줄이 섬유인지, 갈대인지, 힘줄인지, 대마인지, 나무껍질인지 알기 전에는 이 독화살을 뽑지 않겠다.
- 화살대가 거친지, 또는 잘 다듬어졌는지 알기 전에는 이 독화살을 뽑지 않겠다.
- 화살의 깃털이 독수리 깃털인지, 까마귀, 매, 공작새, 황새 깃털인지 알기 전에는 이 독화살을 뽑지 않겠다.
- 화살대를 묶은 힘줄이 황소 힘줄인지, 들소, 사자, 원숭이 힘줄인지 알기 전에는 이 독화살을 뽑지 않겠다.
- 화살이 뾰족한지, 굽었는지, 가시가 있는지, 송아지 이빨 같은지, 협죽도 잎 모양인지 알기 전에는 이 독화살을 뽑지 않겠다.'

이와 같이 말한다면 그는 이것들을 결코 알 수 없을 것이며 그러는 동안에 그는 죽고 말 것이다.

(세상이 영원해도 영원하지 않아도 생로병사는 여전하다)

이와 마찬가지로 말룽꺄뿟따, '부처님이 세상은 영원한가, 영원하지 않은가, ……, 또는 여래는 사후에 존재하는 것도 아니고 존재하지 않는 것도 아닌가를 설명해 주실 때까지, 나는 부처님 아래 출가하지 않을 것이다.' 라고 말하는 사람이 있다면, 여래는 그에게 결코 설명하지 않을 것이므로 그러는 동안 그는 죽고 말 것이다.

말룽꺄뿟따, 청정한 삶이란 '세상은 영원한가 또는 영원하지 않은가' 와 같은 견해에 따라서 말해질 수 있는 것이 아니다. '세상은 영원하다.' 또는 '세상은 영원하지 않다.' 라는 견해가 있어도, 〔이것과는 관계없이 이 세상에는 여전히〕 태어남과, 늙음과, 죽음이 있으며, 슬픔, 한탄, 괴로움, 절망이 있다. 나는 지금 여기에서 이것들의 부수어버림을 가르친다.

말룽꺄뿟따, 청정한 삶은 '세상은 유한한가, ……, 또는 여래는 사후에 존재하는 것도 아니고 존재하지 않는 것도 아닌가.' 와 같은 견해에 따라서 말할 수 있는 것이 아니다. '세상은 유한하다' 고 해도, ……, 또는 '여래는 사후에 존재하는 것도 아니고 존재하지 않는 것도 아닌가.' 라고 해도 〔이것과는 관계없이 이 세상에는 여전히〕 태어남과, 늙음과, 죽음이 있으며, 슬픔, 한탄, 괴로움, 절망이 있다. 나는 지금 여기에서 이것들의 부수어버림을 가르친다.

(단언하여 말하지 않은 것)

그러므로 말룽꺄뿟따, 내가 단언하여 말한 것은 단언하여 말한 것으로 기억하고, 단언하여 말하지 않은 것은 단언하여 말하지 않은 것으로 기억하여라.

어떤 것을 내가 단언하여 말하지 않았는가? '이 세상은 영원하다' 고 나는 단언하지 않았다. '이 세상은 영원하지 않다' 고도 나는 단언하지 않았다. '영혼과 육체는 같다' 고 나는 단언하지 않았다. '영혼과 육체는 같지 않다' 고도 단언하지 않았다. '여래는 사후에 존재한다' 고 나는 단언하지 않았다. '여래는 사후에 존재하지 않는다' 고도 단언하지 않았다. '여래는 사후에 존재하기도 하고 존재하지 않기도 한다' 고 나는 단언하지 않았다. '여래는 사후에 존재하는 것도 아니고 존재하지 않는 것도 아니다' 고도 단언하지 않았다.

나는 왜 그것들을 단언하여 말하지 않았는가? 왜냐하면 이것들은 목표와 이어져 있지 않으며, 청정한 삶의 근본에 적합하지 않으며, 깨어있음으로 이끌지 않으며, 욕망의 버림, 갈애의 소멸, 평화로움, 최상의 지혜, 깨달음, 그리고 열반으로 이끌지 않기 때문이다.

(단언하여 말한 것)

그러면 나는 무엇을 단언하여 말하였는가? '이것은 괴로움이다.' 라고 나는 단언하여 말하였다. '이것은 괴로움의 근원이다.' 라고 나는 단언하여 말하였다. '이것은 괴로움의 소멸이다.' 라고 나는 단언하여 말하였다. '이것은 괴로움의 소멸에 이르는 길이다.' 라고 나는 단언하여 말하였다.

나는 왜 그것들을 단언하여 말하였는가? 왜냐하면 이것들은 목표와 이어져 있으며, 청정한 삶의 근본이며, 깨어있음으로 이끌며, 욕망의 소멸, 갈애의 소멸, 평화로움, 최상의 지혜, 깨달음, 그리고 열반으로 이끌기 때문이다.

그러므로 말룽꺄뿟따, 그대는 내가 단언하여 말한 것은 단언하여 말한 것으로 기억하고, 단언하여 말하지 않은 것은 단언하여 말하지 않은 것으로 기억하여라. 이것이 붓다의 말이다."

말룽꺄뿟따 존자는 부처님 말씀에 만족하고 기뻐하였다.

## 🌀 출가 수행생활의 눈에 보이는 결실
| 디가 니까야: 2 사만냐팔라 경 13,14,34-36 |

아자따삿뚜왕은 부처님께 인사를 드린 후 자리에 앉아 이렇게 말하였다.

"부처님께서 제게 질문할 기회를 주신다면 뭐좀 여쭙고 싶습니다."

"대왕님, 무엇이든지 다 말씀하십시오."

"부처님, 세상에는 여러 가지 종류의 기술자들이 있습니다. 예를 들면, 코끼리 다루는 사람, 말 다루는 사람, 전차 투사, 궁술사, 전략가, 황실 고위 관리, 요리사, 이발사, 빵 굽는 사람, 화환 만드는 사람, 천 짜는 사람, 염색공, 바구니 만드는 사람, 단지 굽는 사람, 회계사 등이 있습니다. 이 외에도 다른 많은 기술들이 있습니다. 어떤 기술을 가지고 있든 이들은 지금 현재 모두 그들 기술의 눈에 보이는 결과로 살아갑니다. 그들 자신이 기쁨과 행복을 얻고 부모와, 아내, 자녀, 친구, 동료들과 함께 기쁨과 행복을 누립니다. 그들은 사문이나 브라흐민에게 꾸준히 보시를 합니다. 그 결과로서 그들은 축복을 받고 행복을 누리고 천상에 태어난다고 확신합니다. 부처님 지금 여기에서 눈에 보이는 이와 비슷한 사문의 결실을 지적하는 것이 가능합니까?"

"대왕님, 지적할 수 있습니다. 그러면 몇 가지 질문을 하겠으니 합당한 대답을 하도록 하십시오. 대왕님께 하인이 있다고 합시다. 그 하인은 그대보다 일찍 일어나고 늦게 잡니다. 그대가 명하는 것은 무엇이든지 기꺼이 합니다. 항상 그대를 기쁘게 하도록 행동하고 공손하게 말합니다. 항상 그대의 얼굴빛을 살핍니다.

그런데 그 하인에게 이런 생각이 떠올랐다고 합시다. '공덕의 행위의 결실과 그 종국의 행선지는 정말 훌륭하고 놀랍지 않은가! 마가다의 아자따삿뚜왕도 인간이고 나도 인간이다. 그러나 왕은 마치 신처럼 다섯 가닥의 감각적 쾌락을 즐기며 산다. 반면에 나는 하인이다. 왕보다 나는 일찍 일어나고 늦게 잔다. 왕이 명하는 것은 무엇이든지 기꺼이 한다. 항상 왕을 기쁘게 하도록 행동하고 공손하게 말한다. 항상 왕의 얼굴빛을 살핀다. 그러니 나 또한 공덕의 행위를 닦아야겠다. 머리와 수염을 깎고 노란 가사를 입고 출가하면 어떨까?'

하인은 그 후 출가하여 행동과 말과 생각을 절제하고, 최소의 음식과 의복에 만족하고 떨어져 사는 것을 기뻐하였다고 합시다. 그런데 왕의 수행원이 그대에게 보고하기를, '대왕님의 노예였던 자가 삭발하고 출가하여 훌륭하게 수행생활을 하고 있습니다.' 라고 하였다면 이런 보고를 듣고 왕께서, '그 노예가 내게로 다시 돌아와서 내 시중을 들도록 하라. 그를 다시 노예로 만들라.' 고 하신다면 그것은 합당하겠습니까?"

"아닙니다. 부처님, 우리는 오히려 그에게 절을 하고 그에 대한 존경심으로 자리에서 일어나 맞이하며 자리를 권하여 앉도록 할 것입니다. 가사와 음식, 거처, 그리고 질병에 사용될 의약품을 받도록 청할 것이며 법에 따라 그에 대한 안전과 보호를 제공할 것입니다."

"대왕님, 그렇다면 이것이 지금 현재 눈에 보이는 사문의 결실이 아니고 무엇이겠습니까?"

"부처님, 그렇습니다. 그것이 바로 지금 현재 눈에 보이는 사문의 결실입니다."

"대왕님, 그렇습니다. 이것이 내가 그대에게 지적하는 지금 현재 눈에 보이는 사문의 결실입니다."

## 여섯 이교도 사상가[110]의 견해
| 디가 니까야: 2 사만냐팔라 경 16-33 |

아자따삿뚜왕은 부처님께 이렇게 말하였다.

"부처님, 저는 여섯 명의 사상가를 방문하여 출가 수행생활의 결실에 대하여 질문한 적이 있습니다.

뿌라나 깟사빠는 대답하기를,

살아있는 생명을 죽이고, 주지 않는 것을 훔치고, 문을 부수고 도둑질하고, 강탈하고, 노상 강도짓을 하고, 간통하고, 거짓말하는 등의 나쁜 짓을 해도 그것은 악을 지은 것이 아니다. 심지어 날카로운 날을 가진 원반으로 지구상의 모든 생물들을 갈아 한 무더기로 만든다해도 악을 지은 것이 아니며, 이 결과 때문에 악이 더 덧붙지도 않는다. 갠지스 강의 남쪽 강변으로 가서 살해하고 살해하게 하더라고 악을 지은 것이 아니며, 이 결과 때문에 악이 더 덧붙지도 않는다. 갠지스 강의 북

---

[110] Pūraṇa Kassapa, Makkhali Gosāla, Ajita Kesakambali, Pakudha Kaccāyana, Nigaṇṭha Nātaputta, Sañjaya Belaṭṭhaputta.

쪽으로 가서 보시를 하고 보시를 하게 하더라도, 제사를 지내고 제사를 지내게 하더라도, 공덕을 지은 것이 아니며 이 결과로 공덕이 더 덧붙지도 않는다. 보시하고 자신을 절제하고 감각기관을 절제하고 진실을 말한다해도, 공덕이 되지 않으며 공덕이 더 덧붙지도 않는다.

막칼리 고살라는 대답하기를,
사람을 타락시키는 어떤 원인도 없고 조건도 없다. 사람을 정화시키는 어떤 원인도 없고 조건도 없다. 원인도 조건도 없이 타락되기도 하고 정화되기도 한다. 나 자신의 행동에 의하여 이루어진 것도 없고, 남의 행동에 의하여 이루어진 것도 없고, 인간의 노력에 의하여 이루어진 것도 없다. 생명을 가진 모든 존재하는 것들은 그들 자신에게는 힘이나 에너지가 없으며, 다만 그들의 운명에 따라서 그들이 속한 여섯 종류의 윤회의 조건에 따라서 즐거움과 괴로움을 겪는다. 지혜로운 사람이나 어리석은 사람이나 팔백사십만 대겁을 윤회한 후 괴로움이 끝난다. '계행에 의하여, 의무의 수행, 고행, 청정한 수행생활을 함으로써 아직 익지 않은 업을 익게 한다든지, 또는 이미 익은 업을 점차적으로 없애겠다.' 는 것은 불가능하다. 왜냐하면 즐거움과 괴로움은 윤회에 의하여 이미 정해져 있기 때문에 줄일 수도 없고 늘일 수도 없다. 마치 실타래를 던지면 감겨있는 실의 길이만큼 멀리 굴러가는 것과 같다. 이와 마찬가지로 지혜로운 사람이든 어리석은 사람이든 윤회할 만큼 윤회한 후에 괴로움이 끝난다.

아지따 께사깜발리는 대답하기를,

보시나 제사 제물에 대한 공덕도 없고, 선행과 악행의 과보도 없다. 이 세상도 저 세상도 존재하지 않는다. 어머니도 없고 아버지도 없고 저절로 생긴 것도 없다. 이 세상에는 자신의 최상의 지혜로 깨달아 이 세상과 저 세상을 말하는 바르게 수행하는 사문도 없고 브라흐민도 없다. 인간은 네 가지 요소로 이루어져 있는데 그가 죽으면 땅의 요소는 땅의 본체로 돌아가고, 물의 요소는 물의 본체로, 불의 요소는 불의 본체로, 바람의 요소는 바람의 본체로 돌아가고, 감각기능들은 허공에 흩어진다. 관을 다섯 번째로 하여 네 사람이 시체를 메고 간다. 송경은 오직 화장터까지만 들린다. 뼈는 회색으로 변한다. 제식은 재로 끝날 뿐이다. 보시는 바보들의 생각이다. 죽은 후의 존재를 말하는 사람들은 거짓이며 빈말이다. 어리석은 자도 지혜로운 자도 죽은 후에는 몸은 파괴되고 없어져버린다. 죽은 후에는 존재하지 않는다.

빠꾸다 깟짜야나는 대답하기를,
다음의 일곱 가지는 만들어진 것이 아니고 만들어진 어떤 것이 아니며, 창조된 것도 아니고 창조자도 없다. 그러므로 이 일곱 가지에서 생산되는 것은 아무것도 없다. 이 일곱 가지는 산의 정상처럼 확고하고 문가에 세워진 기둥처럼 견고하고 영원하다. 그들은 흔들리지 않고, 변하지 않으며, 서로 방해하지 않으며, 서로 즐거움이나 괴로움의 원인이 될 수 없다. 이 일곱 가지는 땅의 본체, 물의 본체, 불의 본체, 바람의 본체, 쾌락, 고통, 영혼이다. 이 일곱 가지에는 죽이는 자도 없고 죽임을 당하는 자도 없다. 듣는 자도 없고, 말하는 자도 없고, 아는 자도 없다. 날카로운 칼로 목을 베어도 누구의 목숨도 빼앗은 것이 아니다. 왜냐하면 칼날이 이 일곱 가지 본체 사이의 공간을 지났을 뿐이기 때문이다.

니간타 나따뿟따는 대답하기를,

이 세상에서 니간타는 네 가지의 자아 절제로 자신을 절제한다. 그는 모든 물의 사용을 절제하여 찬물을 취하지 않는다.[111] 악을 삼간다. 악을 삼감으로써 악을 완전히 버린다. 완전한 절제를 성취한다. 이것이 네 가지 자아 절제이다. 이와 같이 네 가지 자아 절제로 자신을 절제하는 니간타를 일러 '자아를 성취한 사람, 자신을 다스리는 사람, 자아가 확고부동한 사람'이라고 부른다.

산자야 벨랏타뿟따는 대답하기를,

만일 그대가 나에게 '저 세상이 있는가?'라고 묻는다면, 만일 내 생각에 다른 세상이 있다고 생각되면 '다른 세상이 있다.'고 대답해야 한다. 그러나 나는 그렇게 말하지 않고, 저렇게도 말하지 않는다. 그렇지 않다고도 말하지 않는다. 저렇지 않다고도 말하지 않는다. 그렇지 않은 것도 아니라고 말하지 않는다. 저 세상이 있다고도 말하지 않고 없다고도 말하지 않는다. 만일 그대가 '우연히 생기는 존재가 있느냐'고 묻는다면, 또는 '선행과 악업의 과보가 있느냐'고 묻는다면, 또는 '죽음 후에 삶이 있느냐'고 묻는다면, 나는 있다고도 말하지 않고 없다고도 말하지 않는다. 그렇게 말하지 않고 저렇게도 말하지 않는다. 그렇지 않다고도 말하지 않는다. 저렇지 않다고도 말하지 않는다. 그렇지

---

111) 땅 표면에 영혼이 있다고 생각하기 때문.

않은 것도 아니라고 말하지 않는다.

 부처님, 이 여섯 사문이나 브라흐민의 주장을 듣고 나는 그들의 말에 찬사도 거부도 나타내지 않고 그 자리에서 나왔습니다."

## 🏵 더 큰 결실과 이익이 있는 제사
| 디가 니까야: 5 꾸따단따 경 26-28 |

 꾸따단따 브라흐민은 부처님께 이렇게 질문하였다.
 "고따마 존자님, 이 제사보다 덜 어렵고 덜 번거롭고 그러나 더 큰 결실과 이익을 가져오는 다른 제사가 있습니까?"
 "있습니다. 브라흐민이여, 그것은 어느 누구라도 청정한 마음으로 계행을 지키는 것입니다. 살생하지 않고, 주지 않는 것을 취하지 않으며, 삿된 음행을 하지 않으며, 거짓말을 하지 않으며, 술을 금하는 것이오. 이것이 바로 덜 어렵고 덜 번거롭고 그러나 더 큰 결실과 이익을 가져오는 제사입니다."
 "그러나 고따마 존자님, 이 다섯 가지 계(오계)보다 더 큰 결실과 이익을 가져오는 다른 제사가 있습니까?"
 "있습니다. 브라흐민이여, 그것은 붓다는 온전히 깨달은 분이며 처음도 훌륭하고, 중간도 훌륭하고, 끝도 훌륭하고, 바른 뜻과 문장을 갖춘 법을 설합니다. 그리고 완전하고도 청정한 수행의 삶을 보여줍니다.
 그를 따르는 제자들은 계행을 닦습니다.
 감각기관을 절제하고 마음챙김에 머뭅니다.
 그 결과 네 가지 선정을 통하여 번뇌를 맑힙니다.

그리고 열반을 성취하고 윤회의 사슬을 끊습니다.

이런 수행이 바로 그 어떤 제사보다도 더 단순하고 덜 어렵고 덜 번거롭고 더 많은 결실과 이익을 가져오는 제사입니다. 이것보다 더 거대하고 더 완전한 제사는 없소."

이와 같이 부처님이 말씀하시자 꾸따단따 브라흐민은 부처님을 찬탄하면서 말하였다.

"참으로 훌륭하십니다. 고따마 존자님, 저를 재가신도로 받아 주십시오. 저는 각각 700마리의 황소와, 수송아지와, 암송아지와, 염소와, 숫양을 모두 풀어주겠습니다. 저는 그들을 살려주고 푸른 풀을 먹게 하겠습니다. 시원한 물을 마시게 하고, 시원한 바람이 그들 주위에 감돌게 하겠습니다."

## ● 초능력과 기적을 금하심
| 디가 니까야: 11 께왓다 경 1-5 |

이와 같이 나는 들었다. 어느 때 부처님은 날란다의 빠와리까의 망고 숲에 계셨다. 그때 젊은 장자 께왓다가 부처님께 와서 인사를 드리고 이렇게 말하였다.

"부처님, 이 날란다는 부유하고, 번영하고, 인구가 많고, 부처님께 신심이 돈독한 사람들로 붐비고 있습니다. 만일 부처님께서 어떤 비구에게 보통사람을 초월하는 힘으로 기적을 행하도록 말씀하신다면 이 날란다는 더욱더 부처님께 신심을 갖게 될 것입니다."

이에 부처님은 께왓다 장자에게 말씀하셨다.

"께왓다, 나는 비구들에게 이렇게 가르치지 않는다. '비구들이여,

가서 흰옷을 입은 재가자들을 위해 보통사람을 초월하는 힘으로 기적을 행하라.'"

그러나 젊은 장자 께왓다는 부처님께 똑같은 요청을 두 번, 세 번하였다. 이에 부처님은 초능력이나 기적의 위험을 그에게 설명하시고 이어서 이렇게 말씀하셨다.

"께왓다, 나는 기적의 위험을 보기 때문에 기적을 좋아하지 않고, 받아들이지 않고, 탐탁히 여기지 않는다."

## 브라흐마[112] 신은 있는가?

| 디가 니까야: 13 떼윗자 경 1-15,19,24 |

이와 같이 나는 들었다. 어느 때 부처님은 500명의 많은 비구와 함께 꼬살라를 유행하여 브라흐민 마을인 마나사까따로 가셨다. 그리고 마나사까따의 북쪽 아찌라와띠 강변의 망고 숲에 머무셨다. 그때 매우 유명하고 부유한 브라흐민들이 마나사까따에 머물고 있었다. 그들의 이름은 짱끼, 따룩카, 뽁카라사띠, 자눗소니, 또데야, 그리고 다른 유명하고 부유한 브라흐민들이 살고 있었다.

그때 와셋타와 바라드와자는 이리 저리 산책을 하고 있었는데 그들 사이에 참된 길과 그릇된 길에 대한 논쟁이 벌어졌다. 젊은 브라흐민 와셋타는 말하였다.

"이것만이 해탈에 이르는 곧은길이며 바른길이며 이 길을 따르는 사람을 브라흐마 신과 하나됨으로 이끈다.[113] 이것은 뽁카라사띠 브라흐

---
112) Brahma: 전지 전능한 최고신의 호칭. 범천으로 번역됨.
113) 우파니샤드는 브라흐마와 아뜨만의 하나되는 길을 강조한다. 이것은 우파니샤드의 해탈에 이르는 커다란 명제이다.(梵我一如: 브라흐마[범천]와 아뜨만은 같다는 사상.)

민의 가르침이다."

이에 젊은 브라흐민 바라드와자가 말하였다.

"이것만이 해탈에 이르는 곧은길이며 바른길이며 이 길을 따르는 사람은 브라흐마 신과 하나됨으로 이끈다. 이것은 따룩카 브라흐민의 가르침이다."

이 주장은 서로를 납득시킬 수 없었다. 그때 와셋타가 바라드와자에게 말하였다.

"사꺄족 출신의 사문 고따마께서 지금 아찌라와띠 강변 망고 숲에 계십니다. 그분은 깨달으신 분, 붓다라고 합니다. 그분에 대한 좋은 평판이 자자합니다. 그러니 우리 함께 사문 고따마께 가서 이 문제를 여쭈어 봅시다. 그리고 그분이 말씀하시는 것을 새기도록 합시다."

그래서 그들은 부처님이 계신 곳으로 가서 인사를 드리고 와셋타가 바라드와자와의 이야기를 모두 말씀드렸다. 부처님은 그들의 이야기를 듣고 말씀하셨다.

"어떤 점에서 그대들 사이에 논쟁과 다툼과 의견의 다름이 있었는가?"

"고따마 존자님, 참된 길과 그릇된 길에 대해서입니다. 다양한 브라흐민들은 각기 다양한 길을 가르칩니다. 그들은 앗다리야 브라흐민, 띳띠리야 브라흐민, 찬도까 브라흐민, 찬다와 브라흐민, 브라흐마짜리야 브라흐민입니다. 이들 모두의 가르침이 그 가르침을 따르는 사람들을 브라흐마 신과 하나됨으로 이끕니까? 마치 마을이나 도시의 근처에 많고 다양한 길이 있지만 그 길들은 모두 함께 마을에서 만납니다. 이와 마찬가지로 이들 브라흐민들이 주장하는 다양한 길이 있지만 그 다양한 길을 따르는 사람을 모두 브라흐마 신과 하나됨으로 이끕니까?"

"와셋타, 그대는 그들 모두가 브라흐마 신과 하나됨으로 이끈다고 말하는가?"

"그렇게 말합니다. 고따마 존자님."

부처님은 재차 물었다.

"그대는 그들 모두가 브라흐마 신과 하나됨으로 이끈다고 말하는가?"

"그렇게 말합니다. 고따마 존자님."

"그러나 와셋타, 세 가지 베다에 정통한 브라흐민들 중 어느 한사람이라도 브라흐마 신을 직접 눈으로 본 적이 있는가?"

"없습니다. 고따마 존자님."

"또는 세 가지 베다에 정통한 브라흐민들의 스승 중 어느 한 사람이라도 브라흐마 신을 직접 본 적이 있는가?"

"없습니다. 고따마 존자님."

"또는 세 가지 베다에 정통한 브라흐민들의 스승의 스승 중에서 어느 한 사람이라도 브라흐마 신을 직접 본 적이 있는가?"

"없습니다. 고따마 존자님."

"또는 그 스승들 중 7대까지 거슬러 올라가서 어느 한 사람이라도 브라흐마 신을 직접 본 적이 있는가?"

"없습니다. 고따마 존자님."

"그런데 와셋타, 세 가지 베다에 능통한 고대 브라흐민 선인들은 베다 시구의 저자이고 베다 시구를 읊은 사람들이고 베다 시구를 쓴 사람들이다. 그런데 오늘날의 브라흐민들은 그것들을 수집하여 반복해서 암송하고 또 반복한다. 어조나 암송은 정확하게 예전의 어조로 말하고 암송한다. 그들은 앗타까, 와마까, 와마데와들이다. 그런데 이들이 '우리는 브라흐마 신이 언제 나타나고 어떻게 나타나고 어디에 나타나는지를 알고 본다.' 고 말한 적이 있는가?"

"없습니다. 고따마 존자님."

"와셋타, 세 가지 베다에 정통한 브라흐민 중에 어느 누구도, 또한 그들의 스승들 중 어느 누구도, 또한 그 스승의 스승들 중 어느 누구도, 또한 그 스승들 중 7대를 거슬러 올라가 어느 누구도 브라흐마 신을 직접 본 사람이 없다. 베다 시구의 저자이며 암송자들인 고대 브라흐민 선인들이 쓰고 암송한 것을 오늘날 브라흐민들은 전승된 그대로 정확하게 그대로의 어조로 암송한다. 전승을 그대로 암송하는 이들조차도 '브라흐마 신이 언제 나타나고 어떻게 나타나고 어디에 나타나는지를 알고 본다.' 고 말한 적이 없다. 그러므로 세 가지 베다에 정통한 브라흐민들은 이렇게 말하는 것과 같다. '우리들은 알지도 못하고 보지도 못한 브라흐마 신과의 하나되는 길을 가르친다. 그러면서 이것만이 해탈에 이르는 곧은 길이며, 바른 길이며, 이 길을 따르는 사람은 브라흐마 신과 하나됨으로 이끈다' 고 말하는 셈이다. 그러므로 세 가지 베다에 능통한 브라흐민들이 말하는 것이 터무니없음이 드러나지 않았는가?"

"정말 터무니없음이 드러났습니다. 고따마 존자님."

"와셋타, 그것은 마치 장님 세 사람이 끈을 서로 붙잡고 길을 가지만 맨 앞의 사람도 아무것도 보지 못하고, 중간 사람도 아무것도 보지 못하고, 맨 끝의 사람도 아무것도 보지 못하는 것과 같다. 이와 같이 세 가지 베다에 능통한 브라흐민들이 말하는 것이 우스꽝스러울 뿐이며 단지 비고 공허한 말임이 드러났다. 그것은 마치 어떤 사람이 이렇게 말하는 것과 같다. '나는 이 나라에서 가장 아름다운 여인을 찾아서 사랑하려고 한다.' 그래서 사람들은 그에게 묻기를,

'그녀가 무슨 계급에 속하는지 압니까?'

'모릅니다.'

'그러면 그대가 찾는 이 나라에서 가장 아름다운 여인의 이름과 가문을 압니까? 키가 큰지 작은지, 얼굴이 검은지 흰지, 도시에 사는지 시골에 사는지 어떤 마을에 사는지를 압니까?'

'모릅니다.'

'그러면 그대는 알지도 못하고 본 적도 없는 여인을 찾고 사랑한다고 합니까?'

'그렇습니다.'

와셋타, 이 사람의 말이 어리석음이 드러나지 않았는가?"

"그렇습니다. 부처님, 정말 그의 말은 어리석음이 드러났습니다."

"그것은 마치 아찌라와띠 강을 건너 저쪽 강둑으로 가고자 하는 사람이 그냥 이쪽 강둑에 서서 소리지르기를, '저쪽 강둑아, 이쪽으로 오너라!' 하고 부르는 것과 같다. 와셋타, 이 사람이 부른다고 해서, 빌고, 간원하고, 구슬린다고 해서 저쪽 강둑이 이쪽으로 오겠는가?"

"그렇지 않습니다. 고따마 존자님."

"그러므로 와셋타, 세 가지 베다에 정통한 브라흐민들의 그 말들은 터무니없음이 드러나지 않았는가?"

"정말 그렇습니다. 고따마 존자님, 세 가지 베다에 정통한 브라흐민들의 이야기는 터무니없음이 드러났습니다."

## 붓다를 떠난 이유
| 디가 니까야: 24 빠띠까 경 1.1-5 |

이와 같이 나는 들었다. 어느 때 부처님은 말라족의 도시인 아누삐야에 계셨다.

그때 부처님은 이른 아침 탁발하기에는 너무 이르다고 생각하시고 방랑수행자 박가와곳따의 수행처를 방문하셨다. 박가와곳따는 말하였다.

"어서 오십시오. 세존께서 오랜만에 여기에 오실 기회를 만드셨군요, 환영합니다."

그는 부처님을 환대하여 자리에 모셨다. 그리고 이렇게 말하였다.

"존자님, 얼마 전에 릿차위족의 수낙캇따가 나에게 와서 말하기를, '박가와, 나는 세존을 떠났습니다. 나는 더 이상 그의 가르침 아래 있지 않습니다.' 라고 말하였는데 그게 사실입니까?"

"사실이오. 박가와, 얼마 전에 수낙캇따가 나에게 와서 말하기를, '저는 부처님을 떠나야겠습니다. 그러므로 더 이상 부처님의 가르침 아래 있지 않을 것입니다. 부처님은 보통 사람의 힘을 능가하는 어떤 신통 기적도 행하지 않으십니다. 그리고 부처님은 세상의 기원도 보여주지 않으십니다.' 라고 말한 적이 있소. 그래서 말하기를

'수낙캇따, 내가 그대에게 〈오너라, 수낙캇따, 나의 가르침 아래로 오너라. 그러면 내가 보통 사람의 힘을 능가하는 신통 기적을 보여주겠다. 또는 내가 세상의 기원을 말해주겠다〉라고 말한 적이 있는가?'

'없습니다. 부처님.'

'아니면 그대가 나에게 〈부처님께서 보통 사람의 힘을 능가하는 신통 기적을 보여 주시면 부처님의 가르침 아래 출가하겠습니다. 또는 부

처님께서 세상의 기원을 가르쳐 주시면 부처님의 가르침 아래 출가하겠습니다〉라고 말 한 적이 있는가?'

'없습니다. 부처님.'

'수낙캇따, 신통기적을 행하든 행하지 않든, 세상의 기원을 말하든 말하지 않든, 나의 가르침인 담마의 목적은 이 가르침을 수행하는 사람은 누구든지 완전한 괴로움의 소멸로 이끄는 것이 아닌가?'

'그렇습니다. 부처님.'

'그러므로 수낙캇따, 신통기적을 행하든 행하지 않든, 세상의 기원을 말하든 말하지 않든, 나의 가르침인 담마의 목적은 그것을 수행하는 사람은 누구든지 완전한 괴로움의 소멸로 이끄는 것이 아닌가? 그러므로 신통 기적을 행한다든지 세상의 기원을 설명하는 것이 무슨 소용이 있겠느냐?'

박가와, 이와 같이 수낙캇따는 나의 가르침을 떠나갔습니다."

## 🌀 육방에 예배하는 바른 방법
| 디가 니까야: 31 시갈로와다 경 1-14 |

이와 같이 나는 들었다. 어느 때 부처님은 라자가하의 죽림정사에 계셨다.

그때 장자의 아들인 젊은 시갈라는 아침 일찍 일어나 라자가하를 벗어나 〔물에서 나와〕 옷과 머리가 젖은 채로 두 손을 모아 합장하고 동·서·남·북·위·아래의 방향을 향하여 예배하였다.

부처님은 이른 아침 탁발을 하려고 라자가하로 들어가시다가 시갈라가 여러 방향으로 예배드리는 것을 보고 말씀하셨다.

"장자의 아들이여, 그대는 왜 이렇게 옷과 머리가 젖은 채 여러 다른 방향에 예배하는가?"

"존자님, 저의 아버지가 임종시 저에게 말씀하시기를, '사랑하는 아들아, 너는 여러 방위에 예배하여야 한다.' 고 하셨습니다. 그래서 아버지의 말씀에 대한 존경과 공경심으로 여러 방향 즉, 동·서·남·북·아래·위의 방향을 향하여 예배합니다."

"장자의 아들이여, 그러나 거룩한 가르침에서는 육방은 그런 식으로 예배하는 것이 아니다."

"그러면 존자님, 거룩한 가르침에서는 어떻게 육방에 예배를 합니까? 거룩한 가르침에서 육방을 어떻게 예배하는지 가르침을 주시면 감사하겠습니다."

"그렇다면 귀를 기울여 잘 듣고 마음에 새겨라. 그대를 위하여 설하리라.

훌륭한 제자들은
네 가지 업을 짓게 하는 더러움을 버린다.
네 가지 요인으로부터 악업을 짓지 않는다.
재물을 탕진하는 여섯 가지 길에 빠지지 않는다.
이와 같이 열네 가지 악한 것들을 멀리함으로써 그는 육방을 다 아우르며 이 세상과 저 세상을 성취한다. 그리고 죽으면 좋은 곳에 태어난다.

〔네 가지 더러움〕: 무엇이 버려야 할 업을 짓는 네 가지 더러움인가? 살생하는 것, 주지 않는 것을 갖는 것, 삿된 음행을 하는 것, 거짓말하는 것, 이것들이 버려야 할 업을 짓는 네 가지 더러움이다.

〔악업을 짓지 않는 네 가지 요인〕: 무엇이 삼가야 할 업을 짓는 네 가지 악의 요인인가? 집착, 성냄, 어리석음, 그리고 두려움 때문에 악업을 짓는다. 그러나 성스러운 제자들은 이런 집착, 성냄, 어리석음, 그리고 두려움에 이끌리지 않기 때문에 악업을 짓지 않는다.

〔재물을 탕진하는 여섯 가지 길〕: 무엇이 따라서는 안 될 재물을 탕진하는 여섯 가지 길인가? 나태함의 원인이 되며 취하게 하는 술에 빠지는 것은 재물을 탕진하는 길이다. 부적절한 시간에 길거리를 자주 배회하는 것, 구경거리를 찾아 이리저리 쏘다니는 것, 놀음에 빠져드는 것, 나쁜 친구와 사귀는 것, 게으른 습성, 이 여섯 가지는 재물의 탕진으로 이끈다.

〔재물을 탕진하는 여섯 가지의 자세한 설명〕: 나태함의 원인이 되며 취하게 하는 술에 빠지는 것에 여섯 가지 위험이 있다. 재물을 잃고, 싸움에 휩쓸려 들어가기 쉽고, 병에 걸리기 쉽고, 좋은 명성을 잃고, 사나운 꼴이 드러나고, 지혜가 줄어든다.

부적절한 시간에 길거리를 자주 배회하는 것에 여섯 가지 위험이 있다. 자신을 방어하지도 보호하지도 못하며, 아내와 아이들을 보호하지 못하며, 재산을 지키지 못하며, 범죄자로 의심받고, 거짓 소문의 표적이 되며, 많은 문젯거리들과 마주치게 된다.

구경거리를 찾아 이리저리 다니는 것에 여섯 가지 위험이 있다. 〔항상 생각하기를〕 어디서 춤을 추나? 어디서 노래를 하나? 어디서 음악 연주가 있나? 어디서 낭송이 있나? 어디서 심벌을 치는가? 어디서 북을 치는가? 하면서 이리저리다닌다. 〔그래서 자신이 해야 할 일을 소홀히한다.〕

놀음에 빠져버리는 것에 여섯 가지 위험이 있다. 이긴 사람은 원수가 생기며, 진 사람은 잃은 것을 비통해 하며, 재산을 탕진하고, 법정에서 말에 신용이 없으며, 친구나 동료로부터 멸시를 받으며, 노름꾼은 아내를 부양할 수 없으므로 결혼의 요청이 없다.

나쁜 친구와 사귀는 것에 여섯 가지 위험이 있다. 노름꾼, 방탕자, 술 중독자, 사기꾼, 협잡꾼, 불량배들이 그의 친구이고 동료이다.

게으른 습성에 여섯 가지 위험이 있다. 그는 생각하기를, '너무 춥다' 고 하여 일을 하지 않는다. '너무 덥다' 고 하여 일을 하지 않는다. '너무 이르다' 고 하여 일을 하지 않는다. '너무 늦다' 고 하여 일을 하지 않는다. '너무 배고프다' 고 하여 일을 하지 않는다. '너무 배부르다' 고 하여 일을 하지 않는다. 그는 해야 할 일을 미루고 안 하는 동안 새 재산은 못 벌고 벌어 놓은 재산은 줄어들어 없어지고 만다."

부처님은 이어서 게송으로 말씀하셨다.

어떤 친구는 술친구이다.
어떤 친구는 앞에서만
'사랑하는 친구여, 사랑하는 친구여!' 라고 말한다.
그대가 필요한 때의 친구
그만이 오직 참다운 친구이다.

해가 뜰 때까지 잠을 자고, 간통하고, 원수를 만들고,
남을 해치고, 악한 사람과 사귀고, 극도로 인색한 것,
이 여섯 가지는 사람을 망친다.

노름과 여자, 술, 춤과 노래,
낮에 잠자고 밤에 어슬렁거림,
사악한 친구와의 사귐, 인색한 사람
이 여섯 가지는 사람을 망친다.

목마르다고 술집을 자주 들락거리는
가진 것이 아무것도 없는 술고래는
물에 던진 돌이 가라앉듯이
빚더미에 가라앉아
친척이 내치고 의절하게 된다.

습관적으로 낮에 잠자는 사람
밤에 돌아다니는 사람
항상 술에 취해 있는 사람은
가정생활을 영위할 수 없다.

너무 춥다! 너무 덥다! 너무 늦다! 고 소리치며
모든 할 일을 옆으로 제쳐놓는 젊은이에게
좋은 기회는 사라져 버린다.

그러나 춥든지, 덥든지
지푸라기보다 더 하찮게 생각하고
자신의 의무를 다 하는 사람은

그의 행복은 결코 줄지 않는다.

## ❋ 진정한 친구와 거짓 친구
| 디가 니까야: 31 시갈로와다 경 15-26 |

계속하여 부처님은 장자의 아들 시갈라에게 말씀하셨다.

"장자의 아들이여, 참된 친구인 척하지만 거짓 친구라고 알아야 할 네 사람이 있다. '어떤 것이라도 가져가기만 하고 줄줄 모르는 친구, 행함 없이 말만 많은 친구, 아첨하는 친구, 불량배 친구' 이다.

'가져가기만 하고 남에게는 전혀 줄줄 모르는 친구'는 참된 친구인 척하지만, 네 가지 이유로 볼 때 거짓 친구임을 알 수 있다. 그는 가져가기만 하지 전혀 남에게 줄줄 모른다. 남에게 조금 주면서 많은 것을 요구한다. 두려움 때문에 그의 의무를 행한다. 자신의 이익에만 관심이 있다. 이런 사람이 가져가기만 하고 남에게는 줄줄 모르는 친구이다.

'행함 없이 말만 많은 친구'는 참된 친구인 척하지만 네 가지 이유로 볼 때 거짓 친구임을 알 수 있다. 친구를 위하여 '과거에 이렇게 하려 했었는데'라고 말하고, '앞으로 이렇게 할 것'이라고 말하고, 빈말로 호의를 사려하고, 도움이 필요한 일이 생겼을 때 피치 못할 사정으로 할 수 없다고 거절한다. 이런 사람이 행함 없이 말만 많은 친구이다.

'아첨하는 친구'는 참된 친구인 척하지만 네 가지 이유로 볼 때 거짓 친구임을 알 수 있다. 그는 나쁜 짓을 하는 것은 찬성하고, 옳은 일을 하는 것은 반대하고, 앞에서는 칭찬하고, 뒤에서는 욕을 한다. 이런 사람이 아첨하는 친구이다.

'불량배 친구'는 참된 친구인 척하지만 네 가지 이유로 볼 때 거짓 친구임을 알 수 있다. 술에 빠졌을 때의 술친구, 부적절한 시간에 거리를 배회할 때의 친구, 구경거리를 찾아 이리저리 쏘다닐 때의 친구, 놀음에 빠졌을 때의 친구, 이런 친구가 불량배 친구이다."

이어서 부처님은 게송으로 말씀하셨다.

오직 가져가기만 하는 친구
행동은 없고 말만 많은 친구
아첨하는 친구
불량배 친구
이 네 친구는 거짓 친구이다.
현자는 이것을 알고서
두려움과 위험의 길인
이런 친구들을 멀리해야 한다.

〔참된 친구〕
"장자의 아들이여, 참된 친구라고 생각해야 할 네 사람이 있다. 도와주는 친구, 행복할 때나 불행할 때나 한결같은 친구, 바른 조언을 주는 친구, 동정심이 있는 친구, 이런 친구가 참된 마음을 가진 친구이다.

'도와주는 친구'는 네 가지 이유로 볼 때 참된 친구임을 알 수 있다. 술이 취하였을 때 지켜 주며, 술이 취하였을 때 재물을 지켜 주며, 곤경에 처하였을 때 의지처가 되며, 해야 할 일이 생겼을 때 요청한 도움의 두 배로 도와주는 친구, 이런 친구가 도와주는 친구이다.

'행복할 때나 불행할 때나 한결같은 친구'는 네 가지 이유로 볼 때 참된 친구임을 알 수 있다. 비밀을 털어놓고, 털어놓은 비밀을 지켜 주며, 친구가 곤경에 처했을 때 떠나지 않으며, 친구를 위하여 목숨까지라도 버리는 친구, 이런 친구가 행복할 때나 불행할 때나 한결같은 친구이다.

'바른 조언을 주는 친구'는 네 가지 이유로 볼 때 참된 친구임을 알 수 있다. 친구가 악행을 하지 않도록 하며, 선행을 하도록 북돋우며, 알지 못한 것들을 알려주며, 천상에의 길을 가르쳐준다. 이런 친구가 바른 조언을 주는 친구이다.

'동정심이 있는 친구'는 네 가지 이유로 볼 때 참된 친구임을 알 수 있다. 친구의 불행을 기뻐하지 않으며, 친구의 행운을 기뻐하며, 친구에 대항하는 자를 못하게 하며, 친구를 칭찬하는 사람을 칭찬하는 친구, 이런 친구가 동정심이 있는 친구이다."

부처님은 게송으로 말씀하셨다.

도와주는 친구,
행복할 때나 불행할 때나 한결같은 친구
훌륭한 조언을 주는 친구
동정심으로 가득한 친구
지혜로운 이는 이 네 친구가
참된 친구임을 알아야 한다.
마치 어머니가 자식에게 헌신하듯
그렇게 친구에게 헌신해야 한다.

## 붓다는 허무주의자인가?
| 앙굿따라 니까야 10부 94 |

어느 때 부처님은 짬빠 근처의 각가라 호숫가에 계셨다.

어느 날 왓지야마히따 장자는 부처님을 뵙기 위하여 이른 시간에 짬빠를 떠났다. 그는 생각하기를, '홀로 정진하고 계실 부처님을 뵙기에 적당한 때가 아니다. 또한 홀로 정진하고 있는 비구들을 방문하기에도 적합한 때가 아니다. 그러니 다른 견해를 가지고 있는 방랑 수행자들을 방문해야겠다.'

왓지야마히따가 숲에 도착하였을 때 방랑 고행자들은 함께 모여 앉아 여러 가지의 저열한 이야기들을 큰 소리로 떠들고 있다가, 왓지야마히따가 저 멀리 오는 것을 보고는 서로 조용히 하라고 하면서 말하였다.

"조용히들 하세요, 저기 장자 왓지야마히따가 오고 있어요. 그는 고따마 사문의 제자입니다. 그들은 시끄러운 것을 좋아하지 않아요. 그들은 조용한 것을 찬탄해요. 우리가 조용하면 그는 이리로 올 것입니다."

인사가 끝난 후 방랑 고행자들은 왓지야마히따에게 이렇게 물었다.

"장자여, 고따마 사문이 모든 고행을 비난하고 거칠고 엄격한 삶을 사는 모든 고행자들을 전적으로 비난하고 헐뜯는다는 것이 사실입니까?"

"그것은 사실이 아닙니다. 부처님은 모든 고행을 비난하지도 않고 거칠고 엄격한 삶을 사는 모든 고행자들을 책망하지도 않습니다. 부처님은 비난받을 만한 것은 비난하고 칭찬받을 만한 것은 칭찬합니다. 그분은 분별력 있게 가르치지 한 면만 보고 치우치게 가르치지 않습니다."

이 말에 어떤 방랑 고행자가 왓지야마히따에게 이렇게 물었다.

"잠깐만 장자여, 그대가 그렇게 찬탄하는 수행자 고따마는 '허무주의자'[114]입니다. 그는 분명한 언급을 회피합니다."[115]

"그것에 대하여 그대들에게 합당한 이유를 말씀드리겠습니다. 부처님은 '이것은 선한 것이다, 이것은 악한 것이다.' 라고 분명히 옳고 그른 것을 단언하여 말씀하십니다. 부처님은 옳고 그른 것을 분명히 말씀하시기 때문에 사실 부처님은 분명하게 단언하여 말씀하시는 분이십니다. 그분은 허무주의자가 아니며, 분명한 언급을 회피하는 분이 아닙니다."

이 말을 듣고 방랑 고행자들은 한 마디도 못하고 앉아 있었다.

## ❂ 진정한 정화의식
| 앙굿따라 니까야 10부 176 |

어느 때 부처님은 빠와의 대장장이 아들 쭌다의 망고 숲에 계셨다. 부처님은 쭌다에게 이렇게 말씀하셨다.

"쭌다여, 그대는 누구의 정화예식이 마음에 드는가?"

"부처님, 서쪽지방의 브라흐민들은 물병을 가지고 다니고, 물풀로 만든 화환을 걸고, 불을 예배하고, 물로 정화합니다. 이런 그들이 선언하는 정화의식이 저는 마음에 듭니다."

---

114) 부처님은 '영원한 자아는 없으며 고정 불변하는 실체는 없다.' 고 자아의 실체를 부정하셨기 때문에 그들이 주장하는 '자아(아뜨만)는 영원하다' 는 주장에 대치되므로 그들은 부처님을 허무주의자라고 함.

115) '영혼이 있습니까?' 등의 10가지 형이상학적 질문에 대답을 하지 않으셨다. 그 이유는 이런 문제는 수행에 도움이 되지 않고 깨달음으로 인도하지 않으며 괴로움의 소멸로 이끌지 않기 때문이라고 말씀하심. 이러쿵저러쿵 사변적인 이론을 말씀하지 않으셨을 뿐이지 부처님은 분명한 입장을 밝히셨다.

"쭌다여, 그 브라흐민들은 어떤 정화의식을 하라고 선언하는가?"

"부처님, 그 브라흐민들은 추종자에게 이렇게 가르칩니다. '적당한 때에 침상에서 일어나 땅을 만지시오. 만일 땅을 만지지 않으면 젖은 소똥을 만지시오. 만일 젖은 소똥을 만지지 않으면 파란 풀을 만지시오. 만일 파란 풀을 만지지 않으면 불을 예배드리시오. 만일 불을 예배드리지 않으면 두 손을 합장하고 태양에 예배드리시오. 만일 태양에 예배드리지 않으면 저녁나절 세 번 물에 잠기는 예식을 하여야 합니다.'

이것이 브라흐민들이 선언하는 정화의식입니다. 부처님, 저는 이런 정화의식이 마음에 듭니다."

"쭌다여, 브라흐민들이 선언하는 정화의식은 거룩한 계율에서의 정화의식과는 아주 다르다."

"부처님, 어떤 것이 거룩한 계율에서의 정화입니까? 거룩한 계율에서 어떻게 하는 정화가 있는지 저에게 가르침을 주시면 좋겠습니다."

"쭌다여, 몸으로 짓는 세 가지 더러움이 있다. 말로 짓는 네 가지 더러움이 있다. 생각으로 짓는 세 가지 더러움이 있다.

몸으로 짓는 세 가지 더러움은 어떤 것인가?

어떤 사람은 남의 생명을 빼앗는다. 잔혹하고 손에 피를 묻히고 살생하는 것에 몰두하며 살아 있는 모든 존재들에 대한 자비가 없다.

어떤 사람은 주지 않는 것을 가져간다. 밀림이나 마을에서 자기에게 주지 않는 다른 사람의 재물을 도둑의 마음으로 가져간다.

어떤 사람은 성적인 욕망으로 잘못된 행위를 한다. 부모와 가족들의 보호를 받고 있는 소녀들, 남편이 있는 여자, 심지어 약혼의 화환을 쓴 여인과도 성행위를 한다.

말로 짓는 네 가지 더러움은 어떤 것인가?

어떤 사람은 거짓말을 한다. 의회나, 협회, 친척들, 조합, 왕실귀족 앞에 소환되어 증인으로서 책임을 지도록 요청을 받았을 때 '당신이 아는 것을 말하시오.' 이런 질문을 받고 자신은 알지 못하는데도 '나는 압니다.' 또는 알면서도 '알지 못합니다.' 보지 못하였음에도 '보았습니다.' 보았음에도 '보지 못하였습니다.' 라고 한다. 이와 같이 그 자신의 이득 또는 어떤 누구의 이득을 위하여 또는 물질적 욕망을 위하여 또는 고의적으로 거짓말을 한다.

어떤 사람은 이간질을 한다. 여기서 들은 말을 저기에 가서 말하고, 저기서 들은 말을 여기서 말하여 서로를 갈라놓는다. 그는 화목을 깨트리고 불목하는 사람 사이에서 싸움을 부추기며 남의 불화가 그의 즐거움이다. 불화를 열정적으로 기뻐하고 좋아하며 불화를 만드는 말을 한다.

어떤 사람은 악담을 한다. 거친 말, 통렬한 말, 모진 말, 모욕하는 말, 성나게 하는 말, 산란하게 하는 말을 한다.

어떤 사람은 잡담을 한다. 부적절한 때에 말하고 사실이 아닌 것을 말하고 이익이 없는 말을 한다. 가르침과 계율에 일치하지 않는 말, 마음에 새길만한 가치가 없는 말, 타당성이 없는 말, 분별없는 말을 한다.

생각으로 짓는 세 가지 더러움은 어떤 것인가?

어떤 사람은 탐욕스럽다. 다른 사람의 재물을 보고 생각하기를, '다른 사람의 것이 내 것이었으면!' 하면서 남의 것을 탐낸다.

어떤 사람은 증오의 마음을 가지고 있다. '이것들이 살해되기를, 이것들이 다시는 존재할 수 없도록 파괴되기를' 이라고 타락한 생각을 품는다.

어떤 사람은 잘못된 견해를 가지고 있다. '보시도 없고, 봉헌도 없고, 제사도 없고, 선업을 지어도 악업을 지어도 결과도 없고 과보도 없다. 이 세상도 없고 저 세상도 없고, 부모도 없다. 이 세상과 저 세상을 스스로 깨달아 천명하는 바르게 수행하는 사문이나 브라흐민도 없다.'라고 잘못된 생각을 갖는다.

쭌다여, 이와 같이 잘못된 업의 길에 열 가지가 있다. 이런 열 가지 잘못된 업의 길에 있는 사람이 아침에 일어나서 땅을 만져도 그는 여전히 깨끗하지 못하다. 설령 그가 땅을 만지지 않는다 하더라도 그는 똑같이 깨끗하지 못하다. 설령 소똥을 만진다 해도, 소똥을 만지지 않는다 해도 그는 똑같이 깨끗하지 않다. 파란 풀을 만지든 만지지 않든, 불을 예배드리든 예배드리지 않든, 두 손을 잡고 태양에 예배드리든 예배드리지 않든, 그렇지 않으면 저녁나절 세 번 물에 잠기든 잠기지 않든 [이 모든 정화예식에 상관없이] 그는 여전히 깨끗하지 않다.

무슨 이유 때문인가? 그것은 잘못된 업의 열 가지 길이 깨끗하지 못하기 때문이다. 더욱이 이런 잘못된 업의 열 가지 길에 의하여 나쁜 곳에 태어난다.

그러나 열 가지 바른 행동의 길에 있는 사람이 아침에 일어나서 땅을 만지든 땅을 만지지 않든 그는 깨끗하다. 설령 소똥을 만진다 해도, 소똥을 만지지 않는다 해도 그는 똑같이 깨끗하다. 파란 풀을 만지든 만지지 않든, 불을 예배드리든 예배드리지 않든, 두 손을 잡고 태양에 예배드리든 예배드리지 않든, 그렇지 않으면 저녁나절 세 번 물에 잠기든 잠기지 않든 그는 여전히 깨끗하다.

무슨 이유 때문인가? 바른 업의 열 가지 길이 깨끗하기 때문이다. 더욱이 이런 바른 업의 열 가지 길에 의하여 그는 좋은 곳에 태어난다."

## ☸ 해몽과 점치는 일을 삼가라
| 숫따니빠따 4편 14: 927 |

"태양의 후예이신 지혜로운 성자 붓다께 여쭙니다. 바른길에 대하여 말씀해 주십시오."

"나의 제자들은 아타르바베다 주문을 삼가야 하며, 해몽을 하거나, 징조를 점치거나, 별을 점치거나 새소리나 동물의 소리를 점치는 일을 해서는 안 된다. 또 불임증을 낫게 한다거나 병을 고친다고 해서는 안 된다."

## ☸ 데와닷따의 극단적 질문과 부처님의 중도의 견해
| 율장: 쭐라왁가 7편 3:14-17 |

데와닷따 비구는 꼬깔리까 비구와 그를 추종하는 비구들에게 가서 말하였다.

"자 존자들이여, 이제 우리는 사문 고따마 교단에서 일치를 깨버리는 분열을 일으킬 것입니다."

꼬깔리까 비구가 물었다.

"그렇지만 존자여, 사문 고따마는 탁월한 힘과 위대한 영적인 힘을 가지고 있습니다. 어떻게 우리가 사문 고따마 교단에서 일치를 깨는 분열을 일으킵니까?"

"존자들이여, 우리는 사문 고따마에게 가서 이와 같은 다섯 가지 조항을 질문할 것입니다.

'부처님, 부처님은 여러 면에서 욕심이 적은 것을 칭찬하십니다. 만족하는 것을 칭찬하시고, 악을 소멸하는 것, 정확한 것, 예절바른 것, 장애가 줄어드는 것, 정진하는 것을 칭찬하십니다. 다음의 다섯 가지 조항은 여러 면으로 욕심이 적은 것에 좋고, 만족하는 것에 좋고, 악을 소멸하는 것, 정확한 것, 예절바른 것, 장애가 줄어드는 것, 정진하는 것에 좋습니다.'

(다섯 가지 조항)
① 비구들이 이 세상에 사는 동안 숲에 사는 자라면 좋겠습니다. 마을의 이웃으로 가는 사람은 누구나 죄가 그를 더럽힐 것입니다.
② 비구들이 이 세상에 사는 동안 탁발음식으로만 살도록 합시다. 초대를 받아들이는 사람은 누구나 죄가 그를 더럽힐 것입니다.
③ 비구들이 이 세상에 사는 동안 누더기 법의만 입도록 합시다. 장자들이 보시하는 법의를 받는 사람은 누구나 죄가 그를 더럽힐 것입니다.
④ 비구들이 이 세상에 사는 동안 나무 아래서만 살도록 합시다. 지붕이 있는 곳으로 가는 사람은 누구나 죄가 그를 더럽힐 것입니다.
⑤ 비구들이 이 세상에 사는 동안 고기를 먹지 않도록 합시다. 고기를 먹는 사람은 누구나 죄가 그를 더럽힐 것입니다."
이어서 데와닷따는 말하였다.
"그런데 사문 고따마는 이 조항들을 수용하지 않을 것이오. 그러면 우리는 이 다섯 가지 조항에 의하여 승리하는 것이오."
"존자여, 이 다섯 가지 조항으로 사문 고따마 교단의 일치를 깨버리고 분열을 일으키는 것은 가능합니다. 왜냐하면 사람들은 엄격한 것을 존중하기 때문입니다."

그래서 데와닷따 비구와 그의 동료들은 부처님을 찾아가서 인사를 드리고 한쪽에 앉아 그들이 모의한 내용인 부처님이 칭찬하는 일곱 가지의 덕성을 말하고 이 덕성에 도움이 되는 다섯 가지 조항을 말하였다.

부처님은 데와닷따의 다섯 가지 조항의 말을 다 듣고 이렇게 말씀하셨다.

"됐다. 데와닷따,

① 누구든 숲에 살기를 원하는 사람은 숲에 살도록 하여라. 누구든 마을의 이웃에 머물기를 원하는 사람은 마을의 이웃에 머물게 하여라.

② 누구든 탁발음식으로만 살기를 원하면 그렇게 하도록 하여라. 누구든 초청을 받아들이기 원하는 사람은 그렇게 하도록 하여라.

③ 누구든 누더기 법의만 입기를 원하는 사람은 그렇게 하도록 하여라. 누구든 장자가 보시한 법의를 받기를 원하는 사람은 그렇게 하도록 하여라.

④ 그러나 오직 8개월 동안만, 데와닷따, 나무 아래서 거처하는 것이 허락된다. 〔우기철은 비가 많이 오므로 우기철 4개월 동안은 나무 아래서 사는 것을 금하심〕

⑤ 고기는 세 가지 관점에서 깨끗하다. 보지 않고, 듣지 않고, 그를 위한 목적으로 잡았다는 의심이 없을 때는 깨끗하다."[116]

--------

116) 부처님과 그 제자들은 탁발로 살았기 때문에 탁발자는 주는 대로 아무 음식이나 얻어 와서 하루에 오직 한 끼만 공양하였다. 부처님 시대 상황을 고려할 때 탁발할 때 이것저것 가리면 탁발이 무척 어려웠을 것이고, 공양 올리는 사람들도 탁발 음식을 따로 만들어야 하는 어려움이 있었을 것이다. 빠알리 경전 전편에 흐르는 뚜렷한 부처님의 견해는 남의 입장을 살피는 인간적인 자비로움이 앞선 분이었다. 부처님은 요지부동의 율법주의자가 아니었다. 극단에 흐르지 않은 점과, 항상 모든 사람의 이익과 행복을 위한 것이 무엇인가에 초점이 맞춰진 점이다. 부처님은 뿔 속에 소금조차 지니지 말라고 하셨고 하루 한 끼만 드신 분에게 고기니 아니니 하는 분별이 있겠는가.

데와닷따는 생각하기를, '부처님은 이 다섯 가지 조항을 승인하지 않으신다.' 그는 의기양양한 마음으로 기뻐하면서 동료들과 함께 물러나왔다.

데와닷따는 동료들과 함께 라자가하로 가서 사람들에게 이 다섯 가지 조항에 대하여 가르쳤다. 그리고 말하였다.

"〔부처님에게 말한 내용을 그대로 신도들에게 말함〕 사문 고따마는 이 다섯 가지 조항을 허락하지 않습니다. 그러나 우리들은 이 조항을 지키며 삽니다."

그래서 신심도 없고 믿음도 없고 생각이 깊지 못한 사람들은 데와닷따를 찬탄하고 사문 고따마는 풍요로움을 추구한다고 비난하였다. 그러나 신심이 있고 믿음이 있고 지혜롭고 생각이 깊은 사람들은 데와닷따는 화합을 깨고 승단을 분열한다고 비난하였다.

부처님은 이런 내용을 듣고 데와닷따에게 말씀하셨다.

"데와닷따, 그대가 승단의 일치를 깨고 분열을 일으켰다는 말이 있는데 그것이 사실인가?"

"사실입니다. 부처님."

"데와닷따, 교단에 분열이 있어서는 안 된다. 교단의 분열은 매우 중대한 문제이다. 데와닷따, 누구든지 일치된 교단을 분열하는 사람은 오랜 세월 동안 이어지는 악덕을 짓는 것이다. 그러나 누구든 분열된 교단을 일치하게 하는 사람은 훌륭한 공덕을 짓는 사람이다. 데와닷따, 교단에 분열이 있어서는 안 된다. 교단의 분열은 매우 중대한 문제이다."

그때 아난다 존자는 라자가하로 탁발을 나갔다. 그런데 그때 데와닷따 존자는 아난다 존자를 보고 다가와서 말하였다.

"오늘부터 앞으로 나는 부처님이나 비구 승단과는 다르게 포살을 할 것이며, 승단의 갈마[117]를 시행할 것이오."

아난다 존자는 데와닷따가 한 말을 모두 부처님께 말씀드리면서 "부처님, 오늘 데와닷따는 교단을 분열할 것입니다."라고 말하였다.

## ❂ 몸을 물에 담그면 악이 제거됩니까?
| 테리가타: 뿐니까 비구니 236-251 |

〔뿐니까 비구니는 물 속에 들어가 있는 사람을 보고 이렇게 말하였다.〕

"나는 물긷는 〔하녀〕였습니다. 나는 주인 마님의 성난 말과 벌이 무서워서 추운 날에도 항상 물에 들어가 물을 길었습니다. 그런데 브라흐민이여, 당신은 무엇이 두려워서 그렇게 물 속에 들어가 있는 것입니까? 당신은 혹독한 추위로 사지를 떨고 있군요."

"뿐니까여, 그대는 내가 악업을 막기 위해 선업을 쌓고 있는 줄 잘 알면서도 묻고 있군요. 누구든지 젊은 사람이든 늙은 사람이든 잘못을 저지른 사람은 물 속에서 목욕하면 악업에서 벗어납니다."

"브라흐민이여, 어느 누가 당신에게 '목욕함으로써 악업에서 벗어난다'고 그런 말을 합니까? 어리석은 사람이 어리석은 사람을 인도하는군요. 그렇다면 모든 거북이와 개구리, 물뱀, 악어, 그리고 물 속에

---

117) 깜마(kamma: 갈마로 한역): 원래는 업이나 행위라는 뜻으로 쓰이는 단어인데 승단의 계율에서 말할 때는 업의 관념은 없고 승가의 공식적인 행사인 수계나 예식 등의 절차와 과정 등에 대한 것, 참회, 처벌에 대한 것 등을 말함.

사는 온갖 생물들은 바로 천상으로 가겠군요. 그렇다면 살생하는 자, 도적, 살인자, 그리고 다른 악업을 짓는 사람들도 물 속에 들어가 목욕을 하면 악업에서 벗어날 수 있겠군요.

만약에 이 개울이 그대의 말대로 묵은 악업을 모두 씻어가 버린다면, 그대의 선업까지도 또한 씻어가 버리겠지요? 그러면 그대에게는 악업도 없고 선업도 없 아무것도 남은 것이 없겠지요! 브라흐민이여, 두려움 속에 물 속으로 들어가는 일은 그만두십시오. 지금 멈추십시오. 당신의 피부를 냉기로부터 보호하여야 합니다."

"존귀한 여인이여, 나는 잘못된 길을 가고 있었습니다. 그런데 당신은 나를 바른길로 이끄셨습니다. 이 목욕 예복을 드리고 싶습니다."

"브라흐민이여, 그 예복은 당신이 간직하십시오. 나는 그것이 필요 없습니다. 괴로움이 두렵다면, 그리고 괴로움이 불쾌하다면, 공공연하게든 비밀스럽게든 악업을 짓지 마십시오. 만일 그대가 악업을 짓는다면 그대가 날아올라 도망치려 해도 그대는 괴로움에서 벗어날 수가 없을 것입니다. 만일 당신이 괴로움이 두렵고 그것이 불쾌하다면, 부처님과 가르침과 승가에 귀의하십시오. 계행을 지키십시오. 그것은 그대에게 이익이 될 것입니다."

이에 브라흐민은 말하였다.

"나는 부처님께 귀의합니다.

가르침에 귀의합니다.

승가에 귀의합니다.

계행을 지키겠습니다.

그것은 나에게 이익이 될 것입니다.

한때 나는 오직 브라흐마 신의 친척이었고
세 가지 지혜를 갖추고 진정한 베다 전승자였습니다.
지금 나는 진정한 브라흐민이 되었습니다.
안으로 영적으로 목욕을 하여 깨끗하게 되었습니다."

# 제7장 마음챙김 수행의 가르침

## 수행하는 곳으로 가는 마음자세
| 맛지마 니까야: 4 바야베라와 경 |

이와 같이 나는 들었다. 어느 때 부처님은 사왓티의 기원정사에 계셨다. 그때 브라흐민 자눗소니가 부처님께 와서 이렇게 말하였다.

"고따마 존자님, 인적이 없는 외딴 곳이나 숲 속 정글에 머무는 것은 어렵습니다. 인적이 없는 외딴 곳에서 산다는 것은 어렵고 홀로 있음을 즐기기도 쉽지 않을 것 같습니다. 삼매를 얻지 못한 비구의 마음이 숲의 두려움으로 사로잡힐 것 같습니다."

이에 부처님은 말씀하셨다.

"그렇습니다. 브라흐민이여, 그대의 말과 같습니다. 내가 깨달음을 얻기 전 나 또한 이와 같이 '멀리 떨어진 외딴 곳이나 숲 속 밀림에 머무는 것은 어렵다. 외딴 곳에서 산다는 것은 어렵고 홀로 있음을 즐기기도 쉽지 않을 것 같다. 삼매를 얻지 못한 비구의 마음이 숲의 두려움으로 사로잡힐 것 같다.'고 생각하였습니다.

그런데 이와 같은 생각이 들었습니다.

사문이 행동[118]을 깨끗이 함이 없이,

사문이 말[119]을 깨끗이 함이 없이,

사문이 생각[120]을 깨끗이 함이 없이,

멀리 떨어진 외딴 숲이나 밀림의 숲의 수행처로 간다면, 그 깨끗지 못한 행동과 말과 생각 때문에 두려움과 공포가 옵니다. 나는 생각과 말과 행동을 깨끗이 하지 않고는 멀리 떨어져 있는 외딴 숲이나 밀림의 숲의 수행처로 가지 않습니다. 나는 생각과 말과 행동을 깨끗하게 합니다. 나는 생각과 말과 행동을 깨끗이 하고 밀림의 숲의 수행처로 가는, 훌륭한 사람 중의 한 사람입니다. 나는 나 자신 속에서 생각과 말과 행동이 온전히 깨끗함을 보았기 때문에, 숲에 머무는 것에 커다란 확신을 얻었습니다.

어떤 수행자들은 탐욕과 강한 감각적 쾌락에 집착된 채 멀리 떨어진 밀림의 숲으로 갑니다. 그러나 이들은 탐욕과 감각적 쾌락의 집착으로 인하여 두려움과 공포가 옵니다. 또 어떤 수행자들은 악의, 나태와 무기력, 침착치 못함, 의심과 갈등, 자신은 칭찬하고 남은 비방함, 두려움, 이득과 존경과 명성에 대한 열망, 게으름과 정진의 부족, 마음집중

---

118) 살생, 도둑질, 삿된음행을 하지 않는 행위를 말함.
119) 거짓말, 이간질, 악담, 잡담을 하지 않는 것을 말함.
120) 탐욕, 성냄, 어리석음에 물들지 않은 바른 생각을 말함.

과 선명한 알아차림의 부족, 안주하지 못하고 들떠있는 마음, 지혜의 부족과 우둔함, 이와 같은 성향을 가진 채로 멀리 떨어진 밀림의 숲으로 갑니다. 그러나 이들은 그런 바람직하지 않은 나쁜 성향으로 인하여 두려움과 공포가 옵니다.

나는 이런 바람직하지 않은 나쁜 성향을 극복하여 깨끗이 함이 없이는 멀리 떨어져 있는 숲의 수행처로 가지 않습니다. 나는 이런 나쁜 성향들을 깨끗이 합니다. 나는 이런 나쁜 성향들을 극복하여 깨끗이 하고 밀림의 숲의 수행처로 가는 훌륭한 사람 중에 한 사람입니다. 나는 나 자신 속에서 이런 바람직하지 못한 것들이 극복되어 온전히 깨끗해짐을 보았기 때문에, 나는 숲에 머무는 것에 커다란 확신을 얻었습니다.

지칠 줄 모르는 힘이 내 안에서 솟았습니다. 선명한 마음챙김이 확고히 세워졌습니다. 내 몸은 평온하고 흔들림이 없고 마음은 통일되어 하나로 집중되었습니다.

감각적 쾌락과 바람직하지 못한 모든 것에서 벗어나 사유와 숙고가 있으며, 홀로 명상함에서 오는 환희와 기쁨이 있는 첫 번째 선정에 머뭅니다.

사유와 숙고를 멈추고 안으로의 평온함과 마음의 집중됨이 있으며, 사유와 숙고가 없이 삼매에서 오는 환희와 기쁨이 있는 두 번째 선정에 머뭅니다.

환희가 사라진 후 평정한 마음과 분명한 알아차림과 육신의 행복을 느끼며 머뭅니다. 거룩한 이들이 말하는 '평정과 마음챙김에 머무는 사람은 행복하게 머문다.'고 하는 세 번째 선정에 머뭅니다.

고통도 쾌락도 버리고 전에 있던 행복도 불행도 버리고, 괴로움도 즐거움도 없고 평정에 의하여 도달한 마음챙김의 순수함이 있는 네 번째 선정에 머뭅니다.

이와 같이 알고 이와 같이 보았을 때 나의 마음은 감각적 욕망의 번뇌에서 벗어났고, 존재의 번뇌에서 벗어났고, 어리석음의 번뇌에서 벗어났습니다.

브라흐민이여, 내가 숲 속 수행처로 가는 것은 두 가지 이유가 있습니다.

지금 여기에서 나 자신을 위한 행복과 다른 사람들을 위한 자비심 때문입니다."

이와 같은 부처님의 말씀을 듣고 브라흐민 자눗소니는 부처님께 귀의하여 재가신자가 되었다.

## ● '호흡에 의한 마음챙김' 수행을 하면
| 상윳따 니까야: 54 아나빠나 상윳따 20 |

비구들이여, '호흡에 의한 마음챙김'〔수행법〕의 삼매를 발전시키고 연마하면,

속박을 버리는 데 도움이 되며,

좋지 않은 경향을 뿌리째 뽑는 데 도움이 되며,

가르침을 철저히 이해하는 데 도움이 되며,

번뇌를 부수는 데 도움이 된다.

## 중요한 명상주제들
| 상윳따 니까야: 46 봇장가 상윳따 57-73 |

어느 때 부처님은 사왓티에서 제자들에게 가르치셨다.

해골에 대한 명상을 발전시키면(46:57)

시체에 대한 명상을 발전시키면[121](46:58)

자애, 자비, 기쁨, 평정에 대한 명상을 발전시키면(46:62-65)

호흡에 대한 명상을 발전시키면(46:66)

더러움에 대한 명상을 발전시키면[122](46:67)

죽음에 대한 명상을 발전시키면(46:68)

무상(無常) 고(苦) 무아(無我)에 대한 명상을 발전시키면(46:71-73)

버림에 대한 명상을 발전시키면(46:74)

이탐(離貪: 탐욕에서 벗어남)에 대한 명상을 발전시키면(46:75)

소멸에 대한 명상을 발전시키면(46:76)

많은 열매와 이익을 얻는다.

이와 같은 명상을 발전시키고 성숙시키면 지금 현재의 생애에서 완전한 지혜를 얻거나, 아직 집착이 남아 있다면 이 세상에 다시 돌아오지 않는 지위에 도달한다. 이런 명상을 발전시키고 연마하면, 커다란 이익을 얻으며, 속박에서 벗어나 평화를 얻으며, 안락한 삶으로 이끈다.

---

121) 마음챙김의 확립의 가르침(맛지마 니까야 10) 참조: 시체에 대한 아홉 가지 관찰에서 육신의 실상을 그대로 관하여 무상함을 깨닫고 집착을 버리게 함. p. 646의 5번 참조.
122) 마음챙김의 확립의 가르침(맛지마 니까야 10) 참조: 몸의 내부 기관에 대한 관찰에서 우리의 몸은 여러 가지 더러운 것들로 가득 차 있음을 반조한다. p. 644의 3번 참조.

## ● '호흡에 대한 마음챙김'[123] 수행법
| 상윳따 니까야: 54 아나빠나 상윳따 1 |

이와 같이 나는 들었다. 어느 때 부처님은 기원정사에 계셨다. 부처님은 제자들에게 이렇게 가르치셨다.

"그대들이 수행을 발전시키고 연마할 때 좋은 결실과 이익을 가져오는 한 가지가 있다. 그것은 '호흡에 의한 마음챙김'이다.

그러면 어떻게 좋은 결실과 이익을 얻기 위하여 '호흡에 의한 마음챙김'을 발전시키고 연마하는가? 숲이나, 나무 아래나, 빈 오두막으로 가서 가부좌를 하고 앉아서 몸을 바로 세우고, 마음챙김을 앞에 세운 후 숨을 들이쉬고 숨을 내쉰다.

숨을 길게 들이쉴 때는 '숨을 길게 들이쉰다.'고 알아채고, 숨을 길게 내쉴 때는 '숨을 길게 내쉰다.'고 알아챈다.

숨을 짧게 들이쉴 때는 '숨을 짧게 들이쉰다.'고 알아채고, 숨을 짧게 내쉴 때는 '숨을 짧게 내쉰다.'고 알아챈다.

'온몸을 통하여 호흡이 흐르는 것을 느끼면서 나는 숨을 들이쉰다.'고 수련하고, '온몸을 통하여 호흡이 흐르는 것을 느끼면서 나는 숨을 내쉰다.'고 수련한다.[124]

'몸의 형성을 고요히 하면서 나는 숨을 들이쉰다.'고 수련하고, '몸의 형성을 고요히 하면서 나는 숨을 내쉰다.'고 수련한다.[125]

---

123) 아나빠나사띠(Ānāpānasati): ānāpāna(호흡), sati(마음챙김, 깨어있음), 호흡 마음챙김, 호흡에 마음을 집중하는 수행법.
124) 들이쉬는 숨과 내쉬는 숨의 처음, 중간, 끝의 전체 과정을 분명히 알아채는 것.(Visuddhimagga: 273-274). 호흡이 몸 전체를 통과해 들어가고 나가는 것을 상상하는 것.(Pali Text Society 상윳따 니까야 영역본: p.275 주석). 손끝, 발끝까지 숨이 도달한다고 상상할 수도 있다.

'환희심을 느끼면서 나는 숨을 들이쉰다.'고 수련하고, '환희심을 느끼면서 나는 숨을 내쉰다.'고 수련한다.

'행복을 느끼면서 나는 숨을 들이쉰다.'고 수련하고, '행복을 느끼면서 나는 숨을 내쉰다.'고 수련한다.

'마음의 형성을 느끼면서 나는 숨을 들이쉰다.'고 수련하고, '마음의 형성을 느끼면서 나는 숨을 내쉰다.'고 수련한다.[126]

'마음의 형성을 고요히 하면서 나는 숨을 들이쉰다.'고 수련하고, '마음의 형성을 고요히 하면서 나는 숨을 내쉰다.'고 수련한다.

'마음을 알아차리면서 나는 숨을 들이쉰다.'고 수련하고, '마음을 알아차리면서 나는 숨을 내쉰다.'고 수련한다.

'마음을 기쁨으로 채우면서 나는 숨을 들이쉰다.'고 수련하고, '마음을 기쁨으로 채우면서 나는 숨을 내쉰다.'고 수련한다.

'마음을 집중하면서 나는 숨을 들이쉰다.'고 수련하고, '마음을 집중하면서 나는 숨을 내쉰다.'고 수련한다.

'마음을 해탈케 하리라 하면서 나는 숨을 들이쉰다.'고 수련하고, '마음을 해탈케 하리라 하면서 나는 숨을 내쉰다.'고 수련한다.

'무상을 관찰하면서 나는 숨을 들이쉰다.'고 수련하고, '무상을 관찰하면서 나는 숨을 내쉰다.'고 수련한다.

---

125) 몸의 형성이란 호흡의 마음챙김이 진전함에 따라 점점 호흡이 고요해지고 미세해지는 숨을 들이쉬고 내쉬는 그 자체를 말한다.(Visuddhimagga: 273-274). 들이쉬고 내쉬는 숨은 육체적인 것이다. 숨쉬는 것은 몸과 밀착되어 있다. 그래서 몸의 구성(형성)이다.(Handful of Leaves Vol.5: p.307) '몸의 형성'이나 몸의 구성, 몸의 집합 등의 뜻들은 모두 들이쉬는 숨과 내쉬는 숨 그 자체를 말하고 있다.
126) 마음의 형성이란 사선정의 네 가지 단계에서 모두 경험되는 느낌과 지각을 말함.(Visuddhimagga: 287-291). 지각이나 느낌은 정신적인 것이다. 지각이나 느낌은 마음과 밀착되어 있다. 그래서 지각이나 느낌은 정신적 구성이다.(Handful of Leaves Vol.5: p.307 주석).

'사라짐을 관찰하면서 나는 숨을 들이쉰다.'고 수련하고, '사라짐을 관찰하면서 나는 숨을 내쉰다.'고 수련한다.

'소멸을 관찰하면서 나는 숨을 들이쉰다.'고 수련하고, '소멸을 관찰하면서 나는 숨을 내쉰다.'고 수련한다.

'포기함을 관찰하면서 나는 숨을 들이쉰다.'고 수련하고, '포기함을 관찰하면서 나는 숨을 내쉰다.'고 수련한다.

이와 같이 호흡에 대한 마음챙김을 발전시키고 연마하면 커다란 결실과 이익을 얻는다."

## ● '호흡에 의한 마음챙김'의 삼매
| 상윳따 니까야: 54 아나빠나 상윳따 7 |

어느 때 부처님은 사왓띠의 기원정사에 계셨다. 그때 마하깝삐나 존자는 부처님이 계신 곳과 멀지 않은 곳에서 다리를 가부좌하고, 몸을 바로하고, 마음챙김을 앞에 세우고 앉아 있었다. 부처님은 앉아 있는 그를 보시고 제자들에게 말씀하셨다.

"그대들은 마하깝삐나가 몸을 흔드는 것을 보았느냐?"

"부처님, 그가 대중 가운데 앉아 있을 때나 또는 홀로 앉아 있을 때에도 우리들은 그가 몸을 흔들거나 움직이는 것을 보지 못하였습니다."

"저 비구는 삼매를 발전시키고 연마해서 어려움 없이 자기의 의지대로 몸과 마음을 흔들지 않으며 움직이지 않는다. 그러면 무슨 삼매를 닦고 연마하면 몸과 마음을 흔들지 않고 움직이지 않는가? '들이쉬고 내쉬는 숨의 마음챙김을 통한 집중을 발전시키고 연마하면 몸과 마음

이 흔들리지 않으며 움직이지 않는다.'

그러면 어떻게 '들이쉬고 내쉬는 숨의 마음챙김을 통한 집중을 발전시키고 연마하여, 몸과 마음을 흔들지 않고 움직이지 않는가?' 숲이나, 나무 아래나, 빈 오두막으로 가서 가부좌를 하고, 몸을 바로하고, 마음챙김을 앞에 세우고, 주의를 집중하여 숨을 들이쉴 때에는 숨을 들이쉰다고 알아채고, 숨을 내쉴 때에는 숨을 내쉰다고 알아챈다."

## ❋ '호흡에 의한 마음챙김'의 삼매 수행
| 상윳따 니까야: 54 아나빠나 상윳따 8 |

사왓티에서 부처님은 제자들에게 이와 같이 가르치셨다.

"들이쉬고 내쉬는 숨의 마음챙김을 통한 집중을 발전시키고 연마할 때 큰 결실과 이익을 얻는다.

내가 깨달음을 얻기 전 아직 보디삿따였을 때, 나는 보통 이 방법으로 수행을 하였다. 내가 이런 방법으로 수행하며 머무는 동안 내 몸도 마음도 지치지 않았고 눈도 피로해지지 않았다. 그리고 집착을 놓음으로써 번뇌로부터 벗어났다. 그러므로 그대들이,

만일 몸도 마음도 지치지 않고 눈도 피로해지지 않고 집착에서 떠나 번뇌에서 벗어나고 싶다면,

들이쉬고 내쉬는 숨의 마음챙김을 통한 집중에 면밀하게 주의를 기울여야 한다.

만일 가정생활과 연관된 기억과 생각을 버리고 싶다면,

만일 싫어하지 않는 것에 대하여 싫어하는 마음을 내고 싶다면,

만일 싫어하는 것에 대하여 싫어하지 않는 마음을 내고 싶다면,

만일 싫어한다든지 싫어하지 않는다든지 하는 두 가지를 다 피하는 마음을 내고 싶다면,

그리고 평정에 머물고, 주의 깊고, 분명하게 알아차리는 마음을 내고 싶다면,

들이쉬고 내쉬는 숨의 마음챙김을 통한 집중에 면밀하게 주의를 기울여야 한다.

만일 감각적 쾌락과 바람직하지 못한 모든 것에서 벗어나, 사유와 숙고가 있으며, 홀로 명상함에서 오는 환희와 기쁨이 있는 첫 번째 선정에 머물고 싶다면, 들이쉬고 내쉬는 숨의 마음챙김을 통한 집중에 면밀하게 주의를 기울여야 한다.

만일 사유와 숙고를 멈추고, 안으로의 평온함과 마음의 집중됨이 있으며, 사유와 숙고가 없이 삼매에서 오는 환희와 기쁨이 있는 두 번째 선정에 머물고 싶다면, 들이쉬고 내쉬는 숨의 마음챙김을 통한 집중에 면밀하게 주의를 기울여야 한다.

만일 환희가 사라진 후 평정한 마음과 분명한 알아차림과 육신의 행복을 느끼며 머물고, 거룩한 이들이 말하는 '평정과 마음챙김에 머무는 사람은 행복하게 머문다.'고 하는 세 번째 선정에 머물고 싶다면, 들이쉬고 내쉬는 숨의 마음챙김을 통한 집중에 면밀하게 주의를 기울여야 한다.

만일 고통도 쾌락도 버리고 전에 있던 행복도 불행도 버리고 괴로움도 즐거움도 없고, 평정에 의하여 도달한 온전히 순수한 마음챙김이 있는 네 번째 선정에 머물고 싶다면, 들이쉬고 내쉬는 숨의 마음챙김을 통한 집중에 면밀하게 주의를 기울여야 한다.

들이쉬고 내쉬는 숨의 마음챙김을 통한 집중〔수행〕이 이와 같이 발전되고 연마되었을 때, 만일 기분 좋은 느낌을 느끼더라도 '이것은 무상한 것이고 집착할 것이 아니고 기뻐할 일이 아니다.' 라고 알아차린다. 만일 괴로운 느낌을 느끼더라도 '이것은 무상한 것이고 집착할 것이 아니고 기뻐할 일이 아니다.' 라고 알아차린다. 만일 기분 좋지도 않고 괴롭지도 않은 느낌을 느끼더라도 '이것은 무상한 것이고 집착할 것이 아니며 기뻐할 일이 아니다.' 라고 알아차린다."

## 네 가지 마음챙김의 확립[127]

| 상윳따 니까야: 47 사띠빳타나 상윳따 1-2 |

이와 같이 나는 들었다. 어느 때 부처님은 웨살리의 암바빨리 숲에 계셨다. 부처님은 제자들에게 이렇게 가르치셨다.

"여기에 유일한 길이 있다. 그 유일한 길은 사람들을 청정한 삶의 길로 인도하고, 슬픔과 한탄을 이겨내게 하고, 괴로움과 불쾌감을 없애며, 바른길을 얻게 하며, 열반에 이르게 한다. 그것은 곧 '네 가지 마음챙김의 확립' 이다. 무엇이 넷인가?

수행자는 세상에 대한 탐욕과 걱정을 멀리하고, 열성적으로, 선명한 알아차림과, 마음챙김을 가지고,
  몸에 대하여 몸을 〔있는 그대로〕 관찰하고,

---

127) 사띠빳타나(satipaṭṭhāna): sati(깨어있음, 마음챙김, 집중), paṭṭhāna(확고, 확립, 적용, 세움). 마음챙김의 확립이란 마음챙김을 확고히 세우는 것. 네 가지 사띠빳타나가 있는데 네 가지에 마음챙김을 확고히 세우는 것. 사념처(Cattāro satipaṭṭhana)라고 한역됨.

느낌에 대하여 느낌을 〔있는 그대로〕 관찰하고,

마음에 대하여 마음을 〔있는 그대로〕 관찰하고,

담마[128]에 대하여 담마를 〔있는 그대로〕 관찰하면서 머문다.

이것이 유일한 길로써 그 유일한 길은 사람들을 청정한 삶의 길로 인도하고, 슬픔과 한탄을 이겨내게 하고, 괴로움과 불쾌감을 없애며, 바른길을 얻게 하며, 열반에 이르게 한다. 이것이 곧 '네 가지 마음챙김의 확립'이다.

그러면 어떻게 하는 것이 선명한 알아차림인가?

앞으로 갈 때에도 돌아 설 때에도, 앞을 볼 때에도 옆을 볼 때에도, 팔다리를 굽힐 때에도 펼 때에도, 가사를 입거나 들고 갈 때에도, 발우를 메고 갈 때에도, 음식을 먹고, 마시고, 씹고 맛볼 때에도, 대변과 소변을 볼 때에도, 걷고, 서고, 앉고, 잠들 때에도, 잠깰 때에도, 말할 때에도, 그리고 침묵할 때에도 선명한 알아차림을 가지고 행동한다.

이와 같이 선명한 알아차림과 마음챙김에 머물러야 한다."

## ❂ 건전한 가르침의 시작점은 계행과 바른 견해

| 상윳따 니까야: 47 사띠빳타나 상윳따 3 |

어느 때 부처님은 사왓티의 기원정사에 계셨다. 그때 어떤 비구가 부처님께 와서 가르침을 청하였다. 부처님은 말씀하셨다.

"건전한 가르침의 바로 그 시작점을 깨끗하게 하라.

---

128) 담마(Dhamma): 여기에서 담마의 뜻은 사성제나 팔정도 그 외의 모든 부처님의 가르침이라 할 수 있다. 넓은 의미로는 모든 진리와 선한 모든 것들이 주제가 될 수 있다.

건전한 가르침의 시작점이란 무엇인가?

그것은 청정한 계행과 바른 견해이다.

계행을 근본으로 하고 계행을 바탕으로 하여

그대들의 계행이 진정으로 청정하고 견해가 바를 때

세 가지 면[129]에서 '네 가지 마음챙김의 확립'을 발전시켜야 한다.

무엇이 네 가지인가?

세상에 대한 탐욕과 걱정을 멀리하고, 열성적으로, 선명한 알아차림과, 마음챙김을 가지고

몸에 대하여 몸을,(1)

느낌에 대하여 느낌을,(2)

마음에 대하여 마음을,(3)

담마에 대하여 담마를,(4)

내적으로 외적으로 내외적으로 세 가지 면에서 관찰하며 머문다.

이와 같이 계행을 근본으로 하고 계행을 바탕으로 하여 세 가지 면에서 네 가지 마음챙김의 확립을 발전시키면, 밤낮으로 건전한 법은 늘어나지 결코 줄어들지 않는다."

## 🏵 바른 법이 오래가지 못하는 이유
| 상윳따 니까야: 47 사띠빳타나 상윳따 22 |

이와 같이 나는 들었다. 어느 때 아난다 존자와 밧다 존자가 빠딸리뿟따의 꾹꾸따 승원에 있었다. 밧다 존자는 아난다 존자에게 이렇게 말

---

129) 세 가지 면은 안으로(내적), 밖으로(외적), 안팎으로(내외적) 몸, 느낌, 마음, 담마를 그대로 관찰하며 머무는 것을 말함.

하였다.

"벗 아난다여, 여래가 마지막 열반에 드신 후 바른 법이 오래가지 못한다면 그 이유는 무엇이며, 또 바른 법이 오래간다면 그 이유는 무엇입니까?"

"좋습니다, 벗 밧다여. 그대의 지혜는 훌륭합니다. 참 좋은 질문을 하였습니다. 벗이여, 여래가 마지막 열반에 드신 후 참된 법이 오래가지 못하는 것은 '네 가지 마음챙김의 확립'을 발전시키고 연마하지 않기 때문입니다. 또한 여래가 마지막 열반에 드신 후 참된 법이 오래가는 것은 '네 가지 마음챙김의 확립'을 발전시키고 연마하기 때문입니다."

## ● '마음챙김의 확립'이란?
| 상윳따 니까야: 47 사띠빳타나 상윳따 40 |

부처님은 제자들에게 이렇게 가르치셨다.

무엇이 '마음챙김의 확립'인가?

세상에 대한 탐욕과 걱정을 멀리하고, 열성적으로, 선명한 알아차림과, 마음챙김을 가지고,

몸에서 일어나는 현상을 주의 깊게 관찰하고,
몸에서 사라지는 현상을 주의 깊게 관찰하고,
몸에서 일어나고 사라지는 현상을 주의 깊게 관찰한다.

느낌에서 일어나는 현상을 주의 깊게 관찰하고,

느낌에서 사라지는 현상을 주의 깊게 관찰하고,
느낌에서 일어나고 사라지는 현상을 주의 깊게 관찰한다.

마음에서 일어나는 현상을 주의 깊게 관찰하고,
마음에서 사라지는 현상을 주의 깊게 관찰하고,
마음에서 일어나고 사라지는 현상을 주의 깊게 관찰한다.

담마에서 일어나는 현상을 주의 깊게 관찰하고,
담마에서 사라지는 현상을 주의 깊게 관찰하고,
담마에서 일어나고 사라지는 현상을 주의 깊게 관찰한다.

이것을 '마음챙김의 확립'이라고 부른다.

## 육신의 고통이 마음을 사로잡지 않는 이유
| 상윳따 니까야: 52 아누룻다 상윳따 10 |

어느 때 아누룻다 존자는 사왓티의 안다 숲에 있었다. 그때 그는 병이 들어 괴로워하였는데 중병이었다.

그때 많은 비구들이 그를 방문하였는데 그들은 아누룻다 존자에게 이렇게 물었다.

"아누룻다 존자님, 육체적 고통이 마음을 사로잡지 않게 하기 위하여 존자님은 어떻게 머무십니까?"

"벗이여, 나의 마음을 '네 가지 마음챙김의 확립'에 잘 세워서 머물기 때문에 육체적 고통의 느낌이 마음을 사로잡지 않습니다."

# 마음챙김의 확립에 대한 가르침
| 맛지마 니까야: 10 사띠빳타나 경 | [130]

이와 같이 나는 들었다. 어느 때 부처님은 꾸루국의 깜맛사담마라고 부르는 꾸루족의 마을에 계셨다. 부처님은 제자들에게 이렇게 가르치셨다.

① 이것은 사람들의 마음의 정화를 위한 하나의 유일한 길이다.
② 이것은 슬픔과 한탄을 극복하게 하며,
③ [육체적] 고통과 [정신적] 고뇌를 완전히 부수어 버리며,
④ 바른길[팔정도]을 성취하게 하며,
⑤ 열반을 실현하게 한다.

이 유일한 길은 바로 '네 가지 마음챙김의 확립'이다.

(무엇이 '네 가지 마음챙김의 확립'인가?)

무엇이 네 가지인가? 세상에 대한 탐욕과 걱정을 멀리하고, 열성을 다하여, 분명한 알아차림과, 마음챙김을 가지고,

① 몸을 몸으로 [있는 그대로] 관찰하며 머문다.[131]

세상에 대한 탐욕과 걱정을 멀리하고, 열성을 다하여, 분명한 알아차림과, 마음챙김을 가지고

② 느낌을 느낌으로 [있는 그대로] 관찰하며 머문다.

---

130) 이 경의 분명치 않은 부분은 위빳사나 명상에 권위가 있는 미얀마 영역본의 번역을 참조하였음. 상좌불교 위빳사나 명상 수행의 골격을 이루는 가장 중요한 경전이라 중요한 부분을 모두 번역하여 수행에 도움이 되게 하였다. 이 경은 디가 니까야 22: 마하사띠빳타나 경과 완전히 같은 경전이다. 다만 디가 니까야는 사성제의 내용을 더 자세하게 설명한 점이 다르다.
131) 몸을 몸으로만, 느낌을 느낌으로만, 마음을 마음으로만, 담마를 담마로만 오직 있는 그대로 관찰하지 다른 어떤 것으로 관찰하지 말라는 뜻.

세상에 대한 탐욕과 걱정을 멀리하고, 열성을 다하여, 분명한 알아차림과, 마음챙김을 가지고

③ 마음을 마음으로 [있는 그대로] 관찰하며 머문다.

세상에 대한 탐욕과 걱정을 멀리하고, 열성을 다하여, 분명한 알아차림과, 마음챙김을 가지고

④ 담마[132]를 담마로 [있는 그대로] 관찰하며 머문다.

## I. 몸에 대한 관찰

### 1. 호흡에 대한 관찰

어떻게 몸을 몸으로 [있는 그대로] 관찰하며 머무는가? 숲이나, 나무 아래, 또는 빈 오두막으로 가서 가부좌를 하고 앉아서 몸을 바로 세우고 마음챙김을 앞에 세운다. 온전한 마음챙김을 가지고 숨을 들이쉬고 온전한 마음챙김을 가지고 숨을 내쉰다.

숨을 길게 들이쉬면서 '숨을 길게 들이쉰다.' 고 분명히 알아차리고, 숨을 길게 내쉬면서 '숨을 길게 내쉰다.' 고 분명히 알아차린다.

숨을 짧게 들이쉬면서 '숨을 짧게 들이쉰다.' 고 분명히 알아차리고, 숨을 짧게 내쉬면서 '숨을 짧게 내쉰다.' 고 분명히 알아차린다.

'나는 들이쉬는 숨의 처음서부터 중간과 끝에 이르기까지의 전 과정을 [한 순간도 놓치지 않고] 알아차리면서 숨을 들이쉴 것이며, 내쉬

---

132) Dhamma의 넓은 뜻은 진리, 정의, 사실의 개념의 통합으로 부처님은 이런 진리를 자신의 표준으로 삼았다. 좁은 의미로는 부처님의 가르침을 말함. 이 경에는 다섯 가지 장애, 오온, 육처, 칠각지, 사성제를 예로 들어 관찰토록 함. 모든 부처님의 가르침이 여기에 해당될 수 있다. 더 나아가서 모든 진리와 선한 모든 것들이 해당될 수도 있다.

는 숨의 처음서부터 중간과 끝에 이르기까지의 전 과정을 알아차리면서 숨을 내쉴 것이다.' 라고 수련한다.

'나는 강하게 들이쉬는 숨을 고요히 하며 숨을 들이쉴 것이며, 강하게 내쉬는 숨을 고요히 하면서 숨을 내쉴 것이다.' 라고 수련한다.[133]

마치 숙련된 선반공이나 그의 견습공이 길게 돌릴 때는 길게 돌린다고 알며, 짧게 돌릴 때는 짧게 돌린다고 아는 것처럼 숨을 길게 들이쉬면서 '숨을 길게 들이쉰다.' 고 분명히 알아차리고, 숨을 길게 내쉬면서 '숨을 길게 내쉰다.' 고 분명히 알아차린다. 숨을 짧게 들이쉬면서 '숨을 짧게 들이쉰다.' 고 분명히 알아차리고, 숨을 짧게 내쉬면서 '숨을 짧게 내쉰다.' 고 분명히 알아차린다.

이와 같이 그는 안으로 밖으로 안팎으로 몸을 몸으로 〔있는 그대로〕 관찰하면서 머문다. 또는 몸에서 일어나는 현상을 관찰하면서 머문다. 또는 몸에서 사라지는 현상을 관찰하면서 머문다. 또는 몸에서 일어나고 사라지는 현상을 관찰하면서 머문다. 또는 '오직 일어나고 사라지는 현상만 있다.' 는 사실에 굳건하게 마음챙기며 머문다. 마음챙김은 오직 점차적으로 위빳사나[134]를 얻기 위한 것이며 오직 단계적으로 좀 더 높은 차원의 마음챙김을 얻기 위함이다. 그는 이 세상의 어떤 것에도 집착함 없이 갈애와 그릇된 견해에서 벗어나 머문다. 이와 같이 몸

---

133) 강한 호흡을 고요히 하는데는 특별한 노력이 필요 없다. 집중이 잘 되면 잘 될수록 강한 호흡은 고요해진다. 정신적인 집중이 최고의 점에 도달하면 호흡이 굉장히 미세해지기 때문에 요기(yogi)들은 그들의 호흡이 멈추었다고 느낄 것이다.(디가 니까야 미얀마 영역본: p.309 주석)
134) 위빳사나(Vipassanā): 내관, 관법, 관찰, 통찰력, 성찰의 의미를 가지고 있으며, 마음챙김에 의하여 모든 현상을 있는 그대로 선명하게 꿰뚫어 직시하는 것이며 깨달음으로 이끄는 수행법이다.

을 몸으로 〔있는 그대로〕 관찰하면서 머문다.[135]

## 2. 몸의 움직임에 대한 관찰

걸어갈 때는 '나는 걷고 있다.'고 분명히 알아차리며, 서 있을 때는 '나는 서 있다.'고 분명히 알아차리며, 앉아 있을 때는 '나는 앉아 있다.'고 분명히 알아차리며, 누워있을 때는 '나는 누워있다.'고 분명히 알아차린다. 어떤 몸의 동작이라 하더라도 그 동작을 분명히 알아차린다.

앞으로 갈 때에도 되돌아 올 때에도 분명히 알아차리면서 행동한다. 앞을 볼 때에도 둘러볼 때에도 분명히 알아차리면서 행동한다. 굽힐 때에도 팔다리를 펼 때에도 분명히 알아차리면서 행동한다. 가사와 발우를 가지고 갈 때에도 분명히 알아차리면서 행동한다. 먹을 때에도, 마실 때에도, 음식을 씹을 때에도, 맛볼 때에도, 분명히 알아차리면서 행동한다. 대소변을 볼 때에도 분명히 알아차리면서 행동한다. 가고, 서고, 앉고, 잠들 때에도, 깨어날 때에도, 말 할 때에도, 침묵할 때에도 분명히 알아차리면서 행동한다.

이와 같이 그는 안으로 밖으로 안팎으로 몸을 몸으로 〔있는 그대로〕 관찰하면서 머문다. 또는 몸에서 일어나는 현상을 관찰하면서 머문다. 또는 몸에서 사라지는 현상을 관찰하면서 머문다. 또는 몸에서 일어나고 사라지는 현상을 관찰하면서 머문다. 또는 '오직 일어나고 사라지

---

135) 이 문장의 뒷부분은 미얀마 영역본의 번역이 가장 정확한 듯하여 그렇게 번역함(디가 니까야: 미얀마삼장협회. p. 309, 310). 필자의 미얀마 마하시 수도원에서의 위빳사나 수행 체험에 의하면 가장 반복해서 가르치는 수련은 모든 현상의 일어나고 사라지는 현상을 놓치지 않고 집중하는 것으로 모든 현상은 일어났다가 그리고 사라진다. 호흡도, 모든 감정도, 느낌 등도 일어났다가 사라진다.

는 현상만 있다.' 는 사실에 굳건하게 마음챙기며 머문다. 마음챙김은 오직 점차적으로 위빳사나를 얻기 위한 것이며 오직 단계적으로 좀더 높은 차원의 마음챙김을 얻기 위함이다. 그는 이 세상의 어떤 것에도 집착함 없이 갈애와 그릇된 견해에서 벗어나 머문다. 이와 같이 몸을 몸으로 〔있는 그대로〕 관찰하면서 머문다.

### 3. 몸의 내부 기관에 대한 관찰

발바닥에서부터 위로 머리끝에서부터 아래로 이 몸은 피부로 덮여져 있으며, 이와 같이 여러 가지 더러운 것들로 가득 차 있음을 반조한다. '몸 속에는 머리카락, 몸의 털, 손톱, 발톱, 이빨, 피부, 살, 힘줄, 뼈, 골수, 신장, 심장, 간장, 늑막, 비장, 폐, 대장, 소장, 위장, 똥, 담즙, 가래, 고름, 피, 땀, 지방, 눈물, 임파액, 침, 점액, 관절액, 오줌 등이 들어있다' 고 관찰한다.

그것은 마치 양쪽 입구가 다 터진 자루 속에 여러 가지 종류의 둔덕 쌀, 벼, 강낭콩, 완두콩, 참깨, 쌀 등과 같은 여러 종류의 곡물이 있는데, 눈이 좋은 사람이 자루를 열고 '이것은 둔덕 쌀, 이것은 벼, 이것은 강낭콩' 하고 살펴보는 것과 같다. 이처럼 우리의 몸도 이와 같음을 관찰한다.

이와 같이 그는 안으로 밖으로 안팎으로 몸을 몸으로 〔있는 그대로〕 관찰하면서 머문다. 또는 몸에서 일어나는 현상을 관찰하면서 머문다. 또는 몸에서 사라지는 현상을 관찰하면서 머문다. 또는 몸에서 일어나고 사라지는 현상을 관찰하면서 머문다. 또는 '오직 일어나고 사라지는 현상만 있다.'는 사실에 굳건하게 마음챙기며 머문다. 마음챙김은 오직 점차적으로 위빳사나를 얻기 위한 것이며 오직 단계적으로 좀더 높은 차원의 마음챙김을 얻기 위함이다. 그는 이 세상의 어떤 것에도 집착함 없이 갈애와 그릇된 견해에서 벗어나 머문다. 이와 같이 몸을 몸으로〔있는 그대로〕관찰하면서 머문다.

4. 몸의 네 가지 요소에 대한 관찰
이 몸이 어떻게 놓여져 있건 어떻게 처해져 있건 요소의 관점에서 고찰하기를, '이 몸에는 땅의 요소〔물질적 요소〕, 물의 요소, 불의 요소〔더운 기운〕, 바람의 요소가 있다.'고 관찰한다.
마치 숙련된 백정이나 그의 견습생이 소를 도살하여 조각으로 잘라서 사거리에 앉아 있는 것처럼〔다만 조각난 고기만 보일 뿐 소는 보이지 않는다.〕이 몸이 어떻게 놓여져 있건 어떻게 처해져 있건, 요소의 관점에서 고찰하기를, '이 몸에는 땅의 요소〔물질적 요소〕, 물의 요소, 불의 요소〔더운 기운〕, 바람의 요소가 있다.'고 관찰한다.

이와 같이 그는 안으로 밖으로 안팎으로 몸을 몸으로〔있는 그대로〕관찰하면서 머문다. 또는 몸에서 일어나는 현상을 관찰하면서 머문다. 또는 몸에서 사라지는 현상을 관찰하면서 머문다. 또는 몸에서 일어나고 사라지는 현상을 관찰하면서 머문다. 또는 '오직 일어나고 사라지는 현상만 있다.'는 사실에 굳건하게 마음챙기며 머문다. 마음챙김은 오직 점차적으로 위빳사나를 얻기 위한 것이며 오직 단계적으로 좀더 높은 차원의 마음챙김을 얻기 위함이다. 그는 이 세상의 어떤 것에도 집착함 없이 갈애와 그릇된 견해에서 벗어나 머문다. 이와 같이 몸을 몸으로 〔있는 그대로〕 관찰하면서 머문다.

### 5. 시체에 대한 아홉 가지 관찰

첫 번째 관찰: 마치 묘지에 버려진 시체가 하루, 이틀, 삼일이 지나 부풀어오르고, 검푸르게 되고, 썩어 문드러지는 것을 보듯이 그는 자신의 몸에 대하여 이렇게 생각한다. '진실로 나의 몸도 또한 똑같은 본성을 가지고 있다. 나의 몸도 저와 같이 될 것이며 저와 같이 되는 것을 피할 수 없다.' 라고 관찰한다.

두 번째 관찰: 마치 묘지에 버려진 시체가 까마귀에 먹히고, 매에 먹히고, 독수리에 먹히고, 개에 먹히고, 자칼에 먹히고, 여러 가지 벌레에 먹히는 것을 보듯이, 그는 자신의 몸에 대하여 이렇게 생각한다. '진실로 나의 몸도 또한 똑같은 본성을 가지고 있다. 나의 몸도 저와 같이 될 것이며 저와 같이 되는 것을 피할 수 없다.' 라고 관찰한다.

세 번째 관찰: 마치 묘지에 버려진 시체가 해골에 힘줄이 붙어 있고, 살점과 핏자국이 남아 있는 것을 보듯이, 그는 자신의 몸에 대하여 이렇게 생각한다. '진실로 나의 몸도 또한 똑같은 본성을 가지고 있다. 나의 몸도 저와 같이 될 것이며 저와 같이 되는 것을 피할 수 없다.' 라고 관찰한다.

네 번째 관찰: 마치 묘지에 버려진 시체가 해골에 힘줄이 붙어 있고,

살점은 없고 핏자국이 남아 있는 것을 보듯이, 그는 자신의 몸에 대하여 이렇게 생각한다. '진실로 나의 몸도 또한 똑같은 본성을 가지고 있다. 나의 몸도 저와 같이 될 것이며 저와 같이 되는 것을 피할 수 없다.'라고 관찰한다.

다섯 번째 관찰: 마치 묘지에 버려진 시체가 해골에 힘줄은 붙어 있고, 살점이나 핏자국은 남아 있지 않은 것을 보듯이 그는 자신의 몸에 대하여 이렇게 생각한다. '진실로 나의 몸도 또한 똑같은 본성을 가지고 있다. 나의 몸도 저와 같이 될 것이며 저와 같이 되는 것을 피할 수 없다.'라고 관찰한다.

여섯 번째 관찰: 마치 묘지에 버려진 시체가 뼈들이 여기저기 흩어져 있는데 여기에는 손뼈, 저기에는 발뼈, 저기에는 정강이뼈, 저기에는 넓적다리뼈, 저기에는 엉덩이뼈, 저기에는 갈비뼈, 저기에는 등뼈, 저기에는 어깨뼈, 저기에는 목뼈, 저기에는 턱뼈, 저기에는 치골, 저기에는 두개골뼈가 흩어져 있는 것을 보듯이, 그는 자신의 몸에 대하여 이렇게 생각한다. '진실로 나의 몸도 또한 똑같은 본성을 가지고 있다. 나의 몸도 저와 같이 될 것이며 저와 같이 되는 것을 피할 수 없다.'라고 관찰한다.

일곱 번째 관찰: 마치 묘지에 버려진 시체가 뼈가 조개껍질의 색처럼 하얗게 변한 것을 보듯이, 그는 자신의 몸에 대하여 이렇게 생각한다. '진실로 나의 몸도 또한 똑같은 본성을 가지고 있다. 나의 몸도 저

와 같이 될 것이며 저와 같이 되는 것을 피할 수 없다.' 라고 관찰한다.

여덟 번째 관찰: 마치 묘지에 버려진 시체가 뼈가 일 년이 더 되어 무더기로 쌓여 있는 것을 보듯이, 그는 자신의 몸에 대하여 이렇게 생각한다. '진실로 나의 몸도 또한 똑같은 본성을 가지고 있다. 나의 몸도 저와 같이 될 것이며 저와 같이 되는 것을 피할 수 없다.' 라고 관찰한다.

아홉 번째 관찰: 마치 묘지에 버려진 시체가 뼈마저 썩어 가루로 변해있는 것을 보듯이, 그는 자신의 몸에 대하여 이렇게 생각한다. '진실로 나의 몸도 또한 똑같은 본성을 가지고 있다. 나의 몸도 저와 같이 될 것이며 저와 같이 되는 것을 피할 수 없다.' 라고 관찰한다.

이와 같이 그는 안으로 밖으로 안팎으로 몸을 몸으로 〔있는 그대로〕 관찰하면서 머문다. 또는 몸에서 일어나는 현상을 관찰하면서 머문다. 또는 몸에서 사라지는 현상을 관찰하면서 머문다. 또는 몸에서 일어나고 사라지는 현상을 관찰하면서 머문다. 또는 '오직 일어나고 사라지는 현상만 있다.' 는 사실에 굳건하게 마음챙기며 머문다. 마음챙김은 오직 점차적으로 위빳사나를 얻기 위한 것이며 오직 단계적으로 좀더 높은 차원의 마음챙김을 얻기 위함이다. 그는 이 세상의 어떤 것에도 집착함 없이 갈애와 그릇된 견해에서 벗어나 머문다. 이와 같이 몸을 몸으로 〔있는 그대로〕 관찰하면서 머문다.

## II. 느낌에 대한 관찰

어떻게 느낌을 느낌으로 〔있는 그대로〕 관찰하면서 머무는가?

즐거운 느낌을 느낄 때 '나는 즐거운 느낌을 느낀다.' 고 분명히 알아차린다.

괴로운 느낌을 느낄 때 '나는 괴로운 느낌을 느낀다.' 고 분명히 알아차린다.

즐겁지도 괴롭지도 않은 느낌을 느낄 때 '나는 즐겁지도 괴롭지도 않은 느낌을 느낀다.' 고 분명히 알아차린다.

세속적인 〔감각적 쾌락의〕 즐거움을 느낄 때 '나는 세속적인 〔감각적 쾌락의〕 즐거움을 느낀다.' 고 분명히 알아차린다.

세속적이 아닌 즐거움을 느낄 때 '나는 세속적이 아닌 즐거움을 느낀다.' 고 분명히 알아차린다.

세속적인 괴로운 느낌을 느낄 때 '나는 세속적인 괴로운 느낌을 느낀다.' 고 분명히 알아차린다.

세속적이 아닌 괴로운 느낌을 느낄 때 '나는 세속적이 아닌 괴로운 느낌을 느낀다.' 고 분명히 알아차린다.

세속적인 괴롭지도 않고 즐겁지도 않은 느낌을 느낄 때 '나는 세속적인 괴롭지도 않고 즐겁지도 않은 느낌을 느낀다.' 고 분명히 알아차린다.

세속적이 아닌 괴롭지도 않고 즐겁지도 않은 느낌을 느낄 때 '나는 세속적이 아닌 괴롭지도 않고 즐겁지도 않은 느낌을 느낀다.' 고 분명히 알아차린다.

이와 같이 그는 안으로 밖으로 안팎으로 느낌을 느낌으로 〔있는 그대로〕 관찰하면서 머문다. 또는 느낌에서 일어나는 현상을 관찰하면서 머문다. 또는 느낌에서 사라지는 현상을 관찰하면서 머문다. 또는 느낌에서 일어나고 사라지는 현상을 관찰하면서 머문다. 또는 '오직 느낌의 현상만 있다.'는 사실에 굳건하게 마음챙기며 머문다. 마음챙김은 오직 점차적으로 위빳사나를 얻기 위한 것이며 오직 단계적으로 좀 더 높은 차원의 마음챙김을 얻기 위함이다. 그는 이 세상의 어떤 것에도 집착함 없이 갈애와 그릇된 견해에서 벗어나 머문다. 이와 같이 느낌을 느낌으로 〔있는 그대로〕 관찰하면서 머문다.

## III. 마음에 대한 관찰

어떻게 마음을 마음으로 〔있는 그대로〕 관찰하며 머무는가?
탐욕이 있는 마음을 '탐욕이 있는 마음'이라고 분명히 알아차리며, 탐욕이 없는 마음을 '탐욕이 없는 마음'이라고 분명히 알아차린다.
성냄이 있는 마음을 '성냄이 있는 마음'이라고 분명히 알아차리며, 성냄이 없는 마음을 '성냄이 없는 마음'이라고 분명히 알아차린다.
어리석음이 있는 마음을 '어리석음이 있는 마음'이라고 분명히 알아차리며, 어리석음이 없는 마음을 '어리석음이 없는 마음'이라고 분명히 알아차린다.
게으르고 무기력한 마음을 게으르고 무기력한 마음이라고 분명히 알아차리며, 게으르고 무기력하지 않은 마음을 게으르고 무기력하지 않은 마음이라고 분명히 알아차린다.

산만한 마음을 산만한 마음이라고 분명히 알아차리며, 산만하지 않은 마음을 산만하지 않은 마음이라고 분명히 알아차린다.

숭고한 마음을 숭고한 마음이라고 분명히 알아차리며, 숭고하지 못한 마음을 숭고하지 못한 마음이라고 분명히 알아차린다.

저열한 마음을 저열한 마음이라고 분명히 알아차리며, 저열하지 않은 마음을 저열하지 않은 마음이라고 분명히 알아차린다.

최상의 마음을 최상의 마음이라고 분명히 알아차리며, 최상이 아닌 마음을 최상이 아닌 마음이라고 분명히 알아차린다.

삼매에 든 마음을 삼매에 든 마음이라고 분명히 알아차리며, 삼매에 들지 못한 마음을 삼매에 들지 못한 마음이라고 분명히 알아차린다.

해탈한 마음을 해탈한 마음이라고 분명히 알아차리며, 해탈하지 못한 마음을 해탈하지 못한 마음이라고 분명히 알아차린다.

이와 같이 그는 안으로 밖으로 안팎으로 마음을 마음으로 〔있는 그대로〕 관찰하면서 머문다. 또는 마음에서 일어나는 현상을 관찰하면서 머문다. 또는 마음에서 사라지는 현상을 관찰하면서 머문다. 또는 마음에서 일어나고 사라지는 현상을 관찰하면서 머문다. 또는 '오직 마음의 현상만 있다.'는 사실에 굳건하게 마음챙기며 머문다. 마음챙김은 오직 점차적으로 위빳사나를 얻기 위한 것이며 오직 단계적으로 좀 더 높은 차원의 마음챙김을 얻기 위함이다. 그는 이 세상의 어떤 것에도 집착함 없이 갈애와 그릇된 견해에서 벗어나 머문다. 이와 같이 마음을 마음으로 〔있는 그대로〕 관찰하면서 머문다.

## IV. 담마에 대한 관찰[136]

어떻게 담마를 담마로 〔있는 그대로〕 관찰하며 머무는가?

### 1. '다섯 가지 장애'에 대한 관찰

'다섯 가지 장애'의 관점에서 담마를 담마로 〔있는 그대로〕 관찰하면서 머문다. 어떻게 다섯 가지 장애의 관점에서 담마를 담마로 〔있는 그대로〕 관찰하며 머무는가?

① 감각적 욕망이 있으면 '감각적 욕망이 내 안에 있다.'고 분명히 알아차리며, 감각적 욕망이 없으면 '감각적 욕망이 내 안에 없다.'고 분명히 알아차린다.

감각적 욕망이 어떻게 일어나는가를 분명히 알아차리며,

감각적 욕망이 어떻게 버려지는지 분명히 알아차리며,

버려진 감각적 욕망이 어떻게 다시 일어나지 않는지를 분명히 알아차린다.

② 악의가 있으면 '악의가 내 안에 있다.'고 분명히 알아차리며, 악의가 없으면 '악의가 내 안에 없다.'고 분명히 알아차린다.

악의가 어떻게 일어나는가를 분명히 알아차리며,

악의가 어떻게 버려지는지 분명히 알아차리며,

버려진 악의가 어떻게 다시 일어나지 않는지를 분명히 알아차린다.

③ 게으름과 무기력이 있으면 '게으름과 무기력이 내 안에 있다.'고

---

136) 여기에서 담마(dhamma)는 부처님 가르침 중에서 다섯 가지를 예로 들어 관찰하도록 하고 있다. 이 다섯 가지 외에도 모든 부처님의 가르침이 주제가 될 수 있다. 나아가서 모든 진리와 선한 모든 것들이 주제가 될 수 있다.

분명히 알아차리며, 게으름과 무기력함이 없으면 '게으름과 무기력함이 내 안에 없다.' 고 분명히 알아차린다.

게으름과 무기력이 어떻게 일어나는가를 분명히 알아차리며,

게으름과 무기력이 어떻게 버려지는지 분명히 알아차리며,

버려진 게으름과 무기력이 어떻게 다시 일어나지 않는지를 분명히 알아차린다.

④ 들뜸과 회한이 있으면 '들뜸과 회한이 내 안에 있다.' 고 분명히 알아차리며, 들뜸과 회한이 없으면 '들뜸과 회한이 내 안에 없다.' 고 분명히 알아차린다.

들뜸과 회한이 어떻게 일어나는가를 분명히 알아차리며,

들뜸과 회한이 어떻게 버려지는지 분명히 알아차리며,

버려진 들뜸과 회한이 어떻게 다시 일어나지 않는지를 분명히 알아차린다.

⑤ 의심이 있으면 '의심이 내 안에 있다.' 고 분명히 알아차리며, 의심이 없으면 '의심이 내 안에 없다.' 고 분명히 알아차린다.

의심이 어떻게 일어나는가를 분명히 알아차리며,

의심이 어떻게 버려지는지 분명히 알아차리며,

버려진 의심이 어떻게 다시 일어나지 않는지를 분명히 알아차린다.

이와 같이 그는 안으로 밖으로 안팎으로 담마를 담마로 〔있는 그대로〕 관찰하면서 머문다. 또는 담마에서 일어나는 현상을 관찰하면서 머문다. 또는 담마에서 사라지는 현상을 관찰하면서 머문다. 또는 담마에서 일어나고 사라지는 현상을 관찰하면서 머문다. 또는 '오직 담

마의 현상만 있다.'는 사실에 굳건하게 마음챙기며 머문다. 마음챙김은 오직 점차적으로 위빳사나를 얻기 위한 것이며 오직 단계적으로 좀 더 높은 차원의 마음챙김을 얻기 위함이다. 그는 이 세상의 어떤 것에도 집착함 없이 갈애와 그릇된 견해에서 벗어나 머문다. 이와 같이 '다섯 가지 장애'의 관점에서 담마를 담마로 [있는 그대로] 관찰하면서 머문다.

## 2. '다섯 가지 무더기'[137]에 대한 관찰

집착의 대상이 되는 '다섯 가지 무더기'의 관점에서 담마를 담마로 [있는 그대로] 관찰하면서 머문다. 어떻게 집착의 대상이 되는 다섯 가지 무더기의 관점에서 담마를 담마로 [있는 그대로] 관찰하면서 머무는가?

① '물질은 이와 같다. 물질의 일어남은 이와 같다. 물질의 사라짐은 이와 같다.'고 분명히 알아차린다.

② '느낌은 이와 같다. 느낌의 일어남은 이와 같다. 느낌의 사라짐은 이와 같다.'고 분명히 알아차린다.

③ '지각은 이와 같다. 지각의 일어남은 이와 같다. 지각의 사라짐은 이와 같다.'고 분명히 알아차린다.

④ '형성'[138]은 이와 같다. 형성의 일어남은 이와 같다. 형성의 사라

---

137) Pañcakkhanda: 오온(五蘊)이라 한역됨. 몸을 이루는 다섯 가지 무더기로 물질적 형상인 육체, 느낌, 지각, 형성(무엇이든 쌓아 형성하는 작용), 의식의 다섯 가지가 인간인데 이것은 찰나 변하는 고정된 실체가 없는 무아이며 무상하기 때문에 집착하지 말아야 함을 가르침.

138) 형성(Saṅkhārakkhandha): 생각과 말과 행동으로 선을 짓기도 하고(형성하기도 하고, 형성한다는 말은 만든다는 뜻) 악을 짓기도 하여 선업을 쌓기도 하고, 악업을 쌓기도 한다. 이와 같은 쌓음은 형성이라고 말할 수 있다.

짐은 이와 같다.'고 분명히 알아차린다.

⑤ '의식은 이와 같다. 의식의 일어남은 이와 같다. 의식의 사라짐은 이와 같다.'고 분명히 알아차린다.

이와 같이 그는 안으로 밖으로 안팎으로 담마를 담마로 〔있는 그대로〕 관찰하면서 머문다. 또는 담마에서 일어나는 현상을 관찰하면서 머문다. 또는 담마에서 사라지는 현상을 관찰하면서 머문다. 또는 담마에서 일어나고 사라지는 현상을 관찰하면서 머문다. 또는 '오직 담마의 현상만 있다.'는 사실에 굳건하게 마음챙기며 머문다. 마음챙김은 오직 점차적으로 위빳사나를 얻기 위한 것이며 오직 단계적으로 좀 더 높은 차원의 마음챙김을 얻기 위함이다. 그는 이 세상의 어떤 것에도 집착함 없이 갈애와 그릇된 견해에서 벗어나 머문다. 이와 같이 집착의 대상이 되는 '다섯 가지 무더기'의 관점에서 담마를 담마로 〔있는 그대로〕 관찰하면서 머문다.

## 3. '여섯 가지 감각기관'에 대한 관찰

'여섯 가지 안팎의 감각기관'[139]의 관점에서 담마를 담마로 〔있는 그대로〕 관찰하면서 머문다. 어떻게 여섯 가지 안팎의 감각기관의 관점에서 담마를 담마로 〔있는 그대로〕 관찰하면서 머무는가?

① 눈을 분명히 알아차린다.

보이는 대상을 분명히 알아차린다.

---

139) 안의 감각기관은 안, 이, 비, 설, 신, 의를 말하며 밖의 감각기관은 색, 성, 향, 미, 촉, 법으로 안과 바깥경계가 작용하여 결과를 만든다. (예)눈-물질, 귀-소리, 코-냄새, 혀-맛, 몸-촉감, 마음-담마(대상)

눈과 대상으로 인하여 생기는 속박을 분명히 알아차린다.
어떻게 속박이 일어나는지 분명히 알아차린다.
어떻게 속박이 버려지는지 분명히 알아차린다.
이미 버려진 속박이 어떻게 다시 일어나지 않는지 분명히 알아차린다.
② 귀를 분명히 알아차린다.
들리는 소리를 분명히 알아차린다.
귀와 소리로 인하여 생기는 속박을 분명히 알아차린다.
어떻게 속박이 일어나는지 분명히 알아차린다.
어떻게 속박이 버려지는지 분명히 알아차린다.
이미 버려진 속박이 어떻게 다시 일어나지 않는지 분명히 알아차린다.
③ 코를 분명히 알아차린다.
풍기는 냄새를 분명히 알아차린다.
코와 냄새로 인하여 생기는 속박을 분명히 알아차린다.
어떻게 속박이 일어나는지 분명히 알아차린다.
어떻게 속박이 버려지는지 분명히 알아차린다.
이미 버려진 속박이 어떻게 다시 일어나지 않는지 분명히 알아차린다.
④ 혀를 분명히 알아차린다.
느끼는 맛을 분명히 알아차린다.
혀와 맛으로 인하여 생기는 속박을 분명히 알아차린다.
어떻게 속박이 일어나는지 분명히 알아차린다.
어떻게 속박이 버려지는지 분명히 알아차린다.
이미 버려진 속박이 어떻게 다시 일어나지 않는지 분명히 알아차린다.
⑤ 몸을 알아차린다.

만져지는 촉감을 분명히 알아차린다.

몸과 촉감으로 인하여 생기는 속박을 분명히 알아차린다.

어떻게 속박이 일어나는지 분명히 알아차린다.

어떻게 속박이 버려지는지 분명히 알아차린다.

이미 버려진 속박이 어떻게 다시 일어나지 않는지 분명히 알아차린다.

⑥ 마음을 분명히 알아차린다.

마음의 대상을 분명히 알아차린다.

마음과 대상으로 인하여 생기는 속박을 분명히 알아차린다.

어떻게 속박이 일어나는지 분명히 알아차린다.

어떻게 속박이 버려지는지 분명히 알아차린다.

이미 버려진 속박이 어떻게 다시 일어나지 않는지 분명히 알아차린다.

이와 같이 그는 안으로 밖으로 안팎으로 담마를 담마로 〔있는 그대로〕 관찰하면서 머문다. 또는 담마에서 일어나는 현상을 관찰하면서 머문다. 또는 담마에서 사라지는 현상을 관찰하면서 머문다. 또는 담마에서 일어나고 사라지는 현상을 관찰하면서 머문다. 또는 '오직 담마의 현상만 있다.'는 사실에 굳건하게 마음챙기며 머문다. 마음챙김은 오직 점차적으로 위빳사나를 얻기 위한 것이며 오직 단계적으로 좀 더 높은 차원의 마음챙김을 얻기 위함이다. 그는 이 세상의 어떤 것에도 집착함 없이 갈애와 그릇된 견해에서 벗어나 머문다. 이와 같이 집착의 대상이 되는 여섯 가지 안팎의 감각기관의 관점에서 담마를 담마로 〔있는 그대로〕 관찰하면서 머문다.

## 4. '일곱 가지 깨달음의 요소'에 대한 관찰

'일곱 가지 깨달음의 요소'의 관점에서 담마를 담마로〔있는 그대로〕관찰하면서 머문다. 어떻게 '일곱 가지 깨달음의 요소'의 관점에서 담마를 담마로〔있는 그대로〕관찰하면서 머무는가?

① '마음챙김의 깨달음의 요소'가 자기 안에 있으면 있는 줄 분명히 알아차리며, 없으면 없는 줄 분명히 알아차린다. 어떻게 마음챙김의 깨달음의 요소가 일어나는지 그리고 성취되는지 분명히 알아차린다.

② '탐구의 깨달음의 요소'가 자기 안에 있으면 있는 줄 분명히 알아차리며, 없으면 없는 줄 분명히 알아차린다. 어떻게 탐구의 깨달음의 요소가 일어나는지 그리고 성취되는지 분명히 알아차린다.

③ '정진의 깨달음의 요소'가 자기 안에 있으면 있는 줄 분명히 알아차리며, 없으면 없는 줄 분명히 알아차린다. 어떻게 정진의 깨달음의 요소가 일어나는지 그리고 성취되는지 분명히 알아차린다.

④ '환희의 깨달음의 요소'가 자기 안에 있으면 있는 줄 분명히 알아차리며, 없으면 없는 줄 분명히 알아차린다. 어떻게 환희의 깨달음의 요소가 일어나는지 그리고 성취되는지 분명히 알아차린다.

⑤ '평온의 깨달음의 요소'가 자기 안에 있으면 있는 줄 분명히 알아차리며, 없으면 없는 줄 분명히 알아차린다. 어떻게 평온의 깨달음의 요소가 일어나는지 그리고 성취되는지 분명히 알아차린다.

⑥ '집중의 깨달음의 요소'가 자기 안에 있으면 있는 줄 분명히 알아차리며, 없으면 없는 줄 분명히 알아차린다. 어떻게 집중의 깨달음의 요소가 일어나는지 그리고 성취되는지 분명히 알아차린다.

⑦ '평정의 깨달음의 요소'가 자기 안에 있으면 있는 줄 분명히 알

아차리며, 없으면 없는 줄 분명히 알아차린다. 어떻게 평정의 깨달음의 요소가 일어나는지 그리고 성취되는지 분명히 알아차린다.

이와 같이 그는 안으로 밖으로 안팎으로 담마를 담마로 [있는 그대로] 관찰하면서 머문다. 또는 담마에서 일어나는 현상을 관찰하면서 머문다. 또는 담마에서 사라지는 현상을 관찰하면서 머문다. 또는 담마에서 일어나고 사라지는 현상을 관찰하면서 머문다. 또는 '오직 담마의 현상만 있다.'는 사실에 굳건하게 마음챙기며 머문다. 마음챙김은 오직 점차적으로 위빳사나를 얻기 위한 것이며 오직 단계적으로 좀 더 높은 차원의 마음챙김을 얻기 위함이다. 그는 이 세상의 어떤 것에도 집착함 없이 갈애와 그릇된 견해에서 벗어나 머문다. 이와 같이 일곱 가지 깨달음의 요소의 관점에서 담마를 담마로 [있는 그대로] 관찰하면서 머문다.

### 5. '네 가지 거룩한 진리'에 대한 관찰

'네 가지 거룩한 진리'의 관점에서 담마를 담마로 [있는 그대로] 관찰하면서 머문다. 어떻게 '네 가지 거룩한 진리'의 관점에서 담마를 담마로 [있는 그대로] 관찰하면서 머무는가?

① '이것은 괴로움이다.'라고 있는 그대로 분명히 알아차린다.

② '이것은 괴로움의 일어남이다.'라고 있는 그대로 분명히 알아차린다.

③ '이것은 괴로움의 소멸이다.'라고 있는 그대로 분명히 알아차린다.

④ '이것은 괴로움의 소멸에 이르는 길이다.'라고 있는 그대로 분명

히 알아차린다.

이와 같이 그는 안으로 밖으로 안팎으로 담마를 담마로 〔있는 그대로〕 관찰하면서 머문다. 또는 담마에서 일어나는 현상을 관찰하면서 머문다. 또는 담마에서 사라지는 현상을 관찰하면서 머문다. 또는 담마에서 일어나고 사라지는 현상을 관찰하면서 머문다. 또는 '오직 담마의 현상만 있다.'는 사실에 굳건하게 마음챙기며 머문다. 마음챙김은 오직 점차적으로 위빳사나를 얻기 위한 것이며 오직 단계적으로 좀 더 높은 차원의 마음챙김을 얻기 위함이다. 그는 이 세상의 어떤 것에도 집착함 없이 갈애와 그릇된 견해에서 벗어나 머문다. 이와 같이 네 가지 거룩한 진리의 관점에서 담마를 담마로 〔있는 그대로〕 관찰하면서 머문다.[140]

〈결 론〉

만일 누구든지 이 '네 가지 마음챙김의 확립〔사념처〕'을 7년 동안 이와 같이 수행한다면, 두 가지 결과 중 한 가지를 얻는다.

지금, 현재 최상의 지혜를 얻는다.[141]

아직 집착이 남아 있다면 '다시 돌아오지 않는 단계'[142]를 얻는다.

7년은 그만두고라도 만일 누구든지 이 '네 가지 마음챙김의 확립'을

---
140) 맛지마 니까야 10과 디가 니까야 22는 글자 하나 안 틀리고 똑같다. 그러나 맛지마 니까야는 사성제를 간단히 설명하고 여기서 결론으로 끝나지만, 디가 니까야에는 사성제에 대한 여러 페이지에 달하는 자세한 설명이 첨부되어 있다.
141) 최상의 해탈의 지혜, 곧 아라한의 지혜를 말함.
142) 수행의 네 가지 단계 중에서 세 번째 과위(anāgāmin phala)로 6도 윤회에 다시 돌아오지 않지만 천상에 태어나는 과위. 집착을 완전히 끊으면 마지막 단계인 아라한이 됨.

6년이나, 5년, 4년, 3년, 2년, 단지 1년 동안이라도 이와 같이 수행한다면 두 가지 결과 중 한 가지를 얻는다.

지금, 현재 최상의 지혜를 얻는다.

아직 집착이 남아 있으면 '다시 돌아오지 않는 단계'를 얻는다.

1년은 그만두고라도 만일 누구라도 이 '네 가지 마음챙김의 확립'을 7개월이나, 6개월, 5개월, 4개월, 3개월, 2개월, 1개월이나 단지 15일 동안만이라도 이와 같이 수행한다면 두 가지 결과 중 한 가지를 얻는다.

지금, 현재 최상의 지혜를 얻는다.

아직 집착이 남아 있다면 '다시 돌아오지 않는 단계'를 얻는다.

15일은 그만두고라도 만일 누구라도 이 '네 가지 마음챙김의 확립'을 단지 7일 동안만이라도 이와 같이 수행한다면 두 가지 결과중 한 가지를 얻는다.

지금, 현재 최상의 지혜를 얻는다.

아직 집착이 남아있다면 '다시 돌아오지 않는 단계'를 얻는다.

이런 이로움의 결실이 있기 때문에 이 경의 제일 처음에 말하기를, "이것은 사람들의 마음의 정화를 위한 하나의 유일한 길이다. 이것은 슬픔과 한탄을 극복하게 하며, 〔육체적〕 고통과 〔정신적〕 고뇌를 완전히 부수어 버리며, 바른 길〔팔정도〕을 성취하게 하며, 열반을 실현하게 하게 한다. 이 유일한 길은 바로 '네 가지 마음챙김의 확립'이다."라고 하였다.

## 공부가 안 된다면 그곳을 떠나라
| 맛지마 니까야: 17 와나빳타 경 |

이와 같이 나는 들었다. 어느 때 부처님은 사왓티의 기원정사에 계셨다. 부처님은 제자들에게 이렇게 가르치셨다.

"그대들에게 숲에서의 수행에 대하여 가르침을 설할 것이다. 귀를 기울여 잘 듣도록 하여라.

① 숲에서 수행을 하는 동안 아직 마음챙김에 머물지 못하고, 아직 집중을 얻지도 못하고, 번뇌를 부수어 버리지도 못하고, 속박에서 벗어나 아직 최상의 안온을 얻지도 못하고, 출가 수행자가 얻어야 할 수행생활의 필수품인 법복, 음식, 거처, 의약품도 얻기 힘들다면, 그는 이런 사실들을 낱낱이 돌아보고 밤이든 낮이든 간에 그 숲을 떠나야 하며 그곳에 계속해서 머물러서는 안 된다.

② 숲에서 수행을 하는 동안 아직 마음챙김에 머물지 못하고, 아직 집중을 얻지도 못하고, 번뇌를 부수어 버리지도 못하고, 속박에서 벗어나 최상의 안온을 얻지도 못하였다. 그러나 출가 수행자가 얻어야 할 수행생활의 필수품인 법복, 음식, 거처, 의약품을 얻기 쉽다면, 그는 이렇게 생각하여야 한다. '나는 마음챙김에 머물지도 못하고, 집중도 얻지 못하고, 번뇌를 부수지도 못하고, 번뇌를 벗어나 최상의 안온을 얻지도 못하였다. 그런데 생활필수품은 얻기 쉽다. 그렇지만 나는 법복이나, 음식, 거처, 의약품을 위해서 출가하지 않았다.' 라고 자신을 돌아보고 수행을 하나도 이루지 못하였음을 반조하고 그 숲을 떠나야 하며 그곳에 계속해서 머물러서는 안 된다.

③ 숲에서 수행을 하는 동안 마음챙김에 머물고, 집중을 얻고, 번뇌

를 소멸하고, 속박에서 벗어나 최상의 안온을 얻었으나, 출가 수행자가 얻어야 할 수행생활의 필수품인 법복, 음식, 거처, 의약품을 얻기 힘들다면 그는 이렇게 생각을 하여야 한다. '내가 숲에 머무는 동안 마음챙김에 머물고, 집중을 얻고, 최상의 안온을 얻었다. 그런데 나는 법복이나, 음식, 거처, 의약품을 얻기 어렵다. 그러나 나는 법복이나, 음식, 거처, 의약품을 위해서 출가하지 않았다.' 고 자신을 반조해 보고 그 숲에 계속해서 머물러야 하며 떠나서는 안 된다.

④ 숲에서 수행을 하는 동안 마음챙김에 머물고, 집중을 얻고, 번뇌를 소멸하고, 속박에서 벗어나 최상의 안온을 얻고, 출가 수행자가 얻어야 할 수행생활의 필수품인 법복, 음식, 거처, 의약품을 얻기 쉽다면 그는 이렇게 생각하여야 한다. '나는 마음챙김에 머물고, 집중을 얻었고, 번뇌를 소멸하였고, 속박에서 벗어나 최상의 안온을 얻었고, 출가 수행자가 얻어야 할 수행생활의 필수품을 얻기도 쉽다.' 라는 생각이 들면 그는 그곳에 생명이 다할 때까지 계속해서 머물러야 하며, 다른 곳으로 떠나지 말아야 한다."

## ● 명상수행의 이익
| 맛지마 니까야: 62 마하라훌로와다 경 18-24 |

부처님은 라훌라에게 말씀하셨다.

"자애에 대한 명상을 닦아라. 자애에 대한 명상을 닦으면 악한 마음이 버려진다.

자비에 대한 명상을 닦아라. 자비에 대한 명상을 닦으면 해치려는 마음이 버려진다.

더불어 기뻐함에 대한 명상을 닦아라. 더불어 기뻐함에 대한 명상을 닦으면 싫어하는 마음이 버려진다.

평정에 대한 명상을 닦아라. 평정에 대한 명상을 닦으면 감각의 반응이 버려진다.[143]

불결함에 대한 명상을 닦아라.[144] 불결함에 대한 명상을 닦으면 어떤 집착도 버려진다.

무상에 대한 명상을 닦아라. 무상에 대한 명상을 닦으면 '나다' 라는 교만한 마음이 버려진다.

호흡에 대한 마음챙김의 명상을 닦아라. 호흡에 대한 마음챙김의 명상을 닦으면 커다란 이익과 결실을 가져온다."

## ❂ 수행의 점차적인 순서와 단계
| 맛지마 니까야: 107 가나까목갈라나 경 1-11 |

이와 같이 나는 들었다. 어느 때 부처님은 사왓티의 동쪽 승원 미가라마뚜 강당에 계셨다. 그때 브라흐민 가나까 목갈라나가 부처님께 인사를 드리고 이렇게 말하였다.

"고따마 존자님, 이 미가라마뚜 강당을 지을 때도 점차적인 훈련과, 점차적인 실행과, 점차적인 발전의 단계를 볼 수 있습니다. 즉 계단의 마지막 단까지입니다. 마찬가지로 브라흐민에 있어서도 점차적인 훈련과, 점차적인 실행과, 점차적인 발전의 단계가 있는데 그것은 말하

---

143) 평정의 마음은 좋고 싫고의 분별심을 떠난 마음이다. 좋고 싫음이 없으니 감각이 외부 조건에 따라 조건 반사 반응을 일으키지 않아 분별심이 버려진다.
144) 불결함은 육신의 오장육부, 구공상류, 시체의 썩는 과정 등과 같은 불결함의 현실을 직시하도록 하여 집착을 버리게 하는 명상법.

자면 (마지막 단계인) 베다의 학습까지 갑니다. 회계로 생계를 유지하는 우리와 같은 회계사에 있어서도 마찬가지로 점차적인 훈련과, 점차적인 실행과, 점차적인 발전의 단계가 있는데 그것은 말하자면 (마지막 단계인) 회계까지 갑니다.

고따마 존자님, 이 가르침과 계율에서도 점차적인 훈련과, 점차적인 실행과, 점차적인 발전의 단계를 말하는 것이 가능합니까?"

"가능합니다. 브라흐민, 마치 현명한 말 조련사가 훌륭한 경주용 말을 얻으면 우선 말이 재갈을 물리는 것에 익숙해지도록 합니다. 그 후에 말을 더 길들이게 됩니다. 이처럼 여래는 길들여야 할 사람을 얻으면 이와 같이 수련합니다.

(첫 번째 단계: 계행을 지킴)

'오너라 비구여, 계행을 지키고, 빠띠목카(계본)의 규율에 따라 절제하여라. 행동을 바르게 하고, 아주 작은 잘못에서도 두려움을 보며, 수련의 규칙 속에서 그대 자신을 단련하라.'고 가르칩니다.

(두 번째 단계: 감각기관을 절제함)

여래는 그를 좀더 수행하도록 이끕니다.

'감각기관의 문을 절제하여라.

눈으로 형상을 볼 때 나타난 모양에 집착하지 말아라.

귀로 소리를 들을 때 들리는 소리에 집착하지 말아라.

코로 냄새를 맡을 때 맡아지는 냄새에 집착하지 말아라.

혀로 맛볼 때 그 맛에 집착하지 말아라.

몸으로 촉감을 느낄 때 그 촉감에 집착하지 말아라.

마음으로 대상을 인식할 때 마음의 움직임에 집착하지 말아라.

왜냐하면 만일 눈·귀·코·혀·몸·마음을 절제하지 않으면 탐욕과 낙담과 그리고 사악한 바람직하지 못한 것들이 침입할 것이다. 그러므로 감각기관을 절제하고, 지키고, 이것의 절제를 성취하여라.' 고 가르칩니다.

(세 번째 단계: 음식을 절제함)

그런 다음 여래는 그를 좀더 수행하도록 이끕니다.

'먹는 것에 적당량을 알아야 한다. 이와 같이 주의 깊게 살피면서 음식을 취하여야 한다. 음식을 먹는 것은 즐기기 위해서도 아니며, 취하기 위한 것도 아니며, 육신의 아름다움이나 매력을 위해서도 아니며, 다만 이 육신을 계속적으로 지탱하기 위한 것이며, 나아가서 청정한 삶을 유지하기 위해서이다.' 라고 가르칩니다.

(네 번째 단계: 명상으로 번뇌를 맑힘)

그런 다음 여래는 그를 좀더 수행하도록 이끕니다.

'깨어있음에 전념하라. 낮 동안의 경행〔걷는 명상〕하는 동안과 앉아 명상하는 동안에 장애〔번뇌〕로부터 마음을 깨끗이하라. 밤의 초야에는 경행과 앉아 명상하고 있는 동안에 장애로부터 마음을 깨끗이하라. 밤의 중야에는 오른쪽으로 사자처럼 누워 발을 포개고 다시 일어날 것을 생각하며 마음챙김으로 온전히 알아차린다. 밤의 후야에는 경행과 앉아 명상하고 있는 동안 장애로부터 마음을 깨끗이하라.' 고 가르칩니다.

(다섯 번째 단계: 마음챙김과 선명한 알아차림에 머문다)

그런 다음 여래는 그를 좀더 수행하도록 이끕니다.

'마음챙김과 선명한 알아차림에 머물러야 한다. 앞으로 갈 때에도 뒤로 돌 때에도, 앞을 볼 때에도 뒤를 볼 때에도, 팔다리를 굽힐 때에도 펼 때에도, 가사를 입을 때에도 가사와 발우를 가져갈 때에도, 먹을 때에도, 마실 때에도, 맛볼 때에도, 대소변을 볼 때에도, 걸을 때에도, 서 있을 때에도, 앉아있을 때에도, 졸음이 올 때에도, 잠을 깰 때에도, 말할 때에도, 침묵할 때에도 온전히 알아차려야 한다.'고 가르칩니다.

(여섯 번째 단계: 다섯 가지 장애를 정화함)

그런 다음 여래는 그를 좀더 수행하도록 이끕니다.

'명상하기 좋은 한적한 곳으로 가라. 숲이나, 나무 밑, 산비탈, 계곡, 언덕의 동굴, 울창한 숲, 노지 등으로 가라.' 이런 곳으로 가서 탁발에서 돌아와 공양한 후 가부좌하고 앉아서 허리를 곧게 세우고 마음챙김을 앞에 세웁니다.

- 세상에 대한 탐욕을 버리고 탐욕 없는 마음에 머뭅니다. 그는 탐욕으로부터 마음을 정화합니다.

- 악의와 증오를 버리고 악의 없는 마음에 머뭅니다. 그는 존재하는 모든 것들에 대한 자비와 연민의 마음을 가지고 머뭅니다. 그는 악의로부터 마음을 정화합니다.

- 게으름과 무기력을 버리고 게으름과 무기력 없이 머뭅니다. 그는 마음챙김과 선명한 알아차림에 머뭅니다. 그는 게으름과 무기력으로부터 마음을 정화합니다.

- 흥분과 회한을 버리고 안으로 고요한 마음으로 들뜨지 않고 머뭅니다. 그는 흥분과 회한으로부터 마음을 정화합니다.

- 의심을 버리고 의심을 초월하여 머뭅니다. 건전한 것에 대한 의혹을 버리고 의심으로부터 마음을 정화합니다.

(일곱 번째 단계: 네 가지 선정에 머문다)

이와 같이 지혜를 약하게 만드는 마음의 번뇌인 다섯 가지 장애를 버린 후에, 감각적 쾌락과 바람직하지 못한 모든 것에서 벗어나 사유와 숙고가 있으며, 홀로 명상함에서 오는 환희와 기쁨이 있는 첫 번째 선정에 머뭅니다.

사유와 숙고를 멈추고 안으로의 평온함과 마음의 집중됨이 있으며, 사유와 숙고가 없이 삼매에서 오는 환희와 기쁨이 있는 두 번째 선정에 머뭅니다.

환희가 사라진 후 평정한 마음과 분명한 알아차림과 육신의 행복을 느끼며 머뭅니다. 거룩한 이들이 말하는 '평정과 마음챙김에 머무는 사람은 행복하게 머문다.'고 하는 세 번째 선정에 머뭅니다.

고통도 쾌락도 버리고 전에 있던 행복도 불행도 버리고, 괴로움도 즐거움도 없고 평정에 의하여 도달한 마음챙김의 순수함이 있는 네 번째 선정에 머뭅니다.

브라흐민이여, 이것이 아직 목표에 도달하지는 못하였지만 속박에서 벗어나 최상의 안온을 열망하는 좀더 높은 수련의 단계에 있는 비구들에게 주는 나의 가르침입니다. 이 가르침들은 지금 여기에서의 즐거운 삶에 도움이 되며 또한 번뇌가 부서진 아라한이 마음챙김과 선명한 알아차림에 머무는 데에 도움이 됩니다."

## ❀ 잘못하는 명상의 다섯 가지
| 맛지마 니까야: 108 고빠까목갈라나 경 25-28 |

이와 같이 나는 들었다. 어느 때 아난다 존자는 라자가하의 죽림정사에 있었다. 그때는 부처님이 열반에 드신 지 얼마 되지 않았을 때이

다. 아난다 존자는 브라흐민 고빠까목갈라나의 작업장에서 그와 함께 이야기를 하고 있었다. 그때 마가다국의 대신인 브라흐민 왓사까라가 라자가하에서 공사를 감독하다가 아난다 존자를 찾아왔다. 그는 인사를 드리고 한쪽에 앉아 여러 가지를 질문한 후 다시 이렇게 물었다.

"아난다 존자님은 지금 어디 계십니까?"

"죽림정사에 있습니다."

"아난다 존자님, 그 대나무 숲은 쾌적하고, 조용하고, 인가와 떨어져 있고, 외따로 명상 수행하기에 적합한 곳이지요?"

"그렇습니다. 브라흐민. 〔더구나〕 그대와 같은 관리인과 보호자가 있기 때문입니다."

"아난다 존자님, 그리고 그곳은 명상가인 훌륭한 분들과 명상을 수련하는 사람들이 있기 때문에 그 대나무 숲은 쾌적하고, 조용하고, 인가와 떨어져 있고, 외따로 명상 수행하기에 적합한 곳입니다. 그전에 고따마 존자님이 웨살리의 큰 숲에 있는 중각강당에 계실 때였습니다. 고따마 존자님은 저에게 명상에 대하여 여러 가지 가르침을 주셨습니다. 고따마 존자님은 명상가였고, 명상을 수련하셨고, 어떤 형태의 명상이든 찬탄하셨습니다."

"브라흐민이여, 부처님은 명상을 어떻게 하든지를 막론하고 무조건 찬탄하지도 않았고, 무조건 비난하지도 않았습니다. 부처님이 찬탄하지 않은 명상이 있습니다.

(다섯 가지 장애를 경계하심)

여기 어떤 사람이 감각적 쾌락에 붙잡혀서 헤어나지를 못합니다. 그래서 그는 감각적 쾌락이 일어났을 때 어떻게 그것에서 벗어나는지를 알지 못합니다. 감각적 쾌락을 마음속에 가지고 명상하면 그는 명상을 하고 있지만 명상을 잘못하고 있는 것입니다.

어떤 사람이 악한 마음에 붙잡혀서 헤어나지를 못합니다. 그래서 그는 악한 마음이 일어났을 때 어떻게 그것에서 벗어나는지를 알지 못합니다. 악한 마음을 품고 명상하면 그는 명상을 하고 있지만 명상을 잘못하고 있는 것입니다.

어떤 사람이 게으름과 무기력에 빠져서 헤어나지를 못합니다. 그래서 그는 게으름과 무기력에 사로잡혔을 때 어떻게 그것에서 벗어나는지를 알지 못합니다. 게으름과 무기력에 빠져서 명상을 하면 그는 명상을 하고 있지만 명상을 잘못하고 있는 것입니다.

어떤 사람이 들뜸과 회한에 붙잡혀서 헤어나지를 못합니다. 그래서 그는 들뜸과 회한에 사로잡혔을 때 어떻게 그것에서 벗어나는지를 알지 못합니다. 들뜸과 회한에 빠져서 명상을 하면 그는 명상을 하고 있지만 명상을 잘못하고 있는 것입니다.

어떤 사람이 의심으로 가득 차서 의심을 놓지 못합니다. 그래서 그는 의심에 사로잡혔을 때 어떻게 그것에서 벗어나는지를 알지 못합니다. 믿음이 없이 의심에 빠져서 명상을 하면 그는 명상을 하고 있지만 명상을 잘못하고 있는 것입니다.

브라흐민이여, 부처님은 이런 종류의 명상을 칭찬하지 않으셨습니다. 그러면 부처님은 어떤 종류의 명상을 찬탄하셨을까요?

(4선정을 찬탄하심)

브라흐민이여, 감각적 쾌락과 바람직하지 못한 모든 것에서 벗어나, 사유와 숙고가 있으며 홀로 명상함에서 오는 환희와 기쁨이 있는 첫 번째 선정에 머뭅니다.

　사유와 숙고를 멈추고 안으로의 평온함과 마음의 집중됨이 있으며, 사유와 숙고가 없이 삼매에서 오는 환희와 기쁨이 있는 두 번째 선정에 머뭅니다.

　환희가 사라진 후 평정한 마음과 분명한 알아차림과 육신의 행복을 느끼며 머뭅니다. 거룩한 이들이 말하는 '평정과 마음챙김에 머무는 사람은 행복하게 머문다.'고 하는 세 번째 선정에 머뭅니다.

　고통도 쾌락도 버리고 전에 있던 행복도 불행도 버리고 괴로움도 즐거움도 없고, 평정에 의하여 도달한 마음챙김의 순수함이 있는 네 번째 선정에 머뭅니다.

　부처님은 이런 종류의 명상을 찬탄하셨습니다."

이와 같이 아난다 존자는 말하였다.

## 🪷 마음챙김은 어떻게 하는가?
| 디가 니까야: 16 마하빠리닙바나 경 2:11-13 |

　부처님은 많은 무리의 비구들과 함께 웨살리로 가셔서 암바빨리 숲에 머무셨다.

　부처님은 제자들에게 가르치셨다.

　"그대들은 분명한 알아차림과 마음챙김에 머물러야 한다. 이것이 그대들에게 주는 간곡한 당부이다.

　어떻게 마음을 챙기는가? 열성을 다하여 분명하게 알아차리고 마음챙김으로 세상에 대한 탐욕과 걱정을 멀리하고, 〔무상하고, 불안전하고, 고정된 실체가 없으며, 더러운 것으로 가득 찬〕 몸을 몸으로 있는 그대로 관찰하며, 느낌을 느낌으로 있는 그대로 관찰하며, 마음을 마음으로 있는 그대로 관찰하며, 담마〔가르침〕를 담마로 있는 그대로 관찰한다. 이것이 '어떻게 마음을 챙기는가' 이다.

그러면 어떻게 분명히 알아차리는가? 앞으로 가거나 뒤로 갈 때에도, 앞을 보거나 옆을 볼 때에도, 몸을 굽히거나 펼 때에도, 가사나 발우를 가져 갈 때에도 자신이 무엇을 하고 있는지 분명히 알아차려야 한다. 먹거나, 마시거나, 씹거나, 맛보거나, 대소변을 볼 때에도, 걸을 때에도, 서 있을 때에도, 앉아 있을 때에도, 잠이 들 때에도, 잠을 깰 때에도, 말할 때에도, 묵묵할 때에도, 자신이 무엇을 하고 있는지 분명히 알아차려야 한다. 이것이 '어떻게 분명히 알아차리는가' 이다.

이와 같이 마음챙김과 분명한 알아차림 속에 머물러야 한다. 이것이 그대들에게 주는 간곡한 당부이다."

## ❂ 마음챙김을 부지런히 해야 하는 이유
| 앙굿따라 니까야 4부 117 |

비구들이여, 네 가지 경우에서 그대들 자신을 위하여 부지런함과 마음챙김과 마음의 지킴을 발휘하여야 한다.

내 마음이 탐욕을 일으키는 어떤 것에 대해서도 탐욕을 품지 않기를,

내 마음이 성냄을 일으키는 어떤 것에 대해서도 성냄을 품지 않기를,

내 마음이 어리석음을 일으키는 어떤 것에 대해서도 어리석음에 빠지지 않기를,

내 마음이 열광을 일으키는 어떤 것에 대해서도 열광하지 않기를,

이런 이유로 네 가지 경우에서 그대들 자신을 위하여 부지런함과 마

음챙김과 마음의 지킴을 발휘하여야 한다.

## ❂ 수행생활에 기쁨이 없는 이유
| 앙굿따라 니까야 5부 56 |

어떤 비구가 그의 스승을 찾아가서 이렇게 말하였다.
"존자님, 제 몸은 마치 약에 취한 것처럼 몽롱하고 천지사방도 선명하지 않습니다. 가르침도 저에게 선명하지 않고 게으름과 무기력에서 헤어나지 못합니다. 수행생활을 하지만 즐거움이 없고 가르침에 대한 의심이 있습니다."

그래서 스승은 그 제자를 데리고 부처님께 가서 제자의 이야기를 그대로 말씀드렸다. 이에 부처님은 이렇게 말씀하셨다.

"비구여, 정말 그렇구나. 수행자가 감각기관을 단속하지 않고, 먹는 데에 적당한 양을 모르고, 깨어있지 못하고, 바른 가르침을 추구하지 않고, 매일 매일의 수행이 깨달음으로 이끄는 삶이 아니라면 마치 약에 취한 것처럼 몽롱하고 천지사방도 선명하지 않고, 가르침도 선명하지 않고, 게으름과 무기력에서 헤어나지 못한다. 수행생활을 하지만 즐거움이 없고 가르침에 대한 의심이 있게 된다.

그러므로 그대들은 이렇게 자신을 단련하여야 한다. '나는 감각기관을 잘 단속할 것이며, 먹는 것에 적당량을 알며, 늘 깨어있고, 바른 가르침을 추구하고, 매일 매일 깨달음으로 이끄는 그런 수행을 할 것이다.' 이렇게 그대들은 자신을 단련하여라."

## 죽음에 대한 마음챙김 수련

| 앙굿따라 니까야 8부 74 |

어느 때 부처님은 나디까에서 벽돌강당(승원)에 계셨다. 부처님은 제자들에게 이렇게 가르치셨다.

"죽음에 대한 마음챙김을 닦아라. 만일 죽음에 대한 마음챙김을 발전시키고 연마하면 크나큰 결실과 이익을 가져온다. 어떻게 죽음에 대한 마음챙김을 발전시키는가?

날이 저물어 밤이 되었을 때 다음과 같이 성찰하여야 한다. '여러 가지 것들이 나의 죽음을 가져올 수도 있다. 뱀, 전갈, 지네 등에 물려서 죽을지도 모른다. 그것들은 나에게 장애가 될지도 모른다. 걸려서 넘어질 수도 있고, 먹은 음식이 탈이 날 수도 있고, 담즙이 문제를 일으킬 수도 있고, 가래가 나와 괴롭히든가, 꿰 찌르는 것과 같은 몸 안의 바람 기운이 나의 건강에 불편을 가져올지도 모른다. 사람의 공격을 받을 수도 있다. 그래서 나는 죽을 수도 있을 것이다. 이런 것들은 장애가 될지도 모른다.'

그리고 좀더 깊이 자신을 성찰해 보아야 한다. '오늘 밤 내가 죽는다면 나에게 장애가 될 만한 아직도 버리지 못한 바람직하지 않은 악함이라도 품고 있지는 않는가?' 만일 자신에게서 아직도 버리지 못한 바람직하지 않은 악함을 찾아냈다면, 이것들을 버리기 위하여 마음챙김과, 선명한 알아차림과, 강한 결단심과, 모든 노력과 힘을 기울여야 한다.

마치 머리에 불이 붙은 사람이 그 불을 끄기 위하여 온갖 노력과 힘을 기울이는 것처럼, 그렇게 자신의 나쁜 자질을 버리도록 온갖 노력과 힘을 기울여야 한다.

만일 성찰해 보아도 자신에게서 바람직하지 못한 어떤 악함도 발견하지 못하였다면, 그는 밤이고 낮이고 무엇이든지 선하고 바람직한 것들을 실천하도록 노력하면서 기쁨 속에 머물 것이다.

이와 같이 죽음에 대한 마음챙김을 발전시키고 연마하는 사람은 크나큰 결실과 이익을 얻는다."

## 자신을 성찰함
| 앙굿따라 니까야 10부 51 |

어느 때 부처님은 사왓티의 기원정사에 계셨다. 부처님은 제자들에게 이렇게 가르치셨다.

"만일 다른 사람의 마음의 작용을 아는데 능숙하지 못하다면, 적어도 '나는 내 마음의 작용을 아는데는 능숙할 것이다.' 라고 단련하여야 한다.

어떻게 자기 자신의 마음의 작용을 아는데 능숙하게 되는가?

그것은 마치 장식을 좋아하는 여자나 남자 또는 젊은이들이 깨끗한 거울이나 깨끗한 물에 그들의 얼굴을 비추어보고 흠이나 얼룩을 보면 그것을 지우기 위하여 애쓰게 된다. 만일 흠이나 얼룩이 없으면 기쁘고 만족하여 '좋구나, 나는 깨끗하다.' 라고 생각하는 것과 같다.

이와 마찬가지로 자기를 성찰하는 것은 훌륭한 자질을 향상시키기 위하여 매우 도움이 된다.

'나는 일반적으로 탐욕스러운가 또는 그렇지 않은가?
나는 일반적으로 마음속에 악의를 품고 있는가 또는 그렇지 않은가?
나는 일반적으로 게으름과 무기력에 빠져 있는가 또는 그렇지 않은가?

나는 일반적으로 마음이 들떠있는가 또는 그렇지 않은가?

나는 일반적으로 의심을 잘 하는가 또는 그렇지 않은가?

나는 일반적으로 화를 잘 내는가 또는 그렇지 않은가?

나는 일반적으로 나쁜 생각에 쉽게 물드는가 또는 그렇지 않은가?

나는 일반적으로 게으른가 아니면 활력이 넘치는가?

나는 일반적으로 주의 집중에 머무는가 아니면 그렇지 않은가?'

만일 이와 같은 성찰에서 자신이 탐욕스럽고, 악의가 있고, 게으르고 무기력하고, 마음이 들떠있고, 의심을 잘하고, 화를 잘 내고, 나쁜 생각에 쉽게 물들고, 주의 집중하지 못한다면, 그는 이런 이롭지 못하고 악한 성향들을 버리기 위하여 마음챙김에 머물고, 분명하게 알아차리고, 최선의 열성과 힘과 노력을 기울여 분발하여야 한다.

마치 머리에 불이 붙은 사람이 그 불을 끄기 위하여 있는 힘을 다하고 마음챙김으로 분명하게 알아차리고, 열성과 힘과 노력을 기울이는 것처럼, 이와 마찬가지로 그대들도 이롭지 못하고 악한 성향을 제거하기 위하여 마음챙김에 머물고, 분명하게 알아차리고, 최선의 열성과 힘과 노력을 기울여 분발하여야 한다."

## ❂ 담마빠다

모든 것[145]은 마음이 앞서 가고,

---

145) dhamma (담마): 담마는 다양한 뜻을 갖는다. 가르침, 진리, 현상, 법, 바른 행동, 것, 교리, 상태, 정의, 교훈, 본성, 등 다양하다. 부처님은 이런 좋은 뜻을 가진 담마를 당신의 가르침을 표현할 때 사용하셨다. 빠알리 경전은 담마의 경전이라 할 만큼 모든 가르침은 '담마'로 표현되어 있다. 그래서 많은 경우 담마는 붓다의 가르침을 말한다고 할 수 있다. 이 게송에서는 '것'으로 번역함.

마음은 가장 중요하고
(모든 것은) 마음에서 만들어진다.
만일 나쁜 마음으로 말하거나 행동하면
그로인해 괴로움이 그를 따른다.
수레바퀴가 끄는 소의 발자국을 따르듯이. (1)


모든 것은 마음이 앞서 가고,
마음은 가장 중요하고
(모든 것은) 마음에서 만들어진다.
만일 깨끗한 마음으로 말하거나 행동하면
그로인해 행복이 그를 따른다,
그림자가 떠나지 않듯이. (2)


(육신의) 더러움에 주의를 기울이며 살고,
감각기관을 잘 다스리고,
먹는데 적당량을 알고,
신뢰가 있고, 노력에 열성이 있는 사람은
바람이 바위산을 무너뜨리지 못하듯이,
악마가 그를 정복하지 못한다. (8)


깨어 있음은 불사[146]의 길이며

---

146) 불사 (不死)는 영생한다는 뜻이 아니고 amata는 열반을 뜻한다. 열반의 경지는 다시 윤회하여 태어남이 없으니 죽음도 없기 때문.

깨어 있지 못함은 죽음의 길이다.
깨어 있는 사람들은 죽지 않지만
깨어 있지 못한 사람들은 죽은 자와 같다.(21)


열심히 노력하고, 주의 깊고,
행동이 깨끗하고, 사려 깊고,
절제하고, 바르게 살고,
깨어 있는 사람에게 영예는 꾸준히 늘어난다.(24)


깨어있지 못한 사람 가운데 깨어있는,
잠든 사람들 가운데 크게 깨어있는 지혜로운 사람은,
빠른 말이 약한 말을 제치듯이
앞으로 나아간다.(29)


깨어있음을 기뻐하고
깨어있지 못함의 두려움을 보는 비구는,
크고 작은 속박을 태우면서
불같이 나아간다.(31)


깨어있음을 즐거워하고,
깨어있지 못함의 두려움을 보는 비구는
퇴보할 수 없다.
그는 열반의 가까이에 있다.(32)

계행을 갖추고 깨어있음에 머물고
바른 지혜로 해탈한
그런 분들의 (간) 길을
악마는 찾지 못한다. (57)

고따마의 제자들은
항상 잘 깨어있다.
밤이나 낮이나 언제나
몸에 대한 마음집중에 머문다. (299)

고따마의 제자들은 항상 잘 깨어있다.
밤이나 낮이나 마음은 비폭력을 기뻐한다. (300)

고따마의 제자들은 항상 잘 깨어있다.
밤이나 낮이나 마음은 명상을 기뻐한다. (301)

## 테라가타
| 장로 비구의 시 |

마음을 절제하지 못하고
이 나라 저 나라 행각한다.
만일 마음을 집중하지 못한다면
그런 행각이 도움이 되겠는가.
성급하고 들뜬 마음을 몰아내고

마음을 흩뜨리지 말고 명상하라.
(37 꾸마뿟따의 동료 비구)


빗물이 땅 위로 쏟아져 내리고
바람이 휘몰아치고
번개가 하늘에서 번쩍여도
나의 사유는 가라앉아 고요하고
나의 마음은 잘 집중되어 있다.
(50 위말라 비구)

# 제4편
# 빠알리 대장경의 결집과 집대성

● 빠알리 대장경의 집대성

500명의 장로 비구들이 알루 위하라 승원에 모여서 전체 삼장과 주석서를 오라 잎에 체계적으로 쓰게 되었다.(디빠왕사 20, 마하왕사 33-37, 니까야 상가하 p.1-7)

# 제1장 1차 결집

## 500명의 합송
| 율장 쭐라왁가 11편 |

〔담마 아닌 것이 득세하기 전에〕

마하깟사빠 존자는 비구들에게 이렇게 말하였다.

"존자들이여, 어느 때 나는 적어도 500명의 많은 무리의 비구들과 함께 빠와에서 꾸시나라로 가는 큰길을 따라 가고 있었소. 그때 나는 길을 비켜서 어떤 나무 아래 앉았소. 그때 꾸시나라에서 오는 어떤 나체 고행자가 만다라와꽃을 들고 빠와로 가고 있었소. 나는 그를 보고 이렇게 물었소.

'그대는 우리 스승님을 아십니까?'

'네, 압니다. 고따마 사문은 일주일 전에 열반하셨습니다. 그래서

이 만다라와꽃을 그곳에서 가지고 오는 길입니다.'

　존자들이여, 이 소리를 듣고 욕망을 초월하지 못한 어떤 비구들은 땅에 쓰러져 팔을 내저으며 이리 저리 뒹굴고 통곡하면서 '너무 빨리 세존께서는 열반하셨다. 너무 빨리 선서께서는 열반하셨다. 너무 빨리 세상의 지혜의 눈이 사라졌구나!' 라고 비통해 하였소. 그러나 욕망을 초월한 비구들은 신중하고 깨어있는 마음으로 슬픔을 안으로 새기면서 '모든 형성된 것들은 무상하다. 그런데 어떻게 무상한 것을 영원하기를 바라겠는가!' 라고 말하였소.

　나는 비구들에게 말하였소. '존자들이여, 이제 그만들 슬퍼하시오. 그만들 한탄하시오. 부처님께서 이미 말씀하시지 않았습니까. 우리가 사랑하고 좋아하는 모든 것들은 거기에는 변화가 있고 이별이 있다고. 모든 태어난 것들은, 모든 존재하는 것들은, 모든 형성된 것들은 무너지게 마련입니다. 그런데 무너지지 말라고 하는 것은 있을 수 없는 일입니다.'

　그런데 그때 나이 많아서 출가한 수밧다라는 비구가 앉아 있다가 하는 말이, '그만하면 됐습니다. 그만들 슬퍼하시오. 우리는 이 위대한 사문으로부터 벗어났소. 스승께서 이것은 그대들에게 적합하고 이것은 그대들에게 적합하지 않다고 하시며 우리를 억압했습니다. 그렇지만 지금은 우리가 하고 싶은 것은 무엇이나 해도 되고 하기 싫은 것은 하지 않아도 될 것입니다.' 라고 말하였소.

　존자들이여, 담마[1]가 힘을 잃고 담마 아닌 것이 득세하기 전에,

---
1) Dhamma: 부처님 가르침.

계율이 힘을 잃고 계율 아닌 것이 득세하기 전에,

담마를 말하는 사람은 약해지고 담마 아닌 것을 말하는 사람은 강해지기 전에,

계율을 말하는 사람은 약해지고 계율 아닌 것을 말하는 사람은 강해지기 전에

담마를 함께 외웁시다.

계율을 함께 외웁시다."


〔500명이 경과 율을 합송하다〕

그래서 마하깟사빠 존자는 500명의 아라한을 선택하였다. 장로 비구들은 이런 생각을 하였다.

'그러면 어디서 담마와 계율을 합송하면 좋을까?'

'라자가하에는 탁발하기에 훌륭한 곳이고 거처도 많다. 그러니 우리들은 라자가하에서 우기를 보내면서 담마와 계율을 합송해야겠다.'

그래서 여름 안거 동안 라자가하에서 경과 율을 합송하기로 결정하였다.

선별된 500명의 장로비구들은 라자가하로 모여들었다. 그리고 이렇게 생각하였다.

'부서지고 무너진 부분을 수리하는 것을 부처님은 칭찬하셨습니다. 첫째 달은 부서지고 무너진 부분을 수리하도록 합시다. 그리고 중간 달에는 모두 함께 모여 경과 율을 합송하도록 합시다.'

그래서 장로들은 라자가하에 모여 한 달 동안 부서지고 무너진 곳을 수리하였다.

모임이 시작되었다. 마하깟사빠 존자는 대중들에게 말하였다.

"존자들이여, 내 말을 들으십시오. 대중이 옳다고 생각하시면 나는 우빨리 존자에게 계율에 대하여 질문하겠습니다."

그 다음 우빨리 존자가 대중들에게 말하였다.

"존자들이여, 대중이 옳다고 생각하시면 나는 깟사빠 존자의 계율에 대한 질문에 대답하겠습니다."

마하깟사빠 존자는 우빨리 존자에게 질문을 하였다.

"우빨리 존자여, 어디에서 첫 번째 빠라지까[2]가 정해졌습니까?"

"웨살리에서입니다. 존자여."

"누구에 대해서입니까?"

"수딘나깔란다뿟따에 대해서입니다."

"무슨 문제에 관한 것입니까?"

"성행위에 관한 것입니다."

그리고 이어서 [이와 관련하여 더 자세하게] 깟사빠 존자는 우빨리 존자에게 질문하기를, 이 첫 번째 빠라지까의 내용은 무엇이었는지, 어떻게 이 일이 일어났는지, [연루된] 개개인은 누구인지, 무슨 계율이 정해졌는지, 추가로 더 정해진 것은 무엇인지, 위반은 무엇이고 위반 아닌 것은 무엇인지에 대하여 질문하였다.

이와 같이 계속하여 두 번째 빠라지까, 세 번째 빠라지까, ○○○ 등등 하나하나 묻고 대답함으로써 모든 상황을 명확히 하였다. [매번 째 계율이 마무리 될 때마다 500명의 대중이 함께 이것을 합송하여 확고히 한 후 다음으로 넘어갔다.]

---

2) 빠라지까(Pārājika): 바라이 죄로 번역됨. 승단에서 추방되는 무거운 죄.

계율에 대한 것을 마치고 다음으로 마하깟사빠 존자는 대중들에게 말하였다.

"존자들이여, 내 말을 들으십시오. 만일 대중이 옳다고 생각하시면 나는 아난다 존자에게 담마에 대하여 질문하겠습니다."

아난다 존자는 대중들에게 말하였다.

"존자들이여, 내 말을 들으십시오. 만일 대중이 옳다고 생각하시면 나는 깟사빠 존자의 담마에 대한 질문에 대답하겠습니다."

마하깟사빠 존자는 아난다 존자에게 질문하였다.

"아난다 존자여, 어디에서 브라흐마잘라[3]를 말씀하셨습니까?"

"라자가하와 날란다 사이에 있는 암발랏티까의 왕실 휴게소에서였습니다."

"누구와 함께 계셨습니까?"

"방랑 수행자인 숩삐야와 브라흐민 청년 브라흐마닷따와 함께 계셨습니다."

그리고 이어서 질문하기를 어떻게 브라흐마잘라를 말씀하시게 되었는지, 그리고 각각의 등장인물들에 대하여 질문하였다.

이와 같이 계속해서 두 번째 경, 세 번째 경 ○○ 등등 각각의 경에 대하여 질문하고 아난다 존자는 대답하였다. 이와 똑같은 방법으로 계속하여 마하깟사빠 존자는 다섯 가지 니까야[4] 각각에 대하여 질문하였고 아난다 존자는 대답하였다. 〔매번째 경이 마무리 될 때마다 500명의 대중이 함께 이것을 합송하여 확고히 한 후 다음으로 넘어갔다.〕

------

3) 디가 니까야의 제일 첫 번째 경의 이름. Brahmajāla Sutta.
4) 부록 참조.

경에 대한 질문과 대답이 끝난 후 아난다 존자는 이렇게 말하였다.

"존자들이여, 부처님은 열반에 드실 무렵 저에게 이렇게 말씀하셨습니다. '아난다, 내가 열반한 후에 만일 승단이 원한다면, 작고 중요하지 않은 규칙들을 폐지할 수도 있다.'"

"아난다 존자여, 그대는 부처님께 무엇이 작고 중요하지 않은 규칙들인지 여쭈어 보았습니까?"

"여쭈어 보지 않았습니다."

"그러면 어떤 규칙들이 작고 중요하지 않은 계율입니까?"

이에 장로들은 각각 무엇이 작고 중요하지 않은 규칙들이라고 서로 다르게 주장하여 혼란이 일어났다. 그러므로 깟사빠 존자는 작고 중요하지 않은 규칙들의 폐지의 부당성을 설명하여 그냥 두기로 하였다.

이와 같이 여러 가지 질문과 대답에 이어 합송을 끝으로 결집을 끝내게 되었다.

500명의 장로 비구들이 계율의 합송과 담마의 합송을 하였기 때문에 '500명의 합송'이라고 부른다.

## 🛕 1차 결집의 설명 I

| 디빠왕사[5] IV: 3-21: 첫 번째 결집 |

수많은 비구들이 집회에 함께 모였다. 그들은 모두 욕망을 정복하였고, 청정하고, 최상의 깨달음을 얻은 아라한들이었다. 그들은 누가 가

---------

5) Dīpavaṃsa: 가장 오래된 현존하는 스리랑카의 불교 역사 연대기이다. 스리랑카의 마하위하라 사원에 마힌다 장로로부터 전승되어 온 싱할리스어로 쓰여 있는 오래된 주석서(없어짐)에 기초하고 있다. 기원후 300년을 전후하여 쓰여짐. 저자 불명.

장 훌륭한 존자인지 결정하여 집회에서 500명의 장로를 선출하였다.

마하깟사빠 존자는 두따[6]를 행함에 으뜸이었다. 아난다 존자는 경전을 들은 것에서 으뜸이고 우빨리 존자는 계율에서 으뜸이었다. 500명의 장로들은 모든 담마와 계율에 대한 부처님의 가르침을 받은 사람들이었고 가르침을 들은 사람들이었다. 그들은 모든 담마를 알았고, 모든 계율을 알았고, 모든 전승에 통달해 있었고, 그들의 스승처럼 흔들림이 없는 사람들이었다. 참된 가르침이 남아 있는 한, 경전의 모음이 멸하지 않는 한, 스승의 가르침은 오래오래 세상에 머물 것이다. 이와 같이 담마의 모음과 계율의 모음이 완성되었다. 이것들은 잘 배치되었고 잘 보호되었다.

## 🌲 1차 결집의 설명 II
| 마하왕사[7] III: 첫 번째 결집 |

장로 비구들은 부처님 열반 후 부처님 존체에 대한 예경으로 칠 일 동안을 보내고, 다비 후 부처님 사리에 대한 예경을 하면서 칠 일 동안을 보냈다. 그래서 보름이 지나갔다. 그리고 이렇게 결정하였다. '라자가하에서 우기를 보내면서 우리들은 담마의 결집을 할 것이다.' 부

----

6) 두따(dhuta): 두타로 한역됨. 의식주에 대한 탐착을 버리고 수행하는 것. 부처님은 마하깟사빠의 청정하고 검소한 삶과 그의 고행과 수행을 여러 경전에서 칭찬하심.
7) Mahāvaṃsa: 스리랑카의 중요한 역사 연대기. 마하위하라 사원의 마힌다 장로(붓다 열반 200년 후의 왕 아소까의 아들로 3차 결집의 중요 멤버였음, 왕은 담마사절로 그를 스리랑카로 보냄)로부터 내려오는 오래된 싱할리스 어로된 주석서(없어짐)에 기초하고 있으며 오래된 부분은 기원후 300년 후반부에 쓰여짐. 초기 부분의 저자는 마하나마이다.
붓다고사 장로 비구(Buddhaghosa: 기원후 370-400년 사이의 비구)도 스리랑카에 가서 오래된 주석서에 기초하여 네 가지 니까야의 주석서와 율장의 주석서를 썼기 때문에 1차 결집, 2차 결집, 3차 결집 부분이 서로 대부분 같은 내용이지만 붓다고사의 주석서는 마하왕사보다 훨씬 더 수식이 많고 문장이 더 많다.

처님 가르침에 통달하고 번뇌를 소멸한 선별된 500명의 장로 비구들은 네 가지 필수품을 넉넉히 제공받을 수 있는 라자가하로 갔다.

라자가하에 도착한 500명의 장로 비구들은 〔아잣따삿뚜왕의 후원으로〕 우기의 첫 번째 달 동안 〔라자가하의 모든〕 승원을 보수하느라고 바쁘게 지냈다. 그리고 보수 공사가 끝났을 때 아잣따삿뚜왕에게 알렸다.

"대왕님, 이제 우리는 결집을 개최할 것입니다."

"존자님, 무엇을 해야 됩니까?"

"결집을 위한 장소가 필요합니다."

"어디에 마련해야 합니까?"

그래서 적합한 장소를 왕에게 말하였다. 왕은 신속하게 장엄하고 멋진 집회당을 삿따빤니 동굴(칠엽굴)의 입구 옆의 웨바라 바위의 옆에 세웠다. 그런데 마치 신들의 집회당 같았다. 집회당은 다양한 장식으로 꾸며졌고 장로의 숫자대로 값진 깔개가 준비되었다. 북쪽을 향한 남쪽에는 〔의장〕장로를 위한 높고 거룩한 의자가 준비되었고 집회당의 가운데에는 연사를 위한 높은 자리가 준비되었고 동쪽을 향한 곳에는 거룩한 부처님의 의자가 준비되었다.

왕은 장로들에게 말하였다.

"나의 일은 마쳤습니다."

우기의 두 번째 달, 두 번째 날에 장로 비구들은 장엄한 집회당에 함께 모였다. 장로 비구들은 계율의 송출을 위하여 우빨리 존자를, 담마의 송출을 위하여 아난다 존자를 지목하였다. 마하깟사빠 존자는 장로의 의자에 앉아서 계율에 대하여 질문하고 우빨리 존자는 연사의 의자에 앉아서 질문에 자세하게 대답하였다. 우빨리 존자의 설명이 끝날 때마다 이어서 그를 따라서 모든 장로들이 반복하여 합송하였다.

다음으로 마하깟사빠 존자는 담마에 대하여 아난다 존자에게 질문하였다. 아난다 존자는 연사의 의자에 앉아서 모든 담마에 대하여 자세하게 대답하고 설명하였다. 아난다 존자의 설명이 끝날 때마다 이어서 그를 따라서 모든 장로들이 반복하여 합송하였다.

이와 같이 7개월에 걸쳐 장로 비구들에 의한 합송이 끝났다.[8]

---

8) 1차 결집을 마무리하면 언제: 부처님 열반 후 3개월째에 결집함, 어디서: 라자가하의 칠엽굴 옆의 집회당, 누가: 500명의 아라한, 왜: 수밧다 비구의 망녕된 말에 충격을 받고 비법이 득세하기 전에 바른 부처님의 담마와 계율을 세우기 위해 결집하게 됨, 의장: 마하깟사빠, 재정적인 후원자: 마가다의 아잣따삿뚜 왕, 무엇을: 부처님의 가르침인 경장과 율장을, 결집함: 500 아라한이 경과 율의 각각을 확인하여 다함께 합송하여 확실히 함.(아난다는 부처님 시자를 25년 살면서 부처님의 말씀을 가장 많이 들었기 때문에 경을 외우고, 우빨리는 모든 계율을 가장 잘 외우고 있기 때문에 계율을 외움.)

# 제2장 2차 결집

## 🏛 700명의 합송
| 율장 쭐라왁가 12편 |

〔야사 존자와 계율에 느슨한 비구들〕

부처님이 열반하신 지 100년 후에 웨살리의 왓지족 비구들은 열 가지 조항을 공포하였다.

어느 때 까깐다까의 아들 야사 존자는 왓지 사람들이 살고 있는 웨살리에 도착하여 큰 숲에 있는 중각강당에 머물렀다. 그때 왓지 비구들은 우뽀사타[9] 날에 청동 단지에 물을 담아 비구 대중 가운데 놓고 신도들에게 이렇게 말하였다.

"여러분, 승가를 위해서 1 '까하빠나'와 $\frac{1}{2}$ '빠다'와 도장이 찍힌

---
9) 포살.

'마사까'를 보시하십시오.[10] 승가의 필수품에 대하여 하셔야 할 일이 있습니다."

이와 같이 말하였을 때 야사 존자는 신도들에게 이렇게 말하였다.

"승가에 화폐를 보시하지 마십시오. 금과 은은 사꺄의 아들인[11] 사문들에게 허용되지 않습니다. 사꺄의 아들들인 사문은 금과 은을 받지 않습니다."

그러나 야사 존자의 말을 듣고서도 신도들은 화폐를 승가를 위하여 보시하였다. 그날 밤에 왓지 비구들은 보시받은 금화를 비구들의 숫자에 따라서 각각의 몫을 분배하였다. 야사 비구에게도 와서 말하였다.

"야사 존자님, 이 금화는 존자의 몫입니다."

그러나 야사 존자는 말하였다.

"나는 금화가 필요하지 않으므로 받지 않겠습니다."

이에 왓지 비구들은 말하기를, "이 야사 존자는 믿음과 신심이 있는 신도들을 욕되게 하고 있소."라면서 언짢아하였다. 그래서 그들은 "야사 존자에게 '빠띠사라니야깜마'[12](조정갈마)를 시행하도록 합시다."라고 공식적인 계율을 적용하여 신도들에게 가서 공식적으로 사과하고 화해하도록 하였다. 그래서 동료 사절로 지목된 왓지 비구를 데리고 웨살리의 신도들에게 가서 야사 존자는 말하였다.

"내가 신심 있는 신도들을 모욕하였다고 합니다. 나는 담마 아닌 것은 담마 아니라고 말함으로써, 담마를 담마라고 말함으로써, 계율 아

---

10) 모두 화폐의 단위로 1 까하빠나= 2빠다, 1 빠다= 5마사까이며 이것들은 동전이다.
11) 부처님의 제자들을 말함.
12) paṭisāraṇiyakamma(영사죄 갈마 또는 조정갈마): 비구가 신자를 혼란케 하여 재가인의 분노를 산 경우, 승가의 결의에 의해 그 재가인에게 사과토록 명령하는 처벌 조항.

닌 것을 계율 아니라고 말함으로써, 계율을 계율이라고 말함으로써, 신심 있는 신도들에게 만족함을 드리지 못했다고 합니다."

〔부처님의 가르침을 상기시키다〕

이어서 야사 존자는 부처님의 가르침을 이렇게 말하였다.

"어느 때 부처님은 사왓티의 기원정사에 계셨습니다. 부처님은 비구들에게 말씀하셨습니다.

'비구들이여, 태양이나 달에 네 가지 얼룩이 있는데 얼룩으로 더럽혀진 태양이나 달은 타오르지 않고, 빛나지 않고, 반짝이지 않는다. 무엇이 넷인가? 짙은 구름이나, 눈보라, 연기, 먼지는 달과 태양의 얼룩이다. 얼룩으로 더럽혀진 태양이나 달은 타오르지 않고, 빛나지 않고, 반짝이지 않는다.

이와 마찬가지로 사문에게도 네 가지 얼룩이 있는데 얼룩으로 더럽혀진 사문은 광채가 나지 않고, 빛나지 않고, 반짝이지 않는다. 무엇이 넷인가? 사문에게 첫 번째 더러운 얼룩은 술을 마시는 것으로 이런 사문은 광채가 나지 않고, 빛나지 않고, 반짝이지 않는다. 사문에게 두 번째 더러운 얼룩은 성행위를 하는 것으로 이런 사문은 광채가 나지 않고, 빛나지 않고, 반짝이지 않는다. 사문에게 세 번째 더러운 얼룩은 금과 은을 받는 것으로 이런 사문은 광채가 나지 않고, 빛나지 않고, 반짝이지 않는다. 사문에게 네 번째 더러운 얼룩은 잘못된 생계수단으로 살아가는 것으로 이런 사문은 광채가 나지 않고, 빛나지 않고, 반짝이지 않는다.'

이것이 사문의 네 가지 더러운 얼룩이다. 얼룩으로 더럽혀진 사문은 광채가 나지 않고, 빛나지 않고, 반짝이지 않는다. 여러분, 부처님은 이것을 말씀하셨습니다."

야사 존자는 이어서 또 다른 부처님의 가르침을 말하였다.

"어느 때 부처님은 라자가하의 죽림정사에 계셨습니다. 그때 왕의 사적인 처소의 모임에서 함께 모여 앉아 이런 이야기를 하고 있었습니다. '사꺄의 아들들인 사문에게 금과 은은 허용된다. 사꺄의 아들들인 사문은 금과 은을 받는다.'고 말하였습니다. 그때 촌장인 마니쭐라까가 모임에 앉아 있었는데 그는 사람들에게 이렇게 말하였습니다. '여러분, 그렇게 말하지 마십시오. 사꺄의 아들들인 사문들에게 금과 은은 허락되지 않습니다. 사꺄의 아들들인 사문은 금과 은을 받지 않습니다.'라고 말하여 모인 사람들을 납득시킬 수 있었습니다.

그리고 촌장은 부처님께 가서 자기가 바르게 말한 것인지 아니면 사실이 아닌 것을 잘못 말한 것인지를 여쭈었습니다. 부처님은 촌장의 말이 틀리지 않다고 말씀하시면서 '촌장이여, 사꺄의 아들들인 사문들에게 금과 은은 허락되지 않습니다. 금과 은을 받아들이는 사람은 또한 다섯 가닥의 감각적 쾌락을 받아들이는 것이오. 다섯 가닥의 감각적 쾌락을 받아들이는 사람은 그것은 사문의 담마가 아니며 사꺄 아들의 담마가 아니오. 풀이 필요한 사람은 풀을 구할 수 있습니다. 수레가 필요한 사람은 수레를 구할 수 있습니다. 일꾼이 필요한 사람은 일꾼을 구할 수 있습니다. 그러나 나는 금과 은이 필요한 사람은 금과 은을 구할 수 있다고 결코 말한 적이 없습니다.'라고 말씀하셨습니다."

〔열 가지 조항을 하나하나 검토하다〕

이렇게 야사 존자가 말하였을 때 웨살리의 신도들은 말하였다.

"야사 존자님이야말로 오직 사문이고 사꺄의 아들입니다. 다른 존자들은 사문도 아니고 사꺄의 아들이 아닙니다. 야사 존자님, 여기 웨살리에 머무십시오. 저희들이 필요한 가사, 탁발음식, 거처, 의약품을 공양 올리겠습니다."

야사 존자는 웨살리의 신도들을 납득시킨 후 승원으로 돌아갔다.

이 소식을 듣고 왓지 비구들은 야사 존자에게 '욱케빠니야깜마'[13] (거죄갈마) 계율 위반의 조항을 적용하여 공식적으로 대항하게 되었다. 야사 존자는 꼬삼비로 가서 아완띠와 빠와의 비구들에게 사람을 보내어 이렇게 전하였다.

"존자들이여, 담마가 힘을 잃고 담마 아닌 것이 득세하기 전에, 계율이 힘을 잃고 계율 아닌 것이 득세하기 전에, 담마를 말하는 사람은 약해지고 담마 아닌 것을 말하는 사람은 강해지기 전에, 계율을 말하는 사람은 약해지고 계율 아닌 것을 말하는 사람은 강해지기 전에 이 공식적인 질문에 주의를 기울여야 합니다."

야사 존자는 아호강가 산비탈에서 거친 베옷을 입고 사는 삼부따 존자를 찾아가서 말하였다.

"존자님, 웨살리의 왓지 비구들이 열 가지 조항을 공표하였습니다."

① 소금을 위한 뿔에 관한 것은 허락된다.

---

13) ukkhepaniyakamma: 거죄갈마(擧罪羯磨) 또는 '정권처분의 갈마' 라고도 함. 승단에서 비구의 활동을 일시적으로 정지 처분하는 것.

② 손가락 두 마디까지의 것은 허락된다.
③ '마을에서' 에 관한 것은 허락된다.
④ '거주' 에 관한 것은 허락된다.
⑤ '동의' 에 관한 것은 허락된다.
⑥ '관례적인 것' 에 관한 것은 허락된다.
⑦ '응고되지 않은 우유' 에 관한 것은 허락된다.
⑧ 발효되지 않은 즙을 마시는 것은 허락된다.
⑨ 앉기 위한 천 조각에 테두리가 없는 것도 허락된다.
⑩ 금과 은을 받는 것이 허락된다.

이어서 야사 존자는 정법을 살리기 위해 행동해야 한다고 강조하였다. 삼부따 존자는 동의하였다. 그래서 이런 상황을 이야기하여 빠와에서 60명, 아완띠에서 88명의 존자들이 아호강가 산비탈에 모이게 되었다. 이들은 거의 다 숲에서 살며, 탁발로 살며, 누더기를 입고, 세 가지 법의만 입고, 모두 아라한이었다. 이들은 어떻게 하면 왓지 비구들의 질문에 좀더 강력하게 대응할 수 있도록 사람들을 좀더 규합할 수 있을까를 생각하였다.

그런데 레와따 존자가 쏘레야에 머물고 있었다. 그는 구전으로 이어오는 부처님 가르침의 전승의 전통이 전해져 내려오는 사람들 중 한 사람으로 많은 것을 들은 사람이었다. 그는 담마와 계율에 전문가였고, 제목을 외우는 데도 전문가였다. 그는 지혜롭고, 경험이 풍부하고, 양심적이고, 신중하고, 수행에 열성적인 사람이었다.

그래서 야사 존자는 레와따 존자를 찾아가서 왓지 비구들이 주장하는 열 가지 조항 하나하나를 질문하였다. 레와따 존자는 열 가지 조항 하나하나에 허락되지 않는다고 답하였다.
　이에 야사 존자는 말하였다.
　"존경하올 존자여, 웨살리의 왓지 비구들은 이와 같은 열 가지 조항을 공표하였습니다. 우리는 이 공식적인 질문에 주의를 기울여야 합니다."
　"좋습니다, 존자여."
　레와따 존자는 동의하는 대답을 하였다.
　왓지 비구들도 레와따 존자를 자기들 편으로 끌어들이려고 많은 노력을 했지만 레와따 존자는 그들을 거절하였다.
　그 후 레와따 존자는 이 질문이 어디에서도 더 이상 왈가왈부하지 않도록 확고히 해야겠다고 생각하여 승가 대중을 모았다. 그때 삽바까민이라는 가장 나이가 많은 장로 비구가 웨살리에 머물고 있었는데 계를 받은 지 120년이나 지났으며 그는 아난다 존자와 함께 방을 쓰기도 하였다 한다. 그래서 레와따 존자와 삼부따 존자는 그를 찾아가서 왓지 비구들의 열 가지 조항을 설명하였다.
　그래서 왓지 비구들의 열 가지 조항을 검토하기 위하여 장로 비구들은 웨살리의 왈리까 승원에 모두 모였다. 레와따 존자가 질문하고 삽바까민 존자가 답을 하였다.
　레와따 존자는 대중에게 말하였다.
　"존경하올 존자님들, 승단은 나의 말을 들으십시오. 대중이 옳다고 생각하시면, 나는 삽바까민 존자에게 계율에 관하여 질문하겠습니다."
　이어 삽바까민 존자가 말하였다.
　"존경하올 존자님들, 승단은 나의 말을 들으십시오. 대중이 옳다고 생각하시면, 나는 레와따 존자의 질문에 대답하겠습니다."

레와따 존자는 삽바까민 존자에게 질문하였다.

"존경하올 존자여, 소금을 위한 뿔에 관한 것이 허락됩니까?"(1)

"존자여, 소금을 위한 뿔에 관한 것이 무엇입니까?"

"싱거운 음식에 소금을 쳐서 맛을 즐기며 먹으려고 뿔 속에 소금을 가지고 다니는 것이 허락됩니까?"14)

"허락되지 않습니다."

"어디에서 이것이 금지되었습니까?"

"사왓티에서, 숫따위방가에 있습니다."

"어떤 위반에 걸리는 것입니까?"

"저장된 것을 먹는 것에 대한 위반에 걸립니다."

"존경하올 존자들이여, 승가 대중은 저의 말을 들으십시오. 이 첫 번째 조항은 승가에 의하여 검토되었습니다. 이것은 담마에 어긋나며, 계율에 어긋나며, 스승님의 가르침이 아닙니다."


"존경하올 존자여, '손가락 두 개 넓이'에 관한 것이 허락됩니까?"(2)

"무엇이 '손가락 두 개 넓이에 관한 것' 입니까?"

"그늘이 손가락 두 개 넓이가 지났을 때에 때 아닌 때에 식사하는 것이 허락됩니까?"

"허락되지 않습니다."

"어디에서 이것이 금지되었습니까?"

--------

14) 탁발 오는 비구들에게 공양 올리는 음식은 맛보지 않고 조리하기 때문에 싱겁다고 한다. 그래서 뿔 속에 소금을 가지고 다니다가 소금을 쳐서 먹는다고 한다.

"라자가하에서, 숫따위방가에 있습니다."

"어떤 위반에 걸리는 것입니까?"

"때 아닌 때에 먹는 위반에 걸립니다."

"존경하올 존자들이여, 승가 대중은 저의 말을 들으십시오. 이 두 번째 조항은 승가에 의하여 검토되었습니다. 이것은 담마에 어긋나며, 계율에 어긋나며, 스승님의 가르침이 아닙니다."

"존경하올 존자여, '마을에서'에 관한 것이 허락됩니까?"(3)

"무엇이 '마을에서'에 관한 것입니까?"

"이미 공양을 배부르게 하고서도, 남은 음식이 아닌 새 밥을 먹으려고 마을에 가는 것이 허락됩니까?"

"허락되지 않습니다."

"어디에서 이것이 금지되었습니까?"

"사왓티에서, 숫따위방가에 있습니다."

"어떤 위반에 걸리는 것입니까?"

"먹다 남은 음식이 아닌 것을 먹는 위반에 걸립니다."

"존경하올 존자들이여, 승가 대중은 저의 말을 들으십시오. 이 세 번째 조항은 승가에 의하여 검토되었습니다. 이것은 담마에 어긋나며, 계율에 어긋나며, 스승님의 가르침이 아닙니다."

"존경하올 존자여, '거주'에 관한 것이 허락됩니까?"(4)

"무엇이 '거주'에 관한 것입니까?"

"같은 지역에 속한 몇 명의 거주자 비구들이 각각 따로 따로 달리 우뽀사타(포살)를 행하는 것이 허락됩니까?"

"허락되지 않습니다."

"어디에서 이것이 금지되었습니까?"

"라자가하에서, 우뽀사타와 관계된 것에 있습니다."

"어떤 위반에 걸리는 것입니까?"

"계율을 따르지 않는 잘못된 행동의 위반에 걸립니다."

"존경하올 존자들이여, 승가 대중은 저의 말을 들으십시오. 이 네 번째 조항은 승가에 의하여 검토되었습니다. 이것은 담마에 어긋나며, 계율에 어긋나며, 스승님의 가르침이 아닙니다."


"존경하올 존자여, '동의'에 관한 것이 허락됩니까?"(5)

"무엇이 '동의'에 관한 것입니까?"

"전체 승가 대중이 모이지 않았어도 몇몇 일부의 비구들이 공식적 의결을 결정한 후 참석하지 않은 나머지 대중에게 나중에 알리는 것이 허락됩니까?"

"허락되지 않습니다."

"어디에서 이것이 금지되었습니까?"

"짬빠의 비구들과 관련된 계율의 문제에서입니다."

"어떤 위반에 걸리는 것입니까?"

"계율을 따르지 않고 잘못 행동한 위반에 걸립니다."

"존경하올 존자들이여, 승가 대중은 저의 말을 들으십시오. 이 다섯 번째 조항은 승가에 의하여 검토되었습니다. 이것은 담마에 어긋나며, 계율에 어긋나며, 스승님의 가르침이 아닙니다."

"존경하올 존자여, '관례적인 것'에 관한 것이 허락됩니까?"(6)

"무엇이 '관례적인 것'에 관한 것입니까?"

"존경하올 존자여, 생각하기를, '이것은 나에게 계를 주신 스승, 또는 스승에 의하여 관례적으로 행해져 온 것이다.' 그래서 스승이 하신 대로 따라 행하는 것이 허락됩니까?"

"관례적인 것에 관한 것은 어떤 경우는 허락되고 어떤 경우는 허락되지 않습니다."

"존경하올 존자들이여, 승가 대중은 저의 말을 들으십시오. 이 여섯 번째 조항은 승가에 의하여 검토되었습니다. 이것은 담마에 어긋나며, 계율에 어긋나며, 스승님의 가르침이 아닙니다."

"존경하올 존자여, '응고되지 않은 우유'에 관한 것이 허락됩니까?"(7)

"무엇이 '응고되지 않은 우유'에 관한 것입니까?"

"배부르게 공양을 하고서도, 먹다 남은 것도 아닌 우유의 단계는 지나고, 아직 완전히 굳어진 것도 아닌 것을 마시는 것이 허락됩니까?"

"허락되지 않습니다."

"어디에서 이것이 금지되었습니까?"

"사왓티에서, 숫따위방가에 있습니다."

"어떤 위반에 걸리는 것입니까?"

"먹다 남은 음식이 아닌 것을 먹는 위반에 걸립니다."

"존경하올 존자들이여, 승가 대중은 저의 말을 들으십시오. 이 일곱 번째 조항은 승가에 의하여 검토되었습니다. 이것은 담마에 어긋나며,

계율에 어긋나며, 스승님의 가르침이 아닙니다."

"존경하올 존자여, 발효되지 않은 [야자] 즙을 마시는 것이 허락됩니까?"(8)

"무엇이 야자즙입니까?"

"발효되지는 않았지만 아직 독한 술이 되는 단계에는 이르지 않은 것을 마시는 것이 허락됩니까?"

"허락되지 않습니다."

"어디에서 이것이 금지되었습니까?"

"꼬삼비에서, 숫따위방가에 있습니다."

"어떤 위반에 걸리는 것입니까?"

"발효된 술을 마시는 위반에 걸립니다."

"존경하올 존자들이여, 승가 대중은 저의 말을 들으십시오. 이 여덟 번째 조항은 승가에 의하여 검토되었습니다. 이것은 담마에 어긋나며, 계율에 어긋나며, 스승님의 가르침이 아닙니다."

"존경하올 존자여, 앉기 위한 천 조각의 테두리가 없는 것도 허락됩니까?"(9)[15]

---

15) 이 조항은 잘못 번역되어 왔기 때문에 자세히 살펴본다. 깔개(방석)에 대한 율장의 정의: 율장 III권 p.232, IV권 p.123, 171. *Book of the Discipline*. II권 p.86, 87. 각주5번.
이 조항은 Nissaggiya Pācittiya(사타죄: 捨墮로 번역됨) 조항에서 30가지의 사타죄를 다루고 있는데 그중 15번째이다. 사타죄는 비교적 가벼운 계율을 위반한 사람이 참회해야 하는 죄를 말함.
"부처님이 비구들의 거처를 방문하였을 때 여기저기에 버려진 앉는 깔개를 보셨다. 그래서 깔개에 대한 것이 정해졌다. 앉기 위한 천 조각의 뜻은 테두리를 가지고 있는 것을 말한다. 깔개가 견고하도록 원형이나 사각으로 잘라야 한다. 테두리가 없는 깔개는 비록 이것이 합당한 크기라 하더라도 허용되지 않는다. 합당한 크기도 정해져 있다. 테두리가 허용되는데 테두리는 [사방이] 한 뼘 길이

"허락되지 않습니다."
"어디에서 이것이 금지되었습니까?"
"사왓티에서, 숫따위방가에 있습니다."
"어떤 위반에 걸리는 것입니까?"
"〔천을〕 자르는 것과 관련된 위반에 걸립니다."
"존경하올 존자들이여, 승가 대중은 저의 말을 들으십시오. 이 아홉 번째 조항은 승가에 의하여 검토되었습니다. 이것은 담마에 어긋나며, 계율에 어긋나며, 스승님의 가르침이 아닙니다."

"존경하올 존자여, 금과 은을 받는 것이 허락됩니까?"(10)
"허락되지 않습니다."
"어디에서 이것이 금지되었습니까?"
"라자가하에서, 숫따위방가에 있습니다."
"어떤 위반에 걸리는 것입니까?"
"금과 은을 받는 데 대한 위반에 걸립니다."
"존경하올 존자들이여, 승가 대중은 저의 말을 들으십시오. 이 열 번째 조항은 승가에 의하여 검토되었습니다. 이것은 담마에 어긋나며, 계율에 어긋나며, 스승님의 가르침이 아닙니다. 존자들이여, 이 열 가지 공식적인 질문의 조항은 종결되고 잘 마무리되었습니다. 그렇지만

------

여야 한다. 한 뼘을 넘을 때는 깔개는 합당한 크기로 잘라야 한다."
* 명상으로 많은 시간을 보내는 사문에게 앉는 깔개는 무척 중요한 역할을 한다. 그런데 테두리를 하지 않고 즉 가장자리를 꿰매지 않고 그냥 사용하면 보기도 좋지 않고 끝이 풀려 지저분하고 쉽게 망가진다. 또한 테두리 없이 그냥 천을 접어서 사용해도 안되고, 모양이 옷 모양이라든지 볼썽사나운 아무 것이나 둘둘 말아 깔고 앉아도 안되고 둥근 모양, 아니면 사각으로 잘라서 테두리를 해야 한다고 규정하고 있다.*

왓지 비구들을 납득시키기 위하여 그대들은 승가 대중 가운데에서 나에게 질문하셔도 됩니다."

그래서 레와따 존자는 질문하고 삽바까민 존자는 대답하였다.

이제 700명의 장로 비구들이 이 계율을 합송하였기 때문에 이 계율의 합송을 '700합송'이라고 부른다.

## 🛕 2차 결집에 대한 설명 I
| 디빠왕사 IV: 4: 47-52: 제2차 결집 |

그때 부처님께서 열반하신 지 100년 후에 웨살리의 왓지족 비구들은 열 가지 탐착을 선언하였다.

'뿔 속의 소금에 대한 것은 허용된다.' '두 손가락의 넓이에 대한 것은 허용된다.' '마을의 방문에 대한 것은 허용된다.' '거주처에 대한 것은 허용된다.' '동의에 대한 것은 허용된다.' '전례에 대한 것은 허용된다.' '엉긴 우유에 대한 것은 허용된다.' '야자술에 대한 것은 허용된다.' '테두리 없는 깔개는 허용된다.' '금은은 허용된다.'

그들은 여래에 의하여 모두 금지된 허용되지 않는 것들을 선언하였다. 700명의 장로들이 웨살리에 모여서 부처님의 가르침 속에 확립된 것으로서의 계율에 동의하였다.

## 🛕 2차 결집에 대한 설명 II
| 마하왕사 IV: 5-64: 제2차 결집 |

수수나가왕은 18년 간 통치하였다. 그의 아들 깔라소까왕은 28년 간 통치하였다. 깔라소까왕의 통치 기간 중 마지막 10년째의 해가 부

처님이 열반하신 지 100년이 지난 때였다.

그때에 웨살리의 왓지족의 많은 비구들은 부끄러움도 없이 열 가지 조항[16]을 정당하다고 가르쳤다. 그것들은 이름하여 '뿔 속의 소금' '두 손가락의 넓이' '마을을 방문' '거주처' '동의' '전례' '응고되지 않은 우유' '발효되지 않은 야자술' '테두리 없는 깔개' '금은을 받음'이다.

선별된 700아라한은 깔라소까왕의 보호하에 레와따 장로의 지도 아래 결집을 마쳤다.[17]

----

16) ① 싱길로나깝빠(Siṅgiloṇakappa): 싱거운 음식을 받았을 때 간하기 위하여 뿔에다 소금을 가지고 다니는 것.
② 드왕굴라깝빠(Dvaṅgulakappa): 정해진 공양 시간 후에 태양 그림자가 두 손가락 넓이만큼 지날 때까지는 식사할 수 있다.
③ 가만따라깝빠(Gāmantarakappa): 공양을 하고서도 만일 초대가 있으면 마을에 가서 또 먹는 것.
④ 아와사깝빠(Āvāsakappa): 같은 지역에 거주하는 비구들이 각각 따로 우뽀사타(포살) 예식을 하는 것.
⑤ 아누마띠깝빠(Anumatikappa): 일부 구성원들이 공식적인 일을 거행한 뒤 나중에 불참자의 동의를 구하는 것
⑥ 아찐나깝빠(Āciṇṇakappa): 스승이 행하였기 때문에 어떤 것을 행하는 것.
⑦ 아마티따깝빠(Amathitakappa): 공양한 후에도 버터가 되기 전의 우유를 마시는 것.
⑧ 잘로기깝빠(Jalogikappa): 발효되지 않은 야자술을 마시는 것.
⑨ 아다사깡 니시다낭(Adasakaṃnisīdanaṃ): 테두리가 없는 정해진 크기가 아닌 앉는 깔개를 사용하는 것.
⑩ 자따루빠라자땅(Jātarūparajataṃ): 금과 은을 받는 것.
17) 2차 결집을 마무리하면 언제: 부처님 열반 후 100년에 결집함, 어디서: 웨살리의 왈리카 승원, 누가: 700명의 아라한, 의장: 레와따 장로, 무엇을: 부처님의 율장에 근거하여 10가지 조항이 비법임을 확인하고 계율을 결집함, 재정적 후원자: 깔라소까왕, 2차 결집의 원인: 금은을 받는 것에 대한 야사 비구와 웨살리의 왓지 비구들의 충돌.
* 2차 결집 후 승단에 첫 번째 분열이 일어났다. 전통, 보수파인 상좌부로부터 진보적인 대중부가 갈라졌다. 정통파의 비구들은 어떤 계율도 바꿔서는 안 된다고 주장하였고 반대파들은 어떤 계율은 바뀌어야 한다고 주장하였다.

# 제3장 3차 결집

## 🛕 3차 결집 Ⅰ

| 사만따빠사디까[18]: 54,55,62. 마하왕사 5편 267-281 | [19]

    자신들에 대한 명성이나 이득이 점점 줄어들기 시작한 이교도들은 명성이나 이득을 얻고자 하는 열망에서 부처님 가르침의 승단에 허락을 얻어 들어와서는 각자 자신들의 교리가 담마이고 계율이라고 선언하면서 자신들의 교리를 제시하였다.

    그리고 승단의 허락을 받지 못한 사람들은 스스로 머리를 삭발하고, 노란 가사를 입고, 이 사찰 저 사찰을 돌아다니면서 〔정식 비구인양〕

---

18) Samantapāsādikā: 율장 주석서. 붓다고사 지음. 그는 기원후 300년 후반부-400년 전반부의 비구. 빠알리 삼장의 가장 탁월한 주석가. 그의 저술의 저본이 된 것은 스리랑카의 마하위하라 사원의 오래된 싱할리스 주석서였다.
19) 마하왕사와 율장 주석서인 사만따빠사디까는 3차 결집의 내용이 같다. 다만 마하왕사는 수식이 더 간결할 뿐이다.

우뽀사타[20] 예식과 빠와라나[21] 예식, 그리고 승단의 공식적인 예식에 슬그머니 끼어들었다.

그래서 비구들은 우뽀사타 예식을 행하지 않았다. 이교도들은 부처님 가르침과 계율에서 승단의 비구들에 의하여 책망의 대상이 되었는데도 불구하고, 그들은 담마와 계율에 따른 정해진 원칙에 따르지 않음으로써 부처님 가르침을 헐고 다양한 형태의 난동을 일으켰다. 어떤 사람들은 불을 섬기고, 어떤 사람들은 태양을 경배하고, 어떤 사람들은 의도적으로 부처님 가르침과 계율을 파괴하였다.

그래서 승단의 비구들은 우뽀사타와 빠와라나 예식을 하지 않았다. 아소까라마 승원에서는 7년 동안 우뽀사타 예식을 하지 않았다. 그래서 아소까왕에게 이런 사실을 보고하였다.

아소까왕은 목갈리뿟따 띳사 장로를 초청하여 7일 동안 집중적으로 부처님 가르침을 들은 후 이교도들의 추방에 대한 논의를 하였다. 7일째 날, 아소까왕은 비구들을 아소까라마 승원에 모이도록 명하고 왕은 포장을 치고 그 뒤에 앉아서 다른 견해를 가진 사람들을 그룹지어 따로따로 질문을 하였다.

"어떤 가르침을 온전히 깨달으신 분은 제시하셨습니까?"

이렇게 질문하자 영원주의자들은 부처님은 영원주의자였다고 답하고, 유한주의자, 무한주의자, 궤변론자, 단멸론자, 회의론자, 유의식론자, 무의식론자 등 이들은 모두 자기들의 교리대로 답하였다. 왕은

---

20) 포살(Uposatha): 8, 14, 15일에 비구나 비구니들이 함께 모여 빠띠목카(계본)를 외우고 잘못이 있으면 참회하는 예식.
21) 자자(Pavāraṇa): 여름 안거를 마친 비구나 비구니들이 함께 모여 안거 동안에 잘못이 있으면 참회하고 반성하는 예식.

부처님의 가르침을 이미 공부하였기 때문에 이들은 비구들이 아니고 다른 교단에 속한 이교도들이라는 것을 알아차렸다. 그래서 왕은 그들에게 흰옷을 입혀서 승단에서 추방하였다. 그 숫자는 6만 명[22]에 이르렀다. 왕은 남은 비구들에게 물었다.

"무슨 가르침을 온전히 깨달으신 분은 자세히 설명하셨습니까?"

"부처님은 분석적인 교리의 주창자셨습니다."

비구들이 이렇게 답하자 왕은 장로 비구에게 물었다.

"온전히 깨달으신 분은 분석적인 교리를 자세히 설명하셨습니까?"

"그렇습니다, 위대하신 왕이여."

이에 왕은 말하였다.

"모든 존자님들, 이제 승단의 부처님 가르침은 깨끗해졌습니다. 이제 승단은 우뽀사타를 행하십시오."

그래서 승단은 온전한 화합으로 모두 함께 모여 우뽀사타를 행하였다. 이 행사에 헤아릴 수 없을 정도의 많은 비구들이 참석하였다. 이 행사에서 목갈리뿟따 띳사 장로는 이교도의 교리를 반박하는 논장인 까타왓투를 외웠다.

담마와 계율을 암송한 야사 장로와 마하깟사빠 장로처럼 그도 또한 헤아릴 수 없이 많은 비구들 중에서 삼장에 통달하고, 분석적인 통찰력이 깊고, 지혜가 뛰어난 훌륭한 천 명의 장로 비구들을 선별하여 경장 율장을 합송하였다. 목갈리뿟따 띳사 장로는 오염된 부처님의 가르침을 정화하고 3차 결집을 개최하였다. 이와 같이 이 결집은 아소까왕의

---

22) 뒷장의 디빠왕사에는 "아소까라마 승원에 6만 명이 살았다"라고 하였는데 여기는 추방한 이교도 숫자를 6만 명이라고 기록하고 있다.

보호 아래 1,000명의 비구에 의하여 9개월 만에 마쳤다. 1,000명의 비구에 의하여 결집되었기 때문에 "천 명에 관한 결집"이라고 불리고 앞서의 1차 결집과 2차 결집 때문에 이것은 '3차 결집'이라고 불린다.

아소까왕 통치 17년에 72세의 지혜로운 장로(목갈리뿟따 띳사)는 성대한 빠와라나 예식으로 결집을 마쳤다.

## 3차 결집 II
| 디빠왕사: 6장: 86-99, 7장: 34-41,53-58 |

아소까왕은 부처님 가르침의 분류에 대하여 질문하였다. 장로 비구들은 부처님 가르침의 여러 형태에 대하여 설명하였다. 그리고 중생에 대한 자비심에서 전체 84,000가지 가르침이 태양의 후예〔부처님〕에 의하여 가르쳐졌다고 하였다. 부처님은 가장 최상의 진리를 가르치셨으며 윤회로부터 해방되는 가장 탁월한 가르침, 괴로움의 소멸에 이르는 길을 가르치셨다고 아소까왕에게 말하였다.

아소까왕은 이와 같은 가르침을 듣고 마음속에 지혜가 샘솟고 기쁨에 가득 차서 신하에게 이렇게 말하였다.

"부처님께서 온전한 84,000가지의 가장 소중한 가르침을 주셨기 때문에 나는 매 가르침을 존경하여 한 가지의 가르침에 하나의 승원을 즉 84,000개의 승원을 전국에 세우겠다."

그래서 각각의 마을마다 승원이 세워졌다. 왕은 3년 이내에 승원을 완성하고서 승원의 건축을 다 마쳤기 때문에 봉헌의 축제를 7일 동안 개최하였다.

많은 왕족과 브라흐민들은 불교신도가 되어 부처님께 대한 믿음으로 인하여 그들은 많은 이득과 명성을 얻었다. 그래서 이교도들은 자연적으로 이득과 명성을 잃었다.

이런 이교도들이 7년 동안 불교 승원 속에 들어와서 살았기 때문에, 우뽀사타 예식은 불완전한 대중에 의하여 실시되었다. 그래서 성스럽고, 지혜롭고, 절도 있는 사람들은 이런 우뽀사타 행사에 참석하지 않았다.

부처님께서 열반하신 지 236년이 되었을 때 아소까 라마 승원에는 6만 명의 비구들이 살았다.

아지와까교와 다른 교단의 교설들은 부처님의 가르침을 헐었다. 그들은 모두 노란 가사를 입고 성인의 가르침을 손상시켰다.

교단의 수석으로서 목갈리뿟따 띳사 장로는 천 명의 비구들에 둘러싸여 결집을 소집하였다. 분열시키는 교리를 파괴한 지혜로운 목갈리뿟따 띳사 장로는 굳건하게 테라와다불교(Theravāda: 상좌불교)를 세우고 제3차 결집을 개최하였다. 그는 부끄러워할 줄 모르는 많은 사람들을 제압하고, 다른 이교 교리를 부순 후에 참된 믿음의 광채를 회복하였고 까타왓투라는 논장을 공표하였다.

아소까왕은 목갈리뿟따 띳사 장로에게서 부처님 교리에 대한 설법을 들었다. 그리고 슬그머니 승가에 붙어살던 이교도 비구들의 상징들을 모두 파괴하여 버렸다. 분별없는 이교도들은 그들 자신의 교리에 따라서 그들의 출가 예식을 행하여 부처님께 대한 순수한 믿음을 손상시켰다. 이들을 승단에서 완전히 몰아내기 위하여, 그리고 그의 교리가 빛을 발하기 위하여 목갈리뿟따 띳사 장로는 아비담마에 속하는 까타왓투[23] 논장을 지어 공포하였다. 이것과 버금가는 처벌, 이것과 버금가는 이교도의 교리의 파괴는 결코 없었다.

목갈리뿟따 띳사 장로는 까타왓투 논장을 공포한 후 교리를 정화하고 신심이 오래가도록 하기 위하여 가장 훌륭한 천 명의 아라한을 선택하여 결집을 개최하였다. 이 결집은 아소까왕이 건립한 아소까라마 승원에서 이루어졌으며 9개월 동안 계속된 결집이 끝났다.

## 3차 결집 후 담마 사절단의 파견으로 담마를 널리 전파함: 아소까 바위칙령 13[24]

…… 자비로운 왕은 담마에 의한 정복을 가장 훌륭한 정복이라고 생각한다. 자비로운 왕은 그의 영토에서뿐만 아니라 600요자나[25]의 거리만큼 멀리 떨어져 있는 모든 국경지방의 사람들에서도 이런 담마에 의한 승리를 성취해 왔다. 그 나라들은 앙띠요까(안띠오쿠스를 말함)라는 이름의 요나(그리스)왕이 통치하는 곳과 앙띠요까의 영토 그 너머의 땅에 사는 네 사람의 왕, 즉 뚜라마야(쁘똘레미), 앙띠끼니(안띠고너스), 마까(마가), 그리고 알릭까수다라(알렉산더)가 통치하는 곳이

---

23) Kathāvatthu: 삼장 가운데 하나인 Abhidhamma(논장)에 속한다. 이교도의 교리를 논박하는 논서로서 200개가 넘는 질문과 답의 형식으로 이교도의 교리를 논파하고 있다.
24) 이 칙령은 아소까왕의 역사적인 연대를 밝혀내는 데 가장 중요한 내용이다. 시리아의 Antiochos II Theos왕(261-246 BC), 이집트의 Ptolemy II세 Philadelphos왕(285-247 BC), 마케도니아의 Antigonos Gonatas왕(278-239 BC), 싸이레네(이집트의 서부)의 Magas왕(300-258 BC), 에삐루스의 Alexander왕(272-258 BC). 땀바빠니는 스리랑카, 요나는 그리스, 그리스인이지만 아소까왕의 영토에 정주해 사는 사람들. 깜보자: 카불 강가 지역. 나바까는 웃따라 꾸루스에 속한 도시, 나바빵띠는 히말라야 사람들(간다라 지역), 보자는 카쉬미르 지역, 안드라는 중부지방, 뿔리다는 동쪽지방. (Radhakumud Mookerji: Asoka, p.166-169)
25) 인도 전통적 학자들 견해는 1요자나는 13km. 그러므로 600요자나는 7,800km이다.

다. 그리고 남쪽으로는 쪼다, 빵디야 사람들이 사는 곳과 그리고 땅바빵니〔스리랑카〕 나라만큼 멀리까지이다.

그리고 여기 왕의 영토에서는 요나 사람들, 깜보자, 나바까, 나바빵띠, 보자, 뻬띠니까, 안드라, 그리고 뿔리다 사람들 사이에서 이 모든 곳에서 사람들은 자비로운 왕의 담마의 가르침을 따르고 있다.[26]

…… 나의 아들들, 손자, 증손자들이 새로운 정복을 생각지 않게 하기 위하여, 그리고 군대로 백성을 정복하였다 하더라도 가벼운 처벌과 관용의 정책을 채택하도록 하기 위하여, 그리고 담마에 의한 정복만이 진정한 정복이라고 생각하게 하기 위하여, 이 담마칙령을 새기도록 하였다.

## 3차 결집 후 담마 사절단의 외국 파견 (아홉 지역)[27]
| 디빠왕사 VIII: 1-13 |

〔3차 결집이 끝난 후〕예리한 통찰력으로 불법의 전파를 내다 본 목갈리뿟따 띳사 장로는 이웃하고 있는 나라들에 맛잔띠까 장로와 다른 장로들과 각 그룹에 각각 네 명의 동료를 보냈다. 이것은 외국에 믿음을 심기 위함이며 그리고 사람들을 일깨우기 위함이었다. 그리고 이렇게 말하였다.

"그대들은 함께 중생을 위한 자비심에서 외국에 가장 훌륭한 불법을

---

26) 책 맨 뒤의 "아소까왕의 담마사절단 파견" 지도 참조.
27) 3차 결집에서 이미 경장·율장·까타왓투 등의 논장과 주석서들이 집성되고 부분적으로 쓰였으므로 다른 나라에 파견된 장로들은 이런 것들을 가져갔음에 틀림없다. 아소까왕은 인도를 완전히 담마에 의한 통치를 한 후 외국에 담마 사절단을 보내어 강력한 담마 홍보정책을 펼쳤다.

힘차게 전하시오!"

　훌륭한 성인 맛잔띠까 장로는 간다라국으로 갔다. 거기서 그는 많은 사람들을 번뇌에서 벗어나게 하였다. 큰 영적인 힘을 가지고 있는 마하데와 장로는 마히사 지방으로 가서 속박에서 벗어나는 길을 설법하였다. 락키따 장로는 아나마딱기야 경을 설법하였다.[28] 지혜로운 요나까 담마락키따 장로는 악긱칸도빠마 경을 가르쳐서 아빠란따까국을 개종시켰다. 마하담마락키따 장로는 나라다깟사빠자따까를 설법하여 마하랏타국을 개종시켰다. 마하락키따 장로는 깔라까라마 경을 설법하여 야와나 지방을 개종시켰다. 맛지마 장로, 두라비사라 장로, 사하데와 장로, 물라까데와 장로는 담마짝깝빠왓따나 경을 설법하여 히말라야 지방에서 많은 사람들을 개종시켰다. 소나 장로와 웃따라 장로는 수완나부미로 가서 많은 사람들을 속박에서 해방시켰다. 마힌다 장로는 네 명의 동료와 함께 가장 훌륭한 섬 랑까(스리랑카)로 가서 그곳에 믿음을 굳건히 뿌리내리게 하고, 많은 사람들을 번뇌에서 벗어나게 하였다.[29]

　*[이와 같이 아소까왕의 강력한 담마사절단의 외국 파견 정책으로 목갈리뿟띠 띳사 장로는 3차 결집이 끝난 후 바로 아홉 개의 방향으로 각 그룹에 다섯 명씩의 담마사절단을 파견하였다. 이 역사서에 기록된 파견된 장로 비구의 이름이 사실이라는 것이 다음과 같이 고고학자들의 발굴로 산찌탑과 소나리탑의 사리함 각문에서 발견되었다.]*

　히말라야 지방에서 담마를 전하도록 파견된 맛지마(Majjhima) 장로와 깟

---

28) 붓다고사는 그 지방을 Vanavāsa(와나와사)라고 하고 있다.
29) 책 맨 뒤의 "아소까왕의 담마사절단 파견" 지도 참조.

사빠고따(Kassapagota) 장로의 사리가 마댜 뿌라데쉬(Madhya Pradesh)의 산찌(Sanci)와 소나리(Sonari)에서 발견되었다. 10명의 성인의 사리가 산찌의 제2탑의 사암으로 된 사리함에서 1851년 커닝햄(cunningham)에 의하여 발견되었다. 사리함의 동쪽 면에 새기기를,

"savina vinayakana aram kasapagotam upadaya aram cha Vachhi-Suvijayitam vinayaka":(아라한 까사빠고따와 아라한 와치-수위자이따 스승을 포함한 모든 스승의 사리들).

이 사리함의 속에는 네 개의 작은 얼룩진 사리함이 있었는데[30] 거기에는 10명의 성인의 이름이 새겨져 있었다: 까사빠고따(Kasapagota), 맛지마(Majjhima), 하리띠뿟따(Haritiputa), 와챠-수위자야따(Vacchiya-Suvijayata), 마하와나야(Mahavanaya), 아빠기라(Apagira), 꼬디니뿟따(Kodiniputa), 꼬시끼뿟따(Kosikiputa), 고띠뿟따(Gotiputa), 목갈리뿟따(Moggaliputa).

여기 산찌 〔사리함〕 각문에 언급된 성인의 사리들은 같은 지역에 위치한 소나리(Sonari)의 사리함 각문에서도 발견되었다. 예를들면 고띠뿟따, 맛지마, 꼬시끼뿟따의 이름이 소나리 사리함에 새겨져 있다.[31]

소나리 제2탑의 세 개의 사리함의 각문은 맛지마, 까사빠곳따, 다다빗사라(Dadabhissara: Durabhissāra인듯) 장로의 이름을 언급하고 있다. 까사빠곳따는 전체 히말라야 지역의 스승이라고 새기고 있다.[32]

.....................
30) D.C.Ahi: Asoka. p. 91:(Alexander Cunningham: The Bhisa Topes. Varanasi, 1968. p.287.)
　이 사리들은 2,500주년 부처님 탄생일 축제때 런던의 대영박물관에서 1956년 인도로 가져왔다. 목갈리뿟따 띳사, 꼬시끼뿟따, 고띠뿟따의 사리가 든 첫 번째 사리함은 인도 정부로부터 스리랑카 정부에게 기증되었다. 그리고 다른 사리들은 인도의 마하보디협회(Maha Bodhi Society)에 기증되었는데 그들은 산찌의 새 쩨띠야기리 위하라(New Cetiyagiri Vihara)에 그 사리를 안치하였다.
31) D.D.Ahi: Asoka. p. 91.
32) Ananda.W.P.Guruge: Asoka. p. 154.

*〔"맛지마 장로, 두라빗사라 장로가 히말라야 지방에서 많은 사람들을 개종시켰다."라고 한 디빠왕사(8:1-13)의 이름과 이들 사리함에 있는 이름이 동일함을 알 수 있다. 왜 스리랑카로 간 장로들의 이름은 없을까? 그런데 사리가 있다는 것은 인도에서 죽어서 화장을 했기 때문에 사리를 넣고 탑을 세웠을 것이다. 다른 사람들은 다른 나라에서 담마를 전하다가 다시 인도에 돌아가서 죽었기 때문이며 스리랑카에 간 사람들은 스리랑카에서 죽었기 때문에 여기에 사리가 없다.〕*

〔마댜 쁘라데쉬에 있는〕 빌사 또쁘스(Bhilsa Topes)의 이 담마사절단의 사리들은 스리랑카 초기 역사서의 또 하나의 정보를 증명하고 있다. 그것은 담마사절단들은 영구적으로 파견되지 않았다는 것이다. 그들은 원래의 승원으로 돌아왔고 분명히 그곳에서 생을 마감하였다. 디빠왕사와 사만따빠사디까는 기록하기를 마힌다 장로와 동료들은 여러 개의 승원을 완성하고, 계를 주고, 56명의 스리랑카 비구에게 가르치고 수련을 시켰다. 〔이들은 모두 아라한이라고 기록됨〕[33] 그래서 장로는 그의 동료들과 함께 고국으로 돌아가겠다는 뜻을 말하였다. 그런데 스리랑카 왕이 투빠라마(Thūpārāma: 승원이름) 건설을 시작했기 때문에 이들은 돌아갈 생각을 버리고 섬에 머물렀다.[34]

…… 구족계를 받은 지 12년(32세)에 이곳에 와서 구족계 받은 지 60년 말에(80세) 마힌다 장로는 열반에 들었다.[35]

---

33) The Dipavaṃsa: 14: 80.
34) Ananda,W.P.Guruge: Asoka. p. 154,155.
35) The Dipavaṃsa: 17: 94,95.

## 🛕 경전이 이미 존재함을 알 수 있는 아소까왕[36]의 각문:바이라트 바위칙령

마가다의 왕 삐야다시는 승가에 존경스런 인사를 드리며, 건강하심과 평안하심을 문안드립니다. 그리고 다음과 같이 말씀드립니다.

내가 얼마나 붓다, 담마, 승가에 존경과 믿음을 드리는지 그대들은 잘 아십니다. 부처님께서 가르치신 것은 무엇이든지 훌륭히 말씀하신 것입니다. 존자님들, 부처님의 참된 가르침이 오랫동안 가도록 하는데 기여한다고 내가 믿는 것을 그대들에게 말씀드리고 싶습니다.

나는 많은 비구와 비구니들이
다음의 담마의 경전[37]을 끊임없이 듣고 되새기기를 열망합니다.

"계율의 찬탄 [Vinaya-samukase: 위나야–사무까세][38]

---

36) 인도의 아소까왕은 부처님(기원전 563-483년으로 추정) 열반 후 약 180년쯤 후의 왕으로 기원전 270-232년에 통치함, 각문은 기원전 260년부터 새기기 시작함. 약 38년간 통치하고 불교에 심혈을 기울인 것은 약 28-30년이다. 기원전 80-94년에 스리랑카에서 집대성된 빠알리 삼장보다 약 170년쯤 전에 바위와 석주에 글을 새겼다. 아소까 각문은 역사적인 가장 오래된 확실한 증거이다. 초기불교에서 가장 중요한 아소까왕은 빠알리 경전 중에는 어디에도 등장하지 않는다.(아함경에는 아육왕 경이 있다.) 이 뜻은 아소까왕 때는 이미 삼장이 마감되어 아소까왕을 넣지 않았다는 이론이다.
37) 아소까왕 때에는 이미 경전들이 낱개로 존재하고 있었다고 여겨짐. 그래서 이렇게 쓰인 경전들에 의하여 논장이 성립될 수 있었고 아소까왕 때 3차 결집을 통하여 경장·율장·논장이 확정되었다고 봄. 학자들은 일곱 개의 경전의 대응 경전들을 빠알리 니까야에서 찾아냈으나 [제목과 내용이 일치하는 면에 우선순위를 두고 찾음] '계율의 찬탄'과 '삶의 거룩한 길' 두 개의 경전은 학자들 간에 이견이 있고 나머지는 거의 일치한 의견을 내놓고 있다.
38) 대응경전: 디가 니까야 31 Sigālovāda Sutta (시갈로와다 경), 또는 맛지마 니까야 15 Anumāna sutta (아누마나 경).

거룩한 삶의 길 〔Aliya-vasāni: 아리야–와사니〕[39]

미래의 두려움 〔Anāgata-bhayāni: 아나가따–바야니〕[40]

성자의 게송 〔Muni-gāthā: 무니–가타〕[41]

성자의 길에 대한 말씀 〔Moneya-sūte: 모네야–수떼〕[42]

우빠띠사의 질문 〔Upatisa-pasine: 우빠띠사–빠시네〕[43]

부처님이 라훌라에게 주신 거짓말하는 것에 대한 교훈 〔Lāghulo-vāde musāvādaṃ adhigichya bhagavatā Budhena bhāsite: 라굴로–와데 무사와당 아디기챠 바가와따 부데나 바시떼〕"[44]

마찬가지로 부처님을 따르는 재가 남녀 신도들도 이 성스러운 담마의 경전을 끊임없이 듣고 되새기기를 나는 열망합니다.

이런 이유로, 존자들이여, 그대들이 나의 뜻을 알게 하기 위하여 이 칙령을 새기도록 하였습니다.

## 🛕 삼장이 이미 성립되었음을 보이는 산찌[45] 대탑의 기록

"…… 여기에서 취급하는 각문은 산찌의 난간, 울타리 문, 돌기둥

---

39) 앙굿따라 니까야 4부 28 Ariyavaṃsasutta(아리야왕사 경), 또는 디가 니까야 33 Saṅgīti Sutta(상기띠 경).
40) 앙굿따라 니까야 5부 78 Anāgatasutta(아나가따 경).
41) 숫따니빠따 207-221 Munisutta(무니 경)
42) 숫따니빠따 679-723 Nālakasutta(날라까 경)
43) 숫따니빠따 955-975 Sariputtasutta(사리뿟따 경). 우빠띠사는 사리뿟따의 속명이다.
44) 맛지마 니까야 61 AmbalatthikalahulovadaSutta(암발랏티까라훌로와다 경).
45) 산찌(Sanci) 대탑은 가장 아름답고 원형이 가장 잘 보존되어 있는 탑이다. 아소까왕이 벽돌로 돔형으로 건축하고 옆에 돌기둥을 세우고 주위에는 거대한 승가람이 있었고 왕은 전부 8개의 탑을 산찌 언덕에 세웠다 한다. 그 후 승가 왕조 때(기원전 2세기) 증축, 보수하여 오늘에 이르고 있다. 이곳 탑들 속에서 사리뿟따와 목갈라나, 그외 10명의 스승 이름이 새겨진 사리함들과 유물들이

그리고 승가람들(예불당과 승방) 등에서 발굴된 것들이다. 이것들은 일반적으로 건축물의 여러 가지 다양한 부분 중에서 시주한 부분과 시주자의 이름이 간략하게 기록되어 있는 '봉헌'의 기록이다. 대부분의 시주자들은 그들의 이름에 덧붙여진 특별한 명칭이 없다. 이들은 아마도 재가신도들일 것이다. 그러나 어떤 봉헌자들은 분명하게 그들 자신을 비구(bhikhu) 그리고 비구니(bhikhunī)라고 호칭하는데 이들의 숫자는 전체 200명이 넘는다. 몇몇 경우는 시주자들이 어떤 특정한 스승들의 제자라고 언급하고 있다. 승가의 어떤 사람들은 뚜렷한 명칭을 가지고 있다. 예를 들면 아야(Aya: 거룩한 스승), 테라(Thera: 장로), 바나까(Bhāṇaka: 경전의 암송자), 담마까티까(Dhamakathika: 담마 설법자), 위나야까(Vinayaka: 스승), 수따띠까(Sutātika: 경에 정통한 비구), 수따띠끼니(Sutātikinī: 경에 정통한 비구니), 빠짜네까이까(Pacanekayika: 다섯 가지 니까야에 정통한 사람), 사뿌리사(Sapurisa: 성자)."[46]

## 🛕 3차 결집의 요인과 결과를 보여주는 아소까왕의 각문[47]

### 사르나트 돌기둥칙령 1

〔처음 세 줄은 마모가 심하여 읽을 수가 없다. 그러나 남은 몇몇 단어

---
발굴되었고 산찌 언덕의 불탑 군들과 승가람을 건축하는데 공헌하고 시주한 수백 개에 달하는 사람들의 이름을 기록하고 있다.
46) N.G.Majumdar: The Monuments of Sāñchī. Vol. I, p. 297.
*바나까란 경전을 안 보고 줄줄 다 외우는 사람으로 이런 바나까에 의해 부처님 가르침이 전승됨. '다섯 가지 니까야에 정통한 사람'이란 이미 모든 경장이 각각 분류 구성되었고, 3차 결집에서 3장이 결집되어 이미 체계를 갖추었음을 알 수 있다. 경에 정통한 비구 비구니가 많았음을 알 수 있다.
47) 아소까 각문과 스리랑카 역사서의 3차 결집의 내용과 동일함을 주목할 필요가 있다. 승가 분열로 3차 결집 후 이교도를 흰 옷을 입혀서 추방하고 승단을 정화한 후에 아소까왕은 이런 각문을 여러 개 새겼다. 그는 마치 승단의 최고 수장과 같은 역할을 하고 있다.

를 읽어 빠딸리뿟따의 마하맛따[48] 직원에게 말하고 있다고 추정된다.〕

"어떤 누구에 의해서도 승가가 분열되어서는 안 된다. 참으로 비구이든 비구니이든 승가를 분열하는 사람은 누구나 흰옷을 입혀서 승원이 아닌 곳에 살게 해야 한다.[49] 이와 같은 명령은 비구 승가와 비구니 승가에 잘 전달되어야 한다.……

### 사르나트 돌기둥칙령 2
〔이 칙령은 사르나트 돌기둥칙령 1의 계속이다.〕

…… 이것과 같은 한 개의 복사본은 그대들이 이용하기 쉽도록 그대들의 사무소에 보관되어 있다. 그리고 이것과 같은 또 하나의 복사본은 부처님을 따르는 신도들이 이용할 수 있도록 그대들은 보관하라.

재가신도들은 바로 이 칙령에 의하여 신심을 북돋우기 위하여 매 우뽀사타날에 이 복사본이 있는 곳에 모여야 한다.

반드시 매 우뽀사타날에 모든 마하마따들은 우뽀사타 예식이 있는 곳에 참석하여야 하는데 그것은 바로 이 칙령에 의하여 그대들의 신심을 북돋우고 그리고 이 칙령을 그대들이 이해하기 위해서이다.

더욱이 그대들은 이 칙령의 명령대로 행하도록 그대들의 모든 관할 구역을 순방하여야 한다. 마찬가지로 그대들 아래서 일하는 다른 마하마따

---

48) Dhamma Mahāmāttā: 담마 대신. 이들은 국가 공무원으로 아소까왕은 부처님의 가르침과 그의 담마 정책을 강력하게 사회 속에 스며들게 하기 위하여, 전국 각 지역마다 마하마따 사무소를 두어 그곳은 부처님 가르침의 설법, 강의, 자문, 의료, 복지, 교육 등등의 종합적인 역할을 담당하게 하였다. 이들은 점차 아소까왕의 특별한 임무를 수행하는 특권 있는 기관이 되었다.
49) 승원에서 비구나 비구니들과 함께 머물게 해서는 안되고 내보내야 한다는 뜻.

들도 이 칙령의 명령대로 행하도록 모든 요새 지역을 순방하여야 한다.

### 산찌 돌기둥칙령

〔마모된 시작 부분은 산찌의 마하마따들에게 말하고 있다고 추정됨.〕
…… 승가는 어느 누구에 의해서도 분열되어서는 안 된다.

나의 아들과 증손자들이 통치하는 한, 저 해와 저 달이 빛나는 한, 그렇게 오래 지속되게 하기 위하여 나는 비구 승가와 비구니 승가가 화합을 이루도록 하였다.

승가를 분열하는 사람은 누구나 그가 비구이든 비구니이든 흰옷을 입혀서 승원이 아닌 곳에 살게 해야 한다. 이것은 승가가 일치하여 오래 오래 번영하도록 하려는 나의 염원이다.

### 꼬삼비 돌기둥칙령

자비로운 왕 삐야다시[50]는 꼬삼비의 마하마따에게 명령한다. ……나는 비구 승가와 비구니 승가가 일치되도록 하였다. 이교도들을 승가에 받아들여서는 안 된다. 승가를 분열시키는 사람은 누구나 그가 비구이든 비구니이든 흰옷을 입혀서 승원이 아닌 곳에 살게 해야 한다. ……[51]

---

50) 삐야다시: "온전히 깨달으신 부처님께서 열반하신 후 218년에 삐야다사나(Piyadassana)는 왕으로 축성되었다."(디빠왕사 VI:1,2절). "이름을 삐야다사(Piyadasa)라고 하는 왕자가 있었는데 그는 아소까(Asoka)라는 이름아래 왕이 되었다."(Buddhaghosa: Sumaṅgalavilāsinī II. p. 613.) 이와 같이 삐야다시는 왕위에 오르기 전 왕자 때의 이름이고 왕위에 오른 다음의 왕의 이름은 아소까임을 알 수 있다.

51) 3차 결집을 마무리하면, 언제: 아소까왕 17년(기원전 255-250), 어디서: 빠딸리뿟따의 아소까라마승원, 누가: 1000명의 아라한, 의장: 목갈리뿟따 띳사 장로, 무엇을: 경장, 율장, 논장결집, 결집의 주체 및 재정적 후원자: 아소까왕, 3차 결집의 원인: 수많은 이교도들이 아소까왕의 불교옹호정책으로 승단에 들어와 불법을 훼손하였다. 아소까왕은 이들을 모두 흰 옷을 입혀서 추방하였다. 이는 바위나 돌기둥에 내용을 새길 정도의 대대적인 국가적 차원의 정화 결집이었다. 결집이 끝난 후 아소까왕은 담마사절단을 여러 이웃나라에 파견하여 불법을 전하였다. 장로 비구들은 다섯 명씩 각 그룹에 파견되어 불법을 전하였는데 산찌탑과 소나리탑의 사리함에 이들 이름이 증거로 새겨져 있다.

# 제4장 4차 결집:
# 빠알리 대장경의 집대성[52]

## 🏛 스리랑카에서 삼장을 집대성하다: 내란, 전쟁, 기근, 승가의 분열로 삼장을 집대성하다
| 마하왕사 33:37-41,60,61,78-83,95-102, 디빠왕사 20:14-21 |

아바야 왓따가마니왕이 왕위에 오른 지 5개월 만에 브라흐민 띳사가 반란을 일으켰다. 이와 때를 같이하여 일곱 따밀이 군대를 이끌고 (남인도로부터) 마하띳타에 상륙하여 쳐들어왔다. 왕은 따밀에게 패하여 피신하였다. 이렇게 하여 다섯 명의 따밀이 14년 7개월 동안 통치하였다.

왕은 숲으로 피신하였는데 마하띳사 장로는 왕을 보고 음식을 주고

---

52) 빠알리 삼장은 기원전 80-94년경에 스리랑카에서 집대성되어 쓰여졌다. 그러나 아소까왕 때에 이미 삼장이 완성되고 부분적으로는 쓰였을 것이며 마힌다 장로 등이 외국에 가져갔을 것이다. 한 꺼번에 그 많은 경전이 쓰인 것이 아니고 인도나 스리랑카에서 경전과 주석서는 이미 쓰였을 것이고 4차 결집에서는 다만 체계적으로 분리, 정리, 배열, 보충, 편집하였을 것이다. 그러나 구전 또한 쓰인 것 이상으로 정확하기 때문에 쓰인 것들과 구전을 바탕으로 하여 체계적으로 삼장을 집대성하기에 이르렀다.

보호하여 주었다. 드디어 왕은 따밀을 몰아내고 왕권을 회복하였다. 왕은 열성적인 충성심으로 가득 차 '아바야기리 위하라' 승원을 건립하여 마하띳사 장로에게 봉헌하고 필요한 물건들을 공급하였다.

그때 마하띳사 장로가 속인의 집에 자주 들락거렸다.[53] 그래서 마하위하라(Mahavihāra) 승원에서 그를 승가에서 추방하였다. 이에 마하띳사 장로의 제자 중 한 명이 화가 나서 많은 그의 추종자들을 데리고 아바야기리 승원으로 가서 승가는 분열되었다. 이들은 상좌부에서 탈퇴하여 완전히 갈라졌다.[54]

경장·율장·논장의 삼장과 주석서가 전에는 지혜로운 비구들에 의하여 구전으로 전승되어 왔다. 그러나 사람들이 〔기근으로〕 줄어드는 것을 보았기 때문에 비구들은 함께 모여서 참된 부처님의 가르침이 오래가게 하기 위하여 경장·율장·논장의 삼장과 주석서를 책으로 쓰게 되었다.

이와 같이 왓따가마니 아바야왕은 12년 5개월 통치하였다.

---

마힌다 장로는 약 284-280 BC에 태어나서 80세에 열반하였는데(디빠왕사 17:94) 94-80 BC에 빠알리 삼장이 집대성되었기 때문에 마힌다 열반 후 약 100여년 후에 집대성 된 셈이다. 그러니 100년은 마힌다로부터 내려오는 모든 기억이 생생할 때이기 때문에 3차 결집을 통하여 결집된 경장·율장·논장이 스리랑카에서 체계적으로 집대성 된 것은 당연한 일이라 하겠다. 아소까왕의 부처님 가르침에 대한 열정은 그 아들을 스리랑카로 불법을 전하라고 보냈고, 그 아들의 후대에 부처님 경전이 집대성되어 온 세계로 퍼져나갔으니 아소까왕의 염원은 이루어진 셈이다.

53) 마하띳사는 왕의 특별한 초청으로 아누라다뿌라에 머물렀는데 그래서 그는 통치자 그룹의 사람들에게 막강한 영향을 행사했음에 틀림없다. 이것은 분명히 마하위하라 비구들의 위신과 권위를 흔들었다. 결과적으로 마하위하라 비구들은 마하띳사가 속인 가정에의 빈번한 출입을 이유로 그에게 계율 위반을 적용하여 처벌하였다.(Nikayasaṅgaha: p.10; Walpola Rahula: *History of Buddhism in Ceylon*, p. 83)

54) 왓따가마니 아바야왕(기원전 103-77)이 결집의 지원자가 아닌 이유: ① 그가 충성을 다하는 마하띳사 장로를 추방한 마하위하라 승원의 상좌부 비구들(결집은 이들에 의한 것이었기에)을 미워하기 때문이었고 ② 계속적인 외적의 침입으로 왕은 수차례 도망 다녀야했고, 더욱이 극심한 기근으로 국가는 불안정하였기 때문.

## 🛕 12년간의 혹독한 기근
| 사랏탑빠까시니(상윳따 니까야 주석서) II: 111 |

브라흐민 띳사의 반란과 따밀족의 침입으로 황폐화된 것에 덧붙여서 자연은 또한 나라의 적이 되었다. 섬의 역사에 일찍이 없었던 혹독한 기근이 12년 동안 계속 되었다. 아누라다뿌라에 있는 승원들은 버려지고 비구들은 인도로 가든지 아니면 언덕 지방으로 갔다.

## 🛕 기근으로 수많은 장로들이 아사하다
| 삼모하위노다니[55]: 314-318, 445-450 |

이런 전쟁[브라흐민 띳사의 반란과 따밀의 침입]의 대혼란의 때에 설상가상으로 온 나라는 일찍이 없었던 12년간의, 일반적으로 브라흐민 띳사 기근으로 알려진, 격심한 기근으로 말미암아 황폐하게 되었다. 수많은 사람들이 굶어 죽게 되었고, 많은 승원은 텅텅 비었다. 마하위하라 승원도 완전히 버려졌다. 승원은 풀과 이끼로 뒤덮였다. 많은 비구들은 섬을 떠나 인도로 갔다. 나라는 혼돈에 빠졌다.

12,000명의 아라한이 먹을 것이 없어 다른 승원을 찾아 떠났다. 그러나 가는 도중에 다른 승원의 비구들을 만났고 그곳도 마찬가지라는 소식을 들었다. 그래서 다시 본래의 승원으로 돌아가는 것은 소용없다는 생각으로 숲으로 들어가 굶어 죽게 되었다.

[기근으로 인하여] 온 사방에서 비구들이 인도로 건너가기 위해 나가디빠의 잠부꼴라-빳따나에 모였다. 상윳따바나까(상윳따 암송자) 쭐

---

55) Sammohavinodanī: 논장 Vibhanga의 주석서(저자는 붓다고사로 추정함).(E.W.Adikaram: *Early History of Buddhism in Ceylon*. p. 74,75)

라시와, 이시닷따, 마하세나는 그곳에 모인 비구들의 수장이었다. 마하세나의 능력을 알기 때문에 훗날 부처님의 가르침의 보호를 위하여 다른 두 장로는 마하세나에게 인도로 갔다가 재난이 지나면 돌아오라고 권유하였다. 그러나 이들은 모두 그냥 남기로 결정하였다.

쭐라시와는 이시닷따에게 마하세나를 잘 보호하라고 부탁하고 마하위하라 승원으로 갔다. 그 당시 마하위하라 승원은 텅텅 비었고 풀들이 탑 주위에 무성하게 자랐다. 온 사방은 덤불로 덮였고 탑들은 이끼로 덮였다. 그래서 쭐라시와는 작가라 강 근처로 가서 좋은 때가 올 때까지 그곳에서 살았다.

이시닷따와 마하세나는 피난가는 도중 알라 지역에 갔는데 한 곳에서 사람들이 마두 열매의 씨를 먹고 그 껍질을 버렸는데 장로는 그것을 주워 먹었다. 그것이 전체 일주일 동안에 그들이 먹은 유일한 음식이었다. 그리고 물백합의 줄기를 먹었고 그 후에 바나나 나무껍질로 연명하였다.

왓따바까 니그로다와 그의 연로한 스승은 거의 없는 음식으로 연명하며 여기저기 피난을 다녔다. 이때까지 기근이 계속되어 너무 극심한 기근으로 사람들은 〔아사한〕 인간의 고기를 먹었다. 연로한 장로는 굶주림으로 정신이 뒤집힌 그런 사람들의 먹이가 되었다. 니그로다는 다행히 그곳을 도망쳐 나왔다. 그 후 기근이 끝났을 때 그는 삼장을 배워서 유명한 장로 비구가 되었다.

## 🛕 경장 · 율장 · 논장이 모두 체계적으로 쓰임
| 니까야상가하 p. 9-11 |[56]

대 장로 비구들과 싱할라족의 지도자들은 불교의 미래가 위험에 빠

졌음을 보았다. 불교의 존립 자체가 위협을 받고 있었다. (따밀족의 통치로) 불교를 지원해 줄 싱할라왕도 없었다. 스승으로부터 제자에게 지금까지 구전으로 전승되어 온 삼장의 구전 전통이 이와 같은 (극심한 기근의) 불리한 상황 아래에서는 불가능하게 보였다. 이러한 비극의 기간 동안 승단의 중요한 관심사는 모든 것 중에 가장 값진 부처님의 가르침을 보전하는 것이었다.

그러므로 이와 같이 멀리 본 대 장로 비구들은 500명의 장로 비구들이 지방장관의 후원 아래 마딸레(Mātale) 도시에서 조금 떨어진 바위 승원인 알루위하라(Alu-vihāra) 승원에 모여서 참된 부처님의 가르침이 오래 가게 하기 위하여 전체 삼장(경장 · 율장 · 논장)과 주석서를 (체계적으로) 쓰게 되었다. 이것은 역사상 처음 있는 일이었다.[57]

## ♣ 4차 결집은 삼장을 체계적으로 배열한 것
| 세일론의 빠알리 문헌: The Pāli Literature of Ceylon |[58]

부처님 가르침이 쓰인 것이 이때(알루 위하라 결집) 이전에는 알려지지 않았다고 믿는 것은 전혀 근거가 없다. 위크리마싱게는 말하기를[59] 세일론에 존재했던 쓰인 문헌은 알루 위하라 결집보다 적어도 일세기 전까지 거슬러 올라간다고 하면서 '쓰는 것'이 왓따가마니왕 때 훨씬

---

56) Nikayasaṅgaha: 12세기에 쓰인 스리랑카불교 역사서.(Walpola Rahula: *History of Buddhism in Ceylon*. p.81,82)
57) 4차 결집을 마무리하면 언제: 기원전 80-94년 사이의 아바야 왓따가마니왕 때(상좌불교의 정설이며, 현대불교 학자들의 일반적 견해), 어디서: 마딸레 지방의 알루위하라 승원, 누가: 500명의 장로, 무엇을: 경장 · 율장 · 논장의 전체 3장을 집대성 함, 왜: 12년간의 기근과 전쟁으로 불법의 미래를 걱정하여 체계적으로 문서화함, 어디에: 팜 이파리에 기록함.
58) G. P. Malalasekera(세일론 대학의 빠알리어 교수): *The Pāli Literature of Ceylon*. p. 44-46. 그는 빠알리 연구에 필수적인 방대한 인명사전(Dictionary of Pāli Proper Names)의 저자이다.
59) Wickremasinghe.

이전에 이미 보편적이었다는 것을 증거하기 위하여 마하왕사로부터 일어난 많은 일들을 인용하고 있다. "책들이 가마니 통치 때에 기원전 150년만큼 일찍이 언급되어 있다. 마하왕사 소주석〔주석의 주석〕에 자주 언급된 마하왕사의 싱할라어〔고대 스리랑카어〕주석은 쓰여진 문헌이었음에 틀림없다."

다른 곳에서 위크리마싱게는 주장하기를, "웻사기리 각문(그는 161-137 B.C로 정함)에 관하여 그때 싱할라어는 심지어는 산스끄리뜨어로 쓰기에도 충분한 형태로 브라흐미 알파벳으로 알려져 있었다. 그러므로 왓따가마니 아바야왕 때까지 전체 불교경전이 구전으로 전승되어왔다는 말은 과장이다."

왓따가마니왕 때에는 아마도 그때까지도 경전들이 잘 배열되지도 못했고, 드물고, 완전치 못하고, 모두 정확하지 못했을 것이다. 알루위하라에서 경전들은 합송되었고 주석서들은 수정되고 분배되어졌다.

'쓰는 것'은 부처님의 재세시에도 이미 알려진 것이다. 그렇지만 '쓰는 것'은 오랫동안 대중적이지 못했고 폭넓게 알려지거나 연마되지 않았다는 것이다. 적당한 쓰는 재료의 부족으로 그 사용이 무척 제한적이었다는 것은 타당한 이야기이다. 또한 진리의 가르침에 대한 드높은 '존엄성'에 대한 것 때문이었다. 그래서〔쓰여진 것 보다는〕스승의 입으로부터 직접 듣는 것이 가장 중요하다고 생각되었다.

알루 위하라 결집에서 500명의 장로들이 한 것은〔빠알리〕대장경과 주석서들을 체계적으로 배열하는 것이었는데 그래서 그때까지는 소수의 사람들에게만 알려졌던 것을 많은 사람들이 소유하도록 한 것이다.

# 부록: 빠알리 대장경 이해하기

## 🪷 I. 빠알리 대장경 연구의 역사[1]

빠알리 대장경은 부처님의 직제자들에 의하여 부처님의 가르침이 구전된 것이 기원전 80-94년경에 스리랑카에서 경장·율장·논장의 삼장 전체가 빠알리어로 집대성된 것이다. 빠알리 경전의 연구는 서양 학자들에 의하여 그 빛을 보게 되었고 그들의 공헌에 의하여 전 세계에서 불교 경전을 손쉽게 접할 수 있게 되었다.

빠알리 경전의 심도 깊은 연구는 서양학자들이 그때까지는 알려지지 않은 불교문학의 풍요로움을 발견하고서부터이다. 이때가 1800년이다.

---

1) 빠알리 대장경의 초기 연구를 참고한 도서:
 -T.W.Rhys Davids: *The History and Literature of Buddhism*, Calcutta, p. 30-51.
 -J.W.de Jong: *A Brief History of Buddhist studies in Europe and America*, Tokyo.
 -Narendra Nath Bhattacharyya: *History of Researches on Indian Buddhism*, New Delhi, p. 110-120.
 -William Peiris: *The Western Contribution to Buddhism*, Delhi, p. 1-25.
 -Kogen Mizuno: *Buddhist Sutras*, Tokyo, p. 29-32.
 -Hirakawa Akira: *A History of Indian Buddhism*, Hawaii, p. 71-74.
 -Maurice Winternitz: *A History of Indian Literature*, New Delhi, p. 1-165.
 -*The Book of the Gradual Sayings* Vol I, Introduction by Mrs Rhys Davids, p. v.

1826년 크리스찬 라쎈(Christian Lassen)은 「빠알리어에 대한 평론」을 발표하였다. 비록 그때 빠알리어가 유럽에는 별로 알려지지 않았지만 그의 평론은 많은 학자들의 관심을 끌었다. 이때부터 불교 빠알리 경전은 유럽에서 차츰 연구의 대상이 되기 시작하였다. 1855년 덴마크 학자 빈센트 화우스뵐(Vincent Fausböll)은 담마빠다(법구경)를 라틴어로 번역하였고, 1869년에는 독일어로 번역되었다. 1869년 촤일더스(R.C.Childers)는 쿳다까 빠타(소송경)를, 1870년 막스 뮐러(Max Muller)는 담마빠다를 영어로, 1877-1897년 빈센트 화우스뵐은 자따까를, 1879년 올덴버그(Oldenburg)는 율장 다섯 권을 번역하여 출판하였는데 이 율장은 후에 영국의 빠알리성전협회에 의하여 다시 출판되었다.

빠알리 대장경을 번역하고 보존하려는 커다란 노력이 영국의 '빠알리 성전협회(Pali Text Society)'에 의하여 시도되었다. 1881년 리즈 데이비즈(T.W.Rhys Davids)는 빠알리성전협회를 창설하여 다른 학자들의 도움으로 조직적으로 빠알리 대장경을 번역하기 시작하였다. 이것은 서양사람이 불교를 위해 한 가장 큰 공헌이었다. 그는 이 협회의 일에 서양과 동양의 유능한 학자들의 도움과 협력을 구하였다. 그래서 그는 이 일에 40년이 넘도록 헌신하였다. 빠알리성전협회는 많은 학자들의 도움으로 거의 모든 빠알리 대장경과 주석서들을 로마자와 영어로 번역하여 출판하였다.

리즈 데이비즈는 다음과 같이 말한다.

"나는 세계의 훌륭하다는 종교 조직들을 모두 살펴보았다. 그러나 그 어느 것 하나도 붓다의 아름답고 포괄적인 팔정도를 능가하는 것은 없었다. 나는 팔정도를 따라서 나의 삶을 사는 것에 만족한다."[2]

1959년까지는 리즈 데이비즈의 헌신으로 시작된 빠알리 경장의 번역

---

2) William Peiris: *The Western Contribution to Buddhism*, India, 1973, p.10.

은 다른 번역자들, 리즈 데이비즈 부인인 미세스 리즈 데이비즈, 호너(I.B.Horner), 우드워드(F.L.Woodward), 헤어(E.M.Hare) 등에 의하여 완성을 보게 되었다. 빠알리 삼장의 빠알리어 로마자 원전은 56권이고 영어 번역본은 42권이며 그 외에도 빠알리 사전류를 비롯한 수많은 주석서와 번역서들이 있다.

리즈 데이비즈 부인은[3] 말한다.

"빠알리 문학에서 화우스뵐, 라쎈, 리즈 데이비즈, 트렌크너(V.Trenckner), 촤일더스, 올덴버그 등은 위대한 학자였고 개척자였다."[4]

역사적으로 볼 때 우리나라는 대승불교 국가이다보니 여러 가지 여건이 빠알리 경전에 대하여 관심을 가질 수도 없었고, 또 가지려고도 하지 않았다. 그러나 불교역사에 대한 이해와 서양 학자들의 연구에 자극되어 점차적으로 빠알리 경전의 중요성을 인식하게 되었다. 일본 학자들의 노력은 대단하였다. 1941년,[5] 40여 명의 학자들이 거의 6년에 걸쳐 빠알리 대장경을 완역하여 남전대장경이라고 제목하였다. 1990년 타이완에서 일본의 남전대장경을 중국말로 번역하였다.[6] 한국에서는 빠알리 율장 중 하나인 마하왁가[7]가 1998년 최봉수 박사에 의해 번역되었고, 1999년[8]

---

3) Mrs C.A.F. Rhys Davids: 그녀는 리즈 데이비즈와 마찬가지로 불교에 엄청난 공헌을 하였다. 그녀는 *Dialogue of the Buddha*(Digha Nikaya: 디가 니까야) vol II, and III and *The Book of the Kindred Sayings*(Saṃyutta Nikaya) vol I and II. 또한 난해하고 어려운 Abhidharma Pitaka(아비달마 경장)를 명석한 영어로 번역하였다. *Dhammasangani, the Abidhammattasangaha, Kathavatthu*, 같은 것과 *Theragatha, Therigatha*를 번역하였다.(William Peiris: *Western Contribution to Buddhism*, p. 21)
4) *The Book of the Gradual Sayings* Vol I, Introduction by Mrs Rhys Davids, p. v.
5) Kogen Mizuno: *Buddhist Sutras*, Kosei Publishing Co, Tokyo, 1995, P. 32.
6) Translated by Miao-Shi, Title: Chinese Translation South Transmission Canon. Publisher: Translation Committee of Won Hyang Sa Chinese Translation South Transmission Canon, Taiwan, 1990.
7) 최봉수 번역: 마하박가: I, II, III, 시공사 간행, 1998.
8) 전재성 번역: 상윳따 니까야1-11 권, 한국빠알리성전협회 간행, 1999-2002.

전재성 박사에 의해 빠알리 경장의 첫 번째 번역인 상윳따 니까야가 완역되었다. 이것은 빈센트 화우스뵐이 최초로 담마빠다(법구경)를 라틴어로 번역한 지 144년만의 일이며 일본의 남전대장경보다 58년 후의 일이다. 그 후 맛지마 니까야(전재성 역), 디가 니까야(각묵스님 역), 앙굿따라 니까야(대림스님 역)가 완역되었다.

## II. 빠알리 삼장(Tipiṭaka: '세 개의 바구니'라는 뜻)의 구성

1. 경장(Sutta Piṭaka: 부처님의 가르침을 담은 바구니)
① 디가 니까야(Dīgha Nikāya: 긴 길이의 경전). ② 맛지마 니까야(Majjhima Nikāya: 중간 길이의 경전). ③ 상윳따 니까야(Saṃyutta Nikāya: 주제별로 모은 경전). ④ 앙굿따라 니까야(Aṅguttara Nikāya: 부수별로 모은 경전). ⑤ 쿳다까 니까야(Khuddaka Nikāya: 15개의 독립된 경으로 구성).

2. 율장(Vinaya Piṭaka: 계율을 담은 바구니)
① 빠라지까 빨리(Parajika Pali). ② 빠찟띠야 빨리(Pacittiya Pali). ③ 마하왁가(Mahavagga). ④ 쭐라왁가(Cullavagga). ⑤ 빠리와라(Parivara).

3. 논장(Abhidhamma Piṭaka: 장로 비구들의 논서를 담은 바구니)
① 담마상가니(Dhammasaṅgaṇi). ② 위방가(Vibhaṅga). ③ 다뚜까타(Dhātukathā). ④ 뿍갈라 빤냣띠(Puggala Paññatti). ⑤ 까타왓투(Kathāvatthu). ⑥ 야마까(Yamaka). ⑦ 빳타나(Patthāna).

## ❈ III. 모든 니까야(Nikāya)의 공통된 특징

니까야(Nikāya)란 '모음'이라는 뜻으로 다섯 니까야의 각각에는 많은 경(Sutta: 숫따: 빠알리어, Sutra: 산스끄리뜨어)이 있다. 숫따의 문자적인 뜻은 실·줄이란 뜻으로, 보석을 실에 꿰듯이 부처님의 가르침을 함께 꿰어 묶는다는 뜻이 있다. 빠알리 니까야는 2,500여 년 전 인도 비구 승단과 비구니 승단, 그리고 그 주변의 많은 다양한 사람들에게 주어진 가르침이다. 모든 니까야에 공통된 특징을 살펴보면 다음과 같다.

 1. 부처님의 일생, 가르침, 부처님의 일거수일투족을 환하게 볼 수 있다. 부처님의 삶과, 수행, 사상, 견해, 사유방식을 들여다 볼 수 있는 내용의 가르침이다.

 2. 부처님의 사유방식의 비슷한 양상을 발견한다. 현실을 직시하는 사유방식, 중도적인 견해를 잃지 않는 태도, 선명하고도 이해하기 쉬운 가르침 방식, 사람들을 대함에 자비로 대함, 진리를 꿰뚫어보는 바른 통찰력 등을 볼 수 있다.

 3. 전형적인 문구의 되풀이, 반복이 수없이 이어진다. 이것은 구전으로 외우기 쉽게 정형구가 생겼을 것이다.

 4. 모든 경들은 전형적인 서론과 결론부분에 똑같은 정형구를 갖는다. 서론에서 '이와 같이 나는 들었다'가 나오고, 어느 때 부처님이 어디에 계셨다, 그리고 누가 누구와의 이야기가 전개된다. 결론에서 똑같은 정형구로 끝난다.

 5. 다양한 가르침의 장소: 승원, 숲, 길가, 강변, 산, 회당, 동산, 불을 섬기는 사당, 재가의 집, 마을, 브라흐민 장원, 여러 다른 나라들 등 다양한 곳에서 가르침이 이루어진다.

6. 다양한 사람들에게 설법하심: 왕, 왕비, 왕자, 대신, 왕족, 부유한 장자, 장자, 브라흐민, 다양한 교단의 수행자들, 상인, 마을 사람, 여인, 젊은이, 촌장, 노예, 가장, 창녀, 과부, 노인, 비구, 비구니 등 이런 다양한 사람들이 설법의 대상이었다는 것은 부처님 가르침의 보편성 혹은 타당성을 나타낸다.

7. 많은 경전들이 수행을 위한 가르침으로 되어 있다.

8. 청법을 거절치 않으심: 부처님은 어느 경우에도 어느 누구라도 가르침을 청하면 거절하지 않고 구구절절 간곡하고 자상하게 자비심으로 가르침을 주셨다. 심지어 열반하시기 전 심한 고통 속에서도 아난다는 부처님을 위하여 면담을 청하는 사람을 거절하였지만, 부처님은 아난다에게 가르침을 들으려는 사람을 막지 말라고 하시고 그에게 마지막 가르침을 주셨다.

9. 수준에 맞게 설법하심: 부처님은 사람의 수준에 따라서 쉬운 가르침부터 차례대로 점차적으로 가르치셨다.

10. 만약 어떤 사람이 상대방의 비난을 부처님께 말하면 부처님은 그 상대방 되는 사람을 그냥 나무라지 않으셨다. 반드시 본인에게 직접 정말 그런 말을 하였는지, 그런 행동을 하였는지 확인한 후 말씀을 하셨다. 억울한 일이 없도록, 남을 모함하지 않도록 옳고 그른 것을 확실히 하셨다. 남의 비방만 듣고 질책하시는 일은 없었다.

11. 대화체의 가르침: 비구 승가대중에게 설법할 때를 제외하고 많은 경우 대화체의 가르침을 주신다. 주입식이 아닌 대화체의 가르침으로 상대방의 이해 정도를 짚어보고, 그 다음 가르침을 주시는 부처님의 뛰어난 식견과 통찰력과 지혜를 엿볼 수 있다.

12. 극단에 치우치지 않음: 부처님 가르침은 극단에 흐르지 않고 온건

하고 부드럽고 자비가 넘쳐흐른다.

## ❀ IV. 다섯 니까야에 대한 간단한 설명

### 상윳따 니까야(Saṃyutta Nikāya): 상응부 경전

1. 어원적으로 saṃ의 뜻은 '함께'라는 뜻이다. saṃyutta의 문자적인 뜻은 '소들에 하나의 멍에를 얹어 함께 연결하다.'는 뜻으로 '부처님 가르침을 함께 연결하다.'는 뜻을 갖는다. 그래서 주제가 같은 것끼리 서로 묶은 경전을 상윳따 니까야라 한다.

2. 구성: 주제에 따라서 그 주제와 같은 내용의 경들을 한데 묶어서 56개의 주제 아래 2,904개의 경들이 있다. 경들이 이렇게 많아도 어떤 경은 반 페이지도 안 되는 짧은 경도 있고, 대개는 짧은 경들로 구성되어 있다. 56개의 주제 아래 묶여 있기 때문에 56 상윳따라고 하는데 각 상윳따는 그 길이가 각각 다양하다. 가장 짧은 주제의 상윳따는 27번째 상윳따인데 3페이지 정도밖에 안 되고, 가장 긴 주제의 상윳따는 35번째 상윳따로 로마자본으로 203페이지 분량에 248개의 경이 포함되어 있다.(이것도 중복된 것들은 생략한 분량임)

3. 내용 배경: 가장 초기의 가르침의 장소인 이시빠따나의 사슴동산도 등장하고, 주로 빠세나디왕이 나온다. 가르침의 장소는 주로 기원정사이다.

4. 중요한 근본 가르침: 연기, 무상, 무아, 중도, 4성제, 8정도, 삼보의 가르침, 호흡집중, 마음챙김, 4선정, 4념처, 오온, 6근, 6경, 6식, 7각지, 5력, 근본적인 계율, 근본적인 수행, 자비, 평등, 현실직시의 가르침 등을

담고 있다.

5. 경의 특징

가) 단순하고 소박한 문장 구조와 내용을 가지고 있다. 디가 니까야나 맛지마 니까야와 같은 세련되고, 논리적이고, 이론적이고, 조직적인 문장 구조는 볼 수 없다. 어떤 상윳따의 경들은 짧지만 어떤 장황한 가르침보다 더 힘있고 더 감동을 주는, 담마빠다와 비슷한 느낌의 게송과 내용이 많다. 이런 점으로 보아 어떤 상윳따들은 가장 오래된 고층에 속하는 경이라고 볼 수 있다.

나) 불교의 중요한 교리들을 주제별로 묶어 집중적으로 설한다. 예를 들면 22번째 상윳따는 로마자본으로 187페이지 분량에 158개의 경이 오온의(무상에) 대하여만 집중적으로 가르치고 있다.

다) 세 가지 핵심 주제를 다룬다. 무상, 무아, 고. 이 세 가지는 전체 상윳따 니까야의 주된 주제라 할 수 있다.

라) 많은 분량의 끊임없는 반복: 각 상윳따의 한 가지 주제 아래, 전형적인 판에 박은 듯 똑같은 정형구가 반복된다. 다만 경마다 달라지는 것은 오직 몇 개의 단어나 다른 정형구를 쓰기도 한다. 예를 들면 35번째 상윳따는 248개의 경이 6근, 6경, 6식의 무상함과 이에 집착하지 말것을 끊임없이 똑같은 정형구를 사용하여 반복하고 있다. 45 상윳따부터 51, 53 상윳따까지는 각 상윳따의 절반 또는 전체가 경의 제목 또는 순서가 똑같은 양상의 정형구로서 단어 몇 개, 아니면 다른 똑같은 정형구를 반복한다.

마) 다른 경전들과 완전히 같은 내용도 발견된다. 가장 고층에 속하는 경전인 숫따니빠따에서 76 밭가는사람(상윳따 7.2:1), 음식을 나누지 않음(상윳따 7.1:2), 455 불을 섬기는 사람 순다리까(상윳따 7.1:9) 등이 같으며

다른 니까야나 율장에도 같은 내용이 중복된다.

바) 모순되는 두 개의 가르침이 있을 때는 부처님의 사유방식을 간파한 사람이라면 즉시 알 수 있다. 예를 들면, 51 상윳따에서 부처님이 신통기적을 행하였다고 나오는데, 전체 니까야의 흐름을 보면 부처님은 신통기적의 허황됨을 말씀하시고 신통이나 기적은 바른 수행이 아니라고 말씀하신다.

사) 하늘신, 범천, 삭까, 약차, 간다바, 구름신 등의 등장은 경전 내용을 설명키 위해 채택한 당시 인도의 민속신앙의 나타남이라 볼 수 있다.

아) 네 가지 아함경에 대응 경전이 있지만 없는 것도 있고 어떤 단원은 거의 대응 경전이 없는 것도 있다. 대응 경전이 있다 하더라도 내용은 서로 같은 것도 있지만 조금씩 다르다.

### 맛지마 니까야(Majjhima Nikāya): 중부 경전

1. Majjhima의 문자적인 뜻은 '중간의, 중용의, 보통의, 온건한' 이라는 뜻을 갖는다. 그래서 중간 길이의 경들을 모아 놓은 것을 맛지마 니까야라고 한다.

2. 구성: 맛지마 니까야는 152개의 경들로 구성되어 있다. 대부분의 경들의 길이는 영국빠알리성전협회의 로마자본으로 3-8페이지 정도의 길이로 10페이지가 넘는 경은 드물다.

3. 내용 배경: 가장 초기의 녹야원에서부터 아주 다양한 장소, 다양한 사람, 다양한 내용의 배경을 갖고 있다.

4. 중요한 근본 가르침: 붓다·담마·승가의 삼보에 대한 가르침, 오계·십계·6근 6경 6식과 오온의 집착을 특히 경계하고 여섯 감각기관

과 오온의 무상함, 4성제·8정도·4선정·마음챙김 수행법·4념처·연기·다섯 가지 장애·7각지·탐진치를 경계하심. 수행자의 태도, 바른 수행자의 견해, 바른 수행, 깨달음과 해탈에 이르는 길을 다루고 있다.

5. 경의 특징

가) 여러 니까야 중에서 수행을 위한 가장 심오하고 깊이 있는 가르침을 주고 있으며 디가 니까야처럼 너무 사변적이고 번다하지 않으며, 상윳따 니까야처럼 너무 소박하고 단순하지도 않으며, 앙굿따라 니까야처럼 너무 짧아 경전의 깊이가 없는 그런 경전이 아니고 다양한 주제 아래 부처님의 수행의 핵심을 전하고 있다.

나) 부처님의 사상과, 삶, 수행, 견해, 사유방식을 잘 들여다 볼 수 있는 가르침이 많다.

다) 제자들이 수행을 편히 효과적으로 하도록 마음쓰시는 부처님의 자상하고 자비로운 면모를 엿볼 수 있다.

라) 경 92, 98은 숫따니빠따에서 가져온 완전히 일치하는 경이라 볼 수 있다.

마) 경 10 사띠빳따나 경(Satipaṭṭāna Sutta)은 사성제의 자세한 설명을 제하면 디가 니까야의 22 마하사띠빳따나 경(Mahasatipaṭṭāna Sutta)과 완전히 일치한다. 그러나 문맥상의 흐름을 볼 때 디가 니까야의 것은 '마음챙김의 확립'에 대한 경 전체에서 계속되어 온 전형적인 문장형식을 따르지 않고 그냥 4성제만 자세히 설명하고 있다.

바) 부처님의 초능력, 초월적인 면을 많이 강조하여 부처님을 신통을 부리는 초월적인 존재로 몇몇 경전들은 설명하고 있다.

사) 아비담마식의 현학적인 나열도 보인다(경 139, 148).

아) 네 가지 아함경에 130개의 대응 경전이 있고 22개의 경은 대응 경

전이 없다. 대응 경전이 있다하더라도 완전히 똑같지 않고 여러 면에서 조금씩 다르다.[9]

## 디가 니까야(Dīgha Nikāya): 장부 경전

1. Dīgha의 문자적인 뜻은 길이가 '긴' 이라는 뜻으로 긴 길이의 부처님 가르침들을 모아 놓은 경전을 디가 니까야라고 한다.

2. 구성: 34개의 긴 길이의 경으로 되어 있으며, 가장 긴 경인 마하빠리닙바나(Mahāparinibbāna: 대반열반경)경은 영국빠알리성전협회의 로마자 본으로 무려 96페이지에 달한다.

3. 내용 배경: 빔비사라왕은 없고 아들인 아잣따사뚜왕이 주로 등장하는 것으로 보아 그런 경들은 부처님의 45년 가르침 중에서 초반부의 가르침은 아님을 알 수 있다.

4. 중요한 근본 가르침: 연기, 무상, 무아, 4성제, 8정도, 5계, 4선정, 4념처, 열 가지 악업(신·구·의 삼업), 삼독(탐욕·성냄·어리석음) 이런 수행의 바탕인 여섯 가지 감각기관의 절제를 강조하고 있다. 이런 수행들을 계·정·혜의 실천으로 마무리짓고 있다.

5. 경의 특징

가) 웅대한 경의 구상, 전개, 풍부한 예문, 높은 수준의 철학적 안목을 볼 수 있다. 특히 마하빠리닙바나 경은 가장 긴 경이지만 많은 감동을 주며, 부처님의 마지막 모습을 절실히 느낄 수 있다.

나) 맛지마 니까야, 상윳따 니까야, 앙굿따라 니까야에 비교할 때 가장

---

9) 각 니까야는 각각의 대응 경전인 해당 아함경에만 내용이 수록되어 있는 것이 아니고 네 개 아함경에 분산되어 있는 것도 있다.(예: 맛지마 니까야의 대응경전은 중아함이다. 그러나 맛지마 니까야의 내용이 중아함에만 있는 것이 아니고 장아함이나, 잡아함, 증일아함에 흩어져있다는 뜻.)

이론적이고, 체계적이고, 논리적이고, 조직적이고, 세분적이고, 높은 수준의 세련된 문장구조와 내용을 가지고 있으며, 가장 대화체가 많은 니까야이다. 그러나 순수한 부처님의 가르침의 입장에서 볼 때 너무 예문이 장황하고 이론적이다.

다) 전체 경전의 절반 정도가 브라흐민이나 방랑 수행자와 연관된 경전으로 당시 사상계의 흐름을 알 수 있고, 이런 온갖 사상이나 전통에 물들지 않고 독자적인 바른 길을 여신 부처님의 훌륭함을 엿볼 수 있다. 그래서 경의 흐름도 논쟁적이고, 교리적이고, 비판적이고, 설득적이고, 그러나 항상 결론은 바른 수행의 핵심으로 귀착된다. 많은 다른 교단의 사상가, 수행자, 사문, 브라흐민들과 논쟁하고 토론하고 설득하는 내용들이 다른 어느 니까야보다 보기 드문 특성이다. 당시 인도사회의 브라흐민 우월주의를 통렬히 비판하여 평등을 천명하고, 동물을 살생하는 제사의 잘못을 지적하고 진정한 제사는 살생하지 않고 바른 수행에 있음을 강력히 말씀하신다. 극단적인 고행주의자들에게 진정한 고행의 목적이 무엇인지를 제시하신다. 6사외도, 62가지의 잘못된 견해를 지적하고 바른 수행을 가르치신다. 신통기적이나, 길흉화복을 점치는 것은 바른 신앙, 바른 수행이 아니라고 분명히 말씀하신다. 그 당시 브라흐민 우월주의와 민간 신앙에서 볼 때 부처님은 신선한 충격적인 혁명가였다.

라) 경이 길어지다보니 한 가지 주제로 통일이 되어 있지 않고 여러 가지 내용들이 섞여 있다. 예를 들면 사만냐팔라(Sāmaññaphala) 경에서 출가사문의 결실을 이야기를 하다가 별로 연관성이 없는 6사외도의 이야기가 중간에 들어 있는 것과 같은 경우나, 마하사띠빳타나(대념처경) 경은 맛지마 니까야의 사띠빳타나 경(념처경)과 완전히 똑같지만 다른 점은 대념처경이 4성제를 덧붙여 아주 자세히 설명하고 있다.

마) 베다시대에 33신이 있는데 이 영향을 받아서 7개의 경전이 신들의 이야기, 전생, 신화적 내용을 담고 있다. 신들을 의인화하고, 신중에 최고 신이 부처님을 찬양한다. 부처님을 신격시하고, 초인간, 초능력적인 면을 부각시키고 있다. 이러한 면들은 당시 인도의 민간 신앙에서 영향받고 있음을 알 수 있다.

바) 맨 끝의 두 경인 상기띠 경과 다수따라 경은 사리뿟따 존자가 비구들에게 설하는 경으로 세밀화된 여러 가지 체계적이고, 숫자적이고, 분석적이고, 이론적인 교리의 목록을 보이고 있다. 마치 논장의 교리의 모습을 보는 듯하다.

사) 경 14는 과거 부처님의 전생인 위빳시 부처님으로부터 현재 사꺄무니 부처님까지 일곱분에 대하여 자세히 설하는데 이분들은 부처님의 전기나 마찬가지다. 경 26:26에는 멧떼야(Metteya) 부처님 [미륵불]의 이야기가 등장한다. 미륵불에 대한 언급은 다른 어느 빠알리 니까야에도 없다. 그러므로 디가 니까야는 다른 니까야에 비해 원형적인 짧은 경전이 확장되었고 [한 경전에 여러 가지가 섞여 있음], 후반부의 경전이 섞여 있음을 알 수 있다.

아) 네 가지 아함경에 31개의 대응 경전이 있고 4개의 경전은 대응 경전이 없다. 그러나 대응 경전이라 하더라도 완전히 똑같지 않고 거의 조금씩 다르다.

## 앙굿따라 니까야(Aṅguttara Nikāya): 증지부 경전

1. 구성: 앙굿따라(Aṅguttara)의 뜻은 요소가 증가한다는 의미를 가진 앙가(aṅga)와 웃따라(uttara)의 합성어이다. 그래서 하나에서부터 11까지

숫자가 점점 증가한 경전들을 모은 것이다. 1 법수에서 11 법수까지 있는데 각각의 법수는 여러 개의 장으로 나누고 장은 다시 10개 내지 그 이상의 비슷한 경들을 포함하고 있다. 예를 들면 '네 가지 속박'은 4 법수(넷의 모음)에 속한다. 전체 160장에 2,344경이 있다(경전 숫자에 이견이 있음).

2. 중요한 가르침: 기본적인 윤리, 수행, 계행, 윤회에서의 해탈, 바른 견해, 바른 지혜에 관하여 강조하고 있다. 여러 가지 기본적인 수행에 관한 훌륭한 가르침들이 있다.

3. 경의 특징: 경의 특징을 볼 때 다른 니까야보다 가장 늦게 성립되었음을 알 수 있다.

가) 다른 니까야에는 전형적인 서론에서 장소와 인물이 등장하고 경을 설하게 된 이유가 나오고, 본론, 그리고 전형적인 결론으로 끝난다. 그러나 앙굿따라 니까야는 대부분의 경에 전형적인 서론이나 결론이 없다. 그 이유는 각각의 경이 너무 짧은 것도 원인이 된다. 산문으로 세 줄 네 줄, 즉 한 문장에 불과한 경들도 많다. 길어야 3-4페이지 정도이다. 경이라고 이름 붙이기에는 너무 짧다보니 깊이 있는 설명도 없고, 시작하다 만 것 같은 경이 많다. 그러다 보니 경의 숫자만 많아지고 내용은 빈약하게 되었다.

나) 경의 내용이 이미 다른 니까야에 나온 내용이 많다. 아주 똑같은 경(예: 8 법수와 율장 쭐라왁가 10편 1절, 11 법수 17장과 맛지마 니까야 52장, 11 법수 18장과 맛지마 니까야 33장)들도 있고 비슷한 경도 있다.

"아침 탁발을 마치고 공양 후 많은 장로들이 회당에 모여 아비담마에 대하여 이야기하였다."(6 법수 60)에서 볼 수 있듯이 다른 니까야에서는 경에 대하여 토론하지, 아비담마(경을 이론적, 논리적, 조직적으로 설명한 논장을 말함)에 대하여 토론한다고 나오지 않는다.

많은 경우 사리뿟따 존자가 비구들에게 설법하고 있으며, 어떤 경우에는 논장과 같은 이론의 전개를 하고 있다. 그 외에 아난다 존자, 또는 여러 명의 장로 비구들이 설법하고 있다.

다) 하나의 장에는 보통 10개의 경이 있는데 많은 경전이 2-3개, 어떤 장은 10개의 경이 모두 같은 내용에 약간씩 다르게 구성되어 있다.

라) 초능력, 6신통, 기적, 신들의 이야기, 신통을 얻는 이야기, 4천왕, 33신, 브라흐마 사함빠띠 신들이 등장하여 여전히 민간신앙과 밀착해 있음을 보여준다.

마) 4 법수 하면 4성제, 4념처, 4선정이 떠오르고 8 법수 하면 8정도가 떠오르는데, 각 법수마다 이런 중요한 교리는 없고 중요한 교리에 대한 설명도 없다.

바) 네 가지 아함경에 대응 경전이 거의 없다. 약 15% 정도만 대응 경전이 있다.

## 쿳다까 니까야(Khuddaka Nikāya): 소부 경전

1. 구성: Khuddaka의 뜻은 '작은 부분'이라는 뜻이며 각각 다른 경전들 15개를 모은 것이다.

2. 쿳다까 니까야의 특징

가) 쿳다까 빠타처럼 10페이지밖에 안 되는 작은 경이 있는가 하면 자따까처럼 방대한 경전도 있다.

나) 숫따니빠따, 담마빠다, 자설경, 여시어경, 장로니게 등은 고층에 속하는 경들이다.

다) 숫따니빠따와 담마빠다는 경전 중에서 가장 고층에 속하는 경전

이다.

라) 의석은 주석서이고 무애해도는 논장인데 여기에 속해 있다.

마) 소송경, 불종성경, 소행장경의 성립연대는 후대에 속한다.

바) 천궁사경에서 좋은 과보를 받음을 통하여 선행의 공덕을 지을 것을 강조하고 아귀사경에서 아귀의 과보를 받음을 보고 악행을 짓지 말 것을 강조한다.

사) 자따까는 교훈적이고도 헌신적인 부처님 전생의 보디삿따의 이야기이다.

## ❧ V. 쿳다까 니까야 15개 경전 각각의 특징

1. **쿳다까 빠타**(Khuddaka Pāṭha)-小誦經: 20페이지도 안 되는 가장 짧은 경전으로 9개의 작은 경으로 되어 있으며 초심자들의 수련을 위한 가르침으로 편집된 경이다. 9개의 경중 3개의 경은 숫따니빠따에서 가져온 경이다. 이 경들은 내용이나 운율이 독송하기에 좋기 때문에 남방불교권에서 축복이나 예식에 독송용으로 많이 쓰인다.

2. **담마빠다**(Dhammapada)-法句經: 423개의 게송으로 되어 있으며 원형은 기원전 4-3세기에 성립되었다고 보며 윤리적인 가르침이다. 많은 사람들에게 가장 널리 알려진 경전으로 부처님 가르침의 가장 순수하고, 간단하고, 기본적이고, 근본적인 원리의 모음으로 매 게송은 진리의 정수로 응축되어 있으며, 단순하고 짧은 게송 속에 감동적인 뜻을 담고 있다. 다른 니까야에서와 같은 부처님을 신격시한 내용, 기적, 신통, 타 종교인과의 논쟁 등은 없고 대부분의 내용은 바른 수행자의 삶, 바른 삶의 길을 강조한다. 붓다고사의 담마빠다 주석서에는 각 게송에 대한 350개의 이

야기가 실려 있다.

3. **우다나**(Udāna)-自說經: 80개의 대부분 게송으로 된 경으로 부처님 자신이 마음에 깊이 감동되어 스스로 말씀하신 게송이다. 매 우다나의 게송은 이 게송을 설한 연유를 말하는 산문을 가지고 있다.

4. **이띠웃따까**(Itivuttaka)-如是語經: 112개의 경으로 되어 있으며 매 경마다 '이것은 부처님이 말씀하셨다. 이와 같이 나는 들었다.'를 강조한다. 자설경과 유사한 경으로 게송과 산문이 섞여 있다.

5. **숫따니빠따**(Sutta Nipāta)-經集: 55개의 경에 1,149개의 게송 또는 짧은 구절로 되어 있다. 1장의 외뿔소의 뿔과 마지막 두 장은 같은 소부경전인 닛데사(의석)에 완벽한 주석을 가지고 있을 정도로 그 중요성이 인정된 경전이다. 원형은 부처님 재세시까지 거슬러 올라간다. 경의 내용이 다른 니까야와 소송경에 그대로 사용되어 있다. 고층적인 게송의 문체와 언어를 사용하고 있다. 많은 수식이나 설명을 하지 않았어도 단순하고 소박한 표현 속에 감동적인 부처님의 가르침이 담겨 있다.

6. **위마나 왓투**(Vimāna Vatthu)-天宮事經: 천신에게 전생에 어떤 선업을 쌓아 이런 좋은 세계에 태어났는지를 물음에 천신들은 이러 저러한 여러 가지 공덕의 인연담을 소개한다. 천신들이 85개의 공덕을 지은 이야기를 한다.

7. **뻬따 왓투**(Peta Vatthu)-餓鬼事經: 아귀에게 어떤 악업을 지었기에 아귀로 태어났느냐는 물음에 아귀들은 전생에 여러 가지로 악한 말과 행동을 하여 그 과보로 아귀가 되었다는 이야기들을 소개한다. 아귀들이 51개의 악행을 지은 이야기를 한다.

8. **테라가타**(Theragāthā)-長老偈經: 264명(이름이 불명인 경우까지 합한 것)의 비구의 게송으로 1,279개의 게송으로 되어 있다. 장로 비구들의 깨

달음과 수행, 해탈의 기쁨의 게송을 모은 것. 어떤 것은 고층에 속하고(부처님 재세시) 어떤 것은 후대(아소까왕) 비구들의 게송이다. 담마빨라(기원후 401-500)는 각 게송의 앞에 그 비구와 게송에 대한 이야기를 주석하였다.

9. **테리가타**(Therīgāthā)-長老尼偈經: 92명(이름이 불명인 경우까지 합한 것)의 장로 비구니의 게송으로 522개의 게송으로 되어 있다. 이중 20개의 게송이 다른 빠알리 경장에 나와 있는 것을 볼 때 테리가타는 고층에 속하는 경전임에 틀림없다. 장로 비구니들의 깨달음과 수행, 해탈의 기쁨의 게송을 모은 것이다. 각 게송에서 비구니들의 치열한 수행담과 수행생활에 대한 확고한 결정심을 볼 수 있다. 담마빨라는 각 비구니의 게송의 앞에 그 비구니와 게송에 대한 이야기를 주석하였다.

10. **자따까**(Jātaka)-本生經: 소부경전에서 가장 방대한 경전으로 32편 547개의 이야기가 있는데, 고대 인도의 민속의 이야기에서 영향을 받았다. 부처님 전생의 이야기로서 전생의 보디샷따(보살)의 수행과 공덕과 훌륭함을 드러낸다. 각각의 이야기에는 중요한 윤리적인 가르침이 있다. 붓다고사(기원후 370-440)는 원전의 각 게송과 짧은 산문에 기초하여 이런 방대한 이야기들을 수집하여 주석으로 썼다. 기원전 2-3세기의 바르후뜨와 산찌탑의 조각에 자따까 이야기가 조각된 점으로 보아 이미 이 이야기는 기원전 3세기에는 퍼져 있던 이야기인 듯하다. 깨달음을 구하고 헌신적인 붓다 전생의 보디샷따 사상은 그대로 대승불교의 상구보리 하화중생의 이상적인 상인 보살로 이어지고 있다.

11. **닛데사**(Niddesa)-義釋: 숫따니빠따 1장의 '외뿔소의 뿔'과 마지막 두 편인 4장 '여덟의 장'과 5장 '피안으로 가는 길의 장'에 대한 완벽한 주석서. 사리뿟따의 작으로 여겨지는 이 해석적인 경전은 가장 초기의 주석의 논장적인 형태를 띠고 있어서 전통적인 논장에 대한 증거를 보여

준다.

12. **빠띠삼바 막가**(Paṭisambha Magga)-無碍解道: 논장의 형태로서 교리를 분석적으로 다루고 있다. 이론을 분석하고 해설한 논서.

13. **아빠다나**(Apadāna)-譬喩經: 자서전적인 경으로 부처님과 그의 아라한 제자들의 과거생에 대한 이야기. 559명의 장로 아라한, 40명의 장로니 아라한 자신들의 게송으로 되어 있다.

14. **붓다왕사**(Buddhavaṃsa)-佛種性經: 고따마 붓다의 짧은 역사적인 이야기와 부처님의 깨달음을 예언한 24명의 과거불에 대한 이야기이다. 처음 수메다(Sumedha) 보살에게 디빵까라 붓다(Dīpaṅkara Buddha)(연등불)는 헤아릴 수 없는 여러 겁 후에 '고따마' 라는 성을 가진 붓다가 될 것이라고 수기를 주었다. 수메다 보살은 10바라밀을 계속하여 닦았다. 연등불 후의 붓다들도 부처님에게 장차 고따마 붓다가 될 것이라고 수기를 주었다. 마지막으로 미래에 멧떼야 붓다(Metteyya Buddha) [미륵불]가 올 것이라고 예언한다. 바라밀, 미륵불 같은 후대의 교리를 담고 있다.

15. **짜리야 삐따까**(Cariyā Piṭaka)-所行藏經: 자따까에서 가져온 35개의 고따마 붓다의 전생에 대한 이야기. 보살은 헤아릴 수 없는 많은 세월 동안 보시 · 지계 · 포기 · 지혜 · 정진 · 인욕 · 진리 · 결단력 · 자비 · 평정의 10바라밀을 성취하여 수행의 공덕을 쌓았다는 내용이다.

## ❀ VI. 빠알리 니까야와 아함경의 관계

### 1. '빠알리(Pali)' 어란 무엇인가?

빠알리어는 구전으로 전해진 부처님의 가르침인 방언이 섞인 것에 의하여 만들어진 것이며, 어떤 한 언어를 가리키지는 않는다. 인도는 방대하기 때문에 부처님 시대에도 각 지역마다 다른 언어를 사용하였다. 부처님의 활동 지역에서 사용된 언어는 마가다국을 중심으로 사용된 마가디(Magadhi)인데 빠알리어와 완전히 같지는 않다. 빠알리어는 초기 방언에 기초하여 세월과 환경에 영향을 받으며 표준화되어 온 언어라 할 수 있다(학자들 간에 이견이 있음). 부처님은 일반 서민들이 알아들을 수 있도록 그들의 언어로 가르치셨다. 부처님 제자들은 1차 결집, 2차 결집, 3차 결집을 거치면서 집대성된 빠알리 삼장 전체의 부처님의 가르침을 그대로 외워 전승하였다. 물론 이 과정에서 장로 비구들의 첨가와 삭제가 있었음은 부인할 수 없다. 3차 결집 후 여러 이웃나라에 담마사절단의 파견으로 아소까왕의 아들인 마힌다 장로는 다른 동료 네 명과 함께 스리랑카에 삼장과 주석서를 모두 가지고 가서(부분적으로 쓰여졌다고 생각됨) 스리랑카에서 빠알리 삼장을 전승하였다. 그 후 기원전 80-94년경에 전체 빠알리 삼장을 체계적으로 집대성하게 되었다. 그러므로 빠알리 대장경은 부처님의 가르침의 전승이 그대로 전해진 경전이라 할 수 있다.

## 2. '산스끄리뜨(Sanskrit)' 어란 무엇인가?

부처님 당시의 사제 계급의 언어, 상류층의 언어라고 할 수 있다. 어떤 비구가 부처님께 여러 지방에서 온 비구들이 자신의 방언을 사용하여 고귀한 부처님 말씀을 추락시킨다고 하면서, 고급스런 산스끄리뜨어를 사용하시면 좋을 것이라고 말씀드리자 부처님은 그를 나무라시며 자신의 언어로 배워야 한다고 말씀하셨다. 부처님은 가르침에 상류층의 언어를 사용치 않으셨다.

### 3. 아가마(Āgama: 아함) 경전은 왜 산스끄리뜨어로 쓰여 있는가?

산스끄리뜨어는 상류계층의 언어이며, 브라흐민(제관)의 언어였다. 부처님은 평민들의 언어인 마가디어로 가르치셨다. 불교의 가장 큰 지원자였던 아소까왕과 그 후대의 마우리야 왕조가 무너지고 뿌샤미뜨라(Puṣyamitra: 기원전 187-151)가 숭가 왕조를 세웠다. 그는 브라흐민 출신으로 그 동안 기를 펴지 못하던 브라흐민(사제계급)들이 득세하게 되었고, 왕은 베다의 옛날 의식인 말을 희생시키는 살생의 제사를 지내고, 수많은 사원을 파괴하고 비구들을 학살하였다. 그리고 산스끄리뜨어를 공용어로 채택하였다. 이때부터 부처님의 경전은 산스끄리뜨어로 쓰이기 시작하였다. 구전된 부처님 가르침의 '전승'의 의미를 갖는 아가마(아함경으로 한역)경으로 제목하여 전해지게 됨.

### 4. 어떻게 아가마 경전이 중국에 전승되었나?

산스끄리뜨 경전은 중앙아시아를 거쳐 중국으로 전해졌다. 그 당시 부파 중에서 설일체유부 등의 부파들은 서북 인도지방에서 큰 세력을 형성하여 간다라와 중앙아시아는 완전히 불교왕국화 되었다. 이런 왕성한 부파불교들의 활동과 중앙아시아의 불교화로 산스끄리뜨 경전은 중국에 전해졌다. 그러나 현재 산스끄리뜨 원본은 단편으로만 남아 있다.

### 5. 아가마 경전은 언제 중국에 전하여 번역되었는가?

장아함경은 기원후 413년, 중아함경은 기원후 384년, 잡아함경은 기원후 424년, 증일아함경은 기원후 384년경에 한역되었다.

## 6. 빠알리 니까야와 아함경과의 관계

니까야(Nikāya)의 뜻은 '모음' 이라는 뜻이며 아가마(Āgama)의 뜻은 '전승' 이라는 뜻이다. 각각은 대응경전을 갖고 있다.

디가 니까야=장아함경, 맛지마 니까야=중아함경, 상윳따 니까야=잡아함경, 앙굿따라 니까야=증일아함경.[10] 그러나 쿳다까 니까야는 대응하는 '소부아함' 이란 경전은 없고 낱개로 법구경, 경집 등으로 전해짐.

## 7. 각각의 대응 경전들은 내용이 같은가?

거의 같은 경도 있지만 완전히 다른 경도 있고, 많은 경우 설법 장소의 이름, 등장인물의 이름, 경의 길이, 내용 등이 거의 조금씩 다 다르다. 경의 숫자도 다르고 증일아함경의 경우는 앙굿따라 니까야에 거의 대응 경전이 없으며, 대승불교적인 첨가를 알 수 있다. 니까야에는 어디에도 초기불교에서 아주 중요한 위치를 점하는 아소까왕의 내용이 없지만, 그러나 잡아함경 II, 23:604에는 38페이지에 달하는 아육왕 경이 실려 있는데 아소까왕의 석주의 각문 내용은 전혀 없고 전해오는 이야기들로 엮어져 있다. 그래서 아함경전은 빠알리 니까야와 비교해 볼 때 아소까왕 후에 첨가된 것도 있고, 삭제된 것도 있고, 변형된 것도 있음을 알 수 있다.

---

10) 그러나 짝이 되는 대응경전끼리만 내용이 같은 것이 아니고, 대응경전이 아니더라도 다른 경전들에 내용이 여기저기 흩어져있다.

## ❀ VII. 문장 형식에 따른 빠알리 삼장의 아홉 가지 분류(九分敎)

빠알리 경전을 문장 형식에 따라 아홉으로 나눈 것
① 숫따(Sutta): 산문체로 쓰인 경·율·논이 여기에 속함. 숫따니빠따는 산문체의 경과 게송이 섞여 있음.
② 게야(Geyya): 산문체 경의 뒤에 같은 내용을 다시 시로 표현함.
③ 웨야까라나(Veyyakarana): 게송이 없는 산문체로 아비담마 같은 해설로 다른 삼장의 어디에도 분류되지 않은 경들이 있다.
④ 가타(Gatha): 시의 형식으로만 쓰인 것으로 담마빠다, 테라가타, 테리가타 그리고 숫따니빠따의 부분.
⑤ 우다나(Udāna): 82개의 경이 대부분 게송으로 쓰여 있다. 진지한 기쁨의 영적 감흥을 설함.
⑥ 이띠웃따까(Itivuttaka): 110개의 경이 이렇게 시작한다. "이와 같이 부처님은 말씀하셨다."
⑦ 자따까(Jataka): 547개의 부처님 전생의 이야기.
⑧ 압부따담마(Abbhutadhamma): 경이로움과 관련된 경.
⑨ 웨달라(Vedalla): 질문에 대답하는 형식의 경전.

## ❀ VIII. 부처님이 말씀하시는 담마(Dhamma)의 의미

빠알리 경전은 부처님의 말씀을 "담마를 설하셨다, 부처님이 가르치신 담마, 담마는 잘 설해졌다, 의미를 갖춘 담마, 붓다·담마·승가, 담마의 바퀴" 등 부처님의 가르침은 모두 '담마'로 표현하고 있다. 이 경우는

'가르침' 이라고 번역하는 것이 합당할 것이다. 그런데 어떤 경우는 가르침이라는 의미보다 진리나 우주현상, 대상, 바른길 등 광범위한 함축을 가지고 있기 때문에 '담마' 를 '가르침' 이라는 한 단어에 국집할 수는 없다. 그래서 가르침이라는 한 단어에 한정하기보다는 그냥 '담마' 로 번역하는 것이 좋을 것 같다. 법(法)이라고 한역되어 '부처님의 담마' 를 '불법' 으로, '붓다 · 담마 · 승가' 를 '불법승' 으로, '담마의 바퀴' 를 '법륜' 으로 한역하고 있다. 그러나 '법' 이라는 번역은 의미가 한정돼 있어 '담마' 의 뜻을 명쾌하게 드러내지 못한다.

담마의 원류는 부처님 이전부터의 '바른 의무나 덕성스러운 길' 의 뜻을 갖는 인도의 정신적이고 종교적인 용어이다. 담마는 인도철학을 통하여 우주의 진리나 최상의 실체 등을 설명하기 위해 사용되었다. 인도의 고유종교인 힌두교, 자이나교, 불교, 시크교 등은 모두 담마라는 용어를 사용하고 있다.

담마의 넓은 의미로는 바른 행동, 도덕적 가르침, 우주적인 법칙, 교리, 상태, 도덕적 행위, 현상, 정의, 대상, 개념, 진리, 바른길, 교훈, 성질, 조건, 요소, 본성 등 다양하다. 부처님은 이런 다양한 훌륭한 뜻을 지닌 용어인 담마를 채용하여 당신의 가르침을 표현할 때 담마라고 하였다. 그래서 좁은 의미로는 '부처님의 가르침' 이라고 할 수 있으나 그 함축적 의미는 이런 다양한 훌륭한 뜻이 내포되어 있다고 할 수 있다.

예를 들면 맛지마 니까야 1:2 "sabbadhammamūlapariyāya" '모든 담마의 뿌리' 에서 담마란 모든 '것' 이라는 의미가 적합할 것이다. 그렇다고 담마의 뜻을 너무 확대해도 곤란하다. 예를 들면 맛지마 니까야 10:36 네 가지 마음챙김의 확립(4념처)에서 네 번째 "dhammesu dhammānupassī" 에서 담마의 뜻은 그냥 '담마' 라는 뜻이 적합할 것 같다. 왜냐하면 여기에서는 오직 부처님 가르침인 다섯 가지 담마 즉 '다섯 가지 장애, 오온, 6근, 7각지, 4성제에 대한 관찰'에 한정하여 담마라고 하였기 때문이다.(빠알리 경전협회본의 번역은 '정신의 대상' 비구 Bodhi는 '마음의 대상' 미얀마본은 'Dhamma' 비구 Thanissaro는 정신적 성질, 전재성은 '사실'로 번역).

이와 같이 분명한 것은 '담마'의 뜻은 하나로 한정할 수 없으며 문장의 뜻과 문맥에 따라서 함축된 의미 중에서 더 합당한 뜻을 찾는 것이 바른 담마의 뜻일 것이다.

# 주제별로 자세하게 찾아보기

### 교단의 성립/가람
기원정사의 건립 85
대나무 숲에 최초의 승원을 지음(죽림정사) 79
빔비사라왕의 대나무 숲 기증 78

### 교육
가르치기 어려운 사람과 쉬운 사람의 특성 464
밤늦도록 가르치시다 336
쭐라빤타까 비구 이야기 382
소나와 조율된 악기의 가르침 365

### 교훈
난다 존자 123
어린 라훌라에게 주신 교훈 148
거울의 교훈 149
빈 물그릇의 교훈 148
인색에 대한 교훈 349
그대들의 행복을 위해 반복하여 조언한다 178
교만심을 버려라 442

### 교화
다섯 수행자에게 가르치시다 61
사람들의 원망 83
도둑과 비구 202
아들에게 버림받은 대부호 330
여래는 다만 길을 안내할 뿐이다 174
기근에 왜 행각하십니까? 339
브라흐민 다난자니 여인의 신심 440
빔비사라왕과의 만남 34

### 
빔비사라왕과의 만남 77
아자따삿뚜왕의 부처님 방문 180
첫 번째 재가신도 54

### 경전결집
12년간의 혹독한 기근 724
1차 결집의 설명 I 688
1차 결집의 설명 II 689
2차 결집에 대한 설명 I 705
2차 결집에 대한 설명 II 705
3차 결집 I 707
3차 결집 II 710
4차 결집은 삼장을 체계적으로 배열 726
500명의 합송 683
700명의 합송 692
경장・율장・논장이 모두 체계적으로 쓰임 725
기근으로 수많은 장로들이 아사하다 724
스리랑카에서 삼장을 집대성하다 722

### 계율
사미를 위한 열 가지 계율(10계) 299
오계와 두려움과 증오의 극복 298
빠띠목차(戒本)를 외우도록 규정하심 311
건전한 가르침의 시작점은 계행과 바른 견해 636

### 고행
고따마 싯닫타의 고행 40
다섯 수행자와 함께 고행을 하다 48

## 공덕
누구에게 공덕이 늘어납니까? 327
살아있는 동안 공덕을 짓자 513

## 괴로움
육체적인 괴로움을 극복하는 사람 454
괴로움은 어디서 옵니까? 409
다섯 가지 무더기의 괴로움(五陰盛苦) 276
무상한 것은 괴로운 것 227
사랑하는 것들과 헤어져야 하는 괴로움(愛別離苦) 275
싫어하는 것들과 만나야 하는 괴로움(怨憎會苦) 275
원하는 것을 구하지 못하는 괴로움(求不得苦) 276
모든 것은 원인이 있다 217
비구니 담마딘나의 가르침 258

## 귀의
깟사빠 삼형제의 귀의 75
사리뿟따와 목갈라나의 개종 80
자이나교도 우빨리의 개종 135

## 깨달음
깨달음을 얻다--연기의 실상을 관찰하다 49
나는 바르고 온전한 깨달음을 얻었다 115

## 깨달음의 길
깨달음으로 이끄는 것들 507
깨달음으로 이끄는 다섯 가지 능력(五力) 238
깨달음의 일곱 가지 요소(七覺支) 235
다섯 가지 장애(五蓋)의 원인과 버림 284
마음을 타락시키는 다섯 가지 장애(五蓋) 237
무상의 경지에 도달함 417
일곱 가지 깨달음의 요소(칠각지)를 닦으면 237
일곱 가지 깨달음의 요소(칠각지)에 대한 관찰 658
진리를 깨닫는 길 265

진리에 도달하는 길 266

## 논쟁
꼬삼비 비구들의 논쟁 91
깨달음에 도움이 되지 않는 논쟁 458
논쟁의 뿌리 267

## 대인관계
훌륭한 사람과 사귀는 것은 행운이다 414
훌륭한 사람과 저열한 사람의 특성 519
훌륭한 사람을 가까이하라 431
훌륭한 사람을 가까이함은 좋은 일 412

## 더러움
말로 짓는 네 가지 더러움 616
몸으로 짓는 세 가지 더러움 615
생각으로 짓는 세 가지 더러움 616

## 마음
몸은 병들어도 마음은 병들어서는 안 된다 221
진정한 정화의식 614
흔들림 없는 마음 412
길들여진 마음 512
가장 빨리 변하는 마음 512

## 명심
이익, 명성, 칭찬은 경계해야 할 대상 450
이익과 존경과 명성을 경고하심 477

## 무량한 마음
네 가지 무량한 마음(사무량심)을 닦음 342
한량없는 마음의 해탈(사무량심) 338

## 무상
늙음, 병듦, 죽음을 대하는 두 가지 태도 521

늙음과 죽음이 덮칠 때 해야 할 일 328
늙음과 죽음 213
죽은 아들과 끼사 고따미 385
죽은 아들은 어디로 갔나 420
가련한 늙음이여 128
마음의 대상은 무상 226

**무상과 무아**
무상에 대한 선인의 가르침 293
무상, 무아의 가르침 240
무상하고 무아인 것은 괴로운 것 223

**무아**
영원한 것은 없다 245
무아 개념의 확립 288
느낌, 물질, 형성, 의식의 무더기는 실체가 없다 224
괴로운 것은 무아 227
나의 자아가 아니다 227
이것은 나의 것이 아니다 227
이것은 내가 아니다 227

**무욕**
기뻐할 것도 슬퍼할 것도 없다 429
바라는 바가 없다 415
참으로 자신을 보호하려면 435

**미혹**
저를 의혹에서 벗어나게 해 주십시오 411

**번뇌의 단절**
연꽃이 더러움에 물들지 않듯이 187
자만심의 사라짐 185
편안한 잠을 자는 사람 184

**보시**
네 가지 종류의 보시의 청정 321
베풂의 공덕 326
보시의 공덕 378
보시하는 마음 자세 363
위사카의 무량한 보시 368
음식을 보시하면 358
조금 있어도 베풀면 325
마하빠자빠띠 고따미가 부처님께 법복을 드리다 179
부처님을 위해 법복을 만들다 129

**부모/스승**
공경하고 존경해야 할 사람 332

**부모**
부모님의 은혜를 갚는 길 357

**분노**
공격심에 가득 찬 사람 441
분노를 극복하라 446
성내는 모양의 세 가지 514
욕하는 사람에게 욕하는 사람은 116

**붓다의 가르침**
천 명의 비구니 승가에 주신 가르침 131
담마에 대한 신앙고백 157
부처님 가르침의 특징 294
새로 출가한 초심자에게 주신 가르침 323
진정한 가르침에 이르는 길 242
육방에 예배하는 바른 방법 605
육방의 비유 353
경전에 대해 아는 것이 많더라도 516
태어날 때 입안에 도끼가 생긴다 439

### 붓다의 생애/출가
숫도다나왕의 불안 26
왕자의 출가결심 30
왕자의 출가와 첫 번째 스승 32
부처님의 출가, 고행, 수행, 깨달음 42

### 붓다의 생애/탄생
싯닫타 왕자의 탄생 23
중생의 복지와 행복을 위해 오신 분 182
아시따 선인의 예언 24

### 붓다의 생애/고뇌
왕자의 고뇌 26

### 붓다의 생애/구도
두 번째 스승--알라라 깔라마 36
세 번째 스승--웃다까 라마뿟따 39

### 붓다의 생애/발병(發病)
쭌다의 공양은 오히려 복을 지은 것 104
쭌다의 마지막 공양 101
부처님이 병으로 고생하시다 120

### 붓다의 생애/유언
부처님의 마지막 말씀 107

### 붓다의 생애/열반
부처님 사리의 분배와 탑을 세움 110
부처님 육신을 위한 마지막 예식 107
부처님 최후의 해 98
여래가 열반할 날도 멀지 않았다 100

### 붓다의 생애
방문해야 할 네 곳(4대 성지) 511

### 붓다의 인격
고따마 존자님은 어떤 분인가? 170
번뇌가 뿌리째 뽑힌 분 153
부처님 그분은 위대한 성자 188
부처님을 신뢰하는 이유 133
붓다는 허무주의자인가? 613
빼어난 용모의 부처님 163
사문 고따마의 특성 153
여래는 칭찬과 비난에 흔들리지 않는다 246
여래도 다른 사람에게 불쾌한 말을 합니까? 145

### 비구니의 시(詩)
부처님의 양모의 게송 423
욕정의 허망함을 가르침 425
육신이 내게는 괴로움이다 421
재색을 버리고 출가하다 422
비구니들의 깨달음 419

### 비구의 시(詩)
테라가타 679

### 사문
사문에 합당한 길 482

### 사성제
네 가지 거룩한 진리의 자세한 설명(四聖諦 1) 270
네 가지 거룩한 진리의 자세한 설명(四聖諦 2) 273
괴로움의 거룩한 진리 64, 274
괴로움의 근원 277
괴로움의 근원의 거룩한 진리 64, 271
괴로움의 소멸로 이르는 길의 거룩한 진리 65, 271
괴로움의 소멸의 거룩한 진리 64, 271
네 가지 거룩한 진리에 대한 관찰 659

**삶**

성자의 삶 193
사문의 삶과 그 목표 234
바른 수행자의 삶 403
괴로운 삶, 즐거운 삶의 이유 486
날라까 경--성자의 삶 193

**삼보에 귀의**

귀의삼보 294
붓다, 담마, 승가로 향함 188
사문을 찬탄함 204
재가신도가 되는 길--삼보와 오계의 가르침 297

**설법**

훌륭한 설법 448
훌륭한 설법의 네 가지 요소 443

**성찰**

생각할 때에도 자신을 비추어 보라 152
자신을 성찰함 675
말할 때에도 자신을 비추어 보라 151

**수행/관찰**

담마에 대한 관찰 652
느낌에 대한 관찰 649
마음에 대한 관찰 650
몸에 대한 관찰 641
몸의 내부 기관에 대한 관찰 644
몸의 네 가지 요소(四大)에 대한 관찰 645
시체에 대한 아홉 가지 관찰 646
여섯 가지 감각 기관에 대한 관찰 655

**수행/마음챙김**

'마음챙김의 확립' 이란? 638

네 가지 마음 챙김의 확립(사념처) 635
마음챙김은 어떻게 하는가? 671
마음챙김을 부지런히 해야 하는 이유 672
마음챙김의 확립에 대한 가르침 640
죽음에 대한 마음챙김 수련 674
마음챙김 수행 250
호흡에 대한 마음 챙김의 명상 664

**수행/마음자세**

수행하는 곳으로 가는 마음자세 625
수행하는 마음 자세 413

**수행/명상**

중요한 명상주제들 629
명상수행의 이익 663
더불어 기뻐함에 대한 명상 664
무상에 대한 명상 664
불결함에 대한 명상 664
자비에 대한 명상 663
자애에 대한 명상 663
평정에 대한 명상 664

**수행/잘못된 명상**

잘못하는 명상의 다섯 가지 668

**수행/호흡**

호흡에 대한 관찰 641
'호흡에 대한 마음챙김' 수행법 630
'호흡에 의한 마음챙김' 수행을 하면 628
'호흡에 의한 마음챙김'의 삼매 수행 633
'호흡에 의한 마음챙김'의 삼매 632

**수행**

네 가지 선정(사선정)을 닦음 251

수행의 단계 247
가장 기본적인 수행 452
수행의 점차적인 순서와 단계 664
수행한다는 것은 무엇인가? 234
수행생활에 기쁨이 없는 이유 673
왜 출가 수행생활을 하는가? 124
마하 깟사빠의 수행 449
세 비구의 모범적 수행 480
바른 법이 오래가지 못하는 이유 637

**수행/장소**
공부가 안 된다면 그곳을 떠나라 662

**수행자**
수행자의 마음가짐 414
수행자의 재난 509
달과 같이 너 자신을 멀리하라 447

**신비에 대한 경계**
붓다를 떠난 이유 604
여섯 가지 신통의 능력이 있습니까? 560
초능력과 기적을 금하심 598
초인간이 아닌 수행자 고따마 579

**아소까왕의 칙령**
꼬삼비 돌기둥칙령 721
바이라트 바위칙령 717
사르나트 돌기둥칙령 1 719
사르나트 돌기둥칙령 2 720
산찌 돌기둥칙령 721
산찌대탑의 기록 718
아소까 바위칙령 13 712

**아라한**
아라한 246

**아트만/자아**
자아이론에 침묵하신 이유 232

**악행**
악한 생각은 즉시 물리치라 517
악행을 제거하기 위하여 289
쿠사 풀잎이 손을 베듯이 327
입으로 짓는 네 가지 악 243, 254
마음으로 짓는 세 가지 악 243, 255
몸으로 짓는 세 가지 악 243, 253
열 가지 악(십악) 253

**악행과 선행**
몸, 입, 마음으로 짓는 열 가지 악과 선 253
뿌린 대로 거둔다 445

**어리석음**
더 큰 결실과 이익이 있는 제사 597
몸을 물에 담그면 악이 제거됩니까? 618
바람직하지 못한 생각과 말과 행동 505
바후까 강으로 왜 갑니까? 577
브라흐마 신은 있는가(범아일여)? 599
어두운 행위에는 어두운 결과가 따른다 581
열 가지 형이상학적 질문(十事無記) 584
장로니 케마가 왕에게 설법하다 572
출가 수행생활의 눈에 보이는 결실 591
큰돌이 물위로 떠오르겠는가? 569
해몽과 점치는 일을 삼가라 618

**어리석은 사람들**
여섯 명의 이교도 사상가의 견해(육사외도) 593

### 언행
생각과 말과 행동을 바르게 521

### 업
모든 것은 죽은 후 남겨질 뿐 406
십악—몸으로 짓는 세 가지 업과 입으로 짓는
　　　네 가지 업 300
업의 사슬 295
죽을 때 무얼 가지고 가는가 433
내가 죽으면 어디로 갈까? 341

### 연기의 법칙
연기의 가르침 211
이것이 있기 때문에 저것이 있다 215
12연기의 자세한 설명 213
연기의 가르침 211
우주의 실상을 자세하게 관찰 50

### 열반
열반에 이르는 길 231
열반의 세계에 도달함 457
완전한 경지에 이른 사람: 평화로운 성자 407

### 오온무상
오온의 무상 218
오온은 무아이므로 집착하지 말라 224

### 욕망과 애착
모든 것은 불타고 있다 76

### 욕망과 소멸
이와 같이 나는 욕망을 제거하고 소멸하였다 471
삼독을 제거하기 위하여 288

### 욕망과 절제
자신을 절제하라 220

### 욕망의 단절
갈애를 끊어버림 416
불을 섬기던 여인 417
욕망은 괴로움의 뿌리이다 455

### 육경
여섯 경계(六境)는 무상한 것 228

### 육근
여섯 감각기관(六根)은 무상한 것 227
여섯 감각기관(六根)을 절제하지 않으면 228
여섯 감각기관(六根)의 절제 259
여섯 감각기관을 다스림 249

### 의지처
두려울 때 붓다, 담마, 승가를 생각하라 121
가르침이 우리의 의지처 176

### 인간의 도리
부모와 자녀의 도리 354
스승과 제자의 도리 355
아내와 남편의 도리 355
친구와 친구의 도리 356
사문이나 브라흐민과 시주자의 도리 357
주인과 하인이나 고용인의 도리 356

### 인내
남이 나에게 나쁘게 대하더라도 473
누가 칭찬이나 비난을 하더라도 509

### 인생의 지침
랏타빨라 존자와 꼬라위야왕의 대화 496

외뿔소의 뿔처럼 혼자서 가라 399

## 자비
백 개의 가마솥의 음식보다 자비로운 마음을 334
병든 비구를 씻기시는 부처님 371
자신을 사랑하는 사람은 남을 해쳐서는 안 된다 436
훌륭한 간병인의 자질 373

## 자애
우둔한 쭐라빤타까, 깨달음을 얻다 381
어머니가 외아들에게 하듯이 381
자애를 발전시키고 연마하면 364
자애를 일으키는 여섯 가지 자질 344
자애의 경 374
존재하는 모든 것들에게 자애롭게 대하기를 359
퇴보하지 않는 여섯 가지 요소 348

## 장애
다섯 가지 장애(五蓋)를 버림 250

## 재산
으뜸가는 재산 402
잃어버릴 수 없는 재산 527

## 전법
두 번째 법의 바퀴를 굴리시다–무상.무아의 가르침 68
3차 결집 후 담마 사절단의 외국 파견 713
목숨을 건 포교 335
브라흐마 신의 설법 요청 55
전법 선언:중생의 행복을 위하여 길을 떠나라 73
처음으로 가르침의 바퀴를 굴리시다--
　　　　중도와 네가지 거룩한 진리(사성제) 63
최초로 가르침을 전하러 가시다 58
최초의 다섯 명의 제자가 구족계를 받다 66

## 정진/노력
끊임없는 노력 184
나도 밭을 갈고 씨를 뿌립니다 118
방심치 않음은 모든 것 중 으뜸 529
신심으로 출가하였으나 418
홀로 용맹정진하심 125

## 제자
30명의 젊은이의 출가 74
랏타빨라 존자의 출가 이야기 489
마지막 제자, 수밧다 106
마하 깟사빠 447
사꺄족 왕족 젊은이들의 출가 88
사리뿟따와 목갈라나의 열반 127
사리뿟따의 열반 126
야사의 50명 친구의 출가 72
야사의 출가 70
야사의 친구 네 명의 출가 71
최초의 비구니 마하빠자빠띠 95

## 중도/사성제
중도와 네 가지 거룩한 진리 215

## 중도
데와닷따의 극단적 질문과 부처님의 중도의 견해 618

## 지혜
배우고 나서 지혜로 뜻을 새기라 474
독 묻은 화살의 비유 587

## 진리
가르침(法)을 보는 자는 나를 본다 451
이 사라 나무도 '진리의 흐름'에 들었다 575
진리를 깨닫는 길 262

## 진리의 말씀
담마빠다 373, 387, 676
분명한 다섯 가지 명제 523

## 집착
과거 현재 미래에 집착하지 말라 409
교리나 신조에 꼭 잡혀 있는 사람은 404
뗏목의 비유--집착을 버림 244

## 참회
빠와라나(自恣) 행사 310
빠와라나(自恣)의 제정 307

## 청빈한 삶
버리는 것 없이 다시 사용함--청빈한 삶 315
금과 은을 받지 않는다 317
생각과 말과 행동의 청정 323
청정한 독신생활의 의미 289
청정한 삶을 사는 이유 234
청정한 삶의 목표 233

## 충고
충고를 하는 마음자세 525

## 친구
이런 친구라면 따라야 한다 528
좋은 우정은 청정한 삶의 전체이다 457
진정한 친구 403
진정한 친구와 거짓 친구 610
도와주는 친구 611
불량배 친구 610
아첨하는 친구 610

## 침묵/토론
담마에 대한 토론과 고귀한 침묵 475

## 칭찬
큰 지혜의 사리뿟따 444

## 파멸
파멸의 원인 401
게으른 수행자 431
어리석음이 앞에 있으면 456
탐욕, 증오, 어리석음은 자신을 해친다 433

## 팔정도
여덟 가지 바른 길(팔정도) 64
마음의 받침대 233
여덟 가지 바른길(팔정도) 233
성스러운 여덟 가지 길(팔성도) 233

## 평등
가문을 묻지 말고 행위를 물으시오 532
네 계급은 다름이 없다 543
네 계급은 전혀 차별이 없다 538
모든 계급 중 으뜸인 사람 556
행위로 브라흐민이 된다 547
어느 종족에서 출가를 하였건 누구나 깨달음을 얻음 537
여성 제자도 깨달음으로 나아간다 535
여성인 것이 무슨 상관이랴 530
여자가 남자보다 더 훌륭할 수 있네 530
참된 사람과 참되지 못한 사람 554
비구든 비구니이든 어느 누구라도 534

## 평온
감각적 쾌락보다 더 평화로운 어떤 것 487
보배의 경--모든 존재들에게 평안이 있기를 190
얼굴빛이 평온한 이유 428
육신의 고통이 마음을 사로잡지 않는 이유 639
슬픔의 화살을 뽑아버린 사람 378

**포살**
우뽀사타(布薩)의 제정 306

**피안**
피안에 이르는 길 198

**해탈**
나는 자유! 415
해탈로 이끄는 물 없는 목욕 559
해탈을 얻는 길 220

**행복**
사랑, 존경, 화합으로 이끄는 자질 269
아침, 낮, 저녁이 행복한 이유 515
큰 축복의 경 375

**기타**
붓다와 아난다 105
부처님 주치의 지와까 89
오후 불식의 이유 319
운력의 불참 122
조각을 이은 가사의 유래 314
재물, 명예, 장수로 이끄는 네 가지 요소 517

**기타/희론**
희론에 물들지 않는 분 580

**기타/더러움**
더러움이란 무엇인가? 459

**기타/번영**
왓지인이 번영하는 일곱 가지 요인 345

**기타/비난**
학승과 선승이 서로 비난하다 526

**기타/이성적 판단**
이런저런 경우, 해야 하나 말아야 하나? 312

**기타/서원(誓願)**
일곱 가지 서원 333

**기타/신중함**
겉만 보고 판단할 수 없다 437

**기타/아내**
일곱 종류의 아내 360

**기타/계율**
열 가지 계율 248

**기타/모범**
따라야 할 사람과 따르지 말아야 할 사람 512

# 고유명사와 낱말 찾아보기

1차 결집 683, 688, 689
2차 결집 692, 705
32가지 상호 165, 173
3차 결집 707, 710, 712, 713, 714, 719
4대 성지 511

【ㄱ】

가야 깟사빠(Gayā Kassapa) 75
갈애 50(주.12), 55, 59, 65, 271, 277-282, 393, 416, 418, 422, 551, 552
감각적 욕망의 번뇌 628
감각적 쾌락 36, 55, 65, 140, 393, 400, 417, 426
경장(Sutta Piṭaka) 723, 725, 731
계행 133, 235, 341, 342
고따마 싯달타(Gotama Siddhattha) 23, 25(주.5), 33, 36, 37, 39, 49, 52, 62, 83, 106
고따마는 마술사 136
고행 40, 42, 48, 49, 555, 556
괴로움 71, 76, 223, 274, 410, 421, 455
괴로움의 소멸 280
교단의 분열 621
교만심 442
구족계 66, 67, 107
궤변론자 708
귀의삼보 296
귀의처 100, 176-178

기원정사 94, 115, 220, 242, 360, 433, 473, 559, 577, 636
까꿋타(Kakuṭṭha) 강 103
까삘라왓투(Kapilavatthu: 까뻴라국수도) 23, 24, 124, 337
까타왓투(Kathāvatthu) 논장 709, 711
깐타까(Kanthaka: 출가자의 말) 32
깟사빠(Kassapa)존자 108, 686
깟사빠 삼형제 75
깨달음 37, 42, 47, 53, 64, 115, 458, 459, 507
깨달음의 요소(bojjhaṅga: 칠각지) 236, 237, 268
깨달음의 네 가지 결실(聲聞四果: 성문사과) 96(주.42)
깨달음의 네 단계(四雙八輩: 4쌍8배) 122(주.5)
꼬살라(Kosala) 36, 115, 157
꼬삼비(Kosambī) 비구들의 논쟁 94
꼴라(Kola) 열매 41
꼴리따(Kolita) 82
꾸시나라(Kusinārā) 102, 106, 108, 110
끼사 고따미(Kisa Gotami) 386
낌빌라(Kimbila)존자 89, 94

【ㄴ】

나꿀라삐따(Nakulapitā) 장자 222
나디 깟사빠(Nadī Kassapa) 75

나의 자아 68
나체 고행자 60
날라까빠나(Naḷakapāna) 487
날란다(Nālandā) 135, 598
남전대장경 730
네 가지 거룩한 진리 63-65, 270-284
네 가지 더러움 606
네 가지 마음 챙김의 확립(사념처)
　635(주.127), 640-661
네 가지 선정(사선정) 217, 251, 667
네 계급(사성계급) 538, 539, 543
네란자라(Nerañjara)강 48, 55
노예 계급 558
노예의 삶 502
논장(Abhidhamma Piṭaka) 709, 711, 721,
　723, 731
논쟁 91, 92, 458
농공상 계급 558
누진통 564
느낌 50, 68, 227, 566
늙음 274, 328, 521
니간타 나따뿟따(Nigaṇṭitha Nātaputta) 116,
　135, 140, 267, 596
니간타 무리들 135
니그로다(Nigrodha) 승원 95, 124, 297
니까야(Nikāya) 732
닛데사(Niddesa) 745

【ㄷ】

다섯 가지 명제 523
다섯 가지 장애(五蓋) 237, 250, 284-288,
　652, 667

단멸주의자 232
담마 사절단 712, 713, 714
담마 칙령(Dhamma Lipi) 713
담마(Dhamma) 55, 67, 81, 120, 134, 157, 158,
　159, 160, 161, 188, 189, 440, 475, 641, 684
담마의 목적 605
담마의 바퀴 167
담마의 의미 750
담마빠다(Dhammapada: 법구경) 729, 743
데와닷따(Devadatta) 89, 146(주.17), 477,
　621
독화살 587
두 가지 극단 64
디가 니까야(Dīgha Nikāya) 731, 738
디빠왕사(Dīpavaṃsa) 688, 716
따뿟사와 발리까(Tapussa, Bhallika)두 상인
　54
따타가따(Tathāgata) 61(주.21)

【ㄹ】

라자가하(Rājagaha) 35, 77, 148, 258, 440
라자까라마(Rājakārāma: 비구니 승원) 131
라훌라(Rāhula) 26, 148, 152, 218, 663
랏타빨라(Raṭṭhapāla)존자 489, 496
레와따(Revata)존자 698
룸비니(Lumbini)동산 24
릿차위(Licchavi)족 110

【ㅁ】

마가다(Magadha)국 35, 47, 83
마라(Māra) 50(주.11)

마부 찬다까(Chandaka) 32, 33
마야(Māyā)왕비 24
마음 집중 105
마음 챙김 46, 98, 101, 103, 143, 217, 227,
   628, 671, 672
마음의 평화 419
마지막 공양 101
마지막 열반 99, 101, 106
마하깟사빠(Mahā Kassapa)존자 108, 685,
   689
마하나마(Mahānāma) 88
마하목갈라나(Mahā Moggallāna) 80,
127, 439, 459
마하빠자빠띠 고따미(Mahapajāpatī Gotamī)
   95, 294, 423
마하왁가(Mahavagga: 율장중 하나) 730
마하위하라(Mahavihāra) 승원 723
마힌다(Mahinda) 장로 714
막칼리 고살라(Makkhali Gosāla) 594
말라족 88, 106, 108, 109
말룽꺄뿟따(Mālunkyāputta)존자 585, 589
맛지마 니까야(Majjhima Nikāya) 731, 736
명상 수행 196, 663
명상주제 629
목갈리뿟따 띳사(Moggaliputta Tissa) 장로
708, 709, 710, 711
무사 계급 558
무상 68, 69, 108, 218, 223, 240, 293, 417
무색계 568
무아 53, 67, 68(주.28), 69, 223, 224, 240
무의식론자 708
무한주의자 708
물질 223, 226, 566

미가라마뚜강당 437, 556

【ㅂ】

바라나시(Bārāṇasī) 59(주.19), 68, 74
바라드와자(Bhāradvāja) 116, 263, 547, 577,
   599
바른 견해 257, 272, 283
바른 마음챙김 216, 272, 283
바른 말 216, 272, 283
바른 생각 216, 272, 283
바른 생활수단 216, 272, 283
바른 정진 216, 272, 283
바른 지혜 228
바른 집중 217, 272, 284
바른 행동 216, 283, 457
바후까(Bāhukā)강 577
박가와(bhaggava) 선인 93
발라까로나까라(Bālakaloṇakāra) 93
발우 123, 126, 156, 221, 337
밧디야(Bhaddiya)비구 66
방기사(Vaṅgīsa)존자 310
버섯요리 102
번뇌 43, 48, 59, 63, 153
법륜(Dhammacakka: 가르침의 바퀴) 270
베다(Veda) 263, 601
베사깔라(Bhesakaḷā) 숲 221
벨루와(Beluva) 마을 98
병 43, 48, 63, 76
병든 비구 114
보디삿따(Bodhisatta) 43(주.7), 471
보리수나무(Bodhi rukkha) 49, 55
보시 196, 321, 358, 363, 368, 378

분노 446, 467, 470
불사의 경지 61, 62, 63, 81
불생불멸 38
붓다(Buddha: 부처님) 52(주.15), 121(여래십
  호), 134, 142-145(특성), 153-157(특성), 157-
  162(신앙고백), 166-174(특성), 188, 198-
  200(특성), 296(귀의삼보), 297(삼보)
붓다왕사(Buddhavaṃsa) 746
브라흐마 사함빠띠(Brahmā Sahampati: 범천)
  56, 57
브라흐마 신 55(주.16), 599
브라흐마 신과 하나됨(범아일여) 601
브라흐민 77(주.29), 110, 171, 175, 348, 543,
  550
비구 대중 180
비구 승가(Bhikkhu Saṅgha) 163
비구니 승가(Bhikkhunī Saṅgha) 369
빔비사라(Bimbisara)왕 34, 35, 77, 78, 90
빠꾸다 깟짜야나(Pakudha Kaccayāna) 116,
  595
빠띠목카(계본) 178, 268, 311(자세한 설명)
빠띠사라니야깜마(조정갈마) 693
빠띠삼바 막가(무애해도) 746
빠세나디(Pasenadi)왕 115, 131, 172, 433, 572
빠알리 경전의 중요성 730
빠알리 니까야(Pāli Nikāya) 746
빠알리 대장경(Pāli Tipiṭaka) 728, 729, 731
빠알리 어 746
빠알리성전협회(Pali Text Society) 729
빠와라나(자자) 307(주.38), 309, 310(자세한
  설명), 708
빠와리까(Pāvārika)의 망고 숲 135, 339, 598
빠찌나왕사(Pācīnavaṃsa) 숲 93

빤다와(Pāṇḍāvā)산 35
빨라사(Palāsa) 숲 487
뻬따 왓투(Peta Vatthu) 744
뿌라나 깟사빠(Pūraṇa Kassapa) 116, 593
쁘똘레미(Ptolemy) 712

【ㅅ】

사꺄(Sakya) 족 23, 110, 157, 171, 336, 600
사꺄(Sakya) 족의 황소 25
사꺄(Sakya)족 왕족 출가 명단 89(주.36)
사념처(Cattāro satipaṭṭhana) 635(주.127)
사대(四大) 240
사르나트(Sarnath) 돌기둥칙령 720
사리뿟따(Sāriputta) 40, 41, 81, 82(주.32),
  167(주.22), 222, 231, 439, 444
사무량심 338, 342
사문 고따마(Gotama) 133, 153, 164, 165, 171,
  600
사선정(cattāri dhyāna) 38, 670
사성계급 550(주.91)
사왓티(Sāvatthī: 사위성) 85, 94, 125, 220,
  242, 360, 436, 559, 577, 636
사제(Brāhmaṇa) 계급 558
삭까야(Sakkāya) 258
산자야 벨랏타뿟따(Sañjaya Belaṭṭhaputta)
  116, 596
산찌(Sanci) 돌기둥칙령 721
산찌 탑 714
살라와띠(Sāavatī) 89
삶의 마지막 단계 99
삼독 242, 288
삼매(Samādhi) 49, 632

고유명사와 낱말 찾아보기  767

삼의(三衣) 315(주.41)
삿따빤니 동굴(칠엽굴) 690
상가띠(Saṇghāti) 315
상응부 경전(Saṃyutta Nikāya) 734
색계 568
생로병사 588
생사윤회 48, 246
서원 334
선서(Sugata: 善逝) 121
선정(dhyāna) 234
설법 요청 55
성냄 242, 467, 470
성문사과(예류과, 일래과, 불환과, 아라한과) 96
성찰 471, 675
세 개의 궁전 260
세 번째 선정 38, 217, 627
세간해(Lokavidū: 世間解) 121
소금 696, 699
소유욕 418
속박(Saṃyojana) 130, 143, 401, 418
수밧다(Subhadda) 106
수자따(Sujātā) 360
수행법 628, 630
수행자 64, 414, 509
숙명통(pubbenivasanussati) 563
숫도다나왕(Suddhodana) 23, 24, 26
숫따니빠따(Sutta Nipāta) 745
스리랑카 713, 714, 716
승가(Saṅgha) 121, 188, 440, 673
승가 공동체 180
승가 대중 90
승가 에 귀의 86

승원(Ārāma) 85, 710
신족통(iddhi) 562
상윳따 니까야(Saṃyutta Nikāya) 734

【ㅇ】

아가마(Āgama) 748
아가마 경전 748
아나타삔디까(Anāthapiṇḍika) 장자 85, 86(주.34), 360
아난다(Ananda) 89, 105, 106, 107, 108, 176, 505
아누룻다(Anuruddha) 88, 480
아뜨만(자아) 38, 39, 52
아라한 56, 60, 61(주.22), 63, 70, 71, 72, 73, 117, 121, 135, 241, 437, 440
아빠다나(Apadāna: 비유경) 746
아소까 각문 717, 719
아소까 라마(Asokārāma) 승원 711
아소까 바위칙령(Asoka Lipi) 712
아소까(Asoka) 왕 708, 711, 712, 713, 714, 717
아시따(Asita) 선인 24(자세한 설명)
아자따삿뚜왕(Ajātasattu: 아사세왕) 110, 345
아지따 께사깜발리(Ajita Kesakambali) 116, 594
아지와까(Ajīvaka) 59, 109(주.48)
아함경(Agama Sutra) 746
악담 248, 257, 304
악한 생각 517
악행 289, 327
안거 307
안냐-꼰단냐(Añña-Koṇḍañña) 66

안따라와사(Antaravāsa) 315
알라라 깔라마(Ālāra Kālāma)선인 36, 39
알아차림 98, 635, 636, 668
앗사지(Assaji)존자 80
앙굿따라 니까야(Aṅguttara Nikāya) 740
야사(Yasa)존자 72, 692, 696
야소다라(Yasodhara) 26
어리석음 51, 242, 401, 433, 456
업 37, 295
여래(Tathāgata) 56, 61, 62, 106, 147, 174, 246
여래십호(열 가지 호칭) 121
여래의 계승자 167
여섯 가지 감각기관(6근, 6경, 6식) 50, 214, 274, 277(주.28)-282, 657
여섯 가지 신통 560, 567
여섯 경계 228
여섯 이교도 사상가의 견해(육사외도) 593
여성의 출가 96
여시어경(Itivuttaka: 如是語經) 742
연기의 가르침 211-215, 217
연기의 실상 49-53
열 가지 조항(2차 경전결집의 요인) 692, 696, 698
열 개의 부처님 사리 탑 112
열반(Nibbāna) 43(주.8), 47, 64, 100, 104, 127, 174, 204, 231, 394, 457, 552
열반의 진리 55
영원주의자 708
영원한 것 245
영취산(Gijjhakūtapabhala) 306, 345, 477
영혼 585
오계(Pañcasīla) 297, 298

오력(다섯 가지 능력, 五力) 237, 267
오온(Pañcakkhandha: 다섯 가지 무더기) 48, 65, 218, 219(주.10), 224, 225, 226, 246, 274, 276, 565, 654
오후 불식 319, 370
완전한 깨달음 242
완전한 행복 48
왑빠(Vappa)비구 67
왓지(Vajji)국 346
왓지(Vajji)비구들 696
왕자의 출가 32
욕망 37, 195, 401, 417, 456, 459, 470, 552
욕망의 소멸 47
우다나(Udana)경 474, 744
우루웰라 깟사빠(Uruvelā Kassapa) 75
우루웰라(Uruvelā) 47, 49, 55, 59, 74
우빠까(Upaka) 58
우빠띳사(Upatissa) 82
우빠와나(Upavāṇa)존자 120
우빨리(Upāli)장자의 개종 138
우빨리존자 686, 689, 690, 691
우뽀사타(Uposatha: 포살) 178, 306(주.37), 307, 310, 692, 708, 720
욱케빠니야깜마(Ukkhepaniyakamma: 거죄 갈마) 696
웃다까 라마뿟따(Uddaka Rāmaputta) 45, 58
웃따라상가(울다라승) 316
위마나 왓투(천궁사 경) 744
위빳사나(Vipassanā) 640, 642, 643, 644, 645
유의식론자 708
유한주의자 708
육경(六境) 227, 277, 278

육근(六根) 227, 274, 277
육방 353, 605
육식(cha-viññaṇā) 277
육체적 쾌락 194, 422
윤회(saṃsāra) 37, 63, 70
율장(Vinaya Piṭaka) 723, 725, 731
음행 299, 303
의식(viññāṇa) 68, 69, 226, 566
의식작용 51
의혹 411
이간질 256, 304
이교도들 707, 708, 709, 711
이름(名)과 모양(色)(nāmarūpa) 51(주.13), 214
이시빠따나(Isipatana) 59, 70
인색 349, 350, 469

【ㅈ】

자따까(Jātaka) 474, 745
자비심 73
자아(Attā) 68, 69, 203, 232, 241
자아이론 245
자애(metta) 344, 359, 364, 374
자이나 교단(Nigaṇtha) 267
재가신도 55, 87
재물 517, 607
재산 527, 564
전륜성왕 165
전법선언 73
절망 76, 223, 274
정변지 121
정진 44, 46

존경 155, 477, 478, 479
존재 51, 73, 212, 359
죽림정사 79, 89, 145, 153, 258, 440, 449
죽음 274, 328, 521
중각강당 95, 100
중도 64
중생 73
증오 401, 433
지와까 꼬마라밧짜(Jīvaka Komārabhacca) 89, 180, 385
지혜 47, 63, 143, 234, 458
진리의 흐름에 든 사람 132, 576
집착 37, 50, 212, 213, 241, 246, 409, 566
짜리야 삐따까(Cariyā Piṭaka: 소행장경) 746
쭌다의 공양 101, 104
쭌다까(Cundaka) 103(주.45)
쭐라빤타까(Cūlapanthaka) 비구 381, 382

【ㅊ】

차별 538
찬다까(Chandaka: 출가시의 마부) 32
천안통 563
천이통 562
천인사(天人師) 121
첫 번째 선정 37, 217, 627
첫 번째 신도 71
청빈한 삶 315
청정한 삶 344
청정한 수행 72
초능력 598
최상의 행복 394
최초 다섯 명의 비구 58, 61, 66

최초의 비구니 95, 97
출가사문 30
출가의 삶 131
충고 525
친구 528, 610

【ㅋ】

쿳다까 니까야(Khuddaka Nikāya: 소부경전) 743
쿳다까 빠타(Khuddaka Pāṭha: 소송경) 743

【ㅌ】

타심통 562
탁발 123
탐욕 242, 257, 433
태어남 50, 213, 274
테라가타(Theragāthā: 장로게경) 744
테라와다 불교(상좌불교) 711
테리가타(Therīgāthā: 장로니게경) 745

【ㅍ】

파멸 401, 402, 422
팔정도(여덟 가지 바른 길) 64, 188, 216-217(자세한 설명), 231-232, 233, 268, 272-273(자세한 설명), 283
평민 539
평온 246, 428
평정(Upekkhā) 217(주.9), 343(주.49)
평화 47, 64, 191, 407, 459, 487
피안 196

【ㅎ】

학식 555
한탄 223, 274
합송 685, 689, 691
해탈 30, 48, 59, 70, 143, 220(주.11), 235(주.13), 246
해탈지견 235
해탈함 565
행각 339
행동 149, 150, 151, 152, 344, 521, 626
행복 37, 38, 73, 105, 178, 182, 394, 515, 631
허무주의자 613
형성 51(주.14), 68, 215(주.7), 225, 566, 567, 654(주.138)
형이상학적 질문 584
호흡 196, 628, 629, 630, 631, 632, 633
환희심 631
훌륭한 설법가 173
희론 580

## 일아(一雅)

옮긴이 일아스님은 서울여자대학교를 졸업하고 고등학교 교사를 역임하였으며, 가톨릭 신학원을 졸업하였고, 조계종 비구니 특별선원 석남사에 법희 스님을 은사스님으로 출가하였다.

운문승가대학을 졸업하였고, 태국 위백아솜 위빳사나 명상 수도원과 미얀마 마하시 위빳사나 명상센터에서 2년간 수행하였고, 미국 New York Stony Brook 주립대학교 종교학과를 졸업하고, University of the West 비교종교학과 대학원을 졸업하고, 동 대학원에서 철학박사 학위를 받았다. LA Lomerica 불교대학 교수, LA 갈릴리 신학대학원 불교학 강사를 지냈다. 박사 논문으로 「빠알리 경전 속에 나타난 부처님의 자비사상」이 있다. 역서에 『빠알리경전에서 선별한 예경독송집』, 『담마빠다』, 『숫따니빠따』가 있고 저서에 『아소까-각문과 역사적 연구』, 『우리 모두는 인연입니다』가 있다.

증보판
## 한 권으로 읽는 빠알리 경전

2008년 12월 25일 | 초판 1쇄 발행
2012년 11월 20일 | 초판 8쇄 발행
2013년 11월 05일 | 증보판 1쇄 발행
2014년 10월 30일 | 증보판 2쇄 발행
2016년  7월 25일 | 증보판 3쇄 발행
2018년  6월 25일 | 증보판 4쇄 발행
2020년  6월 30일 | 증보판 5쇄 발행

역편자 | 일아
펴낸이 | 윤재승
펴낸곳 | 도서출판 민족사

등    록 | 1980년 5월 9일(등록 제1-149호)
주    소 | 서울시 종로구 삼봉로 81 두산위브파빌리온 1131호
전    화 | 02)732-2403~4
팩    스 | 02)739-7565
E-mail | minjoksabook@naver.com
홈페이지 | www.minjoksa.org

※ 잘못된 책은 바꾸어 드립니다.

값 29,800원
ISBN 978-89-7009-514-1    03220

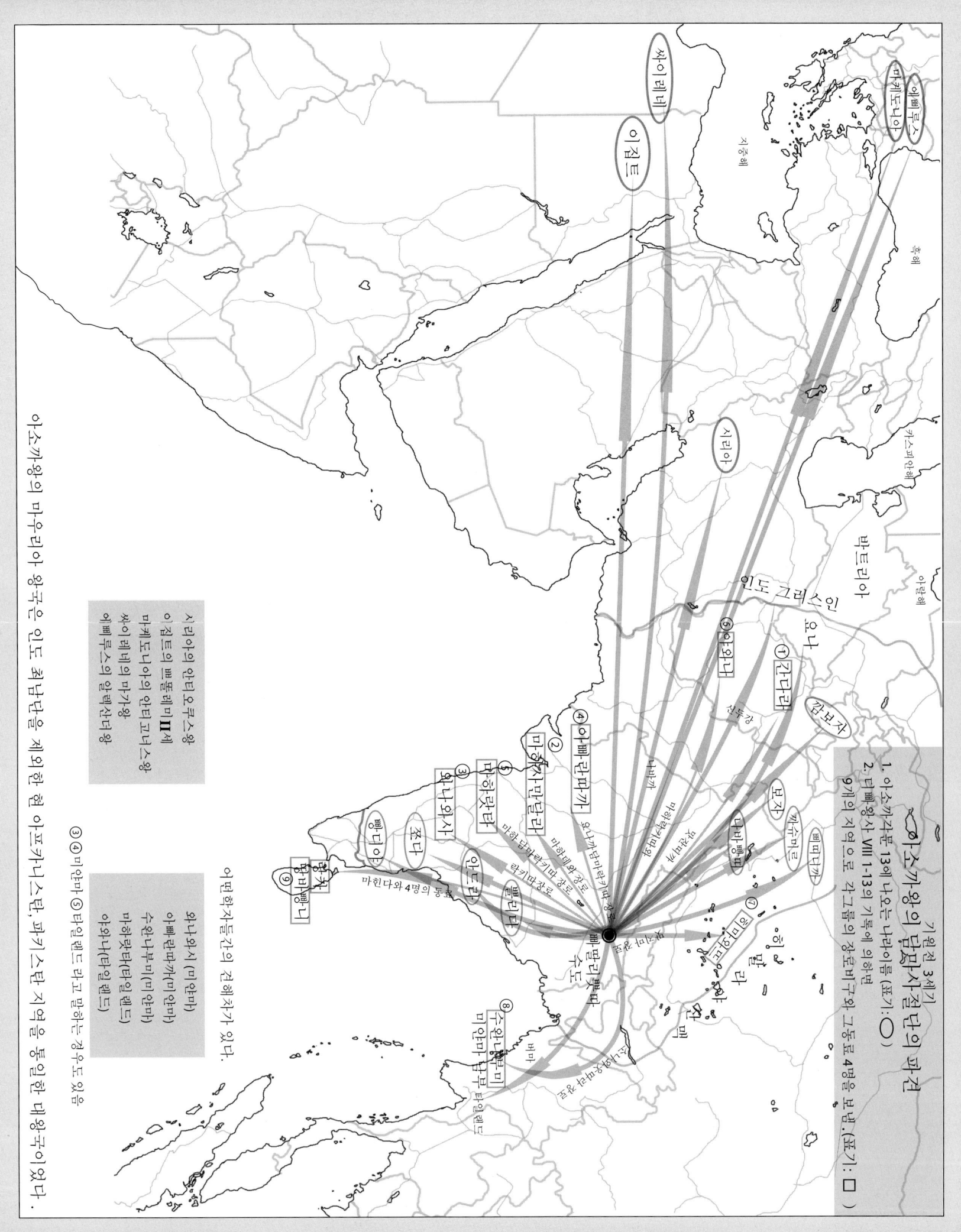